河南省文化省情报告

刘涛 主编

河南大学出版社
郑州

图书在版编目(CIP)数据

河南省文化省情报告/刘涛主编.—郑州:河南大学出版社,2018.11
ISBN 978-7-5649-3554-2

Ⅰ.①河… Ⅱ.①刘… Ⅲ.①文化产业－产业发展－研究报告－河南 Ⅳ.①G127.61

中国版本图书馆 CIP 数据核字(2018)第 252704 号

责任编辑	杨凤华
责任校对	李　云
封面设计	马　龙
出版发行	河南大学出版社
	地址:郑州市郑东新区商务外环中华大厦 2401 号　邮编:450046
	电话:0371-86059701(营销部)　网址:www.hupress.com
印　　刷	北京虎彩文化传播有限公司
版　　次	2019 年 8 月第 1 版
印　　次	2019 年 8 月第 1 次印刷
开　　本	787 mm×1092 mm　1/16
印　　张	31
字　　数	507 千字
定　　价	120.00 元

版权所有·侵权必究
本书如有印装质量问题,请与河南大学出版社营销部联系调换

编委会成员名单

主编: 刘 涛
编委:（以姓氏拼音为序）
　　　　李红伟　李竞艳　李麦产
　　　　李沁叶　钱　钰　王　淳
　　　　王贵仁　王四朋　张朝晖
　　　　张召鹏　杨天舵

目 录

前言 ·· 1

华夏文明的历史根底与蓬勃活力 ··· 1

第一章 郑州市文化市情报告 ·· 1
    第一节 郑州市文化资源概述 ·· 2
    第二节 公共文化服务体系建设 ·· 11
    第三节 文化产业发展现状 ·· 16
    第四节 文化产业发展趋势与对策 ·· 24

第二章 开封市文化市情报告 ·· 30
    第一节 开封市文化资源概述 ·· 31
    第二节 公共文化服务体系建设 ·· 43
    第三节 文化产业发展现状 ·· 46
    第四节 文化产业发展趋势与对策 ·· 51

第三章 许昌市文化市情报告 ·· 58
    第一节 许昌市文化资源概述 ·· 59
    第二节 公共文化服务体系建设 ·· 71
    第三节 文化产业发展现状 ·· 75
    第四节 文化产业发展趋势与对策 ·· 83

第四章　漯河市文化市情报告 ……………………………………… 87
第一节　漯河市文化资源概述 …………………………………… 88
第二节　文化产业发展现状 ……………………………………… 92
第三节　公共文化服务体系建设 ………………………………… 105

第五章　平顶山市文化市情报告 …………………………………… 116
第一节　平顶山市文化资源概述 ………………………………… 117
第二节　文化产业发展现状及趋势 ……………………………… 120
第三节　文化产业发展存在的问题 ……………………………… 126
第四节　文化产业发展的趋势与对策 …………………………… 128

第六章　洛阳市文化市情报告 ……………………………………… 131
第一节　洛阳市文化资源概述 …………………………………… 132
第二节　公共文化服务体系建设 ………………………………… 144
第三节　文化产业发展情况 ……………………………………… 149
第四节　文化产业不足与展望 …………………………………… 155

第七章　济源市文化市情报告 ……………………………………… 158
第一节　文映古水，化而为城 …………………………………… 159
第二节　济源市文化资源概述 …………………………………… 161
第三节　文化经济发展情况 ……………………………………… 167
第四节　公共文化服务体系构建 ………………………………… 171
第五节　文化产业发展现状 ……………………………………… 174
第六节　文化产业发展趋势与对策 ……………………………… 177

第八章　焦作市文化市情报告 ……………………………………… 180
第一节　焦作市文化资源概述 …………………………………… 181
第二节　公共文化服务体系建设 ………………………………… 190
第三节　文化产业发展现状 ……………………………………… 195
第四节　文化产业发展面临的机遇与挑战 ……………………… 199
第五节　文化产业发展的战略重点与对策 ……………………… 202

第九章　新乡市文化市情报告 ……………………………………… 207
第一节　新乡市文化资源概述 …………………………………… 207
第二节　文化事业发展现状 ……………………………………… 212

第三节　文化产业发展现状 …………………………………………… 219
　　第四节　文化产业发展趋势与对策 …………………………………… 224
第十章　商丘市文化市情报告 ………………………………………………… 228
　　第一节　商丘市文化资源概述 ………………………………………… 229
　　第二节　公共文化服务体系日臻完善 ………………………………… 234
　　第三节　文化产业发展现状及问题 …………………………………… 239
　　第四节　文化产业的发展趋势与对策 ………………………………… 245
第十一章　周口市文化市情报告 ……………………………………………… 253
　　第一节　周口市文化资源概述 ………………………………………… 253
　　第二节　公共文化服务体系建设 ……………………………………… 263
　　第三节　文化产业发展现状 …………………………………………… 269
　　第四节　文化产业发展的趋势与对策 ………………………………… 276
第十二章　驻马店市文化市情报告 …………………………………………… 280
　　第一节　驻马店市文化资源概述 ……………………………………… 281
　　第二节　文化产业发展状况 …………………………………………… 286
　　第三节　文化产业发展趋势与对策 …………………………………… 304
第十三章　信阳市文化市情报告 ……………………………………………… 310
　　第一节　信阳市文化资源概述 ………………………………………… 311
　　第二节　公共文化服务体系建设 ……………………………………… 327
　　第三节　信阳市近几年文化经济发展状况 …………………………… 334
　　第四节　文化产业发展问题 …………………………………………… 336
　　第五节　文化发展趋势与对策 ………………………………………… 339
第十四章　南阳市文化市情报告 ……………………………………………… 348
　　第一节　南阳市文化发展现状综述 …………………………………… 348
　　第二节　南阳市文化资源概述 ………………………………………… 351
　　第三节　典型案例 ……………………………………………………… 371
第十五章　三门峡市文化市情报告 …………………………………………… 376
　　第一节　三门峡市文化资源概述 ……………………………………… 377
　　第二节　公共文化服务体系建设 ……………………………………… 381
　　第三节　文化产业发展现状 …………………………………………… 388

第四节　文化产业发展问题 …………………………………… 398
　　第五节　文化产业发展建议与措施 …………………………… 399
第十六章　鹤壁市文化市情报告 ………………………………………… 401
　　第一节　鹤壁市文化资源概述 ………………………………… 401
　　第二节　公共文化服务体系建设 ……………………………… 406
　　第三节　文化产业发展现状 …………………………………… 409
　　第四节　文化产业发展趋势与对策 …………………………… 415
第十七章　安阳市文化市情报告 ………………………………………… 421
　　第一节　安阳市文化资源概述 ………………………………… 421
　　第二节　公共文化服务体系建设 ……………………………… 429
　　第三节　文化产业发展现状 …………………………………… 434
　　第四节　文化产业发展趋势与对策 …………………………… 441
第十八章　濮阳市文化市情报告 ………………………………………… 447
　　第一节　濮阳市文化资源概述 ………………………………… 448
　　第二节　公共文化服务体系建设 ……………………………… 453
　　第三节　文化产业发展现状及难题 …………………………… 458
　　第四节　文化产业发展趋势与对策 …………………………… 465

附录 ………………………………………………………………………… 472
后记 ………………………………………………………………………… 476

前　言

河南省作为华夏历史文明传承创新区,其文化的繁荣发展不只关系到河南经济结构的转型升级、提质增效,更会影响中国文化格局、文化版图的战略性构成。综合相关规划和政策文件,在未来相当长一段时间内,河南省文化产业发展的指导原则是"推动中原优秀传统文化与现代文明融合创新,加强历史文化遗产保护和利用",建设"全国重要的文化高地"和全球华人根亲文化圣地、中国文化遗产保护传承示范基地、中华文化"走出去"重要基地。现实地讲,河南虽然拥有比国内其他省市自治区更多的人口——理论上文化消费的潜在群体最大,也有若干大型文化企业集团,但就整个中国文化产业的格局来说,省内外许多人却都会同意河南不仅难说有质量上的"高峰",也不是数量上的"高原",尤其缺少具有鲜明区域特点和民族特色的文化产品和服务的产业形态,在国内有巨大影响力的标志性文化人物、标志性文化企业和标志性文化创意产品的数量还不多。

河南大学坐落在历史文化名城、八朝古都开封。建校百余年来,河南大学严守"明德新民,止于至善"的校训,在一代代学人的精心铸造下,逐渐形成了"团结、勤奋、严谨、朴实"的优良校风和"前瞻开放、面向世界,坚持真理、追求进步,百折不挠、自强不息,兼容并包、海纳百川,不事浮华、严谨朴实"的河大精神;在推动社会发展、科技进步、经济建设和教育振兴的过程中实现着自身的价值。2014年,河南省委宣传部在郑州举行会议,命名了10个单位为河南省文化产业发展研究基地,以加强河南省文化产业发展决策咨询研究,推动华夏历史文明传承创新区的建设。当时,河南大学单独申报的"河南省新兴文化研究基地"和河南大学经济学院与河南省人民政府研究室联合申报的"中原文化产业创新与发展研究中心"都顺利入选。

河南省新兴文化研究基地自成立以来,在各级领导的关怀和支持下,适应文化产业研究跨领域、跨学科的特点,结合河南大学学科门类齐全、文史底蕴深厚的特殊优势,始终注意聚合力量、协调各方、共同推进河南大学的文化产业研究在高度、广度和深度上不断拓展。为充实河南华夏历史文明传承创新区的鲜明形象,扎实推动河南文化建设中"政产学研用"协同创新机制的形成,有效促进相关单位和个人努力生产出更多传播当代中国价值观念、体现中华文化精神、反映中国人审美追求以及融思想性、艺术性、观赏性为有机统一的优秀文化产品,由河南大学文化产业管理系牵头组织,广泛吸纳河南各地文化产业管理教学、研究和实务工作者参与,编撰、出版了《河南省文化省情报告》。

本报告围绕"使中华民族最基本的文化基因与当代文化相适应、与现代社会相协调"这一主线,对若干涉及河南文化发展的重点、热点、难点问题,以区域性专题研究的形式,进行梳理、探讨,可供各级政府、文化行政主管部门和各类文化企业作为决策依据。

华夏文明的历史根底与蓬勃活力

——河南文化经济发展的战略定位

引 言

中国自古以来,就有"得中原者得天下"之说。作为中华民族、中华(华夏)文明的重要发祥地,中原大地从古迄今孕育的精英人物灿若群星,产生的历史文化影响深远,标志着中国各时期盛世繁荣的古都、名城星罗棋布。2011年9月,国务院下发了《国务院关于支持河南省加快建设中原经济区的指导意见》,明确指出"中原地处我国中心地带,是中华民族和华夏文明的重要发源地",具有深厚的文化底蕴,并把对提升文化软实力、增强中华民族凝聚力具有特殊重要意义的"华夏历史文明传承创新区"作为中原经济区的五个战略定位之一。

随着时代发展、社会进步,文化经济发展对延续民族血脉、建构人民精神家园、推动物质文明和精神文明协调发展的重要性日益凸显。党的十九大报告中指出:要满足人民过上美好生活的新期待,提供丰富的精神食粮,必须加快构建把社会效益放在首位、社会效益和经济效益相统一的体制机制,"完善公共文化服务体系,深入实施文化惠民工程,丰富群众性文化活动。加强文物保护利用和文化遗产保护传承。健全现代文化产业体系和市场体系,创新生产经营机制,完善文化经济政策,培育新型文化业态"。在河南,加强公共文化服务体系、壮大繁荣文化产业作为让中原更加出彩、开辟河南发展新境界的重点任务,对于稳增长、保态势、调结构、转方式的积极意义、重大价值已初步显现。

一

中原文化博大精深、源远流长，具有根源性、原创性、包容性、开放性、基础性五个方面的显著特征。从表层看，它是一种地域文化；从深层看，它不是一般的地域文化，而是中华民族传统文化的根源和主干，在中华文化发展史上占有突出地位。从中原大地产生并完善的龙形象，目前已成为中华民族的象征、中华文明的精神内核、中华民族团结的纽带和共同的精神支柱。从夏朝到宋代三千多年间，河南一直是我国政治、经济和文化的中心，中国的八大古都，河南就有开封、洛阳、安阳、郑州4个。

中原文化传达着刚健有为、自强不息、中庸尚和的生活哲学，不仅隐含着"日新"的变革进取精神，而且体现了包容开放、和谐和平的精神境界。道家思想的祖师老子是河南鹿邑人，长期生活与活动在河南，《道德经》就是他在河南写的。法家思想的主要代表人物韩非子也是河南人。世界上第一座真正意义的人口超百万的国际化大都市汴京（今开封）诞生在北宋时，当时人口达到150多万，宋代著名画家张择端的《清明上河图》就是这一盛况的真实写照。

截至2017年，河南省共拥有5项被联合国教科文组织认证的世界文化遗产：2000年"申遗"成功的河南洛阳龙门石窟，2006年"申遗"成功的河南安阳殷墟，河南登封"天地之中"历史建筑群在2010年列入《世界遗产名录》，2014年成功申报世界文化遗产的大运河项目和"丝绸之路，长安—天山廊道的路网"（大运河河南段遗产点包括洛阳市回洛仓遗址和含嘉仓遗址、通济渠郑州段、通济渠商丘南关段等7项；丝绸之路河南段遗产点包括汉魏洛阳城遗址、隋唐洛阳城定鼎门遗址、新安汉函谷关遗址和陕县崤函古道石壕段遗址）。1992年，联合国教科文组织开始启动文献保护项目"世界记忆遗产"。截至2017年，我国珍贵文件、手稿、口述历史的记录以及古籍善本等共计11项被列入《世界记忆遗产名录》。其中，甲骨文是我国发现最早的文字，出土于河南安阳殷墟遗址，在距今三千多年的商代后期用于占卜祈祷，是当代汉字的祖根所系。截至2018年，河南省的国家级非物质文化遗产有95项之多，包括民间文学（董永传说、木兰传说、盘古神话、邵原神话群等）、民间音乐（信阳民歌、锣鼓艺术、佛教音乐等）、民间舞蹈（灯舞、跑帷子、罗卷戏等）、传统戏剧（豫剧、怀梆、大平调、越调等）、曲艺（河洛大鼓、河南坠子、大调曲子等）、杂技（少林功夫、太极拳、东北庄杂技等)、民间美术(朱仙镇木版年画、泥塑、镇平玉雕、汴绣等)、民俗(马街书会、洛阳牡丹花会、太昊伏羲祭典等)、传统技艺(钧瓷烧制技艺、唐三彩烧制技艺)等。

河南省还有十分深厚的红色文化。地处豫南大别山区的河南信阳市新县闻名全国,是河南唯一的将军县,有"红色首府、将军故里"之美誉。在革命战争时期,当时不足10万人的新县,为党和国家献出了55000名优秀儿女的宝贵生命,培育了43位将军和50多位省部级领导干部;长期的革命斗争为新县留下了365处革命历史遗址、遗迹和纪念地。河南安阳的林州市是人工天河红旗渠的故乡,是红旗渠精神的发祥地。2016年10月,红旗渠获批国家5A级旅游景区,是全国重点文物保护单位;2017年1月,它被列入《全国红色旅游经典景区名录》;2017年12月,它入选教育部第一批全国中小学生研学实践教育基地、营地名单。

革命烈士焦裕禄,1946年加入中国共产党,1962年被调到河南省兰考县担任县委书记,被誉为"党的好干部""人民的好公仆"。他在兰考担任县委书记时所表现出的"亲民爱民、艰苦奋斗、科学求实、迎难而上、无私奉献"的精神,被后人称为"焦裕禄精神"。2014年,习近平总书记亲自将兰考选作他在第二批实践教育活动中的联系点;在兰考县委老办公楼参加县委常委扩大会议时,他再次对焦裕禄精神做出高度评价:"我之所以选择兰考作为联系点,一个重要考虑就是因为兰考是焦裕禄同志工作和生活过的地方,是焦裕禄精神的发源地。我希望通过学习焦裕禄精神,为推进党和人民事业发展、实现中华民族伟大复兴的中国梦提供强大正能量。"

二

近年来,在公共财政的支持下,围绕群众"基本文化权益"的保障与实现,以公益性文化单位为骨干,以统筹规划和完善基层公共文化基础设施为重点,公共文化服务体系建设在短短数年的时间内就实现了对河南城乡的全面覆盖。而随着国家"公共文化服务示范区"和"示范项目"在河南的推进实施,丰富优秀公共文化产品供给,培育和促进文化消费,缩小文化生产、消费领域的城乡差距等问题逐渐开始进入公众的视野。

从2011年5月到2018年4月,文化部和财政部联合组织创建国家"公共文化服务示范区"和"示范项目"试点项目,共推出了四批示范区与示范项目。2011年,第一批创建国家公共文化服务体系示范项目公布,河南省南阳市的邓州文化茶馆、周口市的周末公益性剧场演出活动入选。2016年10月,信阳市的"关爱留守儿童:信阳市平桥区农村公共图书馆一体化建设"、漯河市的"幸福漯河健康舞"项目入选第二批国家公共文化服务体系示范区(项目)名单。2016年4月,平顶山市的文化客厅公益课堂、安阳市的政府—高校—社区"321"公共文化共建入选第三批国家公共文化服务体系示范项目创建资格名单。2018年3月,河南焦作市的百姓文化超市、鹤壁市的淇水亲子故事乐园入选第四批国家公共文化服务体系示范区(项目)创建资格名单。

2013年11月,郑州市被国家文化部、财政部正式命名为首批国家公共文化服务体系示范区城市。3年后,洛阳市入选第二批国家公共文化服务体系示范区名单。2016年4月,济源市获得第三批国家公共文化服务体系示范区创建资格。2018年3月,许昌市入选第四批国家公共文化服务体系示范区创建资格名单。

2016年,河南省文化厅等部门制定了《关于做好政府向社会力量购买公共文化服务工作的实施意见》和河南省购买目录,省财政整合以往的六个专项资金,如"舞台艺术送农民专项资金""省直艺术创作专项资金""县级公共文化服务设施奖补专项资金"等,并新增4668万元,设立了1亿元的"政府购买公共文化服务专项资金",包括通过政府购买服务的方式扶持艺术传承创新发展和文艺创作专项资金4000万元,购买公共文化服务及奖补专项资金6000万元。

三

在当代社会,文化产业已经成为公认的文化生产的主导形态。从2000年中国共产党十五届五中全会正式提出发展文化产业算起,文化产业被公开置于关乎中国经济、社会发展全局的重要地位已逾10年。中国社会的文化生产和文化消费已由总体性的数量"短缺"转为"短缺"与"过剩"并存(或者说结构性"短缺"),这一前所未有的和不无积极意义的巨变就发生在这短短10年间。

在省委、省政府的正确领导下,河南省文化产业发展成效显著,已经进入快速发展的新时期。《文化产业振兴规划》明确提出要把抓好文化产业园区建设作为文化产业发展的重要任务之一。2010年,时任河南省委书记卢展工在省委宣传部调研时指出:以文化改革发展实验区为重点,推动文化产业集群发展,集中发展禹州钧瓷、镇平玉雕、宝丰魔术、民权画虎等特色文化产业,努力形成示范效应,发挥带头作用。

自2004年至今,文化部已经公布六批三百余家国家级文化产业示范基地:第一批国家级文化产业示范基地,河南省没有企业单位入选;第二批国家级文化产业示范基地,河南省文化集团一家企业单位入选;第三批国家级文化产业示范基地,河南省有焦作市云台山旅游发展有限公司、郑州市天人文化旅游有限责任公司、郑州市中远演艺娱乐有限公司入选;第四批国家级文化产业示范基地,河南省有开封市清明上河园股份有限公司入选;第五批国家级文化产业示范基地,河南省有禹州市神垕镇孔家钧瓷有限公司、河南安绣文化产业有限公司入选;第六批国家级文化产业示范基地,河南省有荣昌钧瓷坊有限责任公司、洛阳牡丹瓷股份有限公司、郑州枫华实业有限公司入选。2011年,经原文化部批准,开封宋都古城文化产业园区晋升为国家级文化产业示范园区。2016年,国家级文化产业示范园区的评选命名机制开始进行改革,由以往的直接命名改为创建方式,对符合条件的文化产业园区先给予创建资格,三年创建期满验收合格的,再被命名为国家级文化产业示范园区,改革后,河南目前尚无单位获得国家级文化产业示范园区创建资格。

2010年9月1日,"河南省文化产业示范园区"命名大会在开封召开,河南省文化厅、发改委联合对获得"河南省文化产业示范园区"的6个单位进行命名授牌。截至2018年初,河南省已命名了五批省级文化产业示范园区,包括开封宋都古城文化产业园区、郑州嵩山文化产业园区、禹州市(神垕)钧瓷文化产业园区、登封"天地之中"文化旅游专业园区、郑州国际文化创意产业园区等。从2005年开始,河南省每两年评选一次省级文化产业示范基地,截至2017年,共有113家单位入选。2013年,河南省文化体制改革和发展工作领导小组办公室制定了《河南省文化产业"双十"工程实施方案》,经省政府同意后向社会发布,提出从全省选出10个文化产业园区和10个骨干文化企业进行培育和扶持,到2020年,形成一批在全国有影响力的重点文化企业和文化产业园区,有2~3个文化企业入选全国文化企业30强,力争使河南省文化产业法人单位增加值占全省生产总值的比重达到5%左右。

近5年来，河南省文化产业发展总体态势良好。2016年，全省共有规模以上文化及相关产业企业3208家，比2012年增长1.4倍，拥有文化产业从业人员485821人，实现营业收入3580.89亿元。文化产业增加值稳步上升，2012年，全省文化及相关产业增加值为670亿元；2015年，全省文化及相关产业增加值首次突破千亿元大关；2016年，全省文化及相关产业增加值达到了1212.8亿元，5年内增长了81%。2015年，河南省文化及相关产业增加值的增长率为13%，高于同年全国文化及相关产业增长值的增长率（11%）。其中，文化制造业的增加值由2012年的363.3亿元提高到了2016年的608.62亿元；文化批发和零售业的增加值由2012年的34.3亿元提高到了2016年的157.23亿元；文化服务业的增加值由2012年的271.9亿元提高到了2016年的446.95亿元。

文化产业作为第三产业的组成部分，占全省GDP的比重也在持续增长。2012年，河南省文化及相关产业增加值占GDP的比重为2.3%，低于全国文化及相关产业增加值占GDP的比重（3.48%）。2015年，河南省文化及相关产业增加值占GDP的比重为3%，虽然依旧低于当年全国文化及相关产业增加值占GDP的比重（3.97%），但差距已经明显缩小。对比近几年河南省和全国的文化产业增加值，还可以发现，2012、2013、2014、2015和2016年，河南省文化产业增加值分别仅占全国文化产业增加值的3.71%、3.73%、4.01%、4.08%和3.94%，长期处于全国省域文化产业发展方阵的中后行列，与河南厚重的历史文化资源和华夏历史文明传承创新区的历史定位严重脱节。①

河南省作为中原腹地，拥有三千多年的华夏文明史，依靠独特的文化资源优势，旅游业尤其是文化旅游业获得了长足的发展。2012～2016年，河南省的旅游创汇收入持续高速增长，2012年全省旅游创汇收入61141万美元，到2016年全省旅游创汇收入达84948万美元，5年内增长了39%；全省接待入境游客人数从2012年的190.77万人次增加到2016年的293.95万人次，5年内增长率达54%，洛阳、郑州、焦作和开封几个城市每年接待入境游客人数位居前列。② 2016年，全省共接待国内游客58013万人次，接待国内游客收入5703

---

① 数据来源：《河南省统计年鉴—2017》和《中国文化及相关产业统计年鉴》。
② 数据来源：《河南省统计年鉴—2017》。

亿元①。到郑州、洛阳、开封、安阳的旅游人次和总花费位居前列,这与当地丰富的文化旅游资源关系密切。

四

一部河南史,半部中国史。中原文明的历史辉煌代表了中国农业文明的发展巅峰。今天,河南仍旧在延续中华历史文脉、充实华夏中枢腹心、保障国家粮食安全等方面发挥着重要作用。2017年5月,习近平总书记视察河南时强调,河南是人口大省、产粮大省,又地处连接东西、贯通南北的战略枢纽,在中华文明发展进程中占有重要地位。② 目前,河南的经济社会发展正处于全面建成小康社会的关键时期,华夏历史文明传承创新区建设面临陕西、山西、甘肃、浙江等众多"华夏文明发祥地"的竞争,因此需要闯过发展方式落后、民生领域欠账、创造创新能力不足等重要关口,建立以文化繁荣引领经济转型与社会治理的区域协调发展新机制。

综合国家统计局年度统计公报和河南省统计年鉴的数据,2016年河南人均教育文化娱乐支出2078.78元,增长4.4%,已经高于全国平均水平(1915元)。截至2015年11月1日零时,河南省总人口为10722万人,中国大陆总人口为13.7亿人,河南省总人口占中国大陆总人口的7.8%。无论从文化消费的增长潜力,还是从文化资源的丰厚积累来看,河南省当下文化经济的发展速度、规模效应都还不太理想,丰厚传统文化资源的创造性转化、创新性发展能力更需亟待提高。国家艺术基金是由国务院批准设立,旨在繁荣艺术创作、打造和推广原创精品力作、培养艺术创作人才、推进国家艺术事业健康发展的公益性基金。统计近几年国家艺术基金资助项目的立项情况可以发现:2015年国家艺术基金资助项目立项共计728项,河南省有16项;2016年共计966项,河南省有18项;2017年共计1002项,河南省有27项;2018年共计950项,河南省有27项。这4年中,河南省项目立项在国家艺术基金资助项目中的占比分别为2.20%、1.86%、2.96%、2.84%,与河南华夏历史文明传承创新

---

① 数据来源:《河南省统计年鉴—2017》。
② 平萍,张建新:《努力建设富强河南 文明河南 平安河南 美丽河南——习近平总书记河南考察侧记》,《河南日报》2014年5月12日。

区的地位极不相称。

"其命维新"一词出自《诗经·大雅·文王》:"文王在上,于昭于天。周虽旧邦,其命维新。"2004年8月13日,时任河南省委书记李克强在河南省社科院与研究人员共同讨论中原文化的内涵和发展,用"兼容并蓄,生生不息"和"周虽旧邦,其命维新"对中原人文精神进行了与时俱进的概括和解读。他认为,河南这块土地上历来不乏除旧布新的人物和精神,中原文化之所以有着很强的生命力,就是因为它深蕴于内的改革与创新精神。① 在中央关于"十三五"经济社会发展的总体布局中,河南省处于发挥优势推动中部地区崛起、实施区域协调发展战略的关键位置。与东部发达省份相比,河南省相对较低的人均GDP长期制约着河南文化建设的总体投入,文化资源的有效整合和开发利用尚不到位、中小文化企业发展仍然步履维艰、文化创意人才紧缺、文化产业创新能力不足等主客观因素,都在不同程度地制约着河南文化建设的发展速度和发展质量。因此,河南省更加应该用"其命维新"的担当精神推动文化的繁荣发展,在锐意改革、攻坚克难中不断健全现代文化产业体系和市场体系,完善文化经济政策,以创新生产经营机制,培育新型文化业态,激发文化创造创新活力。

中华民族已经迎来从站起来、富起来到强起来的新时代,在不忘本来、吸收外来、面向未来中增强文化自觉,坚定文化自信的任务尤为迫切。为了推动社会主义文化的繁荣兴旺,河南省理应主动在创新生产经营机制、完善文化经济政策、培育新型文化业态方面担负起新的使命,在提供合格的文化产品、引导有"温度"的文化消费等领域扮演更重要的角色。在政治上,这是河南省作为中央确定的华夏历史文明传承创新区,在中国特色社会主义新时代坚持推动社会主义精神文明和物质文明协调发展,以文化繁荣夯实文化自信现实基础的重要责任;在经济上,这是河南作为文化资源大省,深化供给侧结构性改革,充分挖掘消费潜力,优化升级传统产业,加快发展现代服务业的必然选择;在文化上,这是河南作为华夏文明历史根底所在,使中华民族最基本的文化基因、中原文明的悠久文脉与当代文化相适应,与现代社会相协调,向9国内外展示华夏文明蓬勃活力的历史担当。

---

① 张体义:《李克强与河南文化建设 中原崛起的文化担当》,《大河报》2015年9月23日。

第一章 郑州市文化市情报告

古语云:"得中原者得天下。"中原的古都、名城承载着华夏民族五千年来的历史底蕴与人文精神,是华夏文明兴盛不衰、中华民族伟大复兴的根本源泉,历来是人们关注的焦点。作为中原大省河南省的省会城市,郑州是"中国八大古都"之一、世界历史都市联盟成员、国家历史文化名城。截至2016年底,郑州市内遗存各类文物古迹总数达8000余处,包含世界文化遗产2处,分别是登封"天地之中"历史建筑群和"大运河通济渠郑州段";国家重点文物保护单位74处81项,其中郑州市城区12处、登封21处、中牟1处、巩义10处、荥阳9处、新密9处、新郑12处;省级重点文物保护单位95项,市级重点文物保护单位268项①。2012年11月国务院批复的《中原经济区规划(2012～2020年)》,提出建设华夏历史文明传承创新区的战略布局。2016年12月20日,国家发展和改革委员会正式印发《促进中部地区崛起"十三五"规划》,支持郑州市建设成为国家中心城市,彰显了郑州在历史文化和现代发展中的核心地位,以及郑州在推动华夏历史文明传承创新区建设中的使命担当。

---

① 【收藏】图文全解:74处81项郑州市全国重点文物保护单位_搜狐其他_搜狐网 http://www.sohu.com/a/118760054_355272

第一节 郑州市文化资源概述

一、辉煌的历史文脉沿革

5000年前,华夏人文始祖轩辕黄帝在今郑州新郑出生、创业和建都,标志着华夏文明的诞生。夏朝,帝舜封禹于阳城(今登封),建立诸侯国夏国。商朝中期商王仲丁从亳(今商丘)迁都至隞(亦作嚣,今郑州商城),或有部分学者认为郑州是亳都,小双桥遗址是隞都,无论哪一种说法,至少表明今天的郑州主城区内的城市沿革自商代中期计算已有3600多年,是华夏文明延续变迁的鲜活典例。西周灭殷后,周武王将其弟叔鲜封于管(今郑州市管城区),建立管国。春秋初年,郑国向东迁都于新郑。后韩国灭郑国,亦将国都自阳翟迁至今新郑。至此,夏、商、管、郑、韩五代都曾建都于今天的郑州境内。其后,隋、唐、五代、宋、金、元、明、清则先后在郑州设郡、州或县。郑州市的老城区在清代为郑县县城。"中华民国"初年,郑县一度改名为郑州市。1948年10月中国人民解放军解放郑州,再次设郑州市。1954年河南省人民政府由开封迁至郑州,郑州成为河南省省会。郑州现辖6个市辖区和1个县,它们是中原区、二七区、管城区、金水区、上街区、惠济区和中牟县;代管5个县级市,分别为巩义市、荥阳市、新密市、新郑市、登封市。郑州市目前所辖区县在行政区划的沿革上与开封、洛阳有着十分密切的关联。在一定程度上,郑州城市文脉延续也可以说是开封、洛阳、郑州这三大古都的文脉汇流集中、相互影响的结果。

二、厚重的历史文化资源

郑州遍布着众多的历史文化遗址。8000年前的裴李岗文化遗址出土于今郑州新郑,填补了我国仰韶文化以前新石器时代早期的一段历史空白,被誉为"中国20世纪百项考古大发现"之一。包含有仰韶文化、龙山文化和夏、商时期文化的大型古代聚落遗址——大河村遗址见证了新石器时代的荣光,其内出土的东大汶口文化和湖北屈家岭文化的遗存是我国黄河中下游与长江流域诸文化的交流融合的实证,表明郑州一带自古就是民族融合、文化交流的宝地。郑州老城区内出土的商城遗址已被学界认定是商代早中期的城市遗址,是先周时期仅次于殷墟的庞大都城遗址,同为商代中期的小双桥遗址也在一定程度上填补了商代中期考古研究的空白。春秋战国时期郑国与韩国的国都遗址是目前世界上同一时期保存最完整、城墙最高、面积最大的古城,其内出土的"无字碑"被绝大多数专家学者认为是"中华第一碑",意义重大。伫立在郑州荥阳的汉霸二王城,以鸿沟为背景,是2000多年前楚汉战争鲜活的见证,更由此发展出中国传统象棋文化,被列为全国重点文物保护单位。位于郑州市西北20公里处的汉代古荥冶铁遗址是目前世界上发现的规模最大、时间最早的冶铁遗址。

这里遗留下众多的古建筑。2010年8月1日在第34届世界遗产大会上,登封中岳嵩山的"天地之中"历史建筑群被列入世界文化遗产。"天地之中"历史建筑群包括8处11项历史建筑,展现了佛、道、儒等不同文化价值的古代建筑艺术作品,连同其中丰富的古代碑刻、壁画等类型的文物遗存,历经汉、魏、唐、宋、元、明、清,2000余年绵延不绝,构成了全中国乃至全世界独一无二的传统文化景观,是中国时代跨度最长、建筑种类最多、文化内涵最丰富的古代建筑群,是中国先民独特宇宙观和审美观的真实体现。中国大运河郑州段是隋唐大运河通济渠的一段,距今已有1400多年的历史。位于郑州北郊的索须河全长约15公里,部分河段河面宽40余米,河堤基宽20余米,顶宽近7米,河床宽200～300米,是隋唐大运河河道保存较为完整、历史风貌较为协调的重要河段,具有重要的文化研究价值。

这里地处华北平原南部、黄河下游,居河南省中部偏北,临山依水,自然景观资源尤为丰富。黄河风景名胜区是国家级风景名胜区、国家4A级旅游景区、国家水利风景区,在这里曾多次举办"中国·郑州炎黄文化周"活动,在海内外产生了强烈反响。嵩山系伏牛山系,被联合国教科文组织列入世界地质公园,总面积约450平方公里,由太室山与少室山组成,共72峰。依托中岳嵩山而建造的嵩山少林风景区入选首批国家5A级风景区,《诗经·大雅·嵩高》赞曰"嵩高维岳,峻极于天"。始祖山(原名具茨山)为古有熊氏的发祥地,是国家级森林公园、国家3A级旅游区。此外,还有巩义五指山景区、巩义竹林长寿山景区、中牟雁鸣湖生态风景区、荥阳环翠峪风景名胜区、新密神仙洞景区等一批风景秀美的自然风景观。

这里是儒、释、道等多元文化交流碰撞的汇聚地。作为华夏文明早期朝代的都城和历代郡县，郑州是一些人文思想、宗教信仰的发源地或衍生地。儒教有创建于北魏孝文帝太和八年（484）、今位于郑州登封嵩山南麓的嵩阳书院，该书院与河南睢阳书院（又名应天书院）、湖南岳麓书院、江西白麓洞书院并称我国四大书院，历史上著名的程颢、程颐兄弟都曾在此讲学，是宋明理学的发源地之一。祭孔尊孔的文化在郑州管城回族区内一脉相承，明朝《郑州志》记载，郑州文庙创建于东汉明帝永平年间，曾是郑州历史最久、占地最广、规模最大的古建筑群，现在仍有络绎不绝的游客登庙祭拜。佛教有位于郑州登封少室山下的少林寺，该寺被认为是汉传佛教的禅宗祖庭，享有"天下第一名刹"的美誉，是国家旅游局首批 5A 级旅游景区。少林功夫也成为中华功夫的代称，郑州登封少林景区自 1991 年起确定每年的 9 月 1 日～5 日举办国际少林武术节，成功推动了少林文化名扬海外、深入人心。原建于北魏前期的大海寺（又名代海寺）于 1976 年出土佛、菩萨、石刻造像 42 件，均为国家一级文物。道教有位于郑州登封太室山脚下的中岳庙，该庙也是五岳中保存最完整、规模最大的道教庙宇建筑群，是世界道教主流全真道的圣地。春秋战国时期诞生于郑州的列子是道家学派的杰出代表，他终生致力于道德学问，其著作《列子》一书深刻反映了夏末周初交替与春秋战国时期的社会文化生活。此外，建于元末明初的郑州北大清真寺见证了伊斯兰教文化在郑州的传播。

这里或孕育或熏陶了不胜枚举的文化名人。古有华夏人文始祖轩辕，春秋有政治名家子产，战国有道家名师列子、政治家申不害、思想家韩非、水利专家郑国，秦末有起义领袖陈胜，东汉有名臣杜密，西晋有文学家潘安，唐代有诗人杜甫、白居易、李商隐，北宋有建筑学家李诫，金元之际有理学家许衡，明代有著名政治家高拱、爱国名将史可法，清代有数学家陈之勋、科技史专家仓孝和、历史学家荆三林，以及跨越明、清和民国时期的豫商康氏家族，今有体坛名将世界冠军邓亚萍、宁泽涛等。

这里有源远流长的民间文化。诞生于春秋时期郑国的郑风向今人娓娓道来旧时郑地的民俗民风，上巳节的"维士与女，伊其相谑，赠之以勺药"描绘出上巳节在春秋时期民间的盛行。春秋战国时期的《竹书纪年》和汉代的《史记》等历史典籍中有三月三登新郑具茨山（俗称"始祖山"）朝拜黄帝的记载。如今，每年农历三月三被确定为黄帝故里拜祖大典日，2008 年拜祖大典成为第一批国家级"非遗"项目。明太祖洪武敕封郑州城隍为灵佑侯，遂建庙祈祀。

《郑县志》载:"庙会最盛,自十五日起,士女答赛拈香,或奠献花果,或恭悬匾额,或割股披红,或枷锁伏罪,并有卖买赶趣,香茶细果,酒中所需。凡儿童玩物,例如彩妆傀儡、莲船战马、饧笙鼗鼓、枪刀剑戟、零碎戏具,在在成市。至一切耕具农器,尤属色色俱备。"①如今,城隍庙也曾多次举办郑州城隍庙文化庙会活动,是百姓节庆活动的盛会。

这里拥有数量众多、特色鲜明的非物质文化遗产。截至2017年3月,郑州市拥有国家级非物质文化遗产6项、省级的59项、市级的149项;国家级非物质文化遗产代表性传承人4人,省级的30人,已建立国家、省和市三级"非遗"名录体系。其中国家级非物质文化遗产分别是享誉海内外的黄帝拜祖大典、少林功夫,以及苌家拳、超化吹歌、小相狮舞、登封窑烧制技艺。河南省省级非物质文化遗产传统美术类有黄河澄泥砚、猴加官、香包(二七区)、香包(金水区)、民间剪纸(管城区)、登封木版年画、古建筑彩绘(朱氏古建筑彩绘)(金水区)、泥塑(赵恩名泥塑);传统音乐类的有黄河号子(黄河豫门号子)(荥阳)、黄河号子(黄河打硪号子)(中牟),传统舞蹈类的有独脚舞(民间社火独脚舞)、担经挑、登封闹阁;传统体育、游艺与杂技类的有太乙拳、摔跤(沈氏摔跤)(金水区);传统技艺类的有柿树栽培与柿饼制作技艺、麻纸制作技艺、葛记焖饼制作技艺、新郑枣树栽培技艺、荥阳霜糖(柿霜糖)制作技艺;民间信仰类的有中岳古庙会,民间传说类的有先蚕氏嫘祖传说、许由传说、潘安传说、河图洛书传说(巩义市)、洛神传说、列子传说、大禹神话传说、黄帝传说;民俗类的有新密溱洧婚俗、摸摸会、中原古荥汉族丧葬习俗、砑枣风俗、上巳节;曲艺类的有河洛大鼓。

此外,这里还有更多的近现代特色的文化资源。如悠久的农业文化资源:中牟著名的西瓜、郑州樱桃沟的樱桃、新郑大枣等都是土地赐予郑州市宝贵的资源,农业文化资源是郑州文化资源中的重要组成部分;近代工业文化资源:郑州二七塔是郑州的标志性建筑,也是郑州近现代变革文化的典型代表。由于地理位置的优势,1906年4月1日,贯穿郑州的京汉铁路全线通车,此后经过百年的发展,郑州已成为中国公路、铁路、航空、通信兼具的综合交通枢纽,拥有亚洲最大的列车编组站和中国最大的零担货物转运站,郑州航空港区荣

---

① 《郑县志》,"民国"五年(1916年)。

膺"中国首个国家级航空港经济综合实验区",在我国"一带一路"战略建设中,郑州是国家重点部署的内陆物流枢纽,拥有鲜明特色的交通工业文化。郑州还拥有纺织工业文化资源,郑州纺织产业园是全省规模最大、专业化程度最高、公共运营成本最低、软硬环境最优、行业领先的环保、科技型纺织服装工业园区。

三、城市的资源利用现状

经过改革开放以来的建设,目前郑州的城市文化资源利用现状主要呈现下列特征。

(一)以生态保遗项目建设为主导

自"十三五"伊始,国家文物局出台《大遗址保护"十三五"专项规划》,指出要发挥片区优势,继续做好郑州等六地的大遗址片区保护工作。郑州积极响应国家号召,形成了以生态保遗项目建设为主导的城市建设模式。2017年,郑州市人民政府发布的《郑州市"十三五"文化事业产业发展规划》,是进一步加强文物保护工程建设、保护与创造性传承华夏历史文化的有力举措。根据该规划,郑州正在实施"生态保遗"工程,加快创建国家级大遗址保护传承示范模式,重点建设商都历史文化区、古荥大运河文化区、二砂文化创意园区、百年德化历史文化街区四大文化片区和包括以老奶奶庙遗址公园为中心的人类起源与环境变迁展示园区、以西山考古遗址公园为中心的城市文明发展展示园区、以郑州商城遗址公园为中心的中国古都王都展示园区、以郑韩故城城市公园为中心的城市文明展示园区、以登封"天地之中"历史建筑群及其周边遗址为中心的华夏传统文化展示园区、以观星台遗址为中心的中国古代天文综合展示园区在内的六个特色文化遗产展示片区。

此外,郑州还本着"生态保护"的观念在"十三五"期间启动建设一批新项目,主要为郑州市博物馆新馆、郑州市商都遗址博物院、郑州市文物考古研究院、大河村考古遗址公园一期、郑州市纺织工业博物馆、运河遗产博物馆、郑州东赵夏商城遗址公园。以大遗址项目带动周边文化遗产的整体复兴,是郑州迈向文化强市的有力举措。

(二)以地市特色文化资源为基础

2011年9月,《国务院关于支持河南省加快建设中原经济区的指导意见》明确提出要"传承弘扬中原文化,充分保护和科学利用全球华人根亲文化资源;培育具有中原风貌、中国特色、时代特征和国际影响力的文化品牌,提升文化软实力,增强中华民族凝聚力,打造文化创新发展区"。在郑州进行具体建设时,为了避免城市的千城一面,打造特色文化产业,郑州市及其下辖县市的发展各有突出的重点,形成了因地制宜、类型多样、特色鲜明的发展面貌。

根据河南省委、省政府出台的《华夏历史文明传承创新区建设方案》,郑州市内中心城区管城回族区主要以商城遗址为发展重点。2017年6月,郑州市政府召开新闻发布会,宣布郑州商都历史文化区项目正式启动。该项目总规划面积6平方公里,包括金水区商王宫遗址,管城区明清古城,管城区南部、西部及二七区一部分的15个组团。惠济区将重点围绕通济渠郑州段和特色小镇群打造"郑州后花园",同时依托现代冷冻食品品牌,进一步健全三全、思念两家速冻食品龙头企业的物流配送体系,巩固惠济区在全国冷链物流系统中的枢纽地位。新郑市是中华人文始祖轩辕黄帝的出生地和建都地,亦是中国"轴心时代"春秋战国时期郑、韩两国的建都所在地,正在重点依托黄帝故里规划建设根亲文化主题基地,进一步发展华人寻根祭祖游,加快实施全球华人根亲文化圣地建设工程。登封市是中国第一个王朝夏王朝的定居地,拥有世界级的"天地之中"历史建筑群等文化遗产,正在进一步建设落实以"天地之中"遗产保护和传承为突破口的华夏历史文明传承创新先行先试区和以"嵩山论坛——华夏文明与世界文明对话"为支撑的具有广泛国际影响的文明对话交流平台,并将少林寺作为平台打造"世界功夫之都"。荥阳市是中国古代历代兵家必争之地,也是中国象棋文化的发源地。此外,《诗经·郑风》中多篇描述荥阳,唐代诗人王维、李白、白居易、韩愈、柳宗元、杜甫等曾多次到访荥阳,刘禹锡和李商隐长眠于此地,因此荥阳市在2008年被中国诗歌学会授予"中国诗歌之乡"的荣誉称号。2017年《郑州市"五大战略产业"集群招商活动实施方案》表明该市要将文化创意旅游产业作为五大战略产业之一加以高度重视。巩义市拥有北宋皇陵等一批历史遗址,2012年被评为"中国最具幸福感城市"之一,目前正在积极配合建设"郑州—巩义—洛阳工业走廊"。新密市曾是西周灭商后密国和郐国所在地,拥有打虎亭汉墓、黄帝宫等一批历史文化遗址,正在着力打造资源型城市转型升级示范区,建设新型耐材、品牌服装、节能环保产业基地。

（三）以特色文化品牌建设为抓手

《国务院关于支持河南省加快建设中原经济区的指导意见》中提出要"培育具有中原风貌、中国特色、时代特征和国际影响力的文化品牌"。2014年，国家文化部、财政部印发的《关于推动特色文化产业发展的指导意见》提出要"培育特色文化品牌。支持各地实施'一地（县、镇、村）一品'战略……重点支持具有地域特色和民族风情的民族工艺品创意设计、文化旅游开发、演艺剧目制作、特色文化资源向现代文化产品转化和特色文化品牌推广"。目前，郑州市已经开始聚焦文化品牌的建设。2016年，《郑州市"十三五"文化事业产业发展规划》中明确指出，要"打造具有郑州原创精神的文化品牌，凸显郑州文化影响力"。文化品牌不完全等同于商业品牌，文化品牌既可以是正式登记注册过或已经通过其他方式备案的品牌，如郑州已登记注册的"少林寺"、"小樱桃"动漫、"三全"、"思念"等文化品牌；也可以指具有一定历史积淀、在民间具有较大影响力、被广泛认同的具有文化及经济效益而以某文化资源为名的品牌，如"华夏历史文明传承创新区""黄帝祭祖大典""老家河南"根亲文化旅游品牌体系都属于此类。郑州目前正在力争打造一批具有中原特色、郑州风格的文化品牌。

四、城市的资源保护建议

（一）重视文化名人资源

对比邻近城市开封打造的包公文化、焦裕禄精神，郑州目前影响力较为深远的文化名人仅有炎黄二帝和因康百万庄园而闻名的豫商康氏家族。但实际上，郑州拥有众多宝贵的历史名人资源，如唐朝诗圣杜甫（今郑州巩义市人），其诗篇多反映心系苍生、胸怀天下的思想抱负，一句"安得广厦千万间，大庇天下寒士俱欢颜"，就将当下中国社会主义核心价值观中的"爱国"精神表露无遗。遗憾的是，作为杜甫的诞生地——郑州巩义市建设的"杜甫故里"远不及成都的"杜甫草堂"声名响亮。再如，春秋时期郑国（今郑州新郑一带）的杰出政治家子产，在历史上首铸刑鼎限权贵族、不毁乡校、公正廉洁[1]，曾被习近平

---

[1] 《贾氏说林》记载："子产死，家无余财，子不能葬，国人哀亡。丈夫舍玦佩，妇人舍珠玉以赙之，金银珍宝不可胜计。其子不受，自负土葬于邢山。"

总书记谈治国反腐时赞许。"子产治郑,民不能欺;子贱治单父,民不忍欺;西门豹治邺,民不敢欺。"[①]但今天的郑州虽设有子产祠,却呈现破败之势。子产祠长期以来处于被人忽视的尴尬局面,许多郑州本地人甚至不知子产是谁,其祠庙位于何处。子产作为历史文化名人的文化价值远未受到重视。城市文化建设离不开文化名人效应,一座有文化气息的城市,从来都离不开文化名人的精神作为支撑。以此二例观之,郑州在文化名人资源上的保护与利用情况不容乐观。

(二)提升文化品牌建设

近几年来,尽管郑州已经形成了一批具有鲜明特色、影响较为深远的文化品牌,但是少数的知名文化品牌与厚重的文化资源显然不成比例。文化品牌建设是将文化资源变为文化资本的有效途径。目前,郑州的文化品牌主要存在品牌数量少、辐射效应低、发展空间窄、与城市形象关联度较低等弊端。以少林寺品牌为例,"少林寺"是郑州文化品牌的佼佼者。1998年少林寺投资成立了河南少林寺实业发展有限责任公司,2004年11月国家工商总局商标局正式确定"少林寺"为中国驰名商标。少林功夫的魅力使少林寺这一品牌在国际上也享有盛誉,如美国加利福尼亚州就通过立法形式将每年的3月21日定为"嵩山少林寺日",其国际影响力可见一斑。但10余年已过,我们在为少林寺品牌发展取得的成绩高唱赞歌的同时,也需反思其不足之处。典型的是"少林寺",由于少林功夫和功夫表演闻名遐迩,及其多次被影视作品搬上荧幕,强化了少林功夫的文化特质和少林僧兵的形象,却削弱了少林禅宗的文化价值和文化影响,甚至社会上出现了不少对其宗教性、神圣性质疑的声音,这也侧面暴露出其文化品牌存在的发展局限性等问题。文化品牌都有导入期、成长期和转型期,目前的少林寺经过10余年的发展,亟待进行品牌转型。文化品牌发展历程应遵循从无到有、从有到多、从多到精、从精到新的发展规律。

(三)重塑城市形象

郑州市整体形象定位不够明确,没有形成一个容易被辨识和公认的城市整体形象。郑州市目前将"国际商都"作为自己的发展定位,并上升至省级战略。但是能体现郑州商都地位的商城遗址虽经学者鉴定其历史悠久,却未有

---

① 出自《史记·滑稽列传》。

文字出土作为佐证,而单纯依靠"古老"把较为抽象的遗址这种文化资源转化为文化资本、文化产品具有极大困难,也难以从中剖析出商城精神。另外,《诗经·商颂·玄鸟》中"天命玄鸟,降而生商"的说法也契合今商丘,商丘享有"三商之源、华商之都"之称,商城与商丘也有密不可分的联系。同时,比起无文字出土的商城遗址,郑州最有据可考的文化文明是春秋时期的郑国时代,郑州城市建制有明确文献记载的源头是郑伯迁都:"黄农陶唐时,草昧初开,水土未治,其地无考。《禹贡》:豫州之域。周封管叔鲜于此。成王时以流言国废。至平王东迁,郑伯从王,寄帑于虢、郐之间,徙都郐。今新郑,高辛氏火正祝融之墟。"①郑州的"郑"字,在《说文解字》中的直接释义为:"京兆县。周厉王子友所封。从邑,奠声。宗周也灭,郑徙溱洧之上,今新郑是也。"这是今郑州名称的直接源头。在法律方面,郑国著名政治家子产的"铸刑书",是中国历史上第一部成文法。继"刑书"后,郑大夫邓析"私铸竹刑",进一步完善了郑国的成文法典。在商业方面,史书有郑国王室与商人盟誓相约互不侵犯、共谋发展的记载,这也是商人、商贸、商业在古代被官方高度承认的唯一典例。郑国商人弦高佯装犒师、智退秦军、保家救国的事迹彰显了郑商爱国护国的忠义精神。在文化方面,郑国处于七国中央,其文化思想的交流与碰撞更是百家争鸣的一个缩影,《诗经·郑风》《左传》《列子》等一批先秦经典文献都直观地记载了郑州古时的政治、经济、军事、文化风貌。郑国以法制健全、政治民主、商业发达和诗乐文化闻名于世,是中国法制和法家思想的重要起源地,这对当下的社会发展具有重大意义。最为重要的是,郑国文化是唯一毫无争议属于郑州一地的,具有极高的辨识度和代表性。2017年3月14日,国家住房城乡建设部发布《关于将北京等20个城市列为第一批城市设计试点城市的通知》,郑州市就在这20个城市之列。因此,郑州在发展商都的同时,也应高度注重郑文化的复兴,建议将郑州形象定位为"华夏之源　商都郑风",并把商都遗址与郑国文化融入城市设计中去,切实塑造具有"发展活力、人文魅力、生态智慧、开放包容"的国家中心城市和具有中原文化特色,传统与现代交相辉映的国际现代化都市形象。

---

① 周秉彝修,刘瑞璘纂:《民国郑县志》,郑州:中州古籍出版社,2005年。

第二节　公共文化服务体系建设

2013年,郑州市被文化部、财政部命名为首批国家公共文化服务体系示范区,突出了郑州作为省会城市的龙头带动作用。2015年,国务院办公厅印发的《关于加快构建现代公共文化服务体系的意见》提出,在新形势下,构建现代公共文化服务体系,是保障和改善民生的重要举措,是全面深化文化体制改革、促进文化事业繁荣发展的必然要求。要保证公共文化服务与文化产业建设两条腿走路。2016年,郑州市人民政府发布《关于全面推进现代公共文化服务体系建设的实施意见》明确发展目标:到2020年,全面建成覆盖城乡、便捷高效、保基本、促公平的现代公共文化服务体系。新时代背景下,公共文化服务体系建设已经成为郑州建设"文化强市"的根基保障,也是提高市民文化素养、丰富市民文化生活的有力举措。据统计,2017年郑州市共实现生产总值9130.2亿元,比上年增长12.5%;人均生产总值93143元,比上年增长6.5%。第一产业158.6亿元,增长1.4%。第二产业4247.5亿元,增长11.9%。其中全部工业3683.5亿元,增长7.4%;建筑业566.2亿元,增长9.3%。第三产业增加值4724.1亿元,增长13.5%。其中批发和零售业660.1亿元,增长5.9%;住宿和餐饮业297.9亿元,增长6.4%;营利性服务业800亿元,增长20%;非营利性服务业917.8亿元,增长7.1%。

表1-1　2012~2017年郑州市一、二、三产业生产总值

单位:亿元

年份 类别	第一产业	第二产业	第三产业
2012	142.4	3206.4	2196.2
2013	147	3470.5	2584.4
2014	149.5	3771.1	2862.4
2015	151	3625.5	3538.7
2016	156.4	3796.9	4160.7
2017	158.6	4247.5	4724.1

数据来源:郑州市统计局

表 1-2 2012~2017 年郑州市社会消费品零售总额及其增速

年份 \ 类别	总额（亿元）	增速（%）
2012	2322.7	15.2
2013	2623.5	13
2014	2913.6	12.7
2015	3294.71	11.5
2016	3665.8	11.3
2017	4057.2	10.7

数据来源：郑州市统计局

一、公共文化服务设施建设

公共文化服务设施建设是公共文化服务体系的重要构成和硬件保证。根据《郑州市"十三五"文化事业产业发展规划》的统计数据，郑州市于 2016 年将市文化馆、图书馆、美术馆、博物馆、科技馆等市级"五馆"建设全部达到国际一级标准，下辖的 12 个县（市、区）内的图书馆、文化馆均达到国家标准；乡镇文化站、村文化大院、社区文化活动中心等基层公共文化服务设施覆盖率达 95% 以上，且全部对群众免费开放。在影视传播方面，全市共拥有电台、电视台、广播电视台 8 座，节目 25 套。

根据郑州市统计局 2016 年 5 月发布的数据，郑州市有艺术表演团体 16 个、群众文化馆 14 个、博物馆 31 个、公共图书馆 15 个。对比 1978 年改革开放初期，艺术表演团体 24 个、群众文化馆 17 个、博物馆 2 个、公共图书馆 5 个的数据，近 30 年来公共文化事业发展取得了一定的成绩，但仍有不足之处。

表 1-3 郑州市文化事业部分年份统计数量

单位：个

年份 \ 类别	艺术表演团体数	群众文化馆数	博物馆数	公共图书馆数
1978	24	17	2	5
2013	16	12	21	15
2014	16	12	31	15
2015	16	12	31	15
2016	16	14	31	15

数据来源：郑州市统计局

2016 年郑州市文物局统计了郑州 28 家博物馆，其中 9 家文物类博物馆，含一级文物博物馆1家、三级博物馆3家、行业博物馆5家。

表1-4 2016年度郑州市博物馆名录

类别序号	名　　称	博物馆性质（文物/行业/非国有）	质量等级（一级/二级/三级/无级别）
1	郑州市博物馆	文物	一级
2	郑州二七纪念馆	文物	三级
3	郑州市大河村遗址博物馆	文物	三级
4	郑州市古荥汉代冶铁遗址博物馆	文物	无级别
5	登封历史博物馆	文物	无级别
6	阳城遗址博物馆	文物	无级别
7	新郑市博物馆	文物	三级
8	新密市博物馆	文物	无级别
9	荥阳市博物馆	文物	无级别
10	郑州自然博物馆	行业	无级别
11	嵩山地质公园博物馆	行业	无级别
12	登封市革命烈士纪念馆	行业	无级别
13	八路军豫西抗日根据地纪念馆	行业	无级别
14	河南戏曲声音博物馆	行业	无级别
15	郑州大象陶瓷博物馆	非国有	无级别
16	郑州市黄淮艺术博物馆	非国有	无级别
17	郑州市华夏文化艺术博物馆	非国有	无级别
18	郑州市登封窑陶瓷博物馆	非国有	无级别
19	郑州至为古代艺术博物馆	非国有	无级别
20	郑州城外城陶瓷艺术博物馆	非国有	无级别
21	郑州赛思齿艺博物馆	非国有	无级别
22	郑州东兴昶书院文化博物馆	非国有	无级别
23	郑州瞻世博物馆	非国有	无级别
24	郑州仁清金石传拓艺术博物馆	非国有	无级别
25	郑州市东方翰典文化博物馆	非国有	无级别
26	新密市国辰艺术博物馆	非国有	无级别
27	河南炎黄明清家具博物馆	非国有	无级别
28	郑州弘瓷艺术博物馆	非国有	无级别

数据来源：郑州市文物局

郑州市正在落实中华人民共和国成立以来在公共文化事业上一次性投入最大的建设项目——市民公共文化服务区"四个中心"，即奥体中心、文博艺术中心、市民活动中心、现代传媒中心。此外，郑州市也在积极落实数字文化馆、公共文化数字云平台和城市24小时自助图书馆等设施项目建设，力争使全市文化馆、图书馆达到国家二级标准，80%的乡镇（街道）文化站达到等级标准，村（社区）综合文化服务中心功能完备,设施配套,发挥作用。

二、公共文化活动品牌建设

公共文化活动是公民参与文化事业的最直接表现方式,是公共文化服务融入百姓生活的直接体现。据统计,截至2016年郑州市共有专职文化队伍人员9299人,农村行政类各类文化管理员达3608人,业余文艺团体876个,文化志愿服务队伍超300支,文化志愿者总数达4万余人。

表1-5 郑州市艺术表演团体情况

县(市)区	机构数（个）	从业人员（人）	专业技术人员	演出场次（场）	国内演出场次（场）	农村演出场次（场）	国内演出观众（千人次）	本年收入（千元）	本年支出（千元）
省本级	6	1133	948	1658	1641	1043	2733	260989	242340
郑州市	11	696	369	2902	2892	2296	2842	66468	64651
市本级	4	402	267	649	639	229	596	46374	45604
中牟县	1	55	4	453	453	403	177	3518	3518
巩义市	1	39	29	230	230	200	320	3048	2986
荥阳市	1	33	19	354	354	354	675	2575	2575
新密市	1	62	21	456	456	390	350	6127	5998
登封市	1	55	1	500	500	500	570	3396	2540

数据来源:郑州市统计局

表1-6 郑州市艺术表演场所基本情况

县(市)区	机构数（个）	从业人员（人）	专业技术人员（个）	座席数（个）	演（映）出场次（场）	艺术演出场次（场）	观众人次（千人次）	艺术演出观众（人次）	实际使用建筑面积（平方米）	演（映）出业务用房（平方米）	本年收入（千元）	本年支出（千元）
省本级	2	209	14	3975	770	182	615	188	17263	7658	50398	51183
郑州市	10	226	27	4624	302	108	186	98	31795	8263	16113	16309
市本级	7	162	20	1724	100	80	100	80	21906	5063	10606	11685
巩义市	1	15	3	—	—	—	—	—	—	—	502	502
新密市	1	13	—	1700	200	26	85	17	1500	1500	1200	1200
新郑市	1	36	4	1200	2	2	1	1	8389	1700	3805	2922

数据来源:郑州市统计局

郑州市内的公共文化活动可分为两类:一类是直接依托地域传统文化资源而开创的特色文化活动,具有较高的文化辨识度,如"黄帝故里拜祖大典";另一类是根据国家号召、立足郑州近年来的文化发展而切实推出的群众文化活动,具有更加贴近群众实际生产、生活的特性,如"舞台艺术进乡村、进社区""出彩郑州""绿城读书节"等群众文化活动。

前一类中影响最为深远、知名度最高的是"黄帝故里拜祖大典"。"黄帝故里拜祖大典"于每年农历三月初三举行,2004年世界华人华侨社团联合会秘书长任兴亮先生曾在活动中诵读《拜祖文》;2006年该活动首次实现电视和网上视频直播,中央电视台给予高度关注,新闻频道、综艺频道、国际频道同时进行现场直播,并同步播出五大洲华人拜祖的场景,大典影响空前扩大;2007年,时任中国国民党荣誉主席连战出席,敬献花篮并点火上香;2008年,来自世界各地及海峡两岸的政府官员、学者及邓亚萍、王濛等29位奥运冠军出席;2010年,来自37个国家和地区的63个各类华人华侨商会、社团组织和6个姓氏宗亲会、同乡会作为嘉宾出席该活动;2012年该活动荣膺"全球最具影响力的十大根亲文化盛事"。近年来,随着影响力的不断扩大,该活动已然成为郑州新郑市乃至河南省文化活动品牌建设的标志物,也是密切沟通海内外华侨、传承华夏文明精神的有力纽带。

后一类中的活动虽不及前一类的影响力大,但更加贴近本土群众。如2015年郑州市启动了"出彩郑州"系列文艺活动,包括华夏优秀传统民间文化集中展演活动、元宵灯谜活动、庆元宵唢呐展演。2017年该系列活动再次升级,郑州市人民政府特印发了《"出彩郑州"系列文艺活动的方案》,在郑州市范围内组织开展贯穿全年的"出彩郑州"系列文艺活动,于春节、三八妇女节、五一劳动节、七一建党节、十一国庆节等重大节日举行大型文艺活动。2016年第十二届"绿城读书节"活动历时3个月,将网络媒体融汇于各项活动之中,书香家庭"阅读之星""最美实体书店"等评选活动都融入了网络互动环节。据统计,本次活动累计有15万人次参加,通过各类媒体渠道影响人群超50万人次。

此外,郑州市还积极举办规格较高、类型迥异的文化惠民活动。如2016中国(郑州)国际马戏嘉年华,汇集了来自俄罗斯、哈萨克斯坦、乌兹别克斯坦、乌克兰、吉尔吉斯斯坦、蒙古等"一带一路"沿线国家和地区的表演团体和新疆、安徽、河南等国内12个马戏杂技表演团体,为郑州广大市民表演了20余场马戏杂技。"中原动漫嘉年华"活动自2015年揭幕以来,每年在百汇地·动漫谷举行,用"动漫+"的理念将国产动画片《山海奇谭》的形象制作成大型水上游乐设备,大河小子、小樱桃、二兔等多个本土动漫明星也会盛装出席,与百姓亲密互动。该活动主张"动·城市,漫·生活",是将动漫产业融入百姓生活的实例,努力打造群众喜闻乐见的体现中原文化特色的动漫嘉年华品牌。

三、公共文化示范体系建设

2015年,郑州市开展了首批"公共文化服务示范乡镇(街道)、村(社区)和示范项目"建设。经过一年的创建期,郑州市审核研究后决定将管城回族区航海东路街道办事处等10个乡镇(街道)命名为首批"郑州市公共文化服务示范乡镇(街道)",金水区文化路博物院社区等25个行政村(社区)命名为"郑州市公共文化服务示范村(社区)","二七区马寨镇全民健身舞起来"等5个项目命名为"郑州市公共文化服务示范项目"。2016年,郑州市继续开展第二批"公共文化服务示范乡镇(街道)、村(社区)和示范项目"创建活动。2017年,将登封市告成镇等5个乡镇、中原区桐柏路街道风和日丽社区等10个社区(行政村)及"新郑市孟庄镇群众文化艺术节"等2个项目分别命名为第二批"郑州市公共文化服务示范乡镇""郑州市公共文化服务示范村(社区)"及"郑州市公共文化服务示范项目"。郑州市已经形成了一个由一批示范乡镇(街道)、村(社区)、项目三级组成的示范体系。

第三节 文化产业发展现状

2015年,"郑州市文化产业增加值281亿元,占全省文化产业增加值的比重超过25%,规模以上文化企业496家,营业收入超亿元的文化企业达138家,规模以上文化企业营业总收入738.7亿元,同比增长12.5%"。文化产业已成为郑州市四大战略支撑产业和十个主导优势产业之一。2018年4月,郑州市政府公布《郑州市加快文化产业发展若干政策》,将统筹整合现有促进文化产业发展方面的扶持资金。由市级财政每年安排不少于2亿元的资金,集中设立市级文化产业发展专项资金,用于扶持郑州市文化产业发展,加快建设华夏历史文明传承创新中心,推动文化产业成为国民经济支柱性产业。

在过去十年间,郑州市文化产业总体发展迅速,根据《郑州市"十三五"文化事业产业发展规划》，郑州市将重点发展产业关联性较强，能够带动上下游产业的文化旅游、演艺娱乐、影视制作、出版印刷、工艺美术、广告会展、动漫游戏和创意设计八个重大行业。下面将主要对新闻出版业、动漫产业、会展产业、旅游产业等几个文化产业具体行业的发展态势进行分析。

一、新闻出版业蓬勃发展

作为省会城市，郑州市的新闻出版业起步较早。1949年6月1日，《河南日报》创刊，由毛泽东主席亲笔题写报名。《河南日报》作为中共河南省委机关报，由中共河南省委主管，隶属于河南日报报业集团，报社位于河南省郑州市，是目前河南省内最具权威性、指导性和发行量最大的日报。经过近70年的发展，《河南日报》目前日发行量约53万份，覆盖河南全省所有省辖市及所有县市区，成为广大人民群众认可的综合性党报。1999年12月，河南日报报业集团（又名"河南日报社"）经中宣部、国家新闻出版总署批准成立，后逐渐发展成以《河南日报》为核心组建的综合性文化传媒集团。短短十余年间，河南日报报业集团目前已拥有《河南日报》《大河报》《河南商报》《大河网》等10报两刊3网站，21家公司，实现年经营收入超20亿元，资产总额超过29亿元，社会影响力与综合经济实力在全国省级党报集团中名列前茅。

郑州报业集团是郑州市委直属事业单位。作为市委机关报，《郑州日报》创刊于1949年，后来在发展中《郑州日报》《郑州晚报》交替出版，2002年开始形成《郑州日报》《郑州晚报》两报并行、错位发展的格局。2011年4月，经市委批复同意，挂牌成立了中原报业传媒集团，2014年2月更名为郑州报业集团。郑州报业集团确立了"做强以党报为旗帜的全媒体宣传矩阵，做大以都市报为龙头的IP资源平台，做活以新媒体为先锋的融媒集群，做优以文创产业为支撑的多元化产业链条"的"四做"发展路径。目前，郑州报业集团旗下拥有的纸媒有《郑州日报》《郑州晚报》、《环球慈善》杂志、《小樱桃》杂志、《中原地铁报》以及《郑州晚报》各社区报；网络媒体有中原网、郑州日报网、郑州晚报网、手机中原网；新媒体有"郑州观察"客户端、郑州晚报"身边"客户端、"郑州圈"微信公众号等百余个客户端、官微、官博；移动视听渠道有冬呱视频、郑直播、ZMG动新闻等。其中，中原网于2007年10月由国务院新闻办公室批准为国家一类新闻网站。2016年，中原网被国家网信办《网络传播》杂志发布的榜单评为中国城市网站传播力全国10强之一。2017年,中原网在第12届亚洲品牌盛典开幕式暨2017亚洲品牌500强新闻发布会上荣获"中国新三板创新品牌100强",成为河南省境内唯一上榜的新闻网站,品牌价值达4.97亿元。此外,2017年由中央网信办《网络传播》杂志权威打造的"中国主流媒体APP排行榜2017年9月榜"发布,《郑州晚报·身边》客户端名列第24位,与新华社、《人民日报》《解放日报》等APP同登50强榜单。

二、动漫产业快速崛起

郑州市的动漫产业发展应该说是起步于小樱桃动漫。该品牌始创于1998年,2000年正式成立公司,是中国最早的民营动漫产业公司,总部位于郑州市高新区。2008年郑州小樱桃卡通有限公司获批建设国家动漫产业发展基地(河南基地),成为郑州市建设文化强市、河南省建设文化强省的强大支撑与载体。同年,《小樱桃》动画片被国家广电总局评定为2008年度"优秀国产动画片"。2009年,国家新闻出版署批准《小樱桃》杂志创办,这是我国首个以民族漫画明星命名的杂志。该杂志的创办,还促成了郑州新闻出版界体制改革的一项创举:郑州日报社、郑州小樱桃卡通公司组建成新世界(郑州)文化传媒公司,更好地为《小樱桃》杂志的发展保驾护航。随着小樱桃动漫的不断发展,小樱桃卡通公司被授予"内地最佳漫画创作机构""河南品牌100强"等荣誉称号。

除了小樱桃的故事,2008年底,郑州小樱桃卡通艺术有限公司还投入制作了《中国戏曲经典原创动画第一部》,作品以54个中国传统戏曲剧种、100个经典剧目为创作基础,使传统文化资源借助现代动漫产业重焕生机,获得了高度赞扬。2015年人民网动漫频道以题为《中国戏曲经典原创动画系列产品》赞其是向受众者以动画的形式再现经典剧目,具有重要思想价值、艺术价值和创新价值,对提升少年儿童对戏曲的兴趣、对校园传承传播具有重要作用的系列产品。此外,2010年首播,由河南省委宣传部指导,上海世博会事务协调局监制,河南日报报业集团、央视动画有限公司联合出品的《少林海宝》也取得了不小的成绩。该作品是上海世博会授权的唯一剧情类动画片,是借助重大题材表现中原文化的精品项目,巧妙展现了"功夫文化""禅文化""和文化""世博文化"。郑州谷晶创艺动漫有限公司创作的我国首部以青少年普法宣传为题材的大型三维系列动画片《代号12348》和以《清明上河图》为文化背景创作的动漫片《名画神剪历险记》也都取得了一定的成绩,是中原动漫企业将动漫与现实生活和传统文化结合的有益尝试。国家动漫产业基地(河南基地)正在逐步实现转型升级,打造跨行业、跨媒体、跨区域、跨所有制的原创动漫企业集群。

郑州动漫产业取得的成绩在一定程度上要归功于政府政策的大力扶持。2008年,市政府出台《郑州市人民政府关于扶持动漫产业发展的若干意见》,提出要加大对动漫产业的扶持力度,设立动漫产业发展专项资金5000万元,主要用于对动漫产业的奖励、资助、贴息等,重点向动漫产业基地、龙头动漫企业、重大动漫发展项目倾斜。为了促进动漫产业良性发展,对评定的原创优秀动漫作品将进行奖励,鼓励原创;另外,还大力扶持、鼓励市动漫企业和高等院校、其他企业合作设立动漫研发(技术、创作)中心,从源头上培养创意人才。同时,政府也有意放权,根据动漫产业发展的集聚程度建立一批不同层次的动漫行业协会,支持行业协会配合政府部门制定行业标准和动漫分级制度,畅通政府和企业之间的沟通渠道,保障和促进动漫产业健康有序发展。同年,经国家新闻出版总署、河南省新闻出版局批准,国家动漫基地(河南基地)授牌仪式在郑州举行,这标志着郑州成为国家发展动漫产业的重要城市。2010年,基地的动画片产量达6000分钟,居全国第八、中部第一。2011年,国家动漫产业发展基地(河南基地)荣获"中国创意产业最佳园区奖",跻身2011年全国十个创意产业最佳园区之列。

尽管郑州市动漫产业已取得了较为丰硕的成果,但也面临发展瓶颈的挑战。首先,郑州市具有影响力的动漫品牌数量还有很大的提升空间,既有的动漫品牌的影响力仍需进一步加强;其次,文化创意融入不足,一些公司在动漫创作时有意识融入中原文化资源,但对于中原厚重的文化资源来说,挖掘仍不够深入,动漫人物形象不够深刻;再次,动漫剧情设计简单,画风不够精致,不能普及全年龄段人群,这也是郑州市动漫作品的一个通病。

三、会展产业稳步发展

会展产业是通过举办国际国内会议与展览,对外展示主办地文化形象、提升文化辐射力,对内拉动餐饮、旅游、交通、住宿等相关服务产业经济增长的重要平台。对于这一朝阳产业,国际上有展览业的产业带动系数比例大约为1∶9的概念。改革开放以来,会展产业愈发受到国家的关注,2015年国家发布《国务院关于进一步促进展览业改革发展的若干意见》。

中华人民共和国成立以来,郑州市的会展产业起步晚于会展产业大市,如深圳、北京、上海等城市。20世纪80年代,郑州全国糖烟酒订货会可被看作郑州会展业的起步。1995年,首届郑州全国商品交易会举办,成为商务部重点支持的全国性综合展会活动。2005年11月,第十一届"郑交会"将主题命名为"消费品博览会",在当时新落成的郑州国际会展中心举行。郑州国际会展中心的建成和投入使用直接拉动郑州市会展数目的快速增加。据《河南商报》报道,2007～2014年,在郑州国际会展中心举办的展览数量由2007年的25个上升到2014年的124个,展览面积由57万平方米上升到177万平方米,会议数量也由2007年的46个上升到2014年的160个,参展观众由2007年的67万人次上升到2014年的220万人次。① 2012年,郑州与北京、上海、广州、成都、杭州、深圳一同入围"中国最受欢迎的会展城市"。在中国展览馆协会2013年的统计中,郑州展会数量居全国第五名,已远超我国大部分省会及中心城市。"十二五"期间,郑州共举办各类展会近千个,展览面积达到1000万平方米,参会客商约1330万人次,会展业直接收入近90亿元,拉动实现社会经济效益800多亿元。2017年7月,中国—东盟会展行业合作委员会在郑州成立,这是中国—东盟商务理事会在中国设立的唯一会展行业合作机构,使郑州的会展产业又向前迈进了一大步。

2016年郑州市人民政府出台《郑州市人民政府关于加快国家区域性会展中心城市建设的意见》,在文件总体要求中写道:"抢抓'一带一路'战略机遇,构建大枢纽、大物流、大产业、大会展融合发展的格局,将郑州打造成为国家区域性会展中心城市和国际会展名城。"文件中对郑州市未来3年的会展产业发展目标做出了明确的预期:"到2020年,全市可供展览面积达到50万平方米以上,年规模以上展览数量350次,展览面积400万平方米,其中举办5万平方米以上的展览20次,举办国际性会议10次,举办具有地方特色的品牌节庆

---

① 宋晓珊:《郑州会展12年带动十多个行业的发展,改变一座城》,《河南商报》2016年10月21日。

活动 10 次以上,会展业带动社会经济效益达 600 亿元,建成面向国际、引领中西部的国家区域性会展中心城市,国际知名度和影响力进一步提升。"[①]

郑州现在已成功举办了中国(郑州)国际马戏嘉年华、中国(郑州)国际街舞大赛、中国国际摄影艺术节、中国(河南)国际投资贸易洽谈会、郑州全国商品交易会、郑州航展、河南家禽交易会、中国(郑州)国际汽车后市场博览会、郑州国际车展、中国(郑州)国际旅游城市市长论坛、嵩山论坛、中国考古学大会、中国(郑州)国际创新创业大会、国际民航组织航空货运发展论坛、黄帝故里拜祖大典、中国郑州国际少林武术节、中国郑开国际马拉松赛、郑州国际微电影节等一批具有文化品牌效应的会议、展览。例如,2013 年,郑州首次举办"中国(郑州)国际街舞大赛",到目前为止,已吸引了来自美国、英国、德国、法国等 20 多个国家和地区的选手参加比赛,在街舞界形成了较强的影响力。2017 年 8 月第五届大赛更是得到央视新闻第 13 套《朝闻天下》栏目的报道,现已经成为国内规格最高、项目最全的国际性街舞赛事。此外,由于河南省是农业大省,郑州市也尤为注重对农产品的宣传与农产品博览展会方面的建设,如河南家禽交易会、河南省农药信息交流会、西瓜节暨大蒜贸易洽谈会、红枣文化节、石榴文化节等皆已初具规模。

郑州目前正在积极打造国家区域性会展中心城市。郑州新国际会展中心、国际会展中心二期工程都在如火如荼地建设中。中原国际博览中心、郑州国际会展中心等也正在进行场馆国际化转型。但据中国产业信息网的行业统计报告数据显示[②],2016 年中国展会展览十大品牌企业(排序不分先后)包括中国进出口商品交易会展馆、上海新国际博览中心、中国国际展览中心、国家会展中心(上海)有限责任公司、北京北辰实业股份有限公司国家会议中心、香港会议展览中心、深圳会展中心、厦门国际会议展览中心、昆明国际会展中心、武汉国际博览中心,郑州国际会展中心并未跻身前十。由此可见,郑州会展产业仍有较大的发展空间。

[①] 郑州市政务服务网:《郑州市人民政府关于加快国家区域性会展中心城市建设的意见》,2016 年 8 月 24 日。

[②] 中国产业信息网:《2016 年中国展会展览(会展)行业特征、行业发展状况与行业发展趋势分析》,2016 年 5 月 16 日。

四、全域旅游积极建设

基于众多的历史文化资源和自然景观资源,旅游业是郑州市的优势文化产业之一,也是郑州市最早开始发展的文化产业门类之一。1998年,郑州市入选首批由国家旅游局评选的中国优秀旅游城市,也是河南省唯一入选的城市,这显示了郑州市在河南省旅游业中的龙头地位。此后,随着国家对旅游产业的高度重视,有关旅游产业的指导政策和意见相继出台,为旅游业提供了良好的政策环境,郑州市也受益匪浅。2011年,为推动区域旅游融合发展,中原经济区城市旅游联盟成立,郑州市作为重要的中原城市参与其中并承担着重大的带动职能。2015年初,国务院办公厅印发《〈国务院关于促进旅游业改革发展的若干意见〉任务分解表》,将旅游业改革任务进行细分。同年,国家旅游局印发《关于促进智慧旅游发展的指导意见》,提出要建设一批智慧旅游景区。

2016年9月,在由标准排名(中国)研究院发布的《2016年中国旅游城市吸引力排行榜》[①]中,郑州市以2015年度旅游接待0.87亿人次、旅游总收入1004亿元、百度搜索整体指数11368,跻身全国排名旅游城市前15名。根据《2016年郑州市国民经济和社会发展统计公报》数据显示,2016年郑州市全年实现旅游总收入1053.9亿元,比上年增长13.7%(如表1-7),相比于2011年,旅游总收入翻了几番。来郑州旅游的人数达8933.6万人次,比上年增长13.1%;其中,国际旅游人数48.1万人次,增长3.6%;国内旅游人数8885.5万人次,增长13.2%。截至2016年末,旅游业形成了如下规模:全市共有旅行社290家(其中国内社247家,国际社43家),导游员2.2万人,星级酒店38个,A级旅游景区41个,4A级及以上景区14个,直接从业人员12万人,旅游业直接和间接创造就业约占全市新增就业的8%,旅游脱贫人口约占全市脱贫人口的10%。

---

① 凤凰网河南:《2016旅游城市吸引力排行 郑州跻身全国前15名》,2016年9月7日。

第一章 郑州市文化市情报告

表1-7 郑州市旅游事业部分年份统计数据

类别\年份	星级宾馆(个)	接待入境游客(万人次)	旅游外汇收入(万美元)	接待国内旅游(万人次)	旅游总收入(亿元)
2006	112	23.2	8800	2316.0	230.5
2011	99	38.4	15000	5425.7	589.9
2016	36	48.1	18800	8885.5	1053.9

数据来源：郑州市统计局

2016年是郑州市国家全域旅游示范区创建起步之年，郑州市正在致力于建设多样化的旅游项目。郑州的旅游景观大致可以分成两类：一类是依托于市内自然文化景观、历史文化遗址或由历史资源衍生建设的产业园、主题公园，如沿黄文化旅游带、商都历史文化区、列子文化产业园、登封"天地之中"文化旅游专业园区、新郑黄帝故里历史文化园区、中牟雁鸣湖野生动物园、伏羲山大峡谷、南水北调生态文化景观走廊、荥阳楚河汉界象棋文化产业园等；另一类是基于高科技、外来文化而创建的新兴产业园区，如郑州方特欢乐世界、建业·华谊兄弟电影小镇、韩国文化创意产业园、郑州航空港对外文化贸易区、郑州国际文化创意产业园、中原科技创新文化产业区、郑州铁路文化主题公园、郑州（绿色）印刷包装创意文化产业园、"二砂"文化创意产业园等。根据"十三五"规划，这些也是郑州市正在重点实施的工程项目。2017年，人民网旅游频道转载《郑州晚报》的新闻报道——《郑州旅游总收入今年瞄准1190亿》，据旅游局预测，2017年郑州旅游总收入将再创新高，推动全域旅游大步向前。

旅游业正值转型期，对郑州市既是考验也是机遇。旅游景区是旅游业的核心吸引力和竞争力。旅游景区大致可分为三类：自然景观景区、历史文化景区和人造景区。当下，人造景区在一定程度上备受追捧，也降低了文化遗址或自然景观的保护维修成本，分担了旅游压力，如北京的798艺术园区等。旅游业发展的一个重大趋势是将传统文化与现代创意结合，形成文化创意旅游，或者说体验旅游。因此，旅游业不再是传统意义上的以文化资源多寡决定旅游业发展前景。越来越多的城市开始尝试用"文化＋实景演出""文化＋人造园区""文化＋节庆活动"等新模式来吸引消费者。开封市推出的《大宋·东京梦华》大型演出、桂林市推出的大型山水实景演出《印象·刘三姐》等都是"文化＋演出"模式的成功典例。西安市仿照唐代皇家园林式样建造的大唐芙蓉园是"文化+园区"的范本。慕尼黑啤酒节、哈尔滨冰雪节、洛阳牡丹节、开封菊花节等皆是"文化+节庆活动"的案例。郑州市目前虽然拥有丰厚的文化资源,但在文化创意旅游方面却稍显匮乏:"文化+实景演出"类成功的仅有《禅宗少林·音乐大典》少数个例;"文化+人造园区"的建设虽然有众多产业园区,但影响力还远远不够;"文化+节庆活动"更是少有,城隍庙庙会难以与开封的庙会媲美。郑州旅游业的发展不应局限于不断扩建景区的老路子上,还应跟上转型趋势,向创意旅游模式转型。

第四节 文化产业发展趋势与对策

《河南文化发展报告(2017)》发布了"2015年河南省区域文化竞争力分析评价报告",经河南省专家学者列出多个指标体系考核、评议,郑州市在18个省辖市的区域文化竞争力排名中总分位居榜首,巩义排省直管市第一。郑州市在省内的文化龙头地位凸显。但在《中国城市文化竞争力研究报告(2016)》中,城市文化竞争力综合指数得分位居前十的城市分别为北京、上海、广州、杭州、南京、深圳、武汉、西安、重庆、成都,郑州不在前十之列。由此可见,郑州市仍有很大的发展空间。

一、整体趋势及重点建设方向

"文化+"战略成为郑州市文化产业发展的重要趋势。在当下社会,由"互联网+"概念的兴起,"文化+"概念也被提出。《郑州市"十三五"文化事业产业发展规划》中写道,要"实施'文化+'战略,推动融合业态创新,加快实现文化发展动力转换"①。中国传统文化博大精深,是中国文化软实力取之不尽、用之不竭的源泉,这不仅适用于文化强国之路,同样适用于文化强市之路。"文化+"是在新时代背景下加快业态融合的有效途径。"文化+科技""文化+创意""文化+旅游",甚而"文化+制造业""文化+现代农业"等纷纷涌现。"文化+"战略既提高了传统文化资源的文化价值,也提高了相关产业的文化

---

① 郑州市发展和改革委员会:《郑州市人民政府办公厅关于印发郑州市"十三五"文化事业产业发展规划的通知》,2017年3月17日。

附加价值。

加紧布局建设文化大数据产业。2016年,国家发展改革委员会、工信部、中央网信办发函批复同意河南省建设国家大数据综合试验区,构筑以郑州大都市区为核心,洛阳中原城市群副中心城市为重要支撑,其他省辖市中心城市为主要节点的空间格局。作为新兴产业的重点试水城市,郑州市具有一定的实力支撑:2016年,郑州"互联网+"指数居全国城市第14位,获批开通国际通信专用通道,成功入围中国信息化城市15强,截至年底,郑州高新技术工业增加值占到工业增加值的43%,高新技术的进步为发展文化大数据产业打下了坚实的基础。2017年,《郑州市人民政府关于促进大数据产业发展的若干意见》提出将大力支持郑东新区智慧岛和郑州高新区大数据产业园的建设,并重点扶持一批有条件的大数据企业、国内外知名高校和科研机构落户郑东新区智慧岛和郑州高新区大数据产业园,建立研发中心和培训基地。

人才支撑战略成为郑州发展文化产业的有力保障。人才是产业的核心竞争力。《河南省中长期人才发展规划纲要(2010~2020年)》《河南省宣传思想文化人才队伍建设中长期规划(2011~2020年)》等都充分表明了对人才的重视。2015年5月郑州开始实施"智汇郑州·1125聚才计划",初步计划用5年左右的时间,重点引进1000名掌握核心技术资源、具有较强创新创业能力的领军人才和高层次创新创业紧缺人才、100个领军型科技创新创业团队,培养200名具有国际化视野和持续创新能力、拥有核心自主知识产权的科技创业企业家,汇聚50名以上"两院"院士、国家"千人计划"人才等国内顶尖专家型人才,大力培育文化事业产业人才成长环境,提高人才队伍的综合素质。

大力扶持小微企业。小微企业已经成为当下文化产业中最具活力的组成部分。2014年,文化部、财政部印发《关于推动特色文化产业发展的指导意见》,特别提出要"健全各类特色文化市场主体……扶持各类小微特色文化企业和创业个人,支持个体创作者、工作室等特色文化产业主体发展"。2016年,《郑州市人民政府关于扶持小微企业加快发展的意见》出台,进一步鼓励大众创业,以"微升小、小升中、中升大"为主要发展方向推动小微企业转型升级,支持小微企业走"专精特新"之路。具体扶持方式包括加大小微企业金融支持力度、降低小微企业融资成本、鼓励小微企业直接融资、由市政府金融办牵头发展壮大担保机构、加大对小微企业财税支持力度等,切实为小微企业保驾护航。

二、公共文化服务对策建议

(一)打造地标书店,引导市民阅读

自2014年李克强总理倡导"全民阅读"以来,"全民阅读"连续多次被写入政府工作报告。在移动终端高度发达的现在,传统纸媒阅读依旧不能被完全取代。24小时书店概念的兴起,使全国多座城市发展了一批地标书店。2014年,北京三联韬奋书店实行24小时营业制,获得李克强总理的盛赞,并表示希望把24小时不打烊书店打造成为城市的精神地标。此外,享有"中国最美书店"之称的南京先锋书店也早已成为南京的一张文化名片。倡导"全民阅读"是促进基本公共文化服务标准化、均等化的重要举措,开放的书店是普及公共阅读的最佳方式。尽管郑州市目前已经拥有致力于文化惠民的郑州市图书馆、"书是生活""城市之光""纸的时代""锐普书房""松社书店"等一批口碑较好的书店,但仍面临营业时间短、服务人员少等问题。如郑州市图书馆新馆虽馆藏丰富,但在开放时间上却有很大局限,多媒体阅览室也严格限制每人每天2小时的使用时间。而类似"书是生活""城市之光""纸的时代""锐普书房""松社书店"等民营书店虽各有亮点,却在人群容纳方面有更多限制。迄今为止,郑州市还没有一家书店能够担起"城市精神家园""城市文化地标"的称号。郑州正在启动城市街区24小时自助图书馆项目,"力争年内在我市人口密集区实施'24小时自助图书馆'建设工程……大力推进我市公共图书馆服务联盟建设,加快全市公共图书馆系统资源整合。希望在不久的将来,郑州可以涌现一批特色鲜明的书店,推动公共文化服务进一步发展,满足广大市民的阅读需求,打造中原书香绿城文化惠民品牌,树立城市精神地标"。

(二)动员各界参与,吸收社会力量

积极动员社会力量参与公共文化服务志愿活动。如新郑市2014年启动"百支队伍、千名骨干、万家欢乐"(简称"百千万")的文化惠民工程,要确保新郑市300多个村庄中每个村庄至少有一支含3~5名文艺骨干的文艺队伍,并通过这300余支队伍、1000多名骨干,分3个层级开展广场舞、盘鼓、戏剧、剪纸等方面的培训,保证新郑市文化惠民工程遍地开花。然而这样的大型文化惠民工程绝非政府一力可以实施建设的,需要社会力量的参与、协同建设。郑州市目前多地的文化惠民工程辐射力度有限、服务覆盖人群较少,原因就在于

政府管理的能力是有限的。2015年,文化部、财政部、新闻出版广电总局、体育总局共同出台《关于做好政府向社会力量购买公共文化服务工作的意见》,正式拉开了社会力量参与公共文化服务的序幕,也是公共文化服务体制改革的重要一步。文化部、中央文明办《关于开展2015年文化志愿服务工作的通知》文件表示要加强志愿服务制度化建设,进一步推动文化志愿服务工作规范化、制度化。郑州市目前正在研究出台《文化志愿者管理办法》,这也是规范社会力量参与公共文化服务的有效方式。

三、文化产业发展对策建议

(一)重视历史名人,讲好中原故事

郑州市虽在河南省具有较大的文化产业引领作用,但在辐射周边省份上却仍显得心有余而力不足。郑州文化产业要进一步发展,面临的重要难题是如何将华夏历史文明传承创新区的内涵发掘出来,并充分证明其在促进华夏文明传播、中华民族融合方面的历史实证和文化优越性。郑州市推动"文化+"战略,"文化+"并不仅仅是文化与另一事物的简单融合,而是依托其他形式将文化推广出去。我们常说要讲"中原故事",那么怎样的故事是中原特有的,怎样讲故事才能让外地游客接受呢?这可以从郑州已成功的范例上寻找经验,黄帝故里大典之所以备受海内外关注,是因为其充分挖掘出了黄帝这一历史人物对于推动整个华夏文明进展和沟通中华儿女情感的特质。文化名人的辐射效应是巨大的,若只将历史文化名人的故事写在名人的故里碑文上,就只有到访的少数游客知道。因而,讲故事的形式必须是多样的,可以是旅游景区里推出的充满仪式感的活动,也可以是动漫作品。如台湾漫画家蔡志忠致力于用漫画的形式讲传统故事,已经出版了《孔子说》《老子说》《庄子说》《孟子说》《列子说》《韩非子说》《吕氏春秋》等动漫作品。他的100多部作品在30多个国家和地区以多种语言版本出版,销量达3000多万册,日本(旺文社1994年版)高中课本,还以他的《庄子说》之7页作品作为基本教材。郑州目前有国家动漫基地,可以利用此平台把子产、列子、韩非、杜甫、白居易、李商隐、李诫等一批以往并未大力开发的历史文化名人的故事讲出来,他们身上的变革精神、法治思想、爱国情怀、创新精神等对当下社会都有重要的文化引领作用。

（二）推陈出新，注重历史文化资源

郑州市是中国八大古都之一，有着丰富的历史文化资源，但这些文化资源还没有充分发挥真正的文化价值。郑州市可以利用这些文化资源，重点梳理好历史文脉，传承历史文化，讲好中原故事。同时，加大宣传和推介力度，处理好保护传承与利用的关系、近期与长远的关系、重点与系统之间的关系，形成"文化＋旅游"的产业化发展模式，进一步把旅游元素、文化元素融入历史文化资源的开发之中。发挥裴李岗文化遗址、大河村遗址、郑州老城区内出土的商城遗址、汉霸二王城等遗址的文化价值，系统规划，科学开发，把这些历史文化遗存建设成一条独具特色的"文化遗址旅游线路"。另外，中国大运河在2014年被列入世界非物质文化遗产名录，"大运河文化带"建设的议题也引起了政府多方面的重视。郑州市政府可以抓住"大运河文化带"建设的机遇，突出河南特色，立足于保护好、传承好和利用好的"三好"角度，探索运河保护传承利用的河南模式，打造"文化＋旅游"发展模式，创新运河发展协调机制，传承中原文化。

（三）拒绝雷同，研发特色产品

作为旅游产业重要收入来源之一的纪念品行业，一直被人们诟病，相似的产品全国遍地开花。的确，若将旅游纪念品仅定位用来增加旅游产业收入的话，那么对产品的研发就显得无关紧要。但实际上，特色鲜明的旅游纪念品是旅游景区的软宣传力，承载着对旅游地二次隐性宣传的重要使命。精致的旅游纪念品要符合三个条件：首先，产品原型应出自旅游景区的特色文物，并与景区整体形象相契合，坚决杜绝雷同复制；其次，旅游纪念品必须制作精细，质量过关，使外地景区难以低成本批量仿制；再次，旅游纪念品应尽量符合实用功能，满足人们日常生活需要，这可以提升纪念品的宣传功能。郑州旅游纪念品业目前存在的主要问题是对景区特色文化资源或未发掘，或发掘过浅。如郑州商城遗址以出土的青铜器闻名，则有不少本土制造公司积极照搬青铜器原型，生产一批大小尺寸不一的仿青铜器产品，如兽面纹方鼎、大克鼎等，这些产品并非出土于郑州本地，而且产品仅具有摆设功能，观赏价值不足，实用功能欠缺，对普通游客来说就明显不具备吸引力。郑州旅游纪念品业也应通过品牌带动效应，从数量取胜向质量取胜发展。

（四）协同其他地市，共建中原文化

郑州作为河南省的省会城市、经济和文化的龙头城市，在发展文化产业时最为重要的是搭建整个河南文化发展的平台，协同河南省其他地市共同创建华夏历史文明传承示范区，打造中原文化品牌，振兴中原文化。中国八大古都，河南有四个，其文化底蕴之深厚不言而喻。但是文化大省不等于文化强省，文化资源不等于文化资本。自古以来，尽管不同的朝代，其行政地治划分有异，但中原地域间的文化始终一脉相承、休戚与共、同荣共辱。在文化命题越发凸显的当下，郑州市应以便利的交通物流业、快速发展的经济产业积极带动整个河南文化产业的发展。具体而言，首先要做到资源共享，以郑州的文化大数据产业沟通各地市文化资源；其次要以跨市项目带动区域发展，如"郑汴一体化""郑汴洛自贸区""郑洛工业走廊"（东起郑州中牟，西至三门峡义马市，含郑州市及郑州下辖的中牟、巩义、新郑、荥阳、新密、登封）等类似的项目要加快建设，切实加强各地市间的联系，整合文化、经济等各类资源，避免重复性项目的出现，让各地市优势文化资源互补，形成区域一体化品牌。

第二章 开封市文化市情报告

　　河南省是农业大省,地势平坦、土壤肥沃的开封市是河南省重要的农产品生产区,也是全国小麦、花生、棉花的重要产区。中华人民共和国成立初期的"一五"计划和"二五"计划两个五年计划,奠定了开封市的工业基础,因此开封市也是河南省的老工业基地之一。如今的开封市仍然有着完备的工业基础,汽车及其零部件、化工、食品、纺织服装、生物医药、电子信息等产业集群已初具规模。开封市矿产资源丰富,据已探明数据显示,开封市的地下矿产类型主要为煤、石油、天然气等,且储量丰富。除去自然资源,作为八朝古都之一的开封市有着丰富的历史文化资源,在旅游业的发展方面有着得天独厚的优势条件。开封市最具代表性的是宋文化。2008年,开封市政府建立了开封宋都古城文化产业园区,对宋文化遗存加以有效的规划和保护利用,积极复建一批历史景观和主题公园,形成了宋文化鲜明、整体效益良好的文化产业园区,在2011年被文化部命名为"国家级文化产业示范园区"。开封市以其宋韵独特、菊花培植历史悠久、"五湖六河"纵横交错、美食小吃种类丰富的特点,形成了宋都、菊香、水城、食乡四大旅游品牌。

　　《开封市城市总体规划(2011~2020年)》提出要逐步把开封建设成为经济繁荣、和谐宜居、生态良好、富有活力、特色鲜明的现代化城市。① 2015年5月,开封率先提出了"文化+"战略。随后,开封市政府也据此推出了包括"文化+旅游""文化+城建"等在内的10个专项行动实施方案,涉及社会经济发

---

① 中国·开封公众信息网:《开封定位为中原城市群核心区的中心城市之一》,2017年2月8日。

展的多个领域。2017年4月,文化部印发的《文化部"十三五"时期文化产业发展规划》提出推进"文化+"战略,这标志着由开封率先提出的"文化+"战略上升到国家战略层面。2017年,《国务院办公厅关于批准开封市城市总体规划的通知》将开封定位为国家历史文化名城、文化旅游城市、中原城市群核心区的中心城市之一。城市地位的提升对开封的经济、社会、文化等方面的繁荣发展有着重要的促进作用。

第一节 开封市文化资源概述

开封市位于河南省中东部、黄河下游南岸,是河南省的一个地级市。地处中原腹地的开封有着4100余年的建城史和建都史,夏都老丘位置经考证就坐落在开封,战国魏国,五代后梁、后晋、后汉、后周,北宋和金八朝,都建都开封,因此开封有"八朝古都"之称,也是中国"八大古都"之一。民国时期的开封是河南省省会,中华人民共和国成立初期,河南省政府也设在开封。1954年,经中央人民政府批准,河南省省会由开封迁至郑州。经过几次行政区域划分的调整,开封市现辖杞县、通许县、尉氏县、兰考县(省直管县)、祥符区、龙亭区、顺河回族区、鼓楼区、禹王台区和开封市城乡一体化示范区,面积6247平方千米,人口454.9万人。

表2-1 开封市各区县概况(2018年7月24日)

类别序号	县(区)	常住人口(单位:万)	面积(km²)
	开封市	454.9	6247
1	鼓楼区	15.2	58
2	龙亭区	42.3	345
3	顺河回族区	24.4	88
4	禹王台区	13.7	56
5	祥符区	66.5	1302
6	杞县	90.6	1258
7	通许县	52.3	767
8	尉氏县	86.2	1257
9	兰考县	63.7	1116

数据来源:开封市人民政府网站

一、历史文化资源丰富

（一）物质文化资源

2013年,中国古都学会发表宣言称在公元前21世纪前后,夏朝的第七位夏王杼曾将国都设在老丘,且历时200余年。夏都老丘的位置经考证就坐落于开封市区东20余公里的国都里村一带。自此开封的建城时间和建都时间都提前到了公元前21世纪,开封也由七朝古都成为八朝古都。

4100余年的建城史和建都史给开封留下了丰富的历史文化资源。作为都城的几个朝代给开封留下了具有时代特色的丰富的文化遗存;没有作为都城的朝代中,地处中原腹地的开封仍是封建国家重要的城市,因此拥有相互承接、交相辉映的历史。就城市本身而言,开封是世界上唯一中轴线从未发生变动的都城,城摞城遗址在世界考古史和都城史上都很少见。历史的长河也为开封积淀了丰富的物质文化遗存,开封市拥有全国重点文物保护单位19处22项、省级文物保护单位44处47项、市级文物保护单位25处、县级文物保护单位244处,各级文物保护单位总计332处338项之多。

开封市各级政府和相关单位,认真贯彻《国务院关于进一步加强文物工作的指导意见》和《河南省人民政府关于进一步加强文物工作的实施意见》精神,结合开封市文物保护工作实际,提出了《关于进一步加强文物保护工作的实施意见》,从加强文物保护管理、推动文物合理利用、筑牢文物安全底线、强化保障措施等方面对文物保护工作提供指导。

北宋东京城遗址是开封市现存规模最大的全国重点文物保护单位,"十二五""十三五"时期均被列入150处国家重点保护的大遗址保护项目。开封历史悠久,然而最为辉煌的东京城却在北宋灭亡后逐渐消失,这与开封的地理位置和地形有着重要关系。黄河水冲出郑州邙山进入平原后,泥沙的淤积使得河床不断抬高,黄河形成了"地上悬河",开封流域的黄河河床已经高于市区7~8米,成了中国最高的"悬河"。与地上悬河相呼应的,是开封的地下城摞城奇观。中原地区战乱频繁,黄河下游水患严重,泥沙一次次将辉煌的城市掩埋,人们也一次次在原址上重建家园,被层层泥沙掩埋于地面之下的古城,就像"叠罗汉"般叠加起来。

1981年,在龙亭湖底清淤中发现了明代周王府的遗址,这一喜人的发现,使得大规模的"宋城考古"拉开了帷幕。经考古发掘证实,开封"城摞城"最下面的城池——魏大梁城在今地面下10余米深,唐汴州城距地面10米深左右,北宋东京城距地面约8米深,金汴京城约6米深,明开封城约5~6米深,清开封城约3米深。黄河泛滥、泥沙淤积虽然不可避免地造成了黄河流域诸多城邑被泥沙掩埋,但如开封这般叠加层次之多、规模之大的"城摞城"现象,在世界考古史上是独一无二的。"城摞城"考古工作也引出了开封城的另一特色景观——如今繁华的中山路,是这座城市上千年来不变的"中轴线",其下叠压着北宋时期的御街和明清时期路面的遗址。随着城摞城考古工作的不断深入,金明池遗址等被掩埋的历史景观复建工作也逐步展开。大梁门北侧的古马道遗址给世人提供了一个展示开封"城摞城"奇观的窗口。为了更好地展示"城摞城"景观,开封市文物局申报了开封市"城摞城"新郑门遗址发掘许可,自2009年获批启动以来,一期、二期考古发掘工作已经完成。待遗址考古发掘工作全部完成时,游客便可更好地欣赏"城摞城"景观,感受开封城历史的厚重,也能填补宋代东京城研究的一些空白,提升北宋东京城在全国的地位和影响力,展示宋都风采,再现古都辉煌。

《开封城市总体规划(1995~2010年)》和《开封城市总体规划(2011~2020年)》都提出要重视对古城风貌、历史文化街区、各级文物保护单位及其周边环境的保护。对于数量众多的各级文物保护单位,开封市人民政府、开封市文物局等相关单位对其保持高度的重视。在相关部门的合理规划和努力下,开封市博物馆对开封数量众多的重要文物进行了有效的保护和充分展示,开封市的文物遗址考古挖掘工作、文物保护工作、申遗工作和提高天波杨府、启封故园等景区质量等级工作也在有序展开。

以开封城墙保护工作为例,开封城墙全长14.4公里,是中国现存的仅次于南京城墙的第二大古代城垣建筑,在1996年被国务院公布为第四批全国重点文物保护单位。开封历史上最早的城墙,是2300多年前的战国魏都大梁城,与今城墙部分重合。后经历唐、宋、金、明、清时期,受到黄河水患泥沙淤积和战乱的摧残,现存的开封城墙是清代开封府城墙。城墙也见证了开封的历史,在历史文化、建筑、军事和防洪等方面有着重要的研究价值;成为全国重点文物保护单位后,社会各界对开封城墙的保护力度有了更大的提升。2010年,河南省人民代表大会常务委员会通过了《河南省开封城墙保护条例》(以下简称《条例》)。自 2010 年 10 月 1 日《条例》施行以后,开封城墙的修缮保护工作更加完善,市文物局对城墙周围违反《条例》的人员进行耐心地说服劝告,同时也对私搭乱建和违法建筑进行查处和拆除。"中国明清城墙联合申报世界文化遗产项目"是经国家文物局批准的多城市"组合式"联合申报遗产项目。2012 年 7 月,国家文物局公布了更新的《中国世界文化遗产预备名单》,江苏"南京城墙"、陕西"西安城墙"、湖北"荆州城墙"、辽宁"兴城城墙"、浙江"临海城墙"、湖北"襄阳城墙"、安徽"寿县城墙"及"凤阳明中都皇城城墙"这 8 个城市城墙共同组成了"中国明清城墙"项目。2015 年 6 月在湖北荆州召开的中国明清城墙联合申遗第三次推进会上,河北宣化、正定,河南开封,福建长汀,广东肇庆 5 地也加入了"中国明清城墙申遗"名单,中国明清城墙申遗工作形成了"8+5"捆绑模式。申遗工作的展开使得市文物局更加重视对开封城墙申遗基础工作的推进、保护修缮工作、保护展示工程的重视,《开封城墙保护规划》在不断地修改完善,城墙测绘工作也取得了大的进展。"中国明清城墙联合申报世界文化遗产项目"于 2017 年 1 月 10 日前正式上报世界遗产中心评审,2017 年 8 月底前迎接国内外权威专家的考察,2018 年 6 月底前接待最终考察与世遗评审。开封城墙参与联合申遗,抓准了时间和机会,这对开封城墙今后的保护工作有序落实、开封城墙的地位和影响力的提升起着重要的作用。

(二)非物质文化遗产

开封市是中国首批被命名的历史文化名城,是中国书法名城、著名的戏剧之乡——地方戏豫剧的发源地,也先后获得了"中国民间文化艺术之乡""中国盘鼓之乡""中国木版年画之乡"等称号。历史的长河给开封留下了丰富的文化资源和良好的文化环境,拥有上千年建城史的开封也保留了许多人类活动的痕迹。勤劳智慧的开封劳动人民创造并传承了许多宝贵的非物质文化遗产。

为了更好地传承和保护开封数量众多、种类繁多、风格独特的非物质文化遗产,开封率先在全省成立了专职从事非物质文化遗产保护工作的文化单位——开封市非物质文化遗产保护中心,与开封市政府、开封市文化广电新闻出版局等相关部门互相协作,采取系列措施,不仅进一步确立了"非遗"保护的政策保障制度,而且"非遗"的相关立法工作也在积极推进中。2009 年,开封市组织上千名专业骨干人员对全市范围内的非物质文化遗产进行了全方位大规模的普查工作。截至2017年8月,开封市政府已经公布五批市级"非遗"项目和四批市级非物质文化遗产项目代表性传承人。目前,开封市已有国家级"非遗"项目9个、省级"非遗"项目44个、市级"非遗"项目218个,涵盖了民间文学、曲艺、传统美术、传统音乐、传统体育、游艺与竞技、传统技艺、传统中医药和民俗等类别,其中民间文学类包括开封成语典故,传统美术类包括滕派蝶画、朱雪木雕、月饼模及香堂模具技艺、堆金玻璃画等,曲艺类包括二夹弦和画锅,传统音乐类包括大相国寺梵乐和宋词乐舞,传统体育、游艺与竞技类包括开封盘鼓、柔拳象形、石锁、回族汤瓶七式拳、抛接沙袋、耍石担、奇士拳、武子梅花拳、石氏三法门等,传统技艺类包括朱仙镇木版年画、汴京灯笼张、开封官瓷烧制技艺、针灸铜人、第一楼小笼灌汤包子、马豫兴桶子鸡、又一新糖醋软熘鲤鱼焙面、马大吹糖人、沙家牛肉制作技艺、凤鸣斋花生糕制作技艺、汴梁三饼制作技艺、汴梁三糕制作技艺、汴梁三酥制作技艺、全美老式月饼制作技艺等,传统中医药类包括石氏眼科、于氏药膏、陈氏抗敏油等。全市上下建立起国家、省、市、县(区)四级"非遗"保护体系,走在全省前列。

开封市作为国家历史文化名城,保留着深厚的文化底蕴。开封市区分布着多个民办博物馆,如汴京灯笼张民间艺术博物馆、宋绣艺术博物馆、饮食文化博物馆、酒文化博物馆、朱仙镇木版年画博物馆等。这些来自社会民间的力量,对非物质文化遗产的传承与发扬做出了重要贡献。2016年11月,开封市文广新局公布了第一批20家非物质文化遗产展示馆、传习所、文化展示馆,许多民办博物馆赫然在列。在社会各界的共同努力下,开封的"非遗"保护和传承工作取得了可喜的成绩,个别"非遗"项目的申遗工作也在紧锣密鼓地进行,比如朱仙镇木版年画,作为节庆民俗的重要载体,木版年画在中国已有至少两千年的传承发展历史。朱仙镇木版年画起源于唐,经过宋朝时期不断发展,在明清时期达到鼎盛,是公认的中国木版年画的源头,有中国民间艺术"活化石"之称,被列入首批国家级非物质文化遗产名录。2002年,中国民协发起了以木版年画抢救为龙头项目的中国民间文化抢救工程。多年来,木版年画的抢修、保护、传承、发展工作科学有序地展开,恢复了云记老店等11家朱仙镇木版年画"老字号",认定了一批国家级、省级、市级代表性传承人,注册了传统年画商标,确立了朱仙镇木版年画的行业标准。朱仙镇也获得了"中国木版年画之乡"的荣誉称号。中国木版年画捆绑申报世界非物质文化遗产的工作已被纳入国家申报计划。

(三) 大运河文化

古语讲"汴河通,开封兴;汴河废,开封衰"。漕运对开封的发展起着至关重要的作用,位于运河沿线的开封,在运河城镇中处于重要的地位。

大运河是世界上开凿最早、规模最大的人工运河,由永济渠、通济渠、邗沟和江南河4部分组成。2008年,开封市大运河保护与申遗工作正式启动,随后,开封市政府通过了《开封市大运河遗产保护规划》(以下称《规划》)。《规划》中确定的开封运河遗产包括运河故道开封段、州桥遗址、开封古城。

1. 运河故道开封段

运河故道开封段全长80公里左右,分布在开封市、祥符区以及杞县内,由于屡遭战乱和水患,大部深埋于地下7~9米,但仍有10多公里的故道与今天的惠济河相重合。战国时期,魏国定都大梁,为加强与东部的联系,魏惠王下令挖了一条人工运河——汴河,北接黄河,南与淮河北边几条支流相连,它沟通江淮,因此成为大运河的主干。汴河在隋朝时叫通济渠,唐代又称为广济渠,其漕运通畅与否关系着东京城的繁盛与衰落。作为大运河通济渠的组成部分,它在历史上对于推动区域发展起着重要的作用。

2. 州桥遗址

州桥始建于唐朝,名汴州桥,简称州桥,北宋时期又名天汉桥,是北宋时期御街和汴河交汇处的一座著名的桥梁。根据《东京梦华录》中《大内前州桥东街巷》《州桥夜市》等篇章记载,北宋时期州桥两边夜市较多,市井繁荣。明末,州桥被黄河泥沙淤埋地下,但至今仍基本完好,为研究大运河以及中国古代桥梁建筑提供了重要的参考资料。

3. 开封古城

开封古城包括北宋东京城遗址(含东水门遗址、西水门遗址、东角门子遗址、西角门子遗址、新郑门遗址)、繁塔、延庆观、祐国寺塔(铁塔)、相国寺、开封城墙等遗产。

《规划》将开封市运河遗产划分为3个展示区:汴河故道与惠济河重合段展示区,北宋东京城遗址展示区,开封城墙展示区(含祐国寺塔)。其中北宋东京城遗址展示区形成"东水门遗址及繁塔—东角门子遗址—大相国寺—州桥遗址—延庆观—西角门子遗址—西水门及新郑门遗址"的展示带;开封城墙展示区(含祐国寺塔)依托城墙顶面和环城绿带形成环开封城墙参观路线。①

2011年,开封宋都古城文化产业园区被定为第三批国家级文化产业示范园区,运河遗产的开发与保护迎来了难得的发展机遇。北宋东京城遗址的保护和展示工程、开封城墙的保护和展示工程、延庆观维修保护工程、繁塔禹王台联合展示工程、祥符段(开封县段)运河遗产保护工作有序展开,运河遗产保护进入实施阶段。当前,开封宋都古城文化产业园区以运河遗产为依托,以宋都古城文化产业园区为载体,共同打造全城一景的宋文化旅游。

(四)一带一路

古丝绸之路是沟通亚洲、非洲与欧洲的商业贸易路线,后成为东西方经济、政治、文化等方面交流的主要道路。2013年,国家提出建设"新丝绸之路经济带"和"21世纪海上丝绸之路"的合作协议,作为北宋时期丝绸之路的东起点城市以及海上丝绸之路的起点,开封市在国家"一带一路"倡议中也迎来了新的发展机遇。

开封市在"十三五"规划布局中全面融入国家"一带一路"建设,积极与境内外"一带一路"沿线城市深入开展文化交流,促进商贸、产业等更广泛领域的合作共赢。截至2016年底,开封市已经与45个"一带一路"沿线国家建立商贸往来关系。

开封市以其悠久的历史文化,每年吸引着数千万的外来游客,在"一带一路"旅游版图中占有举足轻重的地位。2015年10月17日,开封率先发起成立"一带一路"城市旅游联盟,陕西、新疆、甘肃、青海、宁夏、内蒙古、江苏、河南等省、自治区的33个"一带一路"沿线城市携起手来,共同谱写"一带一路"旅游资源共享、优势互补、客源互动的新篇章,全方位推动"一带一路"沿线城市社会经济发展和文化旅游交流。当前,开封市正全力把古都开封打造成丝绸之路经济带上的一个友好合作的支撑点,一个重要发展的增长极,让开封市在"一带一路"中更出彩。

(五)市井文化

市井文化是中国文化发展历史中的一种特殊类型的文化,它不同于其他类型的文化,包含人们生活娱乐、风俗习惯等形式,具有很强的人文性,能够折

---

① 河南省文物局:《开封市大运河遗产保护与文化带建设工作构想》。

射出某一时期人们的物质生活和精神面貌。宋朝时期的东京城开封,商品经济发达,商业环境宽松。城市的迅猛发展,使得新兴市民阶层不断发展壮大,其地位不断提升,活跃在物质文化生产生活中,市井文化也随之不断发展,各种各样的市井文娱活动不断涌现。无论是《东京梦华录》中对民俗、京瓦技艺等的记载,还是《清明上河图》中对清明时期汴河两岸市井生活的刻画,我们都能从中感受到当时开封的城市面貌以及市井文化的高度繁荣。

北宋时期,政府采取了一系列有利于商业发展的政策,空间上的限制被打破,市坊分离的格局逐渐消失,商铺和酒楼临街而立,勾栏瓦肆等娱乐场所逐渐兴盛。位于宋都御街北端的樊楼,相传是北宋东京城七十二家酒楼之首,小说《水浒传》中对其也多有描写。1988年重建以后,樊楼成为开封市内有名的仿宋娱乐中心。《东京梦华录》中对其有描述:"宣和间,更修三层相高,五楼相向,各用飞桥栏槛,明暗相通,珠帘绣额,灯烛晃耀。"而樊楼之所以能够名扬四方,不单单是因为其华美的建筑、可口的酒肉。刘子翚的《汴京纪事二十首其一》便写道:"梁园歌舞足风流,美酒如刀解断愁。忆得少年多乐事,夜深灯火上樊楼。"樊楼动人的歌舞艺伎也是当下开封城繁荣的市井文化生活的一组代表。除此之外,《东京梦华录》中也不乏对当时东京城内"瓦子"的描写,书中卷二记载:"街南桑家瓦子,近北则中瓦,次里瓦。其中大小勾栏五十余座。内中瓦子莲花棚、牡丹棚、里瓦子夜叉棚、象棚最大,可容数千人。"据此可以想象到勾栏瓦肆的市井娱乐生活的繁盛。如今的开封,在主打宋文化主题时也注重对市井文化的发掘。有"开封人的待客厅"之称的汴梁小宋城,从整体到细节均采用仿古装潢设计,小桥流水,亭台楼榭。除此之外,还设置有传统民俗娱乐表演、传统戏剧表演等活动,让人置身其中仿佛身处北宋东京勾栏瓦肆繁荣的市井生活中。正在建设中的汴梁小宋城二期工程将包含更为广泛的文化体验活动,涵盖演艺、购物、教育等诸多方面,已经被列入河南省重点建设项目。

时间限制被打破,早市和夜市的出现也是宋朝商业繁荣的一大特征。《东京梦华录》中对夜市的繁盛就有记载,其中卷二所描写的州桥夜市"当街水饭""直至三更"。虽然时过境迁,但现在开封的夜市仍然在蓬勃发展,并在20世纪末由自发形成的小夜市发展成为开封市政府批准的正式夜市。1995年,开封市政府行文批准了包括鼓楼夜市、东司门夜市、相国寺夜市在内的17个夜市,其中鼓楼夜市因为占地面积大、小吃种类丰富多样、依托鼓楼广场等原因而异常火热。开封小吃和开封夜市,作为开封城市形象的重要一部分,是国内外游客了解开封文化的一个窗口。

(六)宗教文化

与开封悠久的历史相对应的是开封市多元的宗教文化,各大宗教在开封都有着悠久的发展历史。

太康三年(282),便有佛门弟子费如檀在开封尉氏活动;伊斯兰教进入开封的时间不晚于宋代;作为八朝古都,开封也是近代西方基督教各差会和宣教士们争相进入的传教区域。此外,开封的犹太教因为有犹太人后裔居住于此而备受海内外研究者的关注[①]。开封有许多著名景点也都与宗教有着千丝万缕的联系,譬如伫立千年的铁塔和繁塔,以及闻名中外的大相国寺等景区是佛教文化的代表;东大寺、朱仙镇清真寺等景区则代表着伊斯兰教文化;延庆观更是有着"中原第一道观"之称;开封市内的基督教堂也不在少数,理事厅街的天主教堂是河南总主教区主教座堂,是我国天主教著名教堂之一。这些历史文化遗迹使得宗教在开封的发展有迹可循,是开封市宗教文化和谐发展的直观表现,也为开封市宗教发展提供了场地和支撑。

现在的开封,宗教多元包容、和谐共存,这不仅与开封市悠久的历史相关,也与市政府的政策引导密不可分。开封市政府积极引导宗教与社会主义社会相协调,以朱仙镇为例,朱仙镇党委坚持"三个离不开"和"四个维护"原则,认真贯彻落实党的各项民族宗教政策,帮助少数民族聚居村加快经济发展,努力实现回汉各族群众和谐共处,开创民族团结进步工作新局面。在政府、宗教和社会各界的共同努力下,开封市各宗教团体和谐共处,多元的宗教文化也是开封市独特的文化特色之一。

(七)饮食文化

豫菜,又称中原菜系,是中原地区特色菜肴、面点和宴席的总称。2007年,河南省商务厅发布的《豫菜基本规范》中提到,豫菜是由以开封为代表的传统豫菜体系,逐渐转变为以省会郑州为中心的豫菜新体系。而今的豫菜体系,以郑州为中心,由4个不同的口味区构成,其中豫东口味区以开封为代表,恰

[①] 金泽、邱永辉:《宗教蓝皮书:中国宗教报告(2013)》,北京:社会科学文献出版社,2013年,第282页。

守传统,扒制类菜肴是其特色,开封也被视为豫菜的发源地。

开封市名噪四方的夜市文化不仅仅是丰富市井文化的一个体现,更是开封饮食文化的一个缩影。以鼓楼夜市为例,夜市小吃的品种繁多,有老开封人喜欢的黄焖鱼、馄饨、火烧夹羊肉、油茶、豆沫、胡辣汤,还有年轻人喜爱的杏仁茶、炒红薯泥、花生糕等,每天的客流量达上万人之多。

开封特色菜肴中最为出名的则是开封的灌汤包,开封灌汤包因为曾上过央视纪录片《舌尖上的中国》而被更多人所熟知。开封第一楼是一家拥有百年历史的老店,店内的小笼包"提起像灯笼,放下像菊花",外形美观,皮薄馅多,味道鲜美,被誉为"中州膳食一绝"。1992年11月,开封第一楼小笼包子以"第一楼"为商标在国家工商行政管理局登记注册,1996年8月国家内贸部认证"第一楼"为"中华老字号"。除第一楼外,开封市餐饮业还有多家开封老字号,如被视为中原正宗豫菜第一家的"又一新饭庄";久负盛誉、历经百年而不衰的马豫兴桶子鸡,开封特产名吃——兴盛德麻辣花生,长盛不衰、极负盛名的地方名吃邢家锅贴,以及拥有百年历史的老式月饼全美老店。

开封的饮食文化博大精深,是开封最具吸引力的特色文化之一,也是游客感受最直接、最深刻的文化。饮食文化是开封市的又一张文化名片,对开封市旅游业的整体发展有着重要的促进作用。

（八）名人文化

开封历史悠久,名人荟萃。商代名相伊尹,战国时期的著名纵横家、外交家张仪,著名天文学家、占星学家石申,名将庞涓;东汉时期的著名文学家、书法家蔡邕,著名才女蔡文姬,东汉高僧、佛学家、文学家支道林;三国时期的竹林七贤之一阮籍;唐朝的诤臣、著名史学家吴兢,著名诗人崔颢;北宋大臣、史学家薛居正,开国将领石守信,汴京歌姬李师师,《东京梦华录》作者、文学家孟元老,宋仁宗赵祯、宋徽宗赵佶、宋神宗赵顼;明末抗清名将、民族英雄史可法等都是开封的历史名人。

古城的历史文化滋养、熏陶了一代又一代人,如今的开封更是人才辈出,如中国著名大气科学家、地球物理学家、空间物理学家、中国动力气象学的创始人、中国现代地球物理科学的开拓者、东方红一号卫星总设计师,中国人造卫星事业的倡导者和奠基人之一赵九章,知名导演、音乐家、作家、书法家高占全,豫剧大师、中国豫剧六大名旦之首陈素真,国家一级演员王晓棠,中国内地导演、编剧、制作人、八一电影制片厂文学部主任翟俊杰,知名史学家、教育家、社会活动家白寿彝等等。

二、开封的城市主题文化

北宋定都在开封有诸多方面的原因:开封地处中原,具有政治、地理上的优势;隋唐时期京杭大运河的挖掘,以及唐和五代以来的建设,在汴州形成水陆交通枢纽,具有交通和漕运优势;自夏朝至后周,开封已经作为六个朝代的都城,在后周的努力扩建下,开封已具备帝都规模,人口已达百万,是当时全国第一大城市;自陈桥兵变以来,宋朝采取安定人心的政策渐渐稳定了政权。① 北宋都城定址开封,对开封、对宋朝都有重要的影响。宋朝拥有强大的国力,作为国都的东京(开封)又地处中原,拥有四通八达的水陆交通,因此出现了《东京梦华录》中所描写的"八荒争凑,万国咸通"的场面。宋朝的强大也使得作为其国都的东京成为当时世界上人口最多、最繁荣的城市,宋朝也无疑是开封千年历史中最辉煌的时期。宋朝灭亡后,开封的政治地位下降,且饱受洪水和战乱的摧残,但是宋文化却没有因此断代,如今的开封仍然较为完整地保留了宋文化遗存。

2008年,开封市政府把开封设立为宋都古城文化产业园区,大力发展特色鲜明的宋文化,致力于创建与西安的汉唐文化、北京的明清文化三足鼎立的中国历史文化格局。结合开封旅游发展现状和《开封市城市总体规划(2011~2020)》,园区的发展规划包括两大部分,即古城产业区和清明上河城启动区,面积合计19.58平方公里。园区的文化产业空间发展布局为"一城两环十二区",一城即古城墙环绕的13平方公里的古城区域,建设成为全城一景的宋文化主题公园;两环即开封城墙和环城墙公园、水系工程;十二区即艮岳宋代园林文化产业区,龙亭宋代宫廷文化产业区,清明上河园宋代民俗文化产业区,天波杨府宋代英烈文化产业区,铁塔、相国寺等宋代宗教文化产业区,宋词文化公园产业区,开封府和包公祠宋代府衙文化与清官文化产业区,鼓楼商业饮食文化产业区,繁塔和禹王台园林文化产业区,"城摞城"遗址博物馆黄河文化产业区,收藏文化论坛坛址东京艺术中心收藏文化产业区,创新文化产业区。

---

① 周宝珠:《宋代东京研究》,开封:河南大学出版社,1992年。

开封历史悠久且连续,唐、明、清和近代时期的开封都保留了重要的历史文化遗存。通过对开封文化遗产的数据调研分析可发现:开封重要的51项实物遗存中,具有宋文化特色的有6项,分别是天青寺塔(繁塔)、开宝寺塔(铁塔)、北宋东京城遗址、大相国寺、古州桥遗址、孟子游梁祠,占比为11.8%,与宋相关的物质文化遗产和非物质文化遗产在数量上不具优势,不足以支撑所谓的"全城一景"的宋文化主题公园的建设①。园区内对宋文化的开发主要以复建景观为主,如随着"城摞城"遗址的发掘而展开的金明池公园复建工程和依据《清明上河图》修建的清明上河园,再现了北宋繁华的市井文化生活。丰富的历史文化资源是支撑开封旅游业发展的重要条件,开封选择了宋文化作为其城市文化主题,应该以宋文化为主题,其他时期文化交相辉映,在发扬宋文化的同时重视其他时期的文化。如今的马道街是开封市最繁华的商业街之一,而马道街的历史可以追溯到北宋时期,跨越将近千年。清光绪年间,在商会的带动下,外地商户纷纷落户马道街。20世纪二三十年代,马道街作为开封市的商业中心已渐成雏形,并逐渐发展成为全国著名的商业街。马道街欧洲巴洛克时期的建筑风格,是开封市仿古建筑群中一道独特的风景线。2015年,作为开封市"文化+"战略和鼓楼特色商业区创新发展的重点工程,马道街综合整治和改造提升工作全面展开。经全面整修后的马道街,在建筑风格、建筑绘画、街道家具、门牌招牌上都保留了民国风情,形成一条集观光、旅游、购物、拍照、休闲、文化趣味于一体的特色街区,每天吸引上万的游客到此观光和购物。

---

① 刘杰磊:《开封城市主题文化建设对其多元文化生态的影响研究》,河南大学本科学位论文,2017年。

第二节 公共文化服务体系建设

一、开封公共文化服务体系建设指导政策

随着国家经济发展，人们生活水平随之不断提高，对文化领域的"硬件""软件"要求也不断提高。开封市政府深入贯彻落实十八届三中、四中全会的精神以及习近平总书记在文艺工作座谈会上的重要讲话精神，对开封文化领域存在的公共文化服务方面的能力不足、体系不完善等问题非常重视，并积极探索如何把全市的公共文化服务体系建设当作民生工程、民心工程来做，以造福于民。

2015年11月，开封市人民政府发出了关于征求《开封市人民政府关于支持文化工作的若干政策措施（征求意见稿）》意见的公告，公告为深化公益性文化事业单位改革、强力推进公共文化基础设施建设、提高群众文化活动组织引导能力、完善政府购买公共文化服务机制等方面为公共文化服务体系建设提供了指导性意见。

开封市文化广电新闻出版局积极召开会议，学习习近平总书记的系列讲话精神，响应省市相关会议中提出的工作意见，提出以"文化+"政策为引领，以改革创新为动力，加快推进文化广电新闻出版事业繁荣发展，推动与公共文化服务体系建设相关的公共文化服务体系建设、文艺创作生产、特色传统文化传承和交流、广播电视宣传等方面的发展。

当下，开封公共文化服务体系建设突飞猛进，公共文化服务总量大幅增加。在公共文化服务体系、基础文化设施建设的同时，开封市注重结合当地文化资源，不断创新文化表现形式，使公共文化服务体系建设取得了有序进展，已经成为老百姓能够享受到的惠民工程，"开封文化"正在逐步向"文化开封"转变。

二、开封公共文化服务体系建设现状和成效

（一）基础文化设施建设

开封市在公共文化服务体系建设方面做了许多工作，不断加大公共文化

服务体系建设力度,逐步完善公共文化设施。截至2016年,开封已拥有公共图书馆5个、文化馆10个、文化站74个、社区(村)文化活动室318个,基本形成了市、县(区)、乡镇(街道)、村(社区)四级公共文化服务网络。继汴京公园扩建后,2017年,开封古城体育公园也开始投入使用,开封市民在体育健身活动场地选择方面更加多样化。根据2011年8月《河南省文化厅、省财政厅关于推进全省美术馆、公共图书馆、文化馆(站)免费开放工作的实施意见》,2011年开封市公共图书馆、文化馆和乡镇综合文化站已经实现了"两馆一站"的免费开放。"两馆一站"的免费开放,为广大开封市民提供了许多项免费的文化项目。市政府先后为全市农家书屋配送出版物1206.5万册,为社区和贫困乡村配送了一批文化器材。多媒体阅读室、儿童阅览室、宣传廊、辅导培训教室、计算机与网络教室、娱乐活动室等公共空间的免费开放,从多方面满足了人们对文化的"硬件"需求,丰富了人们的文化活动,为人们的文化生活提供便捷。为进一步完善基层综合性文化服务中心建设标准,各县区改造和启用了一批新的文化活动中心、图书馆、展览馆等,建成开放了一批数字化影院和乡镇文化广场,公共文化设施得到进一步完善。

2015年,开封有线电视用户有34万户,广播和电视人口覆盖率达到100%。截至2016年,文化信息资源共享工程服务网点1932个,配备电脑2343台,拥有广播电台6座、电视台(差转台)7座,有线、无线电视用户达60万户,设施和装备也在不断普及和更新。随着开封市文化广电新闻出版局推进文化广电新闻出版事业发展工作的展开,开封市围绕本地"菊花文化节"等热点,精准策划、连续报道,形成了良好的舆论氛围,"文化开封"曾多次登上央视屏幕。开封市电视台自创节目档数也在增加,能够为市民提供更多资讯,新开发的"智慧开封手机台"也正在上线测试中。

(二)开封文化客厅

2015年5月1日,开封文化客厅正式对外免费开放,占地4000多平方米的文化客厅,契合古城开封"宋韵彰显、亲切温润、外在古典、内在时尚"的人文诉求,以最具代表性的展品和3D全息等高科技,全景展示了开封丰富的文化。

开封文化客厅有三层:一层分为序厅和西厅,其中序厅书画区又分为"宋韵菊香,春和景明""笔端春秋,画内山河""翰墨书香,溢彩鎏金"三个小展区,西厅则主要展示开封的国家级旅游景观以及近年来文化建设的重要成绩;二层主要有"城市变迁史"和"古韵遗风"两个综合性展厅以及一个多功能展厅,城市变迁厅由"夏都老丘""启封大梁""隋唐汴州""宋都东京""中远名城"5个时间段组成,展示了开封的悠久历史及文化遗存;三层为文化交流区,设置有木版年画、大宋官瓷、汴绣、开封书画工作室,为游客提供与民间工艺美术大师们近距离接触的机会,并感受大师们的高超技艺。同时,三层还设置有北宋五大名窑精品展、北宋茶文化体验馆,使游客可以亲身体验丰富多样的开封文化。开封文化客厅的开放,让游客们可以在更短的时间内了解更多关于开封的历史文化。

2015年6月19日,河南省首家以文化创意为特色的产业孵化基地——"文化创意中心"落户开封文化客厅。开封文化创意中心集创意开发、展示、体验、销售为一体,是开封市文化创意类小微企业创业的平台,也为开封文化产业发展注入了勃勃生机。

(三)文化惠民活动

开封市文化广电新闻出版局始终认为:文化惠民不是挂在口头上的一种提法,应该是落到实处的一些做法。为此,市文广新局组织实施了"河南省舞台艺术送农民""中原文化大舞台""高雅艺术进校园""农家书屋""文化信息资源共享""公共电子阅览室""开封市政府购买公益演出""欢乐周末广场文化""农村、社区电影放映"等精彩纷呈的文化惠民活动,丰富了人民群众的精神文化生活;先后组织"春满中原"和"中原文化大舞台"演出320场、"舞台艺术送农民"演出114场、市政府购买公益演出300场、"大宋公益舞台"演出67场,完成农村电影放映工程2.39万场、城市社区公益电影放映1508场。各县区结合扶贫攻坚积极开展"送戏下乡""文化扶贫",受到人民群众的一致好评。

为了满足人们多元的文化需求,开封市委、市政府策划了以"彰显宋韵欢乐古城"为主题的"月月有特色文化"活动,结合春节、元宵节等节日,组织开展庙会民俗文化展示、"正月十五闹元宵"民间艺术展演、二月二龙文化周、春耕艺术节、清明文化节、端午节、荷花文化节、七夕节、中秋节、菊花文化节等一系列富有开封特色的节庆文化活动,尽量把活动安排在社区和广场,并与人文景观融为一体,吸引群众观赏和互动。

（四）文艺创作活动

在推动公共文化服务体系建设、公共文化事业繁荣的同时，开封注重文艺创作团队对公共文化发展的作用。近年来，开封市文化部门鼓励广大文艺工作者进行文艺创作，产生了一大批优秀文艺作品。文艺创作生产中亮点迭现，有的以开封历史文化为素材加以创作，有的紧扣时代热点，聚焦"中国梦""开封梦"，先后组织纪念中国共产党建党95周年、红军长征胜利80周年系列文化活动，围绕弘扬焦裕禄精神、宣扬王振立先进事迹创作一批文艺作品，奏响时代主旋律。

豫剧《白雪花》成功申报成为全省"中原文化大舞台"演出剧目；市豫剧院的祥符调版《穆杨会》在河南省第七届"黄河杯"戏剧节上进行展演；市杂技团编排的杂技剧《槐树爷爷》被河南省委宣传部列为中原文艺精品创作工程重点项目；市歌舞剧院的一组新节目到福州、商丘等地演出。各县区文艺团体也先后推出一批新剧本、新剧目，全市在省级以上文艺展演赛事中取得良好成绩，先后荣获"三亚国际合唱艺术周"金奖等73个重要奖项。

第三节　文化产业发展现状

开封市文化资源丰富，在文化产业发展方面有着得天独厚的优势。"十二五"期间开封市第三产业迅速增长，成为开封社会经济发展的新亮点，第三产业增加值达662亿元，年均增长11.1%，占生产总值的比重位居全省前三名。"十二五"后的三大产业结构也较"十一五"后有所改善，第三产业占比相对提升，开封市现代产业体系初步形成。

开封市文化产业增加值从2012年的66.2亿元，上升到2015年的90.34亿元，占GDP比重的5.63%。2013年、2014年，开封的文化产业增加值占GDP比重在河南省都是排名第一，2015年排名第二。2013年上半年的《中原经济区竞争力报告》《中原经济区发展指数》发布会上，开封的"文化竞争力"位居全省第一名。2012年3月，开封市委提出建设"国际文化旅游名城"的目标。如今开封已初步形成河南省独有的文化旅游、文化演出、书画工艺美术、饮食文化、休闲娱乐、会展收藏文化、传媒出版、文化培训八大产业全方位发展的多维格局。

一、宋文化发展成为主力

开封市主打以宋文化为主题的城市文化,并积极建设开封宋都古城文化产业园区。园区"一城两环十二区"的空间产业布局对开封的实物文化遗存、非物质文化遗产都加以规划和利用,逐渐打响了开封的宋文化品牌。自2008年,开封宋都古城文化产业园区设立以来,2008年被省文化厅命名为"河南省文化产业示范园区",2011年被文化部命名为"国家级文化产业示范园区"。以宋文化遗存为依托,以"中国清明文化节""菊花文化节"等节庆活动为载体,开封市旅游文化发展聚集了许多人气,带来了更多的游客与关注。

二、国有文化单位转企改制

开封市委、市政府积极响应文化部、中组部、中宣部等9部门2013年6月发布的《关于支持转企改制国有文艺院团改革发展的指导意见》,采取政策优惠、补贴等形式帮助国有文艺院团转企改制,使国有文艺院团面向市场,对尚未转制到位的文艺院团提出加快改革步伐,提高文化市场的活力与竞争力,也使国有文艺院团在市场经济中更好地生存与发展。

开封市委、市政府对市内的国有影剧院,也积极响应国家政策和意见,通过政策和优惠积极引导,对其进行转企改制改革,保障国有资产保值增值,提高市场竞争合力,形成统一监管体系。以国有影剧院(院团)国有资产为依托,成立国有独资公司——开封市演艺集团有限公司(母公司),对于母公司旗下的各子公司引进社会资本进行混合所有制改造,变国有全资子公司为国有参股公司,同时完成新的文化产业项目建设,使转企改制工作一步到位。

转企改制工作的不断深入进行,为开封市文化市场的繁荣发展注入了新动力,也为开封市文化产业快速发展提供了重要的力量。

三、文化产业市场体系逐步完善

开封市变文化资源优势为产业优势,推动文化产业化,文化市场体系也逐步得到完善,形成了广播电视、电影、动漫、音乐、出版、演出、艺术品、美术等多种类文化细分市场。

2016年,开封市文化产业法人单位有264个,从业人员31450人,资产总计1358096万元,营业收入2329029万元,利润总额276260万元,税金合计52134万元,应付职工薪酬1406.30万元。

开封市文化市场逐步完善,为居民提供了更为多样的文化产品及文化服务,满足了人民群众多样的文化需求。随着时代的发展,人们的消费意识逐渐发生转变,愿意为内容付费、愿意为文化消费,也提升了居民在文化体育娱乐方面的消费支出。

表2-2 2012~2016年开封城镇居民家庭消费支出情况

年份 类别	2012	2013	2014	2015	2016
消费支出	13832	15449	17156	18949	19947
教育及文化娱乐支出	1828	1906	2017	1887	2102

数据来源:开封市统计局。

四、"文化+"工作的展开

2015年,开封市在全国率先提出了"文化+"引领城市复兴的战略,并提出了一套对"文化+旅游""文化+城建"等10个专项行动的实施方案,涉及社会经济发展的多个领域。"文化+"行动计划的实施,不断拓展和深化文化与经济社会全方位融合的广度和深度,对开封社会经济全面协调可持续发展有着重要作用。"文化+"的行动计划,通过文化引领和文化融入,大力激发全社会各行业、各领域创新创业,用文化发展的理念、文化资源的内涵,在旅游发展、城市建筑、餐饮娱乐、会展商贸、新闻出版、文化演艺等文化相关领域谋划推出一批重大项目,扶持一批重点企业,打造一批重点产品,对于形成独具特色的开封文化品牌起到了积极的促进作用。

五、文化旅游业蓬勃发展

文化旅游业一直是开封市文化产业中的重要产业。如今的开封拥有一个国家5A级景区——清明上河园,开封府、龙亭、包公祠、翰园碑林、万岁山·大宋武侠城、铁塔公园和大相国寺7家国家4A级景区。这几大景区交相辉映,共同带动开封市旅游业的发展。

清明上河园是以北宋名画《清明上河图》为蓝本,以《营造法式》为建设标准,以宋朝市井文化、民俗风情、皇家园林和古代娱乐为题材,以游客参与体验为特点的文化主题公园。2015年,清明上河园的游客量达到了256万人次,资金收入突破2.5亿元,净利润也突破了亿元大关,对开封市旅游业发展乃至河南旅游业发展都有着重要的意义。

表2-3 2012～2016年开封市入境旅游情况

类别 年份	接待入境 游客人数(人次)	外国人 (人次)	旅游创汇 收入(万美元)
2012	255642	131400	6084
2013	268201	137454	5560
2014	213173	108830	5309
2015	240895	112600	5855
2016	270765	136445	7322

数据来源:开封市统计局

表2-4 2012～2016年开封市国内旅游基本情况

类别 年份	总人次数 (万人次)	总花费 (亿元)	人均花费 (元)
2012	3142.12	237.74	757
2013	3615.12	279.23	769
2014	3565.34	277.2	787
2015	4532.53	355.47	784
2016	5303	405.66	765

数据来源:开封市统计局

在"文化+"战略的支持引导下,开封市立足本地的文化旅游资源,打造特色精品旅游项目,不断寻找文化旅游业的突破口。近年来,开封市委、市政府紧紧抓住宋文化这一核心,重点打造开封水系工程,确立了"大宋文化体验之都、北方水韵休闲之城"的总体定位。

开封作为北方水城,水域辽阔,河湖面积达170万平方米,占老城区面积的1/4,除铁塔湖、包公湖、龙亭湖几大湖泊外,开封还有多条河流水系。2017年,开封市"一渠六河"项目开工。"一渠六河"项目主要包括西干渠和东护城河、南护城河、西护城河、利汴河、惠济河、涧水河,总长度15.6公里,总投资

30.8亿元,形成1条环城滨水风景绿道、5个城门节点、5个滨河公园、8段绿色滨水岸线。通过截污控污、河道清淤、桥梁建设、水生态修复和周边景观提升,构建布局合理、生态良好、多源互补、调控自如的河湖水系连通体系,真正打造"一城宋韵半城水"的城市名片,为开封市文化旅游业发展注入了新的活力。

六、旅游演艺业蓬勃发展

开封市内现有汴梁小宋城《千回大宋》和清明上河园《大宋·东京梦华》两个大型实景演出。汴梁小宋城的《千回大宋》是由国家一级编导周群生担纲总导演,国内知名创作团队共同创作完成的,2013年作为开封市重点文化项目之一被隆重推出。《千回大宋》的演出团队来自朝鲜、乌克兰、俄罗斯等多个国家,通过舞蹈、武术、音乐、杂技等表演艺术,将科技与舞台相结合,更好地诠释了北宋汴京"八荒争凑,万国咸通"之盛景。清明上河园的《大宋·东京梦华》是由国内实景演出的专业团队梅帅元组建的"梅家班"打造的,在清明上河园内实景演出,生动地再现了北宋京都汴梁的盛世繁荣景象。

《千回大宋》在室内演出,不受天气等因素影响,《大宋·东京梦华》借助清明上河园实景,二者各有所长,共同为开封旅游演艺业的发展注入持久的活力,开拓了开封旅游演艺业的市场,共同促进开封市旅游业发展。

七、节庆会展业市场广阔

近年来,开封旅游业取得蓬勃发展,开封清明文化节、菊花文化节、花朝节等系列节庆旅游活动品牌功不可没。开封旅游发展中,涌现出一批批具有吸引力的节庆文化旅游活动。比如冬天的春节大庙会、大宋上元灯会,春天的清明文化节、大宋花朝节,夏天的荷花文化艺术节,以及秋天最为出名的菊花文化节,将"文化+会展"紧密结合起来。这些精彩的节庆活动每年都吸引着大量的海内外游客到开封观光旅游。

同时,开封会展旅游业市场尚不饱和,具有较大的发展空间。开封发展会展旅游业应与市内不同景点所对应的文化类型相结合,与传统文化相融合,充分利用景区场地和传统文化资源。

八、文化对外贸易快速发展

近年来,开封市各级单位致力于加快发展文化产品和服务出口,继续打响"宋文化"品牌,创作开发展示当代开封形象的国际化文化产品和服务,培育一批真正"走出去"的外向型文化企业。通过政策优惠、专项资金支持、优化投资环境等措施推动开封文化走出去,并积极吸引外资,将开封建设成为国际历史文化名城。

中国(河南)自由贸易试验区开封片区的设立给开封对外文化贸易的发展提供了一个良好的平台与机遇,能够让更多体现开封文化特色、具有较强竞争力的文化产品走向国际市场,扩大开封文化产品的海内外市场,提高开封文化的国际影响力。

九、文化产业发展不平衡

开封市依托丰富的历史文化资源,传统文化产业发展成熟,但是现代文化产业领域发展却相对不足。近年来,互联网、影视的发展使得现代文化产业、新兴文化发展迅速,IP继续呈井喷式发展。开封市文化产业发展不仅要充分开发和延伸传统文化的价值,而且还要对动漫、影视、互联网等现代文化产业发展给予更多的投入与关注。

第四节 文化产业发展趋势与对策

一、开封市文化产业发展存在的问题

(一)文化产业化意识薄弱

开封市文化底蕴丰厚,但文化产业的发展相对薄弱,一些文化产业项目尚未付诸实践。开封虽拥有着丰富的文化资源,但是产业化程度并不高。开封市宋都古城文化产业园区的建设,对开封市内宋文化主题的统筹规划、景区建筑的开发利用有着重要的作用,但在文化附加产品、文化创意产品的生产方面仍有较大市场空缺。文化产品的生产,也要注重其产业化和经济性,发掘其潜在的价值。

（二）对文化产业发展的扶持力度有待提高

开封市致力于打造宋文化品牌，多次提出旅游带动发展战略并取得了一定的成绩。尽管如此，开封的旅游业发展还处于原始阶段，有较大的提升空间，相对于开封的知名度仍有一定差距。旅游业发展中缺乏对文化内涵的深度挖掘，缺乏对"内容"的研究和开发。清明上河园景区重视通过挖掘文化内涵实现自身的发展，同时也对开封成为"中国清明文化示范基地"发挥了重要的作用。

（三）缺乏人才和资金

目前，开封市文化产业从业人员的总量不足、素质不高，与宋都古城文化产业发展本身需要大量的高素质、有文化、善经营、会管理的文化产业人才队伍需求不匹配，这严重地影响文化产业的后续发展；对文化产业的投入更是捉襟见肘，文化产业的发展处于比较困难的状态。

（四）文化产业结构布局不合理

目前，开封市文化产业单位规模普遍偏小，发展水平不够高，分布较散且数量不多，缺乏战略眼光，缺乏能够引领行业发展的龙头，缺乏具有优秀产品和品牌的知名文化企业。文化产业新的增长点也不足，传统文化产业的比重比较大，专业化水平不高，市场运作能力差，适应现代社会发展需要的新兴文化产业发展不够。在文化产业和产品布局上，存在着重门面、轻内涵，重高档、轻普及的现象，自我开发、发展能力薄弱，文化产品的科技含量低、竞争能力差，不能适应文化产业发展的要求。

（五）文化产业的发展与市场互动协调不足

部分文化产业项目没有顾及人民群众的文化消费需求和市场规律，从而导致了供求不对等的现象。文化产业供需缺口仍然存在，多元文化消费需求没有得到满足，文化产品、文化服务功能单一，与居民对于文化消费的预期产生较大落差。

二、文化产业未来发展趋势

开封市在"十三五"规划中指出，2016～2020年是我国全面建成小康社会的决胜阶段，处于实现"两个一百年"奋斗目标的重要节点，也是推进"四个开封"建设、加快建设河南省新兴副中心城市的关键时期。

到2020年,以宋都古城文化产业园区为载体的"全城一景"发展格局基本形成,国际文化旅游名城初具规模,城市旅游公共配套设施基本完备,城市旅游承载能力明显提升,成功创建全国旅游标准化示范城市。城乡旅游双向互动,县域旅游形成新的支撑。旅游产业化水平全面提升,年均旅游人次增幅达到13%以上,年均旅游总收入增幅达到15%以上①。

开封市"十三五"规划中提出要培养发展新动能,推进供给侧结构性改革,扩大有效供给,提高发展质量与效益,实施"互联网+""文化+""双+"行动计划。实施"文化+"行动计划,以文化为基础、融合为关键、转型为目的,将文化创新和创意成果深度融合于经济社会各领域,以"文化+"促进产业融合发展。重视"文化+"跨业态发展,推动"文化+"在全产业链条上与制造业、金融业、建筑房地产业、软件业、休闲旅游业的深度融合,培育更多文化新兴业态。全面落实"文化+"行动计划,重点推进"文化+旅游""文化+城建""文化+农业""文化+工业"等10项专项行动,谋划一批新的"文化+"重大项目,促进开封经济转型升级。

三、文化产业未来发展对策

(一)古都人文形象的塑造和提升

开封是中国八大古都之一,多年来主打宋文化品牌,已经累积起一定的知名度,且在一定程度上解决了中国古城千城一面的困境问题。

根据中共中央城市工作会议(2015)精神,中国特色的城市发展应该体现区域差异性和形态多样性,重点任务就是要统筹改革、科技、文化三大动力,将城市的历史传承、区域文化、时代要求与实施"一带一路"等国家重大战略相结合,"打造自己的城市精神,对外树立形象,对内凝聚人心"。特色鲜明、富有魅力的古都人文形象对于彰显古都城市的文化吸引力、提高城市的美誉度和持续发展能力无疑具有重要意义。②

---

① 开封市人民政府:《关于印发开封"文化+"十个专项行动实施方案的通知》(汴政〔2015〕80号)。

② 刘涛:《古都人文形象重塑与中原城市群的文化吸引力》,见《中国名城》,2016(09),第12~18页。

对开封古都人文形象进行塑造与提升,对开封市内拥有的文化资源和文化要素进行重新梳理和排列筛选,更加合理有效地去着力将其打造成"外在古典、内在时尚"的富有文化竞争力的城市。这顺应了时代与国家战略要求,对开封市能取得更好的发展、进一步提升知名度有着重要的意义。

1. 全面梳理古都历史文脉

开封市根据对古都人文形象发展现状的科学评估,结合地方规划对人文城市建设的定位选择与社会文化消费的主流趋势,对承载古都历史文脉、历史记忆的浩瀚文化资源进行深入挖掘、分类筛选。从定都时代以及本地历史上与东西方交流合作有关的人物、事件、景观、遗址、文物、典籍、传说、专著、论文中选取若干项塑造古都人文形象所必需的核心要素。

2. 合理规划城市文化地标

经过历史的累积沉淀,古都城市内往往会形成一些特色浓郁的标志性文化景观,集中体现了古都的自然历史文化禀赋和文化发展脉络。作为著名滨水景观的金明池,既是象征北宋东京盛世繁华的城市地标,也是皇室、士大夫、市民和游客共同享有的开放性文化空间。开封市现在依然有许多与金明池有关的地名,如金明广场、金明大道、金明东街、金明西街等。为了让公众更好地了解古都原本的面貌,就要对彰显传统文化多元开放、包容共享特质的文化地标予以特别关注,在保护、维修、恢复、重建方面进行重点支持。

3. 以创意与科技的结合提升传播水平

要深入发掘城市的文化脉络、历史记忆、自然风光、风俗特点,借助创意和科技,以创造性转化和创新性发展来催生、提高古都城市特有的人文魅力。未来,一方面应该把对历史文化遗产的"活态"传承、民族文化风格、建筑传统风貌的保护与推广宣传结合在一起,不断推进古都人文形象传播手段、途径的创新;另一方面还要注重将文化创意融入文化产品外观设计,以文化内涵的丰富来提高地方特色文化产品(包括旅游纪念品、旅游休闲产品、演出演艺、文学、影视、音乐创作、工艺美术产品等)的人文魅力和附加值[1]。

(二)集中力量大力发展文化产业

---

[1] 刘涛:《塑造古都人文形象 提升河南文化吸引力》,见《河南日报》,2017-02-10(009)。

针对开封市文化产业发展现状,想要大力发展文化产业,需要针对文化产业发展中存在的问题对症下药,提出相应的解决方法并且落实。

1. 加强政府的导向作用

开封市以其丰富的历史文化资源,在传统文化产业发展中已经取得较好的发展。包含艺术品交易业、节庆会展业、文化经纪业、信息网络业以及文化创意产业在内的新型文化产业正处于起步阶段,具有广阔的市场前景和巨大的发展空间,均亟须大力发展以适应社会、经济发展的需要。相关部门应把新型文化产业作为最具成长性的产业,采取各种措施,落实扶持发展的各项优惠政策,保证新型文化产业得到优先、快速发展。

2. 加快文化产业园区建设

开封宋都古城文化产业园区已经晋升为国家级文化产业示范园区。因此更应按照政府协调、市场化运作的模式,加快推进文化产业园区建设。积极引导支持有意向、有能力的机构、企业参与文化产业园区建设。做好园区规划、定位及建设工作,使文化产业园区成为文化企业和高素质文化人才的集聚地。发挥产业集群竞争优势,带动周边地区和产业的共同发展;挖掘园区文化产业的潜力资源,加强对文化产业园区的管理,进一步打响宋都古城文化产业园区品牌。

3. 加快文化产业人才队伍建设

开封市内有河南大学、开封大学、开封文化艺术职业学院等高校,应充分加强与这些高等院校、职业技术学院的合作,为开封市文化产业发展调动一切可靠人才。比如开封市博物馆、开封市文化客厅等企业和单位便与开封市文化艺术职业学院等学校建立合作关系,为学校提供实习基地,同时也为自身发展提供新鲜动力。此外,还应积极调动社会各方力量,加快培养既懂文化产业内容,又擅长经营管理的复合型人才,形成人才集聚高地;以丰富的文化内涵、优厚的条件和环境吸引人才,形成高效的人才培养和激励机制,深化用人制度以建设高素质的文化产业人才队伍。

4. 吸引社会民间资本发展文化产业

开封市经济发展较为缓慢。资金短缺是长期以来制约开封市文化产业升级的重要因素之一,因此要实行多元融资来弥补政府投资的短缺。开封市丰富的文化资源和巨大的消费市场是吸引民间资本发展文化产业的有利条件,所以,在制定文化产业政策时要充分考虑到开封文化产业发展的优势,进一步开放个体、私营企业、民营企业等非国有企业进入文化产业领域;进一步整合资源,利用市场机制吸引战略投资伙伴,鼓励社会资本进入文化产业领域,投资兴办国家认可的文化企业和艺术馆;鼓励有实力的企业兼并重组国有文化单位,形成有竞争力的文化集团公司。

5. 形成完整的旅游产业链

食:发挥开封饮食文化的优势,加大对开封餐饮老字号的宣传;加强工商和卫生方面的监管,提高开封市内大中小各类型餐厅、饭店的业务能力,从而提高开封市餐饮业的整体水平。

住:注重能够承载大型旅游团队的大型宾馆、酒店的建设与管理,对市内的连锁酒店加强行业监管;同时注重民宿、青旅等备受青年人关注的新型住宿产品的发展。

行:建设旅游集散综合服务中心,对到开封旅游的车辆集中管理;完善各大车站到景点的大巴旅游线路;在高速路口、郑开大道等重要路口设自驾游服务中心专门接待自驾游车辆。

游:延伸旅游线路,构建辐射开封城乡的旅游产业发展新格局。

购:加强对旅游纪念品市场的监管;除对北宋官窑、朱仙镇木版年画、兰考民族乐器等旅游产品的生产销售以外,开发迎合市场需求的、有较高实用性和观赏性的文创产品;提高旅游纪念品的档次,突出开封特色,进一步打造开封旅游纪念品品牌。

娱:大力宣传,促进以清明上河园《大宋·东京梦华》实景演出、汴梁小宋城《千回大宋》大型表演为代表的旅游演艺业发展;规划建设一批具有宋都特色的酒楼、歌舞厅等娱乐场所,发展各种规模的演艺节目,推出豫剧坠子、宋词弹唱等有开封特色的文娱体验项目,再现宋代勾栏瓦肆盛况。

(三)文化对外贸易的进一步发展

开封市为国家区域中心城市、中原城市群核心发展区城市、河南省新兴副中心城市、郑州大都市区核心成员城市;城市地位的提升,为开封的经济文化发展提供了很大的发展前景。

北宋时期的开封曾作为丝绸之路的东起点,是古代"丝绸之路"的重要交通枢纽,在促进中国与欧亚各国的物质文化交流中发挥过积极作用。孟元老的《东京梦华录》中更是用"八荒争凑,万国咸通,集四海之奇珍"来记载当时开封的繁华。古代丝绸之路为开封带来了繁荣的商业贸易,如今国家"一带一路"战略的实施,也将为开封的发展带来新的机遇。开封市原市委书记吉炳伟表示,"丝绸之路经济带"既是一个经济带,也是一个文化带,"新丝绸之路经济带的建设正好给了开封市文化交流与创新的一个很好的机会"。开封市下一步要借力新丝绸之路经济带的建设,使传统文化能交流出去,新的理念能引进来,做好文化交流、融合与创新,使文化生生不息。

2017年3月31日,国务院批复成立中国(河南)自由贸易试验区,涵盖郑州、开封和洛阳三个片区。开封作为中国八大古都之一,尤以举世闻名的宋文化而著称,是国务院首批历史文化名城,有着深厚的文化底蕴、发达的旅游产业及其相关文化产业。在本身的文化优势下,河南省自贸区对开封片区的主要定位是以"文化+"引领带动产业升级,重点发展服务外包、医疗旅游、创意设计、文化传媒、文化金融、艺术品交易、现代物流等服务业,提升装备制造、农副产品加工国际合作及贸易能力,构建国际文化贸易和人文旅游合作平台,打造服务贸易创新发展区和文创产业对外开放先行区,促进国际文化旅游融合发展。

无论是"一带一路"战略的实施还是自由贸易试验区的建设都将为开封市文化的对外交流与发展提供一个更加广阔的平台、市场以及更多的机会,开封市应积极响应国家"一带一路"战略和自由贸易试验区的建设,利用其丰富的历史文化资源,发展传统文化产业,对外打响开封宋文化品牌。同时,在对外交流贸易中学习新技术、新理念,弥补开封在新型文化产业发展中的不足和缺陷,促进开封文化产业的全面协调发展。

第三章　许昌市文化市情报告

许昌,又称莲城,位于河南省中部中原腹地,是中国历史上群雄逐鹿、兵家必争之地,中原城市群、中原经济区核心城市之一。远古时期,以许由为首的游牧部落在此繁衍生息,故称为许地。前8世纪,周封文叔于许,称许国。196年,曹操迎汉献帝迁都于许,使许昌成为当时中国北方的政治、经济和文化中心。221年,魏文帝曹丕废汉立魏,因"魏基昌于许",改许县为许昌,一直沿用至今。许昌市是一座历史文化名城,是华夏民族、中华文明的核心发祥地,华夏之根。中国史书记载的第一个世袭王朝夏朝的发源地,夏都夏邑,后名阳翟,位于今天的许昌禹州。许昌还是汉朝东汉末代的首都,魏武帝开创的雄霸中原魏国的发祥地。许昌市是中国三国文化之乡、中国陶瓷文化之乡、中国蜡梅文化之乡,拥有丰富且宝贵的文化遗产。其中,许昌市国家级文物保护单位有许昌文峰塔、钧台钧窑址(禹县钧窑址)、瓦店遗址、神垕钧窑址(禹县钧窑址)、扒村窑址、石固遗址、乾明寺塔;国家级非物质文化遗产有钧瓷烧制技艺、禹州药会、越调;相关历史名人有法家鼻祖韩非子、秦相吕不韦、著名战将灌夫、一代枭雄曹操、三国谋士徐庶、唐代画圣吴道子等。

第一节 许昌市文化资源概述

一、许昌市基本概况

（一）城市简介

许昌，又称莲城，位于河南省中部，下辖2个市辖区、2个县级市、2个县，总面积4996平方公里。2016年底总人口492.66万，常住人口为438.05万，是中原城市群、中原经济区核心城市之一。

许昌经济强市，现代工业体系齐全，非公有制经济发达，拥有许昌新区、东城区和许昌经济开发区3个现代化新城区，以电力和电子装备制造业为主，是国家现代化机电研发基地。许昌市烟草种植历史悠久，有"烟草王国"的美誉，是全国重要的烟草生产加工基地和中药材生产加工基地，2015年被命名为"全国文明城市"。2017年2月，许昌市入选国家重大市政工程领域PPP创新工作重点城市。

（二）历史沿革

远古时期，许由率部落牧耕于此，称为"许地"。夏朝建立，许地属豫州之域。商灭夏，昆吾族移居许地。西周初，武王分封诸侯，太岳伯夷之后文叔受封于许，史称"许国"。秦汉时，实行郡县制，许地始称许县，属颍川郡。东汉建安元年（196），曹操迎汉献帝都许，遂称"许都"。建安二十五年（220），曹丕代汉立魏，因"魏基昌于许"，改为许昌，为魏五都之一。西晋初，颍川郡治所由阳翟迁许昌。南北朝时，宋置许昌郡，宋景平元年（423），北魏大将周几攻陷许昌，"夷许昌城"，一代帝都化为废墟。北周时，改为许州。隋时，复称颍川郡。唐时，复称许州。宋、明、清一直为州、府所在地。民国时期，许昌曾先后为河南省第二行政区和第五行政督察专员驻地。1947年12月，许昌首次解放，1949年建立许昌行政区专员公署，辖15个县、市。1970年，许昌专区改称许昌地区。1986年许昌地区撤销，许昌市升为省辖市。

二、三国文化资源

(一) 三国文化概述

东汉末年,社会动荡,民不聊生。196~221年,曹操迎汉献帝刘协都许,"奉天子以令不臣,修耕植以蓄军资",历文治,兴文学,广揽人才,南征北讨,克平群雄,使许昌成为当时北方的政治、经济、军事、文化中心,同时也使许昌成为以"三曹""七子"为代表的建安文学的发祥地。曹氏父子在此兴文学,展文功,创立建安文学,《观沧海》《七步诗》……留下千古绝唱。宠关羽,赎文姬,广揽人才;兴水利,办屯田,振兴经济;张武治,定北方,震慑全国;图霸业,克群雄,终成帝业。辉煌的历史,积淀了众多的三国文化遗迹,有曹操与谋臣议事的曹操议事台遗址,有汉魏许都故城(张潘故城),故城西有愍帝陵,西北有张公祠,北有曹操与汉献帝"许田围猎"的射鹿台。此外,还有乱世忠臣王允墓、因"衣带诏"事件受株连而死的董妃墓、与兄密谋曹操而事泄被逼自缢的伏皇后墓、神医华佗墓等。《三国演义》120回中,有52回发生在许昌或与许昌有关,所以郭沫若曾说:"闻听三国事,每欲到许昌""三国名胜古迹河南最多,河南中许昌居首。"

许昌是1994年国家推出的"中国文物古迹游"14条旅游专线中的"三国战略线"上的重要城市,河南全省列入三国名胜古迹景点20个,许昌独占14个。

(二) 三国文化遗迹

1. 汉魏故城

汉魏故城位于许昌县张潘镇古城村,距许昌市18公里。《许昌县志》记载:"许昌古城(即汉魏故城)在城东30里,围九里一百二十九步。相传曹操所筑,今存遗址。"至今城垣轮廓依稀可辨,夯地土层清晰可见,汉砖瓦块俯拾皆是。据考,当时城内建筑除街道、民宅、官署外,著名建筑有许昌宫、景福殿、承光殿、永始台、丞相府等。三国魏人卞兰作的《许昌宫赋》和韦诞、何晏作的《景福殿赋》流传至今。1986年,该遗址被河南省人民政府公布为省级文物保护单位。

2. 受禅台

受禅台位于许昌市西南17公里的繁城镇。220年,汉献帝在文武百官的请求下,宣告愿意让位。曹丕在此接受献帝禅让,代汉立魏,改年号为黄初,称魏文帝,自此开始了魏、蜀、吴三国时代。受禅台原为青砖护坡,两侧砌有台阶,台顶四周有石雕栏杆,平台中央有一遮阳凉亭,上设龙墩宝座,经千余年风雨侵蚀,至今仍有 20 余米之高、30 余米长宽的二层凸状台基存在。由汉御史大夫王朗撰文、礼部尚书梁鹄书写、大理寺武亭侯钟繇镌刻的《受禅表》和《公卿将军上尊号奏》具体详实地记述了汉献帝禅让、曹丕称帝的历史事实,俗称三绝碑,现为国家一级保护文物。

3. 春秋楼

据《三国志·蜀书》记载:"建安五年(200),曹公东征,先主奔袁绍。曹公擒羽以归,拜为偏将军,礼之甚厚。"在此史实基础上,《三国演义》做了不乏附会的详尽描写:为保护甘、糜二皇嫂的安全,关羽在"土山三约"之后归附曹操。曹操赐给关羽府宅一处,让关羽与二皇嫂共住。关羽分一宅为两院,皇嫂居内院,关羽只身在外;院中有楼,为关羽秉烛达旦夜读春秋之处,即春秋楼也。春秋楼古建筑群,始建于元代至元年间,后经多次修葺。1995年,许昌市人民政府斥资 1500 万元对春秋楼文物景区进行大规模修建,还新辟了春秋楼广场。春秋楼现属河南省人民政府公布的省级文物保护单位。

4. 灞陵桥

灞陵桥原名八里桥,明嘉靖《许州志》记载:"八里桥在州西八里,相传为曹操送关羽之所。"关羽被擒到许昌后,曹操"察其心神无久留之意",意欲留之。但关羽"尽封其所赐,拜书告辞,而奔先主于袁军"。曹军部将欲追之,曹操断然制止曰:"彼各为其主,勿追也。"桥旁有明末将领左良玉题写的"汉关帝挑袍处"石碑。为推崇关羽忠义仁勇,清康熙二十八年(1689)在桥西建关帝庙,设像以祀。20 世纪 80 年代以来,许昌市人民政府多次拨款对灞陵桥、关帝庙景区进行修葺,如今灞陵桥、关帝庙已是雕梁画栋,蔚为壮观,关帝庙现为河南省重点文物保护单位。

5. 毓秀台

毓秀台在汉魏故城西南隅,建于建安三年(198),是曹操为汉献帝祭天所筑,高约 15 米,面积 4000 平方米,有台阶 99 级,是用青砖铺就的祭祀广场。每年秋分时节,汉献帝都要率文武百官前来祭天,祈求风调雨顺、国泰民安。昔日的毓秀台掩映在林荫之中,绿意拥簇,高接云天;台下布列着数十座豪华的宫殿式古建筑,是汉献帝祭祀前暂时休息的地方。毓秀台比同为皇家祭天场所的北京天坛早建千余年。

6. 射鹿台

射鹿台位于城东北许昌县许田村西。相传为汉献帝与曹操、刘备等狩猎射鹿处,现台高约10米,面积约4000平方米。由于射鹿台四周田野多为盐碱地,茫茫苍苍,似瑞雪初降之状,故被后世称为"许田积雪",为许昌十景之一。

7. 华佗墓

华佗墓在许昌县苏桥乡石寨村,距许昌市15公里。华佗墓内安葬着三国时代杰出的医学家华佗,墓高约5米,周围30余米占地500平方米,新彻有六角形花墙环墓一周。墓前有清乾隆十七年(1752)所立"神医华公之墓"石碑,系当地从医者所立。据传,由于华佗医术高超且念念不忘黎民百姓的疾苦,他不愿专为曹操一人服务,便托词探家回乡。曹操派人将华佗押回许昌,打入牢狱,迫害致死。华佗在百姓中享有极高的威望,他救死扶伤的故事仍流传于人间,至今墓前香火不断。

8. 张公祠

张公祠亦称张公庙,位于许昌县张潘古城西北部,距许昌市18公里。相传,当年刘备、关羽和张飞兄弟三人来许拜见献帝时,张飞在此居住,后人称张公祠或张公寨。明祠庙建于8米的高台上,坐北向南占地20余亩,原有殿、堂、楼、阁、亭、台、庵50余间,庙中奉祀刘备、关羽和张飞。庙前有枯树一株,此树由松、柏、桧柏三个品种缠绕而生,后人称其为"三姓柏",象征着桃园三兄弟。山门内东西墙壁上各嵌有一块青石,即东雨石、西风石,二石有预测阴晴风雨的功能。另外还有张飞井和三义殿等遗迹。

三、非物质文化遗产

许昌市拥有国家级非物质文化遗产三项,即钧瓷烧制技艺、禹州药会和越调。

（一）钧瓷烧制技艺

钧瓷烧制技艺是禹州市的地方传统手工技艺。钧瓷,始于唐,盛于宋,为中国宋代五大名瓷之一,与汝、官、哥、定瓷并驾齐驱。钧窑,又以"入窑一色,出窑万彩"的窑变艺术魅力成为诸窑之冠。它,乳光莹润,似玉非玉胜于玉;

它,质地淳厚,开片声似琴如铃;它,色彩奇幻,意境幽远绝世无双。

这是个山岭起伏、群山环抱的古老城镇,环绕四周的诸山上下,蕴含丰富的瓷土、釉药、耐火材料和煤资源。据考古资料表明,早在夏商时期,这种得天独厚的资源就已经被当地既勤劳又充满智慧的工匠们所利用,开始生产陶器了。

2008年6月7日,钧瓷烧制技艺经国务院批准列入第二批国家级非物质文化遗产名录。

（二）禹州药会

禹州中药材的发展,一是以药成会。春会是每年2月起到麦收,秋会是8月下旬,冬会是11月下旬。二是以药成市。形成山货、中药、切药、丸散四大市场,遍布大街小巷,其中西关街为山货行,经营山岗药材;西大街、光明街、三官庙街、四角堂街、洪山庙街为中药行,经营各方道地药材;山林街、槐荫街是切药行,以饮片加工为主;八土方街、黄家口、旗毒庙街、城隍庙街为丸散业。

（三）越调

河南越调,流行于河南及湖北北部地区,为河南三大剧种之一。历史悠久,深受广大人民群众喜爱。

越调形成剧种以后,演出形式有三种:第一是皮影越调戏,第二是木偶越调戏,第三是越调大戏班。这三种演出形式,迄今仍然在湖北北部、安徽西部和河南的南阳一带农村流行。河南越调音乐由于其历史悠久,既有较多的曲牌,又有较完整的板腔。唱腔主要为"越调",有时也兼唱"吹腔""昆腔""七句半"等。伴奏乐器以四胡(俗名"上天梯")为主(因而越调也有时被称为"四股弦"),卧笛、月琴为辅,后来逐渐增加了短杆坠胡、闷子、二胡、唢呐、三弦和琵琶。

河南越调原称四股弦,因主要伴奏乐器是象鼻四弦。在清朝乾隆年间已在河南南阳一带流传,至咸丰时已流传到邓县、禹州、许昌、郑州、商丘、周口一带。因其也采用河南方言演唱,旋律与豫剧有相通之处,也是大小嗓结合。不过越调有自己的演唱风格,不仅有表现民间风情的外庄戏,还有表现帝王将相的袍带戏,又称正庄戏,例如《下南唐》《无佞府》《白奶奶醉酒》《李双喜借粮》等达500多出。由于周口地区的越调剧团出了一位德高艺重的表演艺术家申凤梅,被当年前往河南演出的京剧表演艺术家袁世海、杜近芳发现并极力推荐,使这一剧种由河南传到了北京,又走向全国,为河南越调的历史留下了光辉的一页。

四、人物春秋

(一)曹操

曹操(155~220),字孟德,一名吉利,小字阿瞒,沛国谯县(今安徽亳州)人。东汉末年杰出的政治家、军事家、文学家、书法家,三国中曹魏政权的奠基人。

东汉末年,天下大乱,曹操以汉天子的名义征讨四方,对内消灭二袁、吕布、刘表、马超、韩遂等割据势力,对外降服南匈奴、乌桓、鲜卑等,统一了中国北方,并实行一系列政策恢复经济生产和社会秩序,扩大屯田、兴修水利、奖励农桑、重视手工业、安置流亡人口、实行"租调制",从而使中原社会渐趋稳定、经济出现转机。黄河流域在曹操的统治下,政治有一定程度的清明,经济逐步恢复,阶级压迫稍有减轻,社会风气有所好转。曹操在汉朝的名义下所采取的一些措施对当时的社会具有积极作用。

曹操在世时,担任东汉丞相,后为魏王,奠定了曹魏立国的基础,去世后谥号为"武王"。其子曹丕称帝后,追尊为"武皇帝",庙号"太祖"。曹操精兵法,善用诗歌抒发自己的政治抱负,反映汉末人民的苦难生活,气魄雄伟,慷慨悲凉;散文亦清峻整洁,开启并繁荣了建安文学,给后人留下了宝贵的精神财富,史称"建安风骨",鲁迅评价其为"改造文章的祖师"。同时,曹操也擅长书法,唐朝张怀瓘在《书断》中将曹操的章草评价为"妙品"。

(二)徐庶

徐庶(生卒年不详),字元直,颍川郡长社县(今河南许昌长葛)人。东汉末年刘备帐下人物,后归曹操,并仕于曹魏。徐庶本名徐福,求学于儒家学舍。后中州兵起,与同郡石广元避难于荆州,与司马徽、诸葛亮、崔州平等人为友。刘备屯驻新野时,徐庶前往投奔,并向刘备推荐诸葛亮。徐庶南下时因母亲被曹操掳获,不得已辞别刘备,进入曹营。后来这件事被艺术加工,"徐庶进曹营,一言不发"等被广为流传,而徐庶也成为孝子的典范被称赞。

(三)钟繇

钟繇(151~230),字元常,颍川郡长社县(今河南许昌长葛)人,三国时期曹魏著名书法家、政治家。官至太傅,魏文帝时与当时的名士华歆、王朗并称为三公,有二子:钟毓、钟会。

(四)吴道子

吴道子(约680~759),唐朝著名画家,汉族,阳翟(今河南禹州)人。被后世尊称为"百代画圣",被民间画工尊为"祖师"。他是中国山水画的祖师,被后人尊称为"画圣",人物绘画"冠绝于世"。

五、传统戏曲

许昌市位于中州之腹,有深厚的文化传统。许昌戏曲作为河南戏曲乃至中国戏曲的一部分,从孕育到形成,至发展成熟,源远流长,甚至可以追溯到古时的歌舞、百戏及说唱等艺术活动。中华人民共和国成立以后,在"百花齐放,百家争鸣"文艺方针的指导下,许昌戏曲事业的发展日新月异,十分繁荣,不仅剧种多、剧团多,而且观众多,有深厚的群众基础。

许昌流传的剧种较多,有京剧、豫剧、越调、曲剧、二夹弦、罗戏、卷戏、道情等。随着时代的发展,许昌如今保留下来了豫剧、越调、曲剧三大剧种,是河南省唯一一个剧种保存比较完整的地区。

(一)豫剧

许昌戏曲历史悠久,油梆戏是许昌豫剧的前身,如颇负盛名的"大油梆",早在清朝同治年间就已闻名省内外。经过长期的发展、融合,许昌豫剧留下了大量的经典剧目,不少豫剧名家活跃在许昌大地,演绎的经典唱段留在一代又一代许昌人的记忆深处。

许昌市豫剧团的前身是中华人民共和国成立前许昌当地的"大油梆""二油梆"。据考证,前者成立于清朝道光年间,由山西来许昌做油坊生意的商人为了玩乐而组建。该戏班叫"福兴班",先从山西、陕西带来艺人,之后逐步招收本地学员,演唱河南梆子戏。演唱时用大油梆击节奏,故人称"福兴班"为"大油梆"。后者形成于民国初年(1917),由当时许昌城内四条街的经商者集资成立,名叫"公庆班",也叫"四街戏",人称"二油梆"。油梆戏以唱见长,吐字清晰,节奏鲜明,唱词用方言很容易被观众接受和模仿,许多经典唱段在民间广为流传。

（二）越调

越调是河南省的地方戏曲剧种之一,主要流行于河南全境、湖北西北部、陕西东南部、安徽西北部、山西东南部、河北中南部、北京等地。越调的主奏乐器早期是象鼻四弦,后来一般用坠胡。

越调除戏曲形式外还有曲艺和木偶两大分支。1942年河南发生大旱,其间许多越调艺人(如张桂兰)等都曾转入过地摊说唱,等灾荒过后,再重新回到舞台来演唱戏曲。木偶的越调分支在河南南阳一带十分盛行,其中有些民间职业木偶艺人至今仍十分活跃。

2006年5月20日,越调经国务院批准列入第一批国家级非物质文化遗产名录。

（三）曲剧

以北京流行的曲艺单弦牌子曲为主发展而成,初名"曲艺剧",1952年始正式定名为"曲剧"。单弦牌子曲,也称"八角鼓",是采用牌子曲连缀体,三弦伴奏,八角鼓击节演唱故事的一种说唱艺术,曲调丰富,形式多样。

它的主要曲调有〔太平年〕、〔云苏调〕、〔罗江怨〕、〔南城调〕、〔剪靛花〕、〔湖广调〕、〔南锣北鼓〕、〔数唱〕等,大都出自民间小曲,有的擅长抒情,有的适合叙事;成为曲剧选用唱腔曲调和改编创造新唱腔曲调的主要来源。

六、民间艺术

（一）管筹

管筹形似笛和箫,但吹奏方法以及音色、音区上均有明显区别。《道德经》中的"天地之间,其犹橐籥乎"便是指管筹。北魏时期修造的巩县石窟中的画像石《仪服图》画面,就有吹筹艺人演奏的生动形象。另据考古发掘,管筹与舞阳贾湖考古遗址中发现的骨笛在形制上有一定渊源。管筹与笛、箫共同组成民族管乐体系,音色与音域搭配完美无缺。可以说,管筹演奏艺术的发掘对民族器乐的传承与发展有重大意义。但随着岁月流转,管筹逐渐失传,仅在寺庙音乐中有所保留,适用范围及地域较小,中国音乐史和乐器史均无确切记载。中华人民共和国成立后,其他地区也曾发现有人掌握管筹演奏技艺,后都逐渐湮灭。许昌市鄢陵县管筹的唯一传人张富生是一名道士,年已86岁,身体状况不容乐观,专家认为,他或许是中国大地上最后一个精通管筹吹奏技法的传人了。

抱着对子孙后代负责的工作态度,在对管筹这种堪称"活化石"的民间艺术的抢救过程中,许昌市与时间展开了一场赛跑。鄢陵县文联连续三次到偏远乡村调查管筹表演艺术,采集了大量的第一手资料,并对管筹演奏的曲谱资料进行初步整理。目前,许昌市民间文化遗产抢救工作委员会及许昌电视台正在组织筹拍一部大型专题纪录片,完整记录管筹的历史、传承、演奏以及张富生先生的传奇人生。

(二)禹州刺绣

河南省禹州市顺店镇刺绣业始于宋代民间传统手工工艺,至明朝繁荣时期,仅镇区就有数十家丝货行、染坊,数百家机户、上千架织机,数千名织工、绣工。"绿丝红绸银飘带,如林绣女飞针忙"堪称当时丝织刺绣产业兴盛的生动写照。至康熙年间,沿许洛故道,刺绣作坊、店铺绵延五六华里,到乾隆年间丝织刺绣业达到鼎盛,镇区西北部由70余家商号捐建的山西会馆,便是历史的明证。顺店镇已发展成为长江以北最大的丝绣品产地和刺绣产品交易市场,素有"中原刺绣之乡"的美誉。河南省禹州市顺店镇刺绣产品主要为古装戏衣、秧歌衣和工艺饰品,布料色彩绚丽,图案设计新颖,产品工艺精湛。以戏剧服装为例:其质料有大缎(硬料)和绉缎(软料)两种;颜色分"上五色"和"下五色",上五色指红、绿、黄、白、黑,下五色指紫、粉、湖、蓝、香;样式有180种之多,以明代服饰为基础,吸收了历代特别是唐、宋、清服饰之典型;根据服装形状制作上的基本特征,可将其划分为蟒、帔、靠、褶、衣五大类。另外,还根据文鸟武兽案来显示古代官员的品级标志,如明代官服谱:一品文官为仙鹤,二品文官为锦鸡,三品文官为孔雀,四品文官为云雁,五品文官为白鹇,六品文官为鹭鸶,七品文官为蜥苏,八品文官为黄鹂,九品文官为鹌鹑,十品文官为练雀,公、侯、伯、驸马共用麒麟。

(三)禹州中药

禹州是中药材的集散地,历史上有20多个行帮组织和众多的药庄、药行、药棚、药店等,带动了中药材种植、加工、炮制技术的发展。禹州的中药材炮制始于明代,荟萃了历代技艺,因药制宜,技艺独特,制作精细,注重药效,在浸、泡、锻、煨、炒、炙、蒸、煮等方面,形成了独特的地方特色,业内有"药不过禹不香"之说。

禹州中药材炮制技艺,在全国有较大影响。清朝初,禹州的中药材炮制就创出了闷润、浸泡、切片、镑片、剁劈5种方法,药工根据药物的形体和用药的需要,可加工成咀、段、块、丝、菲薄片、薄片、磅片、刨片、顶刀片、斜片、盘香片、蝴蝶片等12种片(体)形。加工炮制的百余种中药材炮制精品驰名中外,在1911年的"万国医药博览会上"禹州的"九蒸大熟地"引起轰动,有56种中药材3次荣获"全国中药饮片质量评比第一名"。禹州中药材加工炮制工艺载入《河南省中药炮制规范》,作为统一标准。其价值主要体现在中药学的研究价值,中药材种植、炮制的规范化研究和实用价值等方面,对当地中药材的生产、交易和经济建设具有重要意义。

(四)陈氏皮影

许昌陈氏皮影的雕镂制作以上等白驴皮为原料,经炮制、刮毛、去脂、磨、刻、染、熨、缀等20余道工序精工细作而成。影人的造型小巧玲珑,高33厘米左右,体型夸张大胆,变形巧妙;影人的服饰图案花纹,精巧细致,充分折射出了中国古代劳动人民的审美志趣;影人的着色采用传统绘画工笔重彩方法,精工细雕,自然和谐,绚丽协调,简洁明快,精致高雅,每件影人都具有极高的艺术价值和美学价值,堪称艺术珍品。

(五)钧瓷

钧瓷起源于河南省禹州市神垕镇。那里地处山区,自然资源丰富,具有生产钧瓷得天独厚的条件,有"南山煤,西山釉,东山瓷土处处有"之传说。钧窑是我国宋代五大名窑之一,与汝、官、哥、定诸窑并驾齐驱。钧瓷造型端庄,窑变美妙,色彩艳丽,五彩缤纷,又为诸窑之冠。

钧瓷的名贵在于其独特的窑变釉色,其釉色是自然形成,非人工描绘,每一件钧瓷的釉色都是独一无二的,即"钧瓷无双",且釉透,釉活,胎质精纯,坚实细腻。叩之声圆润悦耳,清脆动听;观之形端庄优美,古朴典雅,它的釉变色五彩缤纷,璀璨夺目,浑然天成,构成一幅幅神奇的图画,如寒鸦归林、夕阳残照、高山云雾、峡谷飞瀑、伯牙抚琴等。这些釉变画,千变万化,意味无穷,具有千古耐看的魅力,名人曾用"出窑一幅元人画,落叶寒林返暮鸦""雨过天晴泛红霞,夕阳紫翠忽成岚""峡谷飞瀑莬丝缕,窑变奇景天外天"等来形容钧瓷窑变之妙,民间有"钧与玉比,钧比玉美,似玉非玉胜似玉""黄金有价钧无价",更有"雅堂无钧瓷,不可自夸富""纵有家财万贯,不如钧瓷一片"之说。

七、现代艺术

2006年以来,许昌市树立"建筑就是文化景观"的理念,把城市文化建设与推进新型城镇化紧密结合在一起,提炼出最能体现地方人文精神的文化元素,物化到城市基础设施建设中来,一批既有人文之美又能展现许昌现代气息的"文化地标"相继亮相。

与市委、市政府所在地遥相呼应的许都公园,于2006年7月开工建设,2007年6月底顺利建成并正式向公众开放,成为许昌目前功能最全、面积最大的城市公园。许都公园标志性建筑智慧门高17米、宽25.9米,整体结构为"二龙戏珠",寓意太平盛世,智慧之光普照许昌大地;其门柱浮雕内容以书法、镌刻、钧瓷图案、青铜器和玉器纹样、建筑和服饰图形等符号为主,彰显许昌厚重的历史文化和文明,突出了"智慧"这一博大主题。2011年,许都公园入选河南省"十佳城市公园"。

2011年5月,历经31个月的建设,中华人民共和国成立以来许昌市最大的单体公益项目——许昌博物馆、许昌市城市规划展览馆、许昌市图书馆"三馆合一"的大型综合性公共建筑正式投入使用。作为汉魏故都许昌的崭新城市"文化地标",总投资2.9亿元的3座场馆具有文物展览、规划展示、图书阅览等多种文化服务功能;与之并肩而立的许都大剧院结束了许昌长期缺乏大型现代化文艺演出场地的历史。在市民眼中,这里保存着许昌的发展历史,彰显着城市精神,是一处精神栖息之所。

2012年4月,被誉为"城市会客厅"的许昌旅游服务中心正式开门迎宾。该中心占地面积5.98万平方米,由广场和"一门四阙"主题建筑组成。它既是许昌市的标志性建筑,又是许昌市的综合旅游服务平台、游客的集散场所和广大市民的休闲场所。

目前,许昌市广场、公园、游园数量已近百个。魏武游园的曹操像,气势宏伟,威风凛凛;许扶运河北岸的沧海亭,雄伟壮观,古色古香;文峰游园的建安七子塑像,栩栩如生……新规划的魏都风情区选择护城河、南大街和北大街、魏武游园、小西湖等重要城市节点,利用现有遗址,采取分片集中修复的办法,建成一个集中展现许昌三国文化、古城文化特色,打造具有"汉魏文化、古街古巷、水系环绕、古城新韵"特色的风情区。

八、国家文化产业文件和许昌市文化产业相关扶持政策

国家相关文化产业文件和许昌市众多文化产业相关扶持政策都促进了许昌市文化产业的发展。根据《文化部 财政部关于推动特色文化产业发展的指导意见》《国务院关于推进文化创意和设计服务与相关产业融合发展的若干意见》《文化部"一带一路"文化发展行动计划》《文化部"十三五"时期文化发展改革规划》《文化部、新闻出版广电总局、体育总局、发展改革委、财政部关于印发〈关于推进县级文化馆图书馆总分馆制建设的指导意见〉的通知》等文件。许昌市积极响应国家政策制度,并依据本市的具体情况制定许昌市相关文件,稳步实施。《许昌市人民政府关于促进旅游消费拉动旅游市场的意见》《许昌市人民政府办公室关于印发〈许昌市推进基层综合性文化服务中心建设实施方案〉的通知》《许昌市人民政府办公室关于进一步明确旅游市场综合监管职责的通知》《许昌市人民政府办公室关于印发〈许昌市2014年文化旅游产业重点建设项目〉的通知》《许昌市人民政府办公室关于印发〈许昌市2015年文化旅游产业重点建设项目〉的通知》《许昌市人民政府办公室关于〈印发许昌市2016年文化旅游产业重点建设项目〉的通知》《关于征集文化企业及项目建立名录库的通知》一系列文件的颁布实施,促进了许昌市公共文化事业的发展,完善了许昌市公共文化服务体系,增强了文化产业发展的活力和创造力,推动了许昌市文化产业和事业的稳健发展;相关法律法规的完善也对文化市场竞争秩序具有"规范"作用,避免恶性竞争和过度竞争,有利于产业健康、协调发展;对发展需要帮助的文化项目提供制度上的帮助和支持,起到对文化产业中的弱质行业的"保护"作用;相关文化产业政策促进了许昌市的经济增长,推动了产业结构优化调整,引导了文化产业结构的调整。

第二节 公共文化服务体系建设

一、公共文化服务体系现状及问题

（一）公共文化服务体系现状

公共文化服务体系想要更大范围地惠及民生,需要文化惠民的覆盖面最大化。许昌市加大投入力度,相继建成了许昌市群众艺术馆、许都大剧院、博物馆、图书馆、广电大厦、塔文化博物馆等大型文化广电场馆。在基层文化设施建设方面,许昌市相继建成了9座城市数字影院、72个乡镇综合文化站、2310个农家书屋、6个文化信息资源共享工程县级支中心和2223个基层服务点,实现了乡镇综合文化站、文化信息资源共享工程、农家书屋的全覆盖。许昌市努力打破文化"最后一公里"地方信息闭塞的状况,提高广大人民群众的科学文化素质。禹州市褚河镇蒋庄村农家书屋荣获"全国示范农家书屋"称号;鄢陵县文化馆被文化部表彰为"2012年农民工文化服务示范项目",成为河南省唯一获此殊荣的文化单位;鄢陵县文化馆送文化进企业项目被文化部评为"全国农民工文化服务示范项目";鄢陵县文化信息资源共享工程支中心被表彰为"全国文化信息资源共享工程公共电子阅览室示范点"。同时,许昌市文化艺术中心、许昌县文化中心、襄城县文博中心等大型公共文化场馆正在加紧建设。许昌市着力加强图书馆建设,实施全民阅读工程,建成、开放了许昌市图书馆数字图书馆、24小时自助图书馆、首批10家"书香家庭"图书馆、首批6台电子图书借阅机,"书香许昌"建设稳步推进。

截至2017年末,许昌市共有艺术表演团体8个、文化馆8个、公共图书馆7个、博物馆14个、综合档案馆7个;共有全国重点文物保护单位23处,省级重点文物保护单位55处,市级重点文物保护单位72处;共有29个项目入选省级非物质文化遗产名录,有3个项目入选国家级非物质文化遗产名录。全市共有广播电台6座,广播人口覆盖率100%;电视台6座,电视人口覆盖率100%。

许昌市举办的文化活动丰富多彩。开展了"欢乐魏都行·文化进社区系列巡演活动"、抗日战争纪念日广场文艺演出活动,"深化服务年,学习雷锋月"

文化进社区专场演出活动,"文化进校园"演出活动,"我们的节日·端午"系列文化活动,"八一"双拥活动,纪念抗战胜利70周年系列文化活动,"春满中原·文明许昌"系列春节文化活动,"欢乐中原·和谐许昌"双节文化,三国文化周系列文化活动,"戏曲进校园"活动,"庆祝建党95周年暨长征胜利80周年"系列文化活动,"魅力许昌·相约周六——古都新韵艺术秀"大型广场文化活动,"共圆中国梦 文化进社区"戏曲专场社区巡演活动,许昌市首届"三国韵·健康游"全民健身龙舟表演赛,"百城万场"广场文化,周末百姓剧场,民间艺术大赛等文化活动,丰富了全市人民群众的文化生活。

许昌市创新公共文化服务形式。通过组织文化、卫生、科技"三下乡"活动,许昌市向广大农村传播先进文化,增添农村文化活力,营造农村良好的文化氛围。文化部门组织开展"舞台艺术送农民"活动,"送书送报"活动,"我们的中国梦——送欢乐下基层"活动,"书法进万家"等10多个类型的送文化进基层活动600多场。每年均要送出戏曲、歌舞、小品等文艺专场演出1000多场,送出养殖、养生、家电维修等各类书刊6000多册,送出春联5000多副,丰富了基层群众的文化生活,真正把文化大餐送到乡村、送给农民。

许昌市文化部门不断改革创新,大力实施文化惠民工程,积极落实"十项重点民生工程"、农村公益数字电影放映工程。每年开展舞台艺术送农民演出活动3500多场,农村电影放映25380多场,送文化下乡进社区、进乡村20余次,开展专家走基层活动5次,指导基层乡镇综合文化站、农家书屋开办"戏迷活动室""曲艺活动室""音乐活动室"等惠民免费开放项目10多个,搭建"百姓大讲堂""文化大讲坛"等文艺辅导交流平台4个,组织举办艺术培训、知识讲座20多场,"周末百姓剧场"演出50场,开展"百城万场"广场文化活动600场,受益群众达500余万人次。丰富多彩的基层文化活动,提高了人民群众的文化素质,拓宽了群众的知识面,深受广大人民群众欢迎,文化改革发展成果惠及全市人民。

(二)许昌市社会力量支持公共文化事业发展的现状

2014年,许昌市人民政府积极引导民营企业高鑫织物有限公司参与许昌市群众艺术馆老馆舍的改造,合作中由企业出资1000万元,利用群众艺术馆原有土地建设新馆舍,建成后企业和群众艺术馆合理分成,双方互利共赢。经过积极运作,2009年新馆建成,新馆建筑面积12000平方米,使用面积5500平方米,内设多功能厅、非物质文化遗产保护成果展厅、书画展厅、戏迷活动室、音乐声乐教室、多媒体教室、舞蹈教室等,达到国家一级馆标准,一举解决了老馆舍是危房不能开展群众文化活动的难题,进一步健全了许昌市的公共文化服务体系。

近年来,在许昌市文化部门的积极引导和推动下,一批文化企业相继参与举办了一系列公益文化活动。企业的资金支持为公共文化活动的顺利开展提供了资金保障,企业也在冠名赞助中得到了较好的品牌广告效应,探索出了一条"政府搭台、社会(企业)参与、群众受益、企业得利"的新型群众文化发展道路。

许昌市积极扶持民办博物馆、美术馆的建设,在民办博物馆建设、申报过程中加强业务指导,提供技术支持,有力地促进了许昌市民办博物馆的发展。目前,通过省文物局审批,在许昌市文化部门备案、民政部门登记注册的民办博物馆共有4家,分别是禹州星航钧瓷窑炉博物馆、禹州宣和陶瓷博物馆、许昌喜根根艺博物馆、许昌金雨古陶瓷博物馆;美术馆2家,分别是许昌华夏美术馆、许昌画圣美术馆;书画院10家,分别是许昌书画院、许昌市政协书画院、中原书画院、许昌元盛书画院、许昌县尚集书画村、许昌县镜湖书画院、长葛市葛天书画院、醉翁亭书法院、金雨玫瑰书画院、花都书画院。

(三)公共文化服务体系的问题

公共文化资源缺乏统筹,难以发挥整体效益。由于专业人员数量问题,直接导致全区公共文化设施建设重量轻质,社区、村一级的公共文化设施重建轻管,进而导致公共文化资源的闲置浪费,利用率偏低。

公共文化产品仍然缺乏,公共文化服务水平不高。政府文化管理部门是在按照自己的想法提供公共文化产品,而不是按照公众的意愿来提供公共文化产品,由此造成效益低下。群众喜闻乐见的文化产品类别较单一,多数为群文活动,农家书屋图书针对性不强,电影放映跟不上需求,文化信息资源共享利用率不高,数字化程度低。

人才队伍建设不健全。街道(乡镇)文化站、社区(村)文化室没有编制,身兼数职、专干不专用的问题比较普遍。加之待遇偏低,职称晋升机会少,无法吸引和留住专业人才,人员流动频繁。现有的大部分文化事业单位人员结构不合理,专业人员比例低、人员老化,干部业务技能不强,整体文化素质不高,服务能力有待提高。

社会资本参与公共文化服务的管理、引导、参与机制不健全,社会资本参与公共文化服务的规模不大、积极性不高、效果不明显,还停留在自发状态。

二、公共文化服务体系未来发展

(一)加强公共文化基础设施建设

把公共文化设施建设与百城建设提质工程结合起来,大力推进文化综合体建设。加快实施市文化艺术中心、科普教育基地、体育中心建设项目,持续改善市博物馆、市图书馆、市规划馆、许都大剧院等重点文化馆舍条件。加大文化资源向基层倾斜力度,推进全市基层综合性文化服务中心建设,实现乡(镇、街道办事处)、村(社区)综合性文化服务中心建设全面达标。

(二)实施文艺精品战略

重点支持文学、戏剧、曲艺、影视剧、音乐、舞蹈、书法、美术、民间文艺创作,突出戏曲、歌词等优长艺术门类,力争每年推出3~5部在全省有影响力的文艺精品,到2020年至少有1部文艺作品获得国家级奖项。实施网络文艺精品创作和传播计划,推动网络文学、网络音乐、网络剧、微电影、网络演出、网络动漫等新兴文艺类型繁荣、有序发展。

(三)提升公共文化服务

深入开展"欢乐中原·文明许昌"、中原文化大舞台、舞台艺术送农民、周末百姓剧场、农村电影放映等文化活动,鼓励支持各地举办具有地方特色的群众文化活动,实现县县有品牌、乡乡有特色、村村有活动。扎实推进公共文化机构数字化建设,丰富图书馆、文化馆、博物馆数字资源,提升现代传播能力。积极开展全国文化先进县和国家级、省级公共文化服务体系示范区(项目)创建工作。

(四)打造"书香许昌"

树立全民学习、终身学习的理念,构建以现代终身教育体系和学习型组织为基础、充满创新精神和发展活力的学习型城市。完善许昌图书馆基础设施,创新服务方式,增强服务能力,发挥读书示范效应。广泛开展创建书香机关、书香企业、书香社区、书香家庭活动,宣传表彰一批读书、写书、藏书、用书的典型,在全社会营造浓郁书香氛围。

到 2020 年，基本建成与经济社会发展水平相协调、与人民群众精神文化需求相适应的大文化发展格局，打造"一地、一城、一区、四特色"（全球三国文化旅游目的地、国家历史文化名城、国家公共文化服务体系示范区和钧瓷特色文化产业、生态休闲特色文化产业、工艺发制品特色文化产业、中医药特色文化产业），成为华夏历史文明传承创新区重要板块；中原文化高地基本形成，文化综合实力位居全省前列。

许昌市现代公共文化服务体系建设任务的完成时限提前至 2018 年底，实现了市、县、乡、村四级公共文化设施网络全面覆盖、互联互通，结合全市扶贫攻坚计划、供给侧结构性改革方案和"两高一率先"总体目标。

第三节　文化产业发展现状

一、文化产业发展现状及问题

（一）许昌市文化产业发展的现状

许昌市依托丰厚的历史文化资源，全力做优、做强、做大文化产业，打造城市名片，保障人民群众基本文化权益。许昌市先后投资 18 亿元，建成一批大型文化场馆，连片开发建成曹丞相府、灞陵桥景区、春秋楼景区和许扶运河文化公园、许都公园，形成"曹魏故都—智慧之旅、宜居花城—休闲之旅、神垕古镇—体验之旅"三大文化旅游品牌；先后被誉为中国三国文化、蜡梅文化、陶瓷文化、烟草文化之乡，素有魏都、花都、钧都、烟都和药都"五都"之称；先后荣膺中国优秀旅游城市、国家森林城市、国家园林城市、国家卫生城市、全国绿化模范市、全国文明城市和中国花木之都等称号，是中国最适宜居住的城市之一。

从总体上看，许昌市行业文化发展亮点纷呈，文化消费平稳增长，文化消费日益活跃。2016 年，许昌市实现文化产业增加值 145.87 亿元，占当年 GDP 的 6.2%，同比增长 18.4%，高出全省 GDP 增速 9.3 个百分点，文化产业在省辖市中率先成为国民经济的支柱性产业。在 2017 年全省文化产业发展规模实力、发展速度综合排序中，许昌市位居全省第二位，连续两届被评为全省文化产业发展先进市。

其一，全市行业文化发展亮点纷呈，许昌市旅游产业规模不断扩大，文化保护工作取得新成绩,非物质文化遗产保护体系逐步完善,广播影视业持续发展。许昌市连续两届荣获"全省文化产业发展先进市"称号,受到省委、省政府、省文化改革和发展工作领导小组的表彰。在2018年4月召开的河南省文化产业发展工作会议上,禹州市荣获"河南省文化产业发展先进县(市、区)"称号;许昌钧瓷文化创意产业园被省政府确定为"河南省重点文化产业园区",为全省6个重点文化产业园区之一;禹州市文化改革发展试验区被省委宣传部、省科技厅确定为首批"河南省文化和科技融合示范基地",是全省6个文化和科技融合示范基地之一。2018年5月深圳文博会期间,许昌市精心谋划的"神垕古镇文化旅游综合开发项目"作为全省重点推介的4个文化产业项目之一,向境内外客商进行了全面推介,"神垕古镇老街修复项目"成功签约。许昌市连续两届荣获深圳文博会组委会颁发的优秀组织奖和优秀展示奖。灵境"许昌人"遗址、许州府衙、华佗墓、紫云书院等19处文物保护单位被河南省人民政府评为"第五批省级文物保护单位",全市省级文物保护单位达58处,"钧瓷烧制技艺""禹州药会""越调"被国务院公布为第二批国家级非物质文化遗产名录;禹州市星航钧瓷有限公司钧瓷窑炉博物馆被河南省文化厅评为首批"河南省非物质文化遗产社会传承基地";毛爱莲等13人被河南省文化厅命名为第一批河南省非物质文化遗产项目代表性传承人。全市有广播电台6座,广播人口覆盖率100%,电视台6座,电视人口覆盖率100%,有线用户29万户,广播电视也已形成了集广播、电视、节目制作、播出,无线、有线等多种传输覆盖以及相关产业链的产业格局。

近年来,许昌市文化产业法人单位增加值从2012年的76.04亿元增加到2014年的104.64亿元,年均增速为18.81%,高出全省平均增速2.81个百分点。2014年,文化产业法人单位增加值占当年GDP的4.96%,接近支柱性产业水平(产业增加值占GDP比重在5%以上的为支柱性产业)。2015年,全市文化产业专项调查统计数据显示,许昌市规模以上文化企业达302家,数量仅次于郑州市;在全省文化产业发展规模实力、发展速度综合排序中,许昌市位居全省第二。目前,许昌市主要文化项目许昌报业传媒集团大厦、许昌广电大厦、禹州广电文化中心已建成投用,曹魏古城、三国文化产业园、神垕古镇文化旅游综合开发项目、许昌市文化艺术中心等重大文化产业项目正在建设中,许昌县文化中心、襄城县文博中心、长葛体育馆、鄢陵鹤鸣湖生态文化旅游区、许昌融智传媒公司的全媒体用户数据库应用平台、许昌广电融媒产业发展项目等也将陆续开工。文化项目建设进展顺利，对许昌市文化产业发展起到了很好的推动作用。

其二，文化消费平稳增长。许昌市经济运行在新常态下总体平稳，2013年全市生产总值达1903.3亿元，人均GDP已达44294元，城乡居民收入水平得到显著提高，随着城乡居民收入的水平不断提高，许昌市城乡居民消费性支出中用于文化娱乐用品和服务性的支出不断增长。城镇居民和农村居民文教娱乐用品及服务消费支出都不断增加，农村居民文化娱乐消费水平明显低于城镇，但是增幅较高，呈现较强的增长势头。文化消费日益活跃，已成为拉动内需的有效手段之一。

许昌市文化旅游发展逐渐繁荣。2017年，许昌市旅游系统认真贯彻落实市委、市政府关于旅游工作的安排部署，扎实奋进，砥砺前行，旅游经济主要指标保持较快增长态势。全年接待游客2109万人次，同比增长39%，全年旅游总收入107.1亿元，同比增长44.7%。全市已有A级旅游景区24家，其中4A级景区7家、3A级景区9家；星级饭店17家，其中5星级饭店1家、4星级饭店6家、3星级饭店6家；旅行社及分支机构176家。旅游行业规模持续壮大，占全市经济比重日益提升，其中4A级景区包括以下7个景区。

1. 金雨玫瑰休闲度假旅游区

鄢陵金雨玫瑰休闲度假旅游区，位于鄢陵名优花木科技园区花溪大道南段西侧。该休闲度假区占地34295.74平方米，总建筑面积37498平方米，计划投资10亿元。旅游区分为古陶瓷博物馆、玫瑰香草观光区、产品工艺展示区、香草温泉区、产品体验区、金雨玫瑰庄园酒店等景观景点和功能区。金雨玫瑰休闲度假旅游区已成为全国最大的香草种植基地，并成为首家以东南亚风情为主题打造的露天香草温泉，这是萦绕在她头顶的标志和特色。它还拥有亚洲最大的连片玫瑰种植基地，4000亩玫瑰争奇斗艳、1000亩香草香飘万里、2000多株珍贵物种枝繁叶茂，争奇斗艳。

2. 花都温泉度假区

花都温泉度假区位于河南省鄢陵县陈化店镇西，占地约69万平方米，建筑面积57792平方米，是集温泉和大型野外汤池、品茗餐饮、客房会议、保健养生、休闲娱乐为一体的休闲度假区。

3. 中原花木博览园

中原花木博览园,位于河南省许昌市东部,南临311国道,东临219省道,西距京珠高速20公里、京广铁路20公里,北距郑州国际机场70公里,交通极为便利。整个园区共分为13大功能区域,包括博览会展区、蜡梅文化展区、休闲度假区、热带植物展区、生态科普展区、竹林植物展区、花卉观赏区、名优花木示范区、盆景文化展区、旅游接待区、针叶植物展区、系列景观区、儿童乐园区等。2004年被国家评为全国农业旅游示范点,2005年被国家旅游局评定为国家4A级旅游景区,2009被确定为河南省服务业特色园区。

4. 大鸿寨风景区

大鸿寨风景区位于河南省禹州市西北边陲鸠山乡境内,为伏牛山系余脉。主峰大鸿寨高1156米,驻足山巅,俯视远眺,万壑纵横,群山拱围,峰峦叠翠,气象万千。

5. 神垕古镇

神垕古镇位于河南省中部禹州市西南,地处伏牛山余脉,山川秀美,境内名胜古迹众多,灵泉寺、花戏楼、祖师庙、邓禹寨、钧窑遗址等不胜枚举;深厚的历史文化积淀使神垕的人文景观、旅游资源独具特色,是驰名中外的钧瓷文化发祥地,是五千多年陶瓷文化积淀而成的具有典型区域特色的中国历史文化名镇,是禹州市、郏县、汝州市三县(市)交界处的经济、文化、商贸中心。全镇总面积49.1平方千米,总人口42000人,其中镇区人口3.2万人,镇区建成面积10平方千米。"神垕古镇"之名历史上曾被四次皇封,因至今仍盛产各种陶瓷,"神垕古镇"被誉为全国唯一"活着的古镇"。

6. 钧官窑址博物馆

河南禹州钧官窑址博物馆、禹州市钧瓷研究所位于禹州市钧官窑路北段,国家级重点文物保护单位宋钧官窑遗址保护区内,博物馆占地47000平方米,建筑面积15000平方米,展厅面积4980平方米,是传统与现代建筑风格有机结合的典范,国家4A级旅游景区。

7. 禹州钧瓷文化产业园

禹州钧瓷文化产业园位于禹州市西南30公里神垕古镇境内,景区面积3.6平方千米,由位于景区西部的宋、元古钧窑遗址,位于景区中心的伯灵翁庙、古镇、钧瓷生产作坊、钧瓷市场、古玩市场,位于景区东部的灵泉寺,景区南部的大龙山森林公园组成。目前,伯灵翁庙建筑群、钧瓷作坊及厂家、钧瓷市场、古玩市场、灵泉寺已基本具备对外开放条件,能够接待各方游客;古钧窑遗址大龙山森林公园、古镇等景点正在建设中。禹州钧瓷文化产业园的主要特色是钧瓷文化及千年古镇。

（二）文化产业发展存在的问题

许昌市文化产业的发展虽然势头良好,但是仍然存在着问题。

其一,文化产业投入不足,公共文化服务体系不尽完善。与经济发展投入和市政建设速度相比,许昌市文化产业的投入存在较大差距。2013年,全市地方财政支出总额267.84亿元,其中文化体育与传媒支出为3.15亿元,占全市地方财政支出总额的1.18%;全社会固定资产投资总额1414.41亿元,其中用于文化、体育和娱乐业的投资为9.57亿元,占全社会固定资产投资的0.68%,均远低于文化产业增加值占GDP的比重。文化产业投入不足,在一定程度上束缚了文化产业的发展,制约了公共文化服务体系的进一步完善,影响了文化产品和服务的质量和数量,从而难以完全满足人民群众日益增长的精神文化需求。

其二,文化产业人才缺乏。文化产业的发展与繁荣,归根结底取决于人的因素。特别是随着文化体制改革和文化产业发展的需要,文化产业人才匮乏的问题越发突出。从目前的情况看,一是缺乏市场策划和创意人才。一些有潜力的文化产业项目、文化资源,因为缺乏市场策划和创意,开发、利用、挖掘不够。二是缺乏文化产业管理人才。既懂文化又懂经营管理的产业经营人才难觅,严重制约了文化产业的发展。三是缺乏文化艺术专业人才,由于体制、机制不活等原因,留不住专业人才,难引进,市文化产业的发展举步维艰。①

其三,产业结构不够均衡,核心文化产业比例偏低。虽然许昌市文化产业发展很快,但人人分析文化产业构成,不难看出其中的薄弱环节。2008年,许昌市文化产业核心层、外围层和相关层增加值之比为6.02∶5.61∶88.37,相关层文化产业具有绝对优势,而核心层和外围层经济量弱小,透视出许昌市文化产业结构极不均衡。从2015年统计情况看,许昌市文化产业中的发制品和

---

① 宁慧娟:《许昌市文化产业发展现状分析》,《管理观察》第5卷第17期,2015年6月。

钧瓷营业收入占文化产业营业收入的76.78%,而以文化为核心内容,直接满足人们精神需求的新闻出版发行、广播电视电影、文化艺术、文化信息传输、文化休闲娱乐服务等文化产业所占比重偏低,对文化产业规模的贡献力度明显不够,产业层次分布结构需要不断调整和完善,使之更加趋于合理。

其四,区域特色文化资源挖掘不够充分。许昌市有着丰厚的文化资源,在文化产业发展方面有着很好的资源优势,但还没有得到很好的开发利用,一些特色文化资源一定程度上处于闲置状态;对三国文化、钧瓷文化、生态文化进行了初步开发,取得了一定成效,还需进一步打造提升;对上古文化、夏文化、许国文化、葛天氏文化以及杂家吕不韦、法家韩非子、西汉留侯张良、楷书鼻祖钟繇、画圣吴道子、行书鼻祖刘德升等名人文化和姓氏文化的挖掘不够,文化资源优势还没有很好地转化为产业优势。

二、个例分析

(一)禹州钧瓷

钧瓷是中国四大名瓷之一,产于许昌之禹州市神垕古镇。禹州古称夏禹国,启大宴诸侯于"钧台",以"钧台"命名,窑曰"钧窑"。钧瓷始于唐,盛于宋。所产钧瓷观之如景,叩之如馨磬,瑰丽夺目,浓艳晶莹,加之烧制难度,"十窑九不成",钧瓷成为连城之宝,人们将它和玉器、金银并列:"钧与玉比,钧比玉美""黄金有价,钧无价。"

据国家质检总局、中央电视台联合发布的2015年中国品牌价值评价结果显示,钧瓷品牌价值达到215.26亿元,居工艺品及其他地理标志产品行业第一位。

近年来,禹州市连续举办了九届钧瓷文化节,在北京、香港、台湾、澳门等地成功举办了"中国钧瓷文化四海行"巡展活动;积极参与了3部40集电视连续剧《大河儿女》《窑变》《红色钧官窑》的制作,其中《大河儿女》已在CCTV一套黄金档播出;与央视合作录制了《欢乐中国行·魅力禹州》《钧瓷神韵》《瓷路》等20余部央视纪录片;钧瓷作品先后76次被选作国礼,在中国—东盟博览会、博鳌亚洲论坛、上合峰会、APEC峰会、世博会、奥运会、国家领导人出访等各种重大外交活动场合,钧瓷已成为许昌、河南乃至全国走向世界的一张"国宝级"文化名片。

禹州市以建设许昌钧瓷文化创意产业园为平台,促钧瓷产业集聚发展,有力推动钧瓷文化产业快速发展。目前,禹州市呈现出"非瓷"资本、外地资本主动流向钧瓷产业的良好态势。禹州市钧瓷生产企业由原来的56家发展至2015年底的186家,钧瓷年产值由原来的1.6亿元增至2015年底的24亿元。如今,钧瓷文化产业已发展成为禹州市文化产业的龙头行业。

为确保文化产业健康发展,禹州市还以项目带动为抓手,以钧瓷文化为主线,深入挖掘地方特色,整合旅游资源,实施"全景禹州、全域旅游"发展战略,力促文化资源优势转变为产业发展优势。2015年,禹州市共接待游客达720万人次,实现旅游总收入达12亿元。

1. 积极打造钧瓷文化核心旅游区,启动了神垕古镇保护开发利用工程。近年来,禹州市通过持续不断提升"水、路、树"等基础配套设施建设,累计完成投资达5亿元。项目的实施,带动了神垕古镇旅游业的稳步发展。据统计,2015年,参与钧瓷文化旅游的游客就达150万人次,神垕古镇也被"老家河南·发现美丽乡村"大型旅游推广活动评选为"2014年度河南十佳美丽乡村"。

2. 以项目建设为抓手,实施"全景禹州、全域旅游"。近年来,禹州市文化产业累计总投资50亿元,已建成禹州市广电文化中心、禹州市文化体育馆、颍河水利风景区提升工程、钧官窑址博物馆、许昌市第一个省级博物馆——河南省古陶瓷博物馆、中医药文化博物馆、国家4A级景区——中国钧瓷文化园、黄帝问道处——逍遥观景区、大鸿寨景区、华夏植物群地质公园等。"全景禹州、全域旅游"的发展战略在禹州市已全面顺利实施。

(二)许昌市三国文化产业园

三国文化产业园是一个集旅游、商业、游乐、购物等为一体的文化产业城,规划占地总面积约88万平方米,概算总投资约66亿元人民币,预计2018年投入运营。三国文化产业园项目也于2016年入选国家重点旅游项目推介会。

三国文化产业园位于许昌境内灞陵桥景区及周边区域(相传为三国名将关羽辞曹挑袍处),主要包括三国大剧院和三国文化综合体两大部分,其中三国大剧院预计投资6亿元,拟建筑面积1.8万平方米。

三国文化产业园项目包括梦回许都、关帝弘义、许君以昌三个片区,规划将对原有水域进行重新梳理拓展,形成大的湖面,暂拟三个片区的水域称为"灞陵湖"。结合该水域周边布置"灞陵湖十景",分别为柳岸春晓、灞桥傲雪、宏阁昌许、花街溢彩、关帝弘义、镜湖秋波、天玉流光、烟洲听雨、荷风晚唱、魏武迎晖。这些景点可以完美地展现三国文化的主题，游人也可以更好地通过这些美景感受到三国文化的历史神韵。

（三）中原花木交易博览会

汉魏故都许昌市，花卉名县鄢陵县两级党委、政府，把花木生产作为农业结构调整、产业升级的重大战略部署，精心策划，强力推进，沿311国道建成了花卉"一区两带一长廊"，鄢陵县、许昌县、魏都区三县区的花卉产业优势和经济优势已经凸显，鄢陵县36万亩的花卉苗木名扬天下，鄢陵县已成为全国最大的花木产销基地。中原花木交易博览会于2001年举办第一届，到2017年已举办到第17届。

17年来，许昌市的花木产业快速发展，种植面积已由原来的20万亩发展到今天的90多万亩，年产值90多亿元，成为全国花卉生产示范基地、全国重点花卉市场和全国最大的花木销售集散地。花木产品不断更新换代，先后培育引进了一大批名优特花木品种，目前已拥有4大系列2400多个品种，花木产业档次效益显著提升。花木产业链条逐步完善，产业融合发展步伐加快，"花木＋互联网""花木＋旅游""花木＋房地产""花木＋健康养老"等新模式新业态快速涌现，全市花木企业达1600余家，2015年全市旅游人数达1214万人次，带动旅游收入近60亿元。花木惠农成效明显，全市花木产业从业人员达25万人，花农年人均纯收入21000多元，是全省农村居民人均纯收入的近2倍，许多花农依靠花木过上了小康生活。花木销售范围不断拓展，不仅走出中原、覆盖全国，而且出口美国、日本、韩国、俄罗斯和东南亚等国家和地区，"中国花木之都"盛名远播。中原花木交易博览会是花木企业的盛会，已经成为花木产业转型升级、做大做强的重要推动力，已经成为许昌乃至河南一张亮丽的名片。

第四节　文化产业发展趋势与对策

一、许昌市文化产业未来发展趋势

许昌市高度重视文化产业的发展,市政府出台的《文化振兴计划》和《关于全面繁荣文化事业、加快发展文化产业的实施方案》,将文化发展目标定在一个空前的高度上:要立足许昌市文化资源优势,突出地方特色,着力谋划建设一批文化产业重大项目,着力擦亮"三国文化、生态文化、钧瓷文化"三张"文化名片",大力发展"钧瓷产业、生态文化产业、发制品产业"三大文化产业集群,强力打造"七大文化产业板块",力争文化产业增加值年均增长15%以上。

许昌市的文化发展未来也将围绕上述内容展开,将着力推动文化产业与公共文化事业的协同发展,促进许昌市精神文明与物质文明共同进步。旅游产业将成为核心,并开启以旅游来带动其他文化产业发展的新时期,以旅游产业为核心,向外辐散,鄢陵县的花木产业是旅游的热门,花都温泉、五彩大地、花木博览园等项目带动旅游业的大繁荣,花木产业与旅游产业相辅相成;禹州的神垕古镇也是顺应了体验式旅游的新趋势,不再是走马观花似的旅游模式,而是新型体验传统文化、具有丰富文化内涵的旅游模式,在旅游业发展过程中带动钧瓷的发展;三国文化产业园也是如此。许昌市文化产业的未来发展趋势即以文化旅游为中心、向其他文化产业辐散的同心圆的发展模式。

二、未来的解决对策

(一)深化文化体制改革和机制创新,推动文化产业快速发展

深化文化体制改革和机制创新是解放和发展文化生产力、增强文化产业发展动力和活力、推动文化创新的根本出路,要有条不紊、积极稳妥地推进文化体制改革。按照现代企业制度要求,加快国有文化企业的公司制改造,增强活力和竞争力,加强文化市场管理。加大对重点文化企业、重点文化产业项目、重点文化产品和知名文化品牌的宣传、推介;加大艺术表演团体的改革力度,鼓励剧团与企业携手,建立既符合艺术规律又符合市场规律的运行机制,鼓励和支持民营演出团体的发展和壮大。

（二）加大文化事业发展的资金支持，加快公共文化服务体系建设

政府要调整支出结构，确保政府对公益性文化事业的投入逐年增长，切实保障重大群众文化活动和文化项目的经费投入；加强图书馆、博物馆、文化馆、电台、电视台、互联网公共信息服务点等公共文化基础设施建设，逐步完善公共文化设施网络。

1. 公共文化服务制度进一步完善

为深入贯彻落实省委、省政府《关于加快构建现代公共文化服务体系的实施意见》，2016年，先后出台了《关于加快构建现代公共文化服务体系建设的实施意见》《许昌市推进现代公共文化服务体系建设实施方案》《关于做好政府向社会力量购买公共文化服务工作的实施意见》《许昌市推进基层综合性文化服务中心建设实施方案》《许昌市争创国家级公共文化服务体系示范项目、省级公共文化服务体系示范区（项目）实施方案》《许昌市加快推进创建国家级省级文化先进县实施方案》，为全市公共文化服务体系建设提供了政策支撑。

2. 重点改革逐步深化

积极组织市图书馆、市博物馆、市塔文化博物馆开展法人治理结构的试点，在此基础上根据不同事业单位特点，积极探索建立理事会、董事会、管委会等多种形式的治理结构；召开了全市现代公共文化服务体系建设推进会，明确了任务分工和责任单位。为提高许昌市文化广电建设的规范化、民主化、科学化水平，成立了许昌市文化广电系统专家技术委员会，来自文化艺术、文化产业、"非遗"保护、文物保护及广播电视等方面的67名专家受聘为许昌市文化广电系统专家技术委员会委员。

3. 基础设施建设日益健全

扎实推进市文化艺术中心项目建设，组建了许昌文化艺术中心项目建设工作领导小组，建立了工作推进机制，完成了项目立项、城市形象设计、建筑规划设计、建设方案征求意见、PPP项目咨询服务采购等前期工作。加强图书馆建设，大力实施全民阅读工程，建成、开放了许昌市图书馆数字图书馆、首批"书香家庭"图书分馆10家，"书香许昌"建设稳步推进。积极推进文化扶贫工作，市委宣传部、市文广新局、市财政局、市体育局联合制订出台了《许昌市文化精准扶贫工作实施方案》，强力推进文化扶贫工作。积极争取中央"户户通"工程项目补助资金1170万元，用于许昌市广播电视"村村通"向"户户通"升级

改造,目前已规划在禹州建三个基站,襄城县建两个基站,鄢陵、长葛各建一个基站,资金已落实到位,正在制订基站建设方案,市级电视节目覆盖稳步推进。

4. 文化惠民活动扎实开展

实施"文化惠民工程",开展特色文化活动,把丰富多彩的文化生活作为人民群众幸福生活不可或缺的"组件"。着"眼"基层,"面"朝群众,创新文化载体,打造文化品牌,群众文化蓬勃发展,地域特色不断彰显,有效提升了城市文化软实力,服务了基层群众。

(三)优化文化产业结构,实现产业升级

许昌市文化产业已经有了相当的基础,但文化产业内部结构严重失衡,文化产业构成以相关文化产业尤其是文化用品设备及相关产品的生产为主;而文化用品设备及相关产品的生产经营分散,产品附加值低,利润并不大,制约了整个文化产业的发展壮大,客观上要求实现产业升级。为此,要相应地调整文化产业的投资结构,在投资项目的选择方面,重点、优先发展成长性好、附加值高、相关性大、核心竞争力强,且具有一定优势的产业。增加高新技术文化企业在文化产业结构中的比重,扶持具有自主知识产权的文化产品,创造文化产业新业态,促进许昌市文化产业快速发展。

(四)加强文化资源的保护、开发和利用,加快优势文化产业的发展

许昌市文化资源丰富,地域特色鲜明,具有很值得开发的经济价值。要抓特色文化建设,开发利用一批地域文化资源,加强文化古迹的保护、开发和利用,着力打造文化旅游精品,扩大许昌市文化旅游品牌的影响力。培育豫剧、越调、歌舞、曲艺等演出团体,开拓演艺市场,发展影视放映、戏曲茶楼等文化娱乐场所,促进演艺与娱乐融合,提升演艺娱乐业的文化品位。采用现代生产方式和科技手段,包装和开发钧瓷、刺绣戏衣、发制品等具有地方特色的工艺美术品,挖掘其文化内涵,提升艺术品位。依托丰富的文化资源,发展文化展览、文物仿制等相关产业。打造花博会、三国文化周、禹州药会、钧瓷文化节等会展品牌,大力发展会展业。

(五)建立健全人才流动机制,提升文化产业从业人员素质

首先,要建立健全人才激励机制,以优惠的政策,有计划地吸纳和引进高素质的专业人才为许昌市文化产业的发展做贡献。做到充分吸引外来人才,抓住当地人才资源。其次,要充分发挥市场对人才资源配置的基础性作用,做

到人尽其才、才尽其用,重点建设一支高素质的文化管理队伍,造就一批懂文化、会经营、善经营的优秀文化经营人才。最后,切实制订和落实文化人才培养规划,多渠道、多层次、多方面培养文化专业人才,为许昌市文化产业的发展奠定坚实的人才基础。

第四章　漯河市文化市情报告

1948年7月,河南省设立县级漯河市。1949年1月,漯河市与郾城县合署办公,同年10月,漯河和郾城分设。1960年6月郾城县并入漯河市。1961年11月,漯河、郾城再次分设。1986年1月,经国务院批准,漯河市由县级市升格为省辖市,辖郾城、舞阳、临颍3个县和源汇区。2004年再次进行区划调整,现辖临颍、舞阳二县,郾城、源汇、召陵三区和一个国家级经济技术开发区——西城区。现有全国重点文物保护单位7处(8项),省级重点文物保护单位36处(38项),有11个项目入选首批省级非物质文化遗产名录,有1个项目入选国家级非物质文化遗产名录。

从整体来看,漯河市的文化资源丰富多样且历史悠久,物质文化遗产在政府有计划的开发中逐步从边缘走入人们的视野,非物质文化遗产历经种种磨难后仍然在民间流传,寄托着人们对美好生活的向往。漯河市的文化资源产业化有雄厚的文化资源支撑。漯河市凭借食品轻工业的发展提升了当地的经济发展水平,"中国食品名城"也为其发展文化产业带来一定的知名度,相对成熟的经济发展水平也为文化产业化开发奠定了一定的基础。虽然漯河市在文化资源开发方面有一定优势,但漯河市在开发文化资源时也存在一定的问题。这不是某方面的问题,而是一个整体性转变的问题,漯河市文化产业发展还处于起步阶段,其中发现的问题是其发展中不可避免的,在以后的发展中漯河市也会逐步解决相关问题,寻找适合当地的支柱性产业,转变经济发展方式,从食品类轻工业一枝独秀到食品轻工业和文化产业两条腿走路,在丰富人们物质文化生活的同时也丰富人们的精神文化生活。只有从总体出发因地制宜制定本地区的文化产业发展规划才能解决相关问题,进一步推动漯河市文化产业发展。

第一节 漯河市文化资源概述

一、资源众多,种类丰富

漯河市是一个历史悠久、文化灿烂的古老城市。早在新石器时代,先民就在这里定居生息。贾湖遗址发现的裴李岗文化刻画符号距今已有8000年之遥,将中国文字史向前推进了4000年;出土的国宝七音骨笛,将中国音乐文化史向前推进了3000年;考古发掘的酿酒工艺,将中国造酒史向前推进了3000多年。东汉时期著名的经学家和文字学家许慎诞生于此,他编纂的《说文解字》是中国乃至世界最早的字典,被誉为"字学宗师"。目前已发现的主要古迹有曹丕代汉的历史实证"受禅台"和"三绝碑",还有早于赵州桥20年、被誉为"天下第一桥"的隋代小商桥等。全市现有各类文物景点200余处,其中全国重点文物保护单位有7处8项,省级重点文物保护单位有36处38项,市级文物保护单位有27处。

漯河市现存的文化资源包括:以许慎墓、杨再兴墓、陈星聚墓等为代表的古代名人墓地;以彼岸寺石幢、上尊号与受禅碑、北舞渡山陕会馆彩牌楼、小商桥等为代表的古代历史遗址;以民间艺术表演狮子舞、竹马舞、高跷行走、唢呐吹奏、闹伞表演、推小车、摇旱船、肘阁、心意六合拳、双人旱船舞、舞阳农民画、铜器舞、脑阁、龙舞、狮舞等为代表的民俗文化;以时雨学社旧址、受降亭旧址等为代表的红色革命遗址。

二、位置优越,交通便利

(一)地理环境

漯河市位于河南省中南部,伏牛山东麓平原与淮北平原交错地带,地理坐标为东经113°27′~114°16′、北纬33°24′~33°59′,是一个区位优越、交通发达的枢纽城市。其境内河流为淮河流域沙颍河水系,淮河两大支流沙河、澧河贯穿全境并在市区交汇,滨河城市特色明显,总面积2617平方公里。漯河市曾以商贸和水陆交通发达而享誉中原,素有"水旱码头"之称。今天的漯河市是国家二类交通枢纽城市,石武高铁、京广、漯宝(丰)、漯阜(阳)4条铁路和京港澳高速、宁洛高速、107国道及5条省道贯穿全境,构成全省重要的铁路和高速公路"双十字"交通枢纽。

(二)行政区划

漯河市辖3个市辖区、2个县,全市共有7个街道办事处、49个乡镇、1262个村、78个社区。

三、多种举措保护文化遗产

(一)积极开展文化普查工作

漯河市政府有计划有重点地分期分批推进全市的文化普查工作,巩固非物质文化遗产普查成果,确定一批有保护价值的项目,进行系统论证和整理挖掘。在普查的基础上开展文化遗产推荐申报工作。推荐和培育一批漯河市级、省级、国家级的"民间文化艺术之乡""非物质文化遗产生态保护区""传统节日保护基地"以及非物质文化遗产代表性传承人和传承基地,进一步建立健全非物质文化遗产项目和代表性传承人的传承保障机制。对一些濒危的有重要价值的非物质文化遗产,采取科学有效的措施及时进行抢救性保护,保持非物质文化遗产的原真性。加强对非物质文化遗产传承环境、传承载体和知识产权的保护。创新非物质文化遗产保护模式,运用现代技术对非物质文化遗产进行保护,与时代发展相适应,活态传承非物质文化遗产。加快非物质文化遗产数据库建设工作,编辑出版非物质文化遗产普查丛书。进一步做好与非物质文化遗产项目相关的珍贵实物、文献等资料的登记、征集和保管工作。漯河市迄今为止公布了四个市级非物质文化遗产名录,包括民间文学、美术、舞蹈、音乐、体育竞技、医药民俗等,比较全面地概括了漯河市近些年的非物质文化遗产,初步建立了较为完整的非物质文化遗产资料档案,在档案的基础上对非物质文化遗产加以保护。

(二)出台政府文件落到实处

漯河市在2016年出台了《漯河市人民政府办公室关于支持戏曲传承发展的实施意见》,实施地方戏曲振兴工程,加强戏曲保护与传承,建立具有地方特色的戏曲剧种数据库和信息共享交流网络平台,组建"漯河戏曲网"。设立戏曲发展专项资金或基金,扶持戏曲艺术发展。对符合条件的地方戏曲列入非物质文化遗产名录,实施抢救性记录和保存。加大戏曲创作扶持力度,实施戏曲剧本孵化计划,调动全社会戏曲剧本创作的积极性、主动性,推出一批优秀戏曲剧本,建立优秀戏曲剧本共享资源库,实现全市戏曲剧本资源共享。还加大政府购买力度,将地方戏曲演出纳入基本公共文化服务目录,通过政府购买服务等方式,组织地方戏曲艺术表演团体到农村为群众演出。改善戏曲创作生产场地条件,注重保护利用古戏台、市县(区)文化馆、博物馆为戏曲展演提供场所,在符合城乡规划、土地利用总体规划和相关法律规定的前提下,合理利用有条件的历史建筑、工业遗址等,使其成为戏曲演出的聚集区。

2016年漯河市还出台了《漯河市人民政府关于促进中医药事业发展的意见》,推进中医药继承创新。开展对中医药民间特色诊疗技术的调查、挖掘整理、研究评价及推广应用。鼓励医疗机构发展师承教育,实现师承教育常态化和制度化,建立传统中医师管理制度。加强中医药人才队伍建设,重点培养中医重点学科、重点专科及中医药临床科研领军人才;加强全科医生人才、基层中医药人才以及中西医结合等各类专业技能人才培养;加强中医药重点学科建设,完善中医药人才评价机制,建立吸引、稳定基层中医药人才的保障和长效激励机制。开展中医药科技文化普及教育。做好新闻宣传和舆论引导工作,努力营造全社会尊重、保护中医药传统知识和关心、支持中医药事业发展的良好氛围。推动中医药进校园、进社区、进乡村、进家庭,将中医药基础知识纳入中小学传统文化、生理卫生课程。

(三)鼓励民间力量共同参与

漯河市在文化遗产日当天举办文化遗产活动,通过以下四种形式加大文化遗产的普及力度和提高人们对文化遗产的保护意识,鼓励人们自觉参与文化遗产保护工作。一是做好非物质文化遗产专场演出。以入选省级非物质文化遗产名录的项目为主,组织专场演出,同时进行舞阳县农民画展和民间剪纸表演。专场演出不仅提升了当地文化遗产的知名度,而且使人们在观看表演的同时加深了对本地非物质文化遗产的印象。二是进行非物质文化遗产保护工作培训。邀请省级专家就非物质文化遗产资源普查、建立非物质文化遗产数据库、非物质文化遗产名录申报等工作,对市县区相关人员进行培训。三是做好文化遗产保护知识普及行动。活动日期间向群众发放文化遗产宣传资料,让群众了解文化遗产保护的相关知识。四是做好媒体宣传。宣传漯河物质文化遗产和非物质文化遗产;与漯河日报社联合举办文化遗产知识竞赛。同时在"文化遗产日"活动期间,利用电视、广播、报纸等多种媒体宣传重要的历史文化遗产以及非物质文化遗产保护名录、历史文化名镇(村)申报工作对提升文化遗产保护整体水平的重要意义。

(四)文化遗产的产业化保护

漯河市近些年来通过成立贾湖酒文化园区、贾湖文化旅游园区、舞阳农民画创意园区、小商桥历史文化园区、许慎文化园等文化园区促进非物质文化遗产的开发与保护。商标作为品牌的核心标识,兼具经济、信誉、产权、艺术等多重价值。为加强漯河市文化遗产品牌形象,发展文化产业,避免商标抢注行为,漯河市实施"商标品牌战略2016～2018年行动计划",积极申请特色文化产业商标。在以后的发展中不仅有效地保护文化遗产的合法权益不受侵犯,同时也可以帮助文化企业做大做强,提升文化附加值和竞争力,有利于文化遗产的保护和传承,对推动本地经济社会文化大发展大繁荣将发挥重要的作用。文化遗产的产业化既能使文化遗产的保护、开发和创新有一套完整的发展机制,又能使非物质文化遗产中的文化价值借助文化产品得到更有效的传播。文化产业园区的建设同时也能够带动相关产业的发展,形成以文化遗产为核心的文化产业链。

为了进一步传承国家级非物质文化遗产心意六合拳,展现漯河深厚的文化底蕴,漯河市成立了河南省心意六合拳研究会筹备委员会,通过举办全国心意六合拳研讨会搭建一个平台,积极加强与外界的沟通交流,打造漯河武术文化名片,促进本地经济发展,提高知名度,继承和弘扬古老的传统武术,收集整理该拳的精髓资料,提高技艺和理论水平。

第二节　文化产业发展现状

一、2012～2017年漯河市文化产业发展状况

(一)漯河市地方生产总值

表4-1　2013～2017年漯河市生产总值相关情况

类别 年份	生产总值 (亿元)	比上年增长 百分比	第三产业增加值 (亿元)	比上年增长 百分比
2013	861.5	9.4%	169.9	7.3%
2014	952.3	10.5%	184.3	8.5%
2015	992.9	4.3%	261.5	41.9%
2016	1077.9	8.6%	295.0	12.8%
2017	1165.1	8.1%	336.6	14.1%

数据来源:漯河市统计局

由表4-1可以看出漯河市2013～2017年生产总值和第三产业增加值在不断上升,第三产业生产总值占总生产总值的比重在逐渐增加。

(二)漯河市第三产业投资数据

表4-2　2013～2017年漯河市第三产业投资情况

类别 年份	第三产业总投资 (亿元)	水利、环境和公共 设施管理业投资 (亿元)	教育投资 (亿元)	文化、体育和 娱乐业投资 (亿元)
2013	171 (增长14.5%)	22.9 (下降-16.8%)	3.2 (增长294.3%)	1.9 (增长234.3%)
2014	217.3 (增长27.1%)	42.4 (增长85.2%)	7.0 (增长118.8%)	3.3 (增长73.7%)
2015	273.4 (增长25.8%)	43.2 (增长1.9%)	15.1 (增长115.7%)	4.5 (增长36.4%)
2016	331.8 (增长21.4%)	55.4 (增长28.2%)	5.0 (-66.9%)	1.7 (-62.2%)
2017	385.3 (增长16.1%)	65.5 (增长18.2%)	7.5 (增长50.0%)	3.1 (增长82.4%)

数据来源:漯河市统计局

第四章 漯河市文化市情报告

由表 4-2 可得知漯河市 2013~2017 年第三产业总投资数逐年增加,投资金额分别为 171 亿元、217.3 亿元、273.4 亿元、331.8 亿元、385.3 亿元,但同年增长比率变动较大。水利、环境和公共设施管理业投资金额也在逐渐增加,分别为 22.9 亿元、42.4 亿元、43.2 亿元、55.4 亿元、65.5 亿元;教育投资金额 2013~2015 年投资金额逐年增加,分别为 3.2 亿元、7.0 亿元、15.1 亿元,但在 2016 年投资数额为 5.0 亿元,相比去年下降 66.9%,2017 年投资金额有所增加,为 7.5 亿元;文化、体育和娱乐业投资金额 2013~2015 年在逐渐增加,分别为 1.9 亿元、3.3 亿元、4.5 亿元,但 2016 年投资金额为 1.7 亿元,同期下降 62.2%,2017 年投资金额有所增加,为 3.1 亿元。

由上可知漯河市在水利、环境和公共设施管理业投资金额占比最大,其次是教育投资,文化、体育和娱乐业投资近几年的投资金额较少。

(三)漯河市旅游数据统计

表 4-3　2013~2017 年漯河市旅游数据统计

类别 年份	接待游客 (万人次)	比上年增长	旅游总收入 (亿元)	比上年增长	入境游客 (人次)	外汇收入 (万美元)
2013	378	20.0%	25	9.4%	9015	219
2014	428	13.2%	28.9	15.6%	9226	229.8
2015	476.2	11.3%	32.7	13.1%	—	—
2016	528.3	10.9%	36.7	12.2%	—	—
2017	589.1	11.5%	41.6	13.4%	—	—

数据来源:漯河市统计局

由表 4-3 得知,漯河市 2013~2017 年接待游客人数在逐年增加,分别为 378 万人次、428 万人次、476.2 万人次、528.3 万人次、589.1 万人次;旅游总收入也在逐年增加,分别为 25 亿元、28.9 亿元、32.7 亿元、36.7 亿元、41.6 亿元。

(四)居民文化体育娱乐消费价格指数(以上年同期指数为 100)

表 4-4　2013~2017 年漯河市居民娱乐教育文化用品及服务消费价格指数

年份 类别	2013	2014	2015	2016	2017
娱乐教育文化用品及服务	103.1	103.0	100.4	100.8	105.2

数据来源:漯河市统计局

由表 4-4 可得知,漯河市 2013~2017 年居民娱乐教育文化用品及服务消费价格指数分别为 103.1、103.0、100.4、100.8、105.2。

（五）文化事业单位数量

表 4-5　2013～2017 年漯河市文化事业单位数量

单位:个

类别 年份	艺术表演团体	文化馆	群众艺术馆	公共图书馆	国家综合档案馆	专业档案馆	博物馆
2013	6	5	1	5	5	1	—
2014	6	4	1	5	6	1	—
2015	6	4	1	5	6	1	—
2016	6	5	1	5	6	1	—
2017	6	6	—	5	7	—	2

数据来源:漯河市统计局

（六）漯河市文化遗产

表 4-6　2013～2017 年漯河市文化遗产数量

类别 年份	省级非物质文化遗产名录	国家级非物质文化遗产名录	全国重点文物保护单位
2013	3	1	7 处
2014	7	1	7 处(8 项)
2015	7	1	7 处(8 项)
2016	7	1	7 处
2017	7	1	7 处

数据来源:漯河市统计局

二、文化资源产业化开发

（一）遗迹旧址修复改造

漯河市在小商桥旧址的基础上修建了小商桥景区,主要包括小商桥、杨再兴陵园、岳杨宫、忠烈殿、小商桥古战场。它是以古桥为依托,以体现革命传统教育为主线的特色人文景观,是集游乐、参拜为一体的古建筑群落。2016 年小商桥风景区被授予"河南省社科普及基地"称号,自建成以来,小商桥风景区在弘扬中华文化等方面发挥了重要作用,为广大人民群众提供更加优质的人文与社会科学服务。在清明节开展缅怀民族英雄活动,通过参观小商桥、百名将军题词碑廊、杨再兴纪念园等遗址,一方面让人们进一步了解抗金英雄的人物事迹,学习他们为国家和民族利益、为人类和平与进步勇于牺牲的无私奉献精神;另一方面也起到了爱国主义的作用。2016年开展首届小商桥景区迎春灯会,不仅增加了节日气氛,为人民群众提供了更加优质的文化服务,而且在一定程度上带动了小商桥风景区附近的经济发展。

2016年,贾湖遗址分别入选了《大遗址保护"十三五"专项规划》和《华夏历史文明传承创新区建设方案》。漯河市政府以项目发展促进贾湖遗址保护和开发,其中两大项目为贾湖遗址保护展示工程和贾湖遗址环境整治工程。文化遗产保护展示工程包括贾湖遗址博物馆设计和贾湖考古遗址公园规划方案,以及申报贾湖国家考古遗址公园的立项工作;大力发展贾湖文化产业,让贾湖文化品牌成功转化为生产力,使贾湖遗址的开发利用工作融入经济、文化和社会文明建设之中。

(二)历史名人,文化名片

许慎文化园是以"文宗字祖"——许慎陵墓为依托,完善旅游管理、购物、服务等相应设施,使陵园成为纪念、祭祀许慎,传播、弘扬许慎文化的地方。在第三届许慎文化国际研讨会上,漯河市被中国文字学会、中国训诂学研究会联合授予"中国汉字文化名城"称号。这是继首家"中国食品名城"之后获得的又一金字招牌。漯河市将许慎文化发展纳入"十三五"规划,将汉字文化名城建设提升到与中国食品名城、生态宜居名城同等重要的战略高度,推动漯河成为中国汉字文化重要传承基地、华夏历史文明传承创新区先行区,提升城市文化软实力。漯河市成立许慎文化研究与促进会,负责许慎文化的研究、交流、普及、开发等工作,促进许慎文化研究常态化。举办许慎文化国际研讨会不仅加强了海内外许氏宗亲的联谊,促进了"许学"研究的交流合作,而且对弘扬许慎文化、传承许慎精神、加快漯河文化建设和社会经济发展产生了重要的推动作用。每年举办的许慎文化庙会、清明祭先贤全城诵经典以及千名学子拜"字圣"等活动吸引了数十万人参加。通过媒体宣传和物质奖励鼓励当地人民群众积极参与许慎文化知识大赛,起到了宣传普及许慎文化、弘扬传统经典的作用。2013年许慎文化园面向全市中小学生实行了免费开放;编写许慎文化通俗读本和教材,免费向中小学生发放,开展阶段性许慎文化教育,以许慎文化提升全市人民的人文素养,使许慎文化园成为传统文化教育基地。

陈星聚纪念馆是在陈星聚墓园的基础上扩建而成的。陈星聚纪念馆为游客展示了一幅璀璨夺目的台北历史文化风情图,成为全省第一家对台文化交流基地。将陈星聚的爱国精神作为两岸的纽带,进一步促进了两岸文化交流,增强了文化认同感,同时漯河市对台招商引资出台优惠政策,建立了台资企业工业园,也进一步加强了两岸的经济交流。漯河市为了纪念陈星聚,围绕陈星聚的历史故事展开二次创作,由河南省和台湾著名豫剧表演名家联手创作了新编历史剧剧本《台北知府》。同时,漯河市还积极创作编排了一部电影《台北一八八四》和三十集电视连续剧《台北知府陈星聚》,出版了一本《台北知府陈星聚》专著,拍摄了3集《台北知府陈星聚》电视专题片。2017年7月15日,漯河市政府在陈星聚纪念馆举办了"海峡两岸纪念陈星聚诞辰200周年研讨会"纪念活动,邀请海峡两岸专家学者来到陈星聚纪念馆参观。此外纪念活动还组织了海峡两岸民俗文化艺术交流展演,进行文艺会演,弘扬传统民俗文化。陈星聚纪念馆在承担海峡两岸文化交流的同时也在发挥自身优势促进漯河市文化的发展;作为公共文化服务基地也是太极拳武术交流活动的举办地点,它不仅调动人民群众参与文化生活的积极性,丰富了人们的文化生活,而且还承担了公共文化服务职能。

(三)"非遗"的传承与创新

舞阳县利用县文化馆、县农民画院等平台,采取多种形式,开展创作培训,鼓励农民画作者多出作品、精品。每年举办一次农民画大奖赛,实行以奖代补,调动广大农民画作者的创作积极性。县教育部门把舞阳农民画作为乡土教材纳入中小学校课程,向学生传授基本知识,为舞阳农民画创作提供后备人才。漯河市通过政策引导、资金扶持等措施积极培育农民画专业村,不断提升舞阳农民画的发展规模。为推动舞阳农民画产业化发展,舞阳县引导有关单位和人员开发出邮册、礼品画等农民画系列产品,建成了舞阳农民画院、贾湖农民书画院、舞阳舞韵农民画发展有限公司等一批农民画院和农民画经纪公司,初步形成了集创作、销售、展示于一体的农民画产业基地。同时,专门选派画家入驻上海金山区"中国农民画村"、北京潘家园文化市场等地,设立舞阳农民画展销窗口,拓宽了销售渠道。2017年,舞阳农民画有4幅作品入选"中国精神—中国梦"全国农民画创作展,这是舞阳农民画首次登上中国最高艺术殿堂展出。

民间艺术大赛在漯河市具有深厚的群众基础,基层和民间的参与面广,参与主体多,载体形式多样,是一项传统的节日文化活动。大赛旨在通过人民群众自编自导、各具特色的民间艺术节目表演,继承传统民间艺术精髓,丰富活跃基层群众节日文化生活。其节目形式丰富多彩,各具特色,有铜器舞狮、扇子秧歌、竹马旱船、舞龙舞狮、高跷、花棍舞、腰鼓、盘鼓、社火、唢呐、锣鼓、竹马、大头偶等多种艺术形式,均由群众自编自演、精心排练。民间艺术大赛借助非物质文化遗产开展内容独特、形式多样的群众文化活动,让优秀的民间传统文化真正活起来,充分展示了优秀民间传统文化的魅力,传播了民俗文化精华,为继承和发展民俗技艺起到了积极作用。同时,人们在参与文化活动时不仅提升了民众保护文化遗产的意识,而且有利于政府借助民间艺术大赛弘扬民俗文化,传承发展传统文化,提高和扩大漯河市的知名度和影响力。漯河市政府通过民间艺术大赛给参与队伍物质奖励,不仅有利于拉动当地经济发展,带动相关就业,促进相关产业的发展,而且在漯河市形成一种文化特色助力当地的旅游态势,春节期间在漯河市形成一种大型的人文旅游项目,开拓了漯河市的文化旅游项目。

(四)特色文化产业园区

河上街古镇景区以中原历史文化为背景,以老漯河历史文化为核心,以全国特色旅游产品博物馆为依托,目标打造中原文化旅游小镇。建有中州抗战纪念馆、受降亭、栖凤塔、钟楼、鼓楼、民俗文化广场、七星广场、九子广场等景点;汇集木雕、陶瓷、奇石、泥塑、扑克、烧酒等20多家旅游产品博物馆;涵盖河上街小吃街、市井街、酒吧、KTV、主题酒店、特色餐饮、创意文化、民俗表演等休闲旅游业态。漯河市深入开发文化资源、民族民俗文化和地域文化内涵,建成重现中国汉唐建筑华美典雅的大唐河上街民俗小镇。同时,还建成了漯河市最大的美食一条街、豫中南最大的古玩市场等民族特色品牌,以及全国15个抗战胜利受降点之一的受降亭及中原抗战胜利纪念馆、鸟标本自然博物馆、中观博古史前文化博物馆、"村长"论坛纪念馆、泥塑馆以及30多个非物质文化遗产博物馆。

古镇上的捏泥人、烙版画、烧制陶器、手工绣、DIY制作等,吸引了大量游客参与其中;具有漯河特色的石磨坊、烧酒坊、河上街焦馍等现场展演,让游客不仅品尝到丰富的美食,更亲身感知其制作工艺;凤凰特色民居客栈、演艺中心大剧院等,打响了"要休闲,到开源"的品牌。注重生态建设,建设过程中,成立特色商业区管委会,超前规划设计,将特色商业区建设与城郊村改造同步进行,探索出了一条以绿色生态为主题的发展之路。在占地600余亩的国家4A级旅游景区神州鸟园,建设了仙鹤园、孔雀园、喜鹊迎宾等30多个生态景点,实现了人与自然的和谐统一,特色商业区所在的干河陈村被命名为"全国生态文化村"。

(五)开辟独特"红色"文化

南街村是全国十大名村,它是集体主义经济的代名词,著名红色旅游景点之一,全国农业旅游示范点,国家4A级旅游景区。自20世纪80年代开始,南街村坚持用毛泽东思想教育人,坚持走集体共同富裕道路,经过20年的不懈奋斗,成为享誉国内外的全国文明村、中国十大名村、第一雷锋村等。通过近几年的发展,南街村旅游以发展模式、教育理念、发展方针、分配办法、生活方式及创建共产主义小社区伟大实践为特色,全面展示南街村独特的红色人文景观,先后有30多位国家领导人和200多位将军到南街村视察,每年接待海内外游客50余万人次。对于南街村两个文明建设取得的显著成绩,人们纷纷给予高度评价和赞扬。南街村党委认识到村子里旅游资源的巨大优势,大力进行景区建设,充分挖掘文化内涵,着力打造特色品牌,使南街村景区形成了以文化园区、工业园区、高新农业园区、村民住宅游览区、文化教育游览区、广场文化展示区、珍奇植物园区和革命传统教育区八大观光内容的大型红色旅游景区。特别是新建的革命传统教育景区,浓缩了中国革命的重大历史事件,被省旅游局确定为河南省南部红色精品线路。南街村创建的红色旅游廉政教育基地一是"红廉"文化档案馆,展示了南街村在不同时期发展历程中的模范人物;二是"红廉"文化长廊,分"伟人语录、廉政格言"等八个部分;三是"红廉"楷模光荣榜,选取现有的廉政模范进行宣传;四是"红廉"文化观光园,设有毛泽东故居、西柏坡等革命圣地旧址模型,作为全县党员干部"忆党史、报党恩"的重要教育活动基地。

(六)文化助力旅游开发

漯河市发展乡村休闲旅游农业的乡镇有27个、村庄110个,带动周边农户3.5万户发展休闲旅游农业;全市乡村休闲旅游农业从业人员1.2万人,年接待游客160万人次,实现年营业收入5亿多元。合理布局,突出特色,着力打造一批具有文化特色的休闲旅游农业产业集群。培育林果休闲采摘特色农业,打造出以沙澧春天生态园等为代表的观花采果型农业观光园区。利用农家小院,以点带面,大力发展以新世纪庄园、许慎农家院、蒙古风情园等为代表的农户庄园型农家乐。依托各大景区景点、农业园区、生产基地、农家乐等观光休闲场所,大力发展以"吃农家饭、住农家屋、干农家活、赏农家景、购农家物"为主要内容的乡村特色旅游项目。出台政策,大力扶持,推动休闲旅游农业发展。为鼓励引导全市休闲旅游农业大发展,市政府制定了《漯河市促进旅游产业发展奖励暂行办法》,专门设立乡村旅游发展奖。同时,漯河市财政每年整合专项发展资金,用于奖励扶持部分重点龙头企业、现代农业示范园区发展休闲旅游农业。

三、漯河市文化产业发展问题

漯河市文化产业大部分是在当地文化遗产的开发保护基础上建立起来的,因此我们可以说,在一定程度上漯河市文化产业发展问题也就是文化遗产的开发保护利用的问题。下面将从文化遗产开发保护利用中出现的问题对漯河市文化产业的发展提出相关看法和建议。

(一)文化遗产保护力度亟须加强

漯河市在文化遗址的基础上进行产业化开发虽然有利于文化遗产的保护,但是不少非物质文化遗产赖以存在的传统文化生态环境正经历着巨大的变化,过于商业化的开发手段没有与文化遗产所处的政治、经济、文化等相关环境相适应,就会导致文化遗产在进行产业化开发的时候原有的历史风貌遭到人为的破坏并且得不到有效的保护。有的历史街区保护整治工作相对滞后,与当地的经济、文化发展不相适应,这不仅没有促进经济发展,反而与发展政策不相适应,导致政府需要花费大量人力物力去进行维修整改。一些依靠口授和行为传承的传统文化和传统技艺加速消亡和失传的危机日趋显现,非物质文化遗产传承人面临后继无人的情况愈发严重,那些在人类历史中发挥重要作用的非物质文化遗产会逐渐消失在人们的视野中。虽然漯河市政府利用每年春节期间举办民间艺术大赛进行非物质文化遗产的传承,但是这些做法是远远不够的,仅仅只是通过一些活动来加强人们保护非物质文化遗产的意识是不能很好地传承非物质文化遗产的。在进行产业化开发的同时存在着文物资源开放程度不高、利用手段不多、社会参与不够和利用不当等问题。政府产业化发展仅仅是依靠有形的物质遗产进行开发,因此文化资源利用率低,没有深入挖掘物质遗产所附加的文化价值,这不仅是一种资源浪费,而且没有全面详细地对文化遗产进行了解。这样的开发也会造成文化遗产得不到有效的保护。

（二）文化遗产开发同质化严重

漯河市的特色文化有很多,但是在进行开发的时候政府往往都是以一种形式进行的,不仅使得原本有特色的文化打上了标准化的烙印而失去了原本的特色,而且没有结合当地的文化特色与当地发展相适应,没有与人民群众进行深入沟通和交流,在一定程度上脱离了人民群众,没有起到为人民服务的作用。标准化的开发只是把文化遗产的外在表现形式进行开发,如利用相关文化遗产的图案进行衍生产品的开发,没有充分认识到文化遗产的内在价值,如所传达的精神价值和优秀品质等,因此在文化的传承方面也没有起到促进作用,从而使得文化产业园区和文化遗产保护方面得不到有效的开发。对于同类型的文化旅游景区有时也容易使人们审美疲劳,不仅不能体会到当地的文化特色,而且还影响当地旅游业的发展。从长远来看不利于文化和旅游业的深度融合,同质化严重的景区不仅不能起到相互促进发展的作用,还有可能因为太过相似而阻碍了对方的发展,从而不利于文化多样性的保护。

（三）遗产开发规划要更加合理化

漯河市政府对于比较知名的文化产业进行重点开发,比如许慎文化园、陈星聚纪念馆等,投入大量的人力物力形成品牌化优势,凸显特色文化,但是对于三国文化和革命遗址的开发却没有太多重视,这样在发展过程中会形成发展倾斜,使知名文化更加知名,不知名的文化会因为政策资金管理不到位而逐渐消亡。由于文化遗址分散在不同地区,对于文化遗产的保护与开发也与当地的经济发展和政府重视程度相关。经济发展相对好的地区对于文化遗产的开发利用方面就会相对重视,有更充足的资金助力文化遗产的开发保护。漯河市郾城区和临颍县地区文化遗产较多,因此对于文化遗产的开发与保护方面做得相对较好。但是那些经济发展水平相对较低、文化遗产不多的地区,文化产业的发展就会相对滞后。在开发文化遗产时,只有合理布局才能真正实现漯河市文化遗产的活态传承。

（四）转变不相适应的管理方式

在政策制定方面，从20世纪90年代初，漯河市大力培育和扶持食品工业发展，抢抓机遇、发挥优势，食品工业异军突起，培育出亚洲最大的肉类加工企业——双汇集团这样的知名食品企业，使漯河市成为全国首家中国食品名城，初步形成了原料基地化、产品系列化、加工多元化、销售网络化、企业集团化的发展格局，探索出了食品工业发展"漯河模式"。漯河市之前的开发重心一直在食品工业方面，随着国家出台《文化产业振兴规划》后，才开始慢慢把发展重心向文化产业倾斜，对于文化产业发展规划、政策指导、资金投入、技术指导等方面漯河市政府还要进一步探索。没有行之有效的管理机制和政策去促进各地区加强文化遗产的保护和开发也是漯河市政府发展文化产业面临的一个重要问题。

在监督机制和奖励机制方面，虽然漯河市政府出台了一些相关的政策去加强文化遗产产业化的开发，但是政府层面并没有一个相对统一的标准判定各地区文化遗产保护开发工作是否达标，没有有效的评价机制就很难在评价机制的基础上对各地文化遗产开发保护工作进行监督管理。既不能根据评价机制惩罚破坏文化遗产或对文化遗产开发不当的行为，也不能对做好文化遗产开发保护工作的部门进行奖励。

在人才机制方面，文化产业是一个综合性强、涉及面广的产业，与当地的文化、经济、政治相关联，漯河市政府对于人才培养方面还没有较高的意识，没有健全的人才培养机制。文化产业属于创意性内容比较强的产业，仅仅只有单一的人才是不足以支撑文化产业的快速发展。因此，只有培养综合性高素质人才才能进一步加快文化产业的发展。

四、漯河市文化产业开发相关建议

（一）解放思想，创新发展机制

政府在制定文化发展政策方面应该解放思想，与现代发展情况相适应，创新发展机制，改善管理体制。在制定政策时不能仅仅依靠出台一些政策指导性的文件去指导各地文化遗产的开发和保护，而是在制定政策之前深入调查研究文化遗产所处的外部环境和内部环境，因地制宜地制定发展指导方针，不能一味追求快速发展而不顾文化遗产赖以生存的社会环境，也不能制定不符合当地经济、文化发展水平的政策,要结合不同地区的经济、文化社会发展状态,制定与当地经济、文化、社会发展相适应的方针政策,并且对经济发展速度较慢的地区进行有目的的资金扶持,扎实推进文化遗产的合理利用工作。

在政策实施过程中要建立与政策发展相适应的组织机构,各个机构要明确自身职能,做到不越权、不失职,进行专业化管理。委托责任的前提是对行为责任进行明确的区分。明确各个机构之间的责任,做到谁负责谁承担责任。加强各个组织之间的沟通、交流,保证信息的高效流通,提高工作效率,优化资源配置,更快更好地促进文化遗产的有效开发和保护。各个部门虽然分工明确,具有相对独立性,但又相互联系,是一个复杂的有机整体,因此在项目政策实施过程中要相互协调、相互配合,共同促进政策落实到每一个地方。并且要在政策实行过程中同时建立健全监督机制和绩效管理机制,制定明确的标准,及时进行反馈,与制定的政策标准相比较,找出存在的问题和差距,有利于在发展过程中及时采取相应的措施,纠正错误,以确保政策能更好地实施;有利于重视控制产出,根据所测定的绩效了解各个地区的发展情况,进而合理地将资源分配到各个领域;有利于节约和合理利用资源,在不降低发展速度的情况下提高发展效率。

(二)优化资源,开展品牌战略

做大做强"中国汉字文化名城"。漯河市在许慎文化的基础上进行研究发展,开展许慎文化国际研讨会,建立与国内外研究机构和专家学者的联系,加强许慎文化的研究深度,为以后的发展提供学术支持,也方便以后进行不同层次的创意开发。以许慎文化为核心带动相关产业的发展,形成许慎文化产业链的开发。设立许慎学堂免费对外开放,开展阶段性许慎文化教育,用许慎文化逐步提升全市人民群众的人文素养,让许慎文化与城市发展相融合,进而发挥文化对政治经济方面的影响,使其与漯河市的发展息息相关并成为漯河市的一部分,进而使许慎文化发展带动漯河市其他文化的发展,例如贾湖遗址文化、三国文化等。因此要继续抓好文化遗产研究和文化遗产品牌的利用工作,继续实施古籍普查及其成果整理研究工程,深入挖掘、整理历史文化遗产的内涵,拓展课题的广度和深度,大力提升历史文化遗产研究的学术水平和学术地位;充分发挥文化遗产品牌效应,积极、主动地开展以历史名人和传统文化等为媒介的学术研讨和文化节庆活动,提高漯河文化的影响力和辐射力。

强化"中国食品名城"这一概念,实行品牌战略。2005年,漯河市获得国内唯一一个"中国食品名城"的称号,政府也积极采取多种扶持政策和措施,着力培育食品企业,壮大主导产业,促进产业集群,有力推动了漯河市食品工业的快速健康发展。"中国食品名城"这一城市名片也为漯河市带来了以下效应:成为城市的产业品牌,凸显城市的产业特色,提升城市的综合形象,为做大做强漯河市食品产业提供发展动力。"中国食品名城"具有品牌集聚效应,不仅培育出了亚洲最大的肉类加工企业、中国肉类第一品牌双汇集团等,而且引进台湾康师傅等一批国际知名企业落户漯河,把"中国食品名城"漯河这一形象对外输出,扩大食品产业的发展规模,提高其在国内外的知名度。漯河市的产业集群效应已形成了肉类分割加工、粮食加工、饮料生产、果蔬加工四大产业链,食品产业的发展具有独特优势,形成了工业促进农业、带动服务业等相关产业发展的循环经济体系的良性互动;统筹城乡发展,以城带乡,以工促农,实现了工业与农业的对接,拉长了农业产业链条,促进了城乡经济的协调发展。

实现文化资源和旅游业的深度融合,积极发展文化旅游产业。在做好保护工作的同时以文化遗产为依托和载体,大力探索历史文化与旅游产业相结合的新思路、新途径,创新文化遗产开发利用模式。漯河市的其他文化可以在许慎文化发展的基础上借助许慎文化这一知名品牌平台进行联合发展,形成文化遗产发展的集聚效应,加强"漯河史前文化""漯河三国文化""漯河桥梁文化""南街村红色文化"等系列文化的发展,着手挖掘和弘扬"慈孝文化""漯河民俗文化"等非物质文化遗产资源。这样不仅能增加文化发展的广度和深度,而且也能增强漯河市文化品牌的竞争力,形成极具漯河特色的文化发展道路,成为漯河市的文化旅游精品。

(三)政府引领,市场主导发展

漯河市文化遗产开发不能仅仅依靠政府的政策支持和资金扶持,要积极转变发展思路,鼓励相关文化单位适应新形势发展,转变工作方式,积极应对市场的挑战。对于能适应市场发展的文化单位逐步进行转企改制,自负盈亏,在市场的刺激下能在一定程度上调动文化单位工作人员的积极性,在不损害文化遗产本质的前提下以市场为导向进行相关的开发;针对不同目标人群的喜好,根据文化遗产不同内容和表现形式开发人民群众喜闻乐见的文化内容和产品,为文化遗产的产业化开发注入市场活力,逐步提高自身的市场竞争力,使其在市场中占有一席之地。与此同时,政府要加大对相关企业的政策支持、税收优惠等,从政府层面上为文化产业的发展保驾护航。对于那些发展能力较弱的文化事业单位,政府要设立文物保护专项资金来支持文化遗产的保护和开发,所需经费纳入财政预算,根据文化遗产的开发力度和级别进行资金扶持,并加强市、县(社区)、乡等多级专职保护人员保护辖区内文物保护单位、文保点及重要文物的抢救、维修、保护工作以及对非物质文化遗产项目传承活动、传承基地和传承人的扶持和补助。鼓励社会资金对文化事业的资助,调动社会团体、企事业单位、个人参与文化遗产保护的积极性,同时出台相关鼓励措施,对于参与文化遗产保护事业的公民、法人和其他组织,享受国家有关优惠待遇,接受社会各界对文化遗产保护事业的捐赠。

(四)健全人才培养、选拔和激励机制

高素质综合性人才是促进文化产业快速发展的一个重要因素。健全人才培养、选拔和激励机制,有利于为文化遗产保护和开发输送源源不断的人才,保证文化产业又快又好地发展;有利于鼓励更多的人才参与到文化产业发展中,提供更多的创意思路和发展模式,让文化产业的发展更加有活力。对于政府部门中文化遗产保护和开发的相关工作人员按照其岗位性质和工作要求,有计划有组织地开展公务人员的自身能力和素质的培养,加强公务人员对文化遗产保护的思想意识,在日后的工作中更能适应非物质文化遗产保护事业的需要,提高政府整体业务能力。与高校和相关的文化产业合作大力培养文化遗产保护、管理和产业化开发所需的各类专门人才,同时为人才的培养发展提供相关的政策支持、制度保障和激励机制。进一步壮大、完善业余文保员等社会保护队伍和文化遗产保护志愿者队伍建设。对于选拔出来的优秀人才要用科学的方法进行配置和管理,做到人才的工作能力与工作岗位相适应并给予相应的职责和权力参与文化遗产的开发和保护,有利于充分调动人力资源的积极性与创造性,促进个人才能的发挥;有利于政府提高工作效率,从而最大限度地发挥人力资源的积极作用。

第三节　公共文化服务体系建设

一、政策引领公共文化服务体系发展

为了推动基层公共文化资源有效整合和统筹利用，提升基层公共文化设施建设、管理和服务水平，漯河市采取多种方式和形式多举措同时推进公共文化服务体系建设。

加强基层综合性文化服务中心建设。科学规划合理布局，在掌握全市基层公共文化设施存量和使用状况的基础上，结合当地的经济社会文化发展水平等因素，合理制订符合当地发展的公共文化服务体系建设规划。加强基层综合性文化设施建设，完善基层综合性文化服务中心建设标准，对于不能满足人民群众基本文化需求的综合性文化设施进行完善改造，加强基层综合性文化服务中心信息化建设。加强文体广场建设，与综合性文化设施相配套，建设与人口规模、服务半径和地域条件相适应的文体广场。

提供丰富的服务内容。广泛开展宣传教育活动，利用多种方式和手段让人民群众了解国家重大改革措施及惠民政策，学习社会主义核心价值观，弘扬中华优秀传统文化，提高群众综合素质，提高非物质文化遗产保护意识等。鼓励人民群众积极参与文艺创作，在节假日期间举办形式多样、内容丰富的文体活动引导人民群众参与，对于群众自发参与的文体活动要进行引导和规范。创新服务方式和手段，深入人民群众生活当中，开展文化进社区、进农村等活动，了解人民群众的需求，根据不同人群例如老人和儿童进行针对性的文化服务，利用现代信息技术提高服务水平，为群众提供高质量的文化服务。

创新基层公共文化运行管理机制。强化政府主导作用，政府在推进基层综合性文化服务中心建设中承担主体责任，各个部门要明确各自分工并加强协作，共同推进工作落实。建立健全管理制度，加强管理，制定服务规范；建立健全标准体系和内部管理制度，重点围绕服务规范、人员管理、经费投入、绩效考核和奖惩措施等环节。鼓励群众参与建设管理，发挥群众自治作用，加强群众自主管理和自我服务，在基层综合性文化服务体系建设中充分听取群众意见、接受群众监督。探索社会化建设管理模式，加大政府向社会力量购买公共

文化服务力度,鼓励支持企业、社会组织和其他社会力量通过多种方式参与基层综合性文化服务中心建设管理,吸引有能力的社会组织和企业参与基层文化设施运营。

制订全民健身实施计划,成立全民健身实施计划工作领导小组,形成政府主导、部门协同和社会力量共同参与的发展模式。完善全民健身政策法规,依法保障人民群众体育健身权利,将全民健身工作经费纳入财政预算,并保持与国民经济增长相适应的投入力度。建立和完善全民健身工作考评机制,将全民健身公共服务纳入公共文化服务体系中,推进全民健身的落实。完善激励机制,采取多种形式鼓励引导社会各界参与全民健身事业发展。充分利用各种媒体资源为人民群众提供各类体育信息,培养体育消费习惯,提高群众健身素养;培养全民健身人才队伍建设,形成全民健身与学校体育、竞技体育后备人才培养工作的良性互动局面。

二、公共文化服务体系建设的成效

(一) 公共文化基础设施建设不断加强

漯河市在2017年公布了2016年漯河文化事业成果。全市共有艺术表演团体6个、文化馆6个、公共图书馆5个、国家综合档案馆6个、专业档案馆1个。全市现有全国重点文物保护单位7处(8项)、省级重点文物保护单位36处(38项),有11个项目入选首批省级非物质文化遗产名录,有1个项目入选国家级非物质文化遗产名录。漯河市有广播电台5座,中、短波广播发射台和转播台5座,广播人口覆盖率100%;电视台5座;电视综合人口覆盖率100%,全年出版报纸832万份。在2017年政府工作报告中显示基础设施投资增长60.1%,市政设施和公共服务设施建设全面加强,新建、改扩建中小学22所、基层综合文化服务中心516个。文化体育与传媒支出8911.45万元,增长41.2%,重点安排了图书馆、群艺馆新馆开馆支出、漯河市文化产业发展专项资金、贾湖文化遗址保护开发、许慎文化园中华汉字体验馆建设、农村文化和基层公共文化服务体系建设配套、舞台艺术送农民等系列文化活动。

"十二五"时期漯河市规划建设的三个重大文化建设项目文化馆与图书馆、博物馆在2017年建成并对公众开放。市文化馆作为公共文化服务机构,承担开展艺术培训、举办艺术展览、组织举办群众文化活动三大功能。市图书馆每月都举办文化讲座、送书下乡等活动,使用了高智能的数字化自动借阅系统,服务功能完善,可为读者提供图书外借、报刊阅览、参考咨询、文献检索、读者教育等多类型、多层次的服务。市博物馆,一层已对公众开放,现存有珍贵文物2181件,其中一级文物2件、二级文物112件,展示了漯河灿烂的历史文化。漯河市所管理的三区两县积极推进所管理地区"两馆一站"的建设,因地制宜开展综合性文化站的建设。

(二)文化惠民工程的推进

做好县图书馆、文化馆免费开放工作。实行多功能图书流动车和图书下乡多形式结合,满足广大人民群众的文化需求,图书馆给贫困村庄赠送符合该村农业经济发展情况的科普图书,并讲解现代农业科普知识,"精神扶贫"助推"精准扶贫"的发展。文化馆分期免费开办"幸福舞阳健康舞"骨干免费培训班、"音乐创作培训班"和"文学创作培训班"等,并且有针对性地组织摄影培训、太极拳培训等活动;成立戏迷俱乐部,为戏迷提供活动聚会场所和必备乐器。

政府开展"三进"活动。组织文艺演出进社区、进广场、进企业,对社区广场舞业余团队健身积极分子和舞蹈爱好者,进行了较为系统的业务指导。开展送文化下乡活动,按照"每月每村一场公益电影"的要求放映农村公益数字电影;曲剧团和豫剧团选取优秀的戏曲节目为广大人民群众呈现优质的戏曲表演;开展"舞台艺术送农民"活动,保质保量完成公益性大戏90场次。这些文化进社区、文化下乡活动不仅加强了与人民群众的联系,为下一步公共文化服务体系的建设打好基础,而且也进一步让人民群众享受到公共文化服务体系建设带来的成果,进而提高了人民群众的文化素养,获得了他们的一致称赞。

扶持业余文艺团队,鼓励演出队伍参加公益表演。在各个乡镇扶持成立各类民间文艺团体和乡镇戏迷俱乐部,配备器乐设备和服装道具,给予资金支持,鼓励人民群众自发进行文艺创作和自娱自乐,丰富群众的精神文化生活。组织群众文化活动,围绕节假日开展主题文艺演出活动,增添节日气氛,春节期间举办"千人广场舞展演"等多种形式的表演活动,为业余文艺团队提供表演的机会,调动了文艺爱好者参与公益表演的积极性。

加强乡镇的综合文化站配套设施建设,逐步配备了电脑等硬件设施,加快农村文化信息共享,方便人民群众获取更多的知识信息,加强与外界的联系;推动农村文化广场的建设,完善体育基础设施,为人民群众提供健身场地,促进全民建设计划的开展;加强农家书屋的覆盖范围,按照人民群众的需求为农家书屋补充书籍,满足人民群众的阅读需求,有针对性地开展养殖农业等专业报告讲座,分期对农民进行农业实用技能培训;加强农民的文化知识学习,科学养殖种植,提高农民的经济收益,开展农村劳动力转移培训,提高农民就业创业能力。

(三)加强文化遗产保护工作

源汇区对辖区内非物质文化遗产项目进行发掘、普查和核实,包括民间工艺、传统中医药和民间传说;公布了源汇区第二批区级非物质文化遗产项目、代表性传承人;加强文物保护,对省级文物保护单位进行修缮;加强文物监管,开展文物执法巡查、文物安全大排查;在5·18国际博物馆日、文化遗产日开展了文化遗产宣传活动。

郾城区提出文物保护项目化,挖掘、整理民间"非遗"项目,收集到猫头鞋、虎头帽、剪纸、粮食画、烙画等民间手工艺作品百十件,完成可移动文物普查,争取文物保护项目资金,通过项目实施,进一步提高文物安全防范能力和开发利用水平。

召陵区依托辖区内非物质文化遗产剪纸、刺绣,历史文化名人许慎和当代著名国画家周彦生,民俗文化"召陵会盟"传说等文化资源优势,倾力打造文化产业知名品牌;创建艺术家创作基地,重修周彦生故居,培育建成一批文化艺术培训机构,扶持"沙河调"等"非遗"发展,加快文化市场建设,改善文化发展环境,形成综合性文化产业体系。

舞阳县在全市率先挂牌成立了"非物质文化遗产保护中心",经过8年的发展,有2个项目入选省级"非遗"目录,8个项目入选市级"非遗"目录,省级代表性传承人2名,市级代表性传承人8名;建立了省、市二级"非遗"保护传承体系和"非遗"名录档案及相关数据库,创建了一批"非遗"传承基地、生产性保护示范基地及研究基地;开展了经常性地对外文化交流活动,承办首个"文化与自然遗产日"宣传活动,积极宣传非物质文化遗产保护理念,提升全社会关心、支持、参与非物质文化遗产保护的意识。

临颍县完成了小商桥景区和杨再兴陵园的保护开发利用工作,免费开放陈星聚纪念馆,打造爱国主义教育基地,加大受禅台、受禅碑文物保护力度,完成了南水北调施工前固厢古遗址的文物勘探工作,实施可移动文物普查工作,进行田野零散石刻碑碣摸底排查和集中管理工作;严格管理文化市场,加大文化市场监管力度和巡查力度,狠抓文化市场违法违规行为整治行动力度。通过多种形式促进文化事业的发展,不仅加强文化遗产保护,促进文化产业的发展,而且也能满足人民群众的文化需求。

(四)加强精品文化建设

近几年漯河市豫剧团扎根基层、深入群众,内强素质、外树形象,精心创作出《战洪州》《白莲花》《黄鹤楼》《五世请缨》等一大批群众喜闻乐见的好作品,多次获得省级戏剧大赛金奖;《台北知府》还曾赴台湾汇报演出,对增强台湾同胞对中华文化的认同、增进两岸同胞的感情起到了积极作用;2014年以距今约8700年前新石器时代的贾湖文明为特定历史空间,以"中华第一骨笛"贾湖骨笛为创作主线创作了大型原创历史神话豫剧《贾湖笛声》,代表漯河市参加河南省第十三届戏剧大赛;2017年漯河市豫剧团代表河南省参加第四届中国豫剧节展演取材于北宋杨家将故事的原创历史剧《七星剑》,传承和弘扬了中华优秀传统文化,具有强烈的历史和现实意义,为推动漯河文化事业和文化产业发展、提升漯河的知名度和影响力做出了积极贡献。

舞阳县文化馆选送的河南豫剧《沁园春·雪》和瑜伽舞《我的梦》成功入选2015年全国村晚节目,并分别获得"最佳节目'乡情'奖"和"最佳节目'乡愁'奖",县文化馆获得"最佳节目组织奖"。2016年首届全国美丽乡村好声音会演在北京人民大会堂圆满落幕,由舞阳县文化广电旅游局选送的歌曲《神奇贾湖》在此次会演中分别荣获"作曲金奖""作词金奖""村歌好声音金奖""全国十大金曲"四项金奖,舞阳县贾湖村荣获"歌中看村·最美村庄奖"。

三、文化服务体系建设中的问题

(一)公共文化设施使用率不高

虽然近几年漯河市在逐步增加文化事业的财政投入,加大基层综合性文化站的建设以满足人民群众的文化需求,但是相比总体的财政投入,文化事业财政投入占比较少。目前在漯河市政府网站上查询到的有关公共文化设施建设的信息大多停留在2015年。召陵区共有197个行政村,2015年新建、改建的只有19个农村综合性文化服务中心；临颍县共有367个行政村，2015年完成了15个乡镇的综合文化站配套设施建设，207个行政村建立了文化广场；舞阳县共有9镇5乡，2016年全县有14个乡镇的综合文化站；源汇区共有79个行政村，2017年全区有7个综合文化站、98个综合性文化服务中心；郾城区共有9个乡级行政区，2017年全区有1个图书馆、1个文化馆、1个美术馆、1个纪念馆、7个镇文化站、9个社区文化活动室，新建和改扩建村级综合文化服务中心146个。全区各文化服务中心、农家书屋等公共文化服务场所全部对外免费开放。根据上述数据得知，召陵区和临颍县地区文化站缺口较大，有的地区暂时还没有建立起综合性文化站；召陵区、临颍县和舞阳县2013年到2017年5年间文化活动举办次数有限，文化站名存实亡，没有承担起应有的弘扬传统优秀文化、积极组织当地人民群众参与文化活动的文化责任，导致文化站不为当地居民熟知；召陵区、临颍县和舞阳县文化站几年间举办的活动大多为组织举办广场舞大赛、举办民间文艺大赛和文化下乡等，文化站文化产品供给单一、文化内容固定陈旧，不符合群众的口味，难以满足群众的文化需求，因此群众的认同度和参与度相对较低。

随着综合性文化站等基础设施进一步加强，与之相适应的基层文化管理人员队伍建设并没有发展起来，缺少基层管理人员或管理人员管理、服务水平有待加强也是公共文化服务体系建设中存在的显著问题之一。基层管理人员的缺乏一方面导致文化站场地虽然建成但是没有相应的基层管理人员去管理，基本上不对人民群众开放；另一方面也导致管理人员没有太多的精力去提升文化站的硬件和软件设施，而且基层文化站在财力、物力和人力上也很难开展文化活动，很难组织、引导人民群众参与文化活动，享受文化生活。一些基层管理人员在组织文化活动、开展文化教育、弘扬传统优秀文化方面和参与当地文化遗产保护方面业务能力和服务水平还有待进一步提高。

（二）各地区公共文化服务建设发展不均衡

我国城乡之间经济发展不均衡。城市经济文化发展水平高，城市居民对文化的需求高会增加文化方面的投入，市场就会积极增加文化场地的建设和开展各种形式的文化活动来获取利益，与此同时政府也会相应增加公共基础文化设施的建设，进一步满足城市群众的文化需求，从而达到互利双赢的效果；但是农村地区经济发展水平低且经济来源单一，人们为了追求更好的生活会外出打工，导致农村人口流动性大，农村居民文化消费意识薄弱、参与度不高，对物质需求大过文化需求，因此对于文化方面的投入占比就会相应减少，农村的文化场地和文化活动发展就会变得缓慢，与城市形成鲜明对比。

政府在农村地区公共文化支出占财政支出比重较低，财政保障不足，在建设公共文化服务体系中没有充足的资金来保证基础设施建设达到预期标准，那么，政府在进行资源配置时就会优先考虑文化需求较大的城镇进行基层文化设施的建设，以城镇的发展带动农村的文化发展。政府对农村文化建设认识滞后、投入严重不足，使得原有的文化站硬件设施和软件设施得不到改善和加强，其服务能力和覆盖范围就在发展中相应地缩小；再加上中心城市带动能力不强，城乡一体化发展推进不快，那么基于这个现实，城镇文化发展带动农村文化发展的效果就会大大降低，这在一定程度上会加剧城乡、区域之间文化发展的不平衡。漯河市召陵区、临颍县和舞阳县与源汇区和郾城区地区的公共文化服务设施对比有很大的差距。召陵区、临颍县和舞阳县三地区不仅综合性文化站没有实现全覆盖，公共文化设施类型单一，而且图书馆、博物馆等其他类型的公共文化设施也较缺乏；郾城区多为工业园区，经济发展较好，因此区政府在文化事业方面的投资就相对多一些，综合性文化站基本实现全覆盖。郾城区李集镇文化站对全镇的文化资源进行全面摸底排查，并根据相关的文化资源，利用现有的公共文化服务设施举办文化活动，积极引导各村群众参与文化活动，2017年郾城区李集镇综合文化站被评为河南省先进文化站。郾城区孟庙镇结合本地的实际情况，不仅定期开展文化活动，而且还利用文化设施举行了养殖、种植等农业知识讲座，并利用养殖大会进行养殖技术培训，提高农民的文化素养。

（三）建设中绩效监督体系不合理

政府在公共文化体系建设管理监督方面存在以下几个问题。监督机构的内在动力不足，公共管理监督工作是依靠监督人员来完成的，监督工作的完成度有很大的主观能动性，主要取决于以道德规范激励监督人员做到公平公正和公开、以严格的责任机制促使监督人员做好本职工作和以激励机制鼓励监督人员高标准完成监督工作。监督机构缺乏整体功效，在公共文化体制建设中市县乡等不同级别和不同类型的政府部门都会参与。而不同的部门属于不同的管理系统，在对监督主体职能划分时就会产生职能交叉重叠，各个监督机制没有形成一个统一的体系,这不仅增加了人力物力的投入,而且达不到预期的效果,起不到真正监督政府工作的作用。各个监督部门监督机制和功能不健全,不能全方位对公共权力进行监督。合理的监督机制应该是自上而下、平行制约以及自下而上监督的有机统一。① 但是我国现行的监督实践中往往比较重视自上而下的监督,而且这种监督方式最具权威性;在监督过程中监督人员往往忽视事前事中预防和纠正措施,不能及时发现在公共文化服务体系建设中出现的问题和偏差,最后会导致整个项目建设与预期规划差距较大。

在公共文化体系建设绩效管理机制方面存在以下几个问题。没有一个相对标准的绩效评估来衡量政府部门在建设公共文化服务体系中工作效率是否符合标准,并根据这个标准对偏离预期工作目标的政府部门进行纠正指导,提高整体效率,加快推进公共文化服务体系的建设。不同地区的政府的执行力和当地的文化经济发展水平会有差异,不能仅依据一套一成不变的绩效管理机制去衡量不同地区的发展状况,这既不利于绩效评价工作的开展,也不利于政府得到有效信息进而对公共文化服务体系建设中出现的问题加以改进。政府在建立健全绩效管理机制的同时,根据不同地区的实际情况制定相应的标准,但是现有的绩效管理缺乏制定绩效指标的专家学者,因此在因地制宜地制定绩效管理方面存在某些问题。

四、漯河市公共文化服务体系建设相关建议

(一)提升公共文化基础设施建设和服务水平

"两馆一站"在公共文化服务中要起到带头引领作用,在加大免费开放力度的同时根据群众的文化需求合理调配资源,改善服务水平,拓展服务领域、方式和手段,提供更加人性化的服务设施和服务项目。

图书馆要在硬件设施建设上提高馆内图书的数量,为人们提供种类更多、品种更全的图书,加强网上借阅服务系统,方便人们可以足不出户就能享受到图书馆便利的文化服务;改善图书馆内的相关环境,例如增加室内绿色植物、改善桌椅的舒适度、增加饮水机和存包处等配套服务设施,方便人们在阅读图书时也能感受到图书馆的人文关怀。图书馆应该主动承担社会教育责任,开

---

① 王德高:《公共管理学》,武汉:武汉大学出版社,2014年。

展形式多样的读书活动,提高人们阅读书籍的兴趣;参与古籍保护,加大学术研究;定期开展公益性讲座和展览,提升图书馆文化普及的深度和广度;加强与其他城市图书馆的交流合作,借鉴学习他们的成功模式和良好经验,加强图书馆的服务能力;开展定期图书下基层活动,为社区和农村地区免费普及科学文化知识,及时了解人民群众的文化需求,方便下次开展活动时有针对性地为人民群众提供他们喜欢的文化服务;加强流动图书馆和图书馆分馆的建设,提高图书馆的辐射范围,方便人们在社区或者农村地区也能享受到图书馆的便捷服务。

博物馆在全国文物普查的基础上加强漯河市文物的挖掘和保护,增加博物馆的馆藏数量和质量,为人民群众提供高质量的展览;加强博物馆基础设施的建设,为藏品展览、储存和保护提供更好的环境;定期开展博物馆工作人员内部的培训活动,提高工作人员的业务能力和服务水平,为文化和文物遗产的保护开发提供人才保障;加强与河南省博物院、其他市级单位博物馆在文物开发保护、学术研究、博物馆的基础设施建设与人才管理和培养方面的交流学习,学习和借鉴其他博物馆的成功经验,加强自身建设,同时也能整合各个博物馆的藏品资源,开展不同主题的巡展活动,给人们不一样的文化体验。在做好日常展览工作的同时还要积极开展文化遗产的开发和保护项目,促进漯河市的非物质文化遗产的开发和保护。创新保护机制,与高校合作开展文化遗产项目调研并进行行之有效的保护方案;与文化产业合作开展博物馆馆藏品,例如书签、杯子和装饰品等一系列文创产品的开发和开展非物质文化遗产文化内涵的外在表现,例如相关影视剧、动画和游戏产业链的开发。

综合性文化馆要加大在多功能厅、辅导培训教室、计算机与网络教室、舞蹈排练室、独立学习室(音乐、书法、美术、曲艺等)、娱乐活动室等公共空间设施场地的免费开放力度,对于基础设施建设还不健全的文化站要尽量开放现有的服务功能,并积极申请资金补贴,逐步完善相应缺失的设施场地。定期组织开展普及性的文化艺术辅导培训,例如开设舞蹈书法培训班等,开展时政法制科普教育、公益性群众文化活动等;积极承担文化进社区和文化下乡活动,在给人们带去精彩文艺表演的同时,与当地的文化站合作培训基层队伍和业余文艺骨干,指导群众文艺作品创作,多形式多角度丰富人民群众的文化生活。

（二）建立健全监督、绩效管理机制

建立健全监督机制，将基层综合性文化服务中心建设纳入政府公共文化考核指标体系。加强监督人员的道德规范，形成道德内在约束机制，能有效开展监督工作；建立健全责任确定机制和责任奖惩机制，通过具体的追究措施给监督人员压力，以便督促监督人员做好本职工作。各个监督部门要加强合作交流，进行沟通协调，有效的信息交流能提高监督部门的工作效率；明确工作范围和工作职责，避免一定程度上的人力资源浪费和职能的交叉重叠，同时也能明确监督主体，便于对监督部门进行法律监督。转变监督工作，由重视事后监督到事前、事中和事后监督，加强平级之间的监督和自下而上的监督。重视社会公众的监督，引入第三方，开展公众满意度测评。提高公共管理机构工作的公开透明度，对基层综合性文化服务中心建设、管理和使用中群众满意度较差的地方要进行通报批评，对好的做法和经验要及时总结、推广。

建立健全绩效管理机制。加强基层综合性文化服务中心管理，制定基层综合性文化服务中心的服务规范。建立村（社区）综合性文化服务中心由县统筹规划，乡镇（街道）组织推进，村（社区）自我管理的工作机制。重点围绕基层综合性文化服务中心的功能定位、运行方式、服务规范、人员管理、经费投入、绩效考核、奖惩措施等环节，建立健全标准体系和内部管理制度，形成长效机制，实现良性运转和可持续发展。由各级文化部门会同有关部门建立动态监测和绩效评价机制，对基层综合性文化服务中心建设使用情况进行督促检查，及时协调解决工作中的各种问题。

（三）建立健全人才培养管理机制

政府要积极推动转企改制，尝试推行董事会，准许社会力量进入国有文化机构等，激发国有文化机构的市场竞争力。转企改制的文化部门要积极适应社会主义市场经济的发展方式，解放思想，转变发展思路。通过制度改革管理和人事调动调整不适应市场发展的机构和组织，轻装上阵，在现有工资制度上通过奖励性工资和技术入股等多种工资模式相结合，提高工作人员的积极性。

打破体制壁垒，构建多渠道的社会投入机制和多元的文化供给模式，鼓励企业、个人和民间组织等积极参与公共文化的建设。第三部门是介于政府和营利部门之间的非营利性组织，为社会提供公益服务的社会公共部门。政府应该加强与第三部门的合作，承担第三部门发展所需的大部分资金，要给第三部门组织自我发展的空间,鼓励民间组织的发展,培养公众的志愿精神;在对第三部门进行工作监督时不能左右第三部门的运行管理,健全第三部门的管理监督机制。通过促进第三部门的发展更好地保证社会资源的合理配置,分担政府责任,促进基层公共文化服务体系的建设。

积极健全人才选拔培养任用机制。一方面对现有内部人员进行职业培训和道德建设,提高工作人员的业务能力和管理服务水平,使其更好地参与公共文化服务体系建设;一方面政府要积极引进相关人才,根据人才自身的发展情况和政府部门的需求合理安排工作职能,发挥人力资源的最大效用,提高政府部门的工作效率。健全奖励惩罚机制,不仅能有效督促工作人员的工作而且也能进一步提高工作人员的积极性。

优化经费投入和财政保障机制,鼓励社会各界对公共文化基础设施的资金投入,并对相关企业实行税收优惠。各级政府根据实际需要和相关标准,将基层综合性文化服务中心建设所需资金纳入财政预算。市财政统筹安排一般公共预算和政府性基金预算,通过转移支付对革命老区、贫困地区基层综合性文化服务中心设备购置和提供基本公共文化服务所需资金予以补助,同时对绩效评价结果优良的县区予以奖励。

第五章 平顶山市文化市情报告

平顶山市地处中原腹地,历史可溯至五六千年以前。这里是中国古代文明的重要发祥地之一,发现有原始社会新石器时代裴李岗文化、仰韶文化和龙山文化遗址。商周时代,地属应国,"应"通"鹰",故又名"鹰城"。六千年的历史积淀,使之成为河南省乃至全国的文化资源富集区,拥有中国曲艺城、中国书法城、中国魔术之乡、中国汝窑陶瓷艺术之乡、中国观音文化之乡、中国墨子文化之乡、中国民间文化艺术之乡、中国牛郎织女文化之乡、中国冶铁文化之都、中国水灯文化之城等十余张城市文化名片。平顶山因煤兴市,因山得名,辖区内矿产资源丰富且品位较高,已发现的各类矿产多达58种,占全省已发现矿种总数的54%。凭借着资源优势,平顶山市迅速崛起,一跃成为工业强市。2008年,平顶山市生产总值突破1000亿元,在河南省18个省辖市中居第四位。近年来,平顶山市越来越重视文化发展,据统计,平顶山市在《国民经济和社会发展的第十二个五年规划纲要》正文中129次提到文化、6次提到文化事业、13次提到文化产业;在《国民经济和社会发展的第十三个五年规划纲要》正文中150次提到文化、1次提到文化事业、9次提到文化产业。文化热词的频频出现,实质上反映了城市发展新的导向。资源型城市的转型,寻求文化突破是已经被证实可行的模式。作为拥有丰富文化资源和巨大文化产业发展潜力的平顶山市,理应把握文化产业发展的趋势,正确判断产业现状,制定并实施正确的发展战略与对策。

第一节 平顶山市文化资源概述

一、文化资源富集,数量在全省居于前列

（一）文物资源丰富,是名副其实的文物大市

平顶山市文物资源富集。据第三次全国文物普查,全市共有不可移动文物5273处,其中全国重点文物保护单位25处、省级文物保护单位31处、市级文物保护单位119处、县（市）区级文物保护单位400多处,现有馆藏文物1万余件,珍贵文物6000余件,数量居全省第四位。全市目前入选第一批、第二批、第三批中国传统村落名录的有26个,入选河南省传统村落名录的有99个,数量均名列全省第一。此外,有中国历史文化名村2处、名镇1处,有省历史文化名村13处、名镇3处。

（二）非物质文化遗产丰富,是河南省非物质文化遗产的代表地区之一

平顶山市非物质文化遗产十分丰富。目前,全市拥有宝丰马街书会、郏县大铜器、宝丰酒酿造技艺、汝瓷烧制技艺等国家级非物质文化遗产项目4个,金镶玉制作技艺、妙善传说等省级非物质文化遗产项目19个,香山寺庙会、冯异米醋传统酿造技艺等市级非物质文化遗产项目115个,县级非物质文化遗产项目286个;非物质文化遗产代表性传承人国家级的2人、省级的22人、市级的81人、县级的394人。现有"非遗"社会传承基地2处（鲁山县琴台第一小学、叶县马庄回族乡文化服务中心）,"非遗"生产性保护示范基地1处（平顶山市金玉坊商贸有限公司）,"非遗"研究基地1处（平顶山学院陶瓷研究所）,"非遗"展示馆3处（宝丰县清凉寺君子汝瓷展示馆、宝丰酒酿造工艺展示馆、宝丰马街书会中华曲艺展示馆）,文化生态保护实验区1处（宝丰说唱文化生态保护区）。

二、文化特色突出,产业化发展潜力巨大

(一)姓氏文化资源独特

平顶山市所辖滍水、汝水流域,曾是黄帝部落和华夏族繁衍生息的重要区域①,与梁、霍、应、叶、沈、许、刘、汝、穿封、笃、郏等姓氏的起源地有着密切的联系。目前,叶、刘两大姓氏已经建立了联谊大会,根亲活动频繁。

平顶山市叶县是叶姓始祖沈诸梁的始封地,是全球叶姓华人的祖居地。叶姓在中华百家大姓中排名第42位,尤以福建、台湾、广东、江苏、江西等地人数最多,分布最密集。海外则依然以新加坡、马来西亚、菲律宾最多,叶姓华人,已经遍布全球很多地方。自20世纪80年代以来,就不断有马来西亚、印尼、菲律宾、新加坡等世界各地的叶氏后裔前来寻根,台湾、香港、澳门、浙江等地的叶氏族人来此祭拜。世界叶氏联谊总会于2000年成立,如今已经举办了五届。平顶山市鲁山县是刘姓起源地,始祖刘累卒葬于此。刘姓为我国第四大姓,至2013年有人口近7000万,且分布较广,有"遍地流刘"之说。世界刘氏联谊大会成立于1997年,每两年召开一次。2004年,第四届世界刘氏联谊大会在平顶山召开。姓氏文化资源是平顶山市独特文化资源优势之一,寻根活动在加强宗亲联谊、交流的同时,进行经贸洽谈,也为平顶山市的发展带来了新的机遇。目前,平顶山市已成立市姓氏文化研究会,为建成文化强市和推动全市社会经济发展做着积极的努力。

(二)观音文化资源深厚

平顶山市宗教资源丰厚,有佛教、道教、伊斯兰教、天主教和基督教五大宗教。据2016年6月底统计,全市有登记开放的各类宗教活动场所469处,其中,佛教寺庵61处、道教宫观74处、伊斯兰教清真寺60座、基督教堂点272处、天主教堂2处。平顶山市观音文化内涵深厚,拥有中国汉化观音文化中最经典的文化精髓——妙善传说,平顶山香山寺是各种妙善传说的源头和母本,并于2012年成功申报"中国观音文化之乡"。《平顶山市文化产业发展三年行动计划》提出打造"三区一城",其中,明确提出依托观音祖庭香山寺,以观音文化旅游为带动,打造华夏"善"文化传承创新区。

---

① 潘民中:《起源于平顶山市境域的十大姓氏》,《文史知识》,2010年第11期。

(三）曲艺底蕴丰厚

平顶山市是全国唯一一个被命名为"中国曲艺城"的城市，曲艺文化传统悠久，氛围浓郁，群众基础深厚，河南坠子、大调曲子、三弦书、鹰城打鼓等30多个曲种在平顶山广为流传。曲艺创作精品频现、硕果累累，河南坠子《李离伏剑》《争救父》获得中国首届河南坠子大会金奖，《义薄云天》获得第九届牡丹奖大赛牡丹荣誉奖，《三劝亲家》获得全国曲艺作品展演优秀节目奖等。作为"世界最大规模的民间曲艺大会"的宝丰马街书会是平顶山市曲艺文化的一大品牌，自元代以来，每年农历正月十三，全国各地的民间曲艺艺人会聚宝丰县杨庄镇马街村，说书会友，绵延700多年而不衰，被称为中国文化史上一大奇观。2016年上会的曲艺棚数达326棚、演唱艺人达1562人，有30多万群众到现场观看。

（四）瓷文化举足轻重

平顶山市在古代是名副其实的瓷器之乡，瓷器品种齐全、花色多样，其中有唐钧、元钧、鲁山花瓷、宋汝官瓷等诸多瓷种，在中国瓷器制造史上占据重要地位。平顶山应国墓地出土有西周早中期的原始瓷器尊、盂、簋、豆等器物。汝州、宝丰、鲁山等县（市）近年陆续发现唐宋以来的各类窑口近百处。其中，段店窑始烧于唐初，延续至元明，历时1000多年，是在我国不多见的烧制时间最长的瓷窑。汝州张公巷汝官窑窑址的发掘也取得了重要成果。宝丰汝窑遗址为宋御用瓷窑，在国内外享有很高的声誉。平顶山市瓷文化不仅资源丰富，而且品位高，具备品牌效应，具有很大开发潜力。目前，全市汝瓷复仿制企业已有近60家。

（五）工业文化遗产丰富

平顶山市工业文化遗产丰富，铁、盐、煤等矿产资源的文化价值逐渐显现。以铁资源为例，平顶山市冶铁历史悠久，辖区内的舞钢市是我国春秋战国时期重要的冶铁铸剑之地，龙泉宝剑名贯古今。秦汉时期，仍是当时的冶铁重地。现有石门郭冶铁遗址、沟头赵冶铁遗址、许沟冶铁遗址、翟庄冶铁遗址、尖山冶铁遗址、圪垱赵冶铁遗址等多处冶铁文化遗存，有"铁山庙和将军墓"等冶铁文化传说，其冶铁文化在我国冶铁史乃至世界冶铁文明史上均占重要地位。目前，舞钢市大力发展旅游休闲项目，依托"中国冶铁文化之都"文化品牌，打造舞钢冶铁文化园。通过依托老铁山，建设大型实景冶铁雕塑群，打造舞钢冶铁文化主题观光园,挖掘、保护、传承、弘扬冶铁文化。

第二节 文化产业发展现状及趋势

一、文化产业发展渐成体系,优势文化产业崛起

(一)文化市场体系初步建立

目前,平顶山市已初步建成了包括演出、娱乐、网络文化等在内的文化市场体系,形成了电影、图书、文物、艺术品、艺术培训、演出、歌舞、网络文化、电子出版物、印刷复制、美术、民间艺术等多类文化专业市场。

文化及相关产业初具规模。2016年,平顶山市文化及相关产业规模以上企业法人单位数163个,从业人员期末人数19183人,资产总计2858070万元,营业收入723482万元,利润总额55358万元,税金合计18260万元;文化及相关产业规模以上文化制造业企业法人单位数35个,从业人员期末人数4511人,资产总计198289万元,营业收入364922万元,利润总额20211万元,税金合计6830万元;文化及相关产业规模以上文化批零企业法人单位数43个,从业人员期末人数2594人,资产总计48145万元,营业收入144037万元,利润总额5536万元,税金合计3825万元;文化及相关产业规模以上文化服务业企业法人单位数85个,从业人员期末人数12078人,资产总计2611636万元,营业收入214523万元,利润总额29611万元,税金合计7605万元。(见表5-1)

表5-1 2016年平顶山市文化及相关产业规模以上企业情况

类别 项目	法人单位数/(个)	从业人员期末数(人)	资产总计(万元)	营业收入(万元)	利润总额(万元)	税金合计(万元)
文化服务业企业	85	12078	2611636	214523	29611	7605
文化制造业企业	35	4511	198289	364922	20211	6830
文化批零企业	43	2594	48145	144037	5536	3825
合计	163	19183	2858070	723482	55358	18260

数据来源:平顶山市统计局

(二)文化优势产业逐渐崛起

文化、体育和娱乐业领先发展。2015年,平顶山市规模以上服务业中文化、体育和娱乐业企业单位数22个,数量在全省省辖市中居第4位,平均从业人员人数6699人,文化、体育和娱乐业生产总值177238万元。其中,新闻和出版业法人单位数合计19个,产业活动单位数合计19个;广播、电视、电影和影视录音制作业法人单位数合计31个,产业活动单位数合计36个;文化艺术业法人单位数合计454个,产业活动单位数合计730个;体育业法人单位数合计33个,产业活动单位数合计33个,娱乐业法人单位数合计425个,产业活动单位数429个。(见表5-2)

表5-2 2015年平顶山市文化、体育和娱乐业单位情况

单位:个

类别/行业	法人单位数合计	单产业法人单位	多产业法人单位	产业活动单位数合计	多产业法人所属的产业活动单位
新闻和出版业	19	19	—	19	—
广播、电视、电影和影视录音制作业	31	31	—	36	5
文化艺术业	454	450	4	730	280
体育	33	33	—	33	—
娱乐业	425	424	1	429	5

数据来源:平顶山市统计局(本部分数据不含汝州市)

旅游业的战略支撑作用凸显,旅游文化产业成为新的发展方向(见表5-3)。2012~2016年五年来,平顶山市的接待游客人次平稳增加,旅游总收入和创汇收入也在稳步上升。平顶山旅游资源单体有4200多个,居河南省第二位,具有"山、佛、汤、寺、衙、湖"等资源优势和汝瓷、花瓷、唐钧、金镶玉等产品优势。平顶山旅游资源分布呈现集中性特点,自然旅游资源多分布于鲁山、舞钢、汝州三县(市),人文旅游资源拥有量则鲁山、汝州、宝丰、叶县四县(市)较多。平顶山市在其"十三五"规划中明确提出突出发展旅游业等战略支撑服务业,推动旅游、文化、互联网深度融合发展,优化旅游业发展空间布局,加快推进中心城区城市休闲核心、鲁山观光养生度假核心两个核心区建设,积极推进叶舞文化和生态休闲度假旅游版块、宝郏文化体验旅游版块两大板块建设,培

育形成"两核带两翼"的旅游发展新格局。《平顶山市旅游产业发展三年行动计划》提出,加强融合联动,树立大旅游等理念,推动旅游与文化、娱乐、体育等产业融合联动发展,重点抓好旅游项目建设中特色文化融入及体现,利用曲艺、魔术等文化特色丰富旅游景区活动。

表5-3 2012~2016年平顶山市接待国内游客人次、旅游总收入情况

类别 年份	接待入境游客 (万次)	全年共接待海内外 游客(万次)	旅游国内收入 (亿元)	旅游创汇 (万美元)
2012	2.4	2532.43	118.67	700
2013	2.7	2912.7	137.7	770
2014	2.7	3216	155	799
2015	2.8	3445	169.3	828
2016	2.9	3731	189.1	863

数据来源:平顶山市统计局

文化艺术创作成果丰富。全市拥有艺术表演团体6个、艺术表演场所7个、剧场3个,承办了第六届中国曲艺节、第二届全国戏剧梅花奖大赛、第三届中国书法兰亭奖大赛、第四届中国·宝丰魔术文化节、首届中国曲剧艺术节、"三苏杯"全国诗歌大赛、"美在鹰城"全国摄影大展等大型文化节会、"鹰城文化宝岛行"等文化节会活动和文化交流活动。大力实施文艺精品创作和特色文化基地建设,推出了大型现代豫剧《驻村书记》和《槐花湾》,完成了电影《烽火天龙山》《萝卜棒槌狗》和动画片《白衣仙子》的拍摄制作,精心创作打造了舞台剧《奇幻宝丰》和原创话剧《老街》……获国家级文化艺术类奖项20余件、省级的60余件,两度获得中国戏剧梅花奖,连续三届获得河南省戏剧大赛金奖,7件作品获得省"五个一工程"奖,建成6家省级特色文化基地,3人入选全国文化名家暨"四个一批"人才,连续两届荣获省"五个一工程"组织工作奖。

二、初步形成市、县、乡、村四级公共文化服务网络,现代公共文化服务体系逐步完善

"十二五"时期,平顶山基本建立了覆盖城乡的公共文化服务体系。平顶山市的"文化客厅"入选2014年河南省首批公共文化服务体系示范项目创建名单,舞钢市入选2015年示范区创建名单。中国宝丰马街书会是河南三大"非遗"展演品牌之一,为平顶山市甚至全国非物质文化遗产的展示提供了平台。

2016年,文化惠民活动深入开展,12部戏剧入选省中原文化大舞台剧目库。

公共文化服务设施建设卓有成效(见表5-4)。截至2016年,全市拥有公共图书馆7个(国家一级馆1个、二级馆3个、三级馆3个),总藏书量150.2万册,公共图书馆每年总流通26万多人次,书刊文献外借35万多册次,为读者举办各类活动,参加人数2.6万多人次;拥有博物馆、纪念馆11座,在建博物馆3座、筹建博物馆4座。各级博物馆、纪念馆年接待观众近200万人次;拥有专业美术馆1个,是全省建筑规模最大、展品规格最高的专业美术馆;拥有文化馆9个(国家一级馆2个、二级馆2个、三级馆3个),每年组织活动参加人员17万多人次,组织培训文艺骨干8000多人次;乡镇综合文化站每年组织文艺活动参与人员54万多人次,组织培训文艺骨干2.6万多人次;拥有群众艺术馆1个,每年组织各类公益性培训活动,受益群众上万人次;拥有乡镇(街道办事处)文化站111个,达三级站标准以上的有51个(一级站12个、二级站18个、三级站21个)。2011年,总投资达4.3亿元的市文化艺术中心、市博物馆建成并投入使用。市文化艺术中心通过举办各类公益性文化活动、讲座及学术会议,每月受益群众大约3075万人(次)。重视文化的公益性、均等性和便利性,全市各级公共图书馆、美术馆和文化馆(站)实现了无障碍、零门槛进入,公共空间设施、场地全部免费开放,所提供的基本服务项目全部免费。

表5-4 2014~2016年平顶山市"三馆一站"①发展情况

单位:个

年份 类别	2014	2015	2016
图书馆	8	8	7
美术馆	1	1	1
文化馆、群艺馆	10	10	10
文化站	107	131	111
合计	126	150	129

数据来源:平顶山市统计局

基层公共文化服务设施逐步完善。截至2016年,全市共建成文化大院350个、社区文化活动中心99个、农家书屋2595个、行政村基层站点2588个。

---

① "三馆一站",指各级公共图书馆、美术馆和文化馆(站)。

广播影视设施基本实现全覆盖,全市建成广播电视"村村通"工程2531个,共有市级广播电台、电视台和有线电视网络传输机构各1座(家),县级广播电视台7座,企(事)业广播电视台(站)3座,分别是平煤神马集团、舞钢公司和江河公司,有线电视用户26.7万多户,总干线8887公里,广播覆盖率98.27%,电视覆盖率96.83%。

群众性文化活动丰富多彩。全市有2个全国文化先进县、5个河南省文化先进县、2个全国民间艺术之乡、5个全国民间文化艺术之乡、13个河南省民间(文化)艺术之乡、35个河南省文化先进乡镇(办事处)、13个河南省群众文化活动先进社区。每年举办各类民俗文化活动600多场次,广场文化活动集中展演150多次,群众自娱自乐文艺演出及各类比赛3500多场(次),直接受益群众220多万人(次),基本实现市区每周一场专题文艺演出、县(市)每月一场大型文艺会演,乡镇(办事处)每周有文艺比赛、行政村社区每天有文艺活动。2017年举办了中国第二届河南坠子大会、"文明鹰城·欢乐中原"、中原文化大舞台等演出,平均每年举办民俗文化活动600多场次,实现了"周周有好戏、月月有精品"。

文化下乡活动持续开展,每年为全市所有乡镇免费送一场戏,每月为全市所有行政村免费放映一场电影。全市有舞龙、舞狮、秧歌、旱船铜器舞、盘鼓、腰鼓、魔术表演、业余剧团、民间合唱团等群众性业余文艺团队3000多支,业余文艺骨干70000多人。全市有专业艺术表演团体9个,艺术从业人员500多人。坚持每年送戏下乡1500场(次)以上,观众达到120万人(次)。

三、文化产业发展转向集约化

(一)文化及相关产业规模以上企业效益不断优化

2014~2016年全市文化及相关产业规模以上企业增长显著。2014年,平顶山市文化及相关产业规模以上企业法人单位数109个,从业人员期末人数12987人,资产总计1631670万元,营业收入336453万元,利润总额41410万元,税金合计14075万元,应付职工薪酬36819万元;2015年,平顶山市文化及相关产业规模以上企业法人单位数131个,从业人员期末人数14517人,资产总计1651776万元,营业收入424511万元,利润总额36233万元,税金合计13210万元,应付职工薪酬42778万元;2016年,平顶山市文化及相关产业规模以上企业法人单位数163个,从业人员期末人数19183人,资产总计2858069万元,营业收入723481万元,利润总额55359万元,税金合计18260万元,应付职工薪酬63833万元。

(二)文化市场综合管理能力逐渐加强

2011年,平顶山市文化市场综合执法支队挂牌成立,其前身为平顶山市文化市场新闻出版管理办公室。其执法范围为文化、广电、新闻出版市场的综合执法,具体负责"扫黄打非"工作和文化、广电、新闻出版法律法规宣传、行政监管、行政处罚等工作,并对县(市、区)文化市场综合执法机构行政执法工作进行业务指导。完成了市县两级文化市场综合执法改革,基本实现了全市文化市场统一领导、统一协调、统一执法的工作格局,文化市场综合执法进一步加强。2016年,平顶山市文化市场综合执法支队荣获第一批省级服务型行政执法示范点。

(三)"文化+"成为新导向,文化产业呈现跨界融合发展趋势

"文化+"既是文化产业高关联性特征的具体体现,也是平顶山市文化产业发展的一个重要趋势,文化产业与其他产业的融合已经成为平顶山市文化产业发展的新导向。《平顶山市文化产业发展三年行动计划》提出实施"文化+"发展战略,推动文化产业与农业、工业、服务业、城市建设、村镇建设的融合发展,打造休闲创意农业、工业旅游休闲项目,优化文化创意产业发展环境,建设多功能的城市文化公园、文化街区和社区文化广场,注重传承村镇传统文化,建设历史名镇名村,传承发展村镇传统文化。其中,文化产业与旅游业的融合发展趋势最为显著。《平顶山市人民政府关于加快旅游产业发展的意见》中提出推进产业间的融合发展,特别是与文化产业的结合将作为旅游产业向纵深方向发展的重要取向。

(四)文化政策密集出台,建设文化产业强市

近年来,平顶山市文化产业相关政策密集出台,助推文化产业快速发展。《关于加快文化产业发展的意见》明确提出,到2020年全市文化产业年均增速达到20%以上,文化产业增加值占全市地区生产总值的比重达到6%左右,力争把平顶山市建设成为中原经济区的重要支点和海内外知名的旅游目的地,文化综合竞争力位居全省前列;《平顶山"十三五"文化产业发展规划》提出依托平顶山丰富的历史文化资源,积极发展骨干文化企业和创意文化产业,推进

文化产业快速发展;《平顶山市文化产业发展三年行动计划》明确提出要立足优势文化资源,以重点文化企业发展为抓手,突出发展"四大行业",推进十大项目,塑造十大品牌,建设文化产业高地;《平顶山市全域旅游发展三年行动计划(2017~2019年)》提出全域文化旅游的概念,推进文化产业体制创新,整合文化资源,实施精品化战略。深入挖掘汝窑文化、观音文化、魔术文化、马街曲艺文化、红色文化、三苏文化、知青文化、村落文化等文化资源,充分挖掘和有效整合,形成文化旅游产业,打造文化旅游主体功能区;《平顶山市文化产业发展规划(2016~2030年)》作为加快转型发展的重大战略部署之一,明确提出要打造一批有实力、有活力、有竞争力的文化企业和企业集团。

第三节 文化产业发展存在的问题

一、文化元素挖掘和产业融合不足

平顶山市文化资源富集,且特色突出,但目前的开发利用状况仍处于初级阶段。许多特色文化资源有待进一步开发利用,如古代南北文化的交流融合问题、从龙山文化到夏代文化的嬗变过程、夏商文化经平顶山地区的南渐过程、滍水和蚩尤部落的关系、淮夷等少数民族部落在平顶山附近的分布情况、中国陶瓷发展史、瓷器和玻璃的产生与发展的相关联系、中国古代的青铜铸造和冶铁发展史、涉及在平顶山发祥的10多个姓氏的研究问题、中国古代南北音乐的融合发展等均没有起步。而且,由于对城市文化内涵缺乏深入洞察,导致数字传媒、演艺业、工艺美术等行业无法紧密结合,难以通过一体化的开发把宝贵的文化资源转化为产业优势。

二、缺乏重点文化企业引领

平顶山市现有文化企业规模偏小且分布零散,还未形成一批创新能力强、竞争力高的龙头企业、品牌企业。目前,全市文化创意产业单位中小于10人的单位占78.4%,10~15人的单位占17.8%,超过100人的单位只占0.38%。平顶山市的省级及以上重点文化产业园区和骨干文化企业也比较缺乏,仅有平顶山凌云大香山国学文化传播有限公司、郏县任氏瓷业责任有限公司入选第五批"河南省文化产业示范基地";汝州"朱氏汝瓷"获评第二批国家级非物质文化遗产生产性保护示范基地。还未形成一批在全省、全国有影响的重点文化企业和重点文化产业园区,还没有入选河南省"双十"重点文化企业的文化企业。

三、对文化产业的投入不足

文化产业作为内容产业具有高投入、高风险的特点,因此相关的扶持性政策不可或缺。文化产业的快速发展需要多方面的支持,其中最具体的是资金支持。虽然平顶山市政府在《关于加快文化产业发展的意见》中提出每年列入财政预算 1000 万元专项资金,用于扶持文化产业发展;2016 年底,又在全省率先制定下发了《关于繁荣发展社会主义文艺的实施意见》,设立了每年不低于 300 万元的文学艺术扶持基金,但仍不能满足文化产业快速发展的需要。平顶山市文化产业发展的一个突出问题还是投入不足。2017 年,平顶山市本级一般公共预算支出 548772 万元,其中,文化体育与传媒支出 11250 万元,占比约为 2.05%,在十大主要支出科目中居第八位,且低于全国和全省的平均水平。

四、文化产业人才缺乏

平顶山市文化产业从业人员不仅总数偏少,而且整体素质不高,尤其是高层次人才匮乏。根据 2012 年的统计数据,平顶山市文化产业法人单位中具有研究生及以上文化程度的人员仅有 74 人,占总从业人员的 0.34%;高中及以下学历的有 15696 人,占 71.9%。平顶山市目前有 6 所高等院校(普通本科院校 2 所、高职高专院校 3 所、成人高校 1 所)。本科高校数量在全省处于中等位置,不及郑州、新乡、洛阳、商丘、安阳、信阳等地。而且,目前平顶山市本科招生院校仅有平顶山学院设有文化产业管理专业,这显然无法满足平顶山市文化产业发展的人才需要。

第四节 文化产业发展的趋势与对策

一、持续推进文化强市战略，建设文化产业强市

战略作为指导全局的计划和策略，是一种长远的、宏观的布局和谋划。2009年4月，平顶山市九届人大一次会议确立了"文化强市"发展战略。平顶山市《国民经济和社会发展的第十二个五年规划纲要》明确提出实施"文化强市"战略，繁荣文化事业，推动文化创新。2012年1月，市委八届二次全会审议通过了《中共平顶山市委关于进一步加快文化强市的决定》，明确了加快文化强市的指导思想、基本原则和总体目标。"十二五"时期平顶山市文化发展日益繁荣，覆盖城乡的公共文化服务体系基本建立。"十三五"时期是平顶山市爬坡过坎、攻坚转型的关键时期，转型发展成为主题，转中求进是总基调。在《国民经济和社会发展的第十三个五年规划纲要》中提出持续实施文化强市战略，深化文化体制改革，完善公共文化服务体系，加快文化产业发展。这既是对"十二五"规划中文化强市战略的继续和深化，也是其作为工业城市在面临资源枯竭、产业转型压力下的迫切要求和必然选择。而想要通过文化产业突破发展瓶颈就必须重新审视文化产业对城市发展的作用和意义，并给予文化产业以战略地位，从战略的高度布局文化产业发展格局，持续推进文化强市，用文化改造、提升传统产业，实现文化强市甚至文化立市。

二、深度挖掘文化资源，打造文化品牌

平顶山市作为文化资源大市，还未成为真正的文化产业强市，一个重要的原因就是文化资源开发不足，尚未形成品牌效应。而平顶山市文化资源的开发首先应摸清家底，调查文化资源，进行科学论证，明确主导产业，分别制订发展规划和战略措施，编制文化产业园区布局规划。重点开发郏县的三苏[①]文化、知青文化、茶食文化等，叶县的衙署文化、金代文庙、昆阳古战场、叶公文化、盐业文化等，宝丰的曲艺文化（马街书会）、魔术文化等，鲁山的文化旅游主

[①] 三苏，指北宋散文家苏洵、苏轼和苏辙。

业、佛教、刘氏、墨子、红色、民俗等文化资源,并从文化资源的肤浅包装、推广转向深度挖掘,打造中国曲艺城、中国书法城、中国魔术之乡、中国汝窑陶瓷艺术之乡、中国观音文化之乡、中国墨子文化之乡、中国民间文化艺术之乡、中国牛郎织女文化之乡、中国冶铁文化之都、中国水灯文化之城等文化品牌。

三、培育文化市场主体,推动重点文化企业和文化产业园区发展

文化企业是文化市场的主体,是文化产品和服务的主要生产者和提供者。文化产业具有高关联性,呈现集聚发展的特点,主要形式为文化产业园区。2014年,平顶山市政府出台了《平顶山市重点文化产业园区和重点文化企业发展实施意见》,提出到2020年形成一批在全省、全国有影响的重点文化企业和重点文化产业园区,至少有1家文化企业入选河南省"双十"重点文化企业,建成一批重大文化产业项目,力争使文化产业法人单位增加值占全市国民生产总值的比重达6%左右。接下来,平顶山市应加大对重点文化企业和产业园区的扶持力度,实施文化产业扶持、培育工程,做大做强一批重点文化企业和产业园区,培育、壮大文化市场主体,发挥规模效益,促进产业融合,推动文化产业成为支柱型产业;并以文化企业为具体抓手,深度挖掘、整合文化资源优势,按照精品化、时代化、产业化的发展思路,变文化资源优势为文化产业优势。

四、完善金融支撑体系,给予财政、税收、投融资等优惠

文化产业的健康、快速发展需要金融支撑,而文化产业的资金支持主要包括文化产业财政支持政策、文化产业税收优惠政策以及文化产业投融资优惠政策等。完善文化产业政策支撑体系,首先要加大对文化产业的政策支撑力度,通过财政专项资金给予文化产业以财政支持,解决文化产业发展中资金不足的问题,并侧重于扶持和奖励民族文化及文化创新;其次要落实文化产业的税收优惠政策,利用税收杠杆调节文化生产,给予文化企业以税收优惠,减轻文化企业的税收负担,鼓励文化企业的发展。另外,要完善文化产业的投融资优惠政策,优化文化产业投融资环境,适度放开文化领域准入门槛,鼓励社会资金、民间资本投资、参股文化事业和文化产业,推广政府与社会资本合作

(PPP)模式,激发社会资本投资活力,形成文化多元投资格局,解决文化企业融资难题。

五、培养、引进、培训三管齐下,加快文化产业人才队伍建设

文化产业的发展,最核心的是人才。平顶山市文化产业人才队伍的建设,一是要加大人才培育力度,借助本地高等院校资源培养真正懂文化的本地文化产业管理人才,并以优惠的政策留住人才。2017年12月26日,平顶山市文化产业研究院在平顶山学院揭牌,作为全省省辖市中率先成立的文化产业研究院,下设有陶瓷文化研究所、民俗文化研究所、魔术文化研究所、树雕艺术研究所、丝绸文化研究所、数字传媒文化研究所,将积极推动平顶山市文化产业人才的培养。二是要加大人才引进力度,这也是弥补平顶山市文化人才需求缺口最行之有效的手段。要做好人才引进计划,积极与市外相关高校建立实习、就业合作关系,广泛吸收优秀文化产业人才流入、投入平顶山市文化产业建设。三是要通过人才培训加强文化相关产业各行业人才培养,提升文化产业从业人员素质。

第六章　洛阳市文化市情报告

洛阳市位于河南省西部、黄河中下游,因位于洛河之北、邙山之南而得名。特殊的地理位置使得洛阳较早地出现了人类文明的闪烁,作为中原的物质文化和精神文化的代表,河洛文化不断地向外辐射、扩散,成为中国古代文明起源之一。洛阳市是国务院首批公布的国家历史文化名城,中国四大古都之一,世界文化名城。从夏朝建都始,历经夏、商、西周、东周、东汉、曹魏、西晋、北魏、隋、唐、后梁、后唐、后晋十三朝定都洛阳,因此拥有长达1500余年建都史的洛阳被称为"十三朝古都""千年帝都"。据不完全统计,洛阳市现有不可移动文物9000余处,馆藏文物42万件(套),各类博物馆66座。其中,世界文化遗产4项(6处),国家重点文物保护单位43处(45项),省级文物保护单位122处,中国传统村落17座,河南省传统村落47座,并有老城历史文化街区和涧西工业遗产街区2个街区。

第一节 洛阳市文化资源概述

一、千年文化盛景

（一）河洛文化——华夏文明的源头

洛阳古为中国,关于"中"字的由来,曾有学者根据洛阳的地理特点推断出:西周山、东景山、北邙山、南龙门山,四周山峰犹如"口"字,而洛水从中流过如同一竖。"中"顾名思义:中间,洛阳也被视为"天下之中"。根据陕西宝鸡贾村镇出土的何尊铭文记载:"唯王初壅,宅于成周。复禀(逢)王礼福,自(躬亲)天。在四月丙戌,王诰宗小子于京室,曰:'昔在尔考公氏,克逑文王,肆文王受兹命。唯武王既克大邑商,则廷告于天,曰:余其宅兹中国,自兹乂民。'"何尊上12行122字铭文记载了周成王继承周武王遗训,建设东都"洛邑",也就是今天的洛阳;同时这也是"中国"这一词组最早的文字记载。

洛阳市地处九州腹地,东经112°16′～112°37′,北纬34°32′～34°45′,所谓"东接黄淮,西连秦陇,北通幽燕,南达江楚",历史上最灿烂的人类文明大都市发源于近水之处,华夏文明也是如此。孕育华夏文明的母亲河黄河南部支流洛河就被视为华夏文明的肇始:约距今4000年前,全球性的回暖加上河洛地区湿润的气候,为农作物的种植提供了充足的条件。根据洛阳皂角树及二里头遗址的考古挖掘的粟、黍、大豆、小麦、稻等农作物籽实证明,中国的第一个王朝——夏朝已经开始种植农作物,这也为我国第一个奴隶制国家的建立以及河洛文化的形成提供了经济基础。根据二里头考古发现,夏代时出现了多种手工业,且许多都与王室相关,同时在冶金和制玉方面达到了前所未有的高度。

出现在洛阳的"河图洛书"被视为河洛文化乃至华夏文化的源头,《易经·系辞》上记载:"河出图,洛出书,圣人则之。"由于其年代久远,最初的形状已不可寻,而传说中的"圣人"指代的是谁现在仍有争论,有说黄帝、仓颉,也有说大禹,甚至对"河图洛书"的神兽也有数个版本,目前普遍接受的版本是洛河出河图,龙马负图献给伏羲,伏羲由此演化出八卦,成为《周易》之源。洛宁出洛书,刻于神龟甲壳之上,助大禹治水成功,后划天下为九州,又依此定九章大法治理国家。实际上,抛去传说的部分,"河图洛书"更有可能是古人对于自然界的客观存在加上长期对天地自然的观察实践而得出的哲学思考。之后千年间的文化发展,或多或少都是在这个哲学框架下产生的,可以说河洛文化对于华夏文化具有源头意义,也对我们学习研究华夏文化意义深远。

因为位置的优越性及文化的先进性,河洛文化在发展与交流的过程中逐渐影响周边地区的文化。1959 年二里头遗址的发掘,对研究华夏文明的渊源、国家的兴起、城市的起源、王都建设、王宫定制等重大问题具有极其重要的参考价值,它的发现用实物证实了中国三千多年前的历史。从最早的夏都斟鄩到商城西亳,再到洛邑、洛京……可见河洛文化中的都城文化延绵不断。数千年的战乱和政权位置的移动,都使河洛文化得以传播到中国乃至亚洲的其他地区,并与当地的文化融合。以"洛阳"命名的自然村落和行政区划,在中国范围内就不下 60 处,如福建省惠安县洛阳镇、湖北随州洛阳镇、江苏常州洛阳镇等,都与中原战乱洛阳人南迁有关联。甚至远到日本的京都至今还会使用"洛阳"这个城市名。这也是河洛文化中根亲文化的特别之处。此外,河洛文化另外一个特点就是它的包容发展,也是我们中华民族立于世界民族之林的原因。自北魏时期迁都洛阳,移风易俗也就此开始,在这片土地上无论是少数民族侵入,还是外来宾客,河洛文化总是能够吸收、包容、发展。

位于孟津县会盟镇雷河村的龙马负图寺始建于晋怀帝四年(310),初名"浮图寺"。龙马负图寺山门两侧分立"图河故道""龙马负图处"两通巨碑。伏羲大殿是寺中的主殿,内塑伏羲圣像;殿右侧塑有高 3 米的龙马像。龙马负图寺内存有宋、明、清历代著名学者程颐、朱熹、邵雍、王铎等人撰述的碑铭诗赋,是河南省重点文物保护单位、炎黄子孙的祭祖圣地和"河图洛书"的研究中心。2016 年 6 月 26 日,"中国·洛阳伏羲文化旅游园区发布会"在洛阳市孟津县龙马负图寺景区召开。龙马负图寺景区是孟津县旅游产业的龙头景区,以龙马负图寺为中心的伏羲文化旅游园区规划占地约 2000 亩,总投资 36.86 亿元。伏羲文化旅游园区的规划建设,标志着孟津县旅游业进入"全域旅游"新阶段。

河洛出书处遗址位于洛阳市洛宁县西 20 公里的长水镇,主要景点有"禹王庙""洛河龙神庙"和"洛书赐禹之地碑"等古遗迹,游览此处,可以了解"河图洛书"的相关典故与文化,是一个展现历史文化的景点。2016 年之前一直由非物质文化遗产河图洛书传说传承人符建林、符少武父子俩人看护。2016年,河洛出书处被纳入中华洛书苑文化旅游度假区综合开发项目,由台湾沐兰国际股份有限公司投资20亿元建设,开发范围包括洛宁县禹门河水库、禹门河村、龙头山、"洛出书处"和洛河沿岸等,项目将以"洛出书处"为核心,打造"河洛圣境"文化朝圣区、"山林秘境"休闲度假区、"文化慧境"文化产业区三大功能区。其中,一期工程投资15亿元,重点建设洛书广场、龙头山等核心项目。

(二)三教文化——中华文化的重要构成

在没有科学的世界观指导的古代封建社会,宗教这一特殊的社会意识形态是古代人对于自然社会的探索结果与精神寄托。在中国的宗教中,影响最大的三教分别是儒(儒教)、释(佛教)、道(道教)。它们影响着千年间的中国人民的思维方式与处世方式,即便是在今天许多中国人的惯性思维或行为都与这三教有关。而作为中华文明的源头——洛阳,与这三教也有着密不可分的联系。

儒家学说的前身实际上是源自周礼,在礼乐崩坏的年代,孔子提出了"克己复礼"的概念。卜都定鼎后,周公一系列的改革奠定了往后千年的社会基调。周公制礼,是周公一生最主要的功绩之一。孔子曾说"周因于殷礼,所损益可知也",周初的礼乐是沿袭夏、商而来的,夏商的礼乐主要用于敬神和庆典;经过周公的修订,礼乐则主要是用来维护社会等级制度和宣扬道德理想。周公在政治上所推行的"德治",提出了全新的"天、王、民"的关系,他指出:王命源于天命,顺民心方得天命,因此王需敬德保民。这换作今天的话来讲就是"以民为天""为人民服务",发展到后来"水可载舟,亦可覆舟",乃至中国共产党"全心全意为人民服务"的服务宗旨,可以说周公的"德治"便是中国民本思想的起源。这种爱民廉政的思想,很大程度影响了孔子创建的儒家学说中的"仁爱"思想,《周礼》也被奉为儒家的经典。

据《史记·孔子世家》记载,"鲁南宫敬叔言鲁君曰:'请与孔子适周。'鲁君与之一乘车,两马,一竖子俱,适周问礼,盖见老子云"。这记载的便是孔子入周问礼于老子,此时的老子是周守藏室之史,工作之故使得老子有机会接触和研究周王朝大量的典籍,其中当然也包括周公当年制定的政治、文化方面的制度,也因此见闻广博,熟悉典章制度,通晓历史。在洛阳城的这些经历使他形成了深奥、玄妙的思想,为创立道家学说打下了基础。现在在洛阳城北邙山的翠云峰上,有一道观叫上清宫,它始建于唐高宗乾封元年(666),是当时的国家级建筑。唐高宗追尊老子为玄元皇帝而建,因而上清宫又叫玄元皇帝庙。在此观内,有一石碑上题"道家之源",可见洛阳在道教中的地位非凡。自殷商周以来,中国的哲学观念一直都是"天命观",人们相信神灵对于世界的支配,但是老子却将天地人之间的关系归为"道",认为"人法地,地法天,天法道,道法自然"。

相传汉明帝刘庄夜寝南宫,梦金神头放白光,飞绕殿庭。次日得知梦为佛,遂遣使臣蔡愔、秦景等前往西域拜求佛法。蔡、秦等人在月氏(今阿富汗一带)遇上了在该地游化宣教的天竺(古印度)高僧迦什摩腾、竺法兰。蔡、秦等于是邀请佛僧到中国宣讲佛法,并用白马驮载佛经、佛像,跋山涉水,于永平十年(67)来到京城洛阳。汉明帝敕令仿天竺式样修建寺院。为铭记白马驮经之功,遂将寺院取名"白马寺"。从白马寺始,我国僧院便泛称为寺,白马寺也因此被认为是我国佛教的发源地。迦什摩腾和竺法兰在此译出《四十二章经》,为现存中国第一部汉译佛典。在迦什摩腾和竺法兰之后,又有多位西方高僧来到白马寺译经,在公元68年以后的150多年时间里,有192部,合计395卷佛经在这里译出,白马寺成为当之无愧的中国第一译经道场。佛教在中国扎根、传播最初的二百年,整个过程都与白马寺息息相关。这里是中国第一次西天求法的产物,是最早来中国传教弘法的僧人的居所;这里诞生了第一部中文佛经和中文戒律,产生了第一个中国汉地僧人……总之,白马寺是与中国佛教的许许多多个"第一"紧紧联系在一起的,这让它成为名副其实的中国佛教的祖庭和释源。

孔子入周问礼碑位于瀍河区东关大街东头,碑高3.056米、宽0.92米,碑面上阴文刻着"孔子入周问礼乐至此"9个大字。孔子入周,学习吸收了许多周礼的精粹,在后来的时间中融合自己的思考,促进了儒学的形成。而老子在河洛地区形成了最早的道家思想,构筑起了道家的学说。佛教传入之地白马寺位于洛阳老城以东12公里处,创建于东汉永平十一年(68),为中国第一古刹,世界著名伽蓝,有中国佛教的"祖庭"和"释源"之称。

为了纪念周公,洛阳建有周公庙一座,它是全国重点文物保护单位,亦称元圣庙,始建于隋末唐初,历代都有修葺。洛阳周公庙博物馆(原洛阳都城博物馆)是在周公庙基础上建立的一座以弘扬周公文化、展示洛阳都城遗址文化内涵的专题博物馆。根据洛阳市"一区一轴"规划提到的周公文化广场工程,周公庙古建筑群拟结合应天门和宫城南墙遗址的保护展示,对其完整保护展示。该项目西起周公庙博物馆、东至黄梅路、南至五贤街、北至周公路,占地约300亩,主要依托周公庙博物馆集中展示周公文化并修建周氏宗祠和文化艺术品市场。

与老子相关的就是道教名观上清宫,相传是太上老君炼丹的地方,为我国第一个以"上清宫"名字出现的道教名观。上清宫始建于唐高宗乾封元年(666),是当时的国家级建筑。唐高宗追尊老子(李耳)为玄元皇帝,因而上清宫又叫玄元皇帝庙。因后人追尊老子为太上老君,所以也称老君庙。庙为一座青砖庙院,紧凑幽静,位于洛阳市老城西北隅4公里,坐落在邙山翠云峰上,为洛阳北郊的制高点。山虽不高但地势险峻,山上树木郁郁葱葱,苍翠若云,故称"翠云峰"。这里风景秀丽,是消夏胜地。2015年,洛阳市提出洛阳上清宫老子道源文化旅游园区项目。该项目以上清宫历史遗存和上清宫森林公园为支撑,重点围绕老子文化和道文化精髓,运用高端化的旅游元素创意与设计,打造老子文化、生态、养生、休闲、度假等功能要素有机融合的文化旅游品牌。

佛教首次传入中国便是在洛阳的白马寺。它位于河南省洛阳市老城以东12公里洛龙区白马寺镇内,创建于东汉永平十一年(68),是佛教传入中国后兴建的第一座官办寺院,有中国佛教的"祖庭"和"释源"之称,距今已有1900多年的历史。现存的遗址古迹为元、明、清时所留,寺内保存了大量元代夹纻干漆造像如三世佛、二天将、十八罗汉等,弥足珍贵。1961年,白马寺被中华人民共和国国务院公布为第一批全国重点文物保护单位;1983年,被国务院确定为全国汉传佛教重点寺院;2001年1月,白马寺被国家旅游局命名为首批4A级景区。从2015年起白马寺佛教文化园区将按照"释源祖庭,佛教圣地"的总体定位,规划设计门前广场、中轴礼佛区、国际寺院区、菩萨道场区、佛学院区、综合服务区、公共服务区以及绿化隔离区等,从硬件到软件全面提升。

而佛教在洛阳留下的最具代表性的历史遗产便是龙门石窟,现为世界文化遗产、全国重点文物保护单位、国家5A级旅游景区。龙门石窟与莫高窟、云冈石窟、麦积山石窟并称中国四大石窟。龙门石窟开凿于北魏孝文帝年间,之后历经东魏、西魏、北齐、隋、唐、五代、宋等朝代连续大规模营造达400余年之久,南北长达1公里,今存有窟龛2345个,造像10万余尊,碑刻题记2800余品,其中"龙门二十品"是书法魏碑精华,褚遂良所书的"伊阙佛龛之碑"则是初唐楷书艺术的典范。

龙门石窟延续时间长,跨越朝代多,以大量的实物形象和文字资料从不同侧面反映了中国古代政治、经济、宗教、文化等许多领域的发展变化,对中国石窟艺术的创新与发展做出了重大贡献,2000年被联合国教科文组织列为世界文化遗产。2007年9月成立中共龙门文化旅游园区工作委员会、龙门文化旅游园区管理委员会,对龙门石窟世界文化遗产园区进行系统的规划与管理。

二、历史古都洛邑

2005年国家提出"大遗址保护工程",至今已有150处遗址被纳入一直保护行列,其中洛阳就占了7处,尤其是在"十二五"期间财政部、国家文物局日前发布《大遗址保护"十二五"专项规划》中提到的项目库中,夏二里头遗址、汉魏洛阳城、隋唐洛阳城、阿房宫遗址、汉长安城遗址、大明宫遗址等14处遗址被纳入专项规划范围,将大遗址保护工作全面铺开。

(一)二里头遗址

二里头遗址的发掘在中国整个历史上都具有深远的意义。殷墟的发掘证实了殷商的存在,而《史记·夏本纪》中提到的夏朝一直是个历史之谜。直到1959年徐旭生先生发现二里头遗址才拉开了夏文化探索的序幕,遗址发掘工作进行了近60年。遗址内分布有宫殿建筑基址、平民居住址、手工业作坊遗址、墓葬和窖穴等;出土的器物种类繁多,包括铜器、陶器、玉器、象牙器、骨器、漆器、石器、蚌器等。遗址的中部还发现30多座夯土建筑基址,是迄今为止中国发现的最早的宫殿建筑基址群,其中最大的两座已正式发掘;宏伟的1号宫殿建筑基址平面略呈正方形,东西长108米,南北宽100米,高0.8米,面积达1万多平方米。

二里头遗址博物馆的建设被列入"十三五"期间国家重大文化工程,据悉二里头遗址博物馆项目占地近14万平方米,建设规模3.1万平方米,总投资6.3亿元,计划于2019年10月建成,届时将成为全国大遗址保护、展示和利用的示范区,中国早期国家形成和发展研究展示中心,夏商周断代工程和中华文明探源工程研究、展示基地。

(二) 偃师商城遗址

商汤灭夏后,在斟鄩附近另建新都,称西亳,是今河南洛阳偃师西偃师商城遗址。1984年夏,中国社会科学院考古研究所的考古工作队在河南偃师县城西发现了一处商代早期的都城遗址,规模宏大,经过对考古发掘资料和古文献的研究,初步断定这座古城址就是商汤建都的"西亳",属国家级文物保护单位。

经过15年的勘察、发掘,迄今探明的城址包括大城、小城、宫城三重城垣。大城城垣西南两面较直,北垣东段向东南斜收,为避开城址东南一个陂池;东垣中段偏南部位的墙体又向西南折收,使城址平面略呈刀形。城墙南北最长1700余米,东西最宽处1200余米,南端仅宽740米;可确认的城门有5座,其中北垣近中部1座,东、西垣对应部位各2座。洛阳偃师商城是商灭夏后最早建立的商城,商城小城的始建就是夏商分界的界标。国家有关部门已投资在此建设商城遗址公园。

(三) 东周王城遗址

西周初年,周公、召公营建洛邑,公元前770年平王东迁后成为国都,春秋称王城,城址在今洛阳市区王城公园一带。据1954年勘查,平面长方形,东西2800米,南北3700米,城墙为夯筑。东城门名鼎门,为灭殷后九鼎迁入之门。经文物调查和考古发掘证实,东周王城遗址北依邙山,南临洛河,平面大体呈正方形。西北角在今东干沟村北,东北角在今洛阳火车站东约1公里,西南角在今兴隆寨村西北,东南城角被洛河冲毁,地理位置与晋《元康地道记》中记载的基本吻合。2013年3月入选为第七批全国重点文物保护单位。

洛阳周王城天子驾六博物馆位于洛阳市中心的东周王城广场,在东周王城遗址区的东北部,是一座以原址保护展示的东周时期大型车马坑为主体,辅展以东周王城概况、王陵考古的新发现及部分东周时期珍贵文物的"王城、王陵、王器"专题博物馆。博物馆是依托21世纪重大考古发现——"天子驾六"大型车马陪葬坑,原地原址修建的遗址型博物馆。车马坑规模大,车子类型多,摆放整齐,气势宏伟,是当今世界上独一无二的"驾六"遗存。

(四) 汉魏洛阳城遗址

汉魏洛阳城在今河南省洛阳市东约15公里,西周初在此筑城,称成周,因在洛水之北,称洛阳,始建于西周初年,废弃于唐初,前后延续近1600年。东周、东汉、曹魏、西晋、北魏等朝代先后以此作为国都,都城史长达540年以上。汉魏洛阳城遗址代表了东汉至北魏历代中原王朝的文明与文化特征,见证了北魏时期游牧民族与农耕民族大融合所促生的独特城市文化,展示了城市形制的跨区域、跨时间交流,展现了佛教在中原地区的传播和本土化过程。汉魏洛阳城在洛阳乃至中国的对外交流历史上都有源头的意义。史载公元166年,罗马帝国国王安敦派使者来到洛阳城,朝见汉桓帝,标志着丝绸之路最东端与最西端直接交往的开始。

汉魏洛阳故城国家考古遗址公园项目于2010年10月正式通过国家文物局立项。截至2014年,宫城阊阖门、止车门(二号门)、端门(三号门)、西南墙、铜驼大街、内城东北城墙遗址保护展示工程及内城东城墙马道展示、断面遗迹展厅工程项目初具规模,太极殿、西阳门遗址保护展示工程已经完成。

(五)隋唐洛阳城国家遗址

隋唐洛阳城始建于隋大业元年(605),一直沿用至北宋末年,历时500多年。作为我国古代著名都城,隋唐洛阳城见证了中国封建社会最辉煌的一段历史,在中国古代都城发展史上占有重要地位,其平面布局、建筑形制对后世影响深远,甚至影响到东亚各国。

郭城平面接近长方形,周长约28千米,设8个城门,东、南各3门,北面2门,西面无门。宫城位于郭城西北角,平面近似长方形。城垣夯筑,内外包砖。城中发现有大片夯土基址,发掘出武则天明堂遗迹。东宫在宫城之东,皇城绕宫城东西南三面修筑。宫城北部有曜仪、圆璧二城。皇城之东又有东城,东城之北有储存粮食的含嘉仓城。

隋唐洛阳城遗址内包含隋唐和武周时期都城洛阳城外郭城正门定鼎门遗址和明堂遗址,都位于隋唐洛阳城中轴线上。隋炀帝营建东都洛阳,次年迁都洛阳,成为第一个通过定鼎门的皇帝。定鼎门作为郭城南垣正门的时间长达530年,是迄今为止我国发现沿用时间较长的古代都城城门。2009年10月,全国大遗址保护重点工程——隋唐洛阳城定鼎门遗址博物馆正式开馆,标志着我国古代沿用时间最长的古代都城城门遗址再次重生。2014年6月,定鼎门遗址作为中国与吉尔吉斯斯坦、哈萨克斯坦三国跨国联合申报的丝绸之路项目中遗址点之一正式列入《世界遗产名录》。明堂、天堂是女皇武则天在神都洛阳的政治权力中心,景区主要包含了明堂、天堂两座建筑。明堂是武则天执政的皇宫正殿,又称"万象神宫";天堂是武则天的皇家礼佛堂,是中国古代历史上最高的建筑。

隋唐时期大运河的运输功能在今天已经不再那么重要,伴随着"一带一路"愿景投入建设,以洛阳为中心,连接北京、杭州的大运河又被时代赋予了新的价值。隋唐大运河始创于春秋时期,公元前486年,吴王夫差在今扬州与淮安之间开凿的邗沟是大运河最早的一段。至隋炀帝时期,号召10万民工疏通邗沟,连接淮河、长江,构成大运河的下半段,三年后,又开永济渠,通涿郡(今北京)南,构成大运河上半段;两年后,再次疏通江南运河,直抵余杭(杭州)。这条南北大动脉跨越地球10多个纬度,纵贯在中国东南沿海和华北大平原上,经过今浙江、江苏、安徽、河南、山东、河北、北京7个省市,通达黄河、淮河、长江、钱塘江、海河五大水系,从而形成了以洛阳为中心,向东北、东南辐射的水运网。自唐朝起各朝代都继续使用大运河,直到13世纪,元世祖忽必烈在大都(今北京)定都,对大运河取直疏浚,开凿济州河、会通河、通惠河等河道,使大运河直接贯通南北,较原来大幅东移,避开了洛阳,全长缩短至1794公里,形成了如今的京杭大运河。2017年以来,习近平总书记先后两次对大运河历史文化保护传承和文化带建设做出重要指示,强调要认真"保护好、传承好、利用好"运河历史文化资源,并就大运河文化带建设做出重要批示,为推进运河遗址保护与建设指明了方向。

三、古城无形资产

洛阳在中国发展的历史中,仅是作为首都就有一千多年的历史。其中汉魏、隋唐时期等,都是华夏文明中的文化闪耀阶段。作为全国的经济、文化、政治中心,与洛阳相关的文学作品、名人等更是如繁花一般灿烂。根据2017年统计数据显示,洛阳市共拥有国家级非物质文化遗产代表性项目8个、省级项目58个、市级项目135个、县级项目1057个,品类繁多,分布在民间文学、传统音乐、传统舞蹈、传统戏剧、曲艺、传统体育、传统美术、传统技艺、传统医药等各个领域。

(一)非物质文化遗产

影响深远的河洛文化,与之相关的河图洛书传说诞生于河南省洛阳地区。

关于"河出图""洛出书"等相关故事的民间传说体系，主要包括龙马负图寺的传说、神龟献洛书等内容，2009年，又被认定为省级非物质文化遗产。2010年，符建林被确定为"河图洛书"传说代表性传承人。2014年11月11日，河图洛书传说经国务院批准列入第四批国家级非物质文化遗产名录。

诞生于河洛地区的河洛大鼓作为河南传统地方曲种之一，是一种以说、唱为艺术表演手段，叙述故事、塑造人物、表达思想感情、歌唱社会生活的传统音乐。当地人都称河洛大鼓为"说书"，至今在洛阳一带常把"说书唱戏"联在一起。2006年5月20日，河洛大鼓经国务院批准列入第一批国家级非物质文化遗产名录，"非遗"传承人有冯金明、龚白旦、陈振奎、韦四奇、邓建霞、白治民、王彦子。

中国洛阳牡丹文化节前身为洛阳牡丹花会，始于1983年，花开花落二十日，一城之人皆若狂。中国洛阳牡丹文化节是一个融赏花观灯、旅游观光、经贸合作与交流为一体的大型综合性经济文化活动，它已经成为洛阳发展经济的平台和展示城市形象的窗口以及洛阳走向世界的桥梁和世界了解洛阳的名片。1982年9月21日，洛阳市人大常委会通过决议，将牡丹花作为洛阳市"市花"，每年根据牡丹开放情况于4月某日至5月某日举办洛阳牡丹花会。1983～2013年，洛阳已连续成功地举办了31届牡丹花会。2011年起，河南省洛阳牡丹花会正式升格为中国洛阳牡丹文化节，由文化部和河南省人民政府共同主办，河南省文化厅和洛阳市人民政府承办，现已入选国家非物质文化遗产名录。

与牡丹相争艳的有洛阳的唐三彩。唐三彩烧制技艺是中国唐代彩色釉陶艺术品的总称，是洛阳市的地方传统手工技艺，起源于唐朝初年。唐三彩作为中国唐代的传统艺术精华，距今已有1000多年的历史。唐三彩是就唐代俑器和陶器上的釉色而言，唐时多以红、绿、黄为主，故称"唐三彩"。三彩是通称，并不限于三种颜色，除了红、绿、黄，还有白、黑、兰、紫等颜色。唐代的这种艺术珍品，大部在洛阳发掘出来，故有"洛阳唐三彩"之称。现在的传承人为高龙山，高龙山是中国陶艺艺术大师、河南省工艺美术大师。2008年6月7日，唐三彩烧制技艺经国务院批准列入第二批国家级非物质文化遗产名录，这项传统的烧制工艺又在现代焕发了新生。

除了与三教相关的信俗，洛阳还有崇拜关羽的现象。关公信俗属于传统民间信俗，是民间信仰关公的各种习俗的统称，它是一种传统信仰文化。凝聚在关羽身上而为万世共仰的忠、义、仁、勇、礼、智、信，蕴含着中国传统文化的伦理、道德、理想，渗透着儒学的人伦精义，并为佛教、道教教义所趋同的人生价值观念，实质上就是彪炳日月、大气浩然的华夏民族的道德灵魂。关林庙是海内外三大关庙之一，千百座关庙中独称"林"，是中国唯一的冢、庙、林三祀合一的古代经典建筑。2008年，由运城市、洛阳市申报并已被国务院确定为国家级非物质文化遗产，成为全人类共享的文化瑰宝。洛阳关林朝圣大典的传承人为张胜刚、寇莹。

与洛阳有关的手艺就体现在洛阳的水席与宫灯，分别体现了洛阳人对物质与文化的需求。"水席"起源于洛阳，这与洛阳的地理气候有很大关系。洛阳三面环山，地处盆地，雨量较少，气候干燥寒冷，民间饮食多用汤类，喜欢酸辣以抵御干燥寒冷。这里的人们习惯使用当地出产的淀粉、莲菜、山药、萝卜、白菜等制作经济实惠、汤水丰盛的宴席，就连王公贵戚也习惯把主副食品放在一起烹制，久而久之逐步创造出了极富地方特色的洛阳水席，并逐渐形成"酸辣味殊，清爽利口"的风味。2008年，经国务院批准列入第二批国家级非物质文化遗产名录。

洛阳宫灯是一种特色传统工艺品，创自东汉，盛于隋唐，久传不衰，是元宵佳节常见的装饰品，品种繁多，具有浓厚的地方特色，常见的有白帽方灯、红纱圆灯、六色龙头灯、走马灯、蝴蝶灯、二龙戏珠灯、罗汉灯等等。尤以红纱灯最为有名，其造型优美，宜书宜画，撑合自如，易于保存，既可用于喜庆饰品，点缀升平；又可做艺术宣传，表彰新风。2008年入选第一批国家级非物质文化遗产扩展项目名录。王福信老人是如今洛阳唯一一个制作手工宫灯的老人，王家宫灯也是洛阳唯一一个流传至今不息不灭的宫灯世家。王福信老人的两个儿子王建水、王建明为这项非物质文化遗产的传承人。

（二）名人圣贤

伴随佛教文化发展的玄奘就是洛阳人，他出生于洛州缑氏（今河南洛阳偃师），俗家姓名"陈祎"，法名"玄奘"，被尊称为"三藏法师"，后世俗称"唐僧"，与鸠摩罗什、真谛并称为中国佛教三大翻译家。玄奘故居坐落在陈河村中部，坐北朝南，占地16666.7平方米，建筑面积6000平方米；分前后两院，前院建筑为东、西厢房和厅堂，西厢房主要展示玄奘只身奋斗17载赴印度取经的动人经历和19年呕心沥血翻译的全部经卷;后院东厢房为玄奘母亲宋氏的居室,后堂为玄奘祖父、母居室。

　　与玄奘同一朝代的白居易除了倡导新乐府运动,还在洛阳留下了建筑遗产。白居易字乐天,号香山居士,祖父白温在洛阳任官,其父白季庚生于洛阳。白居易是唐代伟大的现实主义诗人,唐代三大诗人之一。白居易的诗歌题材广泛,形式多样,语言平易通俗,有"诗魔"和"诗王"之称。公元830年12月,任河南尹。公元831年7月元稹去世,白居易为元稹撰写墓志铭。元家给白居易润笔的六七十万钱,被白居易全数布施于洛阳香山寺。公元835年,他被任为同州刺史,辞不赴任,后改任命为太子少傅分司东都,封冯翊县侯,仍留在洛阳。公元846年,白居易在洛阳逝世,葬于香山,有《白氏长庆集》传世,代表诗作有《长恨歌》《卖炭翁》《琵琶行》等。

　　唐朝之后,洛阳虽不为首都,但是在理学发展上仍起关键作用,比如宋代的著名理学家二程和邵雍,都与洛阳有很大的关系。程颢和程颐,河南洛阳人,他们的学说也称为"洛学",与同时代的张载所创的"关学"颇有渊源,二者理学思想对后世有较大影响,南宋朱熹继承和发展了他们的学说。二程的理学思想主要见于《遗书》《文集》和《经说》等,均收入《二程集》中。二程故里、二程书院、二程墓都位于洛阳市伊川县。现当地政府将围绕二程理学开发二程文化园,在二程墓基础上扩建集旅游、休闲、教育、拓展训练为一体的综合性文化园林。邵雍虽不是生于洛阳,但其30岁时,游历河南,因将父母葬在伊水(河南境内南洛水支流)之上,遂成为河南(今河南洛阳)人。宋仁宗皇祐元年(1049)定居洛阳,以教授为生;嘉祐七年(1062),移居洛阳天宫寺西天津桥南,自号"安乐先生",如今洛龙区的"安乐窝"正是由此得名。近年,对邵雍故居新修祠堂大门三间、周南阙里五间、大殿三间、卷棚三间、皇极书阁三间两层,重新恢复了道德坊,新铸了邵雍铜像,并对周围环境做了整修。

第二节 公共文化服务体系建设

一、政府力量驱动发展

洛阳市第一次提出建设公共文化服务体系是在2006年3月的《洛阳市国民经济和社会发展第十一个五年规划纲要》(以下简称《十一五纲要》)中,此时洛阳市的公共文化服务体系仍处于一个起步阶段。在《十一五纲要》中仅仅提到"加大政府对公共文化基础设施的投入,发展文化公共事业。建立健全市、县、乡、村四级公共文化服务体系,扩大城乡基层文化设施覆盖面。发展新闻出版、广播电视、档案馆藏等文化事业,活跃社科理论研究。依托大专院校和科研院所,力争组建1个出版企业。规划建设一批标志性文化设施"。

从2006年起,洛阳市政府开始建设、完成洛阳歌剧院、体育馆二期工程,并开工建设洛阳广播电视大厦、会展中心、洛阳博物院、周王城广场等项目。在公共文化设施方面也在努力建设,包括建设群众文化活动中心、新区图书馆、科技馆、市方志馆、档案馆、妇女儿童活动中心、文化艺术学校等,完善县(市)图书馆、文化馆和文化活动中心建设,逐步建立社区图书室,完善社区文化体育设施。

在2011年洛阳市政府颁布的《洛阳市国民经济和社会发展第十二个五年规划纲要》(以下简称《十二五纲要》)中提到了加快公共文化服务体系建设的具体意见:"加快公共文化服务体系建设。深入开展公益性文化惠民演出和农村数字电影放映工程等文化惠民活动。定期组织各种群众性文化活动观摩和比赛,提高活动层次和水平。规划建设一批标志性的文化基础设施,完成市广播文化中心、文化艺术学校、新区图书馆、科技馆(方志馆)、群众艺术馆建设;加强县乡社区公共文化设施建设,形成层级完善的公共文化网络体系。坚持文化遗产保护和展示开发并重方针,积极探索我市馆藏文物展示利用的途径,完善以洛阳博物馆新馆为龙头的博物馆展示体系,积极推进博物馆免费开放。着力加强基层文化队伍建设。加强洛阳历代府、县两级旧方志的整理和出版工作。"

2011年10月,中国共产党第十七届六中全会在北京召开。全会审议通过了《中共中央关于深化文化体制改革、推动社会主义文化大发展大繁荣若干重大问题的决定》(以下简称《决定》)。《决定》首次提出了建设社会主义文化强国的战略目标,提出"加强和改进党对文化工作的领导,是推进文化改革发展的根本保证,也是加强党的执政能力建设和先进性建设的内在要求"。这是十七大以来,文化命题首次成为中央全会的议题。

在此之前,洛阳市公共文化服务体系一直由政府主导,政府进行投资建设。在《十二五纲要》提出后,洛阳市也在加快文化体制的改革,明确了以市场为主体的策略,除了鼓励政府实施公共服务外包外,还在为建立健全文化市场体系而努力。洛阳市政府也随之推出了一系列惠民工程,包括公益性的惠民演出,农村数字电影放映工程,包含图书馆、科技馆、群众艺术馆等的设施建设。坚持文化遗产保护和展示开发并重方针,完善以洛阳博物馆新馆为龙头的博物馆展示体系,积极推进博物馆免费开放。着力加强基层文化队伍建设。加强洛阳历代府、县两级旧方志的整理和出版工作。在新闻出版及文化产品创作方面,都坚持从群众利益出发,在推出人民群众喜闻乐见的文化产品的同时带动提高人民群众的文化欣赏品位和鉴赏能力。

2015年1月,中共中央办公厅、国务院办公厅印发《关于加快构建现代公共文化服务体系的意见》(以下简称《意见》),对加快构建现代公共文化服务体系,推进基本公共文化服务标准化、均等化,保障人民群众的基本文化权益做了全面部署。《意见》强调,要按照全面建成小康社会的总体要求,构建体现时代发展趋势、适应社会主义初级阶段基本国情和市场经济要求、符合文化发展规律、具有中国特色的现代公共文化服务体系,为实现中华民族伟大复兴提供强大精神动力和文化支撑。要以人民为中心,以社会主义核心价值观为引领,坚持正确导向,坚持政府主导、社会参与、共建共享、改革创新的原则,到2020年,基本建成覆盖城乡、便捷高效、保基本、促公平的现代公共文化服务体系。

同年3月,中共洛阳市委办公室、市政府办公室印发了《关于加快构建现代公共文化服务体系的实施意见》(以下简称《实施意见》),并将《洛阳市基本公共文化服务实施标准(2016~2020年)》随文印发实施。《实施意见》对各级政府应向人民群众提供的基本公共文化服务项目和硬件设施条件、人员配备等做出了明确规定,为洛阳保障和改善文化民生提供了重要保障。

2016年6月,文化部全国文化产业工作会议在北京召开,会议公布了"第一批国家文化消费试点城市名单"。洛阳市是首批入围的国家文化消费试点城市。作为试点城市,洛阳市将采取政府引导、社会力量主导、市民群众参与、市场化项目运作的模式,通过1个综合文化消费信息平台建设项目,以及洛阳历史文化漫步、洛阳文化遗产亲子游、农村基层综合文化服务中心建设、农村数字电视普及、农村宽带普及、特色乡村游补贴、文惠洛阳、文化与科技融合、全民艺术普及、文化消费金融支持、商业性文化设施建设等具体项目,拉动城乡居民文化消费。这些项目兼顾城市和农村的差异、不同社会群体的差异,涉及供给侧结构性改革、文化消费者培育、文化消费环境改善及体制机制创新等方面。

2017年6月,洛阳市委副书记、市长刘宛康主持召开市政府常务会议,原则上通过《洛阳市国家文化消费试点城市工作方案》(以下简称《方案》)。《方案》中决定:洛阳市将采取"需求侧"精准性激励+"供给侧"结构性改革+"环境侧"重点性改善的综合政策措施模式,建立扩大城乡居民文化消费的长效机制。建立文化消费信息平台,通过多种形式的惠民措施促进文化消费。同时补贴公共文化服务项目,实现对基层的公共文化服务效能和水平的提高,鼓励文化企业与科技的融合。

2016年10月,中国图书馆年会在安徽铜陵举行,洛阳市顺利通过验收评审,成绩在中部10个创建城市中排名第二,被授牌成为第二批国家公共文化服务体系示范区。示范区有72项验收指标,洛阳市优秀率达90%、达标率达100%,顺利通过国家验收。此次被授牌国家公共文化服务体系示范区的城市和地区共有32个,洛阳市也成为继郑州市之后河南省第二个获此殊荣的城市。洛阳市所有县(市)区全部实施了公共文化设施新建或改扩建工程,全市的图书馆、文化馆均达到国家二级馆以上标准。作为全国唯一的农村互联网转型升级试点城市,洛阳市通过在网吧内提供图书阅览、免费上网、计算机培训、文体活动等服务,使基层公共文化服务空间得以延伸,服务水平得以提升。

二、公共文化服务体系日渐完善

洛阳市进行有规划的、官方系统的公共文化体系建设已经有10余年的时间,从一开始的探索、布局,到现在的全面展开,政策覆盖多个方面。2012年以来,洛阳市紧抓创建国家公共文化服务体系示范区这一有利契机,扎实开展基层文化活动场所的建设。到2015年底,全市有178个乡镇(办事处)、3050个村(社区)建起了符合国家标准的基层文化活动场所。2016年,洛阳市委、市政府将建设10个基层综合性文化服务中心列为全市重要民生实事。截至2016年底建成基层综合文化服务中心10个,市体育中心、洛浦公园全民健身提升等工程竣工投用,乡、村两级体育健身设施覆盖率达100%。洛阳市成功创建国家公共文化服务体系示范区,入选首批国家文化消费试点城市,顺利通过河南省全民健身示范市验收。

洛阳市文广新局经过认真考察调研,确定在洛龙区关林街道办事处、瀍河区五股路办事处、孟津县麻屯镇、洛宁县长水镇、栾川县冷水镇5个乡镇(办事处),西工区西工办事处014社区、洛龙区开元办事处定鼎门社区、偃师市岳滩镇岳滩村、新安县石井镇介庄村、嵩县大章乡童子庄村5个村(社区)的文化活动中心开展基层综合文化服务中心示范点建设。通过近半年的建设和提升改造,这10个基层综合文化服务中心整合了文化、体育、科教、少儿活动、党员教育、居家养老、便民服务等资源,实现了一站式综合服务,且管理人员配备到位,相关文化活动经费落实到位,文化活动丰富多彩。这充分体现了基层综合文化服务中心在丰富群众精神文化生活、统筹利用资源、促进共建共享、提升基层公共文化服务效能方面的优势,对洛阳市基层综合文化服务中心建设和提升都具有较强的示范带动作用。其中关林办事处文化服务中心建筑面积达5000平方米,分为室外文化活动广场、室内文体功能室和老年文化活动中心三大功能区,每个功能室都配备1~2名专职管理员。室内活动区包括健身房、影视厅、拳击馆、乒乓球室、公共电子阅览室、培训教室、图书阅览室、科普活动室等11个功能室,每天都吸引了大量辖区居民到此参加活动。

作为现代公共文化服务体系建设的最大"短板",贫困地区公共文化服务起点低、基础差、投入少。河南省推出的百县万村综合文化服务中心示范工程,洛阳市也在积极响应。2016年以来,洛阳市建成了首批34个综合文化服务中心示范点,累计开展各种形式的文化活动1500余次,受益群众达百万人次。

洛阳市除了对公共文化服务设施投入较大力度的建设,还在积极开展群众的文化活动,举办"舞台艺术送农民"等公益性演出700余场,开展群众性文化活动2000余次。"舞台艺术送农民"活动是由河南省委、省政府安排部署,省文化厅、财政厅主办的一项重要文化民生活动。活动以"政府购买,院团演出,农民受益"为原则,由省、市、县三级政府共同采购优秀舞台作品,基层群众免费观看。

洛阳市还发掘丰富的文化资源,依托节庆日,推进特色文化及产品建设,打造"县有品牌、镇有特色、社区有特点"的文化品牌。2013年一年间洛阳市文化活动蓬勃开展,各类群众性文化活动贯穿全年、遍布城乡。元旦、春节期间,洛阳市共开展各级各类群众文化活动240余项、2400余场次;牡丹文化节期间,共举办各类演出60场,观众累计超过50万人次。各县(市)区广泛开展"百城万场"广场文化活动,辖区老百姓免费看到精彩演出成为"家常便饭"。每月每村(社区)放映一场公益电影和"送戏下乡",群众在家门口就可以享受文化创建带来的好处。①

同时,作为洛阳市的每年一度的文化盛宴——中国洛阳牡丹文化节,其系列活动也在不断拓展。除了开幕式的文艺演出,洛阳市还推出了一系列文化活动,以第33届牡丹花会为例,其中主题活动有文化部推荐的优秀剧目洛阳展演月、河洛欢歌·广场文化狂欢月、中国洛阳(国际)文化科技创意设计展览会、丝绸之路非物质文化遗产嘉年华、"花与世界"——世界国花摄影作品展、"牡丹歌曲大家唱"——电视大奖赛等11项,专项活动包括洛阳汉服文化节、洛阳牡丹灯会、中国文化出口重点剧目展演月、河洛文化民俗庙会等23项,到2017年第35届牡丹文化节这一数字扩展到了38项。在活动层次及规模上都上了一个新台阶,比如以文化创意为核心的河洛文化大集,以及由中国经营报社和洛阳旅游发展集团主办,立足洛阳、面向中原的新中原高峰论坛等等。在此期间,洛阳市文化馆组织开展洛阳市"全民艺术普及周"活动。此活动一是对全市各县(市)区文化专干、基层文艺骨干进行培训,开设声乐、舞蹈、古筝、美术培训班,共培训学员240人;二是以人民群众为中心,开展惠民广场文化活动,包括各项广场文艺演出、比赛活动16场,其中文艺演出10场、百姓舞台比赛6场。

为了避免文化活动的"头重脚轻",除了每年4~5月的牡丹文化节,洛阳市还在每年的9~10月举办以河洛文化为中心的河洛文化节。以2016年河

---

① 车轰:《洛阳快速推进公共文化服务体系建设》,《中国经济时报》,2014年2月27日。

洛文化节为例,共举办活动 11 场,内容涵盖多项洛阳非物质文化遗产;主题活动包括河洛文化旅游节开幕式、开幕花车巡游、河洛文化研讨会、大学生旅游文化节等;专项活动包括王城金秋菊展、洛阳礼乐文化展示活动、经典河洛诗词诵读展演、中华名宴水席美食节、河洛大鼓锦标赛等。洛阳牡丹文化节与河洛文化节的活动举办场地包括洛阳歌剧院、洛阳市体育馆、洛阳会展中心、洛阳市文化馆、洛阳市博物馆、王城公园等多个公共文化服务设施。

第三节 文化产业发展情况

随着改革开放之后的建设发展,洛阳市凭借本地重工业积累的经济基础大力扶植旅游业的发展。但是进入 21 世纪后,重工业的转型问题及其带来的环境问题成为经济进一步发展的阻碍。同时,随着人们旅游需求的不断上升及全国范围内的旅游业发展,洛阳传统的景区景点吸引力与竞争力不断下降。传统的文化产品难以满足人民日益增长的精神文化需求,针对这一问题,洛阳市在产业部署上不断地调整。2009 年 9 月,新中国首部《文化产业振兴规划》出台,第一次将文化产业发展提到了国家战略高度,在同年 4 月的时候,洛阳市政府就出台了《洛阳市人民政府关于文化产业发展和文化体制改革的若干扶持意见》(以下简称《意见》)。《意见》宣布了洛阳市政府将设立专项资金支持文化企业及文化团体,落实政策优惠。在战略上实施市财政注入启动资金带动社会发展,国营文化单位逐步转企;在政策上支持,并投入市政资金支撑,由市政府牵头示范的方法启动洛阳文化产业发展新势头,开启了洛阳文化产业发展的新阶段。

一、文化产业的迅速发展

据第三次全国经济普查结果显示,2013 年洛阳市文化产业法人单位收入 63 亿元,比上年增长 18.2%,高于全省平均增速 2 个百分点,远远高于 9% 的 GDP 增速;在各个行业增速都在放缓时,文化产业的发展依然强劲,增速保持在两位数,体现出文化产业作为新兴行业发展的潜力和活力。

从单位数量看,2013 年,洛阳市文化制造业、文化批零业和文化服务业法人单位数分别为 346 个、373 个和 2327 个,占文化产业法人单位总数的比重分别是11.4%、12.2%和76.4%;从增加值看,2013年,洛阳市文化制造业、文化批零业和文化服务业法人单位增加值分别为21.5亿元、3.9亿元和37.6亿元,占文化产业法人单位增加值的比重分别为34.1%、6.2%和59.7%,无论是从单位数还是增加值构成看,作为文化产业核心的文化服务业均占绝对优势。

文化产业法人单位是推动文化产业发展的基础。据第三次全国经济普查结果显示,2013年末,洛阳市共有文化产业法人单位3046个、从业人员74634人,均居全省第3位;文化产业活动单位115个、从业人员916人,分别居全省第4位和第9位;有证照的文化产业个体经营户6620户、从业人员20341人,分别居全省第4位和第3位。在文化产业法人单位中,按行业类别分,文化制造业单位346家,占11.4%;文化批零业单位373家,占12.2%;文化服务业单位2327家,占76.4%。而洛阳的文化企业主体仍是以小微企业为主。据统计,截至2013年末,全市共有小微文化企业2943个,占全部文化企业的96.6%,其中多数汇集在服务业。洛阳市2943个小微企业广泛分布在文化及相关产业所涉及的100多个行业小类中,文化服务业小微企业为2290个,占全部小微文化企业的77.8%,分别高于全省、全国平均水平18.6和16个百分点;提供了五成以上的就业岗位。2013年末,洛阳小微文化企业从业人员39642人,占全部文化企业的53.1%。

表6-1 2010~2014年洛阳市文化产业总量

年份 类别	2010	2011	2012	2013	2014
文化产业总量(亿元)	35.5	43.7	52	62.98	68.54

数据来源:洛阳市统计局

表6-2 2011~2014年洛阳市文化产业增速

年份 类别	2011	2012	2013	2014
文化产业增速(%)	23.1	28.9	21.1	8.8

数据来源:洛阳市统计局

表6-3 2010~2014年洛阳市文化产业占GDP比重

年份 类别	2010	2011	2012	2013	2014
比重(%)	1.53	1.62	1.74	2	2.09

数据来源:洛阳市统计局

作为旅游城市的洛阳市在旅游产业上的成绩尤为突出。依托丰富的自然和人文旅游资源在旅游经济上取得了重大进展，其国内外游客和旅游总收入逐年增长。2015年，首次实现年度游客数过亿，旅游经济呈现出强劲的发展势头，2015年国内外游客1.043亿人，同比增长11%；入境游客100.4万人，同比增长19.6%；旅游总收入780亿元，同比增长27.9%。2016年，国内外游客1.142亿人，同比增长9.6%；入境游客115万人，同比增长14.5%；旅游总收入950亿元，同比增长21.8%。

表6-4　2013～2017年洛阳市旅游总人数

年份 人数	2013	2014	2015	2016	2017
人数（亿人）	0.86	0.94	1.04	1.14	1.23

数据来源：洛阳市统计局

表6-5　2013～2017年洛阳市旅游总收入

年份 总收入	2013	2014	2015	2016	2017
总收入（亿元）	485	610	780	950	1040

数据来源：洛阳市统计局

二、发展独具"洛阳特色"

在整体经济进入新常态、增速换挡的形势下，洛阳市文创产业发展迅猛，表现出较强的抗衰性。文化创意和设计服务企业是文化产业的重要组成部分，涉及广告服务、文化软件服务、建筑设计服务和专业设计服务等行业。文化创意和设计服务的数据第一次发布，这是对国务院推进文化创意和设计服务与相关产业融合发展意见的落实和细化。据第三次全国经济普查结果显示，2013年，洛阳市文创企业共754家，占全部文化法人单位的24.7%，年末从业人员14282人，占全部文化产业法人单位从业人数的19.1%，主营业务收入126.4亿元，占全部文化法人单位主营业务收入的50.0%，以上几项指标均高于省的平均值。

在本地文化产业发展初期，洛阳市充分体现了政府的引领规划作用。根据洛阳市委十届十一次、十二次全会精神，为全面落实文化改革发展任务，加快文化改革创新，转变文化发展方式，推动文化科学发展，2014年9月，洛阳市委宣传部牵头,成立了专题小组,研究编制《建设中原经济区副中心城市文化示范区五年行动规划》(以下简称《行动规划》)。《行动规划》中规划以洛阳市历史文化和山水资源为依托,以华夏历史文明传承创新为核心,以文化旅游产业园区建设为重点,以市场化运作为主导,以改革开放和创新驱动为动力,以重大产业项目和文化品牌为支撑,围绕"华夏圣城、千年帝都、丝路起点、牡丹花都、休闲胜地"五大城市文化名片,将全力实施文化旅游产业发展、城市文化形象提升、华夏历史文明传承创新、牡丹文化产业提升、现代公共文化服务建设、市民文明素质提升六大重点示范工程,打造具有洛阳特色、中原气派、国家水准的城市,建设名副其实的中原经济区文化示范区。

同时,洛阳市委在文化体制改革方面也一直走在全省前列。2014年8月,洛阳市委成立改革专项小组,根据全省深化文化体制改革实施方案,主要列出了加强社会主义核心价值体系建设、完善文化管理体制、建立健全现代文化市场体系、构建现代公共文化服务体系、完善华夏历史文明传承创新体制机制5个方面、25项改革任务、79条重要改革举措,明确了当前和今后一个时期全市文化体制改革的指导思想、目标要求和重点任务,对每一条改革任务都明确了牵头单位、责任单位、参加单位及时间进度要求。

在招商引资方面洛阳市政府也在积极创造机会。除了利用自身优势,加强文化企业、文化品牌、文化元素的宣传推介力度,营造开放亲商的文化氛围,还在以各种节事活动作为契机,积极承办文化相关合作洽谈会等吸引国内外的客商参与,如牡丹文化节期间举办的洛阳牡丹文化节投资贸易洽谈会、中国洛阳(国际)文化科技创意设计展览会、河洛文化旅游节期间的洛阳大学生旅游文化节、洛阳旅游商品博览会等等。在2014年河南省现代服务业开放合作洽谈会暨河南省文化产业投资贸易洽谈会上,洛阳市共有7个文化产业项目参与签约活动,签约总金额达121亿元(人民币)。

三、文化旅游融合发展

因为洛阳悠久的历史,加上丰富的历史文化资源,如闻名中外的龙门石窟、中国佛教释源祖庭白马寺等,繁多的人文景点搭配周边县区的自然风光,每年吸引着众多国内外的游客来到洛阳旅游。随着经济转型升级,旅游产业早已成为洛阳市经济发展的重要组成部分。根据2016年洛阳市接待游客数统计,全年来洛阳旅游总人数突破1.142亿人次,同比往年增长9.5%;其中,接待入境游客达115万人次,同比增长14.5%;全市旅游的总收入已突破950亿元,同比增长21.8%。

伴随着"旅游+"与"全域旅游"等概念的兴起,洛阳市开始了将打造世界级的文化旅游目的地作为新目标的旅游发展新阶段——文化旅游。通过深度挖掘、整合历史文化和山水生态、牡丹花卉资源,着力实施文化旅游产业示范工程和牡丹文化产业提升工程,强化项目支撑和品牌塑造,加快旅游产业转型升级步伐。目标到"十三五"末,全市旅游总收入达到1550亿元,文化及相关产业增加值突破250亿元,占全市生产总值比重达到5%以上,使文化旅游产业真正成为战略支柱产业。

目前,洛阳市旅游规划已形成完整的产业空间开发格局。在2016年《十三五规划》中规划构建"一心一轴两带两翼"全市文化旅游产业格局。"一心",即依托洛阳深厚的历史文化资源,以打造国际文化旅游名城为中心,将中心城区打造成为集遗址保护、博览展示、文化艺术、休闲体验、文化演艺等多功能于一体的洛阳旅游会客厅。"一轴",即北至上清宫、南至龙门石窟体现古都文化的隋唐古城旅游体验轴。"两带",即依托洛阳中心城区伊洛河水生态文明示范区,打造华夏文明第一河——洛河旅游体验带和伊河生态休闲旅游体验带。"两翼",即沿黄生态旅游发展区和伏牛山生态旅游发展区。"一心一轴两带两翼"的提出标志着洛阳市旅游资源的系统整合再开发,形成洛阳特色的旅游标志。

与此同时,洛阳市计划将洛阳著名的旅游景点"品牌化",培养优质的文化旅游产品。计划将围绕帝都、牡丹、佛教、道教、丝绸之路、理学、工业、生态、养生这几个标签,将洛阳市景点、遗址及产业园打造各具主题的文化旅游产品。在线路规划方面,重点培育"牡丹花都"都市风情旅游线、"回归自然"古朴乡村旅游线、"巍峨伏牛"山地度假旅游线、"古都史迹"踏访怀古旅游线、"河洛文化"民俗风情旅游线、"丝路起点"文化寻踪等旅游线路。配套提升文化旅游配套服务能力,加强旅游交通体系建设。围绕游客需求,大力实施服务标准化推广工程、旅游诚信体系推广工程、激励机制推进工程、旅游无障碍化推进工程,完善旅游公共服务体系,提升旅游服务质量。推出"互联网+旅游"跨界融合,积极发展"互联网+旅游";推进智慧旅游信息化进程,构建面向旅游者、旅游经营者和旅游管理部门的个性化、智能化和数字化的智慧旅游应用体系。

四、文化产业园迅速发展

近年来,随着城市经济实力的不断提升和市民精神消费需求的勃兴,文化创意产业园在各地如雨后春笋般涌现。文化创意产业园集合了文化生产与文化消费功能于一体,成了各地区发展文化产业的重要规划。在洛阳,《十二五规划》中首次提及要加强文化产业园区规划和建设。在基础设施建设、土地使用、税收政策等方面都将给予支持,推动具有洛阳地域特色的文化产业集群发展;重点培育牡丹文化、工艺品、古玩、演艺、创意五大产业聚集区。

截至2017年底,洛阳市建成的以及在建的有十个左右。较早建成的代表里外文化创意产业园,其前身是铜加工厂的小管车间,总建筑面积约9000平方米,进行改造后,其中6000平方米作为创意产业园办公空间,改造完成后可容纳20家企业进驻办公,预计年产值将近1亿元。创意办公空间已进驻平面设计、室内设计、服装设计、教育培训等行业的21家企业,创业苗圃已进驻44家初创型小微企业,其中约一半由大学生创办。同时,产业园还提供了开放式咖啡馆、共享会议室等商业配套,设置400平方米多功能展示厅和1000平方米文化展廊,举办并承接了多次品牌发布、文化展览、主题年会、艺术演出、创意市集等文创活动,营造集办公、社交、娱乐、人文于一体的多元开放空间。与此类似且处于发展初期的八里唐文化创意产业园,同样是利用废旧的旧厂房进行改建,目标是打造一个集文化艺术、旅游、创意创业以及体育运动休闲产业为一体的综合性文化艺术园区。

此外,在建设的有毗邻隋唐洛阳城国家遗址公园的天心文化创意产业园,同样利用了苏式老厂房作为园区主建筑,打造出集综合文化艺术广场、文化主题酒店、体育文化公园、婚礼文化主题公园、文化艺术村、汽车文化公园、VR潮流科技馆、时尚文化消费区、餐饮休闲区以及配套服务区为一体的大规模集群化文化产业园。同时还有以围绕《武则天》实景演出、贞观盛唐为核心主题的盛世唐园文化产业园,占地6600亩,总投资额226亿元,实现文化、旅游、影视、产业、城镇化建设五位一体的融合发展的中央新影华夏文化产业园区。

第四节 文化产业不足与展望

一、发展仍存在不足

洛阳市文化企业最大的不足就是在于经营能力弱。文化产业不同于文化事业的是,文化产业的市场性与营利性表示文化企业要生产面对市场的具有盈利功能的文化产品。据统计报道,2013年在洛阳文化企业中占96.6%的小微文化企业营业收入为115亿元,仅占文化企业营业收入的45.5%;企业平均营业收入为390.9万元,不仅低于全国(495.3万元)、全省(547.3万元),更远远低于全市文化企业829万元的平均水平。

其次在文化资源的转化方面也是洛阳文化产业的另外一大问题。洛阳拥有丰富的历史资源与文化资源,但是在面向市场转化时却不尽人意,文化企业没有做出市场反应良好的洛阳文化产业,政府单位对于文化资源的社会教育功能也没有发挥好,忽视了非旅游热门景点背后的文化价值。如定鼎门遗址、隋唐遗址公园,单纯的遗址展示缺乏相关的设施或介绍,很难让到来的游客感受到内在的文化之魂。同时由于单纯考虑游客的兴趣偏好,对于洛阳的历史名人资源开发往往只是停留在建筑上,没有发挥历史人物的文化教育功能,如玄奘、二程等人。一些热门的文化符号缺乏衍生产品的开发。如龙门石窟、白马寺、关林、洛阳博物馆等,缺乏衍生品的研发投入,使得经济收益全部依靠门票收入;目前已有的纪念品商店中,主要以唐三彩、牡丹瓷、青铜器为主,这类产品的特点是体积大、价格贵、不易携带且文化附加值低,低迷的销量也难以用于扩大再生产;而小件的纪念品多为粗制滥造的"小玩意"或是没有明显地区风格,放在哪里都可以买的旅游产品。

在这些问题背后,是洛阳文化产业发展缺乏洛阳大师、洛阳团队、洛阳品牌的无奈。由于缺乏高校的智力支持,加上本身的经济发展制约,洛阳市目前严重缺乏从事文化产业发展的专业人才、专业团队,而聘请外地区的人才或团队既消耗财力,又因其缺乏对洛阳的了解而使得项目难以达到预期效果。如洛阳市老城历史文化街区改造项目,由于聘请的专家及投资开发团队缺乏对于历史、民生的具体考量,使得项目一开始便怨声载道。

二、发展战略对策

(一)大力招商引资,吸引人才入驻

近年来,洛阳市文化产业发展速度已经放缓,脱离了政策优势和整体发展的红利,洛阳市文化产业发展体现出的是核心力量不足。截至2018年,洛阳市还没有能够形成有示范效应的文化龙头企业,缺乏对全市文化产业发展的带动力量。针对这一问题,可以通过政策优惠,吸引社会文化企业入驻洛阳,同时鼓励社会资本投入,建立多元化的文化融资体制。文化产业作为新兴产业,社会在相关的金融资金服务方面,还存在不足的地方。为文化企业发展提供稳定的金融资金支持,是推动文化产业发展的必要力量;同时与文化产业发达地区进行合作,通过地区间、企业间的合作来学习发展经验,促进本地文化企业发展,提高洛阳市文化产业整体发展水平。

文化产业的核心是创意,创意的产生离不开文创人才的努力。而洛阳文化产业对于创意型人才的缺口巨大,吸引人才也是洛阳市文化产业发展的需求之一。除了通过高薪、环境吸引人才外,在人才培养方面可以与当地高校合作,提供给相关专业学生学习实践的机会,提高文化领域产学研结合能力,加快建立以文化企业为主体、市场为导向、产学研相结合的技术创新体系。加强人才市场建设,方便企业与人之间的交流沟通,建立健全人才激励机制,鼓励创业创新;同时加大急需人才和领军人物的引入,提高文化企业核心竞争力。

(二)实施政府引导品牌工程

洛阳作为十三朝古都,拥有千余年的文明史,可以作为文化产业发展的文化资源极其丰富,但是与之相对的是缺乏鲜明的文化产业产品、文化产业形象。因此,针对洛阳的特色文化产业,一定要结合本地特色,政府授权文化企业围绕洛阳符号进行创作,生产出富有"洛阳韵味"的文化产品。这对于洛阳市的人文形象输出也具有十分重要的意义。

通过仔细研究洛阳历史文化,重点挖掘夏商周文化,积极创建洛阳人文旅游品牌。扩大牡丹花会、河洛文化节、关林国际朝圣大典、伏牛山滑雪节的影响力,进一步提升节会品牌。在旅游商品方面放开社会企业进入,通过景区授权,民间设计生产销售的发展加快衍生品开发,延长旅游产业链。突出文化产业与旅游业、工商业、城市建设的融合,打造一批地方特色鲜明、人民群众喜闻

乐见、经济效益良好的文化精品，塑造国内外知名文化品牌。同时，对于洛阳县区的山水人文风光要扩大宣传力度，加强技术设施建设，科学规划推介精品旅游线路，积极申报中国国际历史文化特色旅游目的地。

（三）充分挖掘文化资源，发挥社会教化功能

洛阳市有丰富的历史文化资源，从神话传说到名人逸事，其中蕴含许多优秀的传统文化。在各地都在积极挖掘本地文化资源进行开发的现在，闲置文化资源也是一种浪费。比如洛阳周公庙、孔子入周问礼处以及一些名人故居在洛阳都没得到较好的保护，用作文化开发更是少之又少，而这些文化资源又具有很高的社会教化价值，在进行产业化开发的同时也不能放弃其文化的价值。

文化资源开发，政府可以通过结合动漫产业、旅游产业等的融合发展，充分挖掘河洛文化、历史名人的社会价值，充分发挥其社会教化功能，作为洛阳城市名片的重要组成部分。如被视为中国佛教释源祖庭的白马寺，就可以通过对外交流、主持佛教论坛、举办法事活动等方式来扩大影响范围与影响深度，巩固其在中国佛教中的地位。对于地下遗址的保护可通过建筑复原、自助讲解等方式增强游客体验感，让人不再是"走马观花"。对于名人相关景区以及各类博物馆，可以开放免费游览，积极举办文化活动，发挥其社会价值。

（四）推进文化与科技融合发展

文化发展除了内容的推陈出新，还要在形式上不断创新，其中就要保持与科技的紧密结合。科学技术的运用可以便捷人们接受文化，扩大受众群体。因此要加强科技投注，为文化产业发展提供科技支持。以高科技与传统文化产业相融合，促进生产创新和消费方式多元化；同时加快科技成果产业转化，为洛阳文化产品提供更多的展现形式及销售平台。

以洛阳龙门石窟为例，作为全国首个智慧景区，WIFI覆盖、微信购票、智能停车场、无现金购物、大数据分析等现代科技的运用不仅仅便捷了游客，还为景区发展提供了更加完善的信息和技术支持。洛阳市作为首批智慧旅游试点城市，应当进一步提高"互联网+"景区程度，实现宣传、购票、游园、管理、经营全部互联网化。将科技作为洛阳市文化产业发展引擎驱动，提高科技创新能力，加快技术与运用的转变过程，推动洛阳市各类文化产业发展，取得更好的经济与社会效益。

第七章　济源市文化市情报告

济源，意为济水之源，因济水发源地而得名。济水在古代地位颇为煊赫，乃是一条发源于河南省、流经山东入渤海的古河流，与长江、黄河、淮河并称"四渎"，是愚公移山故事的发祥地。作为一条极具个性坚持自我的"清流"，济水拒绝"套路"，穿越黄河而不与黄河混淆，始终独立成河，三隐三现，极为神秘。济源王屋山的太乙池是济水的发源地，济水先在此以地下水的形式出现，向东潜流七十余里，到济渎和龙潭地面涌出，形成珠、龙两河向东继而交汇，此为第一次"隐"与"现"。穿越黄河时，济水为免被"套路"偷跑到地下，自成水系保持清澈，坚决不与黄河交汇，直至荥阳再次浮出地面，此为第二次"隐"与"现"。再经原阳时，济水第三次伏行潜入地下，至山东定陶显于地面与北济汇合形成巨野泽，继而经大清河入渤海，此为第三次"隐"与"现"。济水"三隐三现"却至清远浊、坚守其节，这种精神与古代文人士子所求境界相通，也由此形成了独具特色的"济水精神"。

在济水的滋养之下，济源成了华夏文明的重要发源地之一，夏都原城、轵国故城等多处史前文化遗址在此被发现，承载着中华文化的重要基因。王屋山是道教十大洞天之首，从华夏之祖轩辕黄帝设坛祭天开始，道文化就与中华五千年文明史相伴而行，一路长歌。济源拥有众多饮食、民俗、茶艺、宗教等地域文化，也孕育了一批历史文化名人。战国时代刺韩傀的魏国轵人聂政侠肝义胆，是古琴曲《广陵散》的原型；汉初四位隐居高士"商山四皓"，其故事被绘于北京颐和园长廊梁枋上；多才唐相裴休诗文俱佳，书法也甚得唐宣宗赏识；

还有耿直狂狷的"茶仙"卢仝、晚年隐居王屋山的孙思邈、颇具争议的妲己……这些当时名动四方的风流人物都与济源有着密切关系。

及至现代,济源成为河南省省辖市,境内"世纪工程"小浪底工程在黄河治理中占据着重要地位,黄河三峡、济渎庙、小沟背等区域"一核两带多点"的旅游格局正在形成,文化旅游已成为拉动济源经济发展的一大驱动力。对于文化产业、文化事业的进一步发展,济源将根据其城市紧凑、城镇化程度高的优势推动全域旅游业,着力构建产城融合。

第一节　文映古水,化而为城

济源市,现为河南省省辖市,位于黄河以北,北隔太行山与山西晋城相接,西距中条山与山西运城交界,南临黄河与十三朝古都洛阳接壤,东与太极故里焦作毗邻,素有"豫西北门户"之称。济源在上古时期作为夏少康的都城"原"而存在,战国至两汉时期因"轵邑"富庶而闻名。隋开皇十六年即公元596年设济源县,属怀州,1988年撤县建市,原属新乡地区,后划归焦作市管辖。1997年升为省直管市,由河南省政府直接领导。2003年被列入"中原城市群",2005年升格为河南省18个省辖市之一(相当于副地级),被列为河南省城乡一体化试点城市。2012年被列入中原经济区核心发展区域和沿(太)原(郑)州(合)肥发展轴,2014年以来被确定为全国中小城市综合改革试点市、河南省新型城镇化综合改革试点市和全省唯一的全域城乡一体化示范区。济源市面积1931平方公里,共辖5个街道、11个镇。2017年末,济源市总人口70.9万人,常住人口73.1万人,城镇化率达61.05%。

济源因济水发源地而得名,古济水与长江、黄河、淮河并称"四渎",是愚公移山故事的发祥地。济源地处黄河流域的中原文化摇篮地带,是华夏文明的重要发祥地之一,历史悠久,底蕴深厚。早在6000多年前,人类就在这里繁衍生息,女娲补天、后羿射日、盘古开天等创世神话和传说均发源于此。相传轩辕黄帝曾在王屋山设坛祭天战蚩尤,开创了华夏五千年的文明史。济源古代历史名人众多,唐玄宗胞妹玉真公主曾在此求仙修道,玉阳公主在沁水河畔修建沁园,著名的词牌名"沁园春"由此而来;药王孙思邈常年在王屋山悬壶济世并终老于此;唐代诗人李商隐曾在此隐居多年,留下了脍炙人口的著名诗篇。

济源是名相裴休、"茶仙"卢仝、北方山水画派鼻祖荆浩的故里。

历史为城市累积文化,文化构成城市的气蕴和灵魂。如果说悠久的华夏文明填充了济源的文化灵魂,那么纵横交错、独具魅力的山水则是济源的血肉。济源地处太行山南端、黄河北岸,境内大山大河交相辉映,山水风光旖旎,旅游资源丰富,现已形成王屋山、黄河小浪底、五龙口、黄河三峡、九里沟、济渎庙、小沟背这七大特色景区,自然景观与人文景观皆具,各具特色,各有千秋。王屋山是中国古代九大名山之一、道教十大洞天之首,是国家4A级景区、世界地质公园;黄河小浪底融小浪底水库、黄河三峡于一体,烟波浩渺,壮丽秀美,被评为"中国最具吸引力的地方";五龙口有纬度最北的猕猴群落,是国家4A级景区和国家猕猴自然保护区;济渎庙集唐宋元明清历代建筑之精华,被誉为"中国古代建筑博物馆"。近年来,济源市旅游发展融合愚公文化、济水文化、道教文化、黄河文化、卢仝茶文化、荆浩画文化等特色文化,形成了独具魅力的山水文化旅游特色,荣获"中国旅游品牌榜最具人气旅游城市"称号。

与此同时,济源的工业经济也在蓬勃发展中。济源市现已形成钢铁、铅锌、能源、化工、装备制造、电子信息等支柱产业,是全国最大的铅锌基地和河南省重要的钢铁、能源、化工、机械制造基地。随着经济增长,城乡面貌也日新月异,基础设施完善,交通便捷通畅,教育、文化、体育、医疗设施完备,绿化覆盖率较高,形成了大气、秀气、灵气的城市特色。目前,济源正在加快生态水系建设和城市改造提升,向建设创新创业之城、精致大气之城、美丽宜居之城、山水文化名城的目标迈进。农业规模化、产业化、标准化水平持续提升,已形成蔬菜、烟叶、薄皮核桃、冬凌草、畜牧五大特色产业,被命名为全国首批国家现代农业示范区。

近年来,在市委、市政府的正确领导下,济源市始终坚持以新型城镇化为引领,加快推进城乡一体化发展步伐。在"全域规划、一体发展"这一理念的导引下,编制完成了《济源市城乡总体规划(2012~2030)》,将中心城区由50平方公里扩大到80平方公里。坚持"人本、生态、绿色、低碳"的建设理念,以中心城区为龙头,以基础设施建设为重点,扎实推进复合型组团、小城镇建设和新型农村社区建设,四级城镇体系初步形成,2016年城镇化率达59.6%,城市环境优美、功能完备,形成了大气、秀气、灵气的城市特色,成为首批"河南省宜居城市"。

第二节　济源市文化资源概述

一、城市名片"愚公之乡"

在济源的城市文化中,愚公文化是最具特色、流传最广、最具表现力的城市文化。愚公移山的故事源于太行、王屋二山,载于《列子·汤问》,经过千百年来文学家、思想家们的凝炼,得到不同程度的丰富和深化,闪耀着熠熠光彩。从20世纪中期至今,愚公文化的政治生命力得到凸显。1995年5月,在毛泽东《愚公移山》发表50周年之际,经中共中央批准,中央党校、河南省委宣传部,济源市委、市政府在北京联合召开了座谈会。中共中央原总书记江泽民为毛泽东《愚公移山》发表50周年题词:"愚公移山,坚韧不拔,开拓进取,振兴中华。"进入21世纪,河南省委、省政府把愚公移山精神、红旗渠精神和焦裕禄精神列为中原崛起的三大精神支柱,并以此激励中原儿女在实施中原经济区发展战略中砥砺前行、再创辉煌。

在愚公移山精神的导引下,20世纪50年代,济源开展了以水土保持为中心的蟒河流域综合治理;六七十年代,济源人民在毛主席"愚公移山改造中国"伟大号召的鼓舞下,进行大规模水利建设,修建了"引沁济蟒"工程,先后劈掉山头320座,完成了全长101公里的总干渠和118.6公里的支干渠,兴建中小型水库37座、蓄水池200座、提灌站156座,使平原地区和部分山岭区的近40万亩土地告别干旱。

济源市高度重视对愚公精神和文化的研究、挖掘、整理和传承:成立了济源市愚公文化研究与开发领导小组,制订保护规划,科学有序开展工作;将愚公文化保护项目列入财政预算,确保专项经费落实;确定6月11日为毛泽东《愚公移山》发表纪念日,每年举办隆重活动,弘扬愚公移山精神;将有关"愚公文化"内容编写成中小学补充教材,向青少年进行愚公精神的启蒙教育;建成了愚公移山城标、愚公移山群雕等标志性建筑,开辟了"济源市青少年爱国主义教育基地";将民间文学《愚公的传说》申报为河南省非物质文化遗产,先后创作了一系列文学、戏曲、舞蹈、纪录片等优秀作品,以愚公为品牌的文创产品也逐步在市场领域登台。①

愚公精神对任何一个中国人的影响都是无法估量的,它比任何一种宗教对人的感染力都更为深远,因为,它不是才子佳人情结,也不是某些乡野文化或者地域文化的昙花一现和局限,而是一种事关社会进步、人生智慧的大文化,是一种中华多元文化中的主流思想文化。

二、古今文化,山水索引

(一)济水源流,帝王封祀

早在远古时期,我国古代就已经出现了对天地山川的祭祀活动。济水,是古代与长江、黄河、淮河齐名并称"四渎"的河流,曾是夏王朝的贡道。从春秋时期开始,济水就和华夏民族的人文始祖伏羲一起,受到先民们的祭拜。《史记·封禅书》记载:"秦并天下,令祠官所常奉天地名山大川鬼神可得而序也……水曰济,曰淮……曰江……曰河。"由此可见,山水祭祀在秦时已处于重要的战略地位,四渎被列为祭祀水神的主要对象,济水名列四水之首。人文资源是一个民族精华与灵魂的脏腑所在,济水之与济源,尤为如此。作为"四渎"之一,济水不仅是辉煌华夏文明的重要组成部分,也是历史的见证者。济水留下的历史遗迹和文化遗产,不但证实了它的存在,而且记述着它昔日的高贵与辉煌。

济水发端于济源,古代文献记载颇多,但其起始年代无可考证。史书中有关济水源流的最早记载是《尚书·禹贡》。《禹贡》记载的是大禹治水的功绩,其中关于治理济水的记述是:"导沇水,东流为济。"意即,疏导沇水东流,易名为济水,济水东流,入于黄河,在黄河南岸溢出为荥泽;然后隐于地下,在陶丘北又现于地面;再后东流至菏泽,又会汶水,最后流入大海。

在中国的众多河流中,济水是最被人格化的一条河流,这也是济水被列为"渎"的重要原因之一。唐太宗李世民曾经问大臣许敬宗:"天下洪流巨谷不载祀典,济甚细,而在四渎,何哉?"许敬宗解释说,其一,济水状虽细微,却潜流屡绝,曲折千里,不屈不挠,独流赴海,此为君子之性;其二,济水以其清名扬天下,而且能独守其清,不受污染,此为君子之志;其三,济水波澜不惊,温文尔

---

① 苗哲:《愚公故里:济源》,郑州:河南科学技术出版社,2011年,第155~156页。

雅,润泽万物,泽被百世,此为君子之行。

古济水作为中国古代北方平原上的一条自然本土水系,曾流经河南、山东一带广阔的平原地区。虽说它自秦汉以后开始衰微,但在中国的历史长河中,它和黄河、淮河、长江一样,对缔造和哺育中华文明曾起过至关重要的作用,做出过重大贡献。

济水因其执着、清纯、仁厚,因而备受推崇,历代多次加封,祭祀水神的仪式也益发隆重。在周代,"四渎"已被列为祭祀对象,但政局动荡不安,祭祀时有兴废,秦朝一统天下后,将"渎祀"完全固定下来。汉代只对五岳四渎的祀典进一步厘定。隋开皇二年(582)文帝颁诏在济水源头兴建济渎庙,自此开始,对济水的祭祀活动不断升级,四渎先列为"公",后又列为"王",祭祀的规格略低于"五岳"。到了唐代,对四渎的祭祀不但列为国家典章,而且做了详细的规定。《新唐书·礼乐志》有记载,祭祀四渎每年一次,并规定了祭器的种类和数量,有详细的祭祀仪式、程序。

以后各代对济水的祭祀活动有增无减,并逐步升格为国家大典。天子选出钦差御祭大臣,由翰林院拟定祭文,提前通知府县及济渎庙筹备御祭,再选定黄道吉日,由御祭大臣携圣旨及祭文奔赴济渎庙。地方要组织仪仗队,通知全县各行都来听差,济渎庙附近村民提前整理庙容,御祭大臣到达邻庙街村时,所有文武百官、乡村士绅都在路边跪迎。祭祀大典开始后,礼炮齐鸣,铙钹共鸣,祭酒,三拜九叩,诵读祭文,向济渎池投入金龙玉简及其他贡品,仪式繁缛隆重,以祈求济水襄民护国,正应了"龙池龙亭龙仪,百祈百应百酬"的仙歌诗话。每逢此时,济渎庙区域内大小官员锦袍花帽,冠盖云集,周边百姓压肩叠背,延颈企踵,热闹非凡,祭水礼仪盛况空前。

历代官员和文人学士赞颂济水,一是济水高洁的品格,二是济水"泽被万物"的功绩,三是济水本身及其沿岸的自然风光。济水,这条曾在中华文明发生、发展过程中有过重大贡献的大河,在变化莫测的历史长河中,由盛到衰,由大变小,乃自然规律使然。这虽给后人留下了无可奈何的缺憾,但由它衍生出来的积淀深厚的济水文化,却是后人应珍惜的宝贵财富。[①]

---

① 苗哲:《愚公故里:济源》,郑州:河南科学技术出版社,2011年,第59~63页。

(二) 洞天福地王屋山

王屋山"以其山形若王者之屋"而得名,衔晋接冀,脉承京师,为中国古代九大名山之一,其主峰天坛山,海拔1715米。据文献记载:轩辕黄帝于元年正月甲子登王屋山设坛祭天,大战蚩尤,一统华夏,从此开创了中国5000年的文明史,天下太平,海内安然。黄帝在此拜广成子为师,得道成仙。以后每年的八月十五,四方善士云集于此,道教鼻祖老子李耳以及仙人王子晋、著名方士于吉、南岳夫人魏华存、道教理论家葛洪都曾在此问道,奠定了王屋山在我国道教十大洞天中的宗首地位,被称为"天下第一洞天"。唐代,这里相继建成了紫微宫、阳台宫、总仙宫、清虚宫、十方院、灵都观等规模宏大的道教建筑,可以说是三里一宫、五里一殿。从此,王屋山宫观林立,高道如云,香客如流,成为全国道教活动中心。

王屋山的云、树、溪、山妙如仙境,吸引了许多文人墨客前来寻幽访胜。唐代诗人李白、杜甫、白居易、王维、孟浩然、李商隐、韩愈在此流连忘返,写下了许多不朽的名篇佳作。李白在阳台宫留下唯一传世真迹《上阳台帖》,现存于北京故宫博物院。"药王"孙思邈晚年曾结庐于王屋山翠微庵,直至仙逝。沿天坛神路登山,大小庙宇如金丝串珠,经瘦龙岭、转十八盘、度仙人桥、攀紫金崖,方可到达天坛极顶。如今,天坛索道是目前中原地区游线最长、落差最大的观光索道,为王屋山增添了现代化的新景观。

此外,这里还有"天坛倒影""王母仙灯"等五大天象奇观和华北地区罕见的原始森林、娃娃鱼、金钱豹、银杏树、红豆杉等珍稀动植物。

(三) 古城遗址,星罗棋布

济源境内的古文化遗址星罗棋布,且史前文化遗址居多。沿济水流域、漭水流域、沁河流域、黄河流域及王屋山区分布的古代遗址,灿若繁星,表明古人逐水而居的山水依存活动轨迹。原城遗址规模宏大,内容丰富,反映了夏王朝时期济源的重要历史地位。轵国故城兴于战国,盛于秦汉,曾是"富冠海内"的天下名都,历经两千年风雨依然屹立于地面的古城墙,是古轵国文化的重要见证。沁河栈道开凿于曹魏正始二年(505),延绵近百公里的栈道壁孔,历历在目,今人仍然可以想见当年转运粮草、战马嘶鸣的场景。横亘于黄河王屋间的北齐长城,是北朝时期东魏西魏分界线,这里曾上演过无数次刀兵血刃争夺战。枋口古代水利设施,上可溯至秦汉,下可延及当今,历代均有增修扩建,直至今日仍在发挥着惠泽利民的作用,充分体现了济源人民从古到今不断开发大自然、利用水之利的勤劳与智慧。

原城遗址位于济源市北海街道办事处庙街居委会西,为新石器时代龙山文化至汉代文化遗存。遗址规模宏大,总面积约63万平方米。1959年河南省文物工作队在此遗址调查时,拣到鹿角、石刀、骨凿等遗物。1959年4月,河南省文物考古工作队与济源县文化馆联合对庙街遗址进行试掘,发现该遗址是具有龙山、商代和战国等几个时期特征的文化遗存。1963年,原城遗址被河南省人民政府公布为第一批全省重点文物保护单位。1989年夏,河南省文研所对遗址进行钻探,认为原城遗址就是夏代"帝杼居原"的夏都原城。

原昌遗址属龙山文化遗存。该遗址位于克井镇原昌村,面积约90万平方米。初步调查有城址,城址位于孔山西麓济水支流盘溪河边的平原上,平面呈长方形,北城壕长500米,南城壕长100米,西城壕已夷为平地,东城壕为河床。南城壕北侧残存夯城墙一段,夯土为平夯,夯层厚约12厘米。已发现的文化遗迹分布于关槐树、崇起寺、石胡同、鸿沟四处,发现有房基、灰坑等遗迹,出土物有陶片、石器、玉器。陶片分灰陶、红陶,器形为鬲、盂、豆、罐、盆等,饰绳纹、附加堆纹、指甲纹,素面较少。石器有石刀、石斧、石犁等。在村东北也有文化层堆积,多为半地穴式房屋和陶窑,地面有许多陶片。2006年6月,济源市政府公布原昌遗址为济源市文物保护单位。

轵国故城,是济源历史上继夏都原城之后又一个重要的文明标志。轵国故城总面积326万平方米,现存的遗迹主要有城墙遗址、制陶作坊遗址、护城河遗址、大明寺、关帝庙、聂政墓、钟公四冢、西留养遗址等。轵城是春秋战国时期的名城,在战国中期已发展成为富甲一方的大都市。西汉初年,轵属司隶部河内郡,并设盐铁官。盐铁业是古代国家财税收入的两大支柱,盐铁官的设置,说明轵城在当时国家财税方面的地位和商业经济的繁荣。据《盐铁论·通有篇》载,"燕之涿、蓟,赵之邯郸,魏之温、轵,韩之荥阳,齐之临淄,楚之宛丘,郑之阳翟,三川之二周,富冠海内,皆为天下名都"。轵国故城自春秋战国,历秦汉至唐,跨越了奴隶制和封建制两种社会形态,历时1260余年,对研究我国古代的政治、经济、军事、文化、生产力水平以及古代城池的选址、布局、构筑方法、构筑水平等具有重要价值。

三、"非遗"文化，记忆传承

从邵原神话群、愚公移山传说等民间文学到黄河船工号子、"王屋仙韵"等传统音乐；从舞龙舞狮、韩旺花鼓等传统舞蹈到石氏针灸、狄氏脊椎正骨等传统医药；从不翻、王屋花馍等舌尖上的味道到麦秆画、白棉纸制作等指尖上的技艺，济源这片沃土，孕育出灿烂的文明之余，更是留下了丰富的非物质文化遗产资源。

据统计，济源市非物质文化遗产项目名录共计78项，代表性传承人共有56人。其中，国家级项目有1项：邵原神话群；省级项目有10项：王屋琴书、愚公移山传说、黄河船工号子、董永与七仙女的传说、黄龙日盘八卦历、手工造纸技艺（白棉纸制作技艺）、卢仝煎茶技艺、天坛砚（盘谷砚）、怀梆、石氏针灸；省级代表性传承人有9人：李菊月、张许成、张书碧、翟钢炮、刘天杰、周观世（去世）、崔鸿飞、闫道原、冯三刚。此外，济源市有河南省级非物质文化遗产社会传承基地1个：济源市女娲文化研究中心；省级非物质文化遗产展示馆1个：济源市沁园山月砚台经营部；省级非物质文化遗产生产性保护示范基地1个：张书碧盘谷砚工作室。

非物质文化遗产见证着一个民族、地域的生活方式和发展路径，大到上古传说，小至生活习性，"非遗"如同一部有记忆的老电影，慢慢呈现出人们最真实的生活。如果说古墓、古迹、雕塑等物质遗产都是看得见的存在，那么非物质文化遗产则像是一种生活情趣和一种生活方式的延伸，不仅"活"在每个济源人的生活中，更是深入推动济源文化产业的活化、全域旅游的特色化、互动体验的丰富化发展。

邵原神话群的主要内容是邵原民间口传神话，并且在当地的景观实物遗存及乡土民俗中大有体现。共工怒触不周山、女娲断鳌补天、女娲抟土造人等传说都能从邵原的奇峰秀水中找到痕迹。王屋琴书以王屋山区方言为基础，融说唱、表演为一体，有鲜明淳朴的地方特色，也是济源市所独有的曲种。这种曲艺形式，以身边故事为载体，将济源的乡土人文吟唱出来。还有不翻、邵州花馍、虎岭面叶、酸浆豆腐等舌尖上的味道，程村簸箕、赵村木楼、麦秆画、苗氏泥塑等指尖上的技艺等等。然而，"非遗"资源随着时间的积累、社会环境差异化的加剧，到现代社会的传承发展时传承人队伍高龄化严重，年轻人对"非遗"了解不充分,口传心授的师徒传承或家族传承不能满足传承要求……如今,非物质文化遗产的自发性传承面临着很大的困难。

与此同时,一场场抢救濒危"非遗"项目的活动也逐步展开。例如,在"非遗"传承中,王屋镇大路小学,几名女孩在老师郭宗印的指导下排演的新王屋琴书《济源赞》,琴声、鼓声、弦声、镲声交织,女孩们的声音稚嫩有力,久久回荡在王屋山间。在五龙口镇任寨村,农忙结束后,村里的小剧场又热闹起来。在该村怀梆剧团团长冯三刚的组织下,村里人你方唱罢我登场,就连看孩儿的阿姨,也忍不住上场唱几句。在文化馆卢仝煎茶室内传承人李菊月带着数位茶艺爱好者学习卢仝煎茶技艺。茶室内,茶香氤氲,余音绕梁,"济源饮茶之风源远流长,不经意间,你或许会被小石茶醉上一回"……这些"非遗"重新焕发生机的背后,是当地居民、"非遗"保护者、传承者不忘初心的坚守,得以让济源这些国家级、省级的非物质文化珍宝得到传承和发展。

第三节 文化经济发展情况

一、文化产业

(一)文化产业增加值

2012~2016年,济源市文化产业增加值从3亿元到6.97亿元,占GDP的比重从0.7%到1.31%,可见,文化产业近几年在济源市产业布局中占据越来越重要的位置,为济源市带来了巨大的经济效益。

表7-1 2012~2016年济源市文化产业增加值

类别 年份	文化产业增加值(亿元)	增长(%)	占GDP比重(%)
2012	3		0.7
2013	4.5	50	0.98
2014	5.76	28	1.2
2015	6.79	17.9	1.38
2016	6.97	2.7	1.31

数据来源:济源市统计局

（二）三次产业基本单位数及构成

2012~2016年，三次产业基本单位数中，第一、第二产业逐年增加，但第三产业增加更为迅速，从2554个增至7021个，第三产业基本单位数占总产业的构成也为绝大部分，从68.7%增至77.6%。可见第三产业已成为济源市的支柱性产业。

表7-2 2012~2016年济源市三次产业占比

年份\类别	单位数 法人单位（个）	第一产业 绝对数（个）	第一产业 构成（%）	第二产业 绝对数（个）	第二产业 构成（%）	第三产业 绝对数（个）	第三产业 构成（%）
2012	3714	32	0.9	1128	30.4	2554	68.7
2013	5159	222	4.3	1007	19.5	3930	76.2
2014	5786	95	1.6	1063	18.4	4628	80.0
2015	8133	516	6.3	1360	16.7	6257	77.0
2016	9050	554	6.1	1475	16.3	7021	77.6

数据来源：河南省统计局

二、文化事业

（一）群众艺术馆

从以下表格和数据中可以看出，文化事业机构的总收入和总支出每年都呈递增趋势，但总收入和总支出之间相差不大，甚至总收入比总支出还要少，说明这些文化事业机构本身不是营利性机构，不能简单以经济效益来分析其总体价值。像图书馆、博物馆之类的公共文化机构，主要作用就是给市民提供知识，传播文化，因此需要政府对此类机构投入大量资金，以维持人民群众日益增长的文化需求。

表7-3 2014~2017年济源市群众艺术馆相关数据

年份\类别	2014	2015	2016	2017
从业人数（个）	16	15	16	16
举办展览个数	20	20	18	25
组织文艺活动次数	50	50	80	80
总收入（千元）	2392	1940	2652	2772
总支出（千元）	2392	1940	2652	2772

数据来源:济源市统计局

(二)艺术表演场所及团体

表7-4　2014～2017年济源市艺术表演场所及团体相关数据

年份 类别	2014	2015	2016	2017
艺术表演场所				
从业人员(个)	19	16	17	17
艺术演出场次	45	36	30	50
总收入(千元)	927	1128	1023	1746
总支出(千元)	954	1227	1023	1364
艺术表演团体				
演出场次	271	284	235	268
总收入(千元)	9809	9078	9602	13322
演出收入(千元)	283	442	342	330
总支出(千元)	9329	9207	9422	12332

数据来源:济源市统计局

(三)公共图书馆及博物馆

表7-5　2014～2017年公共图书馆及博物馆相关数据

年份 类别	2014	2015	2016	2017
公共图书馆				
从业人员(个)	30	30	30	30
总藏量(册)	794203	468814	509470	1000975
图书(册)	368057	402289	441789	485334
古籍(册)	1003	1003	1003	1003
视听文献(种)	8076	8836	8836	9396
电子图书(种)	364000	384000	404000	444000
总收入(千元)	3896	3963	4208	4580
总支出(千元)	3600	4075	4208	4573
博物馆				
人员(个)	26	27	31	31
文物藏品(件)	14966	14830	14966	15073
总收入(千元)	2140	4190	1559	1815
总支出(千元)	2010	1190	1408	2296

数据来源:济源市统计局

三、旅游接待情况

2014～2017年,济源市在旅游接待方面,2016年有明显异常,其余年份不管在旅游收入还是国内外游客接待上都是逐年递增的,可分析出:2016年济源市在旅游行业出现了重大问题或自然灾害等,除此之外,政府对文化旅游比较重视,才能每年都吸引更多的游客。

表7-6 2014～2017年济源市旅游接待情况

年份 类别	2014	2015	2016	2017
旅游收入(亿元)	30.9	34.6	3	46.8
接待游客(万人次)	695	767.1	85	98.5
国内游客(万人次)	693.8	765.9	1	983.7
入境游客(万人次)	1.2	1.2	1	1.2

数据来源:济源市统计局

四、居民文化教育娱乐及服务类消费支出

从以下图表中可以看出,2011～2016年,农村居民和城市居民在文教娱乐类方面的支出总体增长迅速,而城市居民的消费支出又远大于农村居民的消费支出。这个现象也正符合我们的主观认知水平,人们生活越来越好,就越来越重视对精神生活上的需求。

表7-7 2011～2016年济源市居民文化教育娱乐及服务类消费支出

单位:万元

年份 类别	2011	2012	2013	2014	2015	2016
农村居民	17116	13523	15295	28819	31902	49569
城市居民	46775	63810	57985	34560	47427	74114

数据来源:济源市统计局

第四节 公共文化服务体系构建

公共文化服务是政府公共服务的重要内容,它是指以政府部门为主的公共部门提供的、以保障公民的基本文化生活权利为目的、向公民提供公共文化产品与服务的制度和系统的总称。公共文化服务体系建设,是繁荣发展社会主义先进文化、构建社会主义和谐社会的必然要求。在政府主导、社会企业与人民大众广泛参与之下,济源市覆盖城乡、布局合理、功能完善的公共文化服务体系已逐步形成,并在2015年获得第三批国家公共文化服务体系示范区的创建资格,成为河南省首批获得的国家公共文化服务体系示范区,在全省的公共文化服务工作中具有示范效应。

济源市自国家公共文化服务体系示范区创建工作开展以来,坚持"文化为魂、设施为基、活动为先、效能为本"的工作思路,严格按照示范区创建标准和要求,持续加大财政资金投入,不断加强公共文化服务网络建设,基本建成了覆盖城乡的"市、镇、村"三级公共文化服务网。大力实施文化精品战略,创作了一批优秀文艺作品。积极开展送戏下乡、"中原文化大舞台"等公益文化活动,丰富群众文化生活。同时,不断加快公共文化服务标准化建设,完善全市公共文化设施,挖掘文化资源,培育文艺队伍,发展文化事业,推动全市公共文化服务体系快速发展。①经过长期的不懈努力,济源市公共文化服务在服务载体、服务内容、服务形式等方面都形成了较为完备的公共文化服务系统。

(一)活动载体:文化服务设施网络化

截至2017年,济源市全市镇(街道)综合文化站达标数量为19个,达标率100%;村级综合性文化服务中心达标数量433个,达标率80%;镇(街道)共享工程基点16个,行政村(居、社区)共享工程基层服务点543个,设置率100%;农家书屋覆盖率达到100%;广播电视覆盖率达到98.67%。启动了"百姓文化云"项目,采用"超市化"供应模式让资源可选可控,供需对接更加便捷,真正实现由传统的"端菜"转变为让消费者"点菜"的文化服务模式。

---

① 《济源扎实创建国家公共文化服务体系示范区》,中国文化报,2017年7月27日。

文化服务设施网络化，能够极大地丰富广大人民群众的文化生活。图书馆、文化馆、博物馆实现免费开放，文化城、篮球城、世纪广场等已成为最具人气的休闲娱乐场所。公益性群众活动是济源市公共文化服务的重要内容，济源市围绕"三馆"重点打造各类公益活动品牌，如市图书馆打造公益性讲座品牌——"济图讲堂"，文化馆打造公益性演出品牌——"济水韵"周末公益小舞台，免费开办戏曲骨干培训、"百姓健康舞"推广培训和基层文艺辅导活动，提升基层文艺队伍的整体水平；博物馆打造公益性陈展品牌——"汉代文明之光·古轵出土文物展"，2013年实现免费开放315天，共接待23.1万人次。

现如今，济源市已基本建成覆盖城乡的"市、镇、村"三级公共文化服务网，主城区15分钟服务圈、农村30分钟服务圈已基本形成。

二、文化品牌：服务供给优质化

济源市公共文化服务的优质文化供给与文化品牌塑造主要体现在以下三个方面。

其一，精品文艺作品层出不穷。济源市现代豫剧《王屋山的女人》曾先后荣获河南省第十一届戏剧大赛文华奖、上海白玉兰戏剧表演艺术奖、中国戏剧"梅花奖"、第五届黄河戏剧节剧目大奖。现代豫剧《王屋山下》荣获文化部第六届文华新剧目奖、中宣部"五个一工程"提名奖。大型舞蹈《愚公魂》荣获全国群星奖金奖。现代豫剧《非常妈妈》荣获第三届中国豫剧节剧目奖。大型豫剧《愚公》是济源市献礼党的十九大而打造的重点精品剧目，已入选第四届中国豫剧节暨中国豫剧优秀剧目北京展演月展演剧目。

其二，群众业余文化生活丰富多彩。"百姓宣讲直通车"进基层巡演活动，"梨园迎新春春节群众戏曲展演活动""元宵节民间文艺会演""济渎庙会戏曲展演""愚公移山万人诵读"等一系列文化活动，让人民群众尽情享受文化盛宴。"金利杯"农村戏曲大赛、"奏响旋律 唱响中国梦"盛夏音乐周系列活动等，满足了人民群众多样化、多层次的精神文化需求。

其三，特色文化活动品牌逐渐形成。济源市文化馆积极打造"百姓舞台""群星展厅"等一系列特色群众文化活动品牌，其中，"济水韵"公益周末小舞台，成为群众文化活动的"烫金名片"，已成功举办200余场，受益观众达10万余人。济源市图书馆通过"图书漂流""公益讲座"等一系列活动品牌，拓展图书阅读均等化服务,其中"济图讲堂"已成为传播先进文化、弘扬主旋律的"主战场"。济源市博物馆开展"济之源——济源历史文明展""小小讲解员"志愿服务等品牌,特别是"小小考古家"活动,让学生在实践中接受历史和传统文化。各镇(街道)依据地域和文化特点,形成了留庄"红色文化"、思礼"卢仝文化"等一系列文化活动品牌。目前,全市具有济源特色的文化活动品牌有20余个。

三、资源配置:服务方式多样化

公共文化服务体系建设的最终目的是惠民。保障文化资源均等分配,更好地融入市民的生活需要创新服务方式,优化资源配置。

济源市积极实施面向农村、面向学校的文化服务项目。市财政每年投入1000余万元开展送戏下乡、舞台艺术送农民等活动,每年免费演出优秀舞台剧目达222场。开展"中原文化大舞台"活动,以5元票价向群众公开售票。对全市157所中小学,采取"观看戏曲电影、组织专家授课、演出经典折子戏、演出优秀剧目"等形式,广泛开展"戏曲进校园"活动,确保全市中小学校每学年至少开展一次文化活动。每年列支资金126.24万元,实施农村数字电影放映工程,放映免费电影6312场,实现一村(社区)一月一场电影。

据市文化馆副馆长璩菲介绍,济源市还积极发挥基层综合性文化服务中心阵地作用,结合传统节日,开展民俗文化活动300余场。同时,全市每年开办"百姓健康舞短期培训班""板胡公益培训班""舞蹈公益培训班"等一系列免费培训服务,大力扶持业余文艺团体,鼓励社会力量参与。目前,济源市共组建业余文艺团队1100余支,直接参与活动的群众达25万余人。

以政府主导,全民参与,让广大群众受益,是济源市建设公共文化服务体系的主要特点。今后,济源市将围绕"层次更丰富、产品和服务更多元"的目标,实现标准化和个性化服务的有机统一,满足人民群众多层次的文化消费需求。

第五节 文化产业发展现状

一、旅游全域规划一体化

在决胜全面小康、让中原更加出彩的历史时期,站位国家全域旅游示范区的重要节点,济源市践行"创新、协调、绿色、开放、共享"五大发展理念,坚持"全域旅游"的发展思路,打造全域体制、全域规划、全域产业、全域交通等发展新格局。作为供给侧结构性改革的重要着力点,全域旅游正撬动着济源的产业转型升级和城市转型发展。

2017年下半年是济源市"国家全域旅游示范区"的全面验收阶段。73万愚公后人立下愚公移山志,奋力打赢全域旅游示范区创建攻坚战,书写出让中原更加出彩的"济源篇"。全域旅游是"一把手"工程,济源市成立了由市委书记为第一组长、市长为组长、四大政府部门分管领导任副组长的全域旅游工作领导小组,出台《济源市人民政府关于促进"全域旅游发展"的意见》《济源市创建国家全域旅游示范区工作实施方案》等文件,推动全域旅游任务、责任、考核全覆盖。目前,全市已有全国休闲农业与乡村旅游示范点2个,中国美丽休闲乡村1个,中国最美有机农庄1个,河南省乡村旅游示范乡(镇)1个,河南省乡村旅游示范休闲农庄1个,河南省特色旅游村13个,河南省十佳美丽乡村1个。同时,天女河休闲旅游度假基地、石板沟农庄、太行周庄、郝山印象等一大批乡村旅游项目已初具规模。归纳起来,其乡村旅游已形成果蔬采摘型、田园风貌型、民俗民宿型、科普教育型四种类型。

创新体制是全域旅游创建的活力源泉,济源市组建文化旅游投资集团、小浪底北岸度假区管委会,将济渎庙、卢仝茶园等资源划归市文旅集团。签约王屋山福源小镇等项目,王屋山索道提升、那些年小镇等48个项目开工建设。体制创新迸发出强大力量,济源市文旅集团高起点定位、大手笔策划、大力度投入,成为济源旅游发展的"引领者"。每年设立2000万元全域旅游专项资金,投资2000万元设立旅游发展基金,整合交通、住建等部门资金3亿余元,列支2000万元用于创建扶持,全方位保障为全域旅游保驾护航。

站位大众旅游时代,济源市高标准编制的《济源市全域旅游总体规划》在全省率先通过评审。以旅游规划引领土地利用、城市景观、生态环境、历史文化保护等规划建设,推动旅游规划与"十三五"发展规划、城乡总体规划有效衔接,将全域旅游理念融入交通体系、城市水系、海绵城市、智慧城市、花园城市和美丽乡村,实现与重大专项规划无缝对接,引领济源的全域发展。小浪底北岸新区旅游度假区、王屋山福源小镇等区域规划顺利推进,自驾车露营地、乡村旅游等专项规划相继出台,乐居、乐业、乐游、乐养的休闲养生旅游度假目的地呼之欲出。

在构建济源市全域产业一体化时,激发融合发展新动能成为新的导向,全区域、全要素、全产业链发展诠释了济源"全域旅游"的内涵。济源围绕"旅游+"做足融合文章,推出了文旅融合、农旅融合、城旅融合,使得济源全域旅游形成了一二三产联动、共绘旅游蓝图的新格局。在全域旅游理念的引领下,济源不仅要完善食、住、行、游、购、娱传统旅游要素,还要培育商、养、学、闲、情、奇新兴旅游要素,实现"处处宜旅游、行行有旅游、时时可旅游"的新体验。随着王屋山国家5A级景区、小浪底北岸省级旅游度假区共同创建,点面结合、差异发展,也激发了产业发展潜力。

二、产业孵化、园区体系正在形成

济源市由于文化旅游资源与自然旅游资源丰富,文化产业的主要效益仍以旅游为主,现如今已经形成了"天下第一洞天"王屋山、"猕猴王国"五龙口、"世纪工程"小浪底、"大河胜景"黄河三峡、"灵山秀水"九里沟、"祭水圣地"济渎庙、"女娲之乡"小沟背这七个特色分具、品牌形象突出的园区共同发力的格局。

在2014年济源市政府工作报告中,时任济源市人民政府市长王宇燕提出,"要做精做活文化产业。发挥文化资源优势,创新文化业态,加快文化产业规模化、专业化、品牌化发展",这就从政府工作计划的平台上确定了文化产业在济源市产业发展的重要性。济源市出台了相关文化产业扶持政策,积极培育愚公文化产业园、济水文化产业园、沿黄红色文化产业园,大力发展文化展示、影视传媒、实景演艺、休闲娱乐、书画写生、摄影等产业,增强文化产业发展活力;推进文化与旅游融合发展,叫响"天下第一洞天"文化旅游品牌。扩大文化对外交流,办好荆浩山水画理论国际论坛、洞天福地道教文化论坛等重大特色文化活动,提升济源文化影响力。

与此同时,在今年济源市国家产城融合示范区总体方案的城市空间布局中,"按照国土空间开发强度、发展方向以及产业布局和城乡建设的适宜程度""布局一批特色小(城)镇""强化自然生态格局和基底作用"成为城市建设的重点,构筑"一核两带多点"的城市空间发展格局,同时按照"一核两带多点"的发展格局进行文化产业的布局。其中,"一核",即产城融合发展核心区,主要包括中心城区和列入国家开发区目录的产业集聚区。在中心城区需着重加强自然文化历史资源保护,提升城市设计水平和建设标准,提升中心城区空间品质,营造浓厚文化氛围,推进商务中心区和特色文化街区建设,吸引人口加快向中心城区集聚。"两带",即沿南太行生态旅游发展带和沿黄河小浪底北岸健康养生发展带,充分发挥南太行自然生态景观资源优势,瞄准打造世界级旅游品牌,开发一批精品旅游线路。"多点",即在核心区外建设若干特色小(城)镇。在特色小镇的建设中,坚持集中布局、集群发展,按照不同区位条件和资源环境禀赋,加强分类指导和特色发展,打造若干特色鲜明的特色小镇。重点建设以奶牛养殖、乳品深加工为主导产业的伊利小镇,以卢仝茶文化为特点的民俗风情小镇,以自然山水休闲观光为特点的康养小镇、旅游小镇,与重点镇开发相互补充、相得益彰。

总的来说,不论是从济源市现有产业园区发展和布局来看,还是从政府对文化产业的规划来看,济源市文化产业的园区体系都正在形成,园区的产业孵化也在积极进行中。

三、传统产业亟待突破,内容创意举步维艰

在济源市整体文化产业发展中,旅游服务占最大比重。近年来,乡村旅游作为全域旅游的重要着力点,发展迅速,成效显著。但伴随着旅游主题特色不够突出、发展规模化程度低、基础设施不够完善、经营管理不够规范、开发资金严重不足等问题,济源市的乡村旅游出现发展后劲不足、没有长效性的现象。深入挖掘城市文化内涵、实现内容创意成为亟待解决的问题。

在济源市的乡村旅游发展中,许多休闲农庄、农业观光园都是由生产性项目改造而成,投资者按照自己的理解或者单纯模仿别人的模式,照猫画虎、仓促上马、急于求成,缺乏对于民风、民俗文化和自身发展的深层次挖掘,缺少市

场开拓意识;新产品、新业态不足,导致现有乡村旅游发展模式和格局大同小异,具有文化内涵的地方特色旅游项目并不多见,多数停留在观赏、采摘、品尝、吃农家饭等层面上,缺乏创新与特色,同质化现象严重。

除此之外,济源市的广播影视、艺术品经营市场、演艺娱乐等都尚是雏形,新闻出版也是乱象丛生。要实现文化产业的大幅提升,经营管理水平的提高尤为重要。因此,专业人才的培养成为现阶段济源文化产业发展的突破口。既需要加大政策扶持力度,吸引优秀经营管理人才的加入,也需要提高当地文化产业从业人员的服务素质,尤其是从事乡村旅游的当地农民。首先,扩大济源市文化产业从业人员培训班规模,加大培训力度,积极组织参加培训班,通过课堂理论学习和实地参观考察相结合,学习先进的发展理念和经验做法。其次,邀请相关专家学者、实践家来济源走访调研、开展公益指导培训,为发展济源市文化产业提供可行性方案,向社会公开招募和选拔文化产业专业或旅游方向的大学生驻村帮扶,开展寒(暑)假社会实践,为乡村旅游发展提供智力支持。再次,搭建政府、专业服务机构、旅游协会等服务平台,发挥市旅游协会的作用,给从业人员提供业务培训,引导大家紧密结合市场需求,及时更新经营管理理念,开发适销对路的文化产品。

第六节 文化产业发展趋势与对策

一、城市文化突出其"源"

济源市将济源城市资源特色化、地域化,综合整理出济源旅游资源文脉地脉,将济源城市旅游开发价值概括为华夏根祖与神话重要起源地、仙道文化的源头、华夏水文化重要组成、黄河文化重要组成、茶道源头、太行山水文化六条。重点开发王屋山、五龙口、道家文化、小浪底水利枢纽、济渎庙祭水文化、黄河三峡、九里沟、卢仝茶文化等典型旅游资源,开发独具济源城市特色的深度复合型旅游产品。将济源城市旅游资源在空间上划分为三大资源聚合区:南太行资源聚合区、沿黄资源聚合区、中部资源聚合区。济源城市旅游形象定位为:生态型旅游城市,具有名山胜水特质,集休闲度假、枢纽节点和通道服务型目的地特征于一体的质效型深度休闲体验旅游目的地。

二、旅游服务突出其"便"

济源市政府提出济源景区建设目标和规划、产业配套目标,逐步建成酒店、餐饮等高标准的旅游服务体系。加强景区基础设施建设和城市交通建设,树立景区良好形象,建成1~2家5A级景区、2~3家4A级景区、3~6家3A级景区,形成旅游吸引密集区,建设几家豪华饭店和一批商务酒店及青年旅馆、度假公寓,建成高星级、高档次、高水准的国际化旅游服务体系。加强景区历史资源文化的开发和推广,系列挖掘不同景区的历史文脉资源,先后为五龙口、玉阳山、王屋山等景区制作相关历史文脉资料,向广大游客普及历史知识。不断加强旅游景区配套服务建设,新增多路旅游观光车,缩短短线游客和景区之间的距离;推广旅游年卡普及活动,市民可以在市民之家办理旅游年卡,享受多个景区无限制旅游权利。推出全域旅游手机客户端,通过手机APP锁定终端消费者,定期发布不同景区的活动介绍和旅游信息,为消费者提供全面无缝的旅游指南。

三、推广手段突出其"新"

创新营销推广手段,重点宣传济源旅游目的地形象,设计济源城市宣传口号,推广济源休闲度假旅游品牌,利用传统营销手段和新型微营销手段,有针对性地开展营销活动。树立景区良好形象,做好常规营销工作,巩固既有客源市场。根据客源市场分布情况,加大宣传营销费用投入,有针对性地合理分解。先后以全国旅游交易会为平台,举办济源山水好旅游品牌推广会、济源首届旅游展销推介会等,加大网上推介力度,积极组织诸如王屋山国际登山节、王屋山国际摄影节、九九玉阳山登高节、黄河小浪底国际观瀑节、济源黄河三峡风光摄影节等主题活动。构建政府主导、整合渠道、市场运作、多渠道全方位的营销传播平台,全方位地进行智慧营销的探索实践活动。

四、融资模式突出其"多元"

济源市要大力发展文化产业,其发展资金不能单一地靠政府财政。要多元筹措资金,多渠道导入资金,引入个人资金、集体资金、资本市场资金,积极贯彻《济源市进一步加快旅游业发展奖励扶持政策(试行)》(济政办[2016]43

号),对社会资本参与乡村旅游发展予以资金奖补。除了政府专项资金补助外,可通过优质项目招商引资,由政府担保向金融机构融资,小额项目社会众筹等。鼓励和引导民间投资通过PPP、公建民营等方式参与旅游厕所及污水处理、停车场、游客咨询服务中心等乡村基础设施建设和运营。引导金融机构根据乡村旅游经营企业(合作社)、经营户经营情况,为其提供成本低、期限长的信贷支持,同时,争取将乡村旅游项目纳入全市中小企业发展基金扶持范围。

第八章　焦作市文化市情报告

党的十八大以来,中央把文化建设摆在更加重要的战略地位,做出建设社会主义文化强国的战略部署。面对新形势、新任务,焦作市委副书记、市长徐衣显2017年带领相关部门负责同志对焦作市文化工作进行专题调研并召开座谈会时强调,文化事业、文化产业是地区综合实力的重要体现,是建设美丽焦作的重要内容,各级各部门各单位要凝聚共识,探索创新,坚守文化阵地;讲好焦作故事,繁荣文化事业,做大文化产业,打造焦作文化新高地,以焦作市丰富的历史文化资源为依托,正确把握焦作市文化产业发展方向,努力实现焦作市文化发展的繁荣。

焦作市位于河南省西北部,古称"山阳""怀州",是华夏民族早期活动的中心区域之一,是历史悠久的文化名城。中华人民共和国成立后改称焦作矿区,1956年国务院批准焦作矿区改为焦作市,此后经过几次区域的划分和调整,焦作市现辖4个市辖区、4个县、1个省级高新技术产业开发区,代管2个县级市,面积4071.1平方千米,常住人口375.51万人。1949年后,焦作市以煤矿为主发展工业,现已形成了以能源、机械、化工、冶金、建材工业为主,食品、轻纺、医药等工业部门综合发展的工业行业结构,构成全市国民经济的骨干产业。焦作市的经济发展由煤炭资源带动为主的工业经济增长逐渐向依靠文化旅游促进经济发展方式转变。2006年2月,联合国世界旅游评估中心授予焦作旅游"世界杰出旅游服务品牌"荣誉,是中国首获此殊荣的城市。2008年3月,焦作市被确定为全国首批资源枯竭型城市(煤炭类)。焦作的经济发展方式转型势在必行。2008年，国家建设部评审通过《焦作市城市总体规划（2008~2020）》，实施"工业强市、农业稳市、商贸活市、旅游名市、科教兴市"的总体发展战略，提出城市总体发展目标："努力走在中原崛起前列，把焦作建成中原城市群西北部具有区域特色的新型工业城市和国际性山水旅游城市。"如今的焦作市，培育了陈家沟太极阴阳文化研修与休闲旅游、嘉应观黄河文化休闲旅游等文化旅游品牌，建设了云台山旅游综合服务区、焦作影视城、陈家沟旅游区、青天河旅游区、神农山旅游区、焦作龙源湖公园等休闲旅游景区。焦作市举办的"中国焦作国际太极拳交流大赛暨云台山旅游节"已经运作成熟，其作为政府工作的主线是焦作文化搭台、经贸唱戏、凝聚力量、共谋发展的重要平台，对于传承文化、招商引资意义重大。总体上焦作市已经形成了"焦作山水，太极圣地"这两大世界级旅游品牌。焦作市已经是中国优秀旅游城市、国家森林城市、国家园林城市，正在积极创建国家全域旅游示范市，打造中原经济区文化康养业引领基地，建设"世界太极城、中原养生地"。焦作市的绿城形象不断得到塑造，新建公园有塔北路与影视路交会处两侧公园、普济路与人民路交会处公园、碧莲湖公园、南水北调两侧公园及山阳故城遗址公园。同时，加大对府城遗址、山阳故城遗址、药王庙大殿、靳德茂墓、张昺墓、北朱村民居以及近代优秀纪念性建筑的保护力度。另外，美丽乡村建设如火如荼，孟州莫沟村被命名为中国美丽休闲乡村，博爱小底村成为全国一村一品示范村，温县赵堡镇入选第一批中国特色小镇；有20个村入选全省美丽乡村建设试点，美丽乡村竞相发展。

第一节　焦作市文化资源概述

一、太极文化扬名中外

焦作市融合自身的各类文化资源而后打出的文化旅游品牌为"焦作山水、太极圣地"，且其设计的旅游标志整体上为上山下水，且象征水的部分由抽象的太极阴阳图来表示。可以看出，太极文化在焦作的文化资源中占据着重要的位置，影响着焦作整体的文明旅游定位。

太极文化是围绕着太极拳法衍生出来的太极理念、精髓。狭义地说，太极文化包括太极拳法、原理、功能、特点等一切能表现太极风貌的文化;广义地说,太极文化可以渗入到各个文化领域和事物之中,任何事物中能表明太极的特征、特性的部分都可以划为太极文化的范畴。

目前所公认的太极拳起源地为焦作市温县陈家沟。太极拳这个名称是因为拳法变化无穷,遂用中国古代的"阴阳""太极"哲学理论来解释拳理而被后世所命名的。陈氏一族本不是河南人,而是从山西移居到河南的。陈氏第十八世陈绩甫在他著的《陈氏太极拳入门总解》序中说:陈氏一族是在明洪武七年(1374)由山西洪洞县大槐树村在族长陈卜率领下移居到河南温县常阳村的,后来,家族繁衍,遂把此地改名为"陈家沟"。陈家沟也称为"陈沟",移居后即以陈卜为第一代。移居到河南的陈姓一族,为了防匪自卫,全族很早就练习武艺。进入清代以后,以武勇被任为山东省的保镖,子孙几代连任,亦即从第九代的陈王廷一直连任到第十七代的陈发科。而关于太极拳的创建,有《陈氏家谱》记载:"九世陈王廷,又名奏廷,明末武庠生,清初文庠生。在山东称名手,扫荡群寇千余人,陈氏拳手刀枪创始人也。"所以,目前最可信的说法陈氏太极拳是陈王廷所创立的。陈氏太极拳经过不断的传承与发展,逐渐衍生出杨氏、吴氏、和氏、孙氏、武氏等多种派别,陈氏太极可谓是太极之源。

2016年,陈家沟成为第一批入选的中国特色小镇,焦作市与陈家沟所在地温县政府都十分重视挖掘陈家沟的太极文化,通过举办"太极拳家乡赛"、"不凡杯"青少年传统太极拳交流赛以及"中国焦作国际太极拳交流大赛"来对内营造太极小镇的文化氛围,对外打造太极文化的知名度。同时,斥资建设太极文化生态园,依托太极遗迹,建设太极文化博物馆,打造文化生态,建设一个集旅游、学拳、养生、休闲为一体的特色小镇。将城市与产业和旅游融合,太极与旅游养生融合,按照"全市普及太极拳+焦作中心城区太极文化产业中心+温县太极拳'根'文化传承基地+旅游景区和养生场所融合太极文化元素"的整体规划布局"焦作世界太极城",把太极产业打造成为覆盖全国、辐射世界的太极文化产业,真正做大太极产业、做强太极经济,让太极拳文化助力焦作经济转型升级和财源建设。

二、民间文化资源丰富

怀川大地,水秀山明,数千年历史文化的积淀造就了焦作丰富的自然景观,更是陶冶了世世代代的英才豪杰,政治家、军事家、思想家、哲学家及诗人、文豪、画家都曾在这片怀川大地上崭露头角。春秋战国时期有孔子弟子卜子夏,秦汉有军事谋略家司马懿,隋唐五代时期有"药王"孙思邈、"百代文宗"韩愈、凌云诗才李商隐,金元时期有大学者许衡,明朝时期有"布衣王子"朱载堉,等等。而如今,这些名人文化、精神依然应该在怀川大地上传承与发展。

目前,文化产业在传承发展区域文化中的活跃度日益增加。如何推动区域文化的产业化,合理高效地挖掘区域文化内涵,并使文化产业成为区域文化发展的助推器,是焦作市面临的挑战之一。

以韩愈故里孟州为例,韩愈陵园是为纪念韩愈而建,始建于唐敬宗宝历元年(825),1986年11月,被公布为河南省文物保护单位,陵园主要建筑有牌楼、神道、石阶、山门、飨堂、碑廊、雕塑、展厅、亭阁等。韩愈墓前两株侧柏系建墓时所植,距今已1200年,被世人称为"唐柏双奇"。目前正在以韩园为依托,建设韩愈文化旅游园区。同时,孟州专门成立了"孟州市韩愈研究会",深入研究韩愈、孟州与其贬谪之地山东阳山、广东潮州的文化遗存及精神内涵,"韩学"研究取得了丰硕成果。通过对韩愈文化的深入研究,焦作市文化部门也看到了焦作"借帆出海,承接潮州陶瓷产业转移"的可能。潮州陶瓷产品大量出口创汇,数量之巨曾达全国50%以上,现已拥有强大的生产和研发能力,拥有庞大的销售网络和团队,并建成了潮州国际陶瓷交易中心。为解决资源匮乏的问题,潮州的陶瓷企业已经开始尝试到外地开拓市场。"焦作和潮州在陶瓷产业方面完全可以形成互补",市文产办主任侯红霞说,陶瓷曾是焦作传统出口贸易支柱产业。与潮州相比,焦作耐火黏土埋藏浅、易开采,是生产陶瓷、耐火材料的优质原料,现已探明储量达5049万吨。同时,焦作拥有陶瓷生产技术工人资源优势,数量达6万人之多,"这都是潮州缺乏的重要生产要素"。侯红霞认为,焦作地处中原,不仅在物流交通上享有得天独厚的优势,还有欧亚大陆桥资源、郑州航空港的东风和电子商务通道。这些都为潮州陶瓷项目落地焦作提供了可能。

在民间,各类民风民俗、民间乐器、手工艺也兀自发展繁盛,在董永传说的源地武陟县,"孝子董永"成了劳动人民寄托情结的平台和载体,其延伸的庙会活动一直流传至今。2006年,"董永传说"被国务院公布为第一批国家级非物质文化遗产代表性项目。博爱县的"苏家作龙凤灯舞"是清道光六年(1826)由族人毋黑旦创制,名振清化(今博爱县城),至今已有180年历史。龙凤灯的全手工制作工艺也由苏家代代相传,2008年,"龙凤灯舞"已被确立为国家级非物质文化遗产。武陟、沁阳地区的古老剧种二股弦、怀邦都具有浓厚的地方特色,且已经进入政府设立的百姓文化超市,进入百姓生活。

而在众多的民间技艺、文化遗产中,有一件与"焦作"这一名称有着渊源,那就是当阳峪绞胎瓷。古之山阳城,有民间说法因"焦家的陶瓷作坊"而得名焦作,这里有千年的陶瓷历史文化,是唐宋时期的瓷都之一,以当阳峪窑系为特征的南太行陶瓷产区久负盛名。当阳峪宋代瓷窑遗址记载了当年当阳峪窑业繁荣的盛况,特别是焦作当阳峪窑系用绞胎、绞釉、剔花技法装饰的瓷器,以剔花著称、绞胎取胜,其风格独树一帜。宋"靖康之变"后,烧制中断,技艺失传。目前,国内外博物馆中绞胎瓷器存世量仅60余件,焦作当阳峪宋代古窑址被河南省人民政府列为首批省级文物保护单位,"当阳峪古瓷窑遗址"被确定为国家级文物保护单位。在2002年,第一件完整成型的绞胎瓷作品在"非遗"传承人柴战柱的不懈坚持下重现,重新燃起了熄灭近600年的绞胎窑火。但消失了百年的绞胎瓷要重拾辉煌,尚待时日。虽然在2014年,修武县被中国工艺美术协会授予"中国绞胎瓷之都"称号,但当阳峪绞胎瓷与久负盛名的河南禹州钧瓷、汝州汝瓷、洛阳唐三彩、江西景德镇瓷器相比,无论是知名度,还是产业规模等方面,都不可同日而语。2011年底启动的绞胎瓷文化产业园建设项目,曾在河南省获得了"文化产业创业园优秀奖"。但是,由于资金、土地等种种原因,项目建设到目前为止仍无实质性进展。2014年6月,修武县商务局发布了"当阳峪瓷窑遗址综合开发项目"招商公告。焦作市艺术研究所所长胡红兵认为"酒香也怕巷子深"。当阳峪绞胎瓷在做足内功的同时,也要主动走出去,除了争取政府扶持、媒体宣传,还可以主动到全国各地举办绞胎瓷瓷器展,让更多的人认识绞胎瓷。截至目前,柴战柱和他的团队已研发并生产出内容涉及焦作山水、历史人物、经典故事、山水花鸟、风土人情等现代陶艺上百个花色品种,其作品主要分为绞胎陶艺、绞胎美术瓷、绞胎瓷韵画、绞胎瓷雕、绞胎雕塑艺术瓷、绞胎绞釉瓷六大类。其中,《花器》《硕果》两幅作品于2006年被人民美术出版社选入《九年义务教育课程标准实验教科书·九年级·美术》课本。全国多家主流媒体竞相刊发100余篇关于绞胎艺术瓷的宣传报道;中央电视台一套、七套和河南电视台都在黄金时段播出专题报道;中央电视台还专门为河南的绞胎艺术瓷制作了专题片,向国内外发行了1万多张光盘;2007年,绞胎瓷被命名为"河南省知名文化产品";2007年,《龙凤宝瓶》《秋菊》《赏梅》《抚琴》《天水一色》等作品被评为"河南省工艺美术精品";2010年焦作市金谷轩绞胎瓷艺术有限公司成为绞胎瓷地理标志保护产品专用标志企业;2011年,绞胎瓷文化产业园被评为"河南省文化创意产业最佳园区"。

表8-1 焦作市A级以上旅游景区一览表

级数 类别	5A	4A	3A	2A
自然风景	云台山、神农山、青天河	陈家沟		
历史遗迹		嘉应观、圆融无碍禅寺	韩愈陵园	石佛寺
纪念馆				朱载堉纪念馆
旅游区		影视城	穆家寨生态旅游区、蒙牛工业旅游区	

数据来源:焦作市统计局

三、山水文化魅力彰显

2003年,焦作市进入中国优秀旅游城市行列,"焦作山水"品牌开始在全国叫响,目前已成为一个全国新兴的旅游热点城市。近年来,焦作市通过发展自然山水旅游,来替代将要枯竭的煤炭资源开发,全面转型。这一现象被称作"焦作现象"。"焦作现象"最早由新闻媒体提出,是对煤炭资源开发的全面转型,从而实现经济上焦作旅游业快速发展的一种赞扬性表述。随后"焦作现象"为业内外人士普遍关注和肯定,并被引申为速度和效益的综合体现,而且还是一种精神的体现,是焦作旅游业发挥辐射带动作用的代名词。

焦作旅游业短时间内实现了从无到有、从小到大、从弱到强的根本性变化,其最根本的依托在于焦作丰富且开发性强的自然山水资源。云台山、青龙峡、神农山、青天河、峰林峡、月山寺、嘉应观等可开发利用的自然资源十分丰富。在此基础上,经济社会的转型发展、政府的大力推动成为打响"焦作山水"旅游品牌的最大推动力。

由云台山、青龙峡、峰林峡、神农山、青天河五大园区组成的云台山世界地质公园,是联合国教科文组织确定的世界首批28个世界地质公园之一。云台山世界地质公园位于太行山南麓,河南省焦作市北部,面积约556平方千米,是一处以裂谷构造、水动力作用和地质地貌景观为主,以自然生态和人文景观为辅,集科学价值与美学价值于一身的综合性地质公园、国家5A级旅游景区。其园区内丰富多样的地质形态,奇峰、异岭、峡谷、秀水诠释了焦作山水的独特之美。

焦作市政府为推动焦作山水走出去,打响山水品牌,积极推动举办系列宣传活动。其中,影响力最大的当属由国家旅游局、河南省人民政府、焦作市人民政府每两年联合举办的"中国云台山国际旅游节"。其前身为"焦作山水国际旅游节",在2010年正式更名为"中国云台山国际旅游节",主办方升格为国家旅游局和河南省人民政府,迄今已经成功举办了九届。已有超过60个国家的驻华使节出席、参观,是我国对外展示旅游产业发展的重要窗口式节庆活动。在重庆市第三届"节庆中华奖"颁奖典礼上,中国云台山国际旅游节荣获年度单项奖——"节庆中华·区域拉动奖",其永久举办地为河南省焦作市。这类节庆活动的举办,打响了云台风光、焦作山水的知名度,架起了焦作与河南、全国、全世界交流的桥梁,为焦作的进一步转型、旅游业的发展起到了很大的积极作用。

焦作旅游业的迅猛发展大大促进了焦作经济结构的转型升级,城市面貌和对外形象迅速改变,昨日的黑色煤城变成了今日的中国旅游竞争力百强市、中国优秀旅游城市,实现了由"黑色印象"向"绿色主题"的华丽转身。焦作旅游资源不仅独特而且丰富。独特是指焦作自然山水旅游资源,形成了"五大景区、十大景点",且实现了"春赏山花、夏季看水、秋观红叶、冬览冰雪"四季景观优势品牌,其中云台山世界地质公园入选全球首批世界地质公园。

《2015年焦作市国民经济和社会发展统计公报》相关数据显示,2015年焦作市旅游业全年共接待国内外游客3741.19万人次,比上年实现增长13.4%,其中接待境外游客34.87万人次,实现增长4.6%;接待国内游客3706.32万人次,实现增长13.5%。旅游综合收入301.66亿元,实现增长15.4%。全市共有 A 级以上旅游景区 14 处,其中,5A 级旅游景区 3 处,4A 级旅游景区 4 处,3A 级旅游景区 3 处,2A 级旅游景区 3 处,A 级旅游景区 1 处。另外,《河南统计年鉴—2015》中的相关数据显示,焦作市旅游产业的发展处在全省领先地位,具体情况如下表所示。

表 8-2 2014 年焦作市旅游产业发展在河南省中的情况

类别 地市	总人次数 (万人次)	总花费 (亿元)	人均花费 (元)	星级饭店 (个)	入境游客 (万人次)	外国游客 (万人次)	创汇收入 (亿美元)
焦作	3299(4)	262(4)	793(6)	32(6)	33(3)	18(3)	1.3(3)
郑州	10217(1)	1149(1)	1125(1)	96(1)	48(2)	28(2)	1.8(2)
洛阳	7038(2)	774(2)	1100(2)	67(3)	84(1)	59(1)	2.4(1)
开封	3565(3)	277(3)	777(7)	18(12)	21(4)	11(4)	0.5(4)

注:各括号里的数字代表此市在全省地级市中的排名,数据来源于焦作市统计局

表 8-3 2012~2016 年焦作市旅游概况

年份 类别	2012	2013	2014	2015	2016
国内外旅游总人次数(万人次)	2605.18	2955.19	3298.81	3741.19	4205.53
旅游综合收入(亿元)	200.28	233.2	253.07	301.66	342.62

数据来源:焦作市统计局

表 8-4 2012~2016 年焦作市旅游增长率概况

年份 类别	2012	2013	2014	2015	2016
游客增长率	14.2	13.4	11.6	13.4	12.4
收入增长率	16.49	16.4	11.7	15.4	12.5

数据来源:焦作市统计局

与自然山水相得益彰的是焦作地区的运河文化。焦作位于河南省西北部,隋为河内郡,唐宋为怀州,与洛阳隔黄河相望,是黄河以北通往洛阳的重要交通要道和门户。因与隋唐时期东都洛阳的地缘关系,焦作成为隋唐大运河永济渠的渠首所在地。大运河焦作段主要是隋唐大运河,是大运河文化遗产的重要组成部分。大运河文化,是中华优秀传统文化的重要组成部分。要让中华优秀传统文化传承有抓手、发展有路径,就必须重视、保护和传承文化遗产,围绕大运河文化遗产保护与利用,让遗产"活"起来,带动当地经济发展,加

强大运河文化经济带建设。

焦作地区历史上的运河源自隋代开凿的大运河,是隋代大运河永济渠南端的渠首所在。至唐代,在沿用隋代大运河的基础上,永济渠承担了繁忙的军需物资的调运任务以及救灾运粮的任务;宋代时期,焦作境内的运河称为御河,宋代焦作地区出产的煤炭和瓷器,都是通过御河运达东京汴梁及涿郡等各地;元代称御河为卫河,仍是焦作地区对外往来的重要水路交通要道;明代仍沿用这一称谓,明朝末年实施了"引丹济卫"工程,引丹河水补充卫河的水源,确保了漕运的畅通。

除运河自身所蕴含的历史价值之外,运河流域仍存留着许多历史遗迹,如胜果寺塔、石佛滩摩崖造像、九道堰等。运河流域内丰富的非物质文化遗产也彰显着深厚的文化内涵,共同构成了焦作市独特的运河文化。这些文化遗产是千百年来焦作大运河流域的人民生活生产的历史积淀,是民族文化的结晶,是焦作地区宝贵的文化财富。

目前,焦作市也抢抓国家大运河文化带建设的战略机遇,积极安排、组织相关部门和大运河沿线的县(区)发改委负责同志,召开大运河文化带焦作段工作座谈会,对大运河文化带建设提出具体规划;并开展实地调研,深入了解大运河焦作段历史现状、文化发展现状及存在的问题,扎实做好遗产本体保护和周边环境提升工作,把大运河建设与百城建设提质工程、国家森林城市创建相结合,带动和促进城市建设、生态建设和经济社会文化的大发展。

四、煤炭文化有待发展

焦作工业发展依托当地丰富的矿产资源,现已形成了以能源、机械、化工、冶金、建材工业为主,食品、轻纺、医药等工业部门综合发展的工业行业结构。

工业第一,是焦作市第十一次党代会确定的发展方向。当前,焦作市工业正步入转型攻坚的关键期和弯道超车的机遇期,把握当前有利时机,激流勇进,奋起赶超,进一步强化工业经济的"火车头"地位,是一项长期而艰巨的任务。

2008年,焦作市被确定为全国首批资源枯竭型城市(煤炭类),面临煤炭类资源枯竭的现状,焦作市的工业发展必定要做出相应的转变。第一,传统工业的转型要向科技创新要潜力,向资本市场要动力。位于孟州的中原内配集团股份有限公司,通过技术创新成为国内唯一批量生产欧V以上排放发动机气缸套的企业。第二,它们向资本市场要动力。除了从资本市场上直接融资,它们还通过与一些行业龙头企业采取战略合作、兼并重组、并购等形式,进一步扩大企业规模。在资源不足与生态问题的大环境下,只有通过科技创新,提升资源利用效率,把握资本市场运作规律,焦作工业才能继续发挥好"火车头"的作用。

发展新思路、新业态。通过挖掘焦作市煤炭工业发展的历史文化,凝炼出煤炭工业发展中的煤炭文化,开发煤炭文化游。依托原道清铁路市区段、英国福公司李封煤矿、原中原公司李河煤矿、焦作老火车站、百年学府老矿院等焦作煤文化发展遗迹,来作为焦作煤矿文化发展的历史见证,以此来打造焦作"中国煤矿高等教育发源地"的品牌。如位于焦作的河南理工大学,是中国第一所矿业高等学府、河南省建立最早的高等院校。学校前身是1909年由英国福公司兴办的焦作路矿学堂,历经河南福中矿务学校、福中矿务专门学校、福中矿务大学、私立焦作工学院、西北工学院、国立焦作工学院、焦作矿业学院等历史时期,1995年恢复焦作工学院校名,2004年更名为河南理工大学。其拥有"煤矿灾害预防与抢险救灾教育部工程研究中心""国家煤矿安全监察局煤矿安全工程技术研究中心"两个国家级工程研究中心,在全国第四轮学科水平评估中,河南理工大学"安全科学与工程学科"成功进入全国A类(A-)学科,成为河南省属高校唯一进入全国第一层次的学科;河南理工大学也是全国煤炭高校进入A类学科的三所高校之一,其创校及发展历程深刻反映了焦作煤炭文化在其文化体系中的重要地位,是打造焦作"中国煤炭高等教育发源地"品牌的有力支撑。

依托焦煤集团新东公司,在焦东矿遗址建设焦作煤文化展览馆,展示百年来煤炭开采工艺演变史、焦作煤矿发展变迁史以及通过焦作煤矿发展变迁所反映的焦作城市历史发展轨迹等系列煤文化;并且在保证安全的前提下,开发煤炭开采挖掘体验游。通过策划相关旅游活动,满足游客体验生活、增长见识的需求。同时,也让焦作煤炭这一传统工业,从另一种角度闪现出了不一样的光彩。

改造提升传统产业。提升传统产业的现代化水平,实现"焦作制造"向"焦作创造"的转变,以及"焦作产品"向"焦作品牌"的转变。把生态文明建设融入社会各个领域,用"绿色化"战略推动产业转型升级,推动焦作市煤炭、钢铁、建材等传统产业的转型升级,改善产品结构,开发新型产品,支持企业进行市场的开扩,加快技术改造,严格控制成本,增加延伸产业链条;同时,将机械和医药产业等传统产业转型升级,扩大产业关联度,依托传统产业的升级为焦作市的整体产业转型奠定坚实的基础。

第二节 公共文化服务体系建设

一、公共文化服务体系框架及主要成果

（一）基层综合性文化设施建设

在经济社会日益发展的今天,人民群众对于精神文化的需求与日俱增,以满足人民群众基本文化需求的公共文化服务体系亟待完善与发展。建设一个完善有效的公共服务体系就要在建设、完善基层综合性文化设施的基础上,整合当地的文化资源,积极创新文化表现形式,提升文化服务功能,从而来满足人民群众的基本需求,宣传社会主义文化理念。把服务人民群众同教育引导人民群众相结合,把满足需求同提高素养相结合,使基层公共文化服务得到全面加强和提升,为焦作市的全面发展提供强大的精神动力。

焦作市积极完善当地的基层综合性文化设施建设,将面向基层的文化服务中心建设成为向人民群众提供文化服务的终端平台。完善现有的综合文化站、文化活动中心、文化活动室,落实其实际使用情况,为后续进入的文化服务项目打下平台基础。在推动文化信息资源共建共享方面,提供数字图书馆、数字文化馆和数字博物馆等公共数字文化服务。如焦作市博物馆为了提供更好的公共文化服务给公众,为了拉近参观者与文物的距离,让文物变得"亲切",实施了许多措施,如2013年,市博物馆在展厅内设置体验区,制作一些文物模型让参观者体验。从多年前开始,市博物馆先后开发了五凤熏炉、钥匙链、名片夹、鼠标垫等10余个以市博物馆展品为符号的系列文创产品,在重要节日里免费发放给参观者。此外,市博物馆多次面向社会招募业余讲解员,为市民了解本土历史文化开通"直达车"。更重要的是,近年来,市博物馆多方寻求科技布展途径,将电子触摸屏、微信"摇一摇"、360度旋转电子投影仪等科技产

品充分运用到布展中,让文物紧跟时代发展潮流,与民众生活更加亲近,这一系列体验式"营销"手段,促使市博物馆近年来的参观人数逐年增长,每年吸引参观者10余万人次。

焦作市公共图书馆共有7家,分别是焦作市图书馆和辖区内的6个县市图书馆。其中市图书馆是地市级公共图书馆,馆舍面积15678平方米,藏书50万册,现有工作人员76人,2011年10月开始对外试运行,2013年5月正式开馆,年接待读者40万人次,借阅图书35万册次,不论馆舍面积、藏书量,还是自动化水平和管理都处在全省前列。县级公共图书馆有6家,焦作市5城区没有一家城区图书馆,解放区、山阳区尽管与高校共建图书馆,但不是真正意义的公共图书馆。焦作市图书馆专门开辟老干部阅览室,营造安静舒适的阅读环境;精心挑选了适合老年人阅读的报纸、期刊,其中报纸15种、期刊32种。提供放大镜、老花镜等服务设备和毛笔、墨水、砚台等书法用品,体现了人性化的服务理念。不仅如此,焦作市图书馆还设立了残障人阅览室,为残障人提供了CD播放器2台、智能阅读机3台、盲文点显器3台、电子主视器3套、高配置的多媒体电脑3台等;文献有以医学、文学、历史类为主的盲文图书170种(370多册),以保健、养生、休闲、新闻类为主的报纸16种、期刊40种;以音乐、医疗、评书、电视连续剧等有声读物为主的电子文献360种(1600多盘)。另外,还为盲文读者配有专门的阳光读屏软件,方便盲人读者使用电脑。此外,积极建立图书馆馆外流通点,让阅读更平等。焦作市图书馆相继把图书送进贫困山区(修武县双庙小学、博爱县小学),建立馆外流通点;把图书送进焦南监狱、焦作监狱、市劳教所等馆外流通点。另外,还在焦作市特殊学校、焦作市儿童福利院建立馆外流通点,通过拓展服务载体,让更多的人享受到阅读的平等。

近年来,国家对基层文化建设特别是农家书屋建设非常重视,并投入大量的资金进行普及,收到了很好的效果。目前,焦作市的农家书屋达到1270余家,占所辖行政村总数的64%,城市社区也相继建立了许多图书室。这些书屋、图书室的建成极大地满足了农村、社区群众的精神文化需求。此外,焦作市在其范围内推进广播电视户户通,提供应急广播、广播电视器材设备维修、农村数字电影放映等服务,贴近群众生活,推进县域内公共图书馆资源、文化馆资源共建共享和一体化服务,推进基层公共图书馆、文化馆总分馆制建设,在基层综合性文化服务中心设立公共图书馆、文化馆服务点。将农家书屋纳入基层综合性文化服务中心管理和使用。建设基层体育健身工程,组织群众开展体育健身活动。加强文化体育设施综合管理和利用,进一步完善基层文化设施服务体系。2016年末,焦作市共有公共管理、社会保障和社会组织法人单位4474万个,公共管理、社会保障和社会组织法人单位从业人员5.15万人,公共管理、社会保障和社会组织法人单位资产87450万元。

表8-5　2013～2017年焦作市公共文化服务建设情况

单位:个

类别 年份	艺术表演团体	文化馆	图书馆	博物馆	全国重点文物保护单位	入选国际级非物质文化遗产名录
2017	7	11	8	9	27	13
2016	7	11	8	9	27	13
2015	8	11	7	9	27	13
2014	8	11	7	8	27	13
2013	8	11	7	8	27	10

数据来源:焦作市统计局

(二)文化宣传教育

公共文化服务不仅要满足人民群众的基本文化需求,还要通过提供优秀的文化服务,来实现必要的文化教化功能,保障文化的安全性,维护社会的稳定。积极开展宣传教育活动,通过定期开展百姓论坛、专家讲座、专题报告等多种形式,进行科学教育、法治宣传教育活动,提高基层群众的科学素养和法律意识。围绕当前国家的重大改革措施及惠民政策,进行政策解读,让群众更加了解国家相关政策。焦作市开展社会主义核心价值观学习教育和中国梦主题教育实践,推进文明村镇、文明社区创建和乡贤文化建设。利用宣传栏、展示墙、文化课堂、道德讲堂以及网络平台等,广泛开展包括党史村史、村规民约、道德模范、家庭模范、民族政策等内容的展览展示、巡讲巡演活动。弘扬中华优秀传统文化,利用当地特色历史文化资源,加强民间文化艺术之乡创建,做好非物质文化遗产保护工作,打造基层特色文化品牌。开展艺术普及、全民阅读、法治教育、科普推广和就业培训等,传播科学文化知识,提高人民群众的综合素质。

（三）引导组织文体活动

引导组织群众开展文体活动。依托基层综合性文化服务中心，鼓励群众独立创作和全民艺术普及，支持群众自办读书社、书画社、乡村文艺俱乐部，组建演出团体、民间文艺社团、健身团队及个体放映队等。结合传统节日、重要节假日和重大节庆活动，组织开展读书征文、文艺演出、经典诵读、书画摄影比赛、体育健身竞赛等文体活动。加强对广场舞等群众文体活动的引导，推进广场文化健康、规范、有序发展。工会、共青团、妇联等群团组织要以基层综合性文化服务中心为载体，开展职工文化交流、青少年课外实践和妇女文艺健身培训等丰富多彩的文体活动，引导群众继承和弘扬中华优秀传统文化，培育和践行社会主义核心价值观。在先后组织了"文明河南·欢乐怀川"春节优秀文艺节目展演、"舞台艺术送农民"、"舞台艺术送基层"等系列群众文化活动之后，焦作市在2015年举办的"周末大舞台"活动，以东方红广场中心舞台为演出阵地，由市豫剧院、市歌舞剧院、县级专业演出团体、民营院团以及焦作市省级稀有剧种院团等多家单位参演，一直持续至2016年1月，演出时间安排、剧目将定期在《焦作日报》等新闻媒体和演出场地进行公示，做到公开、透明。演出活动不仅有豫剧等优秀剧目，而且还有形式多样的歌舞表演，让文化丰富群众生活，满足人民群众的文化需求，繁荣文化发展。据统计，在2015年末，焦作市共有艺术表演团体8个，文化馆11个，公共图书馆7个，博物馆、纪念馆9个，全国重点文物保护单位27处，入选国家级非物质文化遗产名录13个；全年共举办各类赛事活动700多场，其中承办省级以上比赛48次。全市体育人口达148万，运动员全年共参加省级以上比赛50次，获亚洲冠军2个、全国冠军11个，获省级冠军178个、亚军144个、季军181个。

二、公共文化服务特征

（一）公共文化设施不断完善，服务能力不断增强

公共文化建设不断加强。文化基础设施不断完善，公共文化服务水平不断提高。2015年，全市财政用于文化、体育与传媒的投入达35011万元，同比增长33.8%。全市电视覆盖率100%，广播覆盖率100%，公共图书馆7个，文化馆11个，博物馆、纪念馆9个，艺术表演团体26个，艺术表演场所3个。全国重点文物保护单位27处，入选国家级非物质文化遗产名录13个。各类娱

乐场所117家,出版物零售经营单位(含图书、音像制品)341家,城镇电影院20家,全市已有网吧连锁企业10家,互联网经营场所555家。

(二)紧跟时代潮流,"互联网"特征明显

在信息飞速传播、社会瞬息万变的现代社会,社会大环境的变化也赋予了公共文化新的特征。在"互联网+"思维渗入社会活动各方面的同时,公共文化服务形式、内容也在不断创新,与时俱进,具有"互联网+"的新特征。

焦作市于2015年开始在全市实施"百姓文化超市"工程,其秉承着"互联网+"理念,在网络平台上搭建基础公共数字文化服务平台,整合全市各级各类文化资源,将其分别纳入网络服务平台之上,形成一个文化内容丰富、门类齐全的"文化超市"。一是线上建网。建设了"焦作市百姓文化超市"网站,设置"超市菜单""订单收集"等10余个专栏和各县(市、区)版块。同时,还建立了APP手机客户端和微信公众号,实现互联互通、共建共享。群众可以登录百姓文化超市网站以及微信公众号直接"下单"文化服务。二是线下建点。依托市文化馆(图书馆)、县(市、区)文化馆、乡镇(街道)文化站和村(社区)综合性文化服务中心等公共文化服务设施,分级设置"百姓文化超市"服务总台、联络台和基层服务联络点,统一悬挂标识标牌,建立管理员工作队伍,明确各级工作职责和规章制度,确保管理和使用科学化、规范化。群众可通过电话或面对面的方式,向所在村或社区的文化管理员表达诉求。这种线上线下相结合的方式,完善了公共文化服务体系。其采用"超市化"供应、"菜单式"服务、"订单式"配送的文化惠民模式,以实现真正的供需有效对接,打破了以往的单方面灌输,提升了文化服务的精准性、标准化。一年来,"百姓文化超市"成为焦作市基层综合性文化服务中心建设的亮点工程,并入选省公共文化服务体系示范项目,列入2016年度市政府重点民生工程,受益群众已逾300万人次。优先在全市188个贫困村建立"百姓文化超市"联络点,实现文化精准扶贫。与此同时,焦作市将以"百姓文化超市"网络服务平台为依托,深入推进各项文化惠民工程,继续开展"春满中原""百城万场"等系列群众文化活动,"百姓文化超市"的成长反映了人民群众生活的富裕以及文化需求的转变。焦作市宣传部部长贾书君说,在国家公共文化服务体系建设专家委员会委员杨乘虎看来,这是全方位推进"互联网+"与公共文化服务的深度融合,这种线上线下的双线推进培育了公共文化数字服务的新模式。2017年,在安徽省马鞍山市举行、由文化部指导主办的2017年中国文化馆年会开幕式上,文化部对从全国文化馆(站)中遴选出来的20个优秀群众文化品牌进行表彰,焦作市的"百姓文化超市"就名列其中,这是此届中国文化馆年会河南省唯一被表彰的文化品牌。

第三节 文化产业发展现状

自焦作市建市以来,生产力水平不断提高,经济发展水平逐年增长,人民群众的物质生活水平不断提高,对文化的需求也随之日益增长。但是,传统的文化发展已经不能适应当代经济发展水平的要求,以往的精神文化产品的生产也已经不能满足人民群众的文化需求。市委和市政府在坚持发展工业强市的基础上,逐渐加快了城市的文化建设。2009年,市委、市政府组织的文化焦作建设大型调研活动的情况报告中明确提出建设文化强市的发展目标,建设文化焦作,促进文化产业和文化事业的发展。大力实施"文化旅游带动"战略,加大文化基础设施建设,努力完善公共文化服务体系,在文化单位领域尤其是文化事业单位加快改革步伐,认真推进转企改制的相关政策,进一步深化事业单位内部人事、劳动、分配的制度改革,克服体制性障碍,激发文化产业的发展活力。

一、文化旅游业发展成重点领域

焦作市文化旅游业发展于原来的旅游业,是在原有旅游业发展的基础上形成的新业态,近些年来获得了较快的发展。以云台山、青天河为代表的旅游文化已经成为焦作市文化产业发展的排头兵。2010年,焦作市政府下发的《焦作市人民政府关于加快中心城区服务业发展的实施意见》中明确提出:"以充分挖掘焦作太极拳文化、煤矿文化和影视文化内涵为重点,以建设沿山、沿水休闲度假带为抓手,以打造'休闲城区'为目的,加快发展中心城区文化旅游业。"现在,焦作正围绕着打造国际太极拳文化产业中心的目标稳步前进。"太极大学"和"太极生态养生基地"等项目建设规划有序进行,陈家沟太极文化生态园项目也已经投入建设。利用南水北调工程穿越城区的有利条件,谋划建设南水北调工程纪念馆,形成多业态聚集的沿线生态观光、娱乐、体育健身等沿水休闲度假带；依托大沙河综合治理开发，规划建设沿河两岸休闲观光旅游带；依托焦作北部山区开发，以影视城、缝山针公园等为中心，打造北山休闲度假基地。焦作市将迎来文化旅游业发展的高潮。

二、文化产业发展体系建设开始发展

为了最大程度利用优质文化资源创造经济价值，把优质文化内容与其他行业相融合，对优质文化内容进行其他形式的再开发利用，形成一条文化产业链，是促进文化产业发展的一条好途径。依托本土文化资源，推进演艺娱乐、新闻出版、广播电视、工艺美术等文化产业发展，逐步形成较为完整的文化产业体系。现在，焦作市的文化产业发展体系建设开始起步，依托当阳峪绞胎瓷古窑址，规划建设当阳峪绞胎瓷文化产业园；依托盆窑村上百年黑陶老窑，由文旅集团、河南德仁实业有限公司、沁阳市蓝钻黑陶文化传播有限公司共同出资，建设黑陶文化产业园；依托中站区李封村千年天目瓷老窑遗址打造天目瓷文化产业园。在文化产品的平台搭建上也有了实质性的进展。支持金谷轩绞胎瓷艺术有限公司等文化产业公司，共同打造文化创意产品生产交易平台。文化产业发展体系的建设有利于完善文化产业链，以某一方面的文化资源为支点，集合各方面的资源逐步进行开拓，可以充分利用文化资源的价值，同时将开发此文化资源的风险分散，避免出现押宝的现象，有利于做大做强文化产业。当阳峪绞胎瓷古窑址的多方面开发，为焦作市其他非物质文化遗产的市场开发和活化提供了模板，同类型的焦作市非物质文化遗产可以参考其发展模式，进行产业化开发。

三、体育产业在酝酿中平稳发展

焦作市作为河南省的体育强市，近年来在竞技体育方面为国家输送了不少像陈中、贺璐敏、常静等优秀体育健儿，他们在国际比赛中取得了优异的成绩，给国人留下了深刻的印象，展示了焦作市体育事业发展的成果。与此同时，焦作市群众体育运动的发展也是齐头并进，特别是在太极拳和篮球运动方面。焦作市的体育产业发展有深厚的群众基础，通过举办市运会等体育比赛，使焦作市体育事业高速发展。在全市范围修建了多个体育场馆，分布在各个县、村，为体育事业发展提供了基础设施保障。截至目前，各县市区共建成全民健身活动中心9个,标准田径场5个,标准游泳池和体育公园4个,有看台的灯光球场6个,综合训练馆5个;乡镇体育健身工程106个,农民体育健身工程1985个,健身路径2000多条,市区晨晚练点基本达到社区全覆盖;全市可供老年人活动的场地面积占体育场地总面积的30%以上,人均占有体育场地面积1.6平方米以上,在全省位居前列。现在全民追求健康的生活方式,体育锻炼越来越成为人们生活休闲的选择,体育健身的风潮在全国已经兴起,多样化的体育消费需求已经形成,而这正是体育产业发展的动力所在。焦作市的体育产业刚刚开始起步,未来必定还有更大的发展空间。

表8-6 焦作市市级体育产业示范基地

市级体育产业示范基地		
沁阳市体育馆	博爱县体育馆	海涛世嘉健身美容中心
市三利达射箭器材股份有限公司		

数据来源:2018年2月6日腾讯·大豫网

表8-7 焦作市市级体育产业示范单位

市级体育产业示范单位		
修武县云台山国际文武学校	温县不凡健身中心	温县陈家沟外国语学校
焦作市红棉鞋业有限公司	武陟县景智健身俱乐部	焦作市道一跆拳道学校
焦作市圣锦武术器械有限公司	焦作市卢亮沟旅游发展有限公司	河南常新宏达网络科技有限公司
焦作市华盛武院		

数据来源:2018年2月6日腾讯·大豫网

表8-8 焦作市市级体育产业示范项目

市级体育产业示范项目单位		
博爱县未来星体育俱乐部	焦作强者运动有限公司	焦作睿健体育运动有限公司
覃怀办事处东关社区户外全民健身活动中心	嘉应观乡祥瑞文化广场健身活动中心	

数据来源:2018年2月6日腾讯·大豫网

四、文化演出业发展势头良好

焦作市的文化艺术工作近年来成绩斐然,涌现出一批优秀剧目。在依托本土优秀的历史文化资源,结合时代发展主题,充分挖掘社会主义核心价值体系的基础上,艺术家们创作了一批高质量且受人民群众欢迎的演艺作品如大型怀邦历史剧《曹谨还乡》等。2017年,经国家艺术基金评审,焦作市申报的《韩愈》和《和谐胡同》,分别荣获国家艺术基金2017年度大型舞台剧和小型剧(节)目作品创作资助项目,创造了2013年国家艺术基金成立以来焦作市作品创作获得国家级资助项目的先河。为满足人民群众对文化艺术表演的需求,焦作市创新实施"百姓文化超市"惠民工程,2016年以来,焦作市根据群众文化订单需求,共送戏下乡3600场次,送电影下乡2.8万场次,开展"舞台艺术送农民"和"舞台艺术送基层"活动演出450场,派出各类指导老师4.5万人次,举办各类公益培训讲座3200场次,基层文化队伍发展到了5000多个,受益群众达260万人次。但从现实情况看,文艺演出业现在处于"政府主导,花钱向社会购买服务"的状态,还是事业性的发展模式。文艺演出团体的演出服务购买主体是政府还不是普通消费者,它依赖政府的财政投入。文艺演出业还未真正走向市场,与市场的结合还不紧密。

五、印刷行业繁荣发展

印刷行业作为焦作市传统的文化产业之一,发展繁荣,近年来除了常规的线下印刷单位,在互联网的影响下,借助电商平台经营出版物也出现了。据2016年市文化广电新闻出版局年审统计,全市现有146家印刷业经营单位,包括出版物印刷企业、数字印刷企业、包装装潢企业等,已经形成了一个完整的印刷业系统。其中年印刷总产值超过5000万元以上的有焦作市孔怀包装有限公司、河南利人彩印包装有限公司、孟州市麦威包装材料有限公司三家。2015年,全市印刷企业总资产180066.82万元,销售收入达955325万元,保持稳定增长的势头。作为河南省电子商务创业基地和焦作市创业孵化基地的博爱县电商大厦建筑面积达5.8万平方米,其中电商经营的品种基本都涉及出版物零售。

六、文化产业发展不平衡

从焦作市文化产业的空间分布情况看,焦作市文化产业的发展目前集中在焦作市内城区和个别有特殊文化资源和自然资源优势的县区,比如依托本地的自然资源云台山水,结合当地历史文化发展文化旅游的修武县和依托当地韩愈这个名人文化资源的孟州建设韩愈文化产业园等。其他县城由于没有特殊的文化资源,影响了其文化产业发展,至于现代文化产业建设,则由于缺乏资金和技术,文化产业机构数量少、规模小。从文化产业的发展程度看,虽然近年来在互联网浪潮和数字化技术手段的影响下,焦作市的新型文化产业有所发展,比如《焦作日报》数字刊出现、沁阳大数据产业园开始建设,但总体上焦作市新型文化产业的发展是十分缓慢的,传统文化产业所占比重还是主要的,需要指出的是其形态并未有实质性的改变,与互联网结合不够紧密。跨行业、跨媒体、运用高新技术的文化企业还较少见,目前只常见于报刊行业涉及电子出版物方面,在义化资源配置方面其重要作用的文化信息业、文化会展业等发展尚不规范,关于内容创意的文化产业竞争力不足。

第四节 文化产业发展面临的机遇与挑战

受经济发展水平制约,焦作市长期以来把工业发展放在全市社会经济发展的首要位置,对当地文化资源的开发不够重视。直到近些年来因为经济结构转型的原因才逐渐重视文化,认识到文化产业在经济发展中的重要作用。再加上现在人们的收入水平提高,恩格尔系数降低,人们对文化消费的需求越来越强烈,在这种情况下焦作市文化产业迎来了发展的契机。焦作市拥有丰富的自然资源和人文资源,其文化产业的发展有巨大的前进空间。

一、战略机遇

这些年来,焦作市政府为扶持文化产业发展在多个重要的政府法规政策中专门用较大的篇幅对文化产业的发展进行指导和规划,如《焦作市人民政府关于加快中心城区服务业发展的实施意见》《焦作市推进服务业供给侧结构性改革专项行动方案》等,同时在财政政策和税收政策方面也加大优惠力度。国家方面也不断加强文化及文化产业方面的发展,提出文化强国战略,为文化产业的发展提供政策支持,支持文化产业多方面、多种形式发展,提高文化产业的竞争力。为促进中原地区发展,国家出台《促进中部地区崛起"十三五"规划》《中原城市群发展规划》,中原城市群成为国家级七大城市群之一,确立了郑州国家中心城市地位,为焦作建设郑州大都市区门户城市定位,为焦作借势郑州、融合郑州,错位发展、对接发展提供了条件。2005年,焦作市政府发布了《焦作市人民政府办公室关于印发焦作市生态示范区创建计划的通知》(政办[2015]108号),建设生态城市,这为文化产业的发展提供了环境条件。

数字信息技术的发展尤其是互联网时代的到来,为文化产业的发展提供了空前的机遇和发展动力。传统文化行业有了新的发展机会,自身的结构和机制开始转型,自身的造血功能加强。借助先天的技术创新优势,新型文化产业的发展彰显出巨大的市场潜力。在这类文化产业方面,焦作市才刚刚起步。目前,焦作市正在实施创新驱动战略,建设创新焦作,发展创新平台。以国家级高新区为载体,编制实施"一区四园"发展规划,争取尽快纳入郑洛新国家自主创新示范区拓展区。这将对焦作市文化产业发展产生重要的促进作用。

随着人民群众生活水平的日益提高,满足基本的衣、食、住、行等基本消费需要后,人们对精神产品和文化产品的消费需求凸显,对文化消费的需求越来越强烈,这为文化产业的发展提供了广阔的消费市场。据焦作统计信息网显示,2018年1~2月社会消费品零售总额完成128亿元,同比增长11.9%,增速位列全省第5位。增速高于全省平均水平0.3个百分点,高于全国平均水平2.2个百分点,增速位次较去年同期提高了5位。全市消费品市场保持了较快的发展势头,实现了良好开局。人民群众对美好生活的向往推动着消费升级快速向前。居住升级、汽车消费、3C消费等消费升级类商品零售增速较快,体现出全市居民消费热点逐步转换。家用电器和音像器材类同比增长39.4%,电子出版物及音像制品类同比增长750%。

二、焦作市文化产业面临的严峻挑战

(一)文化产业发展的技术含量低

目前,焦作市的文化产业发展中传统文化产业所占比例比较大、技术含量较低,而且因为自身的体制机制问题,造成文化造血能力不足,对数字信息技术带来的新变化应对不足,导致文化竞争力不高,像文化艺术演出业还要依靠政府财政补贴和政府购买生存。新型文化产业发展还在规划建设阶段,尚未形成气候。这从焦作市文化广电出版局更新的内容就可以看出,关于"互联网+""网络出版"等新兴文化产业的内容较少。焦作市动漫产业的发展才刚刚起步,中国动漫集团在焦作市解放区建设的中国(焦作)动漫项目——动漫游戏产业聚集区和动漫游戏互动娱乐城2017年建成,将带动焦作市动漫、商务、科技、旅游的跨越式发展,为正在谋求产业转型升级的焦作经济注入了新的活力,并有望成为代表国家水准、具有国际竞争力的中国文化产业新业态项目。早在2014年12月3日,市人大常委武云、政协常委董世坤等一行五人就焦作市文化市场的现状及文化产业转型升级情况进行了调研,调研组一行先后到焦作市海德瑞印务有限公司、焦作爱你数字生活馆、焦作市交通运输集团有限公司鑫盛印刷厂等文化企业调研。调研结束后,召开了座谈会,代表和委员们对文化产业的发展,特别是印刷行业和互联网行业的转型升级给予了高度评价,同时,也指出了存在的问题并就如何解决目前的问题提出了意见和建议。但总体来说焦作市的文化产业技术含量低,尤其是传统印刷行业的占比大,还处于传统文化产业发展阶段,在网络出版方面,用户规模和市场增长都没有突出表现。提高文化产业的技术含量对于提高焦作市文化产业发展水平来说刻不容缓。

(二) 文化产业发展的政策环境有待改善

虽然市委、市政府发布有关于促进文化产业发展内容的政策文件,但是专门性的针对关于文化产业的发展规划数量不多。从已有的文化产业发展政策规划看内容基本都是关于文化旅游方面的,对文化产业的其他发展形势给予的政策支持少见。关于文化产业投融资发展的财政政策和税收政策尚未形成体系,对于激励文化产业技术改进和技术提高的奖励政策还需要完善和提高;文化产业的发展层次还不高,关于文化产业发展的政策环境还有待改善。从公共文化服务体系上看,除了市区有较多的文化场馆等基础设施,农村的公共文化基础设施数量少,除了政府的文化惠民工程送戏下乡等,人们对文化消费的选择性少。需要指出的是,在焦作统计信息网上缺乏关于焦作市文化产业发展的相关数据统计,除了稍稍涉及与文化旅游相关的综合收入和游客数量,个别文化消费品如影像音制品的销售额等数据,其他关于文化消费结构、存在的文化产业企业数量等数据统计均未显现。焦作市统计局对文化产业的发展状况缺乏相关数据统计,这些数据对相关政策制定部门制定文化产业方面的政策具有重要的参考作用。文化产业的发展需要良好的政策环境保驾护航,焦作市统计局应该尽快成立相关小组对文化产业发展情况进行详细的统计,以便焦作市政府在此基础上出台文化产业相关政策为本市文化产业发展提供政策基石。

（三）缺乏文化产业人才

文化产业的发展离不开核心的文化产业人才经营，现有的普通的经营性人才是远远无法满足文化产业发展需要的，文化产业需要的是综合型人才。文化产业所需的人才，是除了要具备基本的经营管理知识，还要具备一定的文化素养和审美，并在此基础上具有一定的活跃思维和具备现代文化创意能力的融合型人才。但是就全国范围文化产业领域而言，这种类型的人才都很缺乏，更何况是焦作市。受到文化产业人才方面的限制，焦作市尽管有丰富的文化资源和自然资源，但是许多文化资源存在开发不足、产业化进程缓慢的情况。比如焦作市有丰富的民俗文化资源，不少还都是省级"非遗"项目，但现在只有修武的当阳峪陶瓷得到了比较充分的开发，已经有了产业园的建设规划。焦作市还有很多其他类型的优秀文化资源尚待被挖掘、进行活化，衍生经济价值。为了焦作市文化产业的长远发展，这种状况迫切需要改进，这一切都离不开文化产业人才的策划和经营。补齐文化产业人才短板，有利于焦作市文化产业的开发和升级改造。

第五节 文化产业发展的战略重点与对策

一、战略重点

（一）深耕文化——充分挖掘文化内涵，大力发展文化旅游业

依托"太极故里""山水焦作"这两大具有世界影响力的品牌，焦作市文化旅游业的发展欣欣向荣。焦作市拥有丰富的旅游文化资源，具有成为国际知名旅游城市的潜质。下一步焦作市要在原有文化旅游业发展的基础上深入挖掘其中的文化内涵，从中提取一些具有代表性的、独特的文化符号，充分挖掘文化特色，提升文化产业的档次。焦作市文化底蕴深厚，历史上的文化名人众多，如山涛、韩愈等，这些文化名人拥有较高的知名度，充分挖掘这些历史文化名人的资料，围绕他们建设焦作市的文化品牌，可以促进焦作市的文化旅游发展。其一，这些地方名人是焦作市历史、文化、社会变迁的集中体现，各自具有

鲜明的时代特点,都是焦作市文化旅游中独特的开发点;其二,这些历史文化名人都具有美好的品德和高尚的节操,代表着地方的民族精神,这有利于塑造焦作市的城市形象,向外界传达焦作的美好精神。同时焦作市还保留有传统的古村落,在原有文化旅游业规划基础上再借助国家全域示范市的东风建设一批传统村落、美丽乡村,开发其中的文化旅游资源,形成不同类型的文化景观,十分有利于焦作市文化旅游发展。

(二)加快融合——加快旅游业与其他产业融合,发展产业新业态

如今旅游业与其他产业的融合度越来越高,产生了一批新的产业业态,诸如"农业旅游""工业旅游""文化旅游"已经屡见不鲜,这些旅游业与其他产业融合发展出来的新业态一经推向市场就受到了人民群众的喜爱。焦作市要以创建国家全域旅游示范市为契机,积极探索"旅游+"产业融合发展新业态,实现一业突破、多业融合的目标。积极利用焦作市旅游业的优势与其他产业结合,通过旅游业带动其他产业发展。为落实"旅游+"产业融合发展,焦作市要针对农业、工业、文化、体育、养生、城建与旅游业融合发展制定出落实台账,并及时总结推广旅游融合发展工作中的好经验、好做法,通过强化督促抓落实,强化跟踪问成效,确保旅游融合发展提升工作任务件件落实、政策项项兑现。旅游业在焦作市经济发展中的重要性不言而喻,加快旅游业与其他产业融合,发展产业新业态是推动焦作市经济增长的必由之路。

(三)筑牢基础——推进公共文化服务体系建设

现代公共文化服务体系建设的基本要求是要标准化、均等化,不管是城市还是农村,公民的文化权益都要得到保障,人民群众的基本文化需求要得到满足。政府要充分认识公共文化服务建设的意义,确保各项公共文化建设任务落到实处,根据城乡发展水平和主体差异分别提供不同类型的公共文化产品和文化服务,加强城乡公共文化服务基础设施建设。尤其是农村地区,由于政府之前主推城市公共文化服务设施建设,农村地区的公共文化服务设施建设长期落后于城市,政府要加大对农村地区公共文化服务设施的资金投入,努力缩小城乡文化发展差距。要切实关心人民群众的文化需求,保障人民群众的文化权益,继续推进"百姓文化超市"便民服务模式,为人民群众提供满意的文化产品。同时,为配合本市旅游业健康发展,要加强完善旅游的公共服务体系建设,推进旅游公共服务基础设施建设,从多方面把互联网引入旅游服务体

系,加深互联网融入旅游服务程度,切实让人民群众感受到便利,为市内外游客提供优质服务。

二、战略对策

(一)促开放——实施开放带动战略,积极招商引资

焦作市政府要在国家级高新区和其他文化产业园区积极招商引资,采取降低文化投资门槛、对进驻企业提供税收优惠、为有发展潜力的中小型文化企业提供低息甚至无息贷款等措施,积极鼓励、引导社会资本进入文化产业领域,投资经营文化产业,增强文化产业发展的活力。扩大建设资金的来源,积极拓宽促进文化产业发展的投融资渠道,努力营造"亲商、安商、富商、养商"的良好投资环境,吸引并保证更多客商落户焦作、投资焦作、兴业焦作。除了利用"一赛一节"这个平台招商引资,焦作市招商引资团队要不断外出学习考察各地招商引资的优秀经验,学以致用,用以促学,切实把学习成果转化为实实在在的招商引资项目,推进全市招商引资工作迈上新台阶、实现大突破。要综合运用专业能力、沟通能力和公关能力,宣传推介焦作的战略地位、区位优势、发展态势、营商环境、文化实力,在全国全省发展大格局中讲好焦作故事。要注重找准与客商的事业共同点、战略协同点和利益连接点,实现焦作优势资源与客商投资愿望的有效对接,全力引进中心型、基地型项目。加强对外开放,积极与国内外优秀文化企业合作,以开放带动当地弱势文化产业项目的发展。积极与"一带一路"沿线新兴市场合作,加快跨境电子商务发展。

(二)重创新——实施创新驱动战略,发展文化科技

党的十八大报告提出"促进文化和科技融合,发展新型文化业态",科技繁荣是促进文化发展繁荣的重要途径。文化学者于平提出,科学技术成为经济社会发展的主要力量,科技进步给文化发展带来革命性变化,文化科技融合创新的内在机理和路径选择,是新的经济发展方式,也是新的文化建设理念[①]。科技能改变文化产品的生产方式,目前焦作市的文化产品生产水平还比较低,主要是以依靠观光旅游和传统印刷行业生产的粗放型文化产品为主,相关文

---

① 傅才武、李国东:《促进文化科技融合的模式与政策路径分析》,《艺术百家》,2015年第6期。

化科技产品不多。推动文化产品进行升级改造需要利用数字信息技术进行多元化开发,要积极推动传统印刷行业拥抱科技,发展网络出版;观光旅游类文化产品拥抱科技,创新文化产品生产方式。科技能改变文化产品的传播方式,利用数字信息技术即可拥有多种途径传播文化产品,打破之前时间和距离的限制。比如对于文化惠民工程就可以在之前送戏下乡等形式的基础上,以互联网为媒介向文化产品接受地传送多种其他形式的文化产品,丰富文化产品下乡的种类。科技为文化产品的创新提供了技术支持,政府要建设创新焦作,加快实施创新驱动战略,实施创新机制,建设创新体系,壮大创新主体,推动科技发展,为新兴文化产业的发展提供技术支持,促进文化和科技的融合。

(三)给政策——政府加大政策支持力度,释放文化产业活力

政府要加快转变服务职能,加强对文化产业的服务意识,尽快完善推动文化产业发展的政策法规体系建设,减少文化产业发展壁垒,给予文化产业发展的政策法规支持,释放文化产业活力。对已经制定的利于文化产业发展的政策法规要认真贯彻,积极推进。深入研究文化体制改革,建立科学合理、有效运行的文化事业单位和文化企业的管理体制和机制,促进文化产业持续发展。加快公共文化服务体系建设,对经费保障采取量化标准,保证各项公共文化服务能够得到基本的经费支持,使人民群众的基本文化权益得到保障。

纵观焦作市现有的文化产业方面的政策法规,多是指导意见、与文物相关的一些办理流程、关于文化产业某些细分行业的管理条例与实施细则等,关于激励焦作市文化产业发展的政策条例少之又少。2018年1月5日,松山湖新修订的文化产业扶持政策《东莞松山湖文化产业发展专项资金管理暂行办法》重磅发布。该政策将通过奖励、补贴和配套等方式,积极促进文化产业项目落户,促进文化产业领域投资;大力扶持文化产业园区(基地)和公共服务平台建设,加快文化产业集聚发展;重点支持原创版权精品创作,促进版权保护。需要说明的是,焦作市现在还未出台类似的关于文化产业发展专项资金扶持政策。焦作市相关部门要认真研究其他地区已经发布的相关政策,再结合焦作市的实际发展情况尽快出台扶持本地文化产业发展的政策法规。

(四)建品牌——依托当地文化资源,发展地方文化产业品牌

我国是文化资源大国却不是文化产业强国,同样,焦作市是文化资源丰厚的城市却不是文化产业强市。目前,焦作市尚未成为河南省文化产业发展领

域的排头兵。虽然经过近些年政府的努力,焦作市已经培育了一些具有不同程度影响力的文化品牌,如陈家沟太极拳文化和云台山水文化不仅在全国范围内具有知名度,在国际上也有一定的影响力。每年9月,依托太极和云台山水文化旅游举办的"一赛一节"活动已经成为焦作市的品牌与特色。但是,目前"一赛一节"的主要作用是以文化旅游为媒介,为招商等经济贸易活动搭建平台,但针对这两个品牌进行产业化运作,生产各种类型的文化产品在市场上流通的不多,太极和云台山水由文化旅游品牌发展为文化产业品牌还有很长的路要走。不能让"一赛一节"单纯地成为招商引资的平台,要充分挖掘其中的文化价值,衍生出完整的文化产业链。焦作市其他的优秀文化资源还有很多,但能被称为文化品牌的、拥有知名度的还很少,政府相关部门要积极对这些文化资源进行梳理和评估,选出具有发展潜力的文化资源对其发展进行支持,制订完整的推广计划,不断宣传、推广使其形成文化品牌,伴随产业化运作产生经济价值走向市场。

(五)重人才——引进或培养文化产业人才

各个行业的发展都离不开优秀人才的贡献,作为朝阳产业的文化产业更是需要优秀文化产业人才的加入。然而,事实是文化产业的发展缺乏懂经营兼具文化创意能力的优秀人才。焦作市文化产业发展要想壮大,离不开文化产业人才的支撑,所以在这方面必须有所作为。对于已经凸显才能的文化产业人才,要给予他们充分施展才华的空间,给予相应的社会荣誉或一定的物质奖励以激励他们再接再厉,取得更辉煌的成就。对于具有成为文化产业人才潜质的人,要积极开展培训和提供实践的机会,为他们的发展提供机会。2017年11月7日至10日,为深入推进"十三五"规划中加强非物质文化遗产保护与传承,焦作市积极组织参加河南省文化厅在郑州举办的河南省第四批省级非物质文化遗产代表性传承人培训班,通过参加此次培训班,强基础、拓眼界、增学养,达到了预期的效果。不只是针对"非遗"传承人,对于其他方面的文化产业人才,相关部门也要提供多种途径,如请知名文化产业专家或成功人士举办公益讲座、组织文化产业人员参加短期培训班等形式,提供学习进步的机会。只有积极建立文化产业人才激励机制,激发文化产业人才的创造性和积极性,吸引各地文化产业优秀人士加入,才能使焦作市成为能留住人才、用好人才、培养人才的文化产业强市。

第九章　新乡市文化市情报告

新乡市地处河南省北部,南临黄河,与省会郑州、古都开封隔河相望;北依太行,与鹤壁、安阳毗邻;西连煤城焦作,与晋东南接壤;东接油城濮阳,与鲁西相连。新乡是豫北地区重要的中心城市、中原地区重要的工业城市,是中原经济区及中原城市群核心区城市之一,也是豫北的经济、教育、交通中心。新乡市历史文化悠久,自然风光秀美,造就了新乡市丰厚的文化底蕴。21世纪以来,文化产业作为最具发展潜力的新兴产业,一直受到学界与社会的高度重视,被认为是21世纪最有前途的产业之一。新乡市文化产业发展扎根于中原地区悠久的历史文化土壤,得益于大自然秀美山川的馈赠,充分利用中华人民共和国成立60多年来奠定的坚实社会经济基础,抓住21世纪难得的发展机遇,正在蓬勃发展。

第一节　新乡市文化资源概述

新乡市有着独特而优越的地理环境和深厚的历史积淀,因此,文化倍加璀璨夺目,在历史人文、自然风光、饮食文化以及非物质文化遗产等多个领域都有精彩的呈现,无论在数量上还是质量上都颇具优势。毫无疑问,新乡市是一座文化氛围浓厚的城市。

一、历史文化悠久

新乡市地处中原腹地,是镶嵌在华北平原上的一颗璀璨明珠。她北依太行山,南临黄河水,气候温和,土地肥沃,物产丰富,交通便利,是中华民族文化的发祥地之一,孕育了中原地区数千年光辉灿烂的人类文明。从旧石器时代开始,我们的祖先就在这里繁衍生息。进入文明社会以后,更因其位置要冲和物产丰富成为兵家必争之地。古往今来,在新乡市这块人杰地灵的宝地上,记载了无数中华儿女为之奋斗、为之牺牲的光辉篇章,演绎出一幕幕灿烂辉煌的历史活剧,积淀了丰厚而悠久的历史文化。

这里有源远流长的历史。新乡古称鄘国,春秋属卫,战国属魏,汉为获嘉,隋文帝开皇六年(586)首设新乡县建制,至今已有1430多年。新乡又被称为"牧野",早在商代即是如此。据《水经注》记载:"自朝歌以南南墍清水(今卫河),土地平衍,据皋跨泽,悉牧野矣。"① "牧野"之称沿用至今,并成为新乡的象征。中华人民共和国成立后中原地区设立平原省,新乡市为平原省省会,后几经改立,直至1986年2月撤销新乡地区;新乡市辖新乡县、汲县、获嘉、辉县、原阳、延津、封丘、长垣8县,至此,形成了新乡完整的市带县体制。1988年11月,汲县改为卫辉市,辉县改为辉县市,隶属关系未变。

这里遍布众多历史文化遗存。新乡市牧野文化厚重,保留着大量的历史遗迹:仰韶文化、龙山文化遗址依稀可辨;周武王率八百诸侯会盟的牧野大战,古迹依存。此外,新乡地区保存有全国最大的藩王陵寝——潞王陵、著名古代园林建筑——百泉、文化教育中心——百泉书院遗址、宋太祖黄袍加身地——陈桥驿等等。新乡市拥有国家级文物保护单位18处:潞简王墓,卫滨区尊胜陀罗尼经幢(唐朝),河朔图书馆旧址(近现代重要史迹),红旗区新乡文庙大观圣作之碑,卫辉市比干庙(明)、望京楼、香泉寺石窟、陀罗尼经幢(五代),辉县市百泉、白云寺、孟庄遗址、琉璃阁遗址、天王寺善济塔、共城城址,新乡县西明寺造像碑,延津县沙门城址、广唐寺塔,原阳县玲珑塔;省级文物保护单位56处。其中,国家级重点文物保护单位望京楼是全国最大的石构无梁殿建筑;香泉寺被誉为豫北最早的佛教寺院;被誉为"中州颐和园"的百泉景区是河南省

---

① 郦道元:《水经注(卷九)》,南京:江苏古籍出版社,1989年。

最大的、保护最好的古园林建筑群;始建于唐代的省级文物保护单位白云寺不仅文化底蕴深厚,景色更是怡人,为盛夏绝佳的避暑胜地。省级重点文物保护单位小店河建筑群是河南省现存规模最大、原有风貌最完整的清代村寨民居建筑群。新乡市内拥有河南省馆藏量第二大的博物馆——平原博物院,仅次于河南博物院,为全国重点博物馆之一。

这里有博大精深的文化。在经史子集方面,新乡是中国第一部诗歌总集《诗经》的重要发源地之一,《诗经》中《国风》篇章中的《卫风》部分,便是流行于古代新乡地区的诗歌,占《国风》的四分之一。此外,发现于新乡的《竹书纪年》,与甲骨文、敦煌藏经洞、孔壁藏书一起号称我国四大文化发现。在历史纪实方面,反映朝代兴衰更迭的牧野之战、张良刺秦、赵匡胤陈桥兵变等重大历史事件都在此发生;姜尚卫河垂钓、比干剖心忠谏、围魏救赵、官渡之战都源于这方热土,十二丞相青史可鉴。在科学文化方面,孔子讲学"杏坛"犹在,张苍增补《九章算术》。在历史文化名人方面,魏晋时期的孙登、竹林七贤,北宋时期的邵雍、文学家苏轼,南宋的岳飞,元朝的刘赓、王磐、耶律楚材,明末清初的孙奇逢、彭了凡,清朝的郑板桥、乾隆皇帝,清末的袁世凯、徐世昌,或生于斯,或游于斯,流连驻足,吟咏凭吊,留下了千古佳话。曾有披荆斩棘的祖先在此开拓,也有惊心动魄的事件在此演绎,更有多位史书留名的名人在此驻足。

但由于新乡地区的历史文化资源分布广泛,且物证有限,因此在国内文化领域认知度不高。面对新乡的历史文化资源,应该明确思路,有效开发,使其成为新乡文化多元发展的根基。

二、自然环境秀美

新乡自然环境优美,南太行雄奇秀丽,黄河奔腾豪迈,一山一河、一绿一黄为新乡增添了无尽的魅力,美丽的自然风光使新乡成为不可多得的生态乐园。新乡市林业局2015年公布的数据显示,全市有林地面积达225.26万亩,较"十一五"末增加了20万亩,森林覆盖率达22.32%,活立木蓄积量达1036万立方米,森林资源综合效益达242亿元。

南太行在新乡市绵延上千平方公里,集雄、险、峻、奇、秀于一身,荟萃了南太行的山水精华。黄河流经新乡170公里,沿黄滩区面积(1290平方公里)居全省之首,有黄河湿地鸟类国家级自然保护区、青龙湖、曹岗险工、万亩刺槐林等众多生态资源,形成了秀美的沿黄旅游景观。以万仙山、八里沟、关山等景区为代表的辉县市南太行是新乡市旅游的主打品牌,已开发出万仙山、八里沟、京华园、比干庙、潞王陵等19家各具特色的山水景区和人文景区,并建立了太行山猕猴国家级自然保护区、黄河故道湿地自然保护区以及白天鹅湿地自然保护区。全市共有A级旅游景区22家,其中,4A级景区9家,3A级景区10家,星级酒店16家,旅行社52家。南太行旅游度假区、京华园景区等景点是新乡市旅游业的代表。比干庙、潞王陵、白云寺、百泉景区、同盟山、九莲山、万仙山、八里沟、天界山、京华园、关山国家地质公园等人文景观与自然景观交相辉映,使新乡成为中国旅游度假的绝佳去处。2005年曾荣获"全国优秀旅游城市"称号。

三、饮食文化资源独具特色

地理环境不仅造就了新乡市的自然与人文,更造就了源远流长、独具特色的饮食文化。新乡饮食秉承豫菜的特点,在烹饪上集各家之长,力求中和之道,又不失独特的风味。市辖县长垣拥有"厨师之乡"称号,向全国范围输送厨师人才,更特设地方特色博物馆——中国烹饪文化博物馆,向更多的人展示新乡独具特色的饮食文化。

物产资源种类齐全。新乡市地处河南省北部,南临黄河,北依太行,地理位置优越,土地肥沃,气候适宜,因此物产资源种类较为丰富齐全。新乡盛产小麦,因此面食是日常生活的主要食物,原阳烩面、卫辉空心挂面等均较有名。由于濒临黄河,新乡还利用黄河水种植水稻,原阳大米无污染、无公害、无残留,米质晶莹透亮,软筋香甜,香味纯正,适口性好,粗淀粉、氨基酸含量均高于举世闻名的泰国米,多次获得全国大奖,被誉为"中原第一米"。此外还有黄河鲤鱼、延津胡萝卜、封丘石榴、原阳金银花、原阳大杏、辉县山楂、辉县山货等食材,品质上乘,远近闻名。种类多、数量大的饮食物产资源为新乡市饮食文化发展提供了重要的物质保证。

地方菜肴风味浓郁。新乡饮食业发达,特色餐饮比比皆是。新乡饮食秉承了豫菜的特点,较为明显地体现了豫菜的特点及自身的区域特色:在烹饪上,形成了选料严谨、制汤讲究、刀工精湛、技法多变、烹必适度、调必匀和的独特风格;在菜点上,突出鲜香清淡、滑嫩爽脆、色形典雅、质味适中、原汁原味的特色;在烹饪上集各家之长,力求中和之道,又不失独特的风味。除传统豫菜外,新乡的诸多特色风味独树一帜,如红焖羊肉、罗锅酱肉、世魁牛肉、牛忠喜烧饼、原阳烩面、获嘉饸饹面、延津火烧、长垣八大碗、杜记油馍等。其中,不少小吃获得了很高的荣誉,如"牛忠喜烧饼"在1989年商业部举办的全国食品"金鼎"奖大赛上获得了"金鼎"奖,1993年被贸易部认证为"中华老字号",1996年被河南省消费者协会评为"消费者喜爱的商品",被新乡市人民政府授予"新乡一绝",2001年被河南省十家省级单位评定为"河南名吃"。

厨师之乡人才济济。新乡历史上有事厨的传统,据载,在唐代即已有了专事厨艺的群体"烹工""厨户"。宋代新乡人,尤其是长垣人因距离京都很近而大量事厨于开封,之后新乡厨师逐渐遍布全国各地。新乡长垣与陕西蓝田、广东顺德并称为中国三大"厨师之乡",这里自古就是厨师的培养基地。新乡厨师以其高超的厨艺,赢得了四方赞誉,有的甚至成为统治者的御厨,如光绪皇帝的御厨王蓬州,慈禧太后的面点师李成文,宣统皇帝的御厨宋登科,袁世凯的专厨翟河田、付长山等。中华人民共和国成立后,更多的新乡厨师服务于重要岗位,如中央办公厅行政总厨韩百胜、北京钓鱼台国宾馆总厨师长侯瑞轩等。此外,数万名优秀新乡厨师活跃在各高级宾馆、饭店,其中国家级烹饪大师4人、省级烹饪大师16人,多人先后在全国及世界烹饪大赛中摘金夺银。2003年,中国烹饪协会正式发文,命名新乡长垣县为"中国厨师之乡",并在人民大会堂举行了隆重的授牌仪式。目前,长垣县已成立了烹饪职业技术学院,把烹饪引入高校课堂,为国家输送高学历、高素质、高水平的厨师精英。

四、艺术文化资源精彩纷呈

自古新乡人就有热爱艺术的传统,所以新乡地区的艺术文化资源极为丰富,传承至今的艺术项目类型多样、精彩纷呈。2009年,新乡市人民政府根据河南省人民政府办公厅《关于进一步做好非物质文化遗产普查工作的通知》文件精神,下发通知安排新乡市非物质文化遗产普查工作,至今新乡市人民政府已经公布了四批市级非物质文化遗产名单,总数达115项(含推荐扩展项目)。开展非物质文化遗产普查是加强非物质文化遗产保护的基础性工作,新乡市人民政府高度重视此项工作,也为新乡市文物保护工作打下了良好基础。在公布的非物质文化遗产名单中,与艺术相关的项目占大多数,有民间剪纸、获嘉小杨庄木版年画等传统美术项目，啸乐、黄河号子、新乡鼓乐等传统音乐项目，原阳坠子、西河怀梆、五彩皮影戏、四夹弦、大平调、落腔、二夹弦等民间戏曲曲艺项目，以及李元屯民间背妆、小宋佛高跷、原阳五柳集抬阁、新乡朗公庙竹马会等传统舞蹈项目。这些流光溢彩的艺术形式都极具新乡地方特色，展现了新乡人与生俱来的艺术天赋及对生活的热爱。

在文化艺术不断繁荣的今天，新乡人对艺术的认同感不断增强、认知度不断提高，艺术追求更加高远，艺术素养不断完善，艺术的学习与交流活动已普遍开展，形成了很多公共文化娱乐场所，艺术文化活动已蔚然成风。在这样一个尊重艺术并颇具开放精神的大环境下，一些新的艺术项目也在新乡扎根，并得到了较好的发展。如麦秸画，并非起源于新乡，但新乡的民间艺术家通过不懈的努力，对麦秸画技艺进行了传承与改良，创造出独具魅力的麦秸画艺术，其产品无论在艺术界还是在业界都赢得了赞誉，并享誉海外，获得了大批境外订单。新乡人杰地灵，文化资源丰富，更因悠久的历史、得天独厚的地理环境，成为文化的汇集之地。新乡地域文化资源多样，涉及面广，数量可观，内涵丰富。除上文提到的文化资源外，还包括群众艺术、大众娱乐、购物消费等在内的新兴文化资源。新乡地区的文化资源无论在数量上还是质量上都颇具优势，无疑是一座古老与现代并存、传统与时尚共融的文化氛围浓厚的城市。

第二节 文化事业发展现状

早在第十一个五年规划期间，新乡市政府就提出要大力发展文化事业，丰富人民群众精神文化生活，满足人民群众日益增长的精神文化需求，推动文化事业的繁荣和文化产业的快速发展，建设中原文化强市。在我国社会主要矛盾已经转化为人民群众日益增长的美好生活需要和不平衡不充分的发展之间的矛盾的前提下，大力发展文化事业，有助于社会生产力水平的提高，满足人民群众日益增长的美好生活需要。近年来，新乡市文化事业发展日益繁荣：公共文化服务体系建设不断完善，文化遗产保护工作有序开展，文化事业发展大步向前。

一、新乡市公共文化服务体系建设

（一）公共文化服务设施建设

公共文化服务设施建设是公共文化服务体系建设的基础。近年来，在市委、市政府的领导下，新乡市文化广电新闻出版局紧紧围绕全市经济社会发展意见和政府工作报告，不断建设完善公共文化服务体系，坚持"政府扶持、市场运作、全社会参与"的原则，初步形成组织机构网络化、服务对象社会化、文化设施现代化、活动形式多样化的基层文化体系；不断增加对公益性文化事业的投入，加强基层文化设施建设，完善基层文化服务网络；为未成年人提供各类文化活动场地和设施，规划建设青少年活动中心；基本实现了各县有文化馆（群众艺术馆）、图书馆、博物馆，乡镇有文化站，村有文化大院的目标。此外，公益性文化单位免费开放成果显著，新乡市各文化部门不断深化公共文化服务均等化，先后举办各类免费公益活动，真正做到了"零门槛、全免费"对外开放。

根据2016年新乡市统计公报数据显示，截至2016年全市共有艺术表演团体7个，文化馆11个，群众艺术馆2个，公共图书馆11个，藏书158.9万册，举办各种展览647场次；文物保护管理机构4所，博物馆11个。广播电台9座，电视台（含教育台）10座，电视转播台11座；有线电视用户84.5万户，广播人口覆盖率99.4%，电视人口覆盖率达99.2%。全年发行杂志369.27万册，报纸8411.15万件。年末共有综合档案馆13个，馆藏档案56.38万卷，本年利用档案5.53万件次。平原博物院、市图书馆、市群众艺术馆等公益性文化单位全年接待市民达100余万人次；各类文化演出、赛事活动累计达400余场。

表9-1　2014～2016年新乡市公共文化服务单位统计

单位：个

类别 年份	艺术表演团体	文化馆	群众艺术馆	公共图书馆	档案馆	博物馆
2014	7	11	2	10	13	10
2015	7	11	2	11	13	11
2016	7	11	2	11	13	11

数据来源：新乡市统计局

（二）公共文化服务体系建设

近年来，新乡市公共文化服务体系建设不断推进，得益于政府的支持。政府相继出台一系列政策与文件支持公共文化服务体系建设。

2014年，为深入贯彻党的十八大和十八届三中全会精神，落实建设中原经济区华夏历史文明传承创新区各项目标任务，按照新乡市委、市政府建设幸福新乡工作部署，推动文化大发展大繁荣，增强文化产品和服务供给能力，新乡市文化广电新闻出版局特别制定了《2014年幸福新乡文化建设工作实施方案》，方案的首要要求提出，要完善公共文化服务体系建设，加强基础文化设施建设。2016年12月，新乡市人民政府转发新乡市文广新局等部门制定的《关于做好政府向社会力量购买公共文化服务工作的实施意见》，发挥社会力量在公共文化服务中的作用，丰富公共文化服务供给，提升公共文化服务效能。2017年2月，新乡市政府印发《新乡市基层综合性文化服务中心建设方案》，争取到2020年，全市范围内的乡镇（街道）和村（社区）普遍建成集宣传文化、党员教育、科学普及、普法教育、体育健身等功能于一体，资源充足、设备齐全、服务规范、保障有力、群众满意度较高的基层综合性公共文化设施和场所，形成一套符合实际、运行良好的管理体制和运行机制，建立一支扎根基层、专兼职和文化志愿者相结合、综合素质高的基层文化队伍，全面推进基层文化设施建设，丰富服务内容，创建基层公共文化运行管理机制。

在系列政策与文件的支持下，首先，基础文化设施建设得以有效推进：市图书馆业务办公楼、市群艺馆新馆和演艺有限责任公司影剧院等项目建设相继推进；农村有线电视发展和电影放映工作有序开展；文化惠民工程有效实施，公共图书馆、文化馆、博物馆和爱国主义教育基地免费开放；农村公益电影放映工作有效落实。其次，文艺精品战略顺利实施：依托文艺院团培育了一批舞台艺术品牌，重点打造了《五子争孝》等新剧目；广泛开展群众文化活动，以开展文化志愿者服务活动为契机，积极发挥公共文化单位和民间业余文艺团体的资源优势，广泛开展广场演出、知识讲座、艺术展览和文艺培训等活动，活跃了群众文化生活。

（三）公共文化服务体系建设成果

2016年，新乡市文化广电新闻出版局以开展"招商引智活动年""作风建设年"为抓手，通过标准化、均等化、社会化、数字化服务建设，稳步构建城乡四级公共文化服务体系,努力提升城乡居民的幸福感、获得感和文明度,工作成效显著。具体成果有以下几个方面。

首先,公共文化服务体系建设标准出台。制定了《新乡市加快构建现代公共文化服务体系的实施意见》,并以市委、市政府两办名义印发实施,全市现代公共文化服务体系建设全面展开,现代公共文化服务体系建设稳步推进。一是深化了公共文化服务均等化。公益性文化单位免费开放成果显著,市博物馆、图书馆、群众艺术馆等公益性文化单位全年接待市民达100余万人次,举办"我们的节日""庆祝建党95周年"等主题展览、讲解、培训辅导等免费公益活动累计达600余场,真正做到了"零门槛、全免费"对外开放。二是加强了公共文化供给规范化。采取了供给方菜单提供、群众自主选择的"菜单式"服务新模式,推动文化惠民工程走向深入;开展了"舞台艺术送农民""中原文化大舞台""戏曲进校园"以及全市广场舞大赛等各类演出赛事活动累计达400余场;开展农村公益电影放映35196场,并完成了全市2700多家农家书屋的出版物补充更新工作。

其次,广播电影电视安全播出工作有序开展。组织开展了2016年"弘扬社会主义核心价值观·共筑中国梦"主题原创网络视听节目征集推选和展播活动,指导广播电视媒体开展了环保、脱贫攻坚、双城创建等宣传活动。组织开展了全市广播电视职业资格管理专项检查和优秀广播电视作品评审工作。谨守安全播出底线,健全了安全播出保障机制,全年未发生安全播出责任事故。

再次,市场行业监管规范有序。以开展行业专项治理和消防安全检查为抓手,组织开展了"护苗、清源、净网、秋风·2016"扫黄打非专项整治、"闪电"系列网吧治理、全市公共娱乐场所消防安全专项治理、打击治理"黑广播"违法犯罪专项行动等专项治理活动百余场,收缴各类非法出版物39万余件,销毁非法侵权盗版出版物6万余件,查处没收和拆除地面卫星非法接收装置700余套。通过强力开展行业治理,进一步净化了市场秩序,规范了经营行为,加强了对电影市场、信息网络视听节目以及广播电视地面接收设施的监管。此外,围绕全市重点工作开展脱贫攻坚,指导全市整村脱贫的90个贫困村,建成标准的综合文化服务中心。

新乡市第十一次党代会报告明确指出:"加快创新、富裕、文明、绿色新乡建设,着力保障和改善民生,加快构建现代公共文化服务体系,发展壮大文化产业,营造浓郁的牧野文化氛围。"河南省第十次党代会又提出,"十三五"期间要"加快构建全国重要的文化高地,华夏历史文明传承创新区建设取得明显成效","现代公共文化服务体系基本建成"。加快构建现代公共文化服务体系是全面建成小康社会的必然要求,是推进文化强市建设的重要内容,对于保障城乡群众的基本文化权益有着重大意义,文化改革发展工作面临难得的机遇。因此,新乡市公共文化服务体系建设在现有基础上,仍要作出努力。

(四)公共文化服务体系建设任重道远

2017年,新乡市文化广电新闻出版工作以市第十一次党代会提出的加快"四个新乡"建设为目标,主动融入组合型大都市地区协同发展,建成符合国家标准、资源充足、设备齐全、服务规范、保障有力、群众满意度较高的综合性公共文化设施和场所,提升公共文化服务水平和行业监管能力,逐步完善覆盖城乡、便捷高效、保基本、促公平的现代公共文化服务体系。

2017年1月25日,新乡市人民政府第60次常务会议审议通过了《新乡市基层综合性文化服务中心建设方案》。该方案旨在深入贯彻落实《国务院办公厅关于推进基层综合性文化服务中心建设的指导意见》(国办发〔2015〕74号)、《河南省人民政府办公厅关于印发河南省推进基层综合性文化服务中心建设实施方案的通知》(豫政办〔2016〕113号)、《中共新乡市委办公室新乡市人民政府办公室印发〈关于加快构建现代公共文化服务体系的实施意见〉的通知》(新办〔2016〕7号)精神,加快推动全市基层综合性文化服务中心建设,实现基层公共文化资源有效整合和统筹利用,提升基层公共文化设施建设、管理和服务水平。争取到2020年,全市范围内的乡镇(街道)和村(社区)普遍建成集宣传文化、党员教育、科学普及、普法教育、体育健身等功能于一体,资源充足、设备齐全、服务规范、保障有力、群众满意度较高的基层综合性公共文化设施和场所,形成一套符合实际、运行良好的管理体制和运行机制,建立一支扎根基层、专兼职和文化志愿者相结合、综合素质高的基层文化队伍,使基层综合性文化服务中心成为文化建设的重要阵地和提供公共服务的综合平台,成为党和政府联系人民群众的桥梁和纽带,成为基层党组织凝聚、服务群众的重要载体。

未来新乡市公共文化服务有以下几项重点工作。

着力提高公共文化服务力,以加快构建现代公共文化服务体系为抓手,充分发挥文化工作以文化人、以文育人的功能。首先,要健全基层公共文化服务设施网络;进一步加强基层公共文化服务阵地建设,积极发展固定文化设施与流动文化设施、数字文化阵地相结合的城乡基层文化设施网络。重点推动全市基层文化中心和市图书馆、群众艺术馆总分馆制建设,协调推进市文化馆新馆选址和市图书馆二期工程建设。其次,提高公共文化机构的服务能力。继续深入推进公益性文化单位免费开放工作,积极推动云计算、大数据等现代科技在公共文化服务中的应用,搭建数字文化服务网络和互动交流平台,推进文博单位数字化服务建设。再次,加强文化产品的生产和供给。通过政府购买、市场调节、志愿服务等形式,继续在文化惠民工程实施过程中开展"菜单式""订单式"服务,完成好89场"舞台艺术送农民"和3万场"农村公益电影放映"等惠民演出活动。最后,广泛开展城乡群众文化活动。通过培育一批公共文化活动品牌,不断提高受众面和群众参与率。深入开展"中原文化大舞台""百城万场""戏曲进校园"和庆祝中国人民解放军建军90周年等全市性群众文化活动。

此外,还要大力发展文化与体育事业,抓好平原体育综合训练中心建设,确保平原文化艺术中心投入使用,完成市科技馆布展,加快向全民免费开放公共文化体育设施进程,提升公共文化体育产品供给水平,加快文化产业发展,更好地满足人民群众的精神文化需求。做好统计审计、气象地震、史志档案、新闻出版等工作,促进各项事业全面发展。

二、文化遗产保护工作

(一)非物质文化遗产

从2009年新乡市人民政府根据河南省人民政府办公厅《关于进一步做好非物质文化遗产普查工作的通知》文件精神,下发通知安排新乡市非物质文化遗产普查工作至今,新乡市政府已经公布了四批市级非物质文化遗产名单,总数达到了105项(含推荐扩展项目)。新乡市行政区域内凡具有历史、文化和科学价值的非物质文化遗产均属普查范围,具体内容包括语言文字(方言)、民间文学、民间美术、民间音乐、民间舞蹈、传统戏剧、曲艺、传统手工技艺、传统体育(杂技)与竞技、民间习俗、民间信仰、民间知识、传统医药13个门类。开展非物质文化遗产普查是加强非物质文化遗产保护的基础性工作,新乡市人民政府高度重视此项工作,也为新乡市文物保护工作打下良好基础。

近年来,文化遗产保护工作成效显著,文化遗产保护利用得到加强。一是文物保护工作稳妥开展,对各级文物保护单位中文物保护和维修持续加强,每年定期开展全市文物保护巡查工作,检查文物保护单位具体情况。二是非物质文化遗产保护工作有序推进,组织非物质文化遗产普查,完成省级非物质文化遗产保护专项资金的申报工作;按时开展"非遗"项目代表性传承人申报评选工作,促进了非物质文化遗产的保护和传承。三是文化遗产保护宣传工作得到加强。顺利组织开展"5·18"国际博物馆日、"6·11"中国文化遗产日宣传等活动。

新乡市非物质文化遗产的普查工作取得良好成绩,关键在于普查工作的组织实施切实有力。非物质文化遗产普查涉及面广,专业性强,时间紧,任务重,新乡市人民政府下发通知,要求各县(市)、区都要切实加强领导,精心组织,明确责任,强化措施,狠抓落实,确保优质、高效完成普查任务。全市非物质文化遗产普查工作实行统一部署,分级负责。市里成立由主管副市长担任组长的非物质文化遗产领导小组,相关部门主管领导为领导小组成员,办公室设在市文化局,负责统筹协调、组织实施全市非物质文化遗产普查工作。各县(市)、区要结合当地实际,在成立"非保"中心、健全专家委员会的基础上,成立以政府牵头的领导小组,建立工作协调机制,落实普查工作责任。根据普查范围、内容,选择了一批具有相关业务专长人员,建立普查骨干队伍。根据不同阶段的工作需要,分层次开展培训,培养一批善于开展田野调查和保护抢救工作的优秀人才,不断提高普查队伍的知识水平和业务能力。此外,动员了社会力量参与,鼓励和支持学校、群众团体和科研机构参与非物质文化遗产的普查和抢救保护,开展多种形式的咨询、论证、鉴定等工作。通过报纸、广播、电视、网络等新闻媒体,广泛宣传非物质文化遗产普查的重要意义,动员广大群众提供普查线索,参与普查工作,营造全社会共同关心支持普查工作的良好氛围。

在取得成果的同时,还要看到非物质文化遗产保护工作仍有不足之处,工作中存在重申报、轻普查,组织机构不健全、工作措施不力、落实不到位等现象。因此,在工作开展前要充分认识非物质文化遗产普查的重要意义,即全面了解和掌握新乡市非物质文化遗产资源的种类、数量、分布状况、生存环境、保护现状及存在问题,对于科学制定保护政策和规划、保护和利用非物质文化遗产、建设社会主义先进文化、加快文化强市建设步伐具有重要意义。明确普查的范围、内容和基本要求,按照"全面性、代表性、真实性"的原则,做到全面调查、真实记录、科学分类、规范填报,确保普查质量。

(二)传统村落文化遗产

除了非物质文化遗产,新乡市还进一步加强传统村落文化遗产保护工作。传统村落承载着中华民族的历史记忆、生产生活智慧、文化艺术结晶和民族地域特色,维系着中华文明的根。2017年3月,新乡市印发了《关于加强传统村落文化遗产保护的通知》,进一步加强传统村落文化遗产的保护工作。

第三节 文化产业发展现状

近年来,新乡市以历史文化与自然资源为依托,以文化企业为主体,以市场需求为导向,加强引导、服务、支持,大力发展文化旅游业,加快建设文化产业重点项目,着力打造文化产业龙头企业,积极培育文化产业知名品牌,大力推动新乡市文化产业持续快速发展。

一、文化旅游业风生水起

得益于得天独厚的地理环境与自然条件,新乡市旅游业一直是新乡市经济发展的支柱产业之一。近年来借助文化旅游的东风,山水文化旅游业的发展更是风生水起。

南太行与沿黄河的自然景观雄奇秀美;以牧野大战为代表的历史遗存遍布全市,牧野文化厚重;一批先进英模人物构成新乡别具特色的红色旅游资源,自然山水景区和人文景区共同推动新乡市旅游业的发展。根据新乡市统计局数据显示,2016年全年新乡市共接待国内游客3343.7万人次,同比增长12.5%,国内旅游收入231.9亿元,同比增长14.8%。接待入境游客总数达17.5万人次,入境旅游者(过夜)4.2万人次,其中香港同胞1382人次、澳门同胞1087人次、台湾同胞1496人次。全年实现旅游外汇收入1352万美元。

2014年,为贯彻实施河南省委、省政府"旅游立省"战略,中共新乡市委、新乡市人民政府特别提出《关于贯彻"旅游立省"战略,将旅游业打造成新乡市战略性支撑产业的意见》,旨在进一步加快旅游产业发展,全面提升旅游产业的整体实力和市场竞争力,将旅游业打造成新乡市国民经济中的战略性支柱产业,使其在构建和谐社会的进程中发挥更大作用。同年,新乡市人民政府下发了《关于加快旅游产业转型升级的实施意见》,强调加快推进新乡市旅游产业转型升级。2015年,为确保南太行国家5A级旅游景区创建工作的顺利实施,做大做强南太行旅游产业,新乡市人民政府制定了《新乡南太行创建国家5A级旅游景区工作实施方案》向各县(市)、区人民政府、市人民政府各部门印发执行。2016年,新乡市人民政府下发《新乡八里沟景区创建国家5A级旅游景区工作方案》,集中力量为新乡八里沟景区创建国家5A级旅游景区助力。

近年来,新乡市发展文化旅游业取得了一些成就。旅游产品体系越来越丰富:以南太行休闲度假、百泉中药材养生、获嘉温泉小镇等为代表的健康休闲养生度假旅游不断发展;白云寺国家森林公园、延津黄河故道森林公园、封丘黄河湿地、青龙湖、原阳博浪沙森林公园等生态旅游区带动生态旅游;牧野文化游正成为新乡市新的文化名片,比干庙、太公故里、潞王陵、百泉、关帝庙、同盟山、平原博物院正逐步打造成为省内知名的牧野文化旅游目的地;以京华、刘庄、唐庄、回龙、耿庄、龙泉、郭亮洞等为代表的太行创业精神红色旅游使得新乡市英雄模范精神得以挖掘和弘扬。旅游品牌活动助推新乡旅游,自2015年始,新乡市旅游局注重策划举办大型旅游节庆活动。例如2016年融合旅游、文化、体育等产业资源,策划举办了以"观太行红岩绝壁、品牧野卫风古韵、游黄河生态廊道、创运动健康城市"为主题的新乡2016南太行旅游文化年等52项系列活动;并先后举办了2016年"首届中国新乡南太行国际武术文化旅游节暨名派名家南太行论剑"、2016徒步中国·宝泉"崖上太行"全国徒步大会和原阳县首届万亩油菜花节等多项活动,受到了中央电视台等主流媒体的高度关注,社会反响良好。

此外,新乡市旅游业大胆触电"互联网+",所采取的"互联网+旅游营销"模式初见成效。联合腾讯和移动公司举办了"互联网+"智慧旅游论坛暨河南省首个旅游大数据发布会,在会上发布了"新乡2016年五一小长假旅游大数据",并邀请有关专家就智慧旅游助力旅游产业转型升级、"互联网+"构建城市新生态等主题做了主旨演讲。邀请腾讯13个地方站,举办了"'太行魂 新乡情'腾讯13大网看新乡"系列采风活动,此次活动是腾讯13个地方站全国第一次全网联动,也是全国"互联网+旅游"智慧营销的首个成功案例。新乡市"互联网+旅游"新模式效果明显,在全省乃至全国引起了强烈反响,被腾讯公司作为经典案例向全国旅游城市进行宣传推介。

新乡市文化旅游产业未来的发展方向,致力于推动"大旅游、大健康、大文化"融合发展,加快全域旅游的规划和开发,以南太行健康旅游文化产业园为龙头,推动旅游业发展从景区打造向区域产业集群转变;构建"一个中心、三个特色产业园区"的大健康产业体系,打造河南乃至全国的养老健康产业发展示范基地;并不断深入挖掘商周文化、三国魏晋文化、宋文化、太行文化、红色文化内涵,精心打造出更多具有新乡特色的文化旅游产品,建设新乡市文化品牌,真正把文化资源转化为经济资源、发展实力、竞争能力。

二、文化产业重点项目稳步发展

新乡市在发展文化产业的这些年,一大成果就是提升了文化企业的产业化,着力抓好了一批具有示范带动效应的重点文化产业项目建设。在文化产业逐步发展的过程中,新乡市人民政府优化对文化产业重点项目的扶持,着力增强文化产业竞争力,以文化资源为依托,以文化企业为主体,以市场需求为导向,加强引导、服务、扶持,着力支持省级文化产业示范基地和省50强文化企业发展壮大。如新乡县京华园景区改扩建项目、辉县市百泉药都郭家寨中药健康养生园、卫辉市比干林园文化旅游项目、平原示范区中原印刷包装科技产业园、新乡县印海智谷印刷包装产业园等在建文化产业重点项目,重点推进了关帝庙历史文化街、河南意达数码科技有限公司热转印色带等项目建设。此外,郑新融合发展成效显著,新乡市二十一世纪演艺剧场与郑州市西部酒城、德艺歌剧院合作顺利推进。

(一)关帝庙历史文化街

关帝庙历史文化街,是新乡市唯一的历史文化主题街区,地处新乡城里十字繁华核心地段。整个街区采用民国建筑风格,其中包括老城博物馆、关帝庙、艺术画廊、钟鼓楼等建筑,建成以后,是集文化、旅游、餐饮、休闲、娱乐、古玩于一体的体验消费街区。项目突出文化的营造,依托关帝精神为灵魂,通过明清时代与民国时期建筑,完整再现人们记忆中的过去。以文化故事、建筑小品细化,体现新乡古文化的精髓,争取做到一座建筑一个故事、一面墙一个文化,整个街区布局严谨有序,餐饮区、酒吧娱乐区、特色艺术品区错落有致,是新乡市极力打造的一张文化名片。新乡关帝庙历史文化街不是普通的街区,而是一个城市极具影响力的、独一无二的、不可复制的文化核心。

(二)动漫剧《牧野传奇》入选2016河南省新增重大建设项目

河南志锐广告传媒有限公司10集动漫剧《牧野传奇》被列为2016年河南省新增重大建设项目。该剧是由河南志锐广告传媒有限公司历时3年,耗资500余万元精心打造的大型史诗传说、新乡市首部动画电影,是10集动漫剧《牧野传奇》的先导片,也是我省首部在全国院线公映的动画电影。电影以"武王伐纣""牧野之战"的正史记载为蓝本,结合中国古代神魔小说《封神演义》的相关情节,采用二维动画的形式,配以中国风格的背景,讲述了三千多年前的那场惊天地、泣鬼神的正邪之战。影片以弘扬中华传统文化为基础,画面有着浓郁的传统文化元素,将具有中国古代传统文化特色的建筑及景物以国画的形式呈现在广大观众面前。作为体现社会主流价值观的动画电影,《牧野传奇》入选文化部2016年中国文化产业重点项目。《牧野传奇》精心塑造了众多人物形象,清新的中国古典画风让看惯了真人版本封神故事的观众眼前一亮。同时,作为新乡本地企业制作的动画电影,《牧野传奇》的背景设计风格以牧野大地深厚的历史文化和太行山秀丽的自然风光为依托,将古老宏大的历史传说融会其中,具有极强的观赏性和艺术性,以一种通俗易懂、深入浅出的方式帮助受众更好地了解神话故事和历史事件,让儿童受众发自内心地热爱中华民族传统文化。

(三)新乡县京华园旅游景区项目

京华园旅游景区坐落在全国小城镇建设试点镇——河南省新乡市新乡县小冀镇,始建于1992年4月,总占地面积20万平方米,是国家4A级景区(点)。京华园旅游景区是人文景观,区别于古寺、禅院、宫殿的单一文化架构,融儒学、道学、佛学为一园,主题鲜明,构思巧妙,设置自然,亭台楼榭,曲径通幽,是一处形象而简明展现祖国上下五千年优秀文化史及各民族、民俗、民情的优美画卷。

三、造纸印刷产业历久弥新

新乡市造纸、印刷业发展由来已久,在转变经济发展方式、改革创新的大环境下,新乡市的造纸印刷业勇于突破,敢于创新,积极构建传统产业发展新格局。

新乡市平原新区印刷包装产业园项目由河南国基实业集团有限公司投资,总投资约100亿元,项目整体规划为印刷产业园区和印刷设计创意园区两大核心园区,以及生产功能区、技术教育培训区、仓储物流区等十大功能分区。2013年,该产业园在新乡市平原新区开工,新乡市人民政府下发通知成立中原印刷包装产业园项目建设指挥部,旨在确保中原印刷包装产业园项目顺利实施,早日建成并形成效益。同时集中开工的共有4个重大项目,涉及印刷包装、纸制品加工、新农村社区建设等领域,是承接郑州都市型产业转移、吸纳本地农村人口向城镇转移的"双转移"型专业园区。项目总规划占地面积180万平方米,总投资约200亿元,计划引进企业100家左右;全部投入生产后,年产值300亿元,实现税收10亿元,带动就业2万余人,对提升平原新区影响力、改善和调整城市产业结构、推动相关产业发展具有重要意义。

2016年4月17日,河南省委副书记、省长陈润儿带领2016年重点项目暨产业集聚区建设观摩组来到中原印刷科技产业园现场观摩,并提出引进两家领军企业,带动印刷产业做大做强、支持园区快速发展的殷切希望。新乡市委、市政府高度重视3D打印产业发展,在抢抓郑洛新国家自主创新示范区、郑洛新"中国制造2025"试点示范城市群等建设机遇的基础上,实施开放带动和创新驱动发展新乡3D打印产业园。

在"十三五"规划中,新乡市提出构建传统产业发展新格局,综合运用淘汰落后、延伸链条、技术改造、兼并重组等手段,对造纸业进行改造升级,构建传统产业发展新格局。对造纸业实行关停并转结合,推动造纸企业兼并重组,提高产业集中度;引导企业推进产品结构升级,发展高附加值产品;发挥原材料优势,积极承接郑州、深圳、上海等印刷产业转移。力争在2020年营业收入达到300亿元以上。推进新亚纸业等龙头企业调整结构,倾力打造中原印刷科技产业园、印海智谷印刷包装产业园,重点培育平原示范区、新乡县百亿级产业集群。

四、文化产业发展现状评价与发展不足

近年来,新乡市文化产业的发展虽然取得了一些成就,但总体来说,仍然

存在一些问题亟待解决。首先，城市文化体系仍未完整建立，文化产业管理体制仍显滞后，公共文化服务体系建设初具规模，质量有待提高。其次，新乡市文化资源丰富，牧野大地拥有厚重的文化历史和丰富的人文精神，但新乡市始终没有形成一个很响亮的城市品牌，对文化产业的发展定位也仍在摸索阶段。再次，文化企业的规模普遍较小，产业规模化和集约化程度不高，文化资源的转化能力偏低，文化创新能力有待提升。文化企业中缺乏骨干企业和知名品牌，且企业规模较小，无法承担有效整合全市文化资源的重任，直接导致了丰富的文化资源未能顺利转化为文化产品，发挥经济效益。另外，文化产业发展较为单一，且空间布局不合理。主要依托于自然文化资源的辉县市将文化旅游业发展得风生水起，然而其余县市由于缺乏这样的天时地利条件，在文化旅游业方面几乎一片空白。深究其因，政府的重视程度不高、扶持力度相对较小是原因之一，更大的因素还在于新乡市的文化产业本身活力不足，文化产业发展缺乏创新的原动力。

第四节 文化产业发展趋势与对策

从长远看，文化产业是最具发展潜力的产业，是现代经济中最活跃、增长最快、最有前途的产业。文化产业的发展不仅推动经济现代化和产业升级，而且必然伴随着文化观念和思想的传播，同时促进人类文明的进步和保持人类文化多样性。因此，发展文化事业与文化产业是新乡市规划未来发展路线时不可缺少的一部分。发展文化事业与文化产业，新乡市必须要正视文化资源的实际存在与分布情况，通过制定合理的政策，扬长避短发展特有的文化资源，因地制宜发展当地特色文化产业；同时关注国家发展规划，贴合动向规划发展路线。

一、新乡文化产业发展面临机遇与挑战

首先，是国家政策的支持。近年来，党中央和国家关于文化及文化产业的理念及政策十分明确，对发展我国文化产业的紧迫性和重要性有清醒的认识。对于文化产业的重视度不断加强体现在与文化产业相关的各种政策不断颁布，对文化产业发展的各项扶持力度不断加大。新乡市地处中原腹地，拥有丰

富多元的文化资源,文化发展空间更为广阔。结合近几年实施的文化产业促进政策,如《关于推动特色文化产业发展的指导意见》《公共文化服务保障法》等,文化产业发展必定在此良好的大背景下,在众多政策意见的鼓励引导之下,获得长足发展。

其次,郑新融合发展送东风。2016年12月26日,国家发改委印发《促进中部地区崛起"十三五"规划》,正式批复郑州建设国家中心城市。2016年12月28日,国务院正式批复《中原城市群发展规划》。中原城市群范围涵盖河南省郑州市、新乡市在内的5省30座地级市,是具有高度紧密经济社会联系的城市群。《中原城市群发展规划》提出将中原城市群建设成为:中国经济发展新增长极、重要的先进制造业和现代服务业基地、中西部地区创新创业先行区、内陆地区双向开放新高地和绿色生态发展示范区。新乡市作为中原城市群之一,在黄河北岸与国家中心城市郑州隔河相望,因此,新乡市委、市政府审时度势、积极谋划,确立"借势航空港、共建大都市、承担大功能、形成大合力"的发展路子,借助区位、科技、山水、精神之优势,谋划确定了南部沿黄经济带、中心城区和北部太行山三大版块,全部面向郑州大都市开放,积极承担组合型大都市地区北部交通枢纽、大旅游大健康基地、郑州产业转移承接和生态屏障等功能。2016年4月,郑洛新国家自主创新示范区获批,10月郑新融合发展写入省党代会报告,上升为全省战略,新乡市借势郑州发展大势已成,新乡正和郑州越走越近。"壮哉南太行,最美在新乡",借助郑新融合的东风,新乡市抢抓消费升级机遇,积极谋划建设太行山旅游健康文化体育产业带,推动大健康、大旅游、大文化、大体育产业融合发展,承担服务郑州组合型大都市地区乃至全省、全国旅游休闲健康等功能。新乡市文化旅游产业有机会更上一层楼。

然而,挑战与机遇并存,新乡市虽然历史文化悠久、自然风光秀美,但是仍然面临着文化资源分散、优势文化资源缺乏整合等问题,且牧野文化作为新乡市城市文化名片不够响亮,对文化产业的发展定位仍然一直处在摸索阶段。此外,文化产业的城市竞争日趋激烈,河南省作为华夏之源,坐拥四座历史文化名城,新乡市文化发展能否在众多历史文化名城中脱颖而出是接下来要面临的难题。

二、新乡市文化产业发展的对策措施

加快构建现代公共文化服务体系。建立公共文化服务体系建设协调组织,以人民群众基本文化需求为导向,制定新乡市公共文化服务标准,建成设施基本完善、服务明显增强、群众文化需求基本满足的现代公共文化服务体系。进一步加强公共文化体育设施建设,充分利用郊野公园、城市公园、公共绿地及城市空置场所等建设群众体育设施;建成市群众艺术馆新馆、平原体育中心、全民健身中心等重点民生工程,支持县级建设档案馆、公共图书馆、公共体育设施、文化站(馆)等基层公共服务设施的普及与完善;建设完善城乡无障碍设施,提高残疾人公共文化服务水平。深入实施文化信息资源共享工程、舞台艺术送农民、公益电影放映等文化惠民工程,推出一批可持续发展的优秀文化品牌,大力开展各类群众文化活动。繁荣发展新闻出版、广播影视等事业,同时要加强档案、史志等工作的开展。

推进文化改革创新。加快国有文艺院团股份制改造,建立健全现代企业管理制度,增强文化发展的生机和活力。推行政府购买服务、原创剧目补贴、以奖代补等市场竞争机制。深入推进公益性文化事业单位内部改革,逐步构建以公益目标为导向、内部激励机制完善、外部监管制度健全的治理结构和运行机制。

打造牧野文化品牌。紧紧围绕牧野文化建设,着力完善公共文化服务网络,构建现代公共文化服务体系;整合基层宣传文化、党员教育、科学普及、体育健身等设施,建设综合性文化服务中心。加快推进新乡市先进群体精神教育基地建设,打造干部教育培训品牌。支持卫辉市、辉县市创建国家、省级历史文化名城建设。繁荣发展艺术事业,实施文化精品战略,打造文化品牌,力争培养出"原武盘鼓""封丘祥符调"等在全省叫得响的名家名角和文艺团队。提高文化产品质量,提高文化开放水平,满足人民群众日益增长的精神文化需求。

发展壮大文化产业。坚持经济效益与社会效益相统一,积极整合优势文化资源,培育多元化市场主体,发展多样化市场运营模式,促进文化产业升级。加快文化旅游、演艺、娱乐、印刷包装、工艺品等重点文化产业发展,鼓励骨干文化企业发展。支持新乡市省级文化产业示范基地和省50强文化企业发展壮大,重点推进卫辉市比干园林旅游综合开发项目、辉县市文化创意产业园项目、封丘相思文化产业园建设。健全文化产品和文化要素市场,着力构建统一、开放、竞争、有序的现代文化市场体系。

正视自身文化资源,确定文化产业发展重点。因地制宜发展特色文化产业,将文化旅游作为特色文化产业,重点发展旅游文化产业。充分发挥南太行山水优势,加快推进大旅游、大文化、大健康产业融合发展,着力培育南太行山水度假旅游、牧野文化体验旅游、沿黄乡村游憩旅游三大旅游产业集群。加快重点景区建设,积极创建国家5A级景区,建成全国一流的休闲旅游度假区,重点推进南太行国家旅游度假区、宝泉旅游度假区和凤泉区旅游文化综合开发项目建设。深度挖掘牧野文化,不断拓展内涵外延,积极发展体验式旅游,重点推进卫辉古城和凤泉云龙山健康文化产业园区等项目建设。坚持开发与保护并重,突出发展绿色生态旅游,培育乡村特色旅游,重点推进黄河湿地、观光农业和原阳县旅游综合开发建设。加快开发旅游文化健康新业态和新产品,形成多层次的旅游产品和服务。

文化是一个城市和国家的脉搏和灵魂,是影响城市生存与发展的关键要素,是体现经济实力的重要组成部分,是中华民族强大的精神动力和创新源泉。壮美太行,丰采新乡,牧野大地厚重的历史文化、丰富的人文精神、秀美的河流山川,定能让新乡文化产业在新的时代中大放异彩。

第十章　商丘市文化市情报告

21世纪是知识经济时代，是文化产业发展的黄金时代。我国经济发展进入新常态，文化在稳增长、促改革、调结构、惠民生方面有着极大的推动作用。随着文化多样性的深入发展，中华文化的国际影响力持续扩大，文化产业将成为国民支柱性产业。习近平总书记在党的十九大报告中指出："文化自信是一个国家、一个民族发展中更基本、更深沉、更持久的力量……推动中华优秀传统文化创造性转化、创新性发展……不忘本来、吸收外来、面向未来，更好构筑中国精神、中国价值、中国力量。"作为历史文化名城，河南省商丘市更要高度重视文化产业，发挥文化的辐射带动作用，为全面建成小康社会奠定基础。

《诗经·商颂》云："天命玄鸟，降而生商。"商丘历史悠久，文化灿烂。它是六朝古都，分别是帝喾高辛之都、夏朝少康中兴之都、商朝开国之都、周朝宋国之都、汉朝梁国之都、南宋开国之都；它是华夏历史遗存的典型代表，五千年的华夏文明在商丘没有中断过，被誉为"中国古城池建城史天然博物馆"；它孕育了火文化、商文化、汉梁文化、木兰文化、圣人文化、姓氏文化等一系列优秀传统文化；它还被评为"中国优秀旅游城市""国家园林城市"。因此，拥有如此丰富的文化资源的商丘市顺势提出了"文化强市"战略，从政治、经济、文化、社会等各个方面都高度重视文化的作用，不仅全面深化文化体制改革，还大力完善公共文化服务体系，着力提升商丘文化软实力，持续打响"商之源"文化品牌。商丘让"国家历史文化名城"这一文化名片熠熠生辉。从2006年开始，商丘市就将"三商之源"（商人、商业、商都发源地）这一文化遗产实现了高效利用，通过举办"国际华商文化节"大力宣传商丘的人文历史、文化,不仅增强了海内外企业家对"华商之都"商丘的认可度和关注度,还把"商文化"打造成知名文化品牌,并将其所蕴含的经济潜力转化为发展优势和经济增长力,大大推动了商丘文化产业的发展。但是,商丘的文化产业发展也有一些不足。商丘市还需进一步彰显底蕴深厚的文化资源优势,让商丘文化绽放出更加灿烂的光芒。

第一节 商丘市文化资源概述

商丘,简称"商"或"宋",河南省地级市,位于豫鲁苏皖四省辐辏之地,素有"豫东门户"之称。商丘自古就是兵家必争之地和商贾云集中心,隋唐大运河横贯其全境。截至2018年12月,商丘市下辖夏邑县、虞城县、柘城县、宁陵县、睢县、民权县6个县,梁园区、睢阳区、城乡一体示范区3个区和永城市1个省直管县级市,每一个县域内都有自己的文化特色。商丘地域总面积10704平方公里,总人口915.12万人。它是国家历史文化名城,是华夏文明和中华民族的重要发祥地、中国重要古都,素来享有"三商之源·华商之都""汉兴之地""两宋龙潜之地"之称。2014年,商丘还被文化部评为"最具文化底蕴历史文化名城",知名的东周华夏圣人文化圈、西汉梁园文学、北宋应天文学、明清雪苑文学均诞生于此。据统计,截至2017年末,商丘市共拥有商丘古城、阏伯台、庄周故里、芒砀山汉梁王墓群在内的不可移动文物共1.6万多处,其中有两处世界文化遗产,有15处国家级文物保护单位、55处省级文物保护单位、96处市级文物保护单位。被评为"国家重点文物保护单位"的商丘古城、芒砀山汉墓群、宋国故城、燧皇陵、应天书院、阏伯台、柘城李庄遗址、永城王油坊遗址、睢县阎庄圣寿寺塔、永城崇法寺塔等都被开发成知名的文化景区,为商丘带来很大的经济效益,未来也具备巨大的发展潜力。总体而言,商丘具有良好的文化环境和丰富的历史文化资源,珍贵的历史文化遗产为商丘市发展文化产业奠定了良好的产业基础。

一、历史古城,"三商文化"享誉高

图 10-1　商丘市华商广场的正门(上部以鸟构成商字,寓意天命玄鸟,降而生商)

首先,商丘被誉为"三商之源",最有特色的文化资源就是"商文化"。据史载,商族始祖契辅佐大禹治水有功,封于商,后迁徙,后人便称商族,他们居住过的废墟之地称为"商丘"。商丘是商部族的起源和聚居地、商人商业的发源地和商朝开国帝王商汤灭夏后的建都地,所以,商丘的"商"有三重含义:一是指商部族的"商";二是指商人商业的"商";三是指商朝、商都的"商",故被称为"三商之源""华商之都"。商丘是中华文明的发祥地之一,夏商周秦汉、唐宋元明清,中华五千年脉络相延,从未间断,所以一部商丘史就能够完整地记录各个朝代的兴替,能折射出整个中华民族的文明。[①] 因此"商"文化也成为极具研究价值的文化资源。目前,商丘市极力打造"三商之源"这一文化品牌,不仅确立了王亥"华商始祖"的地位,还从 2006 年起成功策划承办了多届"国际华商文化节",并成功举办"商丘文化温州行"等活动。这些努力使商丘这个千年古城吸引了国家主流媒体的关注,比如中央电视台《探索与发现》栏目摄制组,在商丘拍摄了 15 集大型纪录片《大商》,进一步打响了"商文化"这张牌。这些活动的成功举办不仅带来了无限商机,使商丘市得到了近 200 亿元的投资,还把"商文化"升级为商丘的城市文化名片。

---

① 夏凡:《华商之都——商丘》,郑州:河南科学技术出版社,2011 年。

第十章 商丘市文化市情报告

其次,"古城文化"也是商丘重点开发的文化旅游资源。商丘有明正德年间建造的"归德府城",它是全国重点文物保护单位,是全国保存较为完好的四大古城之一。目前,商丘市正在打造"商丘古城文化旅游区"(以商文化为主线,以"古城"文化为载体,以"游客体验式旅游"为目标的特色古城商业文化休闲旅游景区);打造文化休闲古城既保护了园区历史文物资源,又保留了古城居民原生态的生活方式,还有利于恢复"古城、古街、古风"的古城风貌,同时又将商业概念融入了古城保护和开发之中。通过完善园区公共服务设施、改善园区环境、整合文化资源和创新旅游产品等努力,充分发挥商丘古城的文化魅力,力争将其打造成商丘知名品牌。

再次,商丘还有世界著名的文化遗产"中国大运河"的部分河段。中国大运河是世界上建造时间最早、使用最久、空间跨度最大的人工运河,开凿至今1600多年,是中华民族留给世界的宝贵遗产。2014年6月22日,第38届世界遗产大会宣布"中国大运河项目成功入选世界文化遗产名录,成为中国第46个世界遗产项目",商丘大运河南关段和夏邑济阳镇段两处遗址就包括其中。2011年8月,商丘市人民政府审议通过《商丘市大运河遗产保护规划》,为大运河商丘段遗产保护提供了科学的法律依据,有力推动了大运河申遗工作的开展。事实证明,商丘运河遗址的开发为大运河的成功申遗做出了巨大贡献。商丘市大运河是中国隋唐时期京杭大运河通济渠的重要组成部分,在商丘自西向东流经睢县、宁陵县、梁园区、睢阳区、虞城县、夏邑县、永城市,全长近200公里。其中,夏邑县汴河济阳镇段至今仍保存有宽20~30米、长20多公里的运河水面。大运河使商丘西到京师、南达江淮十分便利,粮商、盐商、茶商、丝商聚集,使商丘的商业繁荣纵贯唐宋两个朝代。商丘保存至今的一些乡镇和村庄曾因大运河而得名,这些地名伴随着历史的传说流传至今,构成了与大运河有关的非物质文化遗产资料;再加上依托大运河兴起的商丘古城南2.5公里有5万多平方米的"商丘码头汴河遗址",现已挖掘了北岸码头约7800平方米河段,已发现大量隋唐时期钧瓷、汝瓷、哥瓷等多个窑口的瓷器,还发掘出"城市'河市'区河岸",这是中国大运河考古首次发现城市河岸,为隋唐至北宋时期中国大运河发展历史研究增添了重要的考古材料。

此外,商丘大运河遗址成功申遗,进一步验证了商丘具有悠久的历史和文化底蕴,填补了商丘在世界文化遗产上的空白,大大提高了商丘市的文化知名度,是推介商丘的一块金字招牌。商丘市政府为了高效利用这个文化资源,联系了清华大学、同济大学的专家,做了缜密设计,准备申报筹建国家考古遗址公园"商丘大运河世界遗产公园",即全面揭示码头遗址段与商丘古城的关系,建成包含商丘古城、火文化景区、商文化景区、应天书院等多元一体的商丘南关大遗址考古公园。商丘市计划以"大旅游"的概念,将大运河遗址和商丘阏伯台等旅游景点结合起来,共同打造华夏历史文明商丘传承创新区,推动商丘市文化产业全面发展。

二、民俗文化底蕴深,"夏邑宫灯"成名片

商丘绵延五千年的文化,不仅有大量物质文化遗产,还有丰富的非物质文化遗产,民俗文化资源尤其多。商丘有丰富的民间戏曲文化,比如豫剧(豫东调)、四平调、棒子戏;有独特的民间游戏艺术文化,比如龙灯、高跷、划旱船、秧歌舞、舞龙舞狮等庙会舞蹈文化,以及摔跤、老背少、拉秦桧、花鼓戏、蹦伞、顶灯、独杆轿等游戏艺术文化;还继承了优秀的传统民间技艺,比如柳编、丝织、剪纸、泥塑、宋绣、麦秆画、木雕、虎头靴、石刻、玉雕、宫灯、鸳鸯转香壶、木刻、面人、焰火等,这些民间手工艺品的能工巧匠辈出,发展潜力巨大。此外,商丘还是许多美丽故事传说的发源地,比如相思鸟吟唱千年一曲、大小乔醉曹千口一传、花木兰忠贞千古一人,还有"相思树"的悲剧、"月下老人"的喜剧、"闹龙街"的幽默、"葫芦诗"的戏谑,以及"桃花扇"的凄美爱情故事,可谓包罗万象。这些民俗文化资源既丰富了商丘人民的精神文化生活,也给商丘带来了巨大的商机。

商丘民间工艺品发展迅速,现已走上产业化道路,比如夏邑宫灯。夏邑宫灯原为皇家宫廷之物,后流传民间,成为中国传统镇宅保平安的喜庆吉祥之物。夏邑县火店乡自古就有制作宫灯的传统,当地群众用高粱秆抽成篾条,用篾条扎制成灯笼架子,然后用彩纸糊上,中间点上油灯,供孩子们在农历正月十五的晚间挑在大街上游玩。截至 2017 年,火店乡有 3 万多人从事宫灯、旗穗、网穗等生产制作,产品挂到了天安门城楼上,畅销全国各大城市,占全国市场份额的 80% 以上,并远销泰国、马来西亚、新加坡等 10 多个国家和地区。到 2017 年末,夏邑县已经是全国最大的宫灯手工艺品生产基地。随着宫灯文化的深入发掘,它将带来更大的经济与文化效益。

三、群英荟萃圣贤集，"木兰文化"光芒绽

商丘地区先后发生过一系列足以影响中国历史进程的重大历史事件，由于商丘文化"重厚多君子"，因此也诞生了一系列在中华文明史上产生重大影响的历史人物，可谓古今圣贤云集，真是物华天宝、人杰地灵。比如商丘有"天下文字始祖"仓颉，"三皇五帝"的燧人氏、炎帝朱襄氏、帝喾高辛氏，火神阏伯，"中华酒祖"杜康，商朝创建者商汤，"大成至圣先师"孔子，老庄学派创始人庄子，中华神医华佗，巾帼英雄花木兰，"伏牛驯马以利天下的商祖"王亥，提出兼爱、非攻的墨翟，编撰《礼记》的戴德、戴圣，明清时期位居大学士的沈鲤、宋权、李天馥以及一代风流才子侯方域。这些名人、圣贤为商丘画上了浓墨重彩的一笔，丰富了商丘的文化底蕴。

其中，木兰文化是商丘挖掘最早的"名人文化资源"。作为木兰文化之乡，商丘已经搞了三届"木兰文化节"，木兰文化的品牌已经叫响全国。但是，目前尚未拍摄相关影视剧目来纪念巾帼英雄花木兰，希望商丘市接下来填补这个市场空白，通过排演木兰文化相关的演艺作品，进一步发挥木兰的文化价值。

四、潜力资源被蒙尘，"庄子、姓氏、火"文化待深挖

尽管商丘人有着厚重的历史文化资源，但却没有停留在对自己文化资源的孤芳自赏之中，而是汲取精华，开阔视野，改变单一的工农业发展思路，大力推动文化产业的发展，煽动着历史文化与现代文明的两只翅膀，正在缓缓飞向"朝阳产业"的新航线。但是还有部分资源的文化价值没有充分展现，还需进一步深挖。

商丘市是"火文化之乡"，是燧人氏最早开始人工取火的地方，是"东方普罗米修斯"的诞生地，前者被人誉为"火祖"，后者被人誉为"火神"。目前，商丘开发最好的最能代表火文化的是农历正月初七的"火神台古庙会"，它在苏鲁豫皖四省享有盛誉，但是，从全国范围来看名气还不够高，商丘的火文化还需要进一步发掘。此外，商丘是庄子文化之乡。商丘举办的"中国·民权国际庄子文化节"，吸引了中外文化人的目光。商丘还有"姓氏宗亲文化"，目前做过宋氏、庄氏、戴氏等几大姓氏华侨到商丘寻根祭祖活动，但是，文化内涵没有完全被挖掘，还需更深一层的开发。这些特色文化资源未来的发展潜力很大，商

丘市政府应该加大对它们的投资与开发力度,高效利用这些文化资源。

第二节 公共文化服务体系日臻完善

2017年《国家"十三五"时期文化发展改革规划纲要》提出:"坚持政府主导、社会参与、重心下移、共建共享,坚持缺什么补什么,注重有用、适用、综合、配套,统筹建设、使用与管理,加快构建普惠性、保基本、均等化、可持续的现代公共文化服务体系。"商丘市响应中央政策,十分重视现代公共文化服务建设,不仅提出了"文化强市"的战略目标,加强重点文化项目建设,还大力实施文化惠民工程,健全公共文化服务体系,提升公共文化服务水平,加强文化遗产保护开发,发展公益性文化事业,着力丰富人民群众的精神文化生活,扎实推进文化大发展大繁荣。目前,商丘市公共文化体系建设日臻完善,但仍有一些不足之处,还需改进。

一、重基础:现代公共文化服务设施逐步完善

"十二五"期间,商丘市增加了对现代公共文化服务体系的投资力度,大力推进现代公共文化服务体系建设,共投入资金近13亿元,深入实施"百戏进百乡"、农村公益电影放映等文化惠民工程,建成798个村级综合性文化服务中心,使商丘市现代公共文化体系建设日臻完善,文化成果更多地惠及人民群众。

表10-1显示:2015～2017年三年来商丘市全市艺术表演团体数量保持不变,文化馆和公共图书馆数量有所增加。

表10-1 2015～2017年商丘市公共文化场馆建设一览表

单位:个

类别 年度	艺术表演团体	影剧院	文化馆	公共图书馆
2015	12	9	8	8
2016	12	8	12	8
2017	12	9	12	16

数据来源:商丘市统计局

首先是基础设施建设的逐步完善。完善了公共文化场馆的建设,新建了

民权县庄子文化馆、图书馆、博物馆、艺术中心、体育中心;对夏邑县文化馆、图书馆进行了升级改造;对睢县文化馆进行了扩建;建成了商丘市博物馆,睢县、宁陵、民权和夏邑县博物馆。据统计,2017年末,全市共有艺术表演团体12个,影剧院9个,文化馆12个,公共图书馆16个,博物馆8个,有线电视用户72.28万户,广播电台1座,电视台1座,广播人口覆盖率和电视综合人口覆盖率均达到100%。

其次,完善了商丘市各乡镇的综合文化站建设。商丘市"十二五"期间共投入资金3600多万元,新建25个乡镇综合文化站,配备了电脑、桌椅等相关设备,完善了文化站基础设施,全市共147个乡镇综合文化站全部建成;农家书屋建设投入资金9000多万元,全市3899个行政村农家书屋全部建成,同时先后投入2339.4万元对农家书屋的书籍、报刊、音像制品进行了更新,基本实现了县、乡、村三级公益性文化全覆盖。在市政府和各级文化行政部门的共同领导下,全市12个文化馆、8个图书馆、147个乡镇文化站和3899个行政村文化活动中心都实行了免费开放,配套资金基本到位,为活动开展提供了动力。"两馆一站"都配备了相应的管理人员和各类专业人才队伍,为工作正常运行提供了保障。

再次,商丘市扩展了公共文化服务内容与地域。一是扩展了城市影院的覆盖面,新建了10家城市数字影院,再建了城市数字影院3家(虞城1家,市区2家)。截至2015年末,商丘市城市数字影院共8家,申报县级城市数字影院建设以奖代补资金和补助市县国家电影事业发展专项资金共计345万元,商丘市城市数字影院建设取得了长足发展。二是扩大了博物馆公共文化服务功能,不仅推进二里头夏朝遗址博物馆、中原考古博物院等重点项目建设,鼓励有条件的文物资源大县建设专题博物馆;还实施智慧博物馆项目,推广生态博物馆、社区博物馆建设。此外,也大力支持博物馆和文物开放单位服务提升工程建设,推出一批彰显社会主义核心价值观的陈列展览、文物影视节目和图书等;创新文物资源合理利用形式,促进文物与旅游融合发展;有序推进文物保护单位向社会开放,发挥文物资源在文化传承、促进区域经济社会发展中的积极作用。将更多的博物馆纳入财政支持的免费开放范围,更切实地保障人民群众的基本文化权益。

二、进基层:文化惠民工程扎实有效

商丘市以改善文化民生、提高全市文化生活质量为目标,本着均衡、普惠原则,努力实现城乡公共文化服务均等化,在全市基层单位大力实施文化惠民工程。按照"政府购买,院团演出,农民受惠"的原则开展"舞台艺术送农民""百戏进百乡"和农村公益电影放映等文化惠民工程。"十二五"期间共组织、开展"舞台艺术送农民"活动1124场及"百戏进百乡"活动500余场;组织开展"中原文化大舞台演出"20场;开办"惠民大剧场",组织综艺、戏曲、舞台剧等各类演出380余场;组织"欢乐中原·文明商丘"夏季广场活动累计演出1000多场;开展送文化下乡活动15次;完成农村公益电影放映共计25万余场,放映行程约130万公里,其中放映爱国主义和革命传统教育电影2万余场,受教育的中小学生达220万人次。此外,"十二五"期间,商丘市还投资了2339.4万元,完成对全市3899个农家书屋的书籍、报刊及音像制品的更新。

商丘市文化惠民工程成效卓著,不但树立了文化品牌,还激发了全市人民的文化热情,提高了人民群众的阅读意识,大大增强了人民的文化认同感。比如特色文化品牌"社区文化公益小舞台"和"惠民大剧场"等已经树立,"欢乐中原·文明商丘"夏季广场活动也产生了巨大的影响。2016年7月23日,国家新闻出版广电总局到商丘市民权县进行调研,通过对两个农家书屋的调研和座谈,了解到基层人民群众的阅读意识已经明显增强,这都显示了商丘市文化惠民工程的有效落实。

三、重传承:文化遗产保护成效显著

城市的历史文化遗产是城市发展的重要资源,能促进城市地方经济、社会均衡和谐发展,还能带动相关产业成为经济发展支柱。作为一个城市的品牌、个性和财富,文化遗产就是创造和建设现代城市的基础。2014年2月25日,习近平总书记在首都北京考察工作时强调:"历史文化是城市的灵魂,要像爱惜自己的生命一样保护好城市历史文化遗产。"因此,商丘市政府高度关注历史文化遗产的继承、保护和利用。

一是保护和展示非物质文化遗产。"十二五"期间,商丘市完成了"第一次非物质文化遗产"全面普查工作,建立了国家、省、市、县四级非物质文化遗产名录体系和传承人体系,保证非物质文化遗产的传承。商丘市先后评审公布了4批市级"非遗"项目和3批代表性传承人;命名了2批商丘市非物质文化遗产研究基地、展示馆、传习所和保护示范基地;把木雕、宁陵大搬亲、忠义门拳等列入第四批河南省"非遗"名录;还利用世界文化"遗产日",举办非物质文化遗产项目展示40余次,参观群众达30多万人次;也组织传统"四平调""目连戏""麒麟舞""二夹弦""花鼓戏""大平调"在全市范围内展演200余场次,增加了人民群众对传统戏剧的文化认同。其中,最值得一提的是取材于"第十三届河南省戏曲文华奖"的获奖戏剧作品《王昭君》,已经被拍成了戏剧电影《汉宫昭君》,搬上了电影屏幕。

此外,商丘每年都举办"红红火火过大年——非物质文化遗产展演展示活动",利用民俗文化节、庙会等组织群众去了解那些具有鲜明地方特色、富有传统节日韵味的非物质文化遗产。活动包括组织各级非物质文化遗产项目保护单位、代表性传承人深入开展文化下乡活动,还鼓励各地组织本地传统技艺、传统美术类手工艺项目等进行集中展示,推动了非物质文化遗产紧密地融入人们的生活,在增强其自身活力的同时也拉动了居民文化消费。

对于不可移动的物质遗产,比如三陵台、清凉寺、木兰祠、伊尹墓、归德古城等都被政府列为重点文物保护单位。政府对它们进行大力的保护和有效的利用,加强其周边基础设施建设,把它们打造成文化旅游景点,通过开发来实现保护。

四、造氛围:文化赛事活动接连不断

为了调动人民群众的文化积极性,商丘市政府不断开展大型文化赛事活动。"十二五"期间,商丘市紧紧围绕时代主题,精心筹划、周密部署、组织开展了一系列有影响、有特色的文化赛事,比如"群星奖"音乐舞蹈大赛、"群星奖"小戏小品曲艺大赛、"少儿艺术节"大赛、"唢呐"大赛、民间艺术团体戏曲等各种大赛活动100余场次,充分调动了民间艺术团体、艺人的积极性。

此外,为了增强大家的阅读意识,商丘市还组织开展了"书香商丘"全民阅读活动和"商丘市少年儿童阅读年"系列活动,举办了少儿经典诵读大赛、读书征文活动等,征选优秀作品参加省少儿诵读大赛、"一书一世界——读书征文"等活动,大大提高了商丘市民的阅读意识和阅读量。通过办比赛、搞活动,丰

富了群众文化活动,发现了文化人才,营造了热爱文化的良好氛围。

五、待改进:公共文化设施分布不均

文化事业的发展要着眼于长远的发展,绝不是只求眼前的进步。为人民群众提供内容丰富、形式多样、健康向上、品质优良的公共文化产品和服务,是构建现代公共文化服务体系的出发点和落脚点。所以,商丘市应该高度聚焦贫困村综合性文化服务中心建设,健全现代公共文化体系的基层建设。

但是因为各种条件的限制,基层公共文化建设尚有一些不足。一是公共文化建设资金投入总量仍然偏少,城乡投入不平衡现象突出,乡村文化基础设施比较落后。目前仍无市级图书馆,市级文化馆无馆舍,村文化大院建设滞后,大部分贫困村文化场所的建设都存在条件设施落后、经营单一、后劲不足现象,甚至有的连活动室都没有。所属县、区公共文化配套资金,有些能按时到位,但也有一些县、区财政资金紧张,配套资金落实不了,无法建设活动场地和活动设备,对文化活动开展造成了很大影响。二是乡镇文化站管理体制不顺,文化场馆形同虚设。文化站管理员往往身兼多职,责任心不强,不懂专业。村级文化大院(农家书屋)的电脑、书籍无人管理,只是由村支书或者其他指定人员临时代管,无法发挥其功能。再加上贫困村人民群众对文化的热情不高,文化消费需求不足,文化场馆形同虚设,任由文化站管理员随意采用。[①] 三是文化惠民工程的作品同质化严重。随着物质生活水平的不断提升,基层人民的文化接触面越来越广泛,对文化内容质量的要求越来越高。但表演团体大多只是临时到基层,对当地居民的风俗习惯和文化偏好认识不到位,导致所谓的文化下乡只是翻来覆去的几步旧戏和几场旧电影,还多是照搬和借鉴,没有与当地文化乡情融合,缺乏地方特色,难以引起观众的共鸣。为解决以上问题,特提出以下建议。

一要坚持不懈推进文化扶贫攻坚。切实把"基层综合性文化服务中心"建成贫困村开展思想道德教育、文化知识传播、文体娱乐活动、民俗文化传承的"大舞台",提高贫困村公共文化服务体系建设整体水平。

---

① 何峰:《商丘文化产业发展中存在的问题及对策》,《商丘职业技术学院学报》,2011年第3期。

二要加大贫困区文化基础设施建设。继续引导社会力量参与基层文化设施管理与文化活动组织,推进民办文化事业发展,吸收社会资本贡献民间文化事业,让全市贫困村综合性文化活动场馆全覆盖。

三要丰富公共文化产品和服务供给。要坚持以人民群众基本文化需求为导向,实施文艺精品战略,建立优秀传统文化传承体系,切实提高公共文化产品质量。调动政府、市场、企业各方面力量参与公共文化产品创作生产和供给。创新开展文化惠民活动,让文化作品深入生活、扎根人民群众活动,鼓励工作者创作更多的人民文艺作品。建立人民群众文化需求跟踪反馈机制,开展菜单式、订单式服务,提供更多人民群众喜闻乐见的产品。

第三节 文化产业发展现状及问题

商丘市是历史文化名城,历来重视文化经济发展与繁荣。从20世纪80年代初期开始,商丘地委、行署就提出"认识商丘、了解商丘、宣传商丘、振兴商丘"的口号,伴随着地方志工作的普遍开展,首次出现研究商丘文化产业热潮;80年代中后期开始,商丘发掘整理商丘历史文化取得了可喜成果,并且开始大力宣传商丘文化;90年代末期,商丘市开始着重文化资源开发利用,在打造商丘历史文化品牌上取得了卓著的成就,比如商丘木兰文化节。进入21世纪,工农业发展后劲不足,第三产业文化服务类行业优势凸显。所以,商丘市愈发重视文化产业的发展。

最近,商丘市提出在"第十三个五年规划"期间,要突出打造商文化,发挥商丘古城、明清黄河故道、大运河遗址等历史文化优势,加强黄河故道生态带综合保护开发利用、商丘古城保护性利用等重大工程项目建设,建设国家级历史文化名城,壮大商丘文化产业。从《一月份至三月份全市重点项目建设完成情况通报》中可以看出,商丘市高度重视文化旅游服务业,在服务业项目上的总投资高达1182.4万元,超过了农业项目和工业项目,其中文化旅游服务项目居多。

一、态势良好风头盛:商丘文化产业成绩卓越

目前,商丘市文化产业体系初步建立,已形成包括演出、影视、文化娱乐、

文化旅游、网络文化、图书报刊、文物和艺术品、艺术培训、印刷等门类的文化产业市场体系；文化产业园区初具规模，拥有商丘古城、睢县北湖、黄河故道三大文化产业园区。目前已建成省级文化产业基地3家，分别是民权县王公庄文化传播有限公司、商丘古城旅游发展有限公司、商丘市演艺集团有限公司；建成省级文化产业出口基地1家——睢县中宇马具服装有限公司；建成省级文化产业特色乡村4个，分别为民权县北关镇王公庄村、柘城县洪恩乡白桥村马庄自然村、夏邑县火店乡、宁陵县黄岗乡；拥有河南省文化企业50强1家，即商丘演艺集团。此外，民权王公庄画虎村、夏邑县火店宫灯、虞城县木兰剪纸、柘城县"泥人张"、宁陵县刘腾龙毛笔等已经成为具有竞争力的知名文化品牌。大型抗日题材豫剧《拂晓风云》、动漫游戏《应天巡游记》、豫剧电影《汉宫昭君》等优秀文化艺术作品也层出不穷。总体而言，商丘市文化产业发展态势良好，文化市场规范有序，文化与社会经济发展的融合度进一步加深，成就了独具商丘特色的文化产业体系。

二、特色产业有体系：特色文化领域发展繁荣

（一）活力迸发的文化旅游业潜力无穷

商丘市文化旅游资源丰富。比如芒砀山旅游区，就是一处集山水观光、文化品赏、生态休闲于一体的国家5A级风景区。景区区位优势明显，连霍高速与济祁高速穿区而过，郑徐高铁永城北站距离景区仅3.5公里。芒砀山旅游区面积14平方公里，群峰争秀，风光旖旎，历史厚重，文化神秘。这里有世界上规模最大的地下西汉王陵墓群、刘邦斩蛇处、大汉雄风景区、芒砀山地质公园、陈胜王陵、孔夫子避雨处等景点。西汉王陵内出土的国宝级文物"四神云气图""金缕玉衣"等中华瑰宝交相生辉。在芒砀山，可以探寻天下第一石室王陵，欣赏"敦煌前的敦煌"，研磨石碑上神像的奥秘，领略大汉文明的厚重博大；在芒砀山，还可以步入汉家小院，着汉服、习汉礼、赏汉舞、食汉宴，重回汉朝，体验汉民族流失的风情。

商丘市文化旅游产业总体发展态势良好。目前，商丘市旅游局正在筹建"商丘古城保护利用项目"，包括清凉寺文化产业园、火神台礼盛广场、大虞春秋文化创意园等项目，努力打造全域旅游示范区。商丘市有华商文化、火文化、木兰文化、庄周文化、汉梁文化、孔祖文化六大文化名牌。商丘借助于这些

文化旅游资源，实现产业化经营，积极发展文化旅游业。随着越来越多的侨胞、港澳台同胞到商丘来寻根、拜祖、省亲，探寻历史文化的名人名士纷至沓来，旅游业的发展更是如火如荼。商丘景区门票价格也比较优惠，从8元到160元不等，其中10元、30元居多，优惠的价格也为商丘争取来不少游客。总体来说，商丘的旅游业活动竞相迸发。据统计，2014年共接待国内外游客962.95万人次，比上年增长11.2%，旅游总收入19.55亿元，增长12.4%；2015年共接待国内外游客1077.09万人次，比上年增长11.9%，旅游总收入22.09亿元，增长13.0%；2016年共接待国内外游客1198.7万人次，比上年增长11.3%，旅游总收入25.02亿元，增长13.3%；2017年共接待国内外游客1414.7万人次，比上年增长18.0%，旅游总收入29.95亿元，增长19.7%。商丘市旅游业的发展大大带动了饮食、娱乐、交通等相关产业的发展。

商丘市政府愈发重视文化旅游业的发展，提出："预计到2020年，旅游总收入要达到100亿元，文化产业占国民经济比重达5%以上。"2018年，商丘市更加注重发展文化旅游产业，不仅为商丘古城争取了中央预算内资金项目6个，争取到中央预算资金1.16亿元，还召开了3次黄河故道生态走廊建设工作会议，提出要重点抓好黄河故道沿岸"水通、路通、林通"项目建设。此外，在《商丘市服务业重点领域发展三年（2016～2018年）行动计划》中提出要积极扩大旅游产品供给；在《商丘市"十三五"规划》中也明确提出要加快以文化为核心的全域旅游发展，未来要以古城修复保护和展示利用为重点，以古都城文化为主线，全力建设古都城景区，发展文化旅游产业，着力打造"游商丘古都城，读华夏文明史"文化旅游品牌，推进以文化为核心的全域旅游跨越发展；还要坚持点线面结合，深入挖掘历史文化遗迹遗存，推动整合各县（市）区旅游资源，精心设计一日游、二日游、多日游等精品旅游线路，实施"一景一策"，聚焦主题，突出特色，形成以特色历史文化为主的全域旅游格局。

（二）层出不穷的文化艺术品行业小有规模

层出不穷的文化艺术精品为商丘文化产业发展提供了源源不竭的动力。首先，体现在豫剧精品剧目的不断更新，比如商丘市编排的大型现代豫剧《龙河钟声》、历史剧《王昭君》分别荣获河南省第十二届、十三届戏剧大赛文华大奖，实现了商丘戏剧史上金奖四连冠。《王昭君》还被拍成了电影，名为《汉宫昭君》，2017年6月已开始放映。此外，市豫剧院改编剧目《梨花情》和梁园区四平调保护传承中心的《恩怨亲家》也荣获市"五个一"工程奖,《浣纱记》《李香君》《恩怨亲家》等还入选"中原文化大舞台"剧目,得到全省人民的认同。其次,商丘传统工艺也逐渐实现规模化和产业化,甚至许多工艺已经成为知名品牌,比如夏邑宫灯和民权县画虎。民权县被称为"中国画虎第一村",成功入选国家旅游局公布的第二批创建"国家全域旅游示范区"名单。"中国画虎第一村"民权县王公庄的村民们,用自己的智慧,挥动早年舞锄的大手,把一只只栩栩如生、威风八面的"民权虎"推向全国大型书画市场,年收入达600万元,过去一幅画仅换一只烧鸡,现在名气大了,价格上去了,销量也大多了。该村70%以上人员从事绘画、卖画工作,经过商丘市、县政府推介、扶持,此村的"虎"已畅销国内外,每年出售2万余幅作品,收入达600多万元。在全国叫响了"中国画虎第一村"这一文化品牌。

（三）武术文化体育赛事越办越大

商丘市充分发挥以夏邑、民权武术等为代表的传统武术资源优势,大力发展武术产业,通过加强武术专业人才培养,做好青少年武术普及工作。商丘市积极发展套路、散打、太极拳等传统体育项目,不断推进武术的规范化、标准化建设,推动商丘特色体育产业的规模化发展。商丘的体育产业发展重点表现在特色体育赛事的举办上。目前,商丘市成功举办的"全市太极拳交流大赛",目的是全力支持太极拳体育产业的孵化和推广。因此商丘市不断研究推进太极拳的动作、套路、服饰、礼仪等系统化、标准化,力求形成1个太极拳培训品牌,深度挖掘太极拳的健身、文化、养生价值。还举办了夏邑县苏鲁豫皖周边县市"空竹文化节"、睢县北湖国家级"铁人三项赛"、"环中原"自行车赛（河南品牌赛事）、梁园区武术节、睢阳区冬泳文化节等大型体育赛事,现在还在不断地增强体育赛事的市场开发力度,争取培育一批影响力大、美誉度高的知名体育赛事品牌。

三、发展攻坚难题多:商丘文化产业存在的问题

商丘文化产业近几年有了较快的发展,但总体上还处于探索、培育、发展的阶段,尤其是对非物质文化遗产的开发才刚刚起步,文化产业的发展还很不充分、不均衡,还没有形成核心竞争力。具体表现在以下几个方面。

(一)文化资源开发不够,缺乏核心竞争力

文化遗产的开发,如果仅注重经济功能而忽略文化质量、仅注重物质结构而忽略文化生态和人文精神,便会造成"建设性破坏"。比如说把旧城中的居民全部迁出,把历史建筑改成旅游和文化场所,都会让民俗文化失去传统的韵味,同时也失去文化遗产的原真性。这对一个历史文化名城来说是一个致命的创伤。历史文化名城拥有丰富的资源,各自也均有自己的文化特色,但是不适当、不合理的开发必然会影响到开发利用的效果。

当前,商丘市比较注重基础文化设施的建设,对文化资源内涵的研究投入相对较少,部分文化资源流于开发形式,文化资源开发程度不足、层次不深、品位不高、特色不浓,因此,很多文化资源的价值和影响力得不到充分体现。有些极具开发价值的资源因资金问题未能开发;潜在资源的开发量只占资源总量的30%左右;甚至有的文化资源还"藏在深闺无人知"。而被开发成旅游景点的文化资源,其开发多滞留于一般水平,缺乏深度,品位较低。甚至有的景点为迎合、吸引游客而引入了一些仿制或移植的内容,严重脱离本地固有资源的特色,给人一种索然无味的感觉,降低了文化资源的吸引力。所以,开发不善的文化旅游资源不能产生关联带动效应。

(二)文化管理体制不全,缺乏监督与管理

当前,商丘市文化市场管理还不规范。根据商丘市文化广电新闻出版局关于开展2016年全市文化市场交叉检查活动的结果显示,商丘市文化市场在监管方面力度不够,打击措施不得力,管理工作不到位。具体表现在:一是有的网吧存在接纳未成年人进入营业场所现象,无未成年人禁入标志及未悬挂网络文化经营许可证现象;二是有的出版物市场存在少量非法出版物,未悬挂出版物经营许可证等现象;三是抽查的文化网站中,发现多家网站组织开展网络淫秽色情信息的传播。在"净网"行动的重拳打击下,520听书网、海豚网、你懂得电影下载网、撸撸侠导航网这四家非法网站还相当活跃,这都是钻了文化管理体制的漏洞。因此,商丘还需要完善文化管理体制和文化生产经营机制,早日形成责任明确、行为规范、富有效率、服务优良的运行机制。

(三)文化投融资渠道单一,中小企业缺乏发展空间

当前,商丘市文化产业投资不足,没有吸引足够的社会资本进入文化市场,导致大多数文化企业的规模较小,企业的自我发展能力普遍较弱。由于发

展资金匮乏,文化企业、事业单位的文化场馆建设、设备配备、活动开展以及运行保障经费不足,阻碍了文化产业的进一步发展。

(四)文化科技不够普及,缺乏创意和技术

由于商丘市的文化企业大多缺乏创新精神,墨守成规,因此难以突破传统的文化发展模式,新兴的"互联网+文化"开发不够,文化创新能力也不足。文化产品的开发还停留在传统的作坊式生产方面,文化产品的科技含量和附加值偏低,资源优势没有转化为产业优势,文化产品的市场竞争力较弱,尤其是创作、创意、策划、动漫、网游较弱,没有得到全面开发。总体来看,商丘市文化市场还处在初级阶段,集约化、规模化、产业化发展程度偏低,市场竞争力弱,优质精品较少,缺乏一批实力强、带动能力大的龙头企业。

(五)文化消费热情不高,市场潜力挖掘不够

一个地区居民的文化消费水平对该地区的文化产业有较大的影响。如果居民文化消费水平偏低,该地区文化发展就会受到阻碍,文化产业会因为市场的局限而难以壮大。"十二五"末期,商丘市经济生产总值达1803.9亿元,五年来新增660亿元,年均增长10.2%,高于全国、全省平均水平。但是,商丘市人口多、底子薄、基础差,经济总量、人均生产总值、财政收入等与发达地区还有较大差距。因此,商丘市人均消费水平低,仍然是当前最大的市情。根据马斯诺需求层次理论,当居民的生活需求得到满足之后,才会追求更高层次的精神上的文化消费。目前,商丘市还属于欠发达地区,社会平均文化消费水平偏低,拉动作用不大,严重制约了商丘文化产业的发展,因为文化消费不足,市场还没有完全打开。商丘文化产品供给质量不适应居民消费需求持续增长、消费结构加快升级的要求,也大大制约了文化消费对经济的增长和拉动。

(六)文化管理人才匮乏,从业人员素质有待提高

目前,商丘市从事文化产业的人数已经有了一定的增加,但是其中真正懂得市场又熟悉文化的人却十分缺乏,尤其缺乏那些现代文化创意性与商业性并存的高端服务型人才。民营文化企业的老板大多是从第一、第二产业上赚钱之后才来投资文化产业的商人,主要目的是赚钱,真正拥有文化情怀的人很少。缺乏文化素养就导致文化资源浪费,发展缺乏特色,比如旅游景区的千篇一律。然而,那些真正懂文化的人却不会经营,缺乏市场营销能力,导致文化资源空有价值没有市场,比如民间工艺品的不完全开发。这种"搞文化的不懂经营,会经营的不懂文化"只会导致文化产业走上恶性循环之路。此外,商丘市人才还在严重的流失中,随着老艺人的故去,文化遗产传承人青黄不接,许多传统技艺后继无人;因编制、待遇等方面的限制,导致商丘市人才有引不进。

文化资源的开发利用迫切需要优秀的管理和经营人才。名城文化旅游虽然表现在客源市场的竞争、服务质量的竞争、资源优势的竞争上,但归根到底是人才的竞争。优秀管理与经营人才的配养和储存,对于每个历史文化名城的文化产业都是至关重要的。然而,商丘的文化资源开发不够深入,不仅专业技术人才缺乏,就连职工队伍的素质也明显偏低,与当前旅游业发展所需的人才结构极不相称,而且这一问题比较突出。据不完全调查,古城旅游区从事旅游工作的人员,大专文化以上的仅占10%,初中文化程度以上的占87%,整个区旅游局仅有两个"科班出身"的工作人员。此外,导游的素质也有待提高,许多景点的导游缺少必要的文化素养和相应的历史文化知识等,这与古城发展旅游业所凭借的内涵深厚的人文景观不符合。旅游业职工队伍素质不高,致使经营管理不善、服务质量不到位,也严重制约了商丘文化名城旅游的发展。

第四节 文化产业的发展趋势与对策

商丘市政府高度重视文化产业发展,正在全力打造"华夏历史文明商丘传承创新区",以深入发掘、整理和开发利用商丘5000多年丰厚文明史的文化内涵为主导,打响"游商丘古都城、读华夏文明史"品牌,进一步坚定文化自信,增强文化自觉,加快建设华夏历史文明传承创新区商丘高地。此外,商丘市委经过科学谋划,还提出了建设"文化强市"战略,即"一、三、六、九"的文化产业发展策略,具体来说就是以市区为"一"个中心;构建商丘古城、芒砀山、黄河故道"三"大文化产业经济区;打响"六"大文化品牌,即商文化、火文化、汉梁文化、木兰文化、庄周文化、孔祖文化;突出发展"九"大文化产业,即现代传媒、文化旅游、演艺、娱乐、广告印务、民间工艺、艺术培训、体育休闲和新兴文化"九"大文化产业。

一、发展有优势：商丘市文化产业恰逢战略机遇期

（一）重视"文化强市"，政策优惠支持

商丘市提出"十三五"时期，商丘市的战略定位之一就是打造国家历史文化名城，还明确提出主要围绕数字传媒、创意设计、动漫游戏、文化旅游、新闻出版、广播影视等产业，全面推动文化产业发展；并计划实施中华文化新媒体传播工程，大力发展"文化+制造业""文化+现代农业""文化+旅游业""文化+互联网"，提高相关产业的文化含量和产品附加值。目前，商丘市政府已经加大了对文化品牌项目建设的投入力度，不仅设立了文化事业专项基金和艺术创作基金，用于文化事业建设和艺术精品创作；还建立和完善了支持文化事业队伍建设和艺术开发的专项资金制度，市财政每年安排足够的资金用于扶持艺术创作和文化艺术人才培训，确保文化事业软件建设适应名市建设的要求。可以预见，今后政府将给予文化企事业更多的政策优惠。

（二）文化底蕴深厚，初具品牌优势

古老的商丘拥有厚重的历史文化资源。商丘的古老，没有人会去怀疑。商丘的历史文化资源，无疑也应该是商丘最大的资源优势之一，把它界定为"最大"，不仅仅是内容丰富，更重要的是其独特的位置和层次之高。如商丘搞了三届木兰文化节，木兰文化品牌已经叫响全国，其社会基础是木兰的形象家喻户晓，已经深入国人心中，甚至走向了世界。除木兰文化品牌之外，商丘还有一些层次较高的文化品牌，有的已初具规模，有的被视为珍宝，准备加大开发力度。商丘市"十三五"规划中已经明确提出要传承优秀历史文化，深入研究阐发商丘文化的历史渊源、发展脉络、基本走向，科学梳理博大精深、源远流长的古都城优秀历史文化，加大火文化、古城文化、汉梁文化、庄周文化、孔祖文化、木兰文化、根亲文化、姓氏文化等特色文化元素的展现、应用和传承，打造商丘文化高地。

（三）人均收入增加，消费需求增长

经济基础决定上层建筑，经济的快速发展必将为"文化强市"建设提供坚实的经济基础。随着现代经济的快速发展，居民可支配收入和闲暇时间进一步增多，多样化多层次的精神文化需求更加旺盛。当前，商丘市已经进入全面建成小康社会的决胜阶段，经济社会发展呈现出更多依靠消费引领、服务驱动

的新特征。2017年全市生产总值完成2220亿元,增长8.5%左右。固定资产投资2230亿元,增长12%。一般公共预算收入128.8亿元,增长15.2%。社会消费品零售总额1030亿元,增长12.2%。城乡居民人均可支配收入16530元,增长10%,其中城镇居民人均可支配收入27490元,增长9%,增速居全省第1位;农民人均可支配收入10450元,增长8.8%,增速居全省第3位,服务业增加值比重继续提高。因此,商丘市的文化消费需求正在慢慢地增长,这一点就是商丘文化产业的发展机遇。

(四)商丘永城芒山镇,入选住建部名单

芒山镇,古称砀,又名山城集,得名于芒砀山,位于河南省永城市北部。芒山镇是中国特色小镇、全国重点镇、全国发展改革试点镇、全国小城镇建设试点镇、中州名镇、河南省规划建设的中心镇、河南省重点示范镇、河南省奔小康科普示范镇,同时是永城的副中心城。2017年7月27日,住建部公布了"第二批中国特色小镇名单",商丘市永城芒山镇入选。这些特色小镇具有特色资源、特色产业、特色风貌,文化底蕴深厚,综合服务功能较为完善,生产、生活、生态融合发展,是深入推进新型城镇化的又一载体和平台,是城乡联动的重要纽带。这些特色小镇建设项目可申请专项建设基金,中央财政将对工作开展提供较好的支持。这为商丘市提供了新的发展机遇。

二、改良有"药方":商丘市文化产业的发展建议

(一)稳环境:转变政府职能,深化体制改革

政府在文化产业发展中要"有所为,有所不为"。政府应放手让科技人员自主创新,放手让群众自主创业,放手让市场和企业自主选择文化发展模式与渠道。但是,放手不是不管,而是政府的重心应该放在营造宽松的环境、凝聚人才、维护规则、强化激励方面。只有真正做到"有所为,有所不为",政府才算是摆正了位置,做对了事情,才能推动文化产业事半功倍。

因此,政府要从主导变为引导,要努力营造良好的发展环境。比如,市委宣传部和市文化广电新闻出版局可以运用多种宣传手段,加大宣传力度,不断提高商丘市特色文化产品的知名度,引导人们进行文化产品的消费;市工商局可以加大政策扶持力度与服务力度,努力做好搭桥牵线工作,多组织交流,扩大商丘的对外知名度;还可以加强组织领导,充分运用政府引导、社会参与、市

场运作的方式,把商丘的特色文化产品挖掘出来,进一步把商丘的特色文化产品展示出去,推进商丘市特色文化产品市场的发展与繁荣。然而,体制不活、职能交叉、管办不分是目前制约文化产业发展的主要原因。所以,政府要深化文化体制改革,建立灵活高效、科学合理的文化产业管理体制。要进一步理顺政府与文化企事业单位的关系,推进政事分开、政企分开,让企业在公开、平等、公正的环境中提高自己的竞争力;建立和完善岗位责任制和激励机制,坚持劳动、资本、技术和管理等生产要素按贡献参与分配的原则,允许有特殊才能的文艺人才和管理人才以其拥有的知识产权、创作成果和科研技术成果等无形资产参与收益分配,充分调动文艺工作者的积极性和创造性。还要大力推进文化体制创新,促进文化体制建设与市场经济的结合,加快文化市场组织化、一体化步伐。

(二)做整合:整合文化资源,拓宽投融资渠道

只有经济发展了,才能为文化产业的发展提供强有力的物质保障,所以文化产业的市场化十分必要。首先,要深挖文化内涵,整合文化资源。文化资源要整合起来并统一调配,充分发挥不同资源的优势,在人才、设备、技术、信息等方面形成资源互补。深入挖掘文化遗产潜在的文化内涵、社会价值,科学统筹规划开发。比如商丘市的应天书院,作为北宋"四大书院"之首,其在中国古代教育史上的地位难以超越,可以发展成中小学生教育实践基地。

其次,要进行集团化、规模化、标准化经营与管理。坚持以市场为导向,适应市场,调整结构,提高质量,并拉长产业链条,全力实现产业化、规模化。比如商丘演艺集团,它是一个以资金、技术为纽带,跨地区、跨行业、多种所有制并存的综合性文化经营实体,下属公司有21个,其中中介机构有4个,目前商丘演艺集团在全国21个省区市、300多个市县拥有演出基地,是文化资源整合的一个典型案例。

再次,政府应该拓宽投融资渠道。要支持中小型文化企业补充文化市场空白,要加大对文化项目招商引资的扶持。抓住近年商丘市招商引资力度大、发展环境好的优势,对来商丘投资文化产业的项目,在财政、税收、土地等方面进行重点倾斜,缓和目前发展文化产业资金的瓶颈问题。同时,还要建立多渠道筹资、多主体投入、多种所有制形式并存的文化市场机制。通过文化与社会资本结合,推动社会资本向文化资本转移。坚持以项目建设为载体,走专业化

的路子,促进市场化发展,以扩大发展规模,提升市场认可度,建立文化产业园。比如,夏邑县火店乡是河南省特色文化产品之乡,其主打产品是宫灯,围绕宫灯这一核心产品,他们大力开发排须、花边、旗穗及中国结等上下游和衍生产品。目前,夏邑县以火店乡为核心带动周边乡镇,可生产53类、100多种宫灯及其上下游产品,其销售额占义乌文化产品市场的1/3,年销售收入3.8亿元,其发展模式值得借鉴。

(三)造氛围:提高文化修养,刺激消费热情

居民的文明建设是"文化强市"的一个重要组成部分。要想创建一流的文化强市,优化文化市场环境、营造文化消费氛围、刺激居民的文化消费欲望是必不可少的手段。一要完善文化基础设施建设,为居民提供文化活动场所。按照布局合理、结构优化、重点突出、特色鲜明的原则,高起点、高标准、大手笔建设一批代表商丘特色的城市基础设施,并对城市进行美化、洁化、亮化、绿化,让市容市貌更加凸显特色,塑造良好的城市形象。二要积极举办文化活动,调动居民的文化热情。按照社会主义精神文明建设的有关要求,为了实现道德风尚良好、社会秩序优良、行业服务优质、文化科教发达等目的,积极开展文明社区、文明小区、文明村镇、文明单位、诚信企业的创建工作,进一步规范文化市场,为人民群众精神文化生活营造安全祥和的文化市场环境。三要努力提高市民文化素养。深入持久地开展社会主义荣辱观教育和"道德规范进万家"活动,让广大市民坚定正确的理想信念,树立正确的世界观、人生观和价值观,努力在全社会形成崇尚文化的氛围,进一步激发城乡居民对文化的热情。在此基础上,进一步引导广大群众在思想上要牢固树立"发展文化就是发展经济、发展生产力"的意识,引导大家增加文化消费。

(四)要人才:培养高端人才,引进优秀人才

人才对于事业开拓和国家发展具有重要作用。然而,目前我国人才状况不容乐观,派出留学生众多,而学成归国人员很少,人才流失严重。21世纪是知识经济时代,经济增长依赖于知识信息和科技,而这些因素的载体是人,所以人才是知识经济时代国际竞争的关键因素,其作用远胜过资源和资本。人才将从根本上决定未来能否实现伟大的崛起与复兴。因此,培养文化与管理复合型人才是建设文化产业的当务之急。

一要加强职业教育培训,提高在职文化从业人员的职业道德、职业素养、

专业技能。实行多层次、多渠道、多门类的人才培养计划,有计划地安排专业人员到省内外文化艺术院校进修学习。加快发展艺术培训业,进一步整合并充分利用商丘的艺术培训资源,构建不同门类的系列化培训体系。争取在最近几年内,对现有各门类文化产业从业人士普遍进行一次培训,全面提高全市现有人员的艺术素养和管理水平。二要加大人才的引进力度。研究制定高层次文化人才引进政策,采取特邀、合作等灵活多样的形式吸引高层次人才,对急需人才和拔尖人才给予优惠和照顾,努力做到"以真心求才,以政策揽才"。三要加强知识产权保护,确保人才价值,出台人才优惠政策,吸引全国人才来商丘发展。打破不同所有制和不同身份的界限,充分发挥市场在人才资源配置中的基础性作用,促进文化人才在不同地区、部门、行业之间的有序、合理流动。四要加强基础教育建设,培养复合型人才。不断优化教育结构,建立良好的现代教育体系,尽快普及学前三年教育,实现高标准普及九年义务教育,构建成人教育体系。全面实施素质教育,力争提高商丘一高、睢县高级中学、永城高级中学、回民中学、良浩高级中学、夏邑高级中学等学校的办学质量。这样做的目的是通过培养、引进和交流,有计划地造就一大批优秀文化生产、经营、管理的复合型人才,为文化产业培养后备军。

（五）重品牌:加大宣传力度,打造知名品牌

城市功能定位准确,并将城市内涵注入城市品牌之中,就能保持和发扬城市特色,形成特色城市品牌,打造独有"城市名片"。商丘市有丰富的特色文化资源,应发掘商丘文化资源,突出商丘文化特色,强化文化品牌意识,精心打造一批具有商丘特色的名牌艺术产品、名牌文化企业、名牌文化设施、名牌文化活动和历史文化名人。还要以政府为主导,媒体为核心,加强对文化的推介及宣传,提高商丘文化的知名度、影响力,使之在省内外具有较强的竞争力,以达到打造商丘文化名品、扩大文化名声,从而带动文化经济的效果。比如,拍摄影视剧,利用历史文化名城优势,将商丘名人老子、墨子、庄子、巾帼英雄花木兰和孔子讲学、汉高祖斩蛇起义等传说拍成影视,提高商丘的知名度;培养造就一批省内外有影响的作家、艺术家、理论家、书法家等文化名人;还有承办全省乃至全国性文化活动。

（六）重创新:深挖文化创意,实现科技创新

我国经济进入新常态,发展更多的是依靠创新驱动。经济学家熊彼特曾

提出创新的五种情况,后来,人们归纳为五个创新,依次为产品创新、技术创新、市场创新、资源配置创新、组织创新。因此,商丘需要创新商业模式、创新广告模式、创新发展方式等,推动高新技术在文化领域的应用,深入实施文化科技创新工程,推动文化产业共性技术、文化产品生产服务技术、文化传播信息技术等实现重大突破。所以,文化产业的发展需要跟紧时代的步伐,提升科技含量,积极运用现代科学技术武装传统文化产业。

一要大力推动文化产业与高新技术产业结合,瞄准文化产业发展前沿,加大云计算、大数据等现代科技的应用,发挥"互联网+"的驱动作用,提高文化产业的科技含量。运用高新技术,大力发展具有自主知识产权的动漫游戏、网络游戏、数字内容产品和文化创意产业等新兴文化产业,形成后发优势。鼓励支持商丘市企业引进或开发动漫游戏和文化创意产品,从而大幅提高动漫产品的数量和质量,促进数字内容业等软件产业开发,推动文化产业与高新技术融合发展。比如要积极发展文化演艺业,用现代科技手段和艺术形式加工和包装具有商丘地方特色的艺术作品,并发挥演艺团体的原创自主开发能力,锻造拥有自主知识产权的艺术作品。二要坚持创意引领,加快跨界融合,大力发展新兴的文化创意产业,推动文化产业创新发展;大力发展以现代传媒、文化旅游、文艺演出为代表的主导文化产业,以网络服务、广告印务、文化创意和动漫、网络游戏等为代表的新兴文化产业,尽快形成主业突出、结构合理、特色鲜明的文化产业发展态势,变规模扩张为产业升级,变资源优势为产业优势。比如发展文博创意产业,鼓励文物博物馆与社会力量合作,设计生产高品位的文化创意产品,发展新型文化业态,培育一批文化创意领军产业和产品品牌。

(七)办节会:举办文化节会,筹办文化会展

商丘市通过木兰文化节打响了木兰文化这个品牌,通过举办国际华商文化节打响了商文化这个品牌,通过举办全国第十届全国运动会"华商文明之火采集活动"打响了火文化这个品牌。这些文化资源的成功开发,都展示了会展产业的效益是巨大的。随着人民群众文化消费需求的增长,文化产业也面临转型升级的问题。大力发展会展产业,做大做强商丘节会文化,有利于推动文化产业集聚发展,辐射带动饮食、住宿、交通、娱乐、体育休闲等产业的发展,为商丘的对外开放和经济发展提供源源不竭的动力。因此,商丘市应将民俗文化与节日结合,突出概念文化,展现民俗文化的生命力。

一要继续加大对节会的宣传力度。采取灵活多样的方式,进行深度宣传和包装,做大做强木兰文化节、华商文化节、庄周文化节、火文化节、姓氏文化节等,以节会文化为载体,全方位宣传商丘悠久的历史文化,使这些节会成为商丘市新的城市名片。二要突出节会主题,以节扬文、以文兴旅、以旅活市。三要加大活动的策划力度。使会展与经贸洽谈紧密结合,按照历史文化结合、文娱旅游结合的原则,对节会活动进行科学合理的策划,以节搭台,以节为媒,使节会成为当地各种特色产品荟萃的专业展会、专家云集的高层论坛、卓有成效的洽谈活动、高潮迭起的文娱旅游活动等。这必将吸引更多的人流、物流、资金流和信息流,大大推动商丘经济结构调整和高新技术产业的发展。

总体来看,商丘市的华夏历史文化史是没有中断过的,它既坚守本根又与时俱进,既保持了坚定的民族自信又具有强大的修复能力,为文化产业的发展提供了得天独厚的优势。因此,商丘市要继续深入推进文化强市建设,发挥中原文化特有的资源优势,加快华夏历史文明传承创新区建设,让商丘文化产业规模化、产业化,为商丘实现又好又快的跨越式发展提供强大的精神支撑和动力保障。

第十一章　周口市文化市情报告

改革开放以来,我国经济快速增长。近年来,我国经济进入转型期,文化产业逐渐成为新兴的朝阳产业,在经济社会发展中占有越来越重要的位置。在十九大报告中习近平同志明确了深化改革开放的总目标——完善和发展中国特色社会主义制度,推进国家治理体系和治理能力现代化。相应的,文化体制改革的目标应该是实现国家文化治理体系和治理能力现代化,建成社会主义文化强国。

周口市是华夏文化的发祥地之一,历史悠久,文化灿烂,距今有6000多年的文明史。太昊伏羲氏迁都周口淮阳,炎帝神农氏在此播种五谷,开创了中华民族的远古文明。同时,周口市文化璀璨,名人辈出,是我国根亲文化、龙文化、农耕文化的重要发源地,也是我国伟大的思想家、哲学家、道家学派创始人老子的故乡,文化积淀深厚,优势明显,发展文化产业的空间和潜力巨大。繁荣文化产业是建设文化强国的必由之路,周口市也在探索自己的文化产业发展道路,加快将文化产业发展为支柱型产业。

第一节　周口市文化资源概述

周口市位于河南省东南部豫东平原,东临安徽阜阳市,南与驻马店市相临,西接许昌市,北与开封、商丘市接壤。全市占地面积1.1959万平方千米,常住人口882.07万(2016年统计),下辖县市区包括川汇区、郸城县、淮阳县、沈丘县、扶沟县、商水县、西华县、太康县、项城市、鹿邑县。

一、历史文化资源——华夏先驱，九州胜迹

历经千年发展，周口市作为中华民族古老文化的发祥地之一，文化底蕴深厚，文化类别和文化生态具有很强的代表性，在地域间具有很大的影响力。境内人杰地灵，英才辈出，遗址遗迹众多，是道家始祖老子及陈抟、吴广、谢安、吉鸿昌等历史名人的故里。历史建筑太昊陵、关帝庙、太清宫等被列为全国文物重点保护单位；具有代表性的文化支脉有伏羲文化、女娲文化、道家文化、根亲文化等，这些都是区域发展的重要文化资源。

（一）周口市历史概述

河南古称"中州"，周口镇曾与朱仙镇、道口镇、社旗镇合称为中州四大名镇，与河北省张家口市并称"南北皮都"，经济、文化极其繁荣。

周口古属陈国，战国末期，楚顷襄王徙都于此，设为楚都，史称"郢陈"。秦朝末年，爆发农民起义，陈胜、吴广在此建立张楚政权。两汉以后，历代以淮阳为中心设郡置府。明朝初年，随着沙颍河漕运的开通，为了满足通商的需要，最初的集镇从沙河北岸扩展到南岸，史载"通衢五省，人杂八方，商贾云集，南北之声不绝于耳"。一位周姓商户在川汇区老街开辟了第一个渡口，由此得名"周家口"。明万历年间，贾鲁河河道的疏浚，使得周家口的航运南接江淮、北通山陕，成为重要的商品集散地，一时商贾云集，经济十分繁荣。万历年间进士熊廷弼在《过周家口》中写道："万家灯火伴江浦，千帆云集似汉皋。"由此可见当时周家口的繁盛程度。清朝年间，中原经济发展达到鼎盛时期，周家口开辟了16个渡口，来往商贾络绎不绝，流动人口数量庞大，鼎盛时期高达数十万，因此获得了"南皮都"和"小汉口"的美誉，成为河南四大商业重镇之一。

但随着历史的发展，周家口当年的繁盛已成过眼云烟。清朝中后期，海运成为主要的通商渠道，再加上1843年黄河决口，北上河道被阻，自此再未恢复，周家口的经济开始走向萧条；同治年间，战乱波及周家口，商业也随战乱一蹶不振，迅速凋零。"中华民国"期间，黄河花园口决堤，正逢汛期的黄河突然改道，顺着贾鲁河而下，周口一带成为重灾区。然而，当时的中国受战争所苦，无力救灾，周口镇受灾长达9年之久，"中华民国"前期积累的商业资本毁于一旦。

中华人民共和国建立后,在河南省设立了周口专区,下辖九县一镇,1969年改为周口地区,2000年6月8日,国务院撤销周口地区和县级周口市,设立地级周口市,原县级周口市改为川汇区。

(二)名人传说

周口市人杰地灵,人才辈出,是伏羲故都、老子故里,被中华全国伏羲文化研究会誉为"中华文化发祥的重地",还是古代著名的易学大师陈抟的诞生地、抗日英雄吉鸿昌的家乡。

《诗经·陈风》记录的就是春秋时期陈国的社会面貌和风俗民情,首篇《宛丘》用地名作题目,宛丘即为今周口市淮阳县,是人祖伏羲氏太昊定都和长眠的地方。相传太昊伏羲氏教民结网,渔猎畜牧,制造八卦,创造出文字,替代了"结绳记事"的原始方法,华夏文明曙光得以初现。上古神话中的创世女神女娲居于西华,抟土造人,熔石补天,化生万物,是中华民族的人文先始。炎帝神农氏亲尝百草,栽培五谷,教民稼穑,还带领部落人民制造出了新的饮食工具——陶器和炊具,并与黄帝结盟共同战败了蚩尤,中华儿女自古就被称为炎黄子孙,是中华民族团结、统一不竭之源泉。古代先哲、道家始祖老子出生在苦县(今周口鹿邑),修身悟道,留五千字《道德经》传世,不仅对中国古代的政治、哲学、宗教产生了深远的影响,还得到了国际广泛的反响和认同。"希夷先生"陈抟是古代著名的易学大师,因数举不第,又逢五代之乱,在隐居生活中逐渐形成了"出世"思想,绘制"太极图""先天图"等一系列《易图》,成为中国太极文化的创始人。传说他能够"逆知人意",注释《正易心法》,著《指玄篇》《龟鉴》《心相篇》和《观空篇》等,把中国古代相学推向唯物论的范畴。历史上包拯下陈州(今淮阳)赈灾、斩杀国舅、为民除害,事迹在民间广为流传,当地人为了纪念包拯不畏强权、清明廉政,在陈州建立了包公祠,俗称"老包庙"。袁世凯出生在周口项城市,曾任清政府的内阁大臣,北洋军阀的领导人,主持废科举办学堂,为近代中国培养了一批人才,后逆历史潮流,成为"中华民国"的大总统。袁世凯从小离开家乡,先后7次回到祖籍项城,1899年捐助修建项城莲溪书院。著名抗日将领吉鸿昌出生在河南省周口扶沟县,他骁勇善战,从普通士兵递升至军长,后加入中国共产党,战功赫赫;吉鸿昌遭反动分子陷害,被抓后慷慨就义,临刑前写下荡气回肠的就义诗:"恨不抗日死,留作今日羞。国破尚如此,我何惜此头。"

二、旅游文化资源——"非遗"丰富,文化璀璨

(一)非物质文化遗产

1. 越调

越调,又名"四股弦",是河南省戏剧中最为古老的剧种之一,主要流行于河南境内、湖北西北部、陕西东南部、安徽西北部、山西东南部、河北中南部、北京等省市。越调据说起源于李唐时代的《霓裳羽衣舞》,为唐玄宗梦游到月宫所得,初名"月调",传至民间后更名为"越调",是中国古代戏曲的一般地方剧种所共同拥有的"平、背、侧、月"的四种调门之一。越调所演剧目有"老十八本"和"小十八本"之分,以唱、念、做、打、舞戏曲程式化为主要表演形式,既能表现慷慨激昂、悲壮高歌的宏大场面,又能抒发深沉、轻柔、哀怨的幽怨感情,从王宫贵族到平民百姓都非常喜爱。

但是,当下越调这种传统文化戏剧正在走向衰落,艺术人才青黄不接,演出剧团缺乏创新,演出曲目守旧老套,观众大多是老一辈的人,鲜有年轻人关注,越调传承后继无人,这些都是越调发展过程中不得不重视的问题。2006年5月,为保住这一宝贵遗产,越调被国务院列入国家非物质文化遗产名录,河南省也将越调的传承与创新提上了日程,加大了对越调剧团的政策支持保护。对越调的传承和保护也受到国家的重视,经国家艺术基金专家严格评审,并报国家艺术基金理事会批准,大型舞台剧——河南越调《诸葛亮临危受命》被评选为国家艺术基金2018年度资助项目。

2. 太康道情

太康道情是河南珍稀剧种之一,起源于唐代道士吟唱的"经韵",宋代在民间得到发展,成为唱白相间的曲艺形式道情鼓子词,主要分布在河南太康及其周边地区。太康道情历史悠久,体裁种类多样,剧目内容丰富,据目前普查统计太康道情至少有30多个曲牌、曲调,包括三大类五大品种。三大类包括唱腔、表演、音乐,五大品种是指声腔派系、表演程式、音乐体系、曲牌子曲调、打击乐。太康道情这些类系的形成,既有沿袭下来的民间艺术,也有姐妹艺术穿插,最后形成太康道情独有的特色;原有古装传统戏160多个、现代戏60多个,这些剧目在长时期的流传中,有很多已失传,代表剧目有《王金豆借粮》《红

尘》《走娘家》等。2006年,太康道情被列入国家非物质文化遗产名录。①

随着文化发展的多元化、宣传媒体的多样化,戏剧消费层次化的格局开始出现变化,作为戏曲表演形式之一的道情戏面临着极大的挑战。再加上剧团曲目缺乏创新,主要依靠传统演出方式传播,导致剧团收入困窘,艺人纷纷离团,被称作"道情戏之乡"的太康道情戏也在走下坡路。对此,太康道情剧团积极采取应对措施,结合当下创新曲目内容,创作出反映新时代农民思想感情、弘扬主旋律的好戏:有宣传《土地法》、教育人们爱护土地的《算算这笔账》和《换招牌》,有破除封建迷信、开化农村思想的《婆媳算卦》与《砸金桃》。近几年,该团深入豫、皖、鲁、苏四省300多个县市,演出1300多场次,观众达800多万人次,获得中央和地方百姓的高度赞誉,获奖无数。在县文化局的支持下,剧团面向市场,走上了产业化经营的路子,与市、县电视台合作,积极承接广告,实现了剧团向产业化的转变。

3. 太昊伏羲祭典

太昊伏羲祭典是历史悠久的汉族民俗及民间祭祀活动,我国第一部诗歌总集《诗经·陈风》中第一篇《宛丘》表达了一男子对祭典女巫优美舞姿的倾慕。自明代朱元璋亲制祝文,到清末的宣统皇帝,御祭达51次。淮阳太昊陵从古到今香火不断,"淮阳古庙会"依托太昊伏羲陵已成为一道具有浓郁文化特色的民间文化盛宴,每年农历的二月二日至三月三日,河南省淮阳县的太昊陵都会举办隆重的朝祖进香祭典,吸引全国各地民众前来祭拜。除了祭典活动,还举行庙会,历时月余。不过,最热闹的还是二月初十至二月二十的10天,二月十四至二月十六日的3天,庙会日均客流量约40万人次。逛庙会的民众摩肩接踵,络绎不绝,还曾因单日游客达825601人,被上海大世界吉尼斯总部授予全球"单日参与人数最多的庙会"的称号。每年在长达一个多月的朝祖会期间,海内外华夏子孙来此朝拜,每天高达20多万人,因此有学者称太昊陵是"中国的耶路撒冷"。

太昊陵祭奠活动吸引了不少国内外专家、学者来庙会探寻研究古老的华夏文明史。许多港澳台同胞不远千里前来参加太昊陵祭典,寻根问祖,显示了

---

① 杨志敏:《非遗视野下太康道情戏的传承与保护》,《成都理工大学学报》(社会科学版),2016年第4期。

华夏儿女不忘祖先,不忘自己是龙的传人的美德,具有强烈的民族认同感。2006年5月20日,国务院批准该民俗列入第一批国家级非物质文化遗产名录。

4. 心意六合拳

心意六合拳,又称心意拳、六合拳,相传为明末清初的武术家姬际可所创。清朝初年,当时的姬际可产生了强烈的反清思想,为提高武术水平,到河南少林寺学习,因武艺精湛,留在少林寺教学,居留期间对明朝盛行于少林的五行拳产生了极大兴趣并做了深入研究;后有一天忽见两鸡相斗,遂悟其理而创心意六合拳。

周口市的心意六合拳又称"十大形",以模仿龙、虎、熊、马、猴、蛇、鹰、鸡、鹞、燕十种动物在捕食搏斗追杀时的动作,取其形、会其意而得此名,经发展形成的一种内家拳法。心意六合拳与太极拳、八卦掌在中华武林并称"中国三大内家拳派"。2008年6月被列入第二批国家级非物质文化遗产名录。

5. 项城官会响锣

官会响锣在豫东乡村地区流传广泛,是一种以铜锣为道具的民间传统打击乐器,至今已有300多年的历史。官会铜锣以锣为道具,时而打时而舞,并用锣组合成各种造型,变化奇妙,具有较高的艺术境界。经改编的"官会锣龙"曾获中国民间艺术最高奖"山花奖"、河南省"金鼎奖"。官会响锣的表演形式及演奏技巧独具特色,不仅是周口项城市官会镇传统的民间舞蹈,也是迄今为止在全国发现的唯一以铜锣为道具的舞蹈,填补了我国民间舞蹈文化中缺少以铜锣为主要道具的空白,丰富了我国民间的舞蹈类型。2008年入选第二批国家级非物质文化遗产名录推荐项目名单。

2016年3月19日上午,官会铜锣参加了由中国非物质文化遗产保护中心、河南省文化厅和周口市人民政府主办的第五届"中原古韵"中国非物质文化遗产展演,获得好评。

在2016年6月14日国务院公布的第二批国家级非物质文化遗产名录中,项城市的《官会响锣》在传统舞蹈项目中榜上有名,中华人民共和国文化部为《官会响锣》颁发了"国家级非物质文化遗产"牌匾。

6. 沈丘槐店文狮子舞

沈丘县回族的文狮子舞最早可追溯到汉唐时期的西域"五方狮子舞"和

"胡人假狮子"。南宋时期,波斯尼沙布尔人海鼻耳随蒙古将领察罕入中原平金时传入中原,至今已有700多年的历史,文狮子舞在传承西域"胡狮"舞技的同时又接纳了中国古图腾文化。到明代,狮舞融入独角虎、麒麟,形成了目前三兽共演的文狮子舞。文狮子舞的最大特点是表演主体为雌狮子,区别于武狮子中雄狮子的嚣张和威猛,其舞蹈动作以原生态为主,不夸张也不俗媚,没有过多的杂技。

特别是"母狮生小狮"的表演,是狮子舞的压轴戏,这一过程从"闻笼绣"到"吻唶"而后"吞笼绣"受孕等,形象地体现了雌狮子的温雅柔和。母狮抚爱小狮子,幼狮自立,传达了善待子女、孝敬父母的和谐理念。2017年2月2日,《人民日报》和新华网竞相报道了题为"沈丘槐店文狮子舞,走街串巷添新春祥和"的新闻,河南省周口市沈丘县槐店回族文狮子文化协会40多人,走街串巷,表演民俗。每逢春节,沈丘县槐店都因舞狮子而热闹非凡,呈现出人山人海观狮子的壮观场面。

2008年,"文狮子舞"被列入第一批国家级非物质文化遗产扩展项目名录,现有国家级传承人1人,省级2人,市级4人。

7. 老子生日祭典

老子生日祭典的时间为农历正月十五至三月十五日,庙会期长达一个月,场面十分热闹。作为一种汉族民间信仰,老子生日祭典历史悠久,据史书记载可以追溯到东汉桓帝时。据《后汉书·桓帝本纪》记载,延熹八年(165),汉桓帝派大臣到老子出生地鹿邑朝拜老子并建老子祠,从而形成了以祭祀老子为中心的庙会活动。唐宋时均有皇帝亲临致祭。元明清历代,或皇帝亲临祭祀,或派大臣拜谒,绵延不辍。直到如今,当地百姓一年一度的祭祀从未间断。老子生日祭典融皇家祭、宗教祭、李氏家族祭、公祭、百姓个人或团体祭五种祭祀于一体;其程序完整,规模有大有小;仪式多样,气氛既隆重又随和,既庄重又家常,文化底蕴深厚。多代皇家的提倡、道教的尊崇、李氏作为名门望族的存在以及鹿邑地处豫苏鲁皖四省交界之地的独特区位,为老子生日祭典创造了无可比拟的优势。

继入围河南省非物质文化遗产之后,河南省鹿邑县纪念圣哲老子的"老子生日祭典"活动作为市文化局首推项目,正积极申报国家级非物质文化遗产。

8. 淮阳泥泥狗

泥泥狗是河南省淮阳太昊陵"人祖会"中泥玩具的总称,是一种原始图腾文种抽象、变形的多种怪兽复合体,共有 200 余种。淮阳"人祖会"以泥泥狗作为祭祀伏羲的"神物"。传说伏羲崇狗,至今淮阳民间仍流传着"伏羲与盘瓠"的神话,大意是有狗称"五色犬",被扣在金钟内;变成人首狗身,即伏羲氏也。淮阳人崇拜狗、敬重狗,认为"神狗"能为人类消灾、祛病,保卫一方平安。

泥泥狗因其造型古拙、荒诞,在众多民间艺术中具有独特的魅力,在祭祀人祖伏羲、女娲的庙会中,成为斋公、香客们避灾、求福,争相购买的"神圣之物"。林林总总的怪异形体中有九头鸟、人头狗、人面鱼、猴头燕、独角兽、多头怪、翼鱼、翼兽、人面猴、四不像、猫拉猴、草帽虎、怪狮、驮子斑鸠、龟、蟒、蛇、狗、熊、蟾蜍、蜥蜴、豆虫、蝎子等。

2014 年 12 月,淮阳泥泥狗入选第四批国家级非物质文化遗产代表性项目名录。

9. 项城回民秧歌

项城回民秧歌,产生于清朝中期的河南项城县南集镇,为一种民间集体演唱的方式,由 11 人组成一队,领队一人左手持串铃、右手打伞灯指挥表演。表演中男丑角拄拐杖,扮瞎子;女丑角斜背包袱;其余 4 名男子挎腰鼓,戴礼拜帽,4 名女子持锣,搭盖头,但全部由男子扮演。演出者边唱边表演,唱的内容有民间故事、传统戏曲,也有历史人物、天文地理;演出形式主要为跑场子、摆画面、变队形等;唱段多种多样,流行的唱段有《十二个月》《织手巾》《送饭》《王林休妻》等。

2009 年 6 月,项城回民秧歌入选河南省第二批非物质文化遗产项目名录;2015 年 10 月,荣获河南省民间文艺最高奖——金鼎奖。

(二)重点开发景区

1. 太昊陵

太昊陵,即"三皇之首"太昊伏羲氏的陵庙,位于淮阳县羲皇故都风景名胜区,毗邻风景秀丽的万亩龙湖,被誉为"天下第一陵"。太昊陵以伏羲先天八卦数理兴建,是中国帝王陵庙大规模宫殿式古建筑群之孤例,分外城、内城、紫禁城三道皇城,景区内主要景点包括中轴线上的一系列建筑——午朝门、道仪门、先天门、太极门、统天殿、显仁殿、太始门、八卦坛、太昊伏羲陵墓、蓍草园等构成的主景区,附属景点由独秀园(原剪枝公园)、碑林、西四观、岳忠武祠、同根园、博物馆等几部分组成。

人文始祖祭祀活动绵延千年,历久不衰,每年的农历二月初二到三月初三,世界各地几百万人涌向淮阳县太昊陵朝圣伏羲,农历每月初一、十五,均有盛大祭祀活动,游客人数日达数十万;整个陵园从早到晚,香烛纸炮,烟雾缭绕,这种场面在全国实属罕见。有关资料表明,太昊伏羲陵庙会,在黄河上下、大江南北,早已成为华夏民族的文化意识而深深沉淀于传统和历史的骨髓之中。更有不少旅居海外的炎黄子孙,携儿带女,搀老扶幼,千里迢迢,认祖寻根,感受上古的遗风,领略华夏民族深厚的文化内涵,寻找千百年来中华民族共同的源流和精神支撑点。

2. 老子故里旅游区

老子故里旅游区位于河南省鹿邑县,由太清宫风景区、明道宫风景区与其他风景区组成,充分发挥其人文景观优势,目的是向游客展示一个真实的老子故里形象。它是以我国古代伟大思想家、世界著名历史文化名人老子的诞生与成长以及后人对其祭祀活动所遗留文物古迹为主体,配以周围其他著名的历史遗迹人文景观,并与该地所特有的自然景观相结合的一个集历史文化、自然风情、休闲养生为一体的综合旅游区。同时,景区发掘商周大墓等历史遗址、楚汉相争的垓下古战场、陈抟故园、武平封侯处(武平城)等遗迹,展示了老子故里丰厚的历史文化遗存,还展示了古代战场波澜壮阔的场景及三国曹氏纵横驰骋、争夺天下的雄心。

老子故里旅游区共有旅游资源单体 272 个,分属 6 个主类、15 个亚类、36 个基本类型;优良级旅游资源 137 个,其中五级 38 个、四级 35 个、三级 64 个,普通级旅游资源 135 个,其中二级 72 个、一级 63 个。

3. 关帝庙

关帝庙位于周口市富强街,坐北面南,始建于清康熙三十二年(1693),后经雍正、乾隆、嘉庆、道光年间屡次扩建、重修,于咸丰二年(1852)全部落成,历时 159 年。整个庙宇为三进院落,占地 36000 多平方米,现存楼廊殿阁 140 余间。

整个古建筑群为仿宫殿式,布局严谨,巍峨壮观,装饰富丽,工艺精湛。其山门、铁旗杆、飨殿、大殿、戏楼、拜殿、春秋阁由南向北,依次建于中轴线上;药王殿、灶君殿并东廊房,财神殿、酒仙殿并西廊房,它们辉映于前院左右;东西看楼、东西庑殿建于中院两侧;老君殿、马王殿、瘟神殿居于东偏;僧舍客房则位于西院。

周口市关帝庙是全国关帝庙建筑中规模较大,石雕、木雕雕刻艺术价值最高,保存最为完整的古建筑群。庙内环境清幽,殿堂秀丽,是全国重点文物保护单位,国家3A级旅游景区。

4. 吉鸿昌纪念馆

吉鸿昌纪念馆位于周口市扶沟县城内的吉鸿昌烈士纪念馆,为省级文物保护单位,占地6300平方米,由山门、广场和展厅组成。大门朝东,巍峨壮观的仿古式门楼正上方是江泽民同志在1995年亲笔题写的馆名:"吉鸿昌将军纪念馆"。进入馆内,两侧有假山点缀,水泥道路两旁平坦有形,北侧有1987年省人民政府批复的"河南重点烈士建筑物保护单位"的立碑,西侧为小何庄殉难烈士纪念碑(30平方米)。沿路北行是纪念馆广场,广场面积600平方米,广场正中央由花岗岩砌成的底座上,竖立着戎装的吉鸿昌将军铜像。广场正北就是吉鸿昌将军纪念馆的主展馆,展厅面积为190平方米,展出实物10件,展出版面163幅,主要介绍吉鸿昌将军的生平事迹。

吉鸿昌纪念馆是公益性质的公共文化事业单位,免费向群众开放,是省、市青少年教育基地以及爱国主义、国防教育基地。

5. 袁世凯故居

袁世凯故居位于河南省周口市项城市东南17公里处的王明口乡袁寨村。清朝咸丰七年(1857),袁氏家族看中袁寨这块风水宝地,花巨资买下,并开始扩建,于咸丰十年(1860)告竣。旧居占地18万平方米,共建成具有明清特色和传统风格的各式建筑248间,周围1800米长、10米多高的寨墙,1座优美别致的花园,6座炮楼及3道护城河。旧居整体按中、东、西三轴线布局,分东、西三级纵深院落,且院落幽曲相连,形成一片完整且别具风格的建筑群。建筑群由传统砖瓦、木材、白灰等建筑材料构成,反映了中国古代建筑特色。房屋顶脊之处,皆有狮、虎、豹、马、猴等砖雕,四角挑檐高耸,饰有龙纹兽尖,直指苍穹,气势恢宏。

6. 女娲城

女娲城位于周口市西华县,相传为女娲氏之故墟或女娲之都。女娲死后,人们在城西修女娲陵,在城内建女娲阁,上供女娲,下供伏羲。周围景色宜人,森天碧绿。1986年被定为河南省省级文物保护单位;1994年,国家、省、市旅游部门和文物部门通过考察论证,将女娲城列为市级旅游景点建设项目。女娲城每逢农历初一至十五自成庙会,四方民众蜂拥而至,人山人海,多时人游数日达十万之众。西华是远古时代人祖女娲主要的活动区域和建都之地。因此,现今的女娲城已成为在全国范围内都有影响的大型女娲祭祀观光胜地。

第二节 公共文化服务体系建设

公共文化服务是政府提供的公共服务职能的重要组成部分,它主要着眼于社会效益,是为社会提供非排他性和非竞争性的公共产品和服务的文化领域,与文化领域中可以实行市场化、产业化经营的文化产业一起,构成国家的文化建设的全部范畴。公共文化服务体系建设主要包括先进文化理论研究服务体系、文艺精品创作服务体系、文化知识传授服务体系、文化传播服务体系、文化娱乐服务体系、文化传承服务体系、农村文化服务体系七个方面。《中共中央关于构建社会主义和谐社会若干重大问题的决定》中指出:"加强公益性文化设施建设……加快建立覆盖全社会的公共文化服务体系。"

在新时代形势下,周口市政府积极完善城乡的公共文化服务设施的整体框架。为了满足人民群众日益增长的文化需求,缓解人民群众对美好生活追求和文化产业发展不充分不平衡之间的矛盾,周口市正在深入推进文化体制改革,大力发展文化事业,繁荣文化产业,加快构建中国特色社会主义文化服务体系,推动社会主义文化的繁荣和发展。

一、公共文化服务体系建设整体框架

(一)公共文化政策法规

为促进公共文化服务体系的发展,周口市积极出台相关的法律法规,采取了一系列的政策措施加强公共文化服务体系的基础性建设。这些政策法规反映了人民群众的意愿,有利于保障人民群众基本文化权益,对实现"文化强市"的目标具有重要的意义。自2012年以来,周口市先后发布了《关于加强全市基层宣传文化队伍建设的实施意见》《中共周口市关于加快文化改革发展的实

施意见》《周口市文广新局责任清单》《市文广新局稳步推进四制工作法》《周口市"十三五"规划编制工作》《周口市深化文化体制改革实施方案》等文件,不断深化文化体制改革,鼓励创造人民大众喜闻乐见的社会主义文化,积极发挥政府、文化机构及文化企业的作用,积极培育周口市文化特色。

在经济转型发展的当下,文化建设成为实现富民强市的重要内容,周口市政府在坚持物质文明建设的同时将精神文明建设日益提到工作日程的重中之重,坚持文化事业和文化产业两者同步发展,充分发掘周口市文化资源,加快文化资源大市向文化产业强市转变。为了给文化建设提供良好的制度环境,建立现代文化市场竞争体系,周口市政府加大了对公益性文化事业和公共文化服务的投入,大力扶持文化产业发展。周口市政府在《中共周口市关于加快文化改革发展的实施意见》中指出,应该始终把文化建设放在全局工作的重要位置,不断加强和改进文化建设的工作任务和工作机制,坚持用科学理论武装党员、教育群众,以保证社会主义核心价值体系建设扎实推进。2015年2月,周口市委印发了《周口市深化文化体制改革实施方案》,明确了改革方向,规划了改革任务,确定了改革举措及工作项目,为周口市今后深化文化体制改革提供了基本遵循依据。

(二)公共文化基础设施建设

近年来,周口市紧紧围绕"文化乐民、文化育民",着力构建公共文化阵地,实施公共图书馆系统的公共文化惠民工程,开展免费艺术培训等各类公益文艺培训,市图书馆、博物馆、群众艺术馆、科技馆、乡镇综合文化站等一批标志性基础文化工程陆续投入使用,免费向公众开放。截至2017年,全市共有艺术表演团体10个、文化馆10个、博物馆12个、公共图书馆10个;广播电台10座、电视台10座、调频转播台15座,功率3.4千瓦,广播综合人口覆盖率98.55%,电视综合人口覆盖率99.53%。全年周末公益剧场演出50多场次,市图书馆新购图书5万册,公共文化场馆继续免费开放。

表11-1 2016年周口市公共图书馆情况

类别	公共图书馆(个)	公共图书馆藏书量(万册)
总 计	10	64

数据来源:周口市统计局

表 11-2　2016 年周口市群众艺术馆、文化馆基本情况

类别 项目	合计	群众艺术馆	文化馆
单位数（个）	13	1	12
举办展览（个）	129	4	125
组织文艺活动次数（次）	179	75	104
举办培训班（班次）	150	9	141
群众业余演出团体（个）	232	0	232
馆办文艺团体（个）	16	5	11
本年收入（千元）	1755	332	1423
本年支出（千元）	1742	344	1398

数据来源：周口市统计局

为满足人民群众多样化、多层次、多方面的精神文化需求，政府积极打造了一系列惠民的文化品牌。比如每周五晚上的"周末公益剧场"，自创办以来，已演出300多场，直接惠及群众100多万人，取得了良好的社会效益，受到群众的一致好评，2013年被文化部批准为第一批国家公共文化服务体系示范项目。又如"欢乐中原·文明周口"广场文化活动，已经持续举办了数十年，以市民喜闻乐见的内容、丰富多样的表演形式，给广大市民带去了一场场文化盛宴，极大地丰富了市民的精神文化生活。此外，还有"中原古韵——非物质文化遗产展演""百万票房送群众""新年音乐会""优秀电影进社区"和"送戏下乡"等公益性文化活动，有力地保证了人民群众共享文化发展成果。

（三）公共文化组织机构和人才

周口市委在《中共周口市委关于加快文化改革发展的实施意见》中提出，全市各级文化组织要认真学习领会、把握精神实质，充分认识推进文化改革发展的重要性和紧迫性，紧紧抓住全国、全省文化体制改革、推动文化大发展大繁荣的战略契机，按照提升思想认识、积极稳妥推进、坚持实事求是、创新体制机制的原则，坚持正确的文化导向，努力满足人民群众的物质文化需求，进一步繁荣社会主义公共文化服务体系。文化体制初步改革后，市政府全面完成了机构设置、职能界定、人员整合、岗位配备、资产划分等各项工作任务。新组建的市文化广电新闻出版局同心协力，运转顺畅，机构精简，效率提升，机构改革的效果显著。

表 11-3　2016 年周口市文化机构和人员数

机构类别 \ 数量	机构数（个）	文化部门（个）	从业人员（人）	文化部门（人）
文化及相关产业合计	103	98	3230	3126
艺术业	21	21	903	903
艺术表演团体	11	11	462	462
剧场、影剧院	10	10	302	302
图书馆业	11	11	202	202
群众文化服务业	13	13	300	300
文化馆、群众艺术馆	13	13	300	300
文艺科研	2	2	6	6
文物业	7	7	128	128
博物馆	15	10	627	523

数据来源：周口市统计局

目前，文化已经是周口市一张闪亮的名片，文化产业已经发展成为周口市的支柱产业之一。到 2015 年，周口市基本完善了政策、资金、人才、技术、信息等文化产业发展的公共服务体系，主导产业突出、特色产业鲜明、多元投资旺盛、市场需求繁荣的发展格局基本形成。周口市正依托深厚的历史人文和独特的地域特征，努力建成具有中原特色的支柱型文化产业体系。

（四）公共文化活动主体

周口市前市委书记徐光提出要走周口市特色文化发展道路，打造周口文化"五朵金花"，分别是文学、书法、美术、戏剧、杂技。打造文化名片离不开广大文化艺术工作者的奋力拼搏，更离不开人民群众的努力和支持。"周口作家群"的团体不断壮大，目前，全市作家中有中国作协会员 36 人，省作协会员 486 人。书法和绘画的艺术成就也为周口赢得广泛的赞誉，周口市现有中国书协会员 103 人、美协会员 38 人，省级书协会员 1140 人、美协会员 285 人。

在戏剧方面，周口市创作了《山城母亲》《口上的女人》《玉梳记》《升仙桥》等 15 部优秀作品。其中，剧本《游子吟》获河南省剧本评选一等奖，《山里的汉子》荣获第二十八届中国电视剧"飞天奖"戏曲电视剧二等奖。太康道情《婚姻驿站》在参加第十届中国艺术节"群星奖"戏剧门类作品全国决赛中，获得政府最高奖——群星奖。由市戏剧艺术研究院演出的《山城母亲》曾先后获得河南省第十二届戏剧大赛文华大奖、河南省第五届"黄河戏剧节金奖"、河南省"五个一工程"奖和十三届中国戏剧节优秀剧目奖、优秀表演奖。《口上的女人》获第十四届河南省戏剧大赛文华大奖。商水县豫剧团排演的现代豫剧《天职》，在全国第八届戏剧文化奖评选中荣获全国戏剧文化奖、原创剧目大奖等10个奖项。在第九届全国杂技大赛上，周口市杂技马戏团参赛节目《空中飞人》获大赛特别奖。

（五）公共文化活动方式

周口市积极发展广播电影电视事业，发挥广播电视的舆论作用，弘扬主旋律，围绕党和政府各个时期的工作重点，增强广播电视宣传的吸引力。此外，市政府还积极构建无线数字广播电视传输覆盖网，积极推动了无线数字新媒体业务的发展；通过扩大广播电视村村通工程建设成果，进一步改善了广大农村群众收听收看中央、省和市级广播电视节目的效果；为了激发电影动漫产业的发展活力，市政府积极尝试影视剧拍摄、动漫制作业务，实行全市县属电影发行公司和电影院的转企改制；大力实施农村电影放映工程，完成全市行政村每月每村放映一场电影的目标任务，农村广播影视公共服务体系基本建立。例如，为增强电影发展活力，培育出一批具有较强竞争力的电影放映的市场主体，周口市新农村数字电影院线集团有限公司投资5000万元编创的3D电影《夺路而逃》，上映之后取得了良好的口碑，并荣获2016年第三届美国旧金山国际新概念电影节最佳影片和最佳导演奖。周口市广播电视台与河南航投物流签约进行双向跨境E贸易战略合作，致力于打造"新鲜卢森堡"项目，把跨境保税产品从欧洲市场通过互联网搬到周口，为周口市文化产业的发展注入了源源不断的活力。

二、公共文化服务体系建设中存在的问题

（一）经济、文化发展不协调

自改革开放以来，经济发展一直是党中央工作的重中之重，各省市政府一直把经济发展当作地区发展的目标，忽视了基础文化的建设，导致文化体制改革的步伐落后于经济和政治体制改革。另外，公共文化建设中还存在很多问题，比如政府对公共文化服务体系建设投入资金相对较少、重视程度不高，尤其是对相对闭塞的偏远农村地区。近几年，周口市政府对公共文化事业的投入远远少于对其他公共事业的投入，公共文化服务建设的支出在各项支出中仅占0.3%~0.4%，农村文化事业所占的比例更是微乎其微。农村的经济文

化生活发展较为落后,文化教育设施差,群众总体受教育的水平低,对文化的理解过于片面化,有些文化活动,形式"高大上",内容不接地气,难以惠及广大群众。由于农村地区法治基础薄弱,法治监督体系不完善,一些封建、腐朽、淫秽甚至违法的文化活动在农村等偏远的地方滋生泛滥。落后的文化观念和生活习俗进入人们的生活,极大损害了农村地区群众的文化权益,与文化建设的初衷背道而驰。

(二)文化队伍建设管理体制和机制不健全

在文化队伍管理体制方面缺乏有效竞争和激励机制。由于缺乏竞争,从事文化工作的人员没有提高自身知识和才能的意识,他们不需要担心优胜劣汰,长时间单调重复同一种工作,工作的积极性和效率不高。不健全的管理体制,再加上文化队伍工作条件较差,工资待遇不高,造成优秀文化人才的流失。人浮于事,又无法招收有能力的工作人员,不利于文化市场人才队伍的更新换代。据调查,大部分乡镇一级的办公经费、业务经费都没有被政府列入财政预算,有不少乡镇文化站业务经费都是零开支。文化专干对文化建设的参与热情不高,难以有效调动其工作积极性。

(三)从事文化事业的高端人才缺乏

政府对文化事业的财政支出较少,尤其是在高端人才的引进和待遇方面,投入比例微乎其微,使文化工作者的积极性不高,出现不想继续工作或者转业的想法,这就导致了文化队伍的不稳定。人们对文化事业的认识还比较浅薄,多数人不愿意从事文化事业,认为很多在图书馆或是博物馆工作的人都是"混日子"。相关的文化事业单位都是依靠政府财政拨款维持开支,没有形成合理的工资奖罚制度和激励制度,专业人才和普通工作者的工资待遇并没有等级之分;不管在物质上还是精神上,都难以激发优秀人才工作的积极性,也难以吸引高端文化人才在本市安家落户。目前,周口市文化队伍的组成很复杂。一部分文化干部是从其他部门"借调"过来的,以前没有从事过文化工作,缺乏相关的工作经验,对文化工作的重要性认识不足;有时还身兼数职,无暇顾及本职业务,这严重影响了市文化工作的正常开展;有一些在职的文化工作人员,是通过"关系户"被安排进文化站,这部分人的学历普遍较低,容易受到环境的影响,缺乏相关的文化知识和能力,缺乏创新精神;一部分有成就的书法、图书管理、文艺创作、绘画、文博人员年岁已高,大多已离开工作岗位。文化队伍后继乏人,如不及时解决,将会出现传统文化人才的断层现象。

(四)公共文化服务内容不能满足当前群众文化需求

随着经济文化的发展,人民群众对文化的需求越来越高,而政府对公共文化产品和服务投入较少,对群众文化需求信息的收集少之又少。政府文化管理部门按照自己的意愿提供公共文化产品,而不是按照公众的实际文化需求来提供公共文化产品,这就导致政府公共文化产品和服务的供给与群众的文化需求存在不同程度的脱节。首先,政府提供的文化类型单一,针对性不强。以"农家书屋"为例,农家书屋是为满足农民文化需要,在行政村建立的、农民自己管理的、能提供农民实用的书报刊和音像电子产品阅读视听条件的公益性文化服务设施。但据调查发现,村里的农家书屋可借阅的图书大部分老旧,且形式单一,书的内容与农民的实际生活差距较大,这就导致书屋长时间无人问津,面临着倒闭的风险。其次,公共文化服务缺乏精品和特色,缺乏有代表性、富有地域特色的本土原创作品,一些优秀的地方传统文化和民间艺术得不到有效发挥。

第三节 文化产业发展现状

一、文化产业初步发展

近些年来,河南省陆续发布了一系列关于发展文化产业的政策和法规,文化产业和旅游产业保持着较快的发展速度。周口市抓住河南省促进文化产业发展这一重大历史机遇,被确定为全省首批文化改革发展试验区。围绕着建设"美丽河南、美丽周口"的主题,周口市积极实施"工业强市、旅游突破、城乡统筹、四化同步"的措施,把发展文化产业作为转变经济发展方式、调整产业结构的重要突破口,着力建设中国文化名城。"十二五"期间,周口市文化产业有了较大发展,文化产业生产总值占地区生产总值的7%,年均总产值增长20%,文化产业已成为全市的支柱产业之一。

2017年,全市生产总值2517.03亿元,同比增长11.2%。其中,第一产业增加值466.88亿元,同比增长4.4%;第二产业增加值1156.86亿元,同比增长7.5%;第三产业增加值893.29亿元,同比增长10.6%。三次产业结构由上年的20.2∶46.0∶33.8调整为18.5∶46.0∶35.5。二、三产业占GDP的比重达81.5%,较上年提高1.7个百分点。全年人均生产总值28630元,同比增长8.2%。

产业集聚区建成区面积达106平方千米,完成固定资产投资1053.5亿元,入驻规模以上工业企业600家,吸纳就业31.1万人,5个被评为二星级、5个被评为一星级。旅游业接待总人数8572.1万人次,总收入实现396.9亿元。

(一)旅游资源开发不断深入

周口市为了推动"文化强市"的建设,把文化产业作为支柱型产业进行培育,以伏羲文化、老子文化、姓氏文化和"中国杂技之乡"资源优势为依托,大力开发旅游资源,挖掘文化资源的潜力和价值。在空间布局上,周口市以周口、项城、淮阳旅游金三角为重点,整合淮阳东方神话水上乐园项目、太昊陵、关帝庙、袁世凯故居等景区,整合"华夏先驱、九州圣迹"的旅游品牌,着力打造一批精品旅游景区。市文化广电新闻出版局积极联合多方力量,对关帝上城文化产业园和周口市国风艺术中心进行项目整合,现已完成入驻关帝上城文化产业园经营商户50家,入驻周口市国风艺术中心经营商户20家,进一步提升了文化产业规模化、集约化、专业化的水平。据统计,2017年周口市共接待游客2479万人次,其中,接待国内游客2475万人次,接待境外游客4.18万人次;旅游综合收入115.3亿元,其中国内旅游收入114.6亿元,旅游创汇收入1325万美元。全市共有A级景区24家,其中,4A级景区1家,3A级景区10家,2A级景区13家;旅行社39家;星级饭店14家。

目前,全市大力推进淮阳文化改革发展试验区建设,以弘扬羲皇文化为核心,紧紧围绕"羲皇故都、水韵淮阳"发展主题,对淮阳太昊陵、龙湖、陈楚古街进一步开发利用,建成休闲、娱乐、购物及吃、住、行为一体的旅游场所。各县市也都响应市政府的号召,挖掘本地的历史文化资源,积极发展文化旅游产业。淮阳县立足本地优势,进一步确立了建设国内知名文化产业集聚区和太昊陵5A级旅游景区的目标。近年来,淮阳县先后完成了陈风文化园、大同桥、东方神话游乐园、龙湖码头等30余个项目。项城市规划建设项城市汝阳刘毛笔、余家杂技、丁集草编、南顿故城、花园花卉五大文化产业园;围绕袁寨古民居和南顿故城这一文化资源优势,项城市打造了"袁寨古民居(袁氏旧居)、袁氏行宫、南顿故城"三点一线黄金旅游线,现每年接待游客100多万人次,已成为较有影响的旅游景区。以周口关帝庙、西华女娲城、鹿邑老子文化等为代表的一批文物景区,以太昊陵庙会和淮阳荷花节为代表的节会活动,越来越显示出周口经久不衰的文化魅力,吸引着越来越多的人来周口观光旅游、寻根谒祖。

文化资源只有转化为文化资本,才能更充分地发挥其传承文明、创造财富、促进发展的作用。发展文化产业、打造文化知名品牌已经成为周口市经济发展的重点工作。在政府一系列优惠政策的扶持下,周口市积极实施文化产业项目带动战略,初步形成了以淮阳伏羲文化产业园、淮阳陈楚文化创意园、项城市汝阳刘毛笔文化产业园等为代表的文化产业园区。截至目前,淮阳县陈楚古街建设项目已经建好投入使用;淮阳县投资5.2亿的东方神话创意文化园项目开工建设,水上乐园已经建成使用,一期水上项目投入运营期间,日均接待游客达8000人次,二期工程也正在积极筹备中;总投资8000万元的汝阳刘毛笔文化产业园一期工程已完成,"中华老字号"汝阳刘毛笔远销东南亚20多个国家,年产值达到了1.2亿元;周口报业传媒集团投资了6亿元建设MOCO新世界项目,集商务、文化、购物、休闲、餐饮、娱乐、酒店等多种形态于一体,一期主体工程已完成施工,即将投入使用。①

同时,在资源开发过程中,市政府强调要注重文化资源的良性可持续发展,各个项目在建设的过程中摒弃了以往追求规模和经济效益的掠夺性开发方式,转为经济效益和环境效益相结合,更加注重文化资源健康可持续发展的理性开发。

(二)文化艺术产业发展态势良好

目前,周口市共有11个艺术表演团体,全年演出达2500多场次,年收益大约380万元。此外,还有86个民间剧团在全国各地演出,年收入达2700万元。市文化广电新闻出版局积极支持优秀文化剧团的发展,指导道情、越调剧团以及一些优秀文化剧目的拍摄,努力提高演出质量,推出了许多优秀的剧本,先后有10多部剧目获国家和省"五个一工程"奖。豫剧《口上的女人》在河

---

① 周口市人民政府:《周口加快实施稳增长保态势 文化产业发展专项工作稳步推进》。有效链接:http://www.hazhoukou.gov.cn/Article/Index? Id=7370

南省第十三届戏剧大赛上,一举荣获河南文华大奖,2015年1月又荣获第六届黄河戏剧奖金奖。《游子吟》在全省剧本评选中荣获唯一的一个一等奖,《婚姻驿站》获政府最高奖"群星奖",《空中飞人》荣获第九届全国杂技大赛特别奖,《山城母亲》获第十三届中国戏剧节优秀剧目奖。其中《山城母亲》是由周口市戏剧艺术研究院全力打造的一部红色革命历史题材豫剧,根据小说《红岩》中"双枪老太婆"的故事改编,栩栩如生地塑造了一位极富传奇色彩,既对党忠贞不贰又略带草莽之气、既铁骨铮铮又柔情似水的女革命家的英雄形象。这是周口市推出抗日题材剧目中非常优秀的一部代表作,曾在北京长江大剧院演出,得到了观众的广泛好评。

文物与艺术品经营发展的潜力也日益凸显。全市积极建设以书画古玩、旅游纪念品经营为主的关帝庙文化产业园区,以艺术培训、音像图书经营为主的周口市文化产业大厦。成立于2005年的项城市汝阳刘笔业有限公司,是全国最大的毛笔生产企业,现有职工266人,占地面积4万平方米;有160多个品种规格,年生产毛笔9000万支,不仅畅销全国各地,而且是出口创汇的拳头产品。淮阳泥泥狗、布艺等工艺品的制作不仅促进了当地经济的发展,也代表中国的文化遗产走出了国门,远销世界各地。

全市不断涌现优秀的文化艺术精品,优秀文化艺术人才辈出。据周口市统计局在2011年统计的数据,周口市拥有作家、书画家、杂技家、音乐家、舞蹈家、摄影家、戏曲家、民间艺术家、影视家等11个门类的艺术人才和艺术家协会,其中,国家级会员76人、省级会员734人。在书画方面,知名书画家较多,有全国书协会员40人、美协会员10人,省级书协、画协会员300人,全市专业及业余画家1000余名,书法家张文平曾荣获全国书法兰亭奖。此外,文学创作也表现出了很大的活力,戏曲作品、摄影作品多次获得全国大奖。

二、文化资源的开发与保护

(一)加快资源整合,推动旅游品牌化

周口市委、市政府采取系列措施,将"伏羲文化、老子文化、姓氏文化、农耕文化"与旅游产业有机结合起来,走出了一条具有周口特色的文化旅游发展之路。为打造文化旅游金字招牌,坚持"走出去、请进来"的思路,推介周口文化旅游,周口市主动与国家、省旅游局联系,努力把太昊陵、老子故里纳入全国、全省旅游线路,对接郑州、洛阳、开封等旅游大市,加强地区间旅行社合作,力争实现"以散客为主逐渐向团队旅游"这一质的转变。

在老子故里鹿邑县,县委、县政府通过招商引资和市场化运作,先后对现存古迹太清宫和明道宫进行大规模修复重建,成为国家4A级景区。同时,新建了文化十里长廊、老子文化广场、老子故居等12个景点,为老子旅游区和城市增添了新的景点和看点,人居环境明显改善,形成了"文化包装城市、城市推动旅游、旅游推介文化"的互动发展格局。此外,鹿邑县积极开展道德经书法作品展,举办道德经国际论坛、老子生日庙会和老子诞辰公祭大典,拟办老子学院等,深入挖掘老子文化潜力,使鹿邑的名气、人气、财气大幅提升。仅老子庙会期间商户就达到了1000多家,古玩、旅游纪念品、民间玩具、风味名吃琳琅满目,商品日均交易额近千万元。

在羲皇故都淮阳,县委、县政府对淮阳文化旅游发展进行战略规划,不断丰富景区景点内涵。每年盛夏,河南省旅游局和周口市共同主办"中国淮阳龙湖赏荷旅游活动月",《诗经·陈风》描述的唯美画卷,为美丽的龙湖增加了几分古韵。淮阳县还成功举办了太昊陵申遗启动仪式、伏羲文化高层论坛和两届中华姓氏文化节。同时以建设寻根祭祖、休闲度假、民俗体验三个功能为切入点,打造了寻根游、生态游、休闲游、体验游四大旅游路线,开发了泥泥狗、布老虎、荷叶茶、黄花菜、龙湖鱼等地方特色旅游商品。在文化旅游项目建设方面,重大旅游项目引领工程,太昊陵三期复建工程、陈楚文化创意园、羲皇宾馆等一批超亿元的重点文化旅游产业项目相继落户试验区;实施景区项目提升工程,4年投资17.6亿元,完成太昊陵景区独秀园、岳飞观景点修复建设和龙湖环湖生态一日游线路等;实施了伏羲文化景观群路网、管网建设和城市绿化亮化工程。

(二)周口市"三区、两点、一线"的规划与实践

"三区"是指市区近郊生态农业旅游区、淮阳文化旅游区、项城工业旅游区。

1. 市区近郊生态农业旅游区

所谓"生态农业旅游",即充分利用农业资源,从利用内涵为主题而开发出的主要以农村独特的田园风光、农事劳作及传统的民族习俗为旅游资源,具有极大参与性的一种旅游活动。周口市地处中纬度地带,位于沙颍河、贾鲁河交

汇处,属亚热带季风性气候和暖温带季风性气候模糊地带,具备南北方之长,地形平坦,四季分明,雨量充沛,非常适合粮食、蔬菜等农作物的生长。周口市凭借沙颍河和平原生态景观,通过农业生态示范园、生态植物园,以小麦、棉花、大豆、玉米等优质农作物基地为依托,在市区近郊开展集观光、娱乐、休闲、民俗于一体,以风俗人情、瓜果采摘、农具展览、荷塘垂钓等玩法为主体的"农家乐"和生态农业观光旅游项目,使旅游者在这里获得回归自然、返璞归真的美妙享受。

2. 淮阳文化旅游区

淮阳古称宛丘、陈州,为三皇之首太昊伏羲氏定都和长眠之地,是中华姓氏文化、农耕文化、八卦文化和龙图腾的发源地。近年来,依托独特而丰富的文化资源,淮阳县坚持"旅游突破"总体发展战略,以文化旅游为载体,以发展惠民为目的,走出了一条"文化+旅游"带动县域经济全面发展之路。淮阳文化旅游区以太昊伏羲陵和弦歌台、羲皇故都朝祖会、中国淮阳非物质文化遗产展演、龙湖旅游赏荷月为依托,通过举办"中国姓氏文化节"和"二月庙会",不断丰富旅游体系,拉长旅游产业的链条。

3. 项城工业旅游区

工业旅游是伴随着人们对资源理解的拓展而产生的一种旅游新概念和产品新形式。开展工业旅游主要是依托工厂、企业、公司和工程等工业生产和运营之地,开展参观、游览、体验、购物等活动。项城作为有基础优势的工业中心,是品牌价值43.8亿元的莲花味精集团的所在地;凭借自身的交通中心地位,以莲花集团为依托,开展工业旅游,把项城建成工业旅游区。

"两点"是指以淮阳的伏羲文化和鹿邑的老子文化作为开发的基本点,目的是提高周口市的文化内涵,使其成为吸引游客的一个热点。近几年,国际和国内掀起了一股研究老子文化的热潮,作为一个文化大市,周口市应该抓住这次机遇,以老子文化和伏羲文化为依托,辅以女娲文化和姓氏文化,通过举办老子庙会和二月庙会等活动,加大对周口市的宣传力度,使其成为旅游的重点地区。

"一线"是指在旅游线路上形成周口关帝庙—淮阳太昊陵、弦歌台—鹿邑老子故里—项城袁世凯故居"三角"黄金旅游线,把这条文化旅游线路进行包装,形成省内、省外、国内乃至世界的著名文化旅游线路,在周淮路两侧构建周口文化旅游带,建设周口的文化长廊。①

三、文化产业发展存在的问题

(一) 总体设计尚不完善

文化、旅游与产业结合不密切,条块分散。文化产业部门的管理体制不完善,缺少产业融合发展的协调沟通机制和平台,缺少文化旅游产业融合发展的规划和设计,不能形成发展合力,在一定程度上影响了文化旅游产业的健康快速发展。虽然全市文化产业发展工作会议明确开始推动"文化+旅游"的工程,但如何协调有关部门共同推进仍然面临着很大的困难。

(二) 项目带动还不够强

一方面,周口市缺乏大规模的文化产业建设项目,各地、各部门项目杂乱无章,未能得到有效整合,带头的项目出不来,其他文化项目的发展也受到了很大的束缚。另一方面,文化产业项目储备不够,各地谋划、论证、审批等工作力度不够深入,还需要谋划一批全局性、战略性、示范性的重大项目,建立省、市、县三级项目库,为文化产业的发展集聚更多优秀的资源和力量。

(三) 文化资源利用不合理,缺乏创新意识

周口市的大遗址数量、规模、价值均排在全省前列,文化内容十分丰富,但没有进行有效的开发利用,可观性不强。许多文化旅游资源特别是非物质文化遗产资源仍然保持其原始的无形性,没有进行产品和产业化开发,还需要进一步推进科技创新。政府应该积极运用现代科技手段,着力提升文化资源的保护修复、展示利用、传播普及等水平。

(四) 文化产业缺乏总体战略和强有力的政策支持

文化旅游产业发展需要综合运用财税、金融、土地、科技等政策来推动,但目前市政府关于文化旅游产业的政策体系还不够完善,具有可操作性的政策少之又少。一些地方和部门还不能积极主动地认真贯彻落实中央和省委、省政府有关文化旅游发展的系列政策,还存在变相绑架的现象。在制定配套性政策、细化落实各项政策措施方面还有待加强,省直部门支持文化旅游产业发

---

① 朱岚涛、王力峰:《周口市旅游业发展现状分析与对策》,《河南商业高等专科学校学报》,2007年第3期。

展的政策力度仍需加大。

(五)群众的文化保护与继承意识淡薄,发展后劲不足

周口市文化紧迫需要行业人才、创新型人才,但由于地域、社会意识等方面的限制,诸如项城余家杂技、沈丘玉文化、太昊陵泥泥狗等传统技艺出现后继无人的尴尬局面。另外,周口地区只有周口师范学院一所本科院校,而且受地域及经济等方面的影响较难吸收高素质的创新型和管理型人才。

第四节 文化产业发展的趋势与对策

一、深化文化体制改革,大力发展旅游业

作为一个文化资源大市,周口市对文化资源的挖掘远远不够,未能很好地将文化资源优势转化成产业优势。周口市未来应该充分挖掘整合丰厚的旅游文化资源,大力弘扬根亲文化,加强对地方特色文化活动的支持,使中华姓氏文化节、国际老子文化节等文化活动与时代精神相结合,赋予传统文化更多意义。同时还可以在各县区建设中华姓氏博物馆,在淮阳、太康、鹿邑等县建设姓氏纪念地,把淮阳陈氏、太康谢氏、鹿邑陈氏一脉相承的文化发扬光大。发展文化创意产业,积极开发以伏羲、女娲、神农为主干的神话资源,做好非物质文化遗产的保护和传承工作,组织引导好太昊陵庙会、老子生日庙会、女娲城庙会、关帝庙庙会,加强对汝阳刘毛笔、泥泥狗、布老虎、张氏泥塑、尾毛工艺品等资源的开发利用。

充分利用周口市丰厚的文化资源,培育周口特色文化旅游产业,努力建设"一区三圣地"——把羲皇故都(朝祖圣地)、老子故里(道家圣地)、万姓同根(根脉圣地),打造成华夏历史文化传承创新区的核心区,实现由文化旅游资源大市向文化旅游产业强市的跨越。

要想实现这一伟大跨越,建设文化强市、旅游强市,周口市必须通过进一步深化文化体制改革,激发文化创新活力。因为体制不顺、机制不活,一些单位体制落后,不少文化资源得不到重视,无人过问,导致我们的优秀文化资源得不到充分的开发利用,旅游发展落后于那些纷纷推出文化建设和文化机制

改革的省市。如周口市淮阳县的太昊伏羲陵因太昊伏羲氏位居三皇之首,其陵墓被誉为"天下第一陵",但与陕西省延安市黄陵县城的黄帝陵相比却显得开发不足,缺乏活力。这启示我们,未来周口市在实行文化管理时应该革除那些管办不分、政事不分、政企不分、事企不分的弊端,避免因职能交叉、权责不明造成的管理错位、越位、缺位;同时,简政放权,加快政府职能转变,理顺政府管理部门与文化企业事业单位之间的关系,创新文化建设管理模式,发挥市场对文化资源配置的基础性作用,政府把行政管理重点放到市场调节、宏观调控、市场监管和提供公共文化服务等职能上。通过依法对文化企业和文化产品的市场准入进行审查和管理,确保文化建设朝着健康的方向发展。

二、加快文化产业结构调整,转变发展方式

首先要有效整合文化资源,推动产业结构的合理优化。根据周口市文化资源特点、产业基础和市场前景,重点发展文艺演出娱乐业、旅游业、广告业等朝阳产业,改变目前"散""小""弱"的现状,实现对文化资源的深度开发,把文化产业发展的模式从扩大规模为主转变为提高质量效益为主。[①] 加大对地方特色文化产品的扶持力度,依托丰富的地方民间工艺资源、民间艺术资源和民俗文化资源,不断提升特色文化的独特魅力,延伸产业链,提高附加值。其次要构建现代文化产业体系,合理布局文化产业空间,打破行政区划的界限,推动文化产业集聚发展,走规模化、集群化的发展方向。与国内外一些大型的文化产业集团相比,周口市的文化产业集团还存在规模小、效益低、资源分散、重复建设等问题。为解决这一问题,推动周口市文化产业发展的现代化和市场化,需要优化文化资源配置,提高周口市文化产业的集中度,培养一批有带头效应的骨干文化企业和大型文化企业集团,从而培育一批国家和省级知名文化品牌,形成具有周口特色的文化产品集群。再次,以"内容为王"为周口市新兴文化产业发展理念,加快文化产业的升级,以文化资源开发、文化产品经营、文化设施利用为主要形式,积极发展文化旅游、工艺美术、文艺演出等传统文化产业的同时,加快发展文化创意、数字出版、移动多媒体、动漫游戏等新兴文化产业,提高新兴文化产业在总体文化产业格局中的比重。最后,利用快速发

---

① 马瑞:《如何推动周口文化产业大发展》,《经济》,2008年第8期。

展的科技资源,提高文化产业的科技含量,将科技发展与文化产业发展相结合,建立起与经济发展相适应的文化产业化发展的新格局。

三、加强文化队伍建设

"国以才立,政以才治,业以才兴",建设好、发展好周口市文化产业,激发文化创新活力,关键在人才。周口市要加强文化人才队伍的建设,首先应该完善人才选拔机制,畅通选拔渠道,使人才选拔透明化、制度化,采取动态管理模式,形成能上能下、能进能出的人才激励机制,把真正有才能、有干劲、有抱负的人才提上去,选拔到关键的岗位上,让人尽其才,同时切实加强文化队伍建设,落实基层文化人才待遇。认真落实文化工作规划和文化人才发展规划,制订切实可行的分步实施方案,大力培养、引进文化艺术专业人才、文化经营管理人才和文化科技人才。[①] 认真落实市六部门联合下发的《关于加强全市基层宣传文化队伍建设的实施意见》,在县市区委宣传部门建立健全理论宣传、新闻宣传、文艺宣传、社会宣传、文化体制改革和文化事业发展、网络宣传、对外宣传、精神文明建设等工作机构。鼓励和扶持各类文化人才和文化活动积极分子,挖掘和培养扎根基层的文化能人,特别是民间非物质文化遗产传承人,尤其是淮阳泥泥狗、沈丘回族文狮子舞、项城余家杂技、太康道情等相关的文化能人,让他们在文化传承中发挥健康作用。

四、完善公共文化服务体系建设

政府要加大对文化服务体系建设的投入,提高文化支出在财政支出中所占的比例,把主要公共文化产品和公益性文化活动纳入公共财政的支出预算。深入实施文化惠民工程,提高公共文化服务标准,使公共文化服务效能得到有效提升;要更有成效地开展好文化惠民活动,加强公共文化设施建设和县级演艺惠民活动,加快推进村级综合文化服务中心建设,推动基础设施再上新台阶。发挥政府的示范引领作用和文化志愿者、社会体育指导员的服务带动作用,组织开展丰富多彩的群众性文体活动,带动引导基层群众参与文体活动。

---

① 杨月芬:《关于基层文化系统人才队伍建设情况的几点建议》,《共产党员》(河北),2017年第18期。

促进公共文化服务提供主体和提供方式的多元化,发挥各类文化单位活力,提升惠民效能,同时也要解决城乡之间基础设施建设发展不平衡问题,更好地体现公益性、基本性、均等性、便利性。

五、文化节会与经济发展相结合

2018年3月,文化部和旅游局合并,可以看出我们国家旅游业发展的一个大趋势。周口市应顺应这种趋势,把文化工作和旅游工作一起规划、一同部署,通过文化和旅游的融合发展,实现经济效益和社会效益的双赢。周口市民间文艺演出形式多样、内容丰富,所以民俗节会和演艺事业应该借助于休闲旅游这个平台,增强传统习俗文化的传播和影响,同时推动周口市的旅游业更具文化特色。因此,周口市首先应抓住民俗文化节会的发展机遇,积极打造周口名片;打破政府全盘操作,向"政府主导、民间发起、市场运作、产业经营"的市场运作方式转变,积极打造庙会文化品牌。例如,在举办老子庙会期间,政府可以在庙会上增添戏剧、秧歌、高跷、盘鼓、杂技等文艺演出,给民间工艺、民俗活动提供展示的空间,也可以加大节会的吸引力。其次,周口市应借鉴其他地区文化节会和经贸结合的成功案例,同时保持本市的特色,将淮阳"羲皇故都"朝祖会、鹿邑老子生日庙会、周口关帝庙庙会、项城南顿故城庙会构筑成为集文化、经贸、娱乐、观光于一体的发展平台,顺势带动淮阳荷花节、西华桃花节等节会的发展。最后应依靠本市有名气的节会进行招商引资,把节会当作一个品牌来经营,运用市场运作机制提高知名度,提高节会的竞争力和知名度。比如周口市老子故里鹿邑县可以借鉴山东曲阜孔子文化的成功经验,打造传统文化圣地,进一步丰富老子文化的深厚内涵,促进周口与外地的合作交流,加快周口文化的发展。

第十二章　驻马店市文化市情报告

驻马店市位于河南省中南部,地处淮河上游的丘陵平原地区,面积15083平方千米,设有九县一区,总人口896万。驻马店古为汝宁府(郡)属地,地处交通要冲,历代设皇家驿站,又盛产苎麻,故名曰"驻马",又名"驿城",是华夏文明的重要发祥地之一,素有"豫州之腹地,天下之最中"的美称。驻马店市历史悠久,人杰地灵,自然风光秀美,名胜古迹众多,盘古文化、女娲文化、伏羲文化、嫘祖文化、冶铁铸剑文化、重阳文化、梁祝文化、车舆文化都由这里孕育而生。

近年来,驻马店市在步入"富民强市,加快崛起"的快车道和经济社会发展取得巨大成就的同时,全市的文化产业与文化事业的发展也得到了高度重视。2015年,驻马店市提出建设"四个驻马店"——富强、文明、平安、美丽驻马店,其中"文明驻马店"围绕增强文化软实力深化改革来打造。2017年3月,在全市文化广电新闻出版工作会上,局长李林清指出,坚持以建设"文化强市"、打造"文明驻马店"为引领,全面深化文化体制改革,着力推进公共文化服务体系、现代文化传播体系、文艺精品创作生产体系、优秀传统文化保护传承体系、现代文化市场管理体系、新型文化产业体系"六大体系"建设。在完善公共文化服务与促进文化产业繁荣发展两个方面大力推进的同时,物质生活逐步丰裕的天中人民群众,也将享受越来越精彩的文化生活。

第十二章 驻马店市文化市情报告

第一节 驻马店市文化资源概述

驻马店是华夏文明的重要发祥地之一,是中华民族的人文始祖盘古创世纪活动的核心区域,是轩辕黄帝夫人嫘祖的故乡,也是战国时代闻名天下的兵器制造中心和蔡氏、金氏、江氏家族的故里。丰富的历史文化资源、自然资源、民族文化资源、宗教文化资源、红色文化资源等构成了驻马店市珍贵迷人的文化财富。

一、历史文化资源

驻马店市辖内最早有建制是在周灭商后,周武王分封诸侯,分其兄度据蔡。这里有蔡(今上蔡县)、吕(今新蔡)、房(今遂平县)、柏(今西平县)、中(今泌阳县)等小封国。此后,作为中原文明的发源地和生长地之一,驻马店市在数千年中积累了丰富的历史文化资源。2017 年,汝南县和上蔡县入选首批中国地名文化遗产"千年古县",跻身全国 100 个"千年古县"之列。

(一)文化遗址遗迹

驻马店市拥有伏羲画卦亭、子路问津台、正阳汉代石阙、西平战国冶铁遗址、月旦亭、悟颖塔、大城殿、天中山碑、新蔡文庙、开元寺、金粟禅林寺、普照寺塔、宝严寺塔等众多遗址遗迹资源。驻马店市现有全国重点文物保护单位 14 处(17 项),省级文物保护单位 66 处,市级文物保护单位 93 处,县级文物保护单位 209 处;馆藏文物 24469 件,其中一级文物 13 件、二级文物 262 件、三级文物 5594 件;全市现有国家级历史文化名镇 1 座(确山县竹沟镇),省级历史文化名城 1 座(汝南县),省级历史文化名镇 1 座(遂平县嵖岈山镇)。

(二)非物质文化遗产资源

2005 年以来,驻马店市高度重视非物质文化遗产保护工作,在发掘、整理、保护驻马店市的"非遗"资源方面做了大量工作,"非遗"保护工作取得了丰硕的成果。至 2018 年初,全市共有国家级保护项目 8 项,省级"非遗"项目 30 项,市级"非遗"项目 138 项,县级"非遗"项目 600 余项,各类保护中心和传习所 30 多处。如拥有"缠丝鸡蛋制作技艺""正道小磨香油制作技艺"等传统技艺类资源,"大铜器""大喇叭"等传统音乐类资源,"农民画""核桃雕花工艺"等传统美术类资源,"打铁花""王店大装"民俗类资源等一系列"非遗"项目。"确山铁花""西平大铜器""王店大装""麦草画""重阳文化""梁祝传说""嫘祖文化"等驻马店市知名"非遗"项目已经成为天中文化的名片。

表 12-1 驻马店市国家级非物质文化遗产名录

类别序号	批次	所属类别	项目名称	申报地区或单位
1	第二批	民间文学	盘古神话	泌阳县
2	第二批	传统音乐	大铜器	西平县
3	第二批	传统戏剧	罗卷戏	汝南县
4	第二批	民俗	打铁花	确山县
5	第四批	传统音乐	大铜器	遂平县
6	第四批	传统技艺	棠溪宝剑锻造技艺	西平县

数据来源:河南非物质文化遗产网

表 12-2 驻马店市省级非物质文化遗产名录

类别序号	批次	所属类别	项目名称	申报地区或单位
1	第一批	民间文学	梁山伯与祝英台传说	汝南县
2	第一批	民间文学	董永与七仙女传说	汝南县、西平县、平舆县
3	第一批	民间文学	王莽撵刘秀传说	西平县、遂平县
4	第一批	民间美术	农民画	汝南县
5	第一批	民间美术	东岸桃核雕花工艺	上蔡县
6	第一批	民间美术	重阳茱萸绛囊	上蔡县
7	第一批	民间音乐	大铜器	西平县、遂平县
8	第一批	民间戏剧	罗卷戏	汝南县
9	第一批	民间戏剧	扁担戏	新蔡县
10	第一批	民间戏剧	杠天神	新蔡县
11	第一批	曲艺	丝弦道	平舆县
12	第一批	游艺、传统体育与竞技	打铁花	确山县
13	第一批	民间手工技艺	棠溪宝剑铸造工艺	西平县
14	第一批	民间手工技艺	太平车制作技艺	平舆县
15	第一批	岁时节令	"重阳节"民俗	上蔡县
16	第一批	民间信仰	嫘祖祭典	西平县
17	第二批	民间文学	王祥卧冰传说	遂平县
18	第二批	传统舞蹈	西平鱼灯	西平县
19	第二批	传统技艺	毛笔制作技艺(杨集毛笔)	上蔡县
20	第二批	传统技艺	芝麻种植及传统小磨香油制作技艺	驿城区、西平县
21	第二批	传统医药	合水张氏正骨	西平县
22	第二批	民俗	升旗打酒火	西平县

续表

类别序号	批次	所属类别	项目名称	申报地区或单位
23	第三批	传统舞蹈	担经挑	上蔡县
24	第三批	传统技艺	醋酿造技艺	正阳县
25	第三批	传统医药	毛氏济世堂脱骨疽症疗法	新蔡县
26	第四批	传统美术	麦秆剪贴	汝南县
27	第四批	传统舞蹈	武驴	西平县
28	第四批	传统舞蹈	抬阁（王店大装）	泌阳县

数据来源：河南非物质文化遗产网

（三）名人文化资源

驻马店市的历史文化还包括历史名人的贡献。在秦灭六国后建立中国第一个封建统一王朝的战争中，丞相李斯（今上蔡人）起了重要作用。他还参与制定了法律，统一车轨、文字、度量衡制度，并且制作了统一文字的标准字样——小篆。东汉时的许慎（平舆县人）撰《说文解字》15篇，集文字学、古文经学、训诂学之大成，成为中国的第一部字典。他还对五经加以评论，著有《五经异义》。东晋史学家、文学家干宝（新蔡县人）的《搜神记》是魏晋志怪小说的杰出代表，是中国第一部神话小说集，在中国小说发展史上有重要的地位。南朝齐梁间思想家范缜（今泌阳人）是一位杰出的无神论者，他的《神灭论》，肯定了物质第一性、精神第二性的观点，把古代唯物主义反对唯心主义宗教神学的斗争推向了高峰，是中国思想史上的宝贵遗产。除此之外，还有《盐铁论》的编著者桓宽、抗倭名将卢镗、著名抗日民族英雄杨靖宇等一大批历史名人都出自驻马店。

二、自然文化资源

驻马店市共有A级旅游景区24处，其中4A级旅游景区5处（竹沟革命纪念馆、南海禅寺、老乐山景区、金顶山景区、铜山景区）、5A级景区1处（嵖岈山），国家地质公园一处（嵖岈山），国家级森林公园6处，以及省级风景名胜区、省级森林公园、省级湿地自然保护区若干。在省内外享有盛誉的有中原盆景嵖岈山、国家级森林公园薄山湖风景区、森林氧吧铜山，亚洲最大的平原人工水库宿鸭湖等凸显湖光山色的自然旅游景区，以及祖之源、剑之源、水之源——棠溪源风景区,梁祝故里、天中山等传奇天中文化旅游景区。除此之外,驻马店市田园风光优美秀丽,农业资源丰富,也为发展农业观光、乡村旅游提供了有利条件。这些自然文化资源极大地促进了驻马店市旅游产业的发展。

三、民族文化资源

驻马店市工艺文化发展历经数千年,如"中国冶铁铸剑文化之乡"西平县的棠溪冶铁铸剑技艺享誉全国。另外,剪纸、泥塑、吹糖人、扎彩、打铁花、木刻、缝制布玩具、木偶、麦秆编织、雕花核桃扣,特别是汝南罗店镇麦草画等都代表了驻马店成熟的民族工艺文化。

驻马店市有着深厚的戏剧文化与扎根民间的舞蹈资源。主要戏曲剧种有豫剧、越调和曲剧,新蔡"杠天神""扁担戏",汝南罗戏、卷戏和平舆丝弦道,均为稀有剧种;在遇到喜庆时,龙门舞、旱船舞、骑驴舞、推车舞、抬花轿、狮子舞、高跷舞和竹马舞等舞蹈也会活跃起来。

驻马店市还有自己独特的节日文化,这些节日文化多因发端于本地,或作为神话传说在本地流传甚广而逐渐形成人民群众喜爱的文化习俗,如重阳文化节、梁祝文化节、嫘祖文化节、西游文化节、盘古文化节等。重阳节起源于上蔡县,上蔡县已被认定为"中国重阳文化之乡"。汝南县自2004年举办了规模空前的首届梁祝文化节之后每年都会举办相关的文化活动。而西平县的嫘祖文化节从2008年开始举办,主要是嫘祖故里拜祖大典,又称"中华母亲节",它也是西平县文化创意工程和文化产业发展的重点项目及主打品牌。因老版《西游记》电视剧拍摄多在驻马店市薄山湖、嵖岈山取景,其景区逐渐形成了"西游文化",在2009年嵖岈山风景区开始举办西游文化节。另外,自2003年起,泌阳县政府与北京华中盘古文化研究院每年农历三月初三如期在此举办"中国·泌阳盘古文化节"。

四、宗教文化资源

驻马店市在宗教寺阁建筑上有中国最大的佛教寺院南海禅寺、道家福地老乐山、千年古刹北泉寺、百年淮北名刹金粟禅林寺、小南海大士寺、观音阁、悟颖塔、普照寺塔、宝严寺塔等宗教物质文化资源。

在宗教庙会这样的非物质文化资源方面,2010年1月,正阳县的十方禅院庙会被驻马店市人民政府确定为市级非物质文化遗产。十方禅院庙会是从明朝万历年间传袭下来的民间宗教信仰习俗,在长达几百年的发展中,该庙会在豫南地区影响很大,《正阳县志》对此有详细记载。20世纪初期,十方禅院毁于军阀纷争的战火之中。改革开放以后,十方禅院得以重建,庙会活动也恢复举行,且规模不断壮大。同时,除了正阳县,驻马店市各地如上蔡、平舆等各县乡均有庙会,这也是河南省各地的一种特色。

五、红色文化资源

驻马店市红色旅游资源丰富,红色历史文化厚重,红色旅游景点知名度高。现开发有竹沟革命纪念馆、嵖岈山卫星人民公社、杨靖宇将军纪念馆、中共中央中原局所在地旧址、鄂豫皖边区省委旧址等多处"红色旅游"景点,备受外地游客的青睐。特别是享有"小延安"之称的确山县竹沟镇曾是中共中央中原局和河南省委所在地,刘少奇、李先念等老一辈革命家曾在这里战斗生活过,其旧址至今保存完好。

六、驻马店市文化资源开发利用状况评析

驻马店市有着丰富的文化资源,但各类资源处于分散状态,资源整合与统筹力度不够,没有形成规模效应。各类文化资源价值发掘不够,大部分地区开发方式简单化、粗放化,表现手段单一,文化资源市场化处于低级阶段,开发性的利用较少。已存在的项目特色与创意不够,体验性、吸引力和参与性都不高,项目间也缺乏与相关产业的联动,未能形成有效价值链。

文化资源作为文化产业发展的基础性要素,在一定程度上决定了文化产业的未来发展空间。驻马店市由于地方经济水平所限,在文化资源开发中十分关键的资金与人才方面有很大欠缺。政府作为文化资源产业化过程中的引路人与规划者,应积极鼓励多渠道吸纳资金以促进发展,在人才引进与待遇提升方面也应有所行动。

整体来说,驻马店市积极响应国家与省政府的号召,顺应了时代发展潮流。比如驻马店市旅游资源正处于积极开发利用状态,根据《驻马店市旅游发展总体规划》(2012~2030)和《驻马店市"十三五"旅游产业发展规划》的指导,驻马

市政府决心构建"一心二带三组团"的旅游产业空间布局,根据各地所具有的旅游资源进行整合开发,提升驻马店市旅游竞争力。驻马店市虽然是中国旅游城市,吸引力也在不断提升,但还不是真正意义上的中国旅游城市目的地,应需再接再厉。近些年驻马店市积极举办各类节庆民俗、文艺比赛、群众性文化活动以及文艺作品展览,在这些活动中,文化资源得到很好的传播与利用。如驻马店2017年举办的第二届民俗文化节以中华传统节日"三月三"为节点,把文化节与民间艺术结合,将驻马店各县区及全省各地节庆民俗活动集中展现。

第二节 文化产业发展状况

近年来,通过大力实施"工业强市"战略,驻马店工业经济健康发展,工业项目建设成效显著,并深入实施"百千万亿级"产业集群培育计划。同时,驻马店市现代服务业快速发展,经济活力不断增强,服务业正成为驻马店市产业转型升级的重点,"两区"(商务中心区与特色商业区)建设进展顺利。2017年,第三产业生产总值达822.65亿元,连续三年增长超10%,产业结构逐渐合理,三次产业结构达到18.6∶40.3∶41.1。驻马店市先后被评为全省2015年、2016年度社会经济发展目标综合考核先进市,多次被评为全省对外开放、平安建设先进市,先后被授予全国双拥模范城市、中国优秀旅游城市、国家园林城市、全国残疾人工作先进市、全国文明城市提名城市、省级文明城市、国家卫生城市称号。

2015年,"文明驻马店"的提出,展现了驻马店兴市之源,是推动驻马店市文化建设的重要举措。具体来说,建设"文明驻马店"需要推动驻马店市教育事业、文化事业与文化产业的发展。作为政府一方,文化事业更需要在公共性与公益性的投入方面做得更深入、更广泛,而文化产业更多的是创造积极环境,以政策为导向鼓励产业发展。

近五年,驻马店市"文化强市"建设全面推进,在文化事业与文化产业政策指导与具体落实方面全面但又有侧重地展开。驻马店市积极推进文化体制机制改革创新,着力完善公共文化服务体系,着力引导培育文化产业、文化旅游、新闻出版、广播影视、文化遗产保护等各项事业,产业保持健康协调发展的良好势头,涌现了一批"全国文化先进县""河南省文化先进县""河南省文物先进县""河南省文化先进乡镇""河南省特色文化产业村(乡、镇)",开创了驻马店市文化繁荣发展的新局面。截至2013年底,全市共有文化机构866个,从业人员4793人,其中,事业机构281个,从业人员2458人,全年总投入10931.7万元;企业机构585个,从业人员2335人,资产总计34142.8万元。

一、驻马店市文化事业不断取得成果

(一)文化体制改革深入推进

近五年的文化体制改革中,驻马店市积极推进完成了全市文化市场综合执法改革、出版发行、电影制作发行放映和国有文艺院团转企改制等改革任务,取得了阶段性成绩。

2014年,随着新一轮深化文化体制改革的启动,驻马店市成立了市委文化体制改革专项小组及专题小组、市委网络安全和信息化领导小组,相继出台了《驻马店市深化文化体制改革实施方案》《关于大力推进文明驻马店建设的实施意见》等文件。2015年和2016年,驻马店市文化广电新闻出版局先后牵头起草了全市《关于加快构建现代公共文化服务体系的实施意见》《关于推进基层综合性文化服务中心建设的实施意见》《政府向社会力量购买公共文化服务的实施意见》《关于支持戏曲传承发展的实施意见》等文件,并以市委、市政府名义正式下发,各县区也陆续出台相关落实意见。这些政策的出台,为驻马店市文化大发展大繁荣提供了有力保障。另外,驻马店市文化广电新闻出版局制定了《优化公共服务流程 方便基层群众办事创业工作方案》,进一步简环节、转作风、强服务,公开了行政权责事项清单、行政审批和行政处罚信用信息,认真接受社会监督。行政审批事项下放工作全面完成,深入推行网上申报、网上审批,放宽市场准入,2015~2016年文化市场主体从72家增加到143家。在深化经营性文化单位改革方面,驻马店市分类推进文化馆、图书馆、博物馆等文化事业单位改革。2017年,驻马店市法人结构治理第一批试点,市博物馆理事会已经成立并正常运转。在国有文化企业改革上,作为2017年国有企业改制单位,驻马店市影视文化有限公司积极建立"产权清晰、权责明确、政企分开、管理科学"的文化企业管理体制,市文化广电新闻出版局也在协调尽快出台相关改制实施方案。

（二）公共文化服务体系建设迈上新台阶

1. 公共文化设施建设不断加强

表12-3 2013~2017年驻马店市相关文化事业单位数量

单位：个

年份 \ 类别	文化馆（站）	博物馆	公共图书馆	艺术表演团体	全国重点文保单位
2013	10	10	9	10	17
2014	180	7	10	29	16
2015	180	8	9	10	17
2016	184	7	9	9	16
2017	184	7	9	9	14

数据来源：驻马店市统计局

根据驻马店市《关于加快构建现代公共文化服务体系的实施意见》等文件，驻马店市成立了公共文化服务体系建设协调领导小组，为到2020年建成覆盖市县乡村四级现代公共文化服务网络奠定了政策基础和组织基础，全市文化建设迈出重大一步，公共文化设施建设也在不断向基层深入。各县区近年来不断加强文化场馆软硬件建设，在2015年全国第四次文化馆评估定级中，各文化馆全部达到国家三级及以上标准。全市50多座乡镇街道文化站完成了达标建设，村级文化服务设施也逐步健全。其中，遂平县新建成25个村级综合文化服务中心和文化小广场；西平县投入资金1000余万元，在全县170多个行政村（居委会）开通智能广播网，安装音柱1万余只，为广大基层群众提供便民广播服务。另外，驻马店市投资796万元在确山、遂平、西平、汝南县开展了无线台站基础设施建设。新建文化信息共享工程村级服务点50个，对160个村级服务点进行了宽带升级，农村地区公共文化服务标准化、均等化水平有效提升。

2016年，驻马店市泌阳、确山等4个县文化艺术中心项目作为试点正式启动，并配合市委宣传部，完成了"百县万村"基层综合性文化服务中心示范点年度建设任务，到2017年全年新建成500余个。在建设贫困村综合文化服务中心方面，2016年建成贫困村综合文化服务中心170余个，2017年和2018年上半年投资8970万元建设251个贫困村的文化中心，剩余146个贫困村文化中心建设任务已纳入各县脱贫攻坚任务之中，计划于2018年底前全部完成。

第十二章 驻马店市文化市情报告

在广播电视村村通计划开展方面,截至2017年,广播人口覆盖率99.44%,电视人口覆盖率98.87%。全市有线电视网已通达各县区及部分乡镇、乡村,城乡有线电视用户达到52万户,其中农村有线电视用户12万多户。2015年建成了市广播电视中心,市县广播电视播出机构采编播设备数字化率在85%以上。

2. 文化惠民工程持续推进

在2014年到2017年中,驻马店市逐步深入开展了文化下乡、进基层、进社区、进学校、进军营等系列活动,每年都圆满完成了"舞台艺术送农民"、"农村电影放映工程"、"三馆一站"免费开放、农家书屋图书报刊补充、"中原文化大舞台"、"戏曲进校园"等工作,较好地解决了服务群众的"最后一公里"问题。其中,"舞台艺术送农民"演出任务达2000余场次,受益群众近百万人次。农村电影放映工程按照一村一月一场的标准,每年放映27000余场。2015年,全市农家书屋新增400余万元的图书报刊,"三馆一站"等公益性文化设施实现零门槛免费开放,接纳人次达500多万。

3. 广泛开展群众文化活动

2014～2015年,驻马店市相继开展了"教你一招"群众文化培训,千人百姓健康舞大赛,"庆六一"儿童画精品展,抗日战争胜利70周年主题展,戏迷擂台赛,舞龙大赛,才艺大赛,新春音乐会,五一、六一、国庆文艺演出,重阳文化节和各类农民文化节。2016年又相继举办了"群星风采"全市广场舞大赛,"庆六一"大型少儿文艺晚会,千人少儿书画大赛,庆祝建党95周年、长征胜利80周年美术摄影书法作品展,"书香天中"等大型文化活动。同时,先后组织59名文化人才深入基层乡村开展文化帮扶工作,举办了第二期全市文化站长业务知识培训班,面向公众组织了美术、摄影、舞蹈等培训班。2017年,先后举办了"天中之声"新年音乐会、天中文创之星大赛、首届少儿文艺晚会等大型赛展演活动98次,开设了天中文化大讲堂,开展了基层队伍培训、公益特色培训等培训项目;同时为配合全市文明城市创建工作,开展了"2017年市文化惠民进社区文艺演出暨文化志愿者优秀节目展演"活动,分别在9个社区演出27场次,观众达3万余人次。同时,为充分挖掘传统文化资源,驻马店市自2016年开始举办天中书会、新春音乐会、元宵灯谜晚会等特色鲜明的民俗文化活动,"确山铁花"曾亮相央视春节晚会。驻马店市各县区也结合当地实际积极开展各类节庆民俗活动,其中上蔡县"九九重阳"群众文化活动、正阳县民间文艺会演活动、西平大铜器比赛等活动都吸引了数万群众的参与,取得了良好的社会效果。上蔡县邵店镇等3个乡镇被评为省级民间文化艺术之乡,泌阳王店村等3个村被评为省级特色文化村,基层文化、民间文化进一步发展繁荣。驻马店市的群众文化活动种类越来越多,辐射范围越来越大,群众参与的积极性也越来越高。

(三)文艺创作、生产、传播取得新成绩

1. 戏剧事业不断取得突破

驻马店市每年都有新创作的戏剧获得相关大奖,并得到市场认可。如大型廉政历史豫剧《陈蕃》在2014年参加河南省第十三届戏剧大赛时,获得了"文华大奖"和多项单项奖;2015年荣获第十四届中国戏剧节优秀展演奖,并成功申报了国家艺术基金。2016年现代普法豫剧《桃花村》获得第七届黄河戏剧节金奖。在第七届优秀剧本征集活动中,驻马店市有3部剧本获奖。每年驻马店市创作大剧本一二十种,小戏、小品、相声等其他剧本百十余种。

2. 文艺创作全面发展

广播电视节目不断创新创优。2015年,驻马店市第一部自拍、自导、自演,具有自主知识产权的戏剧电影《家有贤妻》成功拍摄,并面向全国309条农村数字电影院线进行放映。

3. 文艺赛展活动丰富多彩

驻马店市成功举办过第五届戏剧大赛、第十二届"群星奖"小戏小品大赛、"天中杯"第九届河南省戏曲红梅奖大赛、河南省第十四届戏剧大赛、全市中青年戏曲演员大赛、戏迷擂台赛等重大赛事,以及农村摄影大展、美术书法作品精品展、崔静海回报家乡作品展、群众书画展等重大展示活动,推出了一大批优秀作品和优秀人才。

4. 加强对艺术创作的扶持力度

驻马店市积极设立、争取专项资金。2016年,市财政设立100万元专项资金,面向全市各民营院团购买公益演出150场。3家国营院团荣获国家文化产业发展专项资金奖励,3家戏曲院团和罗卷戏《对金刀》荣获省戏曲发展专项资金奖励。2017年,市财政又拿出专项资金10万元对2016年征集到的新创优秀文艺作品进行了资金奖励。

5. 文艺培训开展

广大文艺工作者积极开展"教你一招"等文艺培训活动,共免费培训各类文化骨干和文艺爱好者近 10 万人次,让文化的种子在基层生根发芽。另外,加强了戏曲人才培养力度。2016 年与洛阳文化艺术学校进行了联合招生,采取"以团代校"的办法为驻马店市培养戏曲后备力量。2017 年组织了戏曲工作暨编剧人才培训班,对全市 200 余名戏曲工作者进行了培训。

(四)文化遗产传承保护稳步推进

1. 工程建设中的文物保护

开展了 107 国道拓宽工程、中国电建尖山风电场建设、五湖水系联通工程等项目中的文物调查、勘探和文物抢救保护工作。

2. 加强文物安全的检查、督查工作

开展了文物安全大检查和文物建筑消防专项检查,对发现的安全隐患及时提出整改意见;完善县、乡、村三级文物保护网络建设,对优秀文物保护员进行表彰,进一步加强田野文物安全工作。

3. 加强文化遗产宣传

在"非物质文化遗产日""博物馆日"期间,全市各文物单位通过制作宣传版面、发放宣传单、设立咨询台等方式,对文化遗产知识和文物保护法律法规进行了宣传。

4. 积极推进文物保护项目建设

移动文物普查,按时完成文物认证等阶段性工作。积极申报李斯墓、顺阳王墓维修保护等 30 余项文物保护项目。上蔡县蔡国故城北城垣遗址中段维修加固工程和蔡国故城整体保护规划编制工作顺利推进,市博物馆可移动文物预防性保护项目和清朝宋祖法寿屏保护修复项目正按计划认真开展。

5. 加强非物质文化遗产保护

在中国农洽会期间,成功举办"天中遗风"——驻马店市非物质文化遗产展示活动。自 2015 年开始举办驻马店市民俗文化节。在"文化和自然遗产日",驻马店市集中进行了"非遗"宣传展演活动,开展了驻马店市唢呐大赛、天中书会、剪纸大赛优秀作品展等活动。每年全市开展"非遗"培训班数十次,培训人数达千余人。积极推进展示馆、传习所建设,全市目前已建成 7 个"非遗"展示馆,2 个正在规划建设中;积极申请国家级、省级非物质文化遗产项目及

传承人专项保护资金,完成了国家级"非遗"专项保护资金和省级、市级"非遗"代表性传承人申报工作;积极开展市级"非遗"项目评选工作。

(五)文化市场秩序进一步规范

1. "扫黄打非"深入开展

全面深化"清源、净网、护苗、秋风"四大专项行动,以2015年为例,全年共组织各成员单位开展集中行动6次,对繁华街区、交通枢纽、网络企业等关键环节进行了拉网式排查,查处较大案件16起,其中一起被国家版权局列为全国10起挂牌督办案件,有效净化了文化环境。

2. 依法整顿文化市场秩序

组织开展了互联网上网服务营业场所专项整治、"闪电"系列行动、暑期文化市场集中整治行动和艺术品市场专项检查;2017年迎接党的十九大文化市场专项保障行动和文化市场"创文"专项检查等重大执法检查,共出动检查人员2万余人次,检查文化市场经营单位计9780家,责令整改55家,责令停业整顿10家,行政处罚134家,取缔无证经营单位27家,吊销经营许可证2家。

3. 开展演出市场专项整治行动

进一步强化演出市场执法管理,充分发挥12318、乡镇文化站、农村文化市场监管信息员的作用,及时发现、报告和解决农村违法违规演出问题,严厉打击以"文化下乡""送戏下乡"名义假冒正规文艺表演团体的各类非法演出行为。

二、驻马店市文化产业发展现状、特征与阶段评价

(一)驻马店市文化产业现状概况

驻马店市文化产业增加值由2011年的15.55亿元增加到2014年的32.39亿元,发展速度快,发展规模不断扩大。

2015年末,驻马店市文化类企业增至2500家左右,在出版发行、文化旅游、文化用品的生产等门类中,文化企业年营业收入突破5000万元的有11家。驻马店日报报业大厦、平舆上河城等市重点文化项目建设进展顺利,不断推动全市文化产业发展。

2013年,根据省委、省政府关于实施文化产业"双十"工程的部署,驻马店市出台相关实施方案,培育一批市级重点文化企业和重点文化项目工程并启

动;同时决定从2013年起设立市级文化产业发展专项资金200万元,以后逐年增加,对认定后的重点文化企业和文化项目进行培育和扶持。

(二)重点文化产业发展现状分析

1. 新闻出版与广播电视业

驻马店市新闻出版业以驻马店日报报业集团为龙头引领发展。驻马店日报社成立于1986年,经过30年的发展,已形成以《驻马店日报》《天中晚报》《驻马店手机报》《天中云报》,驻马店新闻网,驻马店图片网,驻马店内参,《天中》"四报两网两刊"为主体的全媒体格局。2006年,《驻马店日报》与《天中晚报》分别被评为河南省一级报纸和河南省十佳报纸,且两者都与时俱进,创办了数字版报纸。2014年12月,驻马店日报报业集团成立。2016年,驻马店市日报大厦建成。其中,驻马店报业大厦项目是作为驻马店市2013~2014年重点文化产业项目得到了政府资金和政策的大力扶持。2016年,驻马店新闻网络传媒有限公司获得了河南省2016年省级高成长服务业专项引导资金扶持文化产业项目,助力驻马店市新闻出版业发展。

在广播电视业发展方面,目前驻马店拥有广播电台9座,电视台9座,广播人口覆盖率99.44%,电视人口覆盖率98.87%,正积极推进有线电视由模拟向数字电视转换。驻马店市各电台电视台积极发挥舆论主阵地作用,制作了一批高质量的新闻专栏和新闻报道,2015年播出新闻稿5万余条,充分发挥了营造氛围、凝聚人心、服务大局的作用。2014年,驻马店市广播电视台主办的驻马店电视新闻网正式更名为驻马店市广视网。同年,微信公众号"掌上驻马店"开通,手机客户端"广视融媒"上线运营。目前,"广视融媒"已经成为驻马店市重点视频新闻网站。在影视发展方面,2015年,全市新建数字影院18家,实现了县级城市数字影院全覆盖。而驻马店市影视企业龙头——驻马店市影视文化有限公司近几年成长迅速,下设有奥斯卡电影城、中晟农村数字电影院线有限公司,主要从事电影发行、影视文化项目的开发。2015年,该公司作为重点文化企业获得了市级文化产业资金扶持,且其自拍、自编、自导、自演的首部拥有自主知识产权的电影《家有贤妻》在2016年也获得了市级文化产业发展专项资金。在国家新闻出版广电总局电影数字节目平台上,2016年底《家有贤妻》订播120000场次,在全国排名第三位。

2. 文化旅游业

驻马店市政府高度重视文化旅游业的发展,以建设生态休闲旅游基地为目标,将加快发展旅游业列入全市十项重点工作之一。以政策规划为先导,先后制订了驻马店市"十二五""十三五"旅游发展规划,出台了《驻马店市人民政府关于推进全市乡村旅游发展的意见》《驻马店市"一带两片区"乡村旅游发展规划》《驻马店旅游产业转型升级方案(2017~2020)》等一系列文件。经过10余年的规划推进,驻马店市旅游业正处在转型升级、提质增效的快速发展阶段。当前政府通过以项目建设为重点,以树品牌、促融合、调结构、强基础为抓手,全力构建全域旅游格局,不断扩大旅游投资和消费,推动各类资源有机整合、产业融合发展。在政府的大力支持下,驻马店市旅游产业发展形势明朗,旅游经济总体保持快速增长,产业贡献持续提高,旅游知名度和旅游形象得到极大提升。通过一系列创新、高效的旅游形象展示和营销活动,驻马店市先后获得"中国十大最具投资潜力旅游目的地""金足迹新锐旅游城市""第20届金旅奖·中国传奇之都"等荣誉称号。旅游业健康发展,嵖岈山成功创建国家5A级景区,全市A级以上旅游景区达到24家,其中5A级景区1家、4A级景区5家,驻马店市3A级景区5家。驻马店被评为"2016中国年度最佳投资休闲目的地"。

表12-4 2013~2017年驻马店市旅游市场情况

类别 年份	国内外游客(万人)	增长率(%)	旅游收入(亿元)	增长率(%)
2013	1687.67	20.8	86.68	25
2014	2025	19.98	106.5	22.87
2015	2438.9	20.4	134.7	26.48
2016	2792.6	14.5	156.41	16.12
2017	3197.3	14.49	184.56	18

数据来源:驻马店统计局

从表12-4中可以看出,驻马店市在2013年至2017年旅游业发展中取得明显进步,国内外游客增长近两倍,旅游总收入超过两倍,这也是对驻马店市大力推进旅游产业、带动当地经济发展的肯定。

在旅游产业发展布局上,根据驻马店市丰富的文化资源与自然资源,构建"一心、两带、三组团"旅游发展新格局,增强旅游整体合力。依托驻马店市中心城区经济开发区、产业聚集区、城乡一体化示范区以及山水资源如西部老乐山、金顶山,东部宿鸭湖、宿鸭湖湿地等,打造一个都市休闲游憩中心,进一步加深"休闲养生地、魅力驻马店"的旅游主题形象。依托驻马店市红色文化旅游资源和生态资源,分别打造"红色天中"特色风光带和"神奇画廊"生态旅游带。依托驻马店市平舆、正阳等县区丰富的农业资源,西平、上蔡、汝南等县区拥有的嫘祖文化之乡、梁祝文化之乡、重阳文化之乡、冶铁铸剑文化之乡等众多人文圣地,以及遂平、泌阳和确山等县区包括白云山、象河谷、铜山(湖)、盘古山、薄山湖在内的众多优质山水资源和"中国盘古圣地""女娲文化之乡"等优质文化资源,分别打造出驻马店市"生态田园"休闲产业组团、"传奇天中"文化产业组团、"湖光山色"度假产业组团。

在拓展乡村旅游发展方面,驻马店市乡村旅游取得了长足进展。截至2014年底,全市已有全国休闲农业与乡村旅游示范点3个,全国休闲农业与乡村旅游示范县2个,全国特色景观旅游名镇2个,河南省乡村旅游示范乡(镇)1个,河南省特色景观旅游名镇1个,河南省特色旅游村19个,河南省乡村旅游示范休闲农庄1个,休闲观光农业企业达到71家,吸纳就业人员8915人,从业人员4.6万人,接待游客225.8万人次,实现营业收入34039万元,带动农民29500人。生态农庄、农耕公园、观光农业等农旅融合新业态茁壮成长,生态农业观光、森林休憩、果园采摘、康体养生、文化体验等多种类型的乡村旅游产品发展迅速,乡村旅游发展正在走向规模化和产业化。

在增强景区服务功能方面,驻马店市旅游交通设施建设、旅游智能平台建立、"厕所革命"开展、景区管理等方面都有了质与量的飞跃。驻马店市对景区公路已进行升级改造,开通中心城区与主要景区旅游道路,打通了景区之间相互连接的旅游线路。在加强智慧旅游基础设施建设上,通过建立旅游部门与相关部门的数据共享机制,构建旅游公共信息服务体系,方便为游客提供旅游资讯查询、行程规划等旅游公共信息服务,并在4A级以上景区部分实现智能导游、电子讲解等功能覆盖。

在特色旅游品牌培育方面,驻马店市重点培育五大品牌。以嵖岈山景区为核心,将大嵖岈山旅游区建设成为集地质科普、温泉养生、乡村休闲于一体的山水度假旅游目的地,打造全域旅游产业发展的"神奇嵖岈"旅游品牌。以农业观光园区建设为重点,建设现代休闲农业和文化创意旅游区,形成集田园风景观光、庄园休闲度假、民俗文化体验于一体的田园休闲旅游目的地，打造"世外庄园"田园休闲品牌。以竹沟红色文化旅游综合体为龙头，带动区域内红色旅游资源开发建设，打造"创意竹沟"红色旅游品牌。以皇家驿站等文化项目开发建设为重点，构建特色各异、优势互补的天中文化旅游产品体系，形成国内知名的文化创意旅游目的地，打造"快乐驿站"文化旅游品牌。依托老乐山高品质文化和生态山水资源，形成集自然生态游憩、健康养生度假和文化休闲体验等功能于一体的养生养老旅游目的地，打造"吉祥乐山"养生养老品牌。

驻马店市旅游产业发展环境日益优化，产业规模日益扩大，产业竞争力日益提升。全市投资额超过10亿元的在建旅游项目有20多个。政府策划了"传奇天中，梦幻金顶"大型实景文化旅游演艺节目，填补了驻马店市旅游娱乐市场空白；指导和支持了西平棠溪宝剑、上蔡白云翁毛笔、九竹瓷麦草画工艺品等旅游商品创意研发工作，开通了天中驻马店名优产品网，开启了旅游商品网络宣传营销的新时代；建设了汝南北门里天中名吃一条街等特色旅游餐饮场所，完善驻马店餐饮接待体系。通过近几年的发展，驻马店市旅游产业已初步形成旅游服务日臻成熟、发展要素良性互补的发展格局。

3. 体育产业

近几年，驻马店市政府对体育产业给予大力支持，出台了相关政策。近年政府规划中提到加强公共体育设施建设，广泛开展全民健身活动、全民健身大会，实施好农民体育健身工程、乡镇体育健身工程。力求到2025年，基本建成结构合理、供给丰富、消费活跃、富有特色的体育产业体系，充分发挥对其他产业的带动作用，成为推动经济转型升级的重要力量。

2017年，驻马店市在省级以上体育比赛中共获得42枚金牌，其中冠军赛获得17枚，锦标赛获得25枚。体育彩票销售额达到4.70亿元，增长22.7%。

在国家体育总局公布的全国首批运动休闲特色小镇试点项目名单中，河南有3个，其中革命老区驻马店市确山县老乐山北泉运动休闲特色小镇入选。老乐山景区先后获得国家级森林公园、国家级4A级旅游景区、全国休闲农业与乡村旅游示范点、国家级青少年户外体育营地等殊荣，体育旅游特色项目突出。2016年，老乐山风景区被评为中国体育旅游精品景区。

(三)重点文化产业基地建设分析

1. 皇家驿站文化旅游综合开发项目

2014年,驻马店市正式启动了皇家驿站文化旅游综合开发项目。经过对驻马店文化的深度挖掘和数轮的规划设计,该项目于2016年通过规划方案评审,2016年11月11日在驻马店西南远郊练江河上游片区奠基。皇家驿站项目是驻马店市重点招商引资项目,被列为2016年省级重点建设项目,也是2015～2016年驻马店市重点文化产业项目,由北京伟光汇通文化旅游投资有限公司投资兴建。该项目总投资80亿元,总占地面积约2.2平方千米,东至市天中山大道,西至铜山大道,南至建设大道,北至规划练江湖,计划通过3到5年建设成为具有天中驿站文化特色国家5A级旅游景区。该项目以"皇家驿站"为中心,突出千年驿站文化的挖掘和延伸,建设满足吃、住、行、游、购、娱等功能的文化旅游古城,是一个集商、文、旅、居为一体的项目,具有较高的文化旅游价值。

该项目通过规划6大分区展现:驿水民风区展现临水民居、馆驿风情区着力体现驿站风貌、市井街巷区打造坊式商贸中心、郊驿耕读区打造驿田体验中心、驿路古韵区营造驿学人文中心、民俗文化区展示民俗文化。规划构建驿站文化、皇家及官宦文化、市井文化、农耕文化、医药文化、民俗文化、人文典故7种复合的文化体系。皇家驿站项目计划分3期建设,建成后将成为驻马店市重要的旅游度假休闲综合体,其中核心区建成后2年内,实现每年到该项目游览的游客总数达到300万人次,提供就业岗位5000个以上。目前,皇家驿站一期(商铺)片区已经封顶,皇家驿站项目实质性向前推进。预计项目进入成熟期后,带动旅游综合收入超过15亿元。

2. 确山县老乐山文化生态园

老乐山风景区位于驻马店市区西南9公里,总面积68平方公里。境内群峰逶迤、植被茂密,森林覆盖率96%以上,1992年被命名为国家级森林公园。老乐山风景区于2013年4月被批准命名为"河南省旅游度假区",2014年被批准命名为国家4A级旅游景区、全国休闲农业与乡村旅游示范点。

老乐山风景区的开发建设是驻马店市生态文明建设的重点工程之一,被列入了省级重点项目。老乐山风景区在文化生态产业园项目建设中,按照"以休闲度假为定位、以自然生态为特色、以基础设施创精品、以文化内涵增品位"

的主导思想,坚持"尊重自然、保护生态"的发展理念,重点投入旅游基础设施和公共服务设施建设。同时,该风景区还以重阳文化、孝善文化、道教文化为重点,举办高层次、高品位的九九重阳节庆活动,打造具有国际影响力的国家级节庆活动品牌。老乐山风景区自2012年开园以来,通过景区开发示范,引导和带动了周边村民在家门口创业致富,并将带动与旅游业相关的配套产业以及建筑、交通、通信、金融、科技、传媒等产业的发展。同时,老乐山风景区还优化当地产业结构,提升区域形象,推动产业转型升级。

目前,该风景区修建完成了外联景观大道、盘山公路、步游道、景区内水景观和生活用水设施、通信、电力升级改造、员工办公及生活区等基础设施;建设了生态停车场、游客服务中心、重阳广场、木屋"鸟巢"度假村、南入口综合服务区、商业街、小吃街、旅游厕所等公共服务设施。同时,建设完成了如意湖等多处水景观、聚仙亭等多处观景平台、生态农业观赏采摘园等旅游项目和游客休闲度假设施。老乐山风景区将继续加大项目区公共及基础设施建设力度,计划中的滨湖古镇、温泉小镇、养老医疗中心、恢复重建紫霄宫等山顶工程,都已进入实质性运作建设阶段。园区还将打造滑雪场、海啸馆、自驾车营地等新业态旅游度假项目,力图成为市级旅游龙头企业。

老乐山风景区计划6年内投入31亿元。近年来项目建设经过了大发展、大提升的加速期,在项目建设的后期将继续按照国家5A级景区建设标准,逐步丰富设施、完善功能,精心打造环境优美、宜游宜居的综合山水休闲度假新品牌。凭着景区建设的持续发力,老乐山风景区先后获得了"河南省群众健身登山基地""河南省影视拍摄基地"等荣誉称号,连续两年成功举办"河南省老乐山九九重阳登高节"活动,奠定了老乐山是重阳登高发源地的历史地位。2017年,老乐山举办了首届休闲旅游文化节。未来,确山县将全面提升老乐山旅游资源品质,打造成为集"生态旅游+休闲农业+文化创意+"为品牌特色的旅游产业综合体,这将成为驻马店市乃至河南省的又一张亮丽名片。

3. 确山提琴产业园

确山提琴产业园被认定为2015～2016年驻马店市重点文化项目,这对确山县文化产业的快速发展、打造文化产业亮点、进一步提升城市品位起到了积极的推动作用。确山提琴产业园项目是确山县委、县政府主要领导审时度势,抢抓机遇,亲自进京动员确山竹沟籍在京务工人员回乡创业,在该县产业集聚区专门开辟专业园区。据统计,确山制琴人在京成立有百余家制琴厂,从业人员2000多人,产品远销国内外,占据全国提琴总产量的40%,在中高档提琴上更是占据了80%以上的份额,年出口创汇千万美元。

截至2016年,已有3家生产企业入驻确山提琴产业园并投产运营,产品购销两旺,供不应求。该县下一步规划投资5.6亿元,分两期进一步建设好园区。一期主要建设车间、宿舍及配套用房;二期建设提琴主体公园、提琴演艺厅、乐器展示大厅、全国最大的乐器大厦,力争把确山打造成国内外知名的中高档提琴生产基地,使确山提琴为世界奏出"中国好声音",把确山打造成全国闻名的"提琴之乡"。

4. 上蔡县重阳文化旅游产业园

上蔡县历史文化底蕴厚重,人文生态资源丰富,具有文化繁荣发展的优势条件。自2003年以来,上蔡县按照"经营文化"的思路,切实把古城保护、文化振兴、旅游发展整合到一个平台。以国家级重点文化保护单位——蔡国古城为中心,以传承李斯文化、蔡氏文化、重阳文化、孔子文化、伏羲文化为着力点,构筑上蔡文化旅游产业的基本框架。在上蔡县众多文化中,"重阳文化"十分亮眼。

2003年,国家邮政局重阳节特种邮票首发式在上蔡成功举办。2005年12月1日,上蔡县被中国民间文艺家协会命名为"中国重阳文化之乡"。这个源于西周的节日由于"九九"与"久久"同音,有长久长寿的含义,历史演变过程中逐渐与中国传统文化中的"孝道"相融合。这拓宽了九九重阳节的内涵,使其影响面更加宽广,影响度更加深远。而由重阳文化衍生出来的担经舞、扁担轿等民俗节目和菊花酒、香囊、桃核扣、剪纸、重阳糕等文化产品也得到了传承,其中桃核雕花和重阳茱萸绛囊工艺于2006年被列入首批河南省非物质文化遗产名录,重阳文化节(上蔡重阳习俗)被列入第三批国家级非物质文化遗产保护名录。自2003年以来,上蔡县已连续成功举办了14届"中国·上蔡重阳文化节"系列活动,切实增强了上蔡的知名度、美誉度和影响力。2015年,上蔡县文化产业增加值达5.9亿元,占全县GDP的3.2%。文化产业企业600多家,从业人员3万多人,年人均收入在3万元以上。2016年,上蔡县被评为河南省文化产业发展先进县。

在文化产业发展上,上蔡县坚持高起点定位、高标准设计、高品位运作的总体思路,聘请上海同济大学对县城总体规划进行重新修编,制定了《文化旅游总体规划》。同时,规划中的重阳文化旅游产业园项目获得河南旅游集团55亿元总投资。2015年3月,《上蔡县重阳文化旅游产业集群区概念性总体规划》完成。2016年,《上蔡县重阳文化旅游产业园总体规划》由中国旅游规划设计院等规划公司共同编制完成。同年,重阳文化旅游产业园已完成投资3600万元,2017年继续注资9亿元。

在园区功能结构布局上,依据资源分布情况,遵从自然态势,整合文化资源,将以"故城文化""重阳文化"两大文化为基点,以"一核(蔡明园)、一带(古城墙体休闲观光带)、一园(重阳热海产业园)"三大重点板块、"六大创意亮点"为空间结构局部体系。其中"重阳热海产业园"为重阳文化的重点展示平台,围绕孝道文化体验轴、九九登高台、重阳热海(温泉庄园)进行建设。

该项目的总体目标是从"故城古韵"到"时代新韵",打造古城优秀文化传承,文化旅游驱动的国家级全域旅游示范区,助推上蔡成为中国旅游强县。从"九九重阳"到"久久弘扬",打造中原乃至全国最具品牌影响力的重阳文化之乡、孝道文化之乡,举全县之力打造养老产业聚集及养生养老模式之典范,打造国内知名的银发产业园,促进县域经济转型持续发展。坚持商旅文创有机融合,坚持文化+旅游+产业+产业链+科技+金融,坚持开发与招商同步而行,实施借力借势营销策略,借政府之势兼政策知识,借重阳文化之力解市场需求之力,大力提升项目的品牌知名度、美誉度、联想度、忠诚度,形成项目的强大品牌影响力、辐射力。

除重阳文化旅游产业园项目外,上蔡县近两年签订各类文化合作项目10多个,引进外资100多亿元,大大推动了文化产业提质升级。文旅结合中,上蔡县已累计接待中外游客20多万人次,文化旅游产业综合效益达1亿多元,文化产业发展已经走在全省前列。

5. 以文化资源整合促进文化产业融合发展

基于驻马店市生态、文化和农业资源丰富的优势,驻马店市积极推进文化与旅游、文化与影视产业等相关产业、行业的融合发展。在旅游方面,持续推进老乐山文化生态园、千年岭国家农耕文化公园、平舆上河城文化风情园、上蔡县重阳文化旅游产业园等文化旅游项目建设。依据金顶山景区资源,打造《传奇天中·梦幻金顶》大型文化旅游演艺节目,举行包括"全国越野摩托车赛""峡谷漂流节"等在内的文化旅游节庆活动。积极举办"天中伴手礼"驻马店名优旅游商品评选、"天中文创之星"等文化旅游设计类比赛,深入挖掘驻马店市丰厚的文化资源与旅游资源。在动漫影视戏剧方面,各企业利用驻马店市文化资源、社会资源,制作《梁祝化蝶》《盘古开天》系列文化动漫剧,拍摄《家有贤妻》《少年杨靖宇》《寻宝联盟》等电影,排演豫剧《嫂娘·大娘·亲娘》、新编历史剧《蔡桓公》、现代剧《春桃》等,其中部分项目获得市级文化产业发展专项资金扶持,而以驻马店市小卒动漫科技有限公司、驻马店市影视文化有限公司为代表的制作单位亦在将文化转化为经济的过程中,成为驻马店市重点文化企业。

三、驻马店市文化事业与文化产业发展所遇问题

（一）文化事业发展所遇问题

1. 公共文化资金投入有待增多

表 12-5　2013～2017 年驻马店市财政总收入、预算支出及文化体育与传媒支出

单位:亿元

类别 年份	财政总收入	一般公共预算支出	文化体育与传媒支出
2013	113.64	308.52	3.03
2014	131.57	350.20	3.24
2015	142.62	384.24	3.17
2016	159.23	414.63	3.1
2017	180.90	477.06	3.1

数据来源:驻马店市统计局

从 2013～2017 年驻马店市关于文化体育、传媒等公共文化资金投入情况来看,文化体育与传媒支出占本地财政支出的比重非常低,尚不足 1%,且伴随着财政总收入和支出总量的增加,公共文化资金的投入并没有很大的改观,甚至自 2015 年文化体育与传媒支出增长率连续三年都呈现负增长现象。因此要继续加大对以文化体育与传媒为代表的公共文化服务资金的投入,在投入的整体范围上有量的提升,在落实对体现驻马店市地方文化特色和水准的重要文化项目、文化单位、艺术院团、重要文化遗产、优秀民间艺术保护以及基础文化发展的扶持上要有质的飞跃。

2. 代表性品牌、项目有待开发

驻马店市文化资源众多,但是开发利用成效不高,具有代表性的文化品牌少,相对来说,只有旅游产业和传媒类的项目品牌较为出众,如驻马店市金顶山旅游开发有限公司的《传奇天中·梦幻金顶》大型实景演出项目入选国家文化产业项目库;驻马店市新闻网络传媒有限公司的智慧天中移动互联平台获得了省级高成长服务业专业引导资金等。而市级的重点文化项目也仅有皇家驿站暨驿城区特色商业区开发、遂平县嵖岈山温泉小镇文化旅游产业园区、平舆县东方迪士尼、驻马店市报业大厦、驻马店市新华图书影视艺术中心等几个比较大型的项目。且由于文旅项目建成周期一般在3~5年乃至更长时间,因此近些年规划的文旅项目成效还未凸显,若按期保质完成,未来或有大品牌形成。

整体来说,目前驻马店市的文化事业以及文化企业都存在品牌少、知名度低、影响力十分局限的问题。该市至今还没能培育出能够参与国际、国内市场竞争的文化产业和产品,这与其文化资源优势是不相适应的,因此需要在壮大资本投入、打造核心竞争力、有效整合资源、拓展产业链、与相关产业进行联动方面做出突破。

3. 成熟的管理体制机制有待形成

驻马店市文化事业与文化产业尚未有效分离,现行文化管理体制偏重于传统事业型的管理,"缺位""错位""越位"现象存在,"管""办"不分,对纯公益性文化单位和市场性文化企业基本都采取直接管的办法,导致部分文化企业不同程度地受到体制和机制的障碍和影响。部分文化产业单位对政府存在严重的依赖心理,文化发展缺乏活力和竞争力。同时,由于部分企业是由事业单位转制,进行经营性发展,在获取政府资源与扶持方面具有优势,导致一些真正靠自身发展起来的企业处于不平等的劣势地位。在这一方面,驻马店市政府、市文化广电新闻出版局应根据国家和省政府在文化体制改革等相关指导文件进行自身的改革,以此为驻马店市文化产业与文化事业的发展创造有利的体制机制环境,营造一个良好的发展氛围。

4. 政策规划有待全面完善

驻马店市对文化产业的政策制定较少,多以零散形式出现。近两年虽提出要做文化产业的"十三五"发展规划,但具体如何出台、落实不得而知。但其对文化事业相关的规划政策文件相对较多,其中驻马店市由于重视文化产业中旅游业的发展,对旅游业的政策规划相对完备,如旅游产业的"十二五""十三五"规划,旅游发展总规划以及乡村旅游规划等内容,在规划中,涉及了文化产业的部分内容,提出了文旅融合发展。但作为一个大的产业类别,驻马店市要根据自身实际,抓紧制订关于文化产业及其他细分产业更多的规划和实施意见,有序推进文化事业与文化产业的发展。同时,要认真贯彻落实文化产业政策,研究制定市场准入、财政税收、融资投资、土地使用等方面的政策。

(二)文化产业发展所遇问题

1. 企业规模小,缺乏大产业意识

驻马店市文化产业普遍存在着经营分散、自我发展能力较弱的问题,现代化大型文化企业寥寥无几,缺乏大产业意识。譬如驻马店市最大的传媒集团驻马店日报报业集团,在政府的大力扶持下,虽然发展势头良好,但仍无法与其他省市的大型文化企业媲美。

另外,驻马店市文化产业虽然已经初具规模,但结构不合理,主体产业所占比重偏低,文化产业的主体部分——文化服务业远低于全国平均水平,包括新兴的互联网信息服务、文化休闲娱乐服务在内的非主体部分所占比重更小,形成了核心不够核心、主体达不到主体的局面,直接影响了驻马店市文化产业的规模。

2. 文化产业投融资体制不健全

从表12-6中可以看出,驻马店市文化体育娱乐业固定资产投资额占整体投资额比重非常低,甚至还出现了负增长的情况。这在一定程度上表明了驻马店市文化产业发展环境还不够理想,文化产业投融资体制不健全。自2013年驻马店市政府对文化产业重点项目进行资金扶持以来,驻马店市部分项目获得积极发展。但从资金来源看,文化建设投资主要来源于政府,驻马店市文化产业普遍缺乏先进的融资意识,尚未真正建立起多元化的投融资体制和机制,资金不足仍是其文化产业发展的瓶颈。

表12-6 2013～2017年驻马店市文化、体育和娱乐业固定资产投资数额及固定资产投资总额情况对比

类别年份	文体娱固定资产投资数额（亿元）	比上年增长（%）	固定资产投资总额（亿元）	文体娱固定资产投资占总额比例（%）
2013	10.45	644.6	1093.14	0.96
2014	15.87	58.6	1174.09	1.35
2015	9.15	－42.3	1382.84	0.66
2016	6.42	－29.8	1550.46	0.41
2017	15.08	134.8	1735.42	0.87

数据来源：驻马店市统计局

3. 文化产业技术含量低，文化创意不足

从内涵和价值附加以及技术含量上看，我们可以把文化产品分为初级文化产品和高技术含量、高附加值文化产品。从驻马店市近年来文化产业发展情况看，初级文化产品多，而高技术含量、高附加值文化产品少，这可以说是驻马店市文化产业发展中所面临的最严重的问题。在文化创意融合上，驻马店市的文化产业发展更多囿于传统，"互联网＋"等文化新业态融合、创意经济注入方面存在很大局限。

第三节　文化产业发展趋势与对策

一、驻马店市文化产业发展面临的机遇与挑战

（一）机遇

1. 政府的大力支持

国家层面上，党的十八大，十八届三中、四中、五中全会精神和习近平总书记系列重要讲话精神都大力弘扬文化软实力的重要性，积极号召全国各省市发展文化产业，以文化产业为核心产业，以文化创意为核心驱动力，力求以文化促发展，以文化产业带动其他产业发展。例如文化部、财政部《关于开展引导城乡居民扩大文化消费试点工作的通知》（文产发〔2016〕6号），文化部《关于鼓励和引导民间资本进入文化领域的实施意见》（文产发〔2012〕17号），国务院《关于印发"十三五"国家战略性新兴产业发展规划的通知》（国发〔2016〕

67号)。

地方政府层面上,《驻马店市"十二五"旅游产业发展专项规划》《驻马店市国民经济和社会发展第十二个五年规划纲要(草案)》《驻马店市国民经济和社会发展第十三个五年规划纲要》等政府文件中,明确提出要将文化产业作为支柱产业,大力推进资源经济到文化经济的转型。大力发展文化事业和文化产业,坚持社会效益和经济效益相统一的原则,不断加大投入力度,逐步健全覆盖城乡的公共文化服务体系。加快文化产业发展,推进文化体制改革,推动文化产业成为经济社会发展的支柱产业。天中文化是驻马店市独有的历史文化,根深叶茂,源远流长。要深入挖掘、有效整合开发天中文化资源,打造天中文化品牌,加强历史文化资源保护和天中文化研究,不断扩大天中文化的影响力。

2. 人民群众的多元化文化消费需求

当今中国社会正在走向全面建成小康社会的新阶段,而小康生活的重要特点之一,是精神文化消费在总消费中的比重逐步增大,精神文化生活更加丰富多彩。当前,文化消费受到社会的广泛关注,已成为具有广阔拓展空间和巨大潜在市场的消费潮流;并且人们不再满足于单一刻板的文化产品,转而要求更高级别的、更加多元的精神文化产品与服务,以求满足自身发展的需要。这很大程度上对文化市场提出了更高的要求,在为文化产业提供了庞大的消费人群的同时,也为文化产业发展提供了方向。

3. 科技的发展

科技与文化的交融日益深化,两者在相互促进、交融的过程中支撑和引领文化产业发生着一场前所未有的变革。现代科学技术对文化产品的深刻影响已经贯穿从创作、生产管理到传播和消费的每一个环节。

就创作而言,现代科技的进步,打破了以往传统表现手法的障碍,为那些天马行空般创意的实现提供了强大的技术支持和手段,极大地丰富了文化产品的表现方式。同时,科技创新本身也在不断激发着文化创作者的创新意识和创新思维,催生出更多丰富而具有想象力的文化表达方式、表现形态和全新的文化媒介。就传播而言,现代科技特别是数字存储技术和网络技术的应用及创新,为文化产品提供了前所未有的大规模传播的能力,缩短了文化产品从创意到实现所需的时间,使生产管理、传播和销售变得更为迅捷简便,极大地降低了这些环节的成本。就消费而言,科技创新有效地引导和开发出新的文化产品和消费需求,培育起新的文化消费群体。

科技创新推动文化产业跨域式发展。现代科技的应用和创新,提升了传统文化产业的科技含量,促进了传统产业的更新换代,提升了文化产业的等级,使传统文化产业向标准化、规模化、集约化发展,显示出前所未有的活力与发展潜力。以创新为动力的高新技术,突破传统文化产业的固有边界,将各种文化资源与信息技术有机整合,优化文化产业的结构层次,使文化产业实现跨越式发展。信息技术和文化产业的高度融合,使得文化产业产品的增值能力倍增,也使得文化产业链的变化不再仅仅表现为垂直型,而是表现为垂直和水平相互交叉、相互支撑的复合型结构。因此要充分利用数字化网络媒介,打造多功能立体文化平台,形成高技术、集约化的现代文化产业形态。

4. 文化产业自身的特性

文化产业是在全球化的消费社会背景中发展起来的一门新兴产业,被公认为21世纪全球经济一体化时代的"朝阳产业""黄金产业",兼有文化属性和经济属性的产业形态,具有绿色环保、高附加值、消费群体广等诸多特点和优势,从而自然而然地成为当今时代最具潜力的产业。当前,文化产业越来越成为支柱性、先导性、引领性的产业形态,成为世界经济、文化发展的重要增长点。

文化产业的种种经济特点表明,要想完成经济转型,大力发展文化产业是必经之路。文化产业化不仅具有经济意义,还具有重大的政治意义和文化意义。驻马店市发展文化产业具有一定的优势,但文化产业发展现状并不理想,要想完成经济转型,必须抓住机遇,加大创新力度,通过体制改革、资源整合、结构调整、资金投入、人才培养等措施实现驻马店市文化产业的跨越式发展。

(二)挑战

1. 人才尤为缺乏

驻马店市文化产业意识较薄,又处于经济转型阵痛期,人才队伍建设未能跟上文化产业发展需求。一方面驻马店市高等院校较少,自身生产高等文化产业人才的能力较弱;另一方面,驻马店市大型或知名文化企业较少,对外界文化产业人才吸引力不足,所以导致驻马店市文化产业建设与管理人才储备供不应求。

2. 抗风险能力弱

文化产业的显著特点是高风险性,一方面,文化产业面临着巨大的市场风险。比如文化产业要满足人民群众的文化需求,而人民群众的文化需求变化得非常快,当在策划一个项目时,可能还是有市场的,但当这个项目开发完成并投入市场时,市场需求可能已经变了,所以说文化产业具有巨大的市场风险。另一方面,文化产业还面临着政策性风险。比如影视产业,经常会出现高投资、高成本的文化产品遭遇国家政策的腰斩,导致人财两空。

3. 产业环境有待改善

驻马店市文化市场管理落后,不能满足多样化、个性化的文化消费。驻马店市的文化产业法规政策滞后,影响了文化产业的蓬勃发展。譬如,文化企业用地政策、税收政策、金融政策等问题,若不考虑文化产业的特殊性而与其他产业相等对待,势必迫使文化产业放弃思想认识、教育审美等内在功能,以追求利润最大化为唯一目的,就会造成没有文化理性、科学理性、审美理性的利润争夺和文化衰落,违背发展文化产业的根本目的。

4. 文化创新不足

驻马店市的文化企业近年来犹如雨后春笋,层出不穷,但为什么没有一个能驰名中外呢?究其原因,就是创新力度不够,不仅当地文化企业同质化严重,而且与国内其他地方文化企业或园区没有大的差异。正所谓文化产业卖个性,没差异、没特点必然让人觉得无趣,由此来看,驻马店市政府应更加重视创新创意在文化产业发展中的关键作用,充分发挥从业者的创造力。

二、驻马店市文化产业发展的对策措施

(一)加快文化体制改革与促进机制建设

改革是解放和发展文化生产力的唯一出路。驻马店市文化体制改革还处在起步阶段,制约文化发展的体制性根本性问题还没有解决;面临的主要问题依然是改革不够、文化产业发展不够。长期以来,导致驻马店市科技与文化产业发展脱节、各自为营局面的根本原因就是体制问题。政府在文化产业发展的过程中没能做到真正的简政放权,让市场成为决定性因素,因此,驻马店市的文化市场还带有计划经济体制的特点,所以必须坚定不移地推进改革加快发展。要按照公开的原则,进一步理顺政府与文化企事业单位的关系,按照职

能清晰、产权清晰、责任清晰的原则,逐步建立与社会主义市场经济体制相适应、与社会主义政治体制相协调、与社会主义精神文明建设要求相符合的文化管理体制,促进文化产业、文化事业共同繁荣。

(二)充分发挥创造力,创意驱动发展

文化市场的活跃离不开宽松的政策环境、多样的文化消费需求和充满创意的从业者。创造力是文化产业得以繁荣发展的保证,因此在这三项的管理上,政府必须因地因时制宜,不能搞一刀切政策。依托黄淮学院创意创新园区,大力发展创意经济,并与商业综合体合作,为驻马店市文化创意产业发展搭建平台。组织开展全市文化创意大赛,加大文化产业项目扶持力度,积极为符合条件的文化产业项目争取国家、省和市专项资金扶持,有力带动一批重点文化产业项目建设。

(三)拓宽投融资渠道,为文化产业发展提供资金支持

文化产业需要资本的拉动,资本充裕的产业才能充分发展,因此投融资体系是文化产业发展壮大的关键所在。多年来,驻马店市文化产业资本来源相对单一,文化设施比较落后。资金不足是驻马店文化产业发展的一个瓶颈。文化产业的发展仅仅靠政府财政投入是不够的,要消除制约文化产业发展的投资体制障碍,强化政策性投融资的引领和导向作用,积极加强市场投融资的主体地位,逐步建立起投资主体多元化、投资方式多元化、投资机制市场化的新型文化投融资体制,为文化产业发展铺平道路。

(四)加快地方特色文化产业品牌建设

文化品牌是文化产业的靓丽名片,是区域文化软实力的重要表征。驻马店市应当依托中原经济区建设总体规划和自身发展优势,通过走体制创新之路和产业化道路,实现文化科技的融合发展。在印刷、出版、传媒、旅游演艺、网络等领域应积极培育驻马店市优质品牌。同时推动文化产业示范园区(基地)建设,积极组织各类文化活动,大力推介本市的文化企业,才能创造强势且独特的文化品牌,从而为自身全面且持久的发展创造新的经济增长点。

当前驻马店市旅游业增长势头正旺,驻马店可以将文化经济的发展重心放在促进旅游业发展上,以其作为对外名片和经济增长的突破口,使旅游业壮大成为拉动本市吃、住、行、游、购、娱等一系列产业的"强力马车",将嵖岈山文旅小镇、驻马店"皇家驿站"、平舆县"上河城"、汝南县天中山文化园、上蔡县重

阳文化旅游产业园在内的重点文化旅游项目打造成为全省乃至全国知名的旅游园区。另外,依托地方特色文化,驻马店市应开发出一系列展现地方特色的文化产品,借此实现较好的经济效益,并且创造出一批知名文化企业。这点驻马店市已有成功经验,例如西平县棠溪剑业公司打造的宝剑,2001年在中国权威专家鉴定会上被鉴定为"中华第一剑",先后获得60多项国际、国内大奖,此剑被中国历史博物馆永久收藏。还有上蔡县白云翁笔厂生产的河南省非物质文化遗产"白云翁"毛笔,年产值1亿多元。当然,驻马店市的文化事业和文化产业必须谨记:民族的才是世界的。当众多知名的文化品牌在国内外传播,文化产业必将成为推动驻马店市社会经济发展的新引擎,助力驻马店市完美转型。

(五)加快建设文化产业的人才队伍

文化产业是高技术与高文化高度结合的领域,驻马店文化产业能否快速发展壮大成为驻马店市的支柱产业,归根结底是人才。第一要求文化相关企业与高校紧密联系,共同培养出具有创新精神、创业能力和管理水平的复合型人才,造就一支政治强、素质高、业务精的文化产业人才队伍。第二要营造人尽其用的和谐环境,在积极主动地留住本地人才的同时,吸引优秀的外地文化企业人才到驻马店发展,这需要驻马店市政府从制度和政策层面着手设计。例如驻马店市可以启动文化产业相关人才安居工程和创新创业人才孵化工程,以人才优惠政策为基础,形成本市的文化产业人才吸引力。

第十三章　信阳市文化市情报告

信阳市地处豫南,位于河南、安徽、湖北三省交界之处,处在秦岭—淮河南北方分界带上,从地理位置、气候、方言、风俗、文化等各方面都呈现出南北混合的状态,素有"北国之南,南国之北"的特殊称呼。信阳市文化资源内容丰富,既有秀丽的自然风光,又有悠久的历史文化,因为地处交通要道,文化风气开放,南北文化交融汇合,在文化面貌上既有北方文化雄厚豪迈、底蕴深厚的特征,又不乏南方水乡典雅精致、秀美精巧的审美追求。信阳市的红色文化资源尤为突出,是著名的革命根据地,是鄂豫皖苏区首府所在地,是红军的摇篮、将军的故乡,信阳市革命历史悠久,红色资源分布广泛,全市县区都是革命老区。新县位于河南省信阳市东南部、大别山腹地、鄂豫两省交接地带,是全国著名的革命老区和将军县,是许世友、李德生、郑维山等93位将军和省部级以上领导干部的故乡。境内有革命历史遗迹和纪念地200多处。红色景区主要有鄂豫皖苏区首府革命博物馆、鄂豫皖苏区首府烈士陵园、许世友将军故里、郑维山将军故里等。信阳毛尖作为北方地区的名贵绿茶品种,起源于春秋战国,至今有两千余年的历史;信阳毛尖品牌价值59.91亿元,居"中国十大茶叶区域公用品牌"第二位,信阳市获得"中国毛尖之都"殊荣。

第十三章 信阳市文化市情报告

第一节 信阳市文化资源概述

一、区位地理条件

信阳市位于河南省最南部,淮河上游段,地势南高北低;西部和南部为桐柏山、大别山,是长江淮河两大流域的分水岭;中部是丘陵岗地,合肥—潢川盆地西半部分,区域内梯田层层,河渠纵横,塘堰密布,是信阳的粮食生产基地;北部是黄淮平原和洼地。信阳绝大部分地区位于淮河以南,属亚热带季风气候;日照充足,年均1900~2100小时;年平均气温15.1℃~15.3℃,无霜期长,平均220~230天;降雨丰沛,年均降雨量900~1400毫米,空气湿润,相对湿度年均77%。信阳四季分明,气候温润,冬季日平均气温低于0℃的日数年平均在30天左右。

信阳市毗邻安徽和湖北,处于武汉经济圈、皖江城市带、中原经济区的结合部和国务院《促进中部地区崛起规划》中的京广、京九"两纵"经济带的腹地。信阳市立中原而通八方,居腹地而达九州,自古便有"三省通衢"之称,属中国重要的交通枢纽城市,也是河南省唯一一座兼具水、陆、空立体交通,公路、铁路、水路、航空、管道兼备的"五位一体"之城。信阳市属于国家级的公路运输枢纽城市,贯穿境内的有京港澳、大广、沪陕三条高速公路和107、106、312三条国道,在公路8小时可通达的地级以上城市中居全国第三,位居武汉、郑州之后。京广、京九、宁西等多条铁路线将信阳与长三角、珠三角和港澳地区直接相连。淮河航道可直接通向长江,拥有河南最大的内陆出海口。明港机场的建成以及规划当中的潢川物流机场,将使信阳的立体交通网络更加完善。

未来信阳市将成为中国唯一一座同时拥有11个火车站、两座高铁站、两座民用机场的地级市,交通优势凸显。将有效地把北上广深和西安、南京联系起来,有利于加强信阳市和珠三角、长三角地区的联系,可以促进整个京津冀地区与中部的对接,并加快信阳市与各大经济圈之间的融合与互动。

二、山林资源

信阳市位于中国地理的南北分界线上,属亚热带向暖温带的过渡地带,大别山从南部横向贯穿,淮河流经北部,形成了两大天然的"生态屏障",这为信阳市打造了一种四季分明、气候温润的良好生态环境。山林资源丰富,区域内森林遍布,景色优美。

信阳市西部和南部为桐柏山、大别山,面积近7000平方千米,占全市总面积的37.1%,是长江、淮河两大流域的分水岭。大别山在信阳市境内长约200公里,占豫南山地的80%;东段山脊高峻雄伟,海拔在千米以上,西段宽阔低缓,以千米以下低山为主,间有丘陵分布。桐柏山在信阳市境内69公里,占豫南山地的20%,山势高峻陡峭。全市森林覆盖率达32.2%,部分山区高达70%以上,比全国森林覆盖率高出13.8个百分点、比全省高出12.4个百分点。全市已建成省级以上森林公园10个,其中国家级森林公园3个;省级以上自然保护区9个,其中国家级自然保护区3个,国家湿地公园4个。

鸡公山地处信阳市境内、大别山西麓,于1988年经国务院批准成为鸡公山国家级自然保护区。鸡公山是大别山的支脉,因其主峰形似雄鸡报晓而得名,主峰海拔约768米,最高峰的高度可达811米,鸡公山风景区占地面积约27平方公里。鸡公山在7月份的平均气温只有23℃,属于中国四大著名的避暑疗养胜地(北戴河、莫干山、庐山)之一。鸡公山是五个重要的地理分界线(河南与湖北两省的分界线、秦岭-淮河的分界线、长江流域和淮河流域的分界线、大别山与伏牛山两大山系的分界线以及湿润和半湿润的分界线),南、北方的植物均可以生长于此,植被覆盖率高达87%,空气每立方厘米所含负氧离子量高达22万之多。鸡公山森林资源和生物资源丰富,各类植物共计2000多种,中草药种类高达600多种,可谓"天然植物园""天然中草药园";动物种类也较多,有国家重点保护动物诸如金钱豹、小灵猫等共计29种,被称为"生物资源宝库"。鸡公山因其独特的小气候而常年多雾,冬季更随处可见雾凇奇观,有"云中公园"之美称。

金刚台国家地质公园地处商城县,占地面积138平方公里,1000米以上的山峰有10多座,其主峰金刚台海拔达1584米,为大别山在河南境内的最高峰。金刚台西河景区集国家级地质公园、国家4A级景区、国家级自然保护区为一体,是一座兼具亚热带风光、地质地貌、生物资源的综合性地质公园。金刚台地区拥有高达85%的森林植被覆盖率,动植物的种类有很多是河南省之最,达2700多种,有"生物资源宝库"之美誉。金刚台地质公园主要组成部分为金刚台景区与汤泉池景区,有丘陵、山地、河谷、湖泊等多种地貌,其中的同源岩浆演化、火山地貌、商城肥鲵、大别山五针松等属河南境内仅有,在全国也属稀有品种,观赏、保护价值很高。

金兰山国家森林公园位于新县,占地面积33.4平方千米,森林植被覆盖率高达98.1%,有较完好的原始生态。景区中有300多座山峰矗立,海拔817米的大风尖是区内的最高峰,主要组成部分为金兰山和连康山、西大山、九龙潭。区内野生动物种类达240多种,其中白鹳、金钱豹等30余种属国家重点保护动物;植物种类达2000种之多,植被群落稀有,红豆杉、原生银杏等国家重点保护植物近20种,属于北亚热带森林生态系统。金兰山国家森林公园是集野营探险、科学考察、教学实习、休闲娱乐、避暑度假于一体的理想旅游地。

大苏山国家森林公园位于河南省光山县境内,规划总面积27.8853平方公里,共分为三个片区,即大苏山片区、龙首山片区和王母观片区,区内森林面积25.7381平方公里,森林覆盖率达92.3%,主要景点包括王母观风景区、净居寺庙、蓝天生态茶叶公司和蓝天度假村等。净居寺是佛教天台宗的始祖庭,始于北齐天保五年(554),高僧慧思来到光州(今光山县)大苏山结庵,开坛说法。王母观地处光山之南,新县之北,是光山和新县的两县界山。王母观一峰独秀,峻伟雄奇,山中植被繁茂,珍稀动植物丰富。大苏山国家森林公园于2015年1月被中国林业部正式批准为国家森林公园。

九华山为地藏王菩萨的道场,分为东九华山和西九华山。西九华山景区位于固始县,面积达120平方千米。景区由四个区域构成:茶文化景区,以信阳毛尖种植为中心的万亩茶园、茶竹文化苑、妙高寺佛茶场等,可观赏景色优美的茶园风光,品味历史悠久的豫南茶文化;竹海观光区,区内有毛竹、楠竹、桂竹等20余品种,徜徉在竹海之内,令人心旷神怡;禅文化区,区内有总面积80多亩的妙高禅寺,在1995年被列为省重点文物保护单位;民俗体验区,区内全面展示了豫南地区的民俗文化,设有很多可供旅游者体验参与的项目。

信阳市具有优越的地理环境,植物资源种类丰富,兼具亚热带和暖温带杂处共生、种类多的优点。境内珍稀濒危植物丰富,有国家和省重点保护植物70余种(包括引种在内),桔梗、半夏、灵芝、猫爪草等药用植物310多种,桂竹、毛竹、罗汉竹等竹类19种,野花椒、百里香、望春花等芳香植物和牧草饲料植物多种。山林中还有丰富的山珍果味,如食用菌类的竹荪、银耳、香菇、平菇、草菇、黑木耳，野果类有山桃、山杏、山樱桃、野山楂、野葡萄、猕猴桃等。

三、水资源

信阳市河流众多，属长江、淮河两大水系。信阳市地处淮河上游，境内全长363.5公里，淮河流域面积占全市河流水面总面积的98.2%，属长江水系的流域面积仅占1.8%。境内淮河支流密集，河短流急，水量丰富，流程在百公里以上的有史河、灌河、浉河、白露河、潢河和竹竿河，均按西南—东北方向汇入淮河。全市河流水面面积共计370平方公里，占全市总面积的1.96%。

信阳市年降雨量1300毫米左右，年均水资源总量90亿立方米，人均水资源1230立方米，是河南省人均的3.2倍，位居全河南第一位。全市有大型水库5座、中型水库13座、小型水库866座，总库容40.52亿立方米，水资源总量占河南省总量的22%。此外，信阳还有温泉水、矿泉水等特殊水资源，储量丰富。2001年开始，经水利部水利风景区评审委员会评定，由水利部公布，信阳市可以开展观光、休闲、娱乐、度假、科学、文化教育活动。国家湿地公园有平桥湿地公园、淮河湿地公园、龙山湖湿地公园、香山湖湿地公园。

南湾湖风景区地处信阳市西南5公里左右，有"中原第一湖"之美誉，2001年被命名为南湾风景名胜水利风景区，是我国国家森林公园与国家水利风景区。该景区为国家4A级风景区，主要组成部分为南湾湖和南湾国家森林公园，其中森林面积高达21平方公里，水域面积80多平方公里，相当于西湖面积的12倍。景区动植物种类繁多，植物种类达500多种，以杉木、马尾松居多，森林覆盖率高达96%以上；物产资源富足，有茶叶、板栗、黑木耳、野生猕猴桃等；动物种类多达1000多种，其中猕猴、大鲵、小灵猫、白冠长尾雉、扬子鳄等均为国家级保护动物。该景区以山、水风光为主，湖面碧波粼粼、水天一色；陆上山峦起伏、林木秀美，有茶岛、鸟岛等60多座岛屿坐落其中；整个景区由于受森林、水域的调节，气候温润，有湿度大、温差小、风力弱、噪声小的特点，环境清幽，已开展度假、休闲、养生保健等多种旅游项目。

香山湖位于新县县城东南部，景区面积55.5平方公里，这里山清水秀，石奇景幽，风光如画，素有"豫南西子"的美誉，2004年被命名为国家水利风景区。该景区为亚热带与暖温带的过渡带，属于半湿润气候，这里四季分明，生态优良，环境优美。香山湖湖面开阔，水质如镜，环湖山峰叠翠，花草遍野，湖内大小岛屿数十座。香炉山的对面是千亩无公害绿色生态茶园。该景区内有千年古刹普济寺,寺内有千年古树,松涛竹韵,终年香火不断,香客如织。

泼河风景区位于新县、光山两县交界处,主体为泼河水库,水库控制流域面积222平方公里,水库水面11.33平方公里。库坝由1座主坝和11座副坝组成,主坝长1050米,最大坝高26.6米,在碧蓝的湖水映衬下,宛如一条长龙俯卧在水边,气势雄伟,蔚然壮观。水库周边群山环抱,山峦起伏,上游河谷陡峭迂回,两岸植被繁盛。景区雨量充沛,水质良好,盛产"泼河鱼"和"碧波翠毫"有机名茶,是豫南大地上一个独特的生物多样生态区,2007年被命名为国家水利风景区。

汤泉池风景区位于商城县,以温泉水的医疗效果而闻名。汤泉池的温泉大约形成于一亿年前,现存三个泉眼,日出水量650吨,水质清亮洁净,水温56℃~58℃,水中含锶、钙、钠、镁、钾等多种对人体有益的元素。温泉的热力学、药物化学功效对皮肤病、风湿病等疾病均有着较明显的疗养效用。健康人常沐浴温泉也能达到护肤美容、增食催眠的作用,故有"药泉"之称。此外,鸡公山景区内也有依云森林温泉,其中花草温泉系列、中药温泉系列等一应俱全。

四、红色资源

信阳市是著名的革命根据地,是鄂豫皖苏区首府所在地,是红军的摇篮、将军的故乡。红色资源分布广泛,全市县区都是革命老区。截至2017年,信阳现有革命纪念地和革命历史遗址663处,已由各级政府批准设立的革命历史文物保护单位178处,国家级重点革命历史文物保护单位7处、省级的21处、市级的16处、县级的136处,数量为全省之首。

在中国共产党的创建和大革命时期、抗日战争时期、解放战争时期,这里留下了非常丰富的革命遗址、遗迹。其中,国家级文物保护单位有中共鄂豫皖中央分局旧址、红四方面军总部旧址、鄂豫皖特区苏维埃政府旧址、鄂豫皖军委航空局旧址、红二十五军长征出发地旧址、红二十五军军部旧址、邓颖超祖居共七处,这些革命历史文物保护单位大都成为全国、省、市爱国主义教育基地,也是信阳市光辉历史的重要标志。

土地革命时期,商城是大别山革命根据地的重要组成部分,大批民歌歌手以高昂的斗志谱写大量歌曲,来宣传革命,唤起民众为了建立一个富强民主的新社会而奋斗,有力地推动了革命的发展。这一时期产生的民歌多达百余首,如《打商城》《送郎当红军》《红军来了晴了天》《八月桂花遍地开》等民歌,不仅在当时广为传唱,而且作为经典歌曲传唱全国;传唱至今,有的还被改编为歌剧、戏曲搬上了舞台。抗日战争时期,为宣传抗日,又产生了《新四军来了救我》《日本鬼子都杀光》等民歌。解放战争时期,人民群众出于翻身求解放的强烈愿望,创作出《穷人有党得翻身》《刘邓大军似天神》等歌曲。这些革命歌曲已经成为宝贵的红色文化精神遗产。

在艰苦卓绝的革命战争年代,信阳革命老区人民在党的领导下,浴血奋战,前仆后继,先后有100多万人参军参战,30多万人英勇牺牲。在中华人民共和国成立60周年之际评选的"100位为新中国成立做出突出贡献的英雄模范人物"中,信阳籍和曾在此战斗的英雄模范人物达11名,位居全国前列。这里有周恩来、邓小平、董必武、刘伯承、徐向前、李先念、徐海东、陈赓、王震老一辈革命家、军事家留下的光辉足迹和崇高的精神风范,有吴焕先、叶成焕、詹谷堂、桂步蟾、晏永香、杨厚溢、陈海松、赵崇德等信阳籍著名烈士英勇献身的光荣事迹。

在"红色土地、绿色山川"交融的背景下,以"千里跃进、将军故里"为主题的信阳红色旅游已形成"八区""四路"和精品景点。"八区"即红色中心景区、红色首府景区、许世友故里景区、四望山景区、红军洞景区、红军长征出发地景区、"王大湾会议"景区、邓颖超祖居景区八个信阳红色旅游经典景区。"四路"即"千里跃进之旅""将军故乡环游之旅""红军长征之旅""江淮抗战之旅"等四条信阳红色旅游精品线路。红色旅游发展逐渐形成了"一轴三带四路八区"的局面。打造红色旅游品牌四个,分别是苏区首府、江淮抗战、千里跃进及将军故里。

新县依托大别山干部学院,累计培训学员11.7万人次,被国防大学、国家行政学院等10多个中直、省直单位确定为现场教学基地,大别山红色教育旅游区域品牌价值经中国质量认证中心评估为38.62亿元。

五、茶资源

信阳市茶园面积已达1405.33平方公里,茶叶产量近6万吨,从业人员超过120万人，总产值超过100亿元。截至2017年，全市有中国茶行业百强企业8家，拥有中国驰名商标7个。经浙江大学CARD中国农业品牌研究中心评估，信阳毛尖品牌价值59.91亿元，居"中国十大茶叶区域公用品牌"第二位，信阳市获得"中国毛尖之都"殊荣。

信阳茶叶形状细、圆、光、直，上附有白毫，因而被称为"信阳毛尖"。信阳毛尖作为北方地区名贵的绿茶品种，起源于春秋战国，至今已有两千余年的历史。茶圣陆羽在《茶经》中谈道："淮南以光州上，义阳郡、舒州次。"这里谈到的光州、义阳郡都在现今信阳地区。信阳市日照充足，气候适宜，雨雾适度，浅山丘陵土壤肥沃，加之没有工业污染，非常适宜茶树生长。信阳毛尖中的氨基酸、茶多酚、咖啡酸、可溶性糖等化学成分含量较高。信阳茶区是江北绿茶代表性产区，也是国内茶叶种植面积第二大区域。信阳毛尖茶香味浓厚，汤色清绿，具有生津解渴、清心明目、提神醒脑、去腻消食等多种营养价值，茶产业已经成为信阳传统优势特色产业。

红茶属于全发酵茶类，是在绿茶的基础上经发酵创制而成的，以适宜的茶树新芽叶为原料，经萎凋、揉捻（切）、发酵、干燥等典型工艺过程精制而成。2009年，时任河南省委书记卢展工到信阳视察时，指出信阳要加大夏秋茶采摘力度，尝试开发信阳红茶加工。"信阳红"红茶的开发和生产是信阳茶叶生产领域中的一次重大创新。"信阳红"以信阳毛尖绿茶为原料，经九道工序加工而成，具有消炎杀菌、提神消疲、利尿生津、清热等多种保健功效。信阳毛尖对采摘和工艺要求都很高，企业一般都只采春季茶，每年茶叶的利用率不到60%。"信阳红"改变了信阳只有绿茶没有红茶的历史，对促进茶农增收、转变农业经济增长方式和提升信阳茶叶整体品质具有深远意义。"信阳红"不仅改写了长江以北不产红茶的历史，而且缔造了我国最高纬度出产红茶的记载，开创了中国红茶新品种。

信阳茶文化历史悠久，品茶风俗古朴厚重。据考证，信阳种茶起源于春秋战国时期，宋朝时期开始兴起，清朝已经呈现出繁荣的景象，一直延续至今。古代有很多关于信阳毛尖的记载，东汉时期的华佗曰："苦茶久食，益意思。"记录了茶的医药学价值。茶圣陆羽、大文豪苏轼等历史名人在信阳游历时都曾泼墨赞誉信阳毛尖。清朝时有元贞茶社、宏济茶社、裕申茶社等大批茶社相继成立，大兴品茶之风，当时的信阳已经是茶叶贸易集散地和茶馆林立饮茶成风之地。

当前就市场占有率和产值来说,信阳茶叶位居国内茶产业发展第二方阵,和浙江、福建等产茶强省的茶叶强市相比还存在一定差距。自2010年以来,信阳市加大了对茶文化主题公园、茶馆、博物馆等方面的建设投入,通过茶道、茶艺、茶史、茶文化的多方面展示,让游客感受内涵丰富的茶文化,发展茶旅产业成为新的发展路径和未来发展方向。

2001年,信阳市成立首家茶叶生态园。此后,茶农、茶叶合作社、茶叶企业、外来投资商利用各自的茶园或承包茶园,建立起大大小小的生态茶园,为游客提供具有茶叶特色的休闲观光产品,有文新茶叶生态园、广义茶叶生态园、四望山观光茶园等。中原茶文化的标志性项目——南湾湖茶岛以千亩生态茶园为基础,以信阳毛尖与水资源的有机结合为主线,构建茶文化旅游景区。此外,信阳各大龙头企业也根据自身优势,纷纷入驻茶产业集聚区羊山园区,投资建设各具特色的茶旅游项目。

每年4月,信阳市以信阳毛尖茶的采摘、展示、经销活动为依托,举行茶文化节活动。这项节事活动由中国茶叶流通协会和信阳市人民政府联合主办,以兴茶富民为宗旨,注重提高群众的关注度、参与性,为信阳市茶产业发展集聚资源,充分发挥茶产业在融合一二三产业、保护生态、推动旅游、提升文化等方面起到的重要作用。

信阳茶旅产业主要包括茶叶自然资源开发、茶叶文化旅游开发和茶叶会展旅游三个方面。总体上,茶业与旅游业的结合主要在茶叶生态旅游方面发展迅速、初具规模。但在其他旅游产品开发上相对薄弱,先进的绿茶生产技术、茶叶旅游消费品以及作为江北最大的茶叶交易中心等优势还没有充分开发。信阳茶旅产业处于起步阶段,尚未形成茶文化、茶自然资源、茶科技等多层次的茶叶旅游产品结构。此外,信阳现有的茶旅产业还存在规模小、分散经营、经济效益较低的情况。

六、乡村生态文化资源和建设

信阳市荣获"2017中国十佳宜居城市"的称号,排名第三,这也是信阳第九次获得"中国十佳宜居城市"称号,为全国唯一。宜居城市是对城市适宜居住程度的综合评价。《GN中国宜居城市评价指标体系》由包括生态环境健康指数、城市安全指数、生活便利指数、生活舒适指数、经济富裕指数、社会文明指数、城市美誉度指数在内的7项一级指标、48项二级指标、74项三级指标组成。自2009年初登"中国十佳宜居城市"榜单以来，信阳累计9次上榜，成为连续上榜次数最多的城市。信阳市相继获得"全国绿化模范城市""国家卫生城市""全国文明城市提名城市"等荣誉称号，连续六届荣获"中国最具幸福感城市"的称号。

信阳是久享盛誉的"鱼米之乡"，盛产水稻、小麦、油菜、茶叶、板栗等多种农副产品、果产品、特色农产品。有"世界鸭王"——华英鸭、"中国土鸡之王"——固始鸡、"中国绿茶之王"——信阳毛尖，这些都是信阳绿色生态食品代表，畅销全国，出口俄罗斯、日本、东南亚、欧美等20多个国家和地区。目前，信阳市已有19种农副产品获得国家原产地注册认证保护，总量在全国地级市中位居首位。

信阳自然环境好，植被覆盖率高，动植物种类繁多，有宝贵丰富的中医药资源。商城县是国内的茯苓主产区之一，有"茯苓之乡"的美誉。茯苓是名贵的中药，也具备治疗多种疾病的功效，对人体具有极高的药食保健功效，且茯苓多糖，有着显著的抗肿瘤及护肝作用。商城桔梗有降低血糖、治疗糖尿病等药用价值，国家中医药管理局于1986年将其列为第一批对外保密名种，并被命名为"商桔梗"。

信阳乡村生态建设取得良好成效，新县、商城县、光山县、罗山县、浉河区纳入国家重点生态功能区，新县、商城县分别荣获国家、省级生态县称号。信阳市依托景区型、城镇周边休闲型、美丽乡村型、传统古村落型、休闲农庄型五种乡村旅游的发展新模式，先后打造了郝堂、西河、田铺大湾、丁李湾等一大批全国知名的特色旅游村，11个村入选河南省"美丽乡村"创建试点，19个村进入中国传统古村落名录；结合美丽乡村建设，在各个村（居）相继建成了一批文化广场、农家书屋、农民大院等文化设施。

信阳农村人居环境有效改善，首部地方性法规《信阳市传统村落保护条例》正式实施，创建省级生态村129个，郝堂村被住建部授予"中国人居环境范例奖"，以新集村、西河村、里罗城村为代表的众多美丽乡村，让人们看得见山，望得见水，记得住乡愁。郝堂村是豫南山区的一个典型的山区村。2011年，平桥区委、区政府将郝堂村列为可持续发展实验村，探索新农村建设。郝堂村的房屋主要按照豫南民居特色进行改造，都是使用本地的沙石、砖瓦、木料，根据每户的经济条件来进行改造。设计是一家一户一个图纸，规划设计由政府聘请的专家负责。在改造过程中始终把生态环境保护放在首位。禁止烧炭砍林，保护森林；垃圾处理坚持干湿分类，进行回收利用。2013年，郝堂村被住建部列入全国第一批12个"美丽宜居村庄示范"名单，被农业部确定为全国"美丽乡村"首批创建试点乡村。郝堂村走上了生态效益、经济效益、景观效益、文化效益等多重效益并收的良性循环之路。

光山县把"美丽光山"建设与农村宜居环境建设、美丽乡村建设、文明村镇创建结合起来，开展"美丽乡村、文明新风、四进农家"等活动，建成杜岗、晏岗、扬帆3个省级美丽乡村，耿寨、袁湾、周乡3个省级和20个市级生态村，15个市级示范村和25个县级示范村，东岳、徐楼、龚冲、扬帆、向楼5个国家级传统村落。

七、宗教资源

信阳境内宗教文化资源主要有以下几个景点。

灵山寺，位于罗山县灵山风景区，是国家4A级旅游景区。寺院坐落于风景秀美的灵山，隐于郁郁葱葱的林木中，始建于北魏，距今有1500余年历史，为佛教传入中国所建最早寺院之一。灵山佛教文化源远流长，是一座颇为奇特的寺院，院内既有僧又有尼，唐代建宁公主曾在灵山寺出家为尼，全国独一无二，是我国佛教界的一大奇观。唐、明两朝封其为国庙，宋、明两朝皇帝曾多次亲临灵山，现今仍是著名的佛教圣地。灵山是我国著名的佛教名山，灵山寺为"中原四大古寺"之一，住持昊英在印度佛教界享有很高的地位，对中印两国佛学文化交流与传播做出了贡献。灵山庙会历时一个月（农历2月28日～3月28日），规格高，内容丰富，特色突出。灵山庙会源于唐，盛于明，历史悠久，为豫南最古老和最具生命力的庙会，集登山朝圣、旅游观光、民俗风情、民间艺术于一体。

净居寺风景区是佛教圣地天台宗的发祥地，历史悠久，名僧辈出，曾有儒（苏东坡）、佛（释僧印师）、道（鲁直真人黄庭坚）三教合流迭兴的局面。净居寺始于北齐天保年间，属省级文物保护单位，寺前有古柏矗立，寺内有千载银杏，树上寄生一檀一柏，人称"同根三异树"，让人叹为奇观。还有大苏山、苏东坡读书堂、苏山夜雨等20多处景点。景区内还有丰富的动植物资源。净居寺名胜风景区聚山水风光、园林建筑、名人名胜、宗教、历史文物于一身,在日本和东南亚等地有很大的影响力。

贤隐寺,坐落于信阳市郊的贤山幽谷之中,建于齐梁年间,距今1500多年历史,为古时"中原五大寺"之一,与嵩山少林寺、洛阳白马寺、开封相国寺、南阳玄观庙齐名。史志记载,贤隐寺系齐梁年间在松和尚始建,距今1500余年,因该寺建在东汉孝廉周磐隐居处,故称"贤隐寺"。贤隐古刹历史久远,四面松竹环抱,环境幽雅宜人,作为贤山风景区重要景点,与南湾湖风景区、南湾国家森林公园构成山水园林生态景区链,在信阳大旅游格局中占据重要地位。

妙高禅寺,位于固始县西九华山上,占地面积约53333平方米。2000年9月,妙高禅寺被河南省人民政府公布为第三批文物保护单位。寺庙始建于隋末年间,距今1300多年历史,处于西九华山的翠竹枫林环抱之中,显得悠然恬静。妙高禅寺是地藏菩萨中原第一道场,以其渊源绵长的佛教文化在豫皖鄂三省交界处声名远扬。

八、"非遗"资源

信阳在历史发展进程中因受荆楚文化、吴越文化、中原文化的影响,形成了颇具地方特色的豫南文化。截至2017年5月,信阳市有国家级"非遗"项目4个、省级"非遗"项目25个、市级"非遗"项目240个,这些非物质文化遗产是信阳宝贵的文化精神财富。

信阳素称河南的"歌舞之乡",在传统民间音乐、舞蹈等方面有丰厚的存量,在风格上迥异于淮河以北的河南省内各地区。信阳民歌兼具南北民歌的特点,沿淮河两岸受北方民歌影响,歌曲粗犷豪迈;山区则受到南方民歌影响,歌曲细腻婉约。信阳民歌形式多样、种类丰富、体系完整;根据演唱内容和产生时代细分为情歌、小调、叙事歌、革命历史民歌、新民歌、仪式歌、号子、山歌、田歌、灯歌、会歌、儿歌、叫卖歌及其他类10余种,涵盖了从古至今不同历史时期、不同文化背景的广泛题材。民歌分为劳动歌曲和民间小调,其中茶歌多以田歌为主,是茶农田间生活的真实写照。民族舞蹈分为10类、84种,130多个演出形式,1000多个传统节目,其中狮子舞、竹马舞、火绫子等最富有代表性。2008年,信阳民歌经国务院批准被列入第二批国家级非物质文化遗产名录。

罗山皮影是一种古老的、具有独特魅力的传统民间艺术。据1982年版的《罗山县志》记载，罗山皮影源自河北滦州，从明嘉靖年间（1552～1566年）开始在信阳市的罗山县繁衍生长，距今已有450多年的历史。罗山县皮影艺术成熟，影人制作美轮美奂，栩栩如生；生、旦、净、末、丑行当齐全，音乐旋律流畅，唱词、道白雅俗共赏，乐队简约合理，成为中国戏剧园中的一枝奇葩。罗山皮影的影人是牛皮制成的，其演出班社俗称"一担箱"，一般由8个人组成，全箱（道具）为120套剪影，一块长2米、宽1米的白布作影幕，每个影人有三根竹竿支撑。表演时，乐手在幕后既伴奏又配音还要伴唱。伴奏乐器主要是胡琴、唢呐、锣鼓，最有特点的是它的唱腔，不局限于某种戏曲音乐，而且还有豫南的山歌、民歌、灯歌等多种形式，因此唱腔选择相当宽泛，也使得它更贴近人民群众。以罗山为代表的信阳皮影戏，是中国皮影四大流派之一。2008年，罗山皮影戏被列入国家级非物质文化遗产扩展项目名录。

信阳毛尖茶采制技艺是信阳市的地方传统手工技艺。信阳毛尖手工炒制分生锅、熟锅、烘焙、拣剔等过程。随着信阳毛尖知名度与需求量日渐提升，传统手工炒茶日渐式微，作为一项传统工艺，手工炒茶依然拥有独特的魅力，在炒茶者的手中，一片片翻炒的茶叶演绎着"色"与"味"的独特技艺。2014年7月，信阳毛尖茶采制技艺被列入第四批国家级非物质文化遗产代表性项目名录。

光山花鼓戏是具有土色土香的汉族戏曲剧种，是由豫南地区汉族民间小调、山歌、歌舞、小戏并融合楚剧、黄梅戏唱腔，吸收汉剧、曲剧的艺术特点，逐渐形成的独具一格的剧种。光山花鼓戏以组班形式演出，每班一般七八个人，以演生活小戏为主，也演连台戏。音乐主要由唱腔和打击乐两部分组成，也有用管弦乐伴奏的；道白用的是光山当地方言；行当上生、旦、净、末、丑齐全；舞美上扮相、服饰简而不乱；剧目丰富，目前有200多个，以师徒口传身教为主。光山花鼓戏的显著特征：一是唱腔优美，对白诙谐幽默，贴近生活；二是板腔体唱腔和曲牌体唱腔结合，融合了当地大量的民歌小调，多数音乐唱腔就地取材，便于流传；三是伴奏以打击乐为主，弦乐为辅，人员精干，一人多角，舞美、扮相简而不乱，便于流动性演出；四是剧目丰富，大小戏有200多部，师徒世代口传，道白用当地方言，演唱时台下演员和观众接腔，群众参与性强。光山花鼓戏在地方小戏中自成体系，虽同称花鼓戏，但与其他地区的花鼓戏完全不同,具有很高的艺术研究价值。2014年11月,光山花鼓戏被列入国家级非物质文化遗产代表性项目名录扩展项目名录。

信阳目前整理出涵盖民间文学、民间美术、民间音乐、舞蹈、戏曲、曲艺、民间手工技艺、生产商贸习俗、消费习俗、人生礼俗、民间信仰、民间知识等多个种类的非物质文化项目。这些非物质文化遗产反映出豫南地区特有的文化风格,深受人民群众的喜爱和广泛传承。

为做好非物质文化遗产的保护和传承工作,一些基础设施较完备、传承工作开展较好的单位和场所作为非物质文化遗产传习基地、传习所和社会传承基地,开展各类"非遗"文化传承活动。信阳市群众艺术馆设立"非遗"展厅,平桥区在信阳市设立首个县级"非遗"保护中心,光山农耕民俗博物馆、罗山龙山民俗博物馆、新县千斤农耕展馆、淮滨台头民间文化展示厅等一批"非遗"展馆、展厅建成并对社会开放。利用茶文化节及传统节日,开展非物质文化遗产"三进"(进校园、进社区、进农村)活动,光山、潢川、罗山等县分别组织了花鼓戏、火绫子、皮影戏等民间优秀传统文化展演。依托各级非物质文化遗产保护中心和传习所,民间文化传承人组织开展花鼓戏、皮影戏、传统布鞋制作技艺等培训。此外,"非遗"衍生品基地带动文化产业协同开发,"非遗"活动结合促进本地文化旅游业共同发展。

九、饮食文化资源

信阳绝大部分地处淮河以南、长江以北,为典型的江淮地区,是河南省唯一以米为主食的地区,形成了独具特色的菜肴风格。信阳处于黄河、长江两大文化体系之间,东西经济结合部,这造就了信阳的饮食文化。信阳菜以淮河为界,可分淮南和淮北两个饮食文化单元,大体上南部为大别山楚文化板块,北部为淮北平原汉豫文化板块,各有其特点。南部以米为主,口味偏辣、偏咸、偏酸,野生植物资源丰富;北部以面食为主,口味偏甜、偏淡,粮食作物尤其是豆类杂粮原料丰富。

信阳菜以咸、香、微辣、醇厚为主味,菜色微重,口感滑爽,原料保管上多采用腌、腊、风干等方法。在各种饮食习惯及烹饪技法上具有江淮特色,喜食水产、腌腊食品。在烹饪技法上,信阳菜的民间烹饪方法有炒、焖、炖、煮、蒸、煎、炸、熘、卤等方法,"炖"法占有突出的地位,"信阳炖菜"具有代表性,知名度很高,信阳南湾鱼、罗山大肠汤、商城筒鲜鱼、潢川光州贡面、潢川甲鱼、潢川黄岗鱼汤等都是信阳代表性菜品。

信阳水产养殖十分发达,水产品非常丰富,可食鱼类有100种,虾贝类近50种,其中南湾鱼、光山青虾、潢川甲鱼远近闻名。南湾鱼因产自水质良好的南湾湖得名,富含蛋白质和人体所需的多种维生素和稀有元素,其中抗癌元素"硒"的含量是普通鱼类的3~5倍,尤其是富含DHA的南湾花鲢更是保健珍品。畜禽类主要有淮南猪、槐山羊、固始鸡、光山鹅、淮南麻鸭、三黄鸡、华英鸭,这些基本构成了信阳菜的主体菜肴和核心菜肴。筒鲜鱼、闷罐肉、糍粑等都是其饮食文化中的特色美味。目前,信阳市重点打造"信阳菜全席"和"信阳菜药膳"餐饮品牌,不断推动"信阳菜"走品牌化、标准化、产业化发展道路,积极发展绿色酒店、主题酒店、客栈民宿、快餐团餐、农家乐等细分业态,并建设发展中央厨房、电子商务平台、食品安全体系等配套设施。

十、根亲文化资源

信阳历史悠久,是中华姓氏之根,中华汉姓的姓氏中有13个姓氏发源于信阳。早在东、西周和春秋时期,信阳就获封有申、蒋、蓼、黄、江、息、弦等诸侯国,古代以国为姓,国名即姓氏,例如黄国就是今天的潢川县,百家姓中的黄姓就源于此县;蒋姓、蓼姓则发源于古代的蒋国、蓼国,其发源地是今天的固始县。

在中国移民史上,自先秦至明清,中原是向南方输出人口的主要来源地和中转地。历史上中原向南方多次移民,唐"开漳圣王"陈元光、唐末五代"闽王"王审知两次入闽,历经数十代,其后裔遍及福建、广东、港澳台等地及新加坡、泰国、马来西亚等国。这些移民中都有"中原情结",他们对祖地的记忆便是"光州固始"(古代信阳)。固始县因其南迁移民历史,有"中原第一侨乡"之称,也形成了"台湾访祖到福建,漳江思源溯固始"的根亲文化现象。

信阳依托丰富的根亲文化资源,加强了与海内外的联系。固始县先后对陈元光祖祠、番国古城遗址等国家级重点文物单位进行了保护和整修,新建了根亲博物馆、根亲文化园等根亲文化标志性工程。此外,还重点建设了寻根文化生态线、寻根文化移民线、寻根文化姓源线等旅游线路,打造根亲文化精品风景线。2012年,固始根亲博物馆被国台办评为"对台交流基地",同年,在

"首届全球根亲(客家)文化盛事颁奖大典"上,固始荣获"全球华人最向往的十大根亲文化圣地";2013年,纪录片《闽台祖地——中国固始》在央视播出,还推出了一大批文化研究成果,增强了海峡两岸人民的情感纽带联系,取得了良好的政治、文化、经济和社会效益。

2011年,淮滨中华蒋氏根亲文化研究会利用举办"海峡两岸蒋氏文化论坛暨中华蒋氏淮滨寻根文化节"策划组织商业文化活动,与外地企业签订招商项目30个,合同金额达28亿元;2012年签约河南麦德隆食品工业园项目,总投资20亿元。息县赖氏宗亲总会计划投资1亿元建设古赖国文化园,集文化研究、旅游观光、宗亲联谊、祭祀朝拜、商业于一体。

根亲文化以血缘关系为纽带,招商推介会为重要抓手,在不断增进族情、亲情、乡情、友情的同时,还吸引了海外客商来寻根谒祖,投资兴业,共同促进信阳的发展。

十一、评估、分析文化资源

随着国家"一带一路"战略和河南省"三区一群"战略深入实施,特别是《大别山革命老区振兴发展规划》《关于加大脱贫攻坚力度支持革命老区开发建设的指导意见》等政策相继落实,淮河生态经济带被纳入国家"十三五"规划,这为信阳市发挥优势、跨越赶超提供了难得的机遇;着力构建区域性中心城市、充满活力的生态经济先行区和全国有影响力的交通枢纽、信息枢纽、物流枢纽成为信阳市未来的发展目标。

信阳生态资源丰富,山林资源、水资源分布全市,品质良好,景观优美。但是,目前的山林资源开发中除了鸡公山作为综合型旅游产业开发,其他还是单一性开发,多数依靠自然资源,少有结合其他资源的。信阳水资源形式丰富多样,包括天然河湖、人工水利工程、矿物温泉多种形式,景观品位较高,但知名度相对较低,除南湾湖、汤泉池作为开发时间较久的景区,多数风景区只是在市内、省内有一定的知名度,且开发模式也存在单一式弊端。在当前产业开发及发展中,多数景区主要依靠门票收入,属于传统观光旅游产业发展模式,文化质感和影响力远远不足。

信阳毛尖虽然是全国知名品牌,但以本地消费为主。随着茶叶生产技术水平的提高、茶叶产量的增加,茶业产品市场急需拓展。茶产业发展除了依靠传统产品，还可依托茶旅产业拓展新方向。信阳茶旅游产业的发展尚处于初级阶段，开发力度还不够，规模不大，茶旅活动缺乏创意，产品开发层次低，文化气息不够浓厚，未能充分体现出信阳茶文化的地域特色。

信阳红色文化资源总体内容丰富，涵盖遗迹遗址、英雄人物、红色精神文化诸多方面，且遍布全市。虽然规划有红色旅游线路、红色旅游景区，但囿于资源分散、单一资源容量较小，整体影响力尚显不足。在发展规划中，也提出"红""绿"资源结合，但就效果来看，除新县、光山县尝试资源融合开发初见成效，大部分资源仍处在待开发状态，影响力不足。

信阳地处南北地理分界线上，三省交界的特殊地理位置使得文化民俗生活呈现南北交融、南北汇聚的特点，民俗文化生活形式丰富。悠久的城市发展历史留下了丰富的文化留存和文化记忆，鉴于"非遗"文化资源整体上开发不足的现状，未来也应作为重点开发领域。

非物质文化遗产数量众多，内容丰富，但发展中也存在突出问题，表现在以下三个方面：一是传承后继无人，一些口授相传、手手相传的文化与技艺更无从谈起；二是保护开发过程中过于功利性，缺乏有效管理与创新；三是传习基地开展"非遗"展演展示方面形式单一，缺乏科技的有效融入，难以吸引青少年。有关"非遗"的文化展示内容单薄、次数少，在影响力方面较弱。要借鉴、学习其他地区先进经验，积极探索非物质文化遗产资源有力保护与持续开发的办法，努力构建管理科学、保护有力、利用有效的"非遗"保护开发体系。

信阳市多次获得宜居城市称号，生态资源优势突出，但在发展中还有待于结合其他资源共同开发，充分利用好"宜居生态"城市品牌；要围绕"居一座城，品一种茶，慢享宜居生活"的城市文化核心，以生态旅游观光、休闲度假、宗教文化和红色教育为支撑，塑造"山水茶乡、生态信阳"总体城市形象自然生态资源和城市历史文化资源结合发展道路，红绿结合融为一体。在这些文化资源开发利用的基础上，做好文化资源的整合、优化和合理配置，加以创新、创意的引导，走山、水、林、城一体融合发展道路。

第二节 公共文化服务体系建设

一、文化设施

截至2017年,在文化设施方面,信阳市共有图书馆10个,文化馆17个,市级博物馆1个,市级纪念馆1个。全市现有艺术馆团12个,影剧院8个,乡镇综合文化站179个,村级文化大院3161个(农家书屋及文化信息共享工程村级站个数相同),城市街道文化中心24个,社区文化活动室60个。① 截至目前,全市乡镇综合文化站建设均达到国家部颁标准,全部实现免费开放。

信阳图书馆新馆位于百花园西北部,建筑面积1.3万平方米,现有藏书量30万册,建立网络节点700个。新馆率先在全省引进先进的RFID(射频识别)自助借还操作系统,实现无线网络全馆覆盖;内设读者服务区、爱心阅览区、图书借阅区、少儿服务区、报刊阅览区、多媒体信息服务区、专题文献服务区、读者研讨学习区、公共活动区九大活动区,设施齐全,环境舒适。2010年9月8日开始免费开放,集学习交流、文化活动、文化休闲等多种功能于一体。

信阳市共有群众艺术馆(文化馆)17个,其中市级馆1个、县级馆9个、乡镇级文化馆7个,先后参与策划、组织了一系列大型文化活动和重大节庆、文艺会演活动。市群艺馆每年参与各类演出活动达150余场次,每年来馆参与文化活动的人数超过10万人次,多次成功组织了省级大型文化活动。每年信阳国际茶文化节及重要法定节日期间,均精心组织精彩的文艺晚会和文化活动,大规模送戏下乡、多种形式的民间花会等群众文化活动。市群艺馆真正成为市民群众的文化活动中心、艺术培训中心、社会教育中心和艺术展示交流中心。

文物保护方面,全市经过第一次全国可移动文物普查,确认可移动文物数量为20044件(套)。博物馆有信阳博物馆、鄂豫皖革命纪念馆、城阳城遗址博物馆。全国重点文物保护单位有鄂豫皖革命根据地旧址、红二十五军长征出发

---

① 《信阳市公共文化服务体系建设情况》,百度文库。有效链接:http://wenku.baidu.com/view/8d181a6432687e21af45b307e87101f69e31fb2a.html

地、城阳城遗址、黄国故城、邓颖超祖居、中国工农红军第二十五军司令部旧址。

信阳博物馆于2010年9月8日正式向社会公众免费开放，是信阳市标志性公益文化设施。博物馆占地面积0.034平方千米，总建筑面积近0.03平方千米，其中陈展面积近1万平方米；现有青铜器、金银器、玉器、石器、陶瓷器、木漆器、动植物化石等各类藏品近20000余件套，其中三级以上文物近2000件套，馆藏青铜器最为著名。信阳博物馆常设七个基本陈列厅，以"淮上故园——信阳历史文化之旅"为主题，以豫南历史发展的脉络为序，通过远古家园、淮上诸侯、楚地王风、天下根亲、茶韵天香、豫风楚韵六大板块，全面、多维空间地展现和诠释了厚重信阳的文化气象。信阳博物馆的建成充分满足了博物馆陈列展览、藏品管理、学术研究、文物保护与修复、社会教育等功能需求，是信阳地区最大的集收藏、保护、研究、陈列、教育为一体的大型公益性文化机构和对外文化交流的窗口，为社会各界提供了一种全新的文化体验和精神享受，得到了社会各界的广泛赞誉，已成为推介"宜居信阳"的窗口、集多种社会服务功能于一体的城市会客厅。

鄂豫皖革命纪念馆是信阳市委、市政府为缅怀革命先烈的丰功伟绩、弘扬大别山精神兴建的。纪念馆坐落在信阳市北京路和107国道交会处，占地面积0.03平方千米，2007年4月28日建成开馆。信阳是著名的革命根据地，是鄂豫皖苏区首府所在地，是红军的摇篮、将军的故乡，许世友、李德生、万海峰、尤太忠等百余名信阳籍将军从这里走向全国。"鄂豫皖革命纪念馆"是由江泽民题写的馆名，馆体建筑以红色为基调，以千里跃进大别山的"千"字为建筑造型，以百位将军雕像和鄂豫皖红色根据地地图、30万烈士英名为墙面浮雕，展现信阳厚重革命历史，反映了战争年代英雄的老区儿女创造的辉煌业绩。在展示内容上，纪念馆重点展示了鄂豫皖革命根据地各个时期的珍贵照片1000余幅，革命历史文物300多件，按时代顺序陈列展览，全面展示鄂豫皖革命根据地形成、发展和不断壮大的过程，着重介绍了从大革命时期到解放战争时期各个历史阶段发生在鄂豫皖大地上的重大历史事件。其中，突出了"邓小平在王太湾"和"刘邓大军千里挺进大别山"的主题，全面系统、生动形象地展现了鄂豫皖革命老区30年的光辉历史。在高科技陈列手段上，纪念馆采用了幻影成像、互动投影、电子翻书、电动图表、动态影像、等离子触摸屏、大型电子地图、电子感应播放等，声、光、电综合运用。纪念馆为河南省爱国主义教育示范基地、河南省廉政教育基地,2017年3月,被中宣部命名为"全国爱国主义教育示范基地"。

城阳城遗址博物馆。城阳城遗址是信阳第一批省级文物保护单位、全国重点文物保护单位,遗址总面积达4.98平方千米。遗址保存完好,包括内城、外城、太子城、楚国墓葬区、龙山文化遗址、西周遗址六个部分,是我国现存六座"楚王城"中面积最大、保存最好、最具有考古价值的一座古城址。截至2018年4月,城阳城遗址内有楚墓100多座,已经发掘8座楚墓,共出土各类珍贵文物2000多件,为豫南地区楚文化研究提供了宝贵的实物资料。城阳城遗址博物馆是河南省乃至全国第一家以楚文化为主要展示内容的遗址类专题博物馆,馆藏文物400余件,涵盖青铜器、陶器、木漆器、玉器、墓葬展示、杂件等多个类别,使到访者从经济、军事、艺术、信仰等多维度了解2000多年前楚国人的物质文明和精神世界。展厅设计方面,博物馆序厅装饰总体采用黑红色调,辅以楚文物漆器图案等楚文化符号,展示城阳城遗址作为信阳地区独一无二的楚文化分布中心深厚的楚文化底蕴的无穷魅力,营造浓厚的楚文化氛围。陈列突出城阳城作为楚国北攻东进军事重镇的历史地位,展示城阳城建城背景、发展沿革、保存现状以及楚墓群重大考古发现等内容。多媒体、雕塑、绘画等多种手段的采用,与文物展示互为补充,将城址风貌展示、文物陈列、场景复原等融为一体,揭示了城阳城遗址丰厚的豫风楚韵文化内涵,展现华夏民族博大精深的文明成就。整个建筑顶部及周边用土覆盖,再用植被绿化,与周围环境浑然一体,最大限度保持了遗址的原貌,体现了"大遗址保护展示"尽量不破坏遗址原貌的内在要求和以节能、简洁、环保为设计的基本理念,融入了人性化、创意化构思设计。作为城阳城国家考古遗址公园的一张重要名片,博物馆的建成开放将极大地促进和提高信阳文化建设的层次和品位,填补信阳仅有山、林、水、寺等旅游项目而没有历史文化旅游项目的空白,成为传播中华民族优秀文化和对外文化交流的重要窗口。

截至2018年,信阳市现有53处博物馆、纪念馆、图书馆、文化馆以及爱国主义教育基地对外免费开放,年接待观众达400多万人次。

二、文化活动与服务

信阳市群众文化生活丰富,每年4月28日至30日,由中华全国供销合作总社和河南省政府主办信阳茶文化节,凭借"信阳毛尖"绿茶的品牌优势,相继由中央电视台、《人民日报》、河南电视台、人民网主流媒体和网络媒体,以及《香港商报》等新闻媒体采访报道。从2010年第18届开始,信阳茶文化节正式更名为"中国茶都·信阳国际茶文化节"。

信阳是中国名茶之乡,信阳毛尖是"中国十大名茶"之一。茶是信阳的象征,是信阳的传统特色优势产业,也是竞争力强、潜力巨大、前景广阔的朝阳产业、生态产业、健康产业。国际茶文化节期间也举办书画、摄影、民俗等展览、展演活动,丰富茶文化节文化内涵。"中国茶都·信阳国际茶文化节"是信阳市当地最大的文化经济活动之一。

在国家体育总局、河南省体育局有关部门的组织指导下,信阳市已连续成功举办了八届全国公路自行车公开赛、三次全国公路自行车冠军赛和一次全国公路自行车锦标赛。全国公路自行车公开赛每年4月底在信阳开赛,由中国自行车运动协会批准,河南省体育局和信阳市人民政府联合主办。信阳全国自行车公开赛被河南省评为重点"四赛"品牌之一,三次获得"中国体育旅游精品项目称号"。此外,信阳市还举办有国家登山健身步道联赛等有影响的全国性体育赛事。

信阳市开展文化"六进"(集中宣传进村组、固定宣传进院落、流动宣传进农户、电话宣传进座机、校园宣传进课堂、标语宣传进干线)活动,每年开展放映农村公益电影、优秀电影送农民工活动;开展"舞台艺术送农民"活动,采购演出送到基层。自2003年9月启动的"锦绣茶乡——信阳市大型文艺会演"活动和"锦绣茶乡——信阳市民间文艺展演"活动,将非物质文化遗产的保护和抢救工作紧密结合,进一步促进了文艺创作和群众文化活动更广泛地开展。

信阳市图书馆年接待读者近40万余人次,举办公益讲座"申城讲坛",年受益读者万余人。"大别山红廉文化苑"成为全市党员干部接受党风党性党纪教育的重要基地,年接待参观观众1万余人次。平桥区着力完善县、乡、村3级图书馆建设格局,"关爱留守儿童——农村公共图书馆一体化建设"国家公共文化服务体系示范项目通过中期评审。商城县成功入选国家文化部颁布的2014~2016年度"中国民间文化艺术之乡"。

信阳市群众艺术馆"百姓大舞台""童星艺术课堂"等免费开放活动形成品牌,20支业余文艺团队近800人常年活跃在该馆。"百姓大舞台"群众文化广场文艺演出通过群众性的演唱演奏、舞蹈曲艺、民间技艺、知识讲座、展览展映展播等形式,成功举办了启动仪式专场、文化遗产日"信阳民歌"专场等演出。信阳市中心城区"豫南花扇"广场舞活动推广成功,精选信阳民歌,组织文艺骨干编曲编舞、下点辅导,购置音响设备、花扇等舞蹈道具分发到沿浉河带状公园广场演出点,常年有2000余名广场舞队员活跃在各广场活动点,"豫南民舞广场化"被省文化厅纳入公共文化服务体系建设省级示范项目。开展"文化走基层·民歌民乐进乡村""教你一招——豫南民舞电视教学"等活动,推动了豫南民间舞蹈在城乡的普及,形成了信阳广场文化活动的亮点。

群众文化活动品牌彰显。突出"一区一特、一县一品",浉河区"平安浉河"、平桥区"和谐幸福平桥"、淮滨县"我为家乡点个赞"、新县"红歌广场大家唱"、商城县"美丽乡村·文明城镇·幸福商城"、潢川县"水城花乡·大众欢乐"、息县"濮淮风情"等一系列文化活动,活跃在街头城乡;光山县青年歌手大赛、民间艺术大赛、淮滨"中国梦·淮河情"等群众文化活动也都拓宽了路子,办出了特色和水平。

三、突出人物、事件典型案例

信阳市开展"多彩田园"示范工程,坚持农业农村优先发展,坚持精准扶贫,精准脱贫;立足丰富的特色产业资源,全面推进产业扶贫,大力实施"粮油产业+基地""特色产业+园区""龙头企业+合作社""美丽乡村+合作社""农村电商+技能培训""公益产业+公益岗位""易地搬迁+产业培育""本土资源+平台支持+贫困户"8种产业扶贫模式的示范工程。

光山县大力弘扬"自力更生,勤劳致富,脱贫光荣"的自尊、自立、自强精神,宣讲因病致贫、炒茶脱贫的光明村农民徐开福,外出学技、返乡创业的余集村农民陈转成,抗击灾难、养牛脱贫的卢河村农民卢志友,为了大家、舍弃小家的东岳村党支部书记杨长家等先进人物事迹,激励人们不断克难攻坚,打赢脱贫攻坚战。南向店乡农民工文化艺术馆,以"艰苦岁月,穷则思变""勤劳智慧,辉煌成就""回馈家乡,扶贫济困"为主题,用画作介绍了南向店籍农民工、企业家捐资助贫的典型事迹,展示了该乡外出务工人员致力改变贫困、致富不忘家乡的精神风貌。

各村镇改造提升现有公共文化设施,结合美丽乡村建设,在各个村(居)相继建成了一批文化广场、农家书屋、农民大院等文化设施,充实体育健身器材等设备,实现村级"农家文化大院""农家书屋"全覆盖;经常性开展送书、送戏下乡,举办广场舞、书法比赛、体育比赛、健身等文化活动,活跃农村文化生活。郝家冲村是信阳毛尖的主产地之一,围绕美丽乡村建设,以打造"富裕、宜居、幸福、文明"的大美茶乡为目标,以提升农村人居环境为抓手,结合当地实际,开展了河道整治、水源清洁,建设垃圾处理设施、公厕。陆羽文化广场位于郝家冲村的中心地带,在河道旁边修建了茶博园。自然和谐、整洁优雅的新型社区的修建使村容村貌发生了变化,村民的生活水平和精神文化面貌得到了提高。一些茶农依托良好的生活环境和茶山、茶园开起农家乐、茶叶生态园等,带来了可观的经济效益。

信阳市艺术中心开掘本地文化资源,创作出优秀的文艺作品宣传信阳文化。根据大别山区革命历史,打造红色民歌剧《八月桂花开》。该歌剧以经典红色歌曲《八月桂花遍地开》编曲王霁初为原型,艺术地讲述了豫南茶乡少女桂花跳轿抗婚,与王霁初一起投身革命,成立大别山红日剧团,宣传红色进步文化,发动大别山儿女与万恶的旧势力做斗争的真实故事,艺术再现了土地革命时期大别山区人民在党的领导下觉醒并走上革命道路的红色历程。该剧挖掘了大量大别山区与红歌有关的珍贵史实,吸收了艺术家们大量的最新研究成果,忠实记录了经典革命歌曲《八月桂花遍地开》作词、作曲、改编、传唱等鲜为人知的细节,集大别山史实、豫南民歌、淮河文化、楚文化于一体,是一部进行爱国主义教育的作品。

信阳市艺术中心(信阳市豫剧团)编创大型历史剧《开漳圣王陈元光》,以固始籍历史人物陈元光开漳建漳为背景,讲述了陈元光父子带领87姓信阳固始乡亲平乱除寇、开拓闽南的故事,讴歌了陈元光开漳兴闽的丰功伟绩。该剧在作品选材和创作上立意深远,突出了中原地区与闽地自古血脉相连、同根共祖的鲜明主题;在剧情设计上,承袭了历史剧大气磅礴的优良传统,故事情节引人入胜,导演手法独特新颖,音乐设计韵味独特,舞台呈现大气厚重。该剧赴浙江、福建、广东、台湾等地演出时受到高度评价,对弘扬中原根亲文化、河洛文化,加强对外文化交流、传承中华历史文化有着重要的历史意义和现实意义。

四、公共文化服务建设方面的问题与对策分析

信阳市公共文化设施数量多、分布广,但存在着部分场馆的面积小、层次低,乡镇文化阵地没有充分发挥作用,村文化协管员不能发挥作用,服务水平跟不上群众需求等问题。要解决这些问题,需要改进工作方法,创新服务方式,提升服务水平,充分利用现有的基础设施,创造性地发挥公共文化设施的功能。

公共文化设施利用问题集中在没有能够充分地满足人民群众文化需求,没有真正地走入民众生活,实实在在地对民众生活有益。如城市社区居民看书、还书形式不够方便;农家书屋、农家影院提供的服务内容少、数量有限、内容单一,不能满足需要。社区文化活动方式单调化,没有新意与活力,参与人群性别年龄结构单一,参与人数有限,对青年人缺乏足够的吸引力。

要解决以上问题需从以下几个方面着手。

一是在服务意识方面做提升,注意及时收集民众的服务反馈信息,及时根据现实需要调整文化服务的内容与方式。

二是文化服务真正做到便民、为民。在文化服务提供时间上,能够做到真正地为人民服务,充分考虑民众文化生活时间,多在工作、学习之余进行。

三是引入多方力量进入公共文化服务当中,不能够单一依靠政府提供文化服务。通过政府采购社会文化服务项目方式,打开公共文化服务提供的范围,所采购的文化服务项目就更能与时代相结合、与民众现实喜好相结合,更能满足民众的文化需求。

四是在摄取社会服务力量方面,还应放宽思路,多方动员力量。充分发挥青年人的作用,号召青年志愿者、大学生志愿者、假期返乡学生参与,使社区文化服务有更多青年人的身影和力量,使社区活动充满朝气与活力。做好沟通联系工作,使社区活动与学校活动相结合,吸引各个年龄层次的民众关注,也能够带动家庭的集体参与,吸引更多的民众参与社区文化活动当中,形成良好的社会文化活动氛围。

五是注意利用特殊时期搞好社区文化活动,诸如寒暑假期、公众假期。这些时间里青年学生有较多闲暇时间,高校学生也有参加社会实践活动的需求,社区文化活动组织者可以充分号召、组织青年学生开展形式多样的、时尚有活

力的文化活动。这些活动就能够吸引各个年龄阶层的民众去关注和参与,在文化感召力、凝聚力和影响力方面都能取得良好效果。

第三节 信阳市近几年文化经济发展状况

一、文化事业

表 13-1　2010~2015 年信阳市文化文物机构基本情况

年度 类别	2010	2011	2012	2013	2014	2015
艺术表演团体(个)	13	12	8	7	7	7
从业人数(人)	271	265	178	133	96	138
公共图书馆(个)	11	11	11	10	10	10
从业人数(人)	216	215	230	187	189	188
群众艺术馆、文化馆(个)	18	18	18	17	17	17
举办展览文化活动(次)	421	994	1577	1163	1136	1414
博物馆(个)	15	23	28	32	30	32
文物藏品(件)	6207	6746	42555	53853	62570	59849

数据来源:信阳市统计局

表 13-2　2010~2015 年信阳市文化艺术机构和人员数

年度 类别	2010	2011	2012	2013	2014	2015
文化艺术机构数						
文化产业(个)		252	250	213	213	213
艺术事业(个)	13	21	17	15	15	15
图书馆事业(个)	11	11	11	10	10	10
群众艺术馆,文化馆(个)	18	18	18	17	17	17
文化站(个)		202	204	171	171	171
文化艺术机构从业人员数						
文化产业		1607	1566	1312	1301	1269
艺术事业(人)	418	316	269	224	252	
图书馆事业(人)	216	215	230	187	189	188
群众艺术馆,文化馆(人)	18	406	408	342	318	312
文化站(人)		568	612	514	514	517

数据来源:信阳市统计局

表13-3 2010~2015年公共文化机构业务活动及经费情况

年度 类别	2010	2011	2012	2013	2014	2015
公共图书馆						
总藏量(万册)	69.2	85.0	89.5	87.6	95.8	101.1
为读者服务举办活动的次数(次)	92	92	256	238	255	282
公共图书馆总支出(万元)	778	900	1618	1112	1443	1620
公共用房建筑面积(平方米)	16591	26171	27171	24055	28505	28505
博物馆						
藏品(件)	6027	6746	42555	53853	62570	59849
经费支出(万元)	3265	4444	16366	4497	4688	4719
文物保护管理机构						
藏品(件)	11625	16599	5696	6175	6176	6176
参观人数(千人\次)			300	320	304	438
经费支出(万元)	1576	857	63	2444	3200	1853

数据来源：信阳市历年统计局

从以上统计可看出，信阳市在公共文化事业方面近几年是较为稳固发展的，博物馆、文物保护管理机构藏品数量增长趋势显著。用于文化事业的经费开支也在逐年递加，说明随着经济的发展，政府对文化事业投入了更多的精力和资源。去图书馆、博物馆等公共文化事业单位的参观人数逐年上升，市民们愿意投入更多时间去提升自己的精神修养。

二、旅游人数及收入

在文化旅游行业中，2013~2015年，信阳市接待国内外游客数量增长显著，旅游总收入逐年上升，从96亿元到135亿元，占GDP的比重也在加大。可以看出，文化旅游行业为信阳市的经济增长发挥了巨大作用。

表13-4 2013~2015年信阳市旅游人数及收入

年度 类别	2013	2014	2015
旅游总收入(亿元)	96	116	135
外汇收入(万美元)	258	308	356
旅游总收入占GDP的比重(%)	6	7	8
接待国内游客人数(万人次)	1812	2045	2325
接待海外游客(人次)	11882	12742	13855
星级宾馆总数(个)	33	34	24

数据来源：信阳市历年统计局

三、体育事业发展状况

在体育行业中,体育基础设施愈加完善,如运动场从 2011 年的 20 个增加至 2015 年的 39 个,从事体育行业的运动员人数和裁判员人数也在近几年呈增长态势。

表 13-5　2011～2015 年信阳市体育事业相关数据

年度 类别	2011	2012	2013	2014	2015
一、二、三级运动员人数(人)	186	232	290	335	366
一、二、三级裁判员人数(人)	196	212	230	250	278
体育场(个)	1	1	1	1	1
体育馆(个)	7	8	10	10	10
游泳池(个)	3	3	3	3	3
运动场(个)	20	25	25	30	39

数据来源:信阳市统计局

第四节　文化产业发展问题

一、文化资源挖掘的偏差

信阳市历史文化悠久,文化资源丰厚,品类全面,但在文化产业发展过程中存在文化资源分散发展、单一资源单项利用开发模式的问题,没有做到文化资源的融会贯通,文化资源优化与配置方面欠缺,文化资源的综合利用和共同开发方面严重不足。

从旅游产业方面看,只注重对其自然生态资源、区位优势的宣传与挖掘,却相对忽略了文化资源、特色食材、生活环境氛围的挖掘,且对资源的挖掘相对较单一,没有将相关配套资源进行很好地结合。近几年虽然也打出了发展"休闲旅游""生态旅游"的口号,但缺乏相对完备、成熟的产品作为支撑,而且发展综合文化旅游的意识不足,以致缺乏相应的文化旅游产品。

信阳茶产业发展侧重于茶文化、茶旅游、茶叶种植管理、茶园建设等方面,而在茶产品深加工投入较少,茶叶衍生品不多,信阳茶产业链横向和纵向均延伸不够,直接导致经济效益不理想。信阳市多数有相当规模的茶园仍然以分散经营为主,未形成规模经营,产业集聚化程度低。信阳毛尖知名度较高,但并没有与信阳当地的土特产、特色天然食材相结合形成合力扩展信阳饮食养生的资源优势。中医药资源丰厚,康健养老产业初布局,未见规模效应,在中医保健养生方面,对当地所产药材的利用不够,药材生产、加工技术有待改善,且专业的中医保健方面的技术与人才缺乏。乡村旅游产业还是重点开展"农家乐"、采摘园等初级模式,还没有和其他产业加以融合。

各种文化资源要素结构合理、功能统一,这即是文化资源整合的内涵,旨在实现区域文化资源的市场价值,追求最大化的经济效益,使区域文化业的竞争力得到提升,并实现经济一体化发展的目标。为此,政府和企业要共同努力,一是优化重组各区域的文化产业资源要素,加强区域之间的协作,根据文化市场的总体发展规律进行整体规划,统一管理和营销,互补优势,共享资源,打造文化产品群;二是结合现有资源,进行文化资源整合与优化配置,打造文化产品和服务系列组合,注意突出重点、创造品牌和扩大影响。

二、管理体制的缺陷

文化产业对经济社会发展的拉动作用在逐年提高,影响力在不断扩大,但部分县(区)对文化产业发展的重要性认识不足,还用传统的文化事业发展思维来谋划文化产业发展,缺乏对文化产业发展的研判,加快促进文化产业投资和开发建设的政策和举措难落地。文化产业发展表现为总量还比较小,整体竞争力不强,市场化程度不高,对GDP的直接贡献率依然处在较低水平,文化产业的战略性支柱产业的地位尚未真正确立。

文化管理体制方面,一是在政府与文化产业单位关系上,政企不分,管办不分。国有文化资产的所有者与经营者关系没有理清,所有权与经营权没有分离,经营责任不明确。二是在文化公益事业与文化产业的关系上,界限模糊,职责不清。大部分国有经营性文化单位还没有成为真正的市场主体,缺乏市场意识、竞争意识,尚未进入产业化经营轨道。三是在不同部门所辖文化产业单位之间的关系上,还没有打破行业垄断、条块分割、业务交错的局面,无法形成对文化产业资源的整合能力。

开发水平偏低,发展方式亟待转变。信阳市拥有丰富的文化产业资源、良好的宜居环境,但文化产业依然停留在粗放经营、主要依靠观光型旅游产业产品的初级阶段。文化产业资源整合不够,就资源谈产业,文化产业开发仍处于零星分布状态,缺少有效的整合和提升。核心产品不突出,缺少拳头品牌带动;龙头文化产业企业不多,没有形成一批具有国内外影响的突破性文化产业项目和产品,与自身突出的资源优势不相称。

三、文化产业投融资体制不健全

近年来,河南省政府、信阳市政府陆续出台了文化产业规划等一系列相关政策,金融机构给予放款支持的大多是短期流动性资金,但总量并不大。在招商引资方面大多是中小型企业,缺乏实力雄厚的大型企业注资。在文化产业投资方面尚显不足,一些中长期的文化产业规划项目大多因资金短缺而被搁置。

以信阳茶旅产业投融资情况为例,资金来源一是银行贷款,较大的茶叶旅游企业借助于当地企业担保中心,通过银行进行融资,为茶叶旅游基地建设、茶叶旅游产品开发投入建设和研发资金;二是以项目合作形式招商引资共建的茶叶旅游基地。这类茶旅产品主要是以茶叶文化娱乐和茶叶产品消费为目的的体验园,例如2011年由浙商投资2亿元建设的"信阳金牛茶叶文化主题公园",2012年由北京、武汉、上海和郑州投资公司共同投资10亿元建立的"信阳新龙湖茶叶生态园"等。

2017年9月,鸡公山与建业集团、天明集团新组建的"信阳鸡公山建业天明建设发展有限公司"三年内将投资10亿元用于鸡公山文化旅游产业的发展。鸡公山区域总面积287平方公里,计划总投资需要300亿~500亿元,投资缺口比较大。总体而言,投资偏向重点大项目,一些中小型项目缺乏资金支持,产业投融资方面体制不健全,没有相关支持政策对文化产业投资项目进行倾斜与支持。

四、文化创意融入不足

信阳市文化产业缺乏文化创意的融入,还是传统文化产业构成模式,各自发展,没有做到文化创意产业带动相关联产业,缺乏文化产业集群式发展。

信阳市"非遗"文化资源丰厚,但是因为缺乏现代的创意模式融入,缺乏现代传媒的有力宣传,并且宣传形式单一化,没有能够和青年文化有效结合。

"非遗"资源停留在保护、保持原有模式和原有形式,缺乏与现代文化创意产业的有效结合。

营销渠道单一,宣传力度不足。目前大多是以电视、报纸、杂志、宣传册等传统的营销方式为主,在省内虽有一定的知名度和品牌识别力,但品牌价值感相对较低,也缺少对外合作和跨区域营销。

第五节　文化发展趋势与对策

一、规划"一核两带"新布局

信阳市要树立"居一座城,品一种茶,慢享宜居生活"的城市文化品牌,以生态旅游观光、休闲度假、宗教文化和红色教育为支撑,塑造"山水茶乡、生态信阳"总体城市形象,山、水、林、城一体融合发展道路;自然生态资源和城市历史文化资源结合发展道路,红绿结合融为一体。在这些文化资源开发利用的基础上,做好文化资源的整合、优化和合理配置,加以创新、创意的引导。大力推进文化产业供给侧改革,争取在投融资体制、发展路径、新产品、新业态、经营管理模式等关键领域和薄弱环节取得突破,增强文化产业发展的内生动力和活力。

遵循文化产业发展规律,依托中心城市、交通网络和大别山、淮河自然生态带,打破行政区划,整合文化产业资源,以创新业态和产品为主要内容,围绕生态链布局产业链,明确空间开发的区域功能定位,构建"一核两带"的新格局。

"一核"是指信阳市中心城区和环城周边地区,建设山水型宜居宜游宜养城市区域性文化产业中心。大力发展文化休闲、购物休闲、商务休闲、美食休闲、娱乐休闲、体育休闲、生态休闲和康养休闲等传统和新兴休闲度假业态,建设生态环境好、城市品位高、地域文化明显、基础设施完善、社会和谐平安、人民群众热情好客的文化名城。

"两带"是指大别山北麓山地文化产业带和淮河沿岸乡村文化产业带。大别山北麓根据国家大别山片区旅游规划布局,区别于南麓湖北和东麓安徽,按照地理方位分为三部分:西部鸡公山—灵山板块,涵盖鸡公山周边山地森林、罗山县南部山区,全面利用董寨鸟类自然保护区、义阳三关、何家冲等生态和人文资源,以建成国际山地度假旅游目的地,打造具有国际品质的山地度假区产业链,引领大别山北麓山地度假带的龙头;中部新县板块,涵盖新县全境和光山县南部丘陵地区,培育集山地生态、红色文化、山乡风情于一体的山地文化休闲度假区;东部黄柏山—金刚台—西九华板块,涵盖商城县东南部山区、固始县南部山区。以创建黄柏山国家旅游度假区和国家5A级景区为核心,以创建汤泉池省级旅游度假区、西九华省级旅游度假区为两翼,形成国家和省两级山地度假集聚区。

淮河沿岸乡村文化产业带,西起出山店水库,东至固始县三河尖乡,范围涉及7个县(区)覆盖的淮河干流与主要支流下游沿岸的地区。与淮河生态经济带建设、发展现代农业和新农村建设相结合,大力推进农旅结合,促进休闲农业与乡村旅游发展,打造豫风楚韵特色乡村旅游品牌。淮河文化产业带建设是充分挖掘信阳历史文化资源,全方位推进淮滨县"走读淮河"项目、平桥城阳城遗址项目、息县古赖国文化园项目建设,申报黄国故城"国家大遗址公园",以历史文化、根亲文化、宗教文化等为主题,全面展示中国淮河历史文化内涵。

信阳市立足"山、水、红、茶、林、寺"等资源要素,围绕"大别山、淮河水、毛尖茶、南湾鱼"四大品牌,坚持绿色发展,突出山水生态特色,"把城市与乡村轻轻地放在山水之间"。必须始终把生态作为最大优势,不断厚植生态环境新优势,开辟绿色发展新路径。当前信阳生态空间开发格局初步建立,生态农业、生态工业、生态服务业还需要加快发展,推进生态与文化、科技、城镇、农业发展相融合,成为全省重要的生态经济先行区。

围绕建设"全国知名的红色生态旅游目的地"的目标,按照习近平总书记"要把红色资源利用好、把红色传统发扬好、把红色基因传承好"的要求,充分发挥红色资源优势,通过发展红色旅游,进一步释放教育功能、社会效益;提高经济效益;进一步完善红色旅游体系,拓展红色旅游线路,塑造信阳大别山革命根据地红色旅游品牌,实现革命历史文化遗产的有效保护和合理利用。

旅游业方面,打造精品景区,开发特色旅游商品和线路,着力打造国际山地休闲度假目的地、全国知名的红色旅游胜地。培育城市旅游、低空旅游、徒步旅游、自驾车房车休闲露营地、体育康体旅游等新业态。规划建设环南湾湖茶道休闲区、鸡公山慢城区、新县红色旅游区、商城生态休闲区等,大力开展登山、徒步、攀岩、漂流、滑草、山地越野、野营露营、户外拓展、水上运动等项目,通过"旅游+体育"的发展模式,打造环大别山和泛淮河运动休闲带。

发展健康养生综合产业。鼓励发展健康体检、健康咨询、健康文化、健康旅游、体育健身等多样化健康服务。充分发挥信阳市环境优美、气候宜人、空气清新、物产丰富的独特优势,把传统养生文化与当下人民群众的健康需求结合起来,运用现代服务业的经营理念和经营方式,大力发展中医药养生、山居田园养生、健康养生、康复保健等健康服务业,培育中医药健康旅游示范基地。设立专项引导资金鼓励社会力量采取多种模式兴办养生、养老产业基地,建设一批疗养院、护理院,实行市场化、专业化、社会化的运营模式,大力发展体验度假、健康理疗。发展康养产业,重点谋划和打造生命健康服务业、生命健康制造业和健康农业三大板块,构建"医、药、养、健、游"五位一体产业链,谋划建设国家生命健康产业创新示范区,争创国家级康养产业试点市。

提升体育产业,树立生态体育发展理念,壮大提升体育旅游、竞技表演等体育服务业,打造一批全国性、区域性体育赛事,把信阳建设成"户外运动天堂,休闲养生福地"。抓好羊山体育中心"一校一馆"及中心城区健身场地设施建设,打造城市15分钟健身圈。引进社会力量建设一批规模化、连锁化养老机构,推动老年人日间照料中心等社区养老服务机构建设。

二、红绿资源共同开发

信阳自然资源丰富,生态环境好,要始终秉持绿色健康、生态发展理念,突出和利用好自己的优势,以协同发展理念贯彻其中,进行产业合理有序布局。

加强文化资源的优化配置,能够充分发挥文化资源的效能,使其与其他资源有效结合,产生最大的社会效益和经济效益。文化是地方特色的标志,挖掘地方文化优势成为文化产业发展创造特色和差异的现实选择。文化资源是文化产业发展核心资源和稀缺资源,文化资源的产业化是文化产业崛起及可持续发展的关键。文化资源的优化配置是连接文化资源保护与利用的桥梁,是整合多项文化资源的纽带。

建立有特色的文化资源整合和优化机制。一是树立文化资源整合品牌理念,建立打造知名文化品牌的有效机制,通过文化品牌形成对区域文化资源的整合，通过与文化资源的整合带动文化品牌的生成，实现文化品牌与资源整合的双向互动；二是树立文化资源整合的项目带动理念，建立文化产业重大项目开放的招商机制，通过文化资源产业化重大项目重聚文化资源，加快文化、景观、土地和资金等文化资源的线性整合和时空整合；三是根据区域文化经济特点以及文化资源的特色和拥有量，充分利用文化资源的空间化聚集和产业化整合，实现基地内外、园区内外文化资源的流通交换、优化整合和优势扩张，进一步拓展文化资源产业化的整体实力。

信阳市被确定为国家主体功能区建设试点示范市和淮河生态经济带上升为国家战略，这将进一步放大信阳的生态优势。在这个发展过程中，信阳市的生态优势必将转化为产业优势，文化产业也将成为整个信阳经济社会优化区域布局、统筹城乡发展、促进新型城镇化建设的新的经济增长点和支柱产业。

信阳文化产业发展要从文化内涵发掘和融入方面重点努力，从信阳的精神面貌、审美情趣、生活品位、习俗风气方面做深入研究，在"非遗"文化传习方面、红色文化开发方面和城市品牌文化精神构建方面提炼主题，开掘内涵，打造有特色的信阳文化元素符号，形成有信阳风格、信阳气派的文化产品与服务。

信阳红色文化资源开发的过程中，一是要注意和其他多种关联产业并行开发、联合开发，如红色文化资源与绿色农业资源合理并行开发模式，做到"红绿兼顾"，将红色文化资源和绿色生态农业结合起来，将红色文化旅游与乡村生态旅游共同开发，形成全域旅游的模式。二是红色文化资源在开发利用时注意与其他文化创意产业相结合，改变传统的博物馆陈列与讲解模式，简单的"吃忆苦饭""重走红军路"的体验活动已经不能够满足现代消费者的需要。要从多样化、丰富的、深层次的体验感受出发，给消费者层次多样、形式多变、适合不同年龄段的体验，使消费者获得多重感受。

通过对乡村生产方式、生活方式、生产对象、生态环境、村落、社区、乡土建筑、地方土特产等要素进行引导、梳理，开展创新性设计改造，构筑淮南水乡和大别山区的美好生活场景。构建乡村旅游产业体系，延伸产业链条，完善服务体系，配套公共服务设施，把全市乡村建设成宜居、宜业、宜游、宜养，功能复合、综合集成的美丽乡村。

信阳市被评为全国最佳宜居城市和幸福指数最高城市，越来越引起国内外关注。欧美、港澳及本土中小企业家已经开始把资本转向投资中国大陆养老养生产业,信阳要充分利用自己的生态优势、"红""绿"资源深厚文化底蕴,将养老康健产业作为发展新重点领域。

三、依托信阳毛尖品牌优势,打造品牌战略

抓住品牌文化这一闪亮名片,不断更新发展理念,创新文化产业发展模式,继续围绕"茶文化""根亲文化"等特色主题做大文章。实施创新引领、集群发展、项目带动、品牌提升、人才高地、合作交流等发展策略,打造红色文化、茶文化、生态文化、根亲文化、饮食文化、淮河文化等特色品牌,发展柳编、皮影、根雕、羽饰等加工业,催生特色产业链,努力提升文化产业竞争力。要在品牌内涵方面充分发掘,树立品牌特色;品牌之间相互依托,在品牌宣传营销方面做好工作。

实施品牌战略。支持各地实施"一地(县、镇、村)一品"战略,形成一批具有较强影响力和市场竞争力的产品品牌和文化品牌。把特色文化基地建设与美丽乡村、文明村镇、文明社区、民间文化艺术之乡、特色文化村建设结合起来,与产业集聚区、商务中心区、特色商业区(街)建设结合起来,加强统筹协调,形成共建合力。加快建设区域主题文化产业,打造光山智慧文化、淮滨淮河文化、商城桂花文化、息县"中华第一县"文化、新县将军文化、罗山佛教文化、潢川三黄文化、浉河区茶文化、平桥区楚文化、鸡公山万国建筑文化等各具特色的文化品牌。发挥有代表性的民间手工艺人、工艺美术大师和文化名人在培育文化品牌中的作用。

培育文化产业品牌。通过深入挖掘文化资源,积极开发优势产业项目,协助企业培育市场竞争力,努力打造一批以市场为主导,具有地方特色、文化影响力和市场竞争力的文化企业和文化品牌。挖掘和利用信阳文化特色,将更多的文化元素加入产业竞争中,从而形成具有鲜明产业特色、企业特色和产品特色的经济结构。

开掘现有品牌文化内涵。信阳毛尖茶叶的文化品牌内涵还需要深度开掘,将信阳毛尖的饮茶之甘、品茶之韵,和信阳的慢生活、休闲城市文化、宜居生态环境进行联系,在文化心理上进行架构,将品牌个性与理想消费者的形象进行互动。品牌个性能带来强大而独特的品牌联想,丰富品牌内涵,建设品牌

的文化价值,这是吸引消费者的根本原因。要通过有效的品牌传播,整合品牌建设,运用品牌战略发展信阳茶文化产业。

品牌联合与借势发展。信阳茶叶著名的有五云、文新、广义、灵山、新林、卢氏、云雾等品牌,这些品牌都是根据不同出产地命名的。可以借助于著名的茶叶品牌和知名茶叶产地自然景观来打造茶旅游品牌,旅游业会进一步促进茶产业的发展,二者的结合也会进一步丰富茶叶品牌的内涵。

加强品牌宣传。信阳市近年来组织的茶事活动有信阳茶文化节、茶业博览会和万商采购节等活动,活动参与者主要是省内政府部门人员、企业从业人员和当地居民,来访游客除了特邀的国内外茶业专家、茶商、记者之外,鲜有国内外慕名而来的散客和团体游客。在文化节会品牌方面宣传力度不够,对外吸引力和影响力不够。

四、文化创意融入

文化融合促进产业发展,创新则是发展的不懈动力,树立"文化+"理念,更要以"创新+"来加强文化创意与各领域融合,更好更快地推动文化产业发展。发挥文化创意产业的关联效应,走"经济文化化"发展模式,使"绿色无公害""原生态、自然品"的农业土特产,讲出故事、讲出文化、讲出品位来。"文创+农产品"的模式要进一步推动——首先是追求质量,树立品牌,其次是讲好品牌故事,最后是提升农产品的文化品位。信阳现有的主打的品牌内涵就是"绿色、生态、无污染",这样的品牌开掘模式在现今产品市场竞争中,已经无法显现自己的特色,只有寻求独特的品牌文化内涵才能保证商品具有竞争力,形成高附加值。一是"绿色生态"的具象化,使消费者能够在感性认识上理解信阳生态环境特殊性,如城市没有工业污染,森林植被率远远高出普通城市,水质纯净度高,含丰富矿物质,这些具体化的数据和指标是信阳生态环境优越的强有力的说明。二是农产品故事化,在产品的宣传、营销当中,选择合适的品牌故事,增加诸如品牌命名的来源故事、品牌来历故事、产品设计故事等,印在产品的包装盒上、宣传页中,让消费者不单消费产品,还能够记得住品牌,感受到品牌文化,形成口碑营销的效果,达到品牌产品销售目标。

从创新入手,结合城市资源禀赋和文化特色,充分挖掘其价值。信阳有悠久的饮茶、种茶历史,茶与市民生活息息相关,将把茶文化的深度开掘和其他产业相结合,将茶产业的无形资产和有形资产相互融合,使得茶产业链不断延伸,势必可以将茶旅产业带入一个美好的前景。茶产业的多种关联产业,如茶饮料、抹茶甜点、茶食品、茶糕点都可以成为产业发展的新思路。

重视市场调研,跟随国际发展趋势研究创新开发新产品。以茶产业为例,可以根据各地居民的不同喜好、生活习惯,生产适销对路的产品,并结合中西文化差异、不同年龄阶段开展别具一格的宣传形式。在茶叶中加入药草、花草或果实制作出别具特色的植物茶、花果茶,将茶叶或茶汤拌入食材或水果中制作出各式茶点,还有茶胶囊、茶酒等新式茶产品等。此外,可以针对女性消费者,开发茶树精油、茶树香水、茶皂、茶沐浴露、茶洗发液,使茶产品的种类和档次更加丰富,也使茶产品的形态与功能更加多样化。多元化应用贴合了消费者的需求,提高了茶产品附加值,进而扩大茶叶产品市场。

五、重视科技运用

数字化展示与传播有利于信息共享及文化交流。利用三维场景建模、特效宣传、虚拟场景协调展示等动画技术,借助于电信、无线通信、互联网、有线电视以及各种数字电视网络,对非物质文化遗产特别是传统手工艺的生产方式、使用方式、消费方式、流通方式、传播传承方式等进行真实再现,能够使非物质文化遗产迅速、方便地流传、传承,同时也冲破各种文化资源类型相对封闭的自然状态,为不同的文化产品交流和发展提供现实空间。

非物质文化遗产的数字化保护,是将非物质文化遗产的内容通过现代高科技技术,在坚持原生态、原真性的原则的基础上进行数字化再创造,有利于将其转化为具有知识产权和市场消费性的文化产品,从而使非物质文化遗产在得到有效保护的同时,实现产业化增值。在数字化技术提供强大的工具、方法和技术支撑的基础上,了解社会大众的文化需求,灵活开发各类具有自主知识产权的视觉形象、动漫形象、文化元素等,通过版权授权、展览展示、联合开发、教育培训等方式在保护传承的基础上实现产业化运作。

"非遗"进行数字化出版可以将非物质文化遗产进行产业化经营,并转化为文化生产力,形成规模经济效益。非物质文化遗产数字信息从桌面出版、电子出版、网络出版、游戏出版再到数字出版,有助于把文化遗产从静态保护变成活态传承和利用。

"非遗"建立数字化宣传平台。由于推广力度和实地参观的局限性,有必要充分利用网站传递信息快、受众范围广、承载内容丰富的优势,大力开展全面的网络宣传,采用图片、文字、音频、视频等多媒体形式来展示"非遗"的艺术特征和传播传承等内容。注意网站内容更新速度要快,及时实时发布最新内容和行业性新闻。服务方面,要有专业人员进行维护和更新,保证信息的通畅和及时,对访客提出的问题及时答复,不断扩大公众特别是青年受众的参与度,启发他们对"非遗"的关注和兴趣,促进"非遗"在网络社区的交流,加强普通民众对"非遗"的认知和了解。

"非遗"建立数字化博物馆。与实体博物馆相比,数字博物馆具有信息实体虚拟化、信息资源数字化、信息传递网络化、信息利用共享化、信息提供智能化、信息展示多样化等特点。信息实体虚拟化,即数字博物馆的一切活动,都是对实体博物馆职能的虚拟体现,都以实体博物馆为依托,同时又反过来作用于实体博物馆,是对实体博物馆职能的拓展和延伸。

六、拓展投资融资渠道

各类金融机构要大力扶持文化产业项目,中小企业信用担保机构要积极为中小微文化产业企业提供融资担保。支持文化产业企业通过政府和社会资本合作(PPP)模式投资、建设、运营文化产业项目;鼓励、支持和引导民营资本进入文化产业市场,鼓励社会资本大力开发文化产业产品。尝试组建大型文化产业发展集团,推进信阳文化产业资源深度整合和开发。支持符合条件的文化产业企业上市,鼓励金融机构按照风险可控、商业可持续原则加大对文化产业企业的信贷支持。

在投资融资上求突破。组建文化产业开发公司,出台文化产业招商引资优惠办法,每年设立1000万元文化产业发展资金,筛选一批支撑作用大、品牌价值高、市场前景好的文化产业项目纳入省市重点项目和PPP项目库,吸引民营资本签署文化产业投资协议。

坚持引资、引技、引智并举,着力引进科技含量高、带动能力强的大企业、大集团。设立招商联络处,持续开展驻地招商;组织专业队伍,开展集群招商、前瞻性招商、市场招商、以商招商、"资本+产业"招商;充分发挥商会和行业协会的作用,拓宽招商引资渠道;大力实施"回归工程",将在外信阳籍企业家和成功人士作为招商重点,以亲情、乡情为纽带,引导其返乡创业。充分利用根亲文化资源,借助根亲文化论坛、根亲祭祖朝拜活动平台,搭建桥梁,吸引宗亲投资信阳。

七、完善人才机制

培养文化产业发展人才,必须把人才培养引进和使用作为文化建设的基础性、战略性工程来抓。要重视文化产业人才,要建立健全培养、选拔、考核、激励机制,努力造就一批各门类拔尖人才、经营管理人才和专业技术人才,对优秀文化人才特别是行业领军人物要给荣誉、给地位、给舞台,善于发现文化人才,下大力培育人才,建立文化人才培养体系,加强文化人才的引进,建立科学有效的人员聘用、晋升、奖惩和收入分配制度,使各类文化人才的积极性和创造性充分发挥出来。

高度重视文化产业人才培育工作。创新文化产业人才成长机制,编制文化产业人力资源发展规划,设立文化产业人才信息库,建立和完善市场化的文化产业人才培养和培训机制。整合各种文化产业教育资源,积极探索校企人才双向交流机制,增强人才培养的适用性。建设文化产业人才市场,疏通文化产业人才供需渠道,开展跨区域人才交流,建设文化产业专业技术人才和文化产业职业经理人市场。

优化文化产业人才工作环境,大力营造尊重知识、尊重人才的氛围,形成创新进取、勇于担当的良好社会环境。注重现有文化行业人才的培养和培训,强调外来创新人才的引入与发挥引领作用。重视创意社区建设,构建良好的创意氛围,使信阳成为科研力量和创新的集聚地,成为创新之源,创造新产品、新技术。创造宽松、自由的创意环境,提高城市的包容性;创造宽松、自由和多元化的社会文化环境。和谐宽容的社会氛围,给文化产业人才提供良好的创意和发展环境。

第十四章　南阳市文化市情报告

南阳市地处河南省西南部、豫鄂陕三省交界地带,因其地理位置而坐拥南北方融合之特点,城市规模位居河南省第三位。南阳市历史文化包罗万象,包括"光武中兴"的汉文化、"仲景国医"的中医药文化、"独山玉"闻名的玉雕文化、名家辈出的名人文化等。赊店商埠文化更是借助"中俄万里茶路"申遗为契机,积极融入"一带一路"的国家倡议。南阳市文化资源储备丰富且挖掘潜力巨大,而且玉雕产业和中医产业都有一定的品牌知名度和影响力。但据统计,南阳市第三产业比重较第一、二产业仍然偏低,文化资源转化为文化产业的生产力仍然不足。在未来的发展中,提升第三产业比重,做大做强文化事业和文化产业,是促进南阳市文化发展活力的关键,利于提升南阳市整体城市文化形象,为南阳市各方面的建设发展提供强大的动力支持。

第一节　南阳市文化发展现状综述

一、南阳市文化发展现状综述

南阳市是具有3000多年建城史的历史文化名城,文化历史悠久,文化名人辈出,文化资源非常丰富。南阳优越的山水自然环境、深厚的历史文化底蕴、5000年的古老文明和现代文化发展,不仅在此留下了众多珍贵史迹和文化遗产,而且形成了以自然生态文化、汉文化、传统戏曲、玉雕文化、中医药文化、红色文化和宗教文化为结构的具有鲜明南阳特色的文化形态和构造体系，为南阳发展区域特色文化产业奠定了战略性资源基础。文化资源的独特性和多样性，为南阳大力发展特色文化产业提供了广阔的市场潜力和空间，使得南阳市文化发展潜力巨大。文化事业不断加强，截至2016年末，南阳市共有艺术表演团体15个，文化馆13个，公共图书馆12个，博物馆19个；全国重点文物保护单位21处，国家级非物质文化遗产名录10个。文化产业发展迅猛，以玉雕、文化旅游、光电、中医药、工艺美术制造和销售业为龙头的文化产业蓬勃发展。南阳宛西制药股份有限公司在发展中坚持继承仲景文化，建成了仲景文化广场、仲景百草园、仲景文化浮雕墙等公益性文化基础设施，并在全国10所中医药大学设立张仲景奖学金、助学金。在文化机制体制改革方面也获得了显著成效：一是改革完善全市文化管理体制，完成了文化、广电和新闻出版局合并以及文化市场综合执法机构设立的工作。二是南阳报业传媒集团组建工作进展顺利，成立南阳报业传媒集团，推动南阳日报社向现代传媒集团转型。三是探索建立以文化部门牵头的公共文化服务体系建设体制机制。成立公共文化服务体系建设改革专题小组，推动建设综合性文化服务中心，实现资源整合、共建共享。四是稳步推进国有文艺院团改制工作。2012年全市国有文艺院团按照"五个一批"改制办法积极稳妥推进，2014年卧龙区、镇平县完成了3家国有文艺院团转企改制。五是扎实推进南阳曲剧艺术中心等公益性文化事业单位内部机制改革，建立起符合艺术规律和市场规律的内部机制，充分调动广大演职员工的积极性，增强发展活力。

南阳市文化企事业蓬勃发展，文化体制机制改革应运而生，不断为南阳市文化发展注入活力。但总体来看，南阳市文化产业仍然存在一些限制发展的因素。首先，南阳市文化品牌缺乏，投资宣传力度不够，对文化资源的开发利用缺乏品牌意识，缺乏知名的支柱型文化产业；其次，南阳市文化产业结构不合理，传统文化所占比重较大，对新兴文化产业支持力度不足，并且传统文化与新兴技术缺乏有效结合，科技含量较小；最后，对文化资源内涵缺乏深入挖掘，对文化资源的开发建设流于表象，造成了文化资源带动的文化旅游层次较低。综上所述，未来南阳市文化发展要实现企事业单位联动发展，在资金和政策方面积极促进合作；优化文化产业结构，培养市场意识和品牌意识；培育文化建设开发人才，实现对文化资源的深入挖掘，促进先进技术和传统文化的有效结合。

二、南阳市文化发展政策支持

在积极响应《国家"十三五"时期文化发展改革规划纲要》，全面实现文化发展改革目标任务的同时，南阳市也出台了《南阳市中医药事业"十二五"发展规划》（河南省豫政办[2012]14号），《南阳市玉文化产业发展行动计划》（中共南阳市委文件宛发[2014]7号），《南阳市人民政府关于加强非物质文化遗产保护工作的意见》（宛政[2015]49号）以及《南阳市卧龙岗文化旅游产业集聚区总体规划》等多个相关文化项目的实施意见，对南阳市重点特色文化项目进行顶层设计和总体规划，展现了政府对南阳特色文化的政策扶持，这些规划涉及多个文化项目，推动了南阳市多元文化产业的发展。在出台的《南阳市国民经济和社会发展第十三个五年规划纲要》中，关于文化生活性服务的主要是有打造全国健康养生之都以及打造全国文化生态旅游目的地，积极发展以仲景健康为特色的南阳健康服务业体系和以卧龙岗、张仲景、镇平玉雕、内乡县衙、社旗赊店古镇等为代表的文化旅游集聚区。在关于文化产品及服务领域方面，"繁荣发展社会主义文艺，创新文化产业项目、产业园区建设与经营机制，实施文化精品创作"工程，立足南阳历史文化优势，研究与发掘优秀传统文化，打造一批具有南阳特色、南阳风格的文化艺术精品；构建现代公共文化服务体系，积极创建国家公共文化服务体系示范区，建立公共文化服务体系建设协调机制；加快发展现代文化产业，推动文化产业成为转型城市功能、优化产业结构、提升城市形象、增强文化软实力的新引擎；推进文化管理体制改革，深化国有文化单位改革，推动经营性文化单位转企改制，建立法人治理结构，完善绩效考核机制。

相关政策的出台为南阳市文化发展提供了政策性的支持和思想导向，为文化事业的进一步普及和文化产业的进一步升级保驾护航，各级文化部门加大投入，推进文化产业集聚区和文化产业项目建设。面向市场发展文化产业，面向大众发展文化事业，积极借鉴外地先进的理念和成功的经验，形成良好的市场开发意识和市场运营方式，同时提高政府文化服务水准。

第二节　南阳市文化资源概述

一、南阳市特色文化资源梳理

（一）钟灵毓秀——自然回归城市宁静

南阳，位于河南省西南部、豫鄂陕三省交界地带，因地处伏牛山以南、汉水以北而得名。南阳盆地处于汉水上游、淮河源头，北有秦岭、伏牛山，西有大巴山、武当山，东有桐柏山、大别山，三面环山，中间形成近3万平方公里的盆地，是天然的形胜之都。南阳淅川是世界最大调水工程南水北调中线陶岔渠首枢纽工程所在地和重要的核心水源区之一。宝天曼生态旅游区1988年被国务院批准为"国家级自然保护区"，2001年联合国教科文组织宣布宝天曼为"世界生物圈保护区"；西峡恐龙蛋化石群规模大、种类多且保存完整，是距今1.3亿年左右的中生代白垩纪早期产物，被称为"世界第九大奇迹"。这些丰富多样的自然资源为南阳发展旅游产业提供了得天独厚的条件。

自然生态文化是探讨和解决人与自然之间复杂关系的文化；是基于生态系统、尊重生态规律的文化；是以实现生态系统的多重价值来满足人的多重需求为目的的文化；是渗透于物质文化、制度文化和精神文化之中，体现人与自然和谐相处的生态价值观的文化。[1] 南阳市有丰富的水资源和森林资源，是天然氧吧，是著名的休养圣地，而著名的"两山两水"（伏牛山、桐柏山鸭河口水库及白河流域、丹江口水库及南水北调中线工程生态走廊）生态涵养区则是发展休闲旅游的天然圣地。自然生态景观格局与城市景观形成差异化可以吸引游客回归自然，满足消费者返璞归真的愿望。并且，南阳市的自然生态文化资源可以与中医药文化相结合实现联动发展，吸取中医养生文化。这些生态文化优势可以使南阳市致力于打造融"休闲、养生、归真"于一体的生态旅游新模式。

（二）妙医圣手——中药塑造养生之都

南阳市作为"医圣"张仲景的故里，中医药文化历史悠久，而且由于南阳的

---

[1] 郭云甫：《关于青海生态文化建设的若干思考》，《青海社会科学》，2009年第3期。

地质和气候条件十分适合中药材的生长,因而药用植物资源丰富,中医药种植历史也十分悠久,规模庞大,是全国中药材的主产区之一。根据《南阳中草药名典》记载,南阳有药用植物2027种,药用动物319种,药用矿物63种,其他类27种,共计2436种。南阳人工种植中药材的产量和面积也逐年扩大,截至2013年,中药材种植品种达150种,面积达190万亩,年产值50亿元。逐渐建成了以西峡县为中心的万亩山茱萸、天麻种植基地,以南召县为中心的辛夷花种植基地,以桐柏县为中心的桔梗种植基地,以方城县为中心的裕丹参、木瓜种植基地,以邓州市为中心的万亩麦冬种植基地,以镇平县为中心的万亩杜仲种植基地,以唐河县为中心的万亩栀子种植基地,以社旗县为中心的板蓝根种植基地,组成了南阳市十大中草药种植基地。

除了得天独厚的中医药材资源,还有以"张仲景"为核心形成的文化品牌资源。南阳市自2002年开始每年举办"张仲景医药科技文化节",旨在促进中医药文化的讨论研究,号召大家关注中医药文化。一方面,利用仲景医药文化建立网站,出版刊物,利用文化节和医圣诞辰日开展民俗祭祀文化活动等,形成了较为完善的张仲景医药文化保护、利用、传播、发展体系;另一方面不断丰富拓展张仲景医药文化的内涵,借助于医圣品牌,把其与旅游开发相结合,形成了以医圣祠、宛西制药股份有限公司为代表的中医药文化游,成为南阳发展文化旅游产业的一大亮点。南阳市中医药龙头企业仲景宛西制药股份有限公司就致力于发扬"仲景"品牌,依托仲景文化凝心聚力,实行品牌聚焦战略,逐步打造了仲景商业、健康食品、仲景医疗、仲景养生等产业链。可以说,"仲景"中医药文化品牌是南阳特色鲜明的产业,如今,以健康产业为主题,充分利用南阳张仲景文化遗产,着力开发具有国际范儿的中医药健康服务产业和健康产品商贸产业的"张仲景医药文化产业集聚区"也正在积极建设中。"仲景"医药文化品牌以其不可复制的独特优势立于中医药行业中,从中衍生出来的食疗养生产品和休闲旅游业也在不断地蓬勃发展中。

(三)剔透温润——玉雕汇聚城市气质

南阳玉,又称"独山玉"或"南玉",产于河南省南阳市城区北边的独山,为中国四大名玉之一。南阳市镇平县如今已是全国最大的玉雕生产加工集散地,除了南阳玉之外,其他原材料来自全国各地和缅甸、阿富汗等12个国家和地区。2016年统计数据显示,玉雕产业从业人员20多万人,加工企业达4000

多家,形成了20多个各具特色、规模不等的块状加工销售带,年产值达10亿元。南阳市镇平县石佛寺镇国际玉城生产加工的5000多个玉雕品种,畅销50多个国家和地区,年销售近2000万件,约占全国玉雕行业总量的50%,2014年产值在400亿元,是全球最大的玉雕及相关工艺品批发、零售交易市场。石佛寺镇的玉雕湾市场、翠玉玛瑙精品市场、榆树庄玉镯市场、贺庄摆件市场等专业玉雕市场在国内外享有盛誉。

南阳市始于1993年开始每年一届的"南阳玉雕节"也是南阳市玉雕文化的典型代表,其主要活动内容有文艺表演、中华玉文化研讨会、玉雕精品展评会、拍卖会、全国宝玉协会换届会和经贸洽谈会及招商引资活动。玉雕节吸引了海外和全国宝玉界以及其他各界人士的广泛参与,并汇集了各地玉雕方面的优秀成果和玉雕精品参赛,是一个融赏玉观花、旅游观光、经贸合作与交流为一体的大型综合性经济文化活动。

南阳玉雕文化依靠的不仅是品质优良的独山玉品种和技艺精湛的雕刻技法享誉国内外,更有玉雕文化节的宣传推广使得南阳玉雕文化广泛传播。所以玉雕文化节作为南阳独有的玉文化名片,也是玉雕文化资源中重要的口碑和宣传资源。南阳玉雕作为南阳最具特色的文化标志,是在大众认知中与"南阳"这个地理区域结合最为紧密的标志物,但如今对南阳玉雕的认知还停留在技艺精湛上,未来有待挖掘其文化内涵的认知上的潜力。

(四)楚风汉韵——楚汉增添文化厚重

南阳的历史文化资源首先是楚汉文化。南阳位于河南省西南部、豫鄂陕三省交界处,文化特点呈现出南北交融的特点。南阳是具有3000多年建城史的历史文化名城,文化历史悠久,文化名人辈出,文化资源非常丰富,是中国楚文化、汉文化的发祥地,是中国楚汉文化最丰富的地区之一,也是中国楚汉文化建筑、历史文化遗迹和文物最集中的地区。东汉光武帝刘秀兄弟和南阳宗室子弟便是自南阳郡起兵,建立了"光武中兴"的东汉伟业,史称刘秀兄弟的兵马为"舂陵军","舂陵军"的主力以及旗下"二十八宿将"也多为南阳人士。南阳汉文化遗产传续至今的既有《东京赋》《西京赋》《灵宪》《伤寒杂病论》《金匮要略》等经典著作,又有张仲景碑、李孟初神祠碑等碑碣资料。南阳出土的400多块汉代画像砖,是南阳汉文化的一绝,现集中收藏在南阳市文物研究所和新野汉砖博物馆。这些画像砖多为东汉中、晚期的作品,以其内容的丰富、独特而闻名于世。而南阳楚文化的代表是淅川丹江水库,其淹没区是楚国时期的都城丹阳所在地,是楚文化的发祥地。南阳市为再现楚国的文化风貌,充分展示南水北调中线源头历史文化经典,丹江苑筹建了楚风楼、丹阳楼及相关文化景点,再现历史名人、文化渊源,充分展现了楚文化遗风。

南阳历史文化资源还有以"卧龙岗"为核心的三国文化。南阳可以说是三国文化的源头,是魏蜀吴三分天下的策源地,也是三国遗迹较多的地区之一:拥有1800多年历史的卧龙岗,卧龙诸葛亮在此躬耕十年,三顾茅庐,三分天下,名扬千古。还有武侯祠(在卧龙岗内,是纪念诸葛亮的大型祠堂)、南阳古城、南阳宛城遗址,方城博望坡古战场、梅林铺、夏饷铺,唐河徐庶阁遗址,新店乡黄忠故里,潦河镇曹昂墓、典韦墓、安众城遗址,新野议事台、关宿桑、汉桑城、太子阁、徐庶走马荐诸葛处,桐柏魏延故里等。

南阳市的历史文化资源大多以物质文化遗产和历史文化名人的形式存在,这两种存在方式的相互映衬使得南阳的历史文化更加鲜活,更能引起人们探究的欲望。南阳市历史文化资源可挖掘开发的潜力巨大,而且历史文化资源存在形式的多样性和鲜活性可以提高文化资源的吸引力,也可以为历史文化资源的开发提供多元化途径。对丰厚的历史文化资源的保护性开发,既可以维护和传承传统文化,还可以提升整体南阳城市历史文化的厚重感和底蕴感,也为其他类型的文化资源的开发提供一个文化认同的基础和信赖感。

(五)形神兼备——戏曲点缀城市色彩

河南省南阳市是中国戏曲之乡,不仅上演的剧种剧目多,而且从事演出的艺人也多。这里不仅有曲剧、宛梆、越调剧种,还有外来的秦腔、京剧、川剧、花鼓戏、清戏、安庆戏等,其中汉剧、豫剧等先后在南阳落户生根。南阳戏曲主要分为宛梆和曲剧两大类。宛梆又称"南阳梆子",2006年"宛梆"经国务院批准列入第一批国家级非物质文化遗产。宛梆既有陕西梆子的高亢激越,又有中原音乐的平整规范,还有楚乐的委婉清丽;受中原文化、秦晋文化和楚文化共同滋养。但宛梆如今的发展并不如意,虽然是国家级非物质文化遗产,但其专业剧团越来越少,而且由于宛梆的融合性使其失掉了一些独特性,宛梆的开发保护迫在眉睫。相比于逐渐没落的宛梆,曲剧的生存状况就好了很多,曲剧在南阳大调曲的基础上,吸收其他剧种的艺术成果发展形成。曲剧在南阳已经达到家喻户晓的程度,成为南阳剧坛上的霸主。其原因,一是大调曲在南阳这块土地上有深厚而广泛的群众基础。二是曲剧的艺术表演没有程式化的局限,新颖活泼,别具一格。其语言通俗易懂,唱腔丰富多彩,具有浓郁的乡土特色和生活气息。三是剧目内容贴近群众、生活与现实。曲剧演出的剧目大多包含反封建、追求婚姻自由的内容和精神,如《祭塔》《三娘教子》《小姑贤》《李豁子离婚》等。四是曲剧的兴起,造就了一大批很有影响力的演员,他们以各自精湛的技艺,在观众中享有崇高的声誉,同时也推动了曲剧的发展。

关于戏曲文化资源的保护,南阳市政府依据《河南省人民政府办公厅关于支持戏曲传承发展的实施意见》来扶持南阳市戏曲文化艺术的发展,出台了加强戏曲保护与传承、支持戏曲剧目创作、支持戏曲演出、改善戏曲生产条件、加强戏曲人才队伍建设以及加强戏曲普及和宣传等政策。综上所述,在戏曲文化资源上,政策支持是很大的因素,表明南阳市戏曲文化缺乏自身发展活力,未来的发展要更加注重内部活力和消费者的带动。尤其是宛梆,要借鉴吸收曲剧成功的发展因素,致力于与时俱进地改进创作形式和内容,使得作品获得广泛的群众基础,从而获得大众文化消费市场。南阳的戏曲文化资源与其他文化资源相比,知名度和发展力度相差甚远,这既是机遇也是挑战。南阳戏曲文化资源的开发既是一个新市场新领域的腾飞,也是一个具有挑战性开发的新问题。

(六) 文以载道——名士丰富城市形象

河南南阳可谓人才辈出,据"二十四史"记载,南阳籍历史名人有800多位(不包括近现代名人),是中国地级市中名人最多的地区,南阳的名人灿若群星,名人文化源远流长。可以说文人名士是南阳一张闪亮的城市文化名片,从古代岑参、范晔到当代姚雪垠、二月河,无一不是文坛风流人物,有力地推动了南阳文化发展,树立了南阳市文化品牌。以二月河为代表的名人志士对南阳市知名度起到了重大推动作用。在诸多作家的作品中,历史小说最为著名,姚雪垠的历史小说《李自成》、二月河(祖籍山西省昔阳县,后长居于南阳市)的"清帝系列"都是史实与合理编纂相结合的历史小说,尤其二月河的"清帝系列"在1994年被改编为电视剧《康熙大帝》,使得二月河成为媒体和新闻焦点人物,从而也提升了南阳市城市文化形象。南阳先后孕育了众多文人名家,他们在辞赋、诗歌、散文、小说等各个领域都写下了许多名篇佳作,触及宫廷生活、战乱离苦、异域风光、乡情民风、城市发展、农村变革、军旅生活等许多领域;以其深邃的思想、高雅的品位、迥异的风格、久远的意蕴为中国文学史增添了浓墨重彩的一笔。①

诸多文学作品构成了南阳市多元文化的城市气质,诸多名人贤士为南阳市城市形象增添了厚重的文化底蕴。文学作品在影视剧改编方面有着先天优势,可以作为影视文化产业的内容支撑,在"内容为王"的时代会有独特优势。合理运用名人效应带动南阳市相关文化产业发展也是有效的途径。

二、南阳市文化资源开发路径分析

(一)南阳市文化资源开发现状与困境分析

1. 文化资源众多,发展呈现不平衡态势

从文化资源的角度来看,南阳市文化资源种类众多,主要包括以丹江水库、伏牛山为代表的自然生态文化资源,以"医圣"张仲景为代表的中医药文化资源,以"独山玉"为代表的玉雕文化资源,以汉画像、卧龙岗为代表的历史文化资源和以"宛梆"为代表的传统戏曲文化资源。其中玉雕文化和中医药文化的发展态势最好,也最具知名度。而像"宛梆"这一类也拥有很高的文化艺术价值的非物质文化遗产虽然得到了政府的政策和资金支持,但由于缺乏关注度而面临失传危险。文化资源的开发和保护呈现出了不平衡态势,不利于保护文化资源的多样性,也不利于发挥南阳文化资源集聚地的资源种类优势。

从文化市场角度看,在热门文化资源开发市场趋于饱和,呈现出像仲景宛西制药、华丰药业等寡头垄断市场结构时,知名度高的文化资源开发热度大,会呈现不断扩大规模挤占市场空间的态势,使得那些知名度本就不高的文化资源生存空间面临无立足之地的危险。而对于市场中的受众来说,一味地发展相同种类的文化资源会造成受众疲态,所以,文化资源开发不平衡也让市场不能满足人民日益增长的文化需求。

2. 文化内涵挖掘缺乏深刻性

通过对文化资源的分类整合,笔者发现南阳市文化资源整体呈现出一个弊端,就是文化资源所开发出的文化产品大多流于产品实用性,缺乏对产品深层意义符号的赋予,使得产品大多只满足了受众的物质需求,缺乏文化内涵的

---

① 刘湘玉、刘太祥主编:《南阳文化概论》,开封:河南大学出版社2009年,第124页。

感染力。这可能与南阳著名文化资源大多为物质文化遗产,其资源类型就多与物质性有关,但这并不是制约其挖掘文化符号内涵的根本原因。缺乏对于文化资源内涵的传承挖掘也不利于发挥文化资源潜在的精神价值,同时也会对文化资源未来的可持续性开发增加难度,使得文化资源因失去其精神价值而逐渐走向枯竭。

通过对市场的分析了解发现,如今的文化竞争市场已经从产品形式竞争逐渐转为产品内涵符号竞争,内涵化的文化产品在竞争市场上能获得更高的忠诚度和认同感。如今的文化产品大多要求贴近人民大众,而深刻挖掘后的文化资源内涵价值就体现在增强对人民大众的感染力上,使得消费者自觉自愿地购买文化产品以获得感受性的文化体验。而失去文化内涵深刻性的文化资源不利于满足受众日益增长的精神文化需求,不利于在如今细分市场的趋势下获得有利的竞争优势。

3. 文化资源缺乏与城市形象的相关性

文化除了要服务于人民大众的精神文化需求外,还要服务于一定的社会发展建设才能适应时代社会发展从而获得长久支持。通过对南阳市文化资源的梳理,笔者发现,除了"南阳玉雕"以外,其他的南阳文化资源都是独立而存在的,大多数文化资源并没有打上"南阳"这座城市的烙印,它们都与城市形象缺乏相关性。例如"仲景"这一品牌,虽然植根于南阳的水土,但与"南阳"这个标签相去甚远。所以,南阳的文化资源要寻求新的突破口,与城市形象结合是个新的途径。一方面,文化资源植根于南阳,或多或少都带有南阳的地方特色,与城市形象结合可以使本身的文化资源有一个地域品牌符号,借助于城市文化形象可以丰富文化资源内涵;另一方面,城市形象也需要文化资源的辅助来实现定位,从而形成自身城市形象内涵,借助于文化资源符号延伸城市意义内涵,推动城市旅游的同时也能促进南阳文化的传播。

文化资源形象品牌与城市形象结合是相辅相成的。以南阳最著名的玉雕文化和中医药文化为例,南阳玉雕是与南阳城市形象相关性最强的,却缺乏知名的玉雕品牌,而中医药文化的"仲景"品牌知名度很大,却缺乏与"南阳"城市形象的相关性。所以说通过与城市形象结合而建立文化资源品牌,可以促进文化资源价值和城市形象双提升。

（二）南阳市文化资源良性发展道路

1. 结合资源特色，探索多元化路径

南阳市文化资源的多样性和丰富性决定了不同文化资源要找到发展的不同路径才能打破如今南阳市文化资源发展的不平衡态势，使得那些知名度欠缺却具有很高的精神文化价值的资源获得发展活力。根据如今南阳市文化市场的现实状况来看，热门文化资源市场如玉雕和中医药文化都在各自领域形成了市场饱和度较高的寡头垄断市场，进入壁垒较高，如果作为新进入市场者，竞争压力和竞争风险都比较大。所以只有实行差异化战略和目标集中战略才能在市场竞争中开辟新领域，占据竞争优势。实行差异化战略就是以独具特色的文化产品和服务形成有别于竞争对手的优势；目标集中战略要求针对文化资源特点和发展道路规划后进行细分市场，形成独特优势。

在差异化战略上，仲景宛西制药股份有限公司最具代表性。预测到中国居民消费不断升级的趋势，以及中国正逐渐迈入老龄化社会，企业不断创新产品和服务，依托仲景文化凝心聚力，实行产业延伸创新战略，逐步打造了仲景商业、健康食品、仲景医疗、仲景养生等产业，满足社会主流消费人群的需求，以差异化战略不断扩宽市场占有领域，并且针对不同的目标人群细分市场，找准了差异化定位市场，获得了差异化竞争优势。

2. 理解文化资源，挖掘现实化意义

缺乏针对文化资源内涵的挖掘是南阳市文化发展的一个普遍问题，文化资源的合理利用不仅是开发其衍生产品和服务，更重要的是要挖掘其深层次的文化内涵，使受众产生感受性的文化体验，这就需要我们对已有的文化资源有所了解和感悟，也对文化产品的内容制造者提供了更高层次的要求。文化内容开发人才不仅要具有市场营销知识和受众心理掌握能力，更要对文化内涵价值挖掘如何贴近生活有深层感悟，将人民大众不熟悉的各类文化资源进行现实化修改和生活化解说，使之更加面向人民大众。《"十三五"时期繁荣群众文艺发展规划》指出，"立足于传承和弘扬中华优秀传统文化，古为今用，推陈出新，加强创造性转化和创新性发展；丰富和拓展群众文艺题材、体裁、内容、形式和手法，使群众文艺更加符合时代进步潮流，更好弘扬中华美学精神"。创造性转化和创新性发展就是对文化内涵的挖掘和意义赋予的过程，只有贴近群众的现实化符号意义才能真正植根于群众，才能发挥文化资源的现

代价值。

这个改造的典型,笔者以宛梆和曲剧的发展比较来谈。作为第一批国家级非物质文化遗产的宛梆无论从历史沿革或者价值定性上来讲都是高于曲剧的,但其发展和普及却远远落后于曲剧,甚至如今的宛梆更面临着失传的危险。而曲剧发源于南阳大调,兴起于宛梆衰落之时,正是以其灵活的表现手法和不断推陈出新的贴近现实生活的内容获得了人民大众的支持。曲剧正是挖掘了艺术背后的现实意义才获得了长久流传。除了曲剧,南阳市玉雕文化节和中医药文化科技节都是旨在挖掘文化内涵的活动,但都仍需提高把文化内涵赋予产品并普及群众的能力。

3. 树立品牌意识,寻求形象化定位

对于南阳市文化资源缺乏与城市形象的相关性问题,笔者认为品牌化是解决的良策。品牌与形象是相辅相成、息息相关的,南阳市文化资源除了"南阳玉雕"之外缺乏具有城市代表性的文化资源。知名的文化资源如仲景宛西制药、楚汉文化以及卧龙岗等文化资源都缺少"南阳"的城市烙印。这里的品牌化并非只针对文化资源品牌,更多是建立文化资源与城市形象结合的品牌,寻求二者之间的结合点,建立起来二者的联系,使得文化品牌更好地塑造城市形象,城市形象更好地服务于文化品牌建设。

这方面的例子较多,例如新郑好想你、广州白云山、浙江横店影视集团以及上海文广集团等,都是城市与品牌结合的典型,其品牌价值影响力推动了城市形象的树立,其城市形象的建立赋予了品牌地方特色。南阳市"仲景国医"品牌就未能善加利用,致使其知名度大打折扣。所以南阳市文化资源建设发展也要寻求与城市形象的结合点,借助于城市特色丰富内涵,发展建立自己的品牌,在市场受众中形成自己的品牌竞争优势,借助于有城市烙印的符号在文化市场树立有责任感和权威性的良好口碑。

三、南阳市公共文化服务建设

(一)南阳市公共文化服务概况

南阳市文化事业单位数量整体变化不大,文化馆有增长态势,但增长幅度较小,公共图书馆和博物馆都有所减少,但整体变化幅度不大,这说明南阳市文化事业缺乏增长活力,公共文化服务不到位。南阳市应该加大公共文化服

务投入,满足群众随着物质需求日益增长的精神文化需求,重视公共文化服务建设。(见表14-1)

表14-1 2013～2017年南阳市文化事业单位数量

单位:个

年份\类别	艺术表演团体	文化馆	公共图书馆	博物馆
2013	17	16	13	18
2014	15	13	11	20
2015	15	16	12	19
2016	15	13	12	19
2017	15	15	11	18

数据来源:南阳市统计局

(二)南阳市公共文化服务建设成果

近几年,南阳市相继出台了《〈关于加快构建现代公共文化服务体系的意见〉的通知》《南阳市加快构建现代公共文化服务体系的实施意见》《南阳市推进基层综合性文化服务中心建设实施方案》,依据中央、省文件精神,将市里的实施措施传达给14个县市区,让政策上达下通,原汁原味到基层。2014年,为实现公共文化服务在群众中演出,南阳市组织各县区、驻宛高校和市直文化单位开展"唱响白河"群众文化活动,17场演出内容坚持原创新编,集中反映近年来南阳政治经济、文化社会等方面的建设成就。200多个节目20多种表现形式,参演人员近4000人,近5万名群众现场观看,得到了社会各界的广泛好评,同时推动了全市舞台艺术创作,锻炼了全市文艺人才队伍,促进了南阳非物质文化遗产保护。南阳市委宣传部获全省群众文化活动优秀组织工作奖。在全国第一次乡镇综合文化站评估定级中,南阳市14个文化站被评为一级文化站,17个文化站被评为二级文化站,19个文化站被评为三级文化站,文化站上等级数量在全省名列前茅。如今,南阳市公共文化服务硬件设施逐步完善,市、县、乡、村四级网络基本形成。除南阳市区"三馆一院"及淅川、桐柏、方城、唐河等地的场馆建设外,2016年4月基层综合文化服务中心建设工作作为创建文明城市的重要项目被提上日程,南阳市委、市政府投入4000万元,完成了市中心城区和近郊乡镇的18个街道、121个社区综合文化服务中心的创建和提升。南阳市自2014年起还开展了常规性的乡镇(街道)、村(社区)公共文化设施创建工作,南阳市文化广电新闻出版局制定标准并进行检查验收,从2014年的2个先进街道、10个先进村(社区)到2016年的20个先进乡镇(街道)、28个先进村(社区),逐步推进基层综合文化服务中心的建设工作。

(三)南阳市公共文化服务建设

根据《南阳市国民经济和社会发展第十三个五年规划纲要》中提出的要求,积极创建国家公共文化服务体系示范区,建立公共文化服务体系建设协调机制;完成市博物馆、群艺馆、图书馆、大剧院"三馆一院"建设,加快筹建南阳文化传媒职业学院;扩大新华书店服务功能,规划建设文化综合体;整合基层宣传文化、党员教育、科学普及、体育健身等资源,实现文化惠民,到2020年,各县区全部实现图书馆、文化馆达标建设,市、县、乡、村四级文化服务网络实现基础文化设施全覆盖。引导和鼓励社会力量通过多种形式参与公共文化服务,培育文化非营利组织。鼓励社会力量、社会资本捐赠和兴办公益性文化事业,推进公共文化服务标准化、均等化。坚持文化惠民,深入实施送文化下乡、农村书屋、农村电影放映、农村体育健身、文化信息资源共享等工程。在广播电视领域,完成广播电视有线和无线全覆盖的建设任务。

南阳市积极推进中共中央办公厅、国务院办公厅印发的《关于加快构建现代公共文化服务体系的意见》,对加快构建现代公共文化服务体系做出了全面部署。构建现代公共文化服务体系对弘扬社会主义核心价值观具有重要作用。南阳市要准确把握现代公共文化服务体系建设的发展趋势。坚持服务标准化,坚持服务均等化,坚持服务流动化,坚持服务数字化,坚持服务社会化。要明确重点,加快构建现代公共文化服务体系。要成立和完善协调机制,着力构建政府相关部门共同参与的大文化建设格局。要鼓励支持社会力量积极参与现代公共文化服务体系建设。要大力推进文化志愿服务。要引导带动广大人民群众广泛参与公共文化服务体系建设。

四、南阳市文化产业现状发展分析

(一)南阳市文化产业总体现状分析

1. 文化产业发展概况

2012~2017年南阳市居民人均可支配收入在逐年提高,群众的物质生活水平在不断提高,这从一定侧面反映了居民的文化消费需求也会随之提升,随着社会的向前发展,文化产业发展潜力巨大。2012～2017年南阳市三类产业比重基本趋于稳定,但第三产业比重有下降趋势,对第三产业的重视有所欠缺,文化产业发展大环境不够理想。近五年来南阳市居民教育文化和娱乐类消费价格指数大致处于稳定水平,并未随着可支配收入的提升而产生较大变动,这说明南阳市文化产业水平仍然有待提升。近两年文化产业单位和营业收入呈现增长态势,但对于就业人员的吸纳能力还有所欠缺。关于文化产业的投资额,近五年来以2014年为拐点,2014年投资额增长较多,2014年之后投资额浮动较小,趋于稳定态势。综合来看,南阳市文化产业基本处于稳定态势,但缺乏新生活力,对于经济的贡献率较小,缺乏新的经济增长点。(见表14-2、14-3)

表14-2 2012～2017年南阳市人均可支配收入

类别 年份	农村居民人均可支配收入(元)	城镇居民人均可支配收入(元)
2012	7752	19544
2013	8729	21653
2014	9741	23711
2015	10777	25140
2016	11701	26898
2017	12713	29128

数据来源:南阳市统计局

表14-3 南阳市居民教育文化和娱乐类消费价格指数(以上年为100)

类别 年份	价格指数(%)
2013	104.2
2014	101.6
2015	102.4
2016	101.5
2017	101.6

数据来源:南阳市统计局

表14-4 2012～2017年南阳市三类产业占比情况

类别 年份	第一产业	第二产业	第三产业
2012	17.7%	50.3%	32%
2013	17.7%	47.7%	36.4%
2014	17.5%	46.5%	36%
2015	17.5%	44.3%	38.2
2016	16.5%	43.8%	39.7%
2017	15.9%	42.7%	41.4%

数据来源:南阳市统计局

表14-5 2013～2017年南阳市文化、体育和娱乐业固定资产投资数额

类别 年份	投资额(亿元)	比上年增长(%)
2013	21.14	32.6
2014	33.79	59.8
2015	33.09	-2.1
2016	33.19	0.3
2017	32.82	-1.1

数据来源:南阳市统计局

表14-6 2016～2017上半年南阳市文化产业单位

类别 年份	文化产业法人单位(个)	营业收入(亿元)	吸纳从业人员(人)
2016	300	130.5	41201
2017	368	141.9	43875

数据来源:南阳市统计局

2. 南阳市文化产业发展规划

2017年南阳市文化产业发展以"全域发展、整体推进,多元开发、扶持创新,分类指导、重点培育"为基调,着力优化文化产业区域布局和产业结构,创新现代文化产业体系。按照"一核、三带、十六区块、六大产业"文化产业发展新格局,努力打造鄂豫陕毗邻地区九地市区域性文化产业发展新高地,使南阳成为"华夏气派、中原特色、南阳风格"的中原经济区文化产业发展先进大市。2017年被南阳确定为"文化产业发展项目建设年",大力推进新闻出版、广播影视、演艺娱乐等传统文化产业;巩固提升扩大工艺美术产业、文化旅游、数字

印刷材料和光电视听设备制造等特色文化产业;以创意为核心,积极探索发展创意设计、网络文化、动漫游戏、会展服务等新兴文化产业。力争全年文化产业增加值达到120亿元,保持15%左右的增幅。

加快推进重点文化产业园区建设和重点文化企业发展。推广省级重点文化产业园区镇平玉文化产业园区建设经验,扎实谋划、推进高新区电子商务创业基地、镇平粤港文化创意产业园、恐龙文化产业聚集区、重阳文化旅游产业园、桐柏红叶文化旅游产业园、方城黄石砚文化产业园、云阳玉兰花文化旅游产业园、唐河十里画廊文化产业园等一批市级重点园区建设,进一步壮大产业规模,提升产业层次,拉长产业链条,完善配套服务,加强规范管理。推进在建的社旗赊店商埠文化产业示范区、卧龙岗文化旅游产业集聚区、张仲景医药文化旅游产业集聚区、内乡县衙文化产业园基础设施建设步伐。扶持培养一批市级重点文化产业园区和重点文化企业,推出一批市场前景好、创新能力强、影响范围广的高成长性文化企业,充分发挥其示范、辐射、带动作用。支持一批文化企业集团做大做强以及骨干民营文化企业发展壮大,鼓励有实力的文化企业进行跨地区、跨行业、跨所有制兼并重组,组建新的文化企业集团,支持有条件的文化企业上市。支持全社会创办、领办中小微型文化产业实体,发展文化专业市场,支持多层次多业态演艺场所建设,培育特色文化产业集群,繁荣和引导基层文化产业市场。

推动文化产业集聚融合发展。南阳市坚持走集约化发展道路,发展产业集群,规划建设一批文化内涵丰富、特色鲜明、辐射力强的文化产业示范园区和集聚区。加大文化产业与科技融合,文商旅深度融合,推进"文化+"成果转化,提高文化产业规模化水平和科技含量。

积极融入华夏历史文明传承创新区建设。根据河南省"中华姓氏文化主题基地"战略决策,南阳市积极融入华夏历史文明传承创新区建设,研究"全球华人根亲文化圣地"项目建设,启动"方城曾氏祖根地、全球谢氏根在宛城、世界廖氏根在唐河"三大根亲文化基地建设工程;加快推进桐柏大别山红色旅游区建设开发,打造集老区红色游、淮源生态游于一体的桐柏山文化旅游产业示范区;着手打造南阳府衙历史文化街区、回车屈原文化旅游示范区、重阳民俗文化旅游产业区、云阳玉兰国际观光园、石头民俗文化村(峁岫吴垭、盛湾胡家台、云阳石窝)、券桥古缯国文化苑、侯集月亮湾观赏鱼产业园、九重渠首民俗文化风情小镇、荆紫关历史文化街区、黄台岗岳庄画家村10个村镇特色文化产业园、特色文化产业街区建设。

3. 南阳市文化产业发展的SWOT分析

（1）优势分析

①政策优势：2017年，国家颁布了《国家"十三五"时期文化发展改革规划纲要》，为我国文化产业发展大环境提供了政策支持，南阳市也积极贯彻国家文化发展改革规划纲要，针对不同文化产业类别给出了相关政策规划类文件，如《南阳市中医药事业"十二五"发展规划》《南阳市人民政府办公室关于支持戏曲传承发展的实施意见》《南阳市人民政府关于加强非物质文化遗产保护工作的意见》《南阳市玉文化产业发展行动计划》《南阳市卧龙岗文化旅游产业集聚区总体规划》等都为南阳市文化产业具体的发展做出了方向性的指导和顶层规划，为南阳市文化产业提供优惠政策。

②资源优势：南阳市是文化资源大市，丰富的文化资源是南阳市独特的文化发展优势。主要的文化资源包括自然生态文化资源、汉文化（汉画像）资源、传统戏曲文化资源、玉雕文化资源、中医药文化资源、红色文化资源、宗教文化资源、府衙文化资源以及以姓氏为代表的根亲文化资源等。丰富的文化资源为文化产业提供了内容支持，为文化产业的发展提供了来源和基础，促进文化内容生产者将资源优势转变为产业和经济优势。

③环境优势：自然环境方面，南阳市是著名的旅游城市，旅游资源综合评价位居全省前列，是河南省的旅游资源大市。八百里伏牛山，被有关专家誉为"中华大地的脊梁"，并于2006年9月被联合国命名为世界地质公园；宝天曼森林资源丰富，动植物呈多样性分布，是联合国命名的世界生物圈保护区；西峡恐龙蛋化石群规模大、种类多且保存完整，是距今1.3亿年左右的中生代白垩纪早期产物，被称为"世界第九大奇迹"。总之，南阳市自然资源丰富，自然环境优势明显。文化环境方面，南阳玉雕文化历史深厚，有深厚的文化产业发展的氛围。

（2）劣势分析

①文化产业开发能力有待提升。南阳市虽然是文化资源大市，坐拥众多文化资源，但文化产业的开发能力和文化品牌知名度还有待提升。南阳市知名的文化产业品牌只有中医药文化和玉雕文化产业，其他的文化资源开发都

缺乏品牌建设,没有形成规模化和品牌化文化产业开发优势,导致很多文化资源都处于有价值无市场的尴尬境地。例如作为第一批国家非物质文化遗产的宛梆的没落,也是南阳市文化产业开发能力普遍不足的体现。所以,提升文化产业开发能力,建立文化品牌将是南阳市文化产业发展的关键。

②文化产业科技含量较低。如今时代在不断地进步,科学技术越来越广泛地应用于各行各业,科学技术在满足了人们的物质需求后,越来越在精神文化领域发挥重要的作用。科技手段也是如今丰富文化形式的重要手段,在延伸产业链条上发挥着巨大作用。如今"文化+科技"模式已经成为提升文化产业影响力的重要手段。而纵观如今南阳市文化产业大多仍然以传统工艺或历史深厚而闻名,缺乏与时俱进的科技含量,在竞争市场上处于不利地位。

4. 南阳市文化产业发展的机遇与挑战

(1) 发展机遇

南阳市文化产业是在国家大力发展文化产业大环境下积极推进的,是顺应国家和时代发展的,并且南阳市也响应国家号召和根据自身发展需要,制订了一系列文化发展规划,所以南阳市文化产业发展是有政策机遇的。如今随着人民群众物质需求日益得到满足,人们对精神文化的需求越来越多,这使得文化产业市场有了更大的发展空间。科技也在不断进步,为丰富文化产业形式以及提高文化项目竞争优势提供助力,是文化产业发展的利好机遇。如今河南省正在积极从文化资源大省向文化产业强省迈进,华夏历史文明传承创新区正在积极建设,南阳市也在积极融入华夏历史文明传承创新区建设,研究"全球华人根亲文化圣地"项目建设。这是当前南阳市发展的一大利好机遇,既能获得投资实现自身发展,也能提高知名度助力省内建设。

(2) 发展挑战

南阳市文化产业虽然拥有很多机遇,但仍然面临着不小的挑战。笔者认为主要有产品竞争的挑战、受众喜好的挑战以及人才短缺的挑战。首先,随着文化产业中科技逐渐普及,技术壁垒逐渐被打破,竞争就从文化传播渠道和平台的竞争转为内容竞争,文化市场变得更具竞争的公平性,这就对文化产品提出了更高的要求,所以未来文化企业的产品竞争挑战会更加激烈。其次,随着文化需求不断增加,文化产品日益丰富,受众对文化产品的要求也日益增多,市场的可选性提高了受众的文化品位和鉴赏能力。而文化市场本身就是一个高风险市场,市场受众喜好预测也是未来南阳市文化产业面临的又一大挑战。最后,文化产业的迅速发展与文化人才的短缺矛盾日益突出。文化产业的内容生产主要依靠的就是人类精神劳动,而且文化人才的培养并不是一蹴而就的技术教学,所以,在短期内文化人才市场竞争会比较激烈。综合来看,南阳市文化产业面临着更加激烈的人才竞争和人才培养挑战。所以,南阳市文化产业挑战仍然不小,文化企业应当合理规避风险,从容面对挑战。

(二)南阳市特色文化产业

1. 玉文化产业

南阳玉文化是中华玉文化发展的典型代表。独山玉因产于南阳城北的独山而被称为"独玉""南阳玉",与新疆的和田玉、辽宁的岫玉、湖北的绿松石并称为中国四大名玉。每年的"南阳玉雕文化节"也是宣传玉文化产业的有效手段,吸引了国内外游客前来参观游览。

南阳近年把玉文化产业的发展作为战略产业来抓,把传统文化与现代时尚消费理念相结合,加大从业人员培训力度,规范玉雕市场经营,利用举办节会和外出招商的机会,加大品牌价值推介力度,使独山玉的知名度和美誉度不断提升。统计显示,截至2017年,南阳市已拥有国际玉城、玉雕大世界等玉雕专业市场(基地)10多个,各类玉雕加工企业(户)1.5万家,从业人员30万人,年产值120多亿元,玉雕产业已成为南阳市重要的支柱产业,镇平已成为中国北方最具实力的玉雕生产、加工、贸易集散地。

不过如今南阳玉文化产业缺乏品牌支撑,没有在消费者中形成品牌认知,缺乏赋予玉文化品牌价值的能力,使得南阳玉只是在玉的品质和产量上广为人知。缺乏品牌价值链也造成了玉文化产业不能发挥其最大价值,实现社会效益与经济效益的双丰收。

2. 中医药文化产业

作为医圣张仲景的故里,南阳中医药文化底蕴丰厚,发展中医药产业有着得天独厚的优势。自2001年始,每年的9月,海内外中医药界专家学者齐集南阳,研讨、交流、弘扬中医药优秀传统文化。2017年,"张仲景医药文化节"已经举办了十三届。"十二五"期间,南阳市制定了中医药事业振兴发展计划,规划建设张仲景健康养生一条街,组建张仲景国医学院,建设中药产业园区、张仲景博物馆,打造中医药旅游专线等,并提出以发展养生健康为主导产业,通过5~7年的努力,建立健全覆盖城乡居民、服务功能完善的中医药服务网络。

为发挥张仲景得天独厚的医药文化资源优势,南阳市自2002年以来,以举办一年一度的张仲景医药科技文化节为载体,加快仲景医药文化的研究、开发、开放步伐,弘扬博大精深的中医药文化。一方面,围绕弘扬张仲景医药文化,建立网站,发行邮票,雕刻文化长廊;创办编辑发行《张仲景研究》《国医论坛》等刊物;利用文化节和医圣诞辰日开展民俗祭祀文化活动等,形成了较为完善的张仲景医药文化保护、利用、传播、发展体系,被国家中医药管理局确定为全国首批中医药文化宣传教育基地建设单位。另一方面,不断丰富拓展张仲景医药文化的内涵,借助于医圣品牌,把其与旅游开发结合,形成了以医圣祠、宛西制药为代表的中医药文化游,成为南阳发展文化旅游产业的一大亮点。

3. 多文化融合旅游产业

由表14-7可知南阳市旅游业游客数量和旅游收入都呈现出逐年增长态势,2014年增幅减小,但仍呈现出后续旅游业的持续活力。南阳市依托丰富的旅游文化资源大力开发旅游产业,发展融合型旅游产业,延伸旅游业的产业链条,提高旅游业对GDP的贡献值,推动旅游业成为南阳市的特色支柱型产业。

表14-7　2013~2017年南阳市旅游业发展概况

类别 年份	游客数量 (万人次)	增长率 (%)	旅游总收入 (亿元)	增长率 (%)
2013	3502	18.20	180	18.40
2014	3748.72	7.25	194.94	8.30
2015	4117.44	9.83	214.8	10.19
2016	4573.2	11.07	243.2	13.22
2017	5200	13.71	280.3	15.25

数据来源:南阳市统计局

南阳旅游业发展总体战略布局为"一心一带双环四区"。"一心"就是以中心城区为范围的汉韵古城旅游中心。"一带"就是南水北调中线旅游观光带,以干渠为轴线,打造渠首景观化和沿线生态化建设,深入挖掘民俗文化,大力发展乡村旅游,形成一条水清岸绿、民风淳朴、文化厚重的旅游观光精品线路。"双环"就是以中心城区为起点,分别向东、西两个方向构建两个环状黄金旅游线路,西环串联南召、内乡、西峡、淅川、镇平,东环串联方城、社旗、唐河、新野、桐柏。"四区"中一是指厚重南阳城,提升武侯祠、汉画馆、医圣祠、内乡县衙、陕山会馆、南阳府衙、荆紫关清代一条街等名胜古迹的旅游开发水平,彰显南阳厚重的文化底蕴;二是指浩瀚丹江湖,发挥南水北调中线工程渠首的品牌优势,整合丹江水库及周边旅游资源,全力建设渠首·丹江湖国家5A级景区;三是指壮美伏牛山,深度开发伏牛山山水景观、生态资源和中医药文化,打造国家级山地观光、休闲、养生旅游区;四是指红色淮河源,加快淮源景区建设步伐,深入挖掘红色文化、盘古文化、宗教文化,打造灵秀淮源品牌。

目前南阳市主要有卧龙区文化旅游产业集聚区、古宛城恢复重建开发工程、鸭河工区南都汉代仿古旅游商业区、内乡县衙历史文化街区建设、南水北调移民文化苑、桐柏山淮源风景名胜区、赊店古镇商埠文化示范区(特色商业区)、西峡老界岭旅游度假区等重大旅游规划项目。这些项目都突出文化旅游特色,促进南阳旅游业的"文化+"模式,将赋予旅游以文化内涵作为旅游业未来发展的新模式,既挖掘、宣传了南阳特色文化,又赋予旅游业以新的生机与活力。

南阳旅游业具有多元文化融合特点,如生态旅游多与中医药文化相互融合,玉文化旅游与自然生态旅游的结合,南阳市人文资源和自然资源的融合,相互带动促进规模效益的形成,实现多文化产业联动发展模式。不过南阳市文化旅游业同样面临着品牌建设、市场同类竞争以及人才竞争等问题,需要在建设发展过程中不断进行改进,突出特色文化,在市场竞争中实现差异化和规模化优势。

(三)南阳市未来文化产业趋势与道路规划建议

1. 内容为王——延伸内容创造为核心的产业链

南阳市文化产业发展拥有深厚的基础,玉雕文化产业、中医药文化以及旅游产业等都是有一定发展经验的相关文化行业。随着文化产业行业市场逐渐成熟,文化传播渠道和方式打破技术壁垒,宣传方式日益多元化,文化产业的竞争由渠道竞争逐渐转为内容竞争,文化内容的创造能力越来越成为文化企业重视的核心竞争力,"内容为王"的时代正式到来。文化产业不能再一味依靠原有文化资源进行浅层开发,而需要在原有文化资源内涵基础上进行文化再创造,使其符合当代文化流行趋势以及现代大众文化品位。内容创造出来的文化创意也是文化产业不断前进的发展动力,为文化产业的进一步内涵挖掘提供了一剂良方。

内容作为文化产品的核心价值,生产过程都围绕内容来进行,所以文化产业的内容创造也是价值链延伸的基础,而价值链延伸主要体现在衍生品的开发上。如今的文化产业的衍生品开发正越来越受到关注,衍生品的开发也越来越趋于内涵化,这就需要更多文化意义符号的创造来提高文化产品自身的吸引力,从而获得受众注意力,赢得市场占有率。

2. 品牌立足——树立品牌为上的细分市场策略

南阳市虽然有著名的文化资源和文化产业发展历史,但是缺乏品牌支撑,没有知名文化品牌形成市场品牌价值影响力,所以未来南阳市文化产业要积极探索市场运营规律,将文化资源优势转化为文化品牌优势。这就需要文化企业建立品牌意识,积极在受众中形成品牌影响力和认知度。文化产业是生产精神文化产品的行业,并非生活必需品,人们对文化产品是有选择性认知、选择性理解以及选择性接受的。这也使文化市场风险加大,但一定的品牌价值可以有效地降低文化产品投入市场的风险,受众基于对品牌的信任度保持对文化产品一定的支持。

而品牌树立也是基于良好的文化服务在受众中的偏好程度,所以找准不同受众的文化定位至关重要。如今文化市场的受众十分广阔,而且受众偏好受年龄、阶层等多方面的影响呈现不同特点,所以这就要求文化生产者要在生产文化产品时注意细分市场,将不同偏好的人群分门别类,生产出符合他们文化选择标准的文化产品,实现文化服务的个性化定制。细分市场不仅可以使得南阳市众多文化资源得到充分发挥,而且也是掌握受众偏好、实现品牌影响力渗透到各个阶层受众的重要手段。

南阳市在品牌价值打造和细分市场上做得较为出色的就是作为中医药龙头企业的仲景宛西制药股份有限公司。在"仲景"品牌价值打造上,宛西制药不遗余力,不仅在传统制药工业上保持优势,更是利用"仲景"这一品牌打造了一系列养生食品和养生旅游线路,获得了大众的支持。仲景宛西制药股份有限公司还针对不同受众的健康需求,开发了一系列目标养生产品,将"仲景"品牌价值传播垂直影响各个受众阶层。

3. 招贤纳士——完善创意为主的人才竞争机制

作为生产精神文化产品的文化产业与其他产业最大的不同就是其核心在于生产者的创造力。以文化创造为核心的文化产业离不开人的无限创意和文化符号的塑造。所以人才也是文化产业实现飞跃的关键,南阳市文化资源丰富且历史深厚,对于文化创意人才的素质要求较高,需要具备对文化资源深厚的理解力以及掌握市场受众口味的变化才能真正促进文化产业向前发展。南阳市对文化产业人才战略方面有所欠缺,所以下一步要更重视文化人才的吸收和储备。积极建立健全文化人才吸纳和激励机制,为南阳市文化资源开发以及文化内涵挖掘的实现奠定基石。

"内容为王"的落脚点就在于人才的建设和培养,文化人才的后续力量同样不可忽视,南阳市可以根据本市文化资源概况和文化产业现状积极开展与高校的合作,鼓励和支持培养高校的学科建设及项目研究,发挥高校学术研究优势以保证文化发展战略的正确规划实施,积极培养下一代文化人才,为南阳市文化人力资源做战略储备。

第三节 典型案例

一、卧龙岗文化旅游产业集聚区

卧龙岗位于南阳城西南部,古时因其岗弯起伏,曲折回旋,势若卧龙而得名,又因诸葛亮十年躬耕于此而名扬天下。"科圣"张衡在此岗上观星望月,"医圣"张仲景在此岗水相依之地悬壶问诊。南阳卧龙岗赢得了"天下第一岗"的美誉。白水朝卧龙,是南阳一大自然人文胜景。

2012年4月,卧龙岗文化旅游产业集聚区由市委、市政府移交给卧龙区政府进行承办建设。卧龙区政府先后聘请了北京大学国际文化研究中心和上海同济大学专家团队,分别编制了集聚区的总体规划、概念性规划和核心区控制性详细规划。集聚区的规划融合了北京大学和同济大学文化、规划专家和以二月河老师为代表的南阳文化学者的智慧。卧龙岗文化旅游产业集聚区以"智谋天下、传奇卧龙"为核心理念,以打造"中国第一智慧文化产业集聚区"为总体定位,致力于开创一条文化旅游产业集聚区创新发展的"南阳模式"之路。

整个卧龙岗文化旅游产业集聚区依托卧龙岗、武侯祠、汉画馆这"一岗""一祠""一馆"的自然与文化资源,在空间布局上分为核心区、支撑区和延伸区三个功能分区,其中率先启动的核心区是整个集聚区的战略先导区,规划面积1.79平方公里,总投资106亿元。区域内将建设智慧之岗、清幽养生区、繁华汉街区、文雅风韵区、新中式宜居区5大功能组团,以文化旅游产业为支撑,规划有非物质文化博物馆群、南阳会展中心、中国智慧论坛永久会址"草庐园"、大学生躬耕创业园等9个文化项目,以及卧龙轩、国际玉博览中心、三顾园、小诸葛游乐园等文化旅游、文化休闲、文化餐饮高端服务项目。卧龙岗文化旅游产业集聚区将建设成为一个生态环境良好、宜于人居,融文化创意、文化会展、文化娱乐、文化观光度假于一体的新型城市空间,也将成为南阳城市文化的门户和文化旅游产业的旗舰。

二、仲景宛西制药股份有限公司

自2001年宛西制药开始启用"仲景"品牌起,就开始对仲景文化整理与挖掘、仲景品牌的整合与打造,举行了一系列的经方研讨会、医学论坛、仲景文化笔会、访问交流座谈会等传承弘扬中医药文化的活动。除此之外,公司积极打造文化产业实体,先后投资兴建了仲景文化广场、仲景百草园、张仲景雕像等一系列文化工程,让中医药文化以立体可观的形式表现出来;公司还主动投资教育事业,在全国十所重点中医药大学设立了"张仲景奖学金助学金""仲景科技奖",和医药高校签订了校企共建发展战略合作协议。这些看似务虚的文化活动,在某种程度上有助于消费者对仲景六味地黄丸产品产生品牌联想和品牌记忆。当然,产品和文化的完美嫁接,并不能保证企业在市场上的持续成功,预测到中国居民消费不断升级的趋势,以及中国正逐渐迈入老龄化社会,企业还要不断创新产品和服务,依托仲景文化凝心聚力,实行品牌聚焦战略,逐步打造了仲景商业、健康食品、仲景医疗、仲景养生等产业,满足社会主流消费人群的需求,走出了一条文化与产业结合、品牌与质量同行的中医药文化传承弘扬之路。可以说,宛西制药不仅是中医药文化的传播者、守护者,更是中医药文化的创新者、发展者、受益者。

在中医药文化上另一个案例就是由南阳市政府主导,通过招商引资建设的张仲景医药文化产业集聚区。集聚区将在仲景路、建设路、孔明路围合区域可利用土地上投资建设。整体布局为"一轴两心三片区"。"一轴"即把医圣祠街打造为汉韵医药商业街,集中发展名医诊所、老字号药铺、药膳、养生馆等。"两心"即在医圣祠周边区域建设仲景文化复兴中心,在医圣祠街与独山大道交叉口处周边区域建设健康科技中心。"三片区"大体上以明山路、独山大道为界,自西向东分别发展医圣文化体验片区、健康商贸片区、健康科技创新片区。集聚区发展以健康产业为主题,充分利用南阳张仲景文化遗产,着力开发具有国际范儿的中医药健康服务产业和健康产品商贸产业。发展目标为中医药朝圣拜祖之地、中医药文化展示体验之地、中医药文化旅游5A级景区、中医药诊疗服务和健康产品贸易的集聚园区。

三、镇平玉文化产业示范园区

镇平县依托玉文化打造了镇平玉文化产业示范园区,该县玉文化产业园区内有玉雕专业村13个,从业人员11.8万人,各类企业1621家,其中文化企业1072家,各类玉雕专业市场10个,辐射带动县内外玉雕从业人员25万人。玉文化产业增加值连续三年超过35亿元,占全县GDP的20%以上,年营业额达62亿元,入库税金1.2亿元,实现利润9.3亿元,成为中国最大的玉雕生产基地和玉产品集散地。园区先后获得"中国珠宝玉器首饰行业特色产业基地""中国玉雕之乡""中国民间文化艺术之乡(玉雕)""河南省文化产业示范基地""河南省文化改革发展试验区""河南省文化产业示范园区""国家级文化产业示范基地"等荣誉称号。

该县在园区建立之初就按照"三规合一"的要求,聘请北京大学文化产业研究院专家对玉文化产业园区进行总体规划,明确了玉文化产业园区建设的指导思想、规划原则、规划期限、发展目标、发展战略、总体思路、重点工作、总体布局、专项规划和保障措施,尤其是提出了打造"中国特色文化产业示范园区"和"中华玉都"的发展目标及构建"一带六点"产业布局。"一带"即以现有的石佛寺玉雕湾和国际玉城为基础,以玉源大道、G312线为主轴,规划一个面积为5平方公里的玉文化产业带。"六点"即以涅阳、玉都、雪枫、晁陂、杨营、王岗等重点玉雕加工乡镇街道为支点,规划一个26.6平方公里的玉文化产业辐射区,为核心区的发展提供产业支撑。园区内规划分基础建设类32项和服务配套类38项，总投资320亿元。

2008年，园区被确定为全省首批文化改革发展试验区后，镇平县更是抢抓发展机遇，按照省委、省政府"镇平要突出玉文化品牌，将玉产品加工销售基地建设与玉文化研究传播基地建设相结合，打造全国文化产业试验区"的要求，迅速确立了"以玉雕产业发展为核心，以项目建设为支撑，以丰富产业文化内涵为保证，全力打造国家级文化产业示范园区"的工作思路，按照远期、中期、近期相结合的要求，启动了一批重点工程项目，着力实施了国际玉城、天下玉源、玉文化主题公园、国际玉雕商贸城、大师创意园、石雕园、中华玉文化博物馆搬迁建设等重点项目，使园区建设成效显著，有力地提升了园区的规模和档次。同时在2005年设立镇平县玉雕产业管理局的基础上，2012年经市编办同意，正式设立镇平县玉文化改革发展试验区管理委员会，该机构明确为副处级规格。2013年根据实际对园区管委会进行了调整充实，使园区建设形成了县委、县政府统一领导，园区管委会具体管理，企业自主运营的运作模式。

为使园区健康快速发展，镇平县成立了注册资金5亿元人民币的镇平县政府投资有限公司。目前，已融资的1.5亿元全部用于园区基础设施建设。为加强玉文化研究，该县与北京大学文化产业研究院建立了长期合作关系，多次开展玉文化产业高峰论坛；成立了镇平宝玉石协会、镇平玉文化研究会，创办了《镇平玉文化》杂志；编写了描绘镇平玉雕发展史的《玉乡千秋》和《玉文化知识读本》；在县电视台开辟了宣传玉文化产业的玉乡频道，建立了中华玉都网站；连续成功举办十一届南阳玉雕节。镇平县还投资3000多万元兴建了以培养玉雕人才为主体的工艺美术中等专业学校，与中国宝玉石杂志社、中央美院、天津美院、南阳师范学院和县玉雕职高、工艺职专等单位联合办学，邀请专家前来讲学授课，定期进行高科技人才、高级技工的培训。还与南阳师范学院签订了联合筹建玉雕职业技术学院的协议，几年后园区内将建立起一所国内首家以培养玉雕人才为主的大学。

四、赊店商埠文化产业示范区

赊店商埠文化产业示范区位于南阳市社旗县赊店镇，2010年8月，经河南省发改委和文化厅批准设立，为河南省首批六大文化产业示范区之一。社旗县以申报"中俄万里茶路"世界文化遗产为契机，融入"一带一路"国家倡议，在2016年启动唐河古航道复航工程的建设,再现赊店镇千帆竞发、南船北马盛景,通江达海指日可待。社旗县以发展文化旅游业为主线,以"一带一路"建设为契机,以万里茶路联合申遗为动力,推动文、商、旅、产、城一体化快速发展,打造成联通中外的赊店古镇。赊店商埠文化产业示范区文化产业建设重点围绕六个方面:一是打造以山陕会馆为核心的商业诚信文化旅游产业,二是打造以古码头为核心的码头影视创意产业,三是打造以古手工艺作坊为核心的非物质文化遗产传承产业,四是打造以住宿餐饮为核心的娱乐游购产业,五是打造以文化展演中心为平台的文化企业产品展演产业,六是打造以大乘山和湾刘水库为核心的户外休闲产业。2014年旅游人数达83万人,旅游综合收入3.5亿元;2015年旅游人数突破百万人次,旅游综合收入实现4.5亿元,主营业务收入实现13亿元。

赊店商埠文化产业示范区建设经过多方论证和研讨,按照古赊店因水而建、因埠而兴、因信义而繁荣的历史事实,吸纳民间因汉光武帝刘秀赊旗起兵建立东汉200年盛世帝国而御赐更名的传说,把赊店古城定位为"商埠古城、信义赊店"。通过模块化运作、标准化生产、差异化发展、高起点推介,让赊店古城成为国内外政商精英及各界人士向往并首选的朝拜祈福圣地、商业论坛高地、文化旅游名地,成为全国旅游城市的新品牌,推动社旗旅游、会展、论坛、休闲等相关新兴产业迅速崛起。

在政策制定上,社旗县制定了赊店商埠文化示范区的近、远期目标,并编制完成了《赊店历史文化名镇保护规划》《山陕会馆周边保护利用规划》《古镇九条街道立面改造规划》《古镇主要道路改造规划》《社旗县赊店商埠文化产业示范区发展规划》等,经过一系列规划的实施,迁出古城重点区域居民和所有公建单位,仿古改建古城区域基础设施,完善各类配套服务设施,引入高端旅游机构,连接周边相关景区,拉长旅游链条,打造世界商业文化旅游胜地。

第十五章　三门峡市文化市情报告

三门峡市位于河南西部,东与千年帝都洛阳市为邻,南依伏牛山与南阳市相接,西望古都西安,北隔黄河与三晋呼应。三门峡市所处的豫西地区,同陕西东部的关中地区和山西南部的晋西南地区,是中华文明发源的核心地区之一。这里自古以来,不仅是一条交通要道,还是一条文化走廊,从旧石器时代早期至今,都是人类活动的主要区域之一。这里是黄河文化、仰韶文化、虢国文化、老子文化的重要"邂逅区"。这里有兵家必争之地的千古雄关函谷关,有丝绸之路上的崤函古道,有道教圣祖老子写下洋洋五千言《道德经》的太初宫,有西周时期大型邦国墓葬群遗址虢国博物馆……;中流砥柱、紫气东来、起死回生、假虞灭虢、唇亡齿寒、鸡鸣狗盗、秦赵会盟等成语典故皆出于此。这里有中华民族太多太多古老的记忆,更是海内外中华子孙魂牵梦绕的精神家园。三门峡古称陕州,襟带两京,表里山河,为丝绸之路由洛阳通达西安及中亚、欧洲的必经要道。三门峡如果紧紧抓住新欧亚大陆桥、郑洛三工业走廊、晋陕豫黄河金三角区域合作等重大机遇,艰苦创业,不断壮大综合经济实力,逐步完善开放型经济的基础条件,很有希望成为丝绸之路经济带极具潜力、富有活力、名副其实的重要节点城市之一。

第十五章 三门峡市文化市情报告

第一节 三门峡市文化资源概述

一、历史文化悠久

三门峡的历史名片是虢国故都。虢国作为西周时期重要姬姓封国,对西周及王室的政治、经济、历史和文化都曾产生了较大的影响。1990年发掘的M2001虢季墓、1991年发掘的M2009虢仲墓分别被评为当年"全国十大考古新发现";而且虢国墓地先后发掘出的文物数量之多、品种之全、制作之精、价值之高,都是中华人民共和国成立以来"两周"考古中罕见的。

除此之外,仰韶文化和老子文化也极具代表性。仰韶文化是以首次发现地仰韶村(位于三门峡市渑池县)命名的远古新石器时代晚期文化,是分布在黄河中下游地区最重要的考古文化,年代为距今7000年至5000年前,展示了中国母系氏族社会由盛转衰的时期,表面绘制有图案的彩陶是其重要特征之一。老子文化是由于东周时期著名思想家老子晚年在函谷关(三门峡市灵宝市境内)著就了奠定中国道家、道教的基础,影响渗透到了中国社会意识形态的各个方面,成为中华民族宝贵的精神财富和文化遗产的《道德经》而形成的。

三门峡的地理名片是黄河文化,三门峡市坐落在黄河南岸阶地上,一面邻青龙涧河,两面邻三门峡水库,形似半岛,是一座"四面环山三面水"的湖滨城市。三门峡境内峰峦连绵起伏,地势险要,易守难攻,战略地位十分重要,是中原腹地通往西北边疆的交通咽喉,又是连接黄河南北的枢纽。尤其是境内的崤函古道,为西京长安以东、东都洛阳以西的屏障和门户,成为历朝历代"襟带两京"的钥匙,是自古以来中原通关中、达西域的咽喉要道。2014年6月22日,在卡塔尔多哈举行的第38届世界遗产大会上,中哈吉三国联合申报的"丝绸之路:长安—天山廊道的路网"成功申报世界文化遗产,而崤函古道是其唯一的道路遗产。

二、姓氏文化根基深厚

姓是标志家族系统的符号,是人们进行社会交往的基本要素,涉及千家万户,关系到每一个社会成员。"姓"字从女从生,是母系氏族社会的产物,在先秦时代，只有贵族才有姓有氏，平民则只有姓而无氏。秦代以后，姓氏合一，普通老百姓也都有了姓氏。据统计，在100大姓之中起源于河南的姓氏共有96个，占全国汉族人口的97%。三门峡地处中原黄河流域，不仅山川秀丽，物华天宝，而且历史悠久，人杰地灵，是中国许多姓氏的起源地之一，诞生了虢姓、焦姓、关姓、陕姓、兀姓等，形成了一些名门望族，如渑池的上官，灵宝的杨氏、许氏等。据统计，三门峡现有姓氏664个，其中复姓8个。

虢郭两姓源虢国
焦姓诞生焦水边
陕姓源于地名陕
关姓祖根在灵宝
兀姓起源在陕县
上官名人出渑池
杨姓郡望在弘农
陕州姚姓源河洛
渑池洪阳多茹姓。①

三、文物古迹众多

三门峡位于黄河南岸，陕、晋、豫三省交界处，历史悠久，早在旧石器时代就有人类在这里繁衍生息，形成了许多氏族部落，创造了灿烂的文化，留下了丰富的遗迹。这里是西北通往中原的必经之路，崤函古道穿境而过，历朝历代都曾在这里设州建郡置县，形成了大大小小各具特色的古城、古镇、古寨，为社会的发展进步、人类的生存繁衍做出了巨大贡献。这里有豫西最大的古城陕州城、孤岛上的驿站张茅镇、姚崇故里硖石镇、崤陵重镇观音堂、因驻兵而得名的大营镇、因渡口而扬名的会兴镇、澄泥砚的家人马寨、古秦赵会盟地渑池县城、利津古渡所在地渑池南村、因灵符而改名的灵宝老城、周朝虢国故地虢略镇、汉太尉杨震故里豫灵镇、以范蠡命名的范里镇等。

早在六七十万年前，华夏民族的祖先就在这里繁衍生息，孕育了三门峡最具特色的文化：新石器文化、商周文化、黄河文化、宗教文化、交通和战争文化。

---

① 徐龙欣：《虢国故都·三门峡》，郑州：河南科学技术出版社，2018年。

文物是文化的载体,这里的文物资源数量众多、品位高、分布广,是河南省文物大市之一。据2011年《三门峡市第三次全国文物普查工作报告》,全市共有馆藏文物7万余件,其中一级203件,二级681件,三级6801件。国家级重点文物保护单位6处,省级39处,市级25处,县级19处;文物遗址713处。国家级文物保护单位有仰韶村遗址、庙底沟遗址、宝轮寺塔、北阳平遗址、虢国墓地遗址、鸿庆寺石窟。仰韶村遗址、虢国墓地遗址、函谷关遗址、北阳平遗址、鸿庆寺石窟,以及虢国墓地遗址出土的玉器类文物等,在国内外有重大影响。其中仰韶村遗址、庙底沟遗址、虢国墓地遗址三项考古成果,被列入"中国20世纪100项考古大发现",并在这里发现确认了虢国都城上阳城遗址。除此之外,灵宝西坡遗址被列入"中华文明探源工程"。在文物开发利用方面,不仅依托虢国墓地遗址建成的虢国博物馆,获全国十大精品陈列、4A级景区,成为三门峡市文化旅游业的龙头,而且函谷关景区初步形成了享誉中外的文化旅游品牌,黄帝铸鼎原、空厢寺、鸿庆寺等景点也相继开发成功。

四、民俗文化特色鲜明

三门峡地处晋、陕、豫交界的黄河金三角地区,历史悠久,非物质文化遗产资源丰厚。2009年第一次全面普查共收集线索116457条,涉及民间文学、民间美术、民间音乐舞蹈、传统中医药等14大类100多个种类;调查确立县级以上项目7218个,市级项目1055项;编撰形成市、县、乡三级成果汇编,乡镇卷166册、县级卷64册、市级卷19册。

2017年,三门峡市已入选国家级非物质文化遗产名录2个,省级20个,公布市级名录26个;被命名为国家级民间文化杰出传承人2人,省级6人,市级18人;被命名为国家级非物质文化遗产代表性传承1人,省级10人,市级71人。

其中民间传统工艺主要有剪纸、布艺、皮影、澄泥砚、虢石砚、面塑、蛋雕、根雕、烙画等20多种。剪纸是三门峡市乡村普遍流行的一种民俗活动,它广泛应用于传统节庆、人生礼仪和避邪、祈福、游艺以及服饰绣样、工艺花样等民俗事项和生产生活中。除此之外,诞生于清康熙年间,距今已有300多年历史的卢氏木版年画是中国木版年画家族中的精品,是研究中国木刻史、美术史的标本。

现代工艺主要有青铜器仿制、工艺制镜、秸秆画等 10 多种。义马秸秆画是一种独具特色的文化艺术，它既有自然古朴、典雅大方的特点，又有富丽堂皇、灵秀端庄的气韵，古香古色，具有金碧辉煌的效果，是可与汴绣、苏绣媲美的民间工艺品。

民俗文化主要有社火、秧歌、民居、庙会习俗等 6 类 50 余种。其中大营社火历史悠久，内涵丰富，规模宏大，特色鲜明，演进脉络清晰，让人们在游艺娱乐中受到教育，有很强的凝聚力，围看观众众多，有利于增强人民群众的文化认同感。节目扮演上别出心裁，暗设玄机，有很高的观赏和科学价值。另外，颇具特色的东西常骂社火更是利用这一独特传统民俗，充分表达民意、弘扬正气，对中华文明的演变传承有极大的研究价值。而形成于明末清初时期的三门峡市的民间戏曲品种——扬高戏（当地人称之为"神戏"）目前广泛存在于庙会及祭祀活动之中。扬高戏在曲牌、剧目以及表演方面为戏曲音乐研究提供了一份珍贵的样本，对濒危的扬高戏的保护，有助于我国传统文化的传承与发展，对丰富世界音乐文化的多样性也具有重要意义。

另外包括棚口扎制和地坑院在内的营造技艺等都是三门峡人民智慧的结晶和劳动成果。其中，地坑院建造模数范制、技艺要领体现了民俗性和科学性的统一，具有重要的研究价值；环境负荷极小，宜居性较强，出于对原创性建筑技术的重视和人文社会科学发展的探索，地坑院也已成为国内外学术界研究的热点。

五、自然风光壮丽秀美

三门峡市被誉为镶嵌在黄河岸边的一颗璀璨明珠，先后获得"中国优秀旅游城市 200 强""中国金融生态城市""全国水土保持生态环境建设示范城市""中国楹联文化城市""国家园林城市"等荣誉称号。

天鹅湖景区的规划建设，使三门峡市拥有了一个常年约 3.33 平方千米、蓄水期 2 平方千米水面和约 33.33 平方千米林地的城市生态园。每年 10 月至次年 3 月，园区吸引数万只白天鹅来这里栖息越冬，三门峡市因此被誉为"天鹅之城"。2007 年 2 月，天鹅湖景区被国家建设部命名为河南省内唯一一家国家级城市湿地公园。

玉皇山是河南省的西部屋脊，为秦岭余脉主支伏牛山系，长岭根、大块地、扁担沟、骑马沟为其主要的四个景区。其山峰玉皇尖海拔2057.9米，比东岳泰山高出527.1米，登临绝顶，40余平方千米的林海尽收眼底，环顾群峰，千山如海，既可享受一脚踏二县（卢氏、丹凤）的乐趣，亦可体验"会当凌绝顶，一览众山小"的豪迈，有"登上玉皇尖，风光尽收揽。三山毋须走，五岳水再看"之说。

位于举世闻名的仰韶文化发祥地渑池县的仰韶大峡谷，北邻黄河小浪底库区，峡谷全长50余千米，总面积56平方千米，有各类自然人文景观500余处。已初步开发了仙侠、神龟峡、龙虎峡、金灯峡、卧羊峡、悬棺谷6个景区。仰韶大峡谷以险、奇、幽、雄为特点，备受游客青睐。仙侠绝壁对峙，苔藓满石，瀑流飞溅，险峻无比；神龟峡潭泉相连，奇石妙生，群峰竞秀，秀美如画；龙虎峡古木遍布，洞庵迭现，曲径通幽，宛如仙境；金灯峡峰回路转，奇峰陡立，气势恢宏，壮美如歌。大峡谷步移景换，四季风景各有特色，堪称世外桃源、天然氧吧、潭瀑大观、奇石宝库。

第二节 公共文化服务体系建设

一、统筹兼顾，全面建设

（一）纵向建设各级公共文化服务

《三门峡市国民经济和社会发展第十二个五年规划纲要》中提出要积极发展文化事业；提升公共文化服务水平，进一步完善覆盖城乡、传输快捷、内容丰富的公共文化服务体系建设；要加快建设市文体中心、虢国博物馆二期、三门峡市档案馆、渑池仰韶文化博物馆、义马市体育公园等标志性文化工程；加快广播电视基础设施建设，推进三门峡市广电中心建设，完善有线与无线相结合的覆盖网，进一步完善农村广播电视村村通、乡镇综合文化站、文化信息资源共享工程等文化惠民工程。

其中渑池县将基层文化服务中心建设、脱贫攻坚战略与新建社区、旧城改造等工作结合起来，加大资金、项目和政策倾斜力度，积极推进基层综合性文化服务中心建设。结合工作实际，推出一批示范点，并及时总结经验，在该县全面推广，确保基层综合性文化服务中心建设任务如期完成。该县坚持以文化人、以文育人，广泛开展百姓宣讲直通车、道德讲堂、身边好人故事会等活动,让人们参与其中,接受教育。通过开展"教你一招""舞台艺术送农民""送戏下乡""月末广场文化活动"等系列文化活动,变"常下乡"为"常在乡"。加大对民间文艺团体、表演团体的扶持力度,振兴民间艺术,培养造就一批文艺骨干和文化能人。更加关注老年人、农民工、留守儿童妇女、残疾人等特殊群体的文化需求,有针对性地提供文化产品和服务,保障他们的基本文化权益。

在农村公共文化服务体系建设方面,早在2011年三门峡市委、市政府就制定下发了实施意见,推动农村公共文化服务体系建设。各地重视和发展农村文化事业,深入实施乡镇宣传文化中心、广播电视村村通、文化信息资源共享、农村电影放映、农家书屋等文化惠农工程,切实加强村级文化协管员队伍和农民健身工程网点建设,不断改善农民文化生活条件。陕县先后投资1700余万元建成农民体育馆、省级农民文体中心、农民健身园、村级文化中心和文化大院等文体设施,举办各种群众性文化活动,推进农村精神文明建设。市直有关单位积极参与文化、卫生、科技"三下乡"活动,丰富和活跃了农民群众精神文化生活,同年,市文明委表彰了10个先进集体和40名先进个人。

截至2014年,三门峡市以文化基础设施全覆盖工程为重点,以文化先进单位创建工作为契机,科学发展,多策并举,不断加强文化设施建设力度,基本实现了"市级有群艺馆和图书馆、县级都有文化馆和图书馆、乡镇(街道办事处)都有综合文化站(文化活动中心)、村级(社区)都有文化大院和农家书屋(文化活动室)"。一是初步形成了市、县、乡、村(社区)四级公共文化服务网络。目前,全市有文化馆(群艺馆)7个,图书馆7个,博物馆6个,剧场(影剧院)6个,国有艺术表演团体6个,乡镇文化站62个、城市街道文化活动中心18个、社区文化活动室126个、村级文化大院1343个、大型文化活动广场15个,文化信息资源共享工程市级支中心1个、县级支中心6个、乡镇基层点37个、村级基层点1269个,农家书屋1343个,流动舞台演出车6辆。二是文化创先势头强劲。目前,全市共有国家级民间艺术之乡3个、省级民间艺术之乡9个、全国农村儿童文化乐园2个、省级文化先进乡镇(办事处)32个、省级文化先进社区6个、省级特色文化产业乡村6个。陕县、渑池县和灵宝市、义马市被文化部授予"全国文化先进县(市)"荣誉称号,湖滨区、卢氏县被省文化厅命名为"河南省文化先进县",三门峡市群艺馆、三门峡市图书馆、灵宝市文化馆、陕县文化馆和图书馆、渑池县文化馆被命名为"国家一级馆",义马市文化馆、灵宝市图书馆、渑池县图书馆被命名为"国家二级馆",卢氏县文化馆和图书馆被命名为"国家三级馆"。灵宝市示范区、印象·天鹅城演艺基地示范项目成功入围了河南省首批公共文化服务示范区(项目)创建名单;三门峡国际文博城、渑池县仰韶文化艺术品雕刻有限公司成功入选第二批河南省特色文化基地名单。在全国第一次乡镇综合文化站评估定级中,三门峡市获国家一级站8个、国家二级站6个、国家三级站8个。市、县、乡、村(社区)四级公共文化设施单位以不断满足人民群众日益增长的文化生活需求为着力点,以现有文化基础设施为平台,以重大节假日为契机,广泛组织开展各类文化活动,并按照国家有关要求免费开放,使广大人民群众共享文化成果盛宴,公共文化设施的作用得到了进一步发挥,公共文化服务能力呈阶梯形逐年大幅提升,基本满足了广大人民群众多层次、多方面、多样化的文化生活需求。

(二)横向丰富公共文化服务体系网络

首先是文化体制改革。2010年《三门峡市国民经济和社会发展第十二个五年规划纲要》中指出三门峡市从五个方面进行调整。一是整合文化行政管理资源,组建市文化广电新闻出版局,完成市区两级文化市场综合执法机构的组建。按照市机构编制委员会《关于印发〈三门峡市文化广电新闻出版局(三门峡市文物局)主要职责内设机构和人员编制规定〉的通知》精神,完成了文化新闻出版局、广播电影电视局"两局合一",成立了三门峡市文化广电新闻出版局和三门峡广播电视台。二是国有文艺院团改革、广播电视台组建工作强力推进。撤销三门峡市豫剧团,成立了三门峡市戏曲研究中心,渑池县曲剧团、灵宝市蒲剧团、陕县蒲剧团、义马市豫剧团、卢氏县艺术团等县级文艺院团参照市本级院团改革办法执行,全市院团改革任务基本完成。撤销三门峡人民广播电台、三门峡电视台、三门峡公共频道,组建三门峡广播电视台,实现"三台合一"。三是文化市场综合执法改革深入进行。在以往工作的基础上,进一步充实了工作人员、装备,加强了执法人员培训,文化执法工作开展得有声有色。四是市直文化广电新闻出版系统事业单位完成了事业单位岗位设置管理工作;积极推行专业技术任职资格考试制度,组织开展了各类专业技术资格考试报名工作;全市的图书馆、博物馆、群众艺术(文化)馆等公益性文化事业单位普遍推行了"内部三项制度"改革,文化发展后劲不断增强。五是按照《中共三门峡市委关于全面深化改革的实施意见》的要求,推动事业单位分类管理,深化内部"三项制度"改革,进一步细化新一轮文化体制改革任务,着力解决三门峡市戏曲研究中心改制后的遗留问题,建立健全三门峡市公共文化服务体系。

在此基础上,"十二五"期间,三门峡市广大文艺工作者紧紧围绕"二为""双百"方针,创作生产了《仰韶女儿》《虢都遗恨》《红高粱》《曹端还乡》《女人是座山》等一大批人民群众喜闻乐见的艺术精品,推出了《焦裕禄》《儿行千里》《安璋轶事》等一批弘扬社会主义核心价值观的新剧。全市年均创作各类剧本近20部,《两代村支书》《党员爸党员妈》《近邻》等小品、小戏在《剧作家》等国家级知名刊物上发表,市艺研所创作的话剧小品《空巢老人笑夕阳》在省委宣传部举办的"中国梦·敬老情征文比赛"中获特别奖。《曹端还乡》成为全省廉政戏曲巡演剧目;市戏曲研究中心排演的现代豫剧《红高粱》获得第十二届河南省戏剧大赛文华大奖、第二届中国豫剧节银奖,并赴京参加"迎接党的十八大召开"戏剧汇报展演;市戏曲研究中心编排的豫剧《画皮》先后参加了加拿大第十二届利物浦国际戏剧节和意大利那不勒斯国际戏剧节,获得了"最受欢迎剧目奖"和"最精彩的节目奖";豫剧《女人是座山》荣获"第三届中国豫剧节剧目奖""第十三届河南省戏剧大赛文华优秀剧目奖"。同时,年均舞台艺术送农民、政府采购百场戏及商业性演出1300余场;组织参加省级文艺赛事,市群众艺术馆春之韵舞蹈队排练的群舞《鸿雁》赴京参加节目录制;全市深入开展了"春满中原""春节戏剧展演周""美丽三门峡""百城万场""四心剧场""星光秀""书香三门峡"等各类文化活动年均千余场,受益群众达百万人次。尤其是"美丽三门峡"之"舞动崤函""唱响崤函"的成功举办,叫响了"美丽三门峡"特色群众文化活动品牌,较好地丰富了人民群众的精神文化需求,受到了基层群众的一致好评。

其次是财政支持。全市各级财政先后投入资金1630万元,扶持艺术表演团体不断发展壮大。目前已形成了三门峡市豫剧团、卢氏县豫剧团、义马市豫剧团、义煤集团豫剧团、陕县蒲剧团、渑池县曲剧团等7个专业剧团为龙头、160多支业余队伍为主体的演出队伍,演出活动覆盖全市城乡各地,辐射陕西东部、山西南部,年营业额近2000万元,打造出《哑女告状》《血溅鸳鸯楼》《清风亭》《虢都遗恨》等一批名剧名戏,多次获得国家和省戏剧大赛金奖,形成了百佛顶灯、狮子舞、齐天圣鼓、亚武天锣等一批地方特色鲜明的舞蹈保留节目,并多次应邀出国表演,为提升三门峡形象起到了有力的推动作用。

第十五章　三门峡市文化市情报告

除此之外三门峡市文物局结合地区优势和馆藏文物特色,开展了一系列的参观、宣传、教育活动。一是加强对外合作与交流,市博物馆参加"河南博物馆汉文化区域联盟"。联盟主旨是以汉文化为纽带,以藏品资源为支撑,搭建平台,实现馆际业务交流、资源整合、成果共享、集群发展,充分发挥博物馆的公益性和普惠性,更好地为公众服务。二是市博物馆、渑池八路军兵站、渑池博物馆、仰韶博物馆从2016年5月18日起向公众免费开放。据统计,各博物馆共免费接待观众1万余人次,讲解300余场。三是积极开展博物馆"进校园、进社区"活动。市博物馆与三门峡市职业技术学院联合开展"走进博物馆,了解陕州文化"等系列活动,推出了《名州望郡——陕州历史文化展》图录;渑池博物馆、仰韶博物馆推出了范应林个人书画展;虢国博物馆、灵宝市博物馆、渑池博物馆分别在市中心的街心花园、灵宝市政府、渑池仰韶广场设立宣传场所,将馆藏文物精品制作成图版进行展出,集中宣传《文物保护法》《博物馆条例》等,免费发放宣传册、宣传资料和纪念品。

2016年市图书馆也圆满完成"基层图书馆数字资源提升活动"。为加快推进公共文化服务数字化建设,快速提升基层文化机构的数字资源保有力量和服务能力,打通公共文化服务"最后一公里",由数字图书馆推广工程下发的"基层图书馆数字资源提升活动"优秀数字资源系统在市图书馆成功部署,资源总量达4TB(太字节),内容涵盖了图书、期刊、视频、音频、图片、网络资源等。读者在馆内电子阅览室或者通过馆内免费Wi-Fi使用手机点击"基层图书馆数字资源提升活动"图标,即可查询、浏览丰富的数字资源,此项活动深受广大读者的喜爱和欢迎。

同时,旅游产业服务体系建设方面也可圈可点。2015年,三门峡市紧紧抓住《晋陕豫黄河金三角区域合作规划》获批、丝绸之路经济带和黄河旅游经济带建设给三门峡带来的机遇,不断强化旅游区域合作,促进旅游业全面发展。5月17日,晋陕豫千车万人自驾车畅游三门峡活动拉开了帷幕,晋陕豫三省321辆车856名车友畅游三门峡。自2015年9月1日起,三省四市居民一年内可凭有效证件到54家景区游览,享受首道门票4至7折的优惠,让广大群众共享改革发展成果。10月26日至29日,2015年中国(三门峡)老年旅游文化周暨全国老年大学文艺会演开幕式在三门峡国际文博城大剧院举行,来自北京、山东、吉林、青海、安徽、宁夏、江苏、江西、福建等24个省、区、市60

余支表演队的1500多名老年文艺爱好者参加了会演。4天的活动中,2400多名来宾在三门峡市旅游度假直接消费达200余万元,有力地促进了旅游经济发展。此次活动在2014年的基础上扩大了规模、提高了层次、扩大了影响,是旅游业与养老、休闲、文化有机融合的创意典范,也是三门峡市致力于打造"休闲文化城市"的具体体现,更是拓展三门峡市旅游业新业态的有益尝试。

与此同时,文化队伍建设也在稳步推进,如位于灵宝市城郊接合部的尹庄镇就不断加强文化队伍建设。村村配齐了文化专干,镇上目前吸纳了三支文化队伍,分别是老战士艺术团、老年戏曲小剧团、西车道情皮影团。村村都建有自己的文化队伍,比如广场舞队、锣鼓队、秧歌队,有的村还有自己的戏剧团、歌唱队、太极拳健身团。镇文化服务站专门成立了文化志愿者协会,目前已登记在册的歌唱、戏曲、舞蹈、书法等志愿者达125人。2015年9月,三门峡市成立公共文化服务体系建设协调领导小组,以加快构建三门峡市现代公共文化服务体系,加速推进公共文化服务标准化、均等化。

二、重点突破,继续完善

(一)着力推进公共文化服务标准化、均等化,坚持公共文化场馆免费开放,深入实施重点文化惠民活动,加强队伍建设和人才培养,重点抓好基层文艺骨干培训,不断繁荣文艺创作

按照中央印发的《关于加快构建现代公共文化服务体系的意见》及服务标准,着力解决公共文化服务领域存在的突出问题,在抓政策、抓机制、抓重点、抓落实上下功夫,坚持重心下放、服务下移,加快建立覆盖城乡、便捷高效、保基本、促公平的公共文化服务体系。一是加强公共文化基础设施建设,完善公共文化服务长效机制。按照2020年基本建成现代公共文化服务体系的总目标,进一步推进文化设施建设,完善公共文化服务体系,重点建设三门峡市群众文化艺术中心,继续大力推进渑池县综合文化服务(文化艺术)中心建设;灵宝市文化馆搬迁新馆;市群众艺术馆搬迁入驻文博城,建设一批综合文化服务中心,形成覆盖城乡、结构合理、功能健全、实用高效的四级公共文化设施网络;继续开展文化信息资源共享工程、数字图书馆、公共电子阅览室等惠民工程建设;积极推进入围首批河南省公共文化服务体系示范区(项目)创建单位建设工作;继续开展公共文化服务单位年度考评工作,完善"三馆一站"免费开放长效保障机制,抓好各项文化创先活动。在巩固已有创建成果的基础上,积极组办中国民间文化艺术之乡评选、省级特色文化基地创建等活动,进一步提升创建的数量和质量;建立三门峡公共文化服务体系建设协调机制,切实提升公共文化服务水平。二是不断丰富基层文化生活,打造公共文化活动品牌。以"深入生活,扎根人民"为主题,组织开展"春满中原""百城万场""美丽三门峡"等系列文化活动,继续开展舞台艺术送农民、政府采购百场戏、农村公益电影放映等文化惠民活动。积极组织参加省级文化赛事,充分发挥各级公共文化设施设备的作用,广泛开展形式多样的文化活动,开展"结对子,种文化"活动,着力培育基层公共文化服务品牌,开展好"美丽三门峡"系列群众文化活动。三是提升文化精品创作能力。围绕"二为"方向、"双百"方针、"三贴近"原则,深入开展以"中国梦"为主题的文艺创作演出,贯彻落实习近平总书记文艺工作座谈会讲话精神,坚持以人民为中心的创作导向,指导全市文艺工作出精品、出人才。

(二)继续加强广电舆论宣传体系建设

始终坚持团结鼓劲、正面宣传为主的方针,着力提高舆论引导水平,着力营造学习贯彻党的十八大精神、打造中原经济区、建设休闲文化城市的强大声势,实现凝聚社会共识的新突破;着力营造践行社会主义核心价值体系的强大声势,实现社会文明水平的新突破;着力营造做好舆论宣传工作的强大声势,实现新闻宣传数量、质量、效果上的新突破。一要精心做好重大主题宣传报道。做好市委市政府中心工作、重点工作宣传,大力宣传三门峡市转型升级新成果、黄河金三角区域合作新举措、大型节会新亮点等宣传报道;重点做好社会主义核心价值观、文明河南、三门峡精神、"黄河三门峡美丽天鹅城"城市品牌及三门峡市全面深化改革的宣传报道,宣传新常态下社会各方面呈现出的新特点、新变化、新作为、新面貌,引导社会主动适应新常态,让三门峡在实现中国梦的进程中更加出彩。二要创新宣传方式方法。不断推进节目的创新创优,加强新闻策划,找准新闻切入点和着力点,加大新闻采稿、用稿的数量和质量,建立和完善科学有效的节目综合评价体系和质量标准。大力推进传统媒体和新媒体融合发展,树立品牌意识,打造广播电视栏目精品;积极组织参加省、市广播电视各类评选,举办广播影视展播展映活动,把最好的精神食粮奉献给群众。三要加快广播电视公共服务转型升级。启动直播卫星户户通工程、广播电视无线数字化覆盖网络建设工程、三门峡市广播电视管理制作中心、三门峡广播电视控制发射中心工程,完成卢氏塔子山、灵宝女郎山无线发射台基础设施改扩建项目建设任务。加快三门峡市县级城市数字影院建设和县级有线电视网络整合步伐,积极做好农村公益电影放映工程。四要加强广电管理。有效落实监管责任,做好广告管理,整治境外卫星电视节目落地接收和传播,打击非法电台、非法广播频率;完善全市广播电视安全播出监测网络,强化监测环节的事前预警和事后应急,确保广播电视播出"零事故"。

第三节 文化产业发展现状

一、三门峡市文化经济发展势头良好

（一）文化产业

1. 地区生产总值

截至 2017 年底,全年全市生产总值 1460.81 亿元,按可比价格计算,比 2016 年(1348.55 亿元)增长 8.3%。相比于 2013 年的 1204.68 元,增长了 21.3%。五年来,三门峡市全市生产总值在逐渐增加,而且在 2013~2014 年间都保持了较高的增长速度,但在 2015 年突然走低,不过近两年增长速度又回到较高水平,并渐趋平缓,三门峡的经济又取得了长足的进步。

表 15-1　2013~2017 年三门峡全市生产总值

年份 类别	2013	2014	2015	2016	2017
生产总值(亿元)	1204.68	1240.13	1260.55	1348.55	1460.81

数据来源:三门峡市统计局

2. 人均可支配收入

2017 年全市居民人均可支配收入 20142 元,比 2016 年增长 9.1%,人均可支配收入可以反映该地区人们的文化消费情况。当人均可支配收入较高时,人们对文化的消费也会相应增加。三门峡市城镇居民和农村居民人均可支配收入都在逐年增加。虽然农村人均可支配收入的增长速度逐年减少,但总体来说都保持了较快的增长速度,这也表明,三门峡市城镇居民和农村居民

人均可支配收入可能会保持一个稳中求进的趋势。但是农村居民的人均可支配收入相比于城镇来说还有较大差距,三门峡市政府应该相应地提高农村居民的人均可支配收入,提高农村人口的文化消费能力。

表 15-2 2013~2017 年三门峡居民人均可支配收入

年份 可支配收入(元)	2013	2014	2015	2016	2017
城镇	20937.9	22738.5	23825	25254	27562
农村	8925.8	9979	11084	11982	13084

数据来源:三门峡市统计局

3. 第三产业

全年全市固定资产投资(不含农户,下同)2017 年完成 1976.89 亿元,比 2016 年增长 11.5%。其中国有及国有控股单位投资 501.34 亿元,下降 1.3%;民间投资 1448.91 亿元,增长 18.0%。由三次产业看,2017 年第一产业投资 265.24 亿元,增长 127.7%;第二产业投资 936.60 亿元,下降 5.4%;第三产业投资 775.05 亿元,增长 16.3%。三门峡市近五年来对第三产业的投资一直保持着增长的趋势,这也表明三门峡市对第三产业的重视程度一直都在提高。

在此情况下,2017 年全年全市生产总值 1460.81 亿元,按可比价格计算,比 2016 年增长 8.5%。其中第一产业增加值 124.47 亿元,增长 0.8%;第二产业增加值 823.93 亿元,增长 6.5%;第三产业增加值 512.41 亿元,增长 13.5。三次产业结构由 2016 年的 9.1∶57.4∶33.5 变化为 8.5∶56.4∶35.1。这些数据都说明第三产业在三门峡市经济发展中的地位越来越重要。

表 15-3 2013~2017 年三门峡市三次产业投资情况

年份	类别	第一产业 (亿元)	第二产业 (亿元)	第三产业 (亿元)
2013		76.12	647.14	414.76
2014		108.74	747.44	471.39
2015		156.38	771.98	610.4
2016		116.49	990.19	666.44
2017		265.24	936.6	775.05

数据来源:三门峡市统计局

表 15-4　2013～2017 年三门峡市三次产业增加值情况

年份 \ 类别	第一产业 增加值(亿元)	第二产业 增加值(亿元)	第三产业 增加值(亿元)
2013	99.66	799.79	305.23
2014	111.98	792.92	335.23
2015	118.47	757.67	384.41
2016	123.50	773.64	451.41
2017	124.47	823.93	512.41

数据来源：三门峡市统计局

二、文化产业发展体系由形成到完善

"十二五"之初,三门峡市将大力发展文化产业纳入了三门峡市"十二五"发展规划纲要,2012 年三门峡市委下发了《关于加快文化产业发展建设具有三门峡地域特色文化强市的意见》,《意见》明确将发展新兴文化产业纳入了三门峡市"十二五"发展规划纲要;2013 年制定了《三门峡市 2013 年至 2015 年文化产业发展战略重点方案》。建成了以三门峡国际文博城、渑池仰韶文化博物馆、灵宝文化艺术中心、义马文化城、湖滨区南山文化艺术品市场等一批标志性的文化产业项目工程;培育了以市电影公司、虢国文化研究所、三人形象有限公司、香山红叶饮食娱乐有限公司、灵宝函谷关古文化旅游区、灵宝故县镇河西村、陕县西张村镇南沟村等一批省、市级文化产业示范基地和特色文化村镇;打造了以灵宝函谷关老子文化园、渑池仰韶文化园、三门峡虢国文化旅游景区和湖滨区南山文化艺术品鉴赏区等为代表的文化旅游名胜景区;挖掘了豫西剪纸、仰韶彩陶、虢国澄泥砚、石砚、雕塑等一批知名历史文化品牌;拍摄了《天鹅之恋》《义马》《函谷关》《渑池会》《地坑院》《汤河浴》六部反映三门峡历史文化和现代文明的系列电影;参加了"中国特色商品博览交易会""西部文化产业博览会""深圳文博会"等系列招商引资活动;涌现出三门峡蓝雪集团、灵宝凯乐商贸有限公司、水丽坊影视公司、虢国雕塑有限公司等一批较大型龙头文化企业,已初步形成以文化旅游业为龙头,以设计包装印刷业为主体,以创意策划业为核心,以商务会展为中心,以数字动漫为前沿,以豫西剪纸和艺术品加工业为两翼的文化产业发展格局。截至 2017 年底,全市共有文化产业经营单位 50 余个,文化娱乐业 390 余家,印刷发行业 500 余家,影视音像业 120 余家,网络文化业 281 家,艺术品经营业 79 家,文化创意策划业 20 余家,艺术演艺业18家,从业总人数3万余人,年总产值近百亿元。一个门类比较齐全、结构合理、特色鲜明、效益凸显的现代文化产业发展体系已经初步形成。

三门峡市在文化产业发展方面取得不错成效的同时还存在许多问题。2015年7月,在三门峡市召开的全市文化产业工作推进会上,王振清副市长明确了推动三门峡市文化产业跨越式发展的实施重点:一要在发展重点文化产业上寻求突破,二要在重大项目和龙头企业带动上寻求突破,三要在文化产业园区和基地建设上寻求突破,四要在扩大文化消费上寻求突破,五要在建设现代文化产品市场上实现突破,从而实现完善三门峡市文化产业发展体系,实现文化产业由快速发展到跨越式发展。

2017年三门峡市委制定的《三门峡市文化广电新闻出版发展第十三个五年规划》中就提出要从下面三个方面进一步完善文化产业发展体系。

（一）完善文化发展经济政策

以推进文化体制改革为要务,设立政府文化发展专项资金和基金,制定专项资金、基金管理制度,重点用于扶持基层公益性文化事业发展、支持文化创新和精品生产、扶持具有示范性和导向性文化产业项目的研发;用于国家重要文化遗产的保护和支持重大文化工程项目的建设;用于支持新闻出版项目以及广电设施的覆盖。加大政府对文化事业投入力度,扩大公共财政覆盖范围,保证一定数量的政府财政转移支付资金和新增文化经费主要用于农村文化建设。建立政府对公共文化事业投入的绩效考评机制,推行公共文化活动项目公开招标和政府采购,引入市场竞争机制,制定相应税收政策,吸引和鼓励社会力量兴办公益性文化事业。完善文化产业投融资机制和担保平台,制定相应优惠政策,重点向文化产业倾斜。

（二）深入推进文化体制改革

严格落实新一轮文化体制改革任务。继续完善文化体制机制改革的政策与举措,加快推进公益性文化事业单位内部改革,探索建立理事会、完善法人治理结构试点,建立公共文化服务体系建设协调机制;推动保留事业体制的院团实行企业化管理,完善绩效考核机制,不断增强文化发展繁荣的生机与后劲;进一步深化文化市场综合执法改革,不断完善文化市场综合执法机构体制机制;继续推进县级有线电视传输网络整合,着力解决影响制约文化发展的难题和障碍,构建充满活力、富有效率、更加开放、有利于科学发展的体制机制。

（三）加强文化人才队伍建设

以建设文化人才队伍为要务，紧密结合三门峡市加快转变经济发展方式需要，以高层次领军人物和高素质文化人才培养为龙头，以城乡基层文化人才队伍建设为基础，以职业道德建设和作风建设为动力，加大人才培养投入，优化人才队伍结构，营造良好人才环境，着力打造一支德才兼备、锐意创新、结构合理、规模较大的文化人才队伍，为提升文化软实力、加快文化强市建设提供人才支撑和智力保障。按照《河南省农村"六大员"管理办法（试行）》要求，配齐村级文化协管员，健全基层文化工作队伍。开辟引进高层次文化专业人才的绿色通道，引进文化管理、文化经营、文化艺术等高级人才，为文化事业发展奠定人才基础。

三、公共文化服务体系建设逐步完善

（一）公共图书馆、博物馆等文化服务体系

截至2017年底，三门峡市共有艺术表演团体6个，文化馆7个，博物馆7个，全国重点文物保护单位10个，这些公共文化服务基站的数量近五年来都没有改变。但在2016年，三门峡市增加了2个对公众免费开放的博物馆，加大了服务力度。除此之外，从2015年开始，三门峡市就比较注重非物质文化遗产的保护和传承，入选市级和省级非物质文化遗产名录的非物质文化遗产数量也有所增加。（见表15-5）

表15-5 2013~2017年三门峡市公共文化服务建设情况

单位：个

类别 年份	艺术表演团体	文化馆	公共图书馆	博物馆	对公众免费开放的博物馆	全国重点文物保护单位	入选国家级非物质文化遗产名录	入选省级非物质文化遗产名录	入选市级非物质文化遗产名录
2017	6	7	7	7	6	10	4	33	87
2016	6	7	7	7	6	10	4	33	87
2015	6	7	7	7	4	10	4	31	87
2014	6	7	7	7	4	10	4	29	82
2013	6	7	7	7	4	10	3	27	82

数据来源：三门峡市统计局

（二）广播电视

2017年末全市共有市级广播电视台1座，县级广播电视台5座。2016年末广播人口综合覆盖率达97.33%，电视人口综合覆盖率达97.85%。全市62个乡镇全部建起了文化站（文化中心），95%的行政村建起了文化大院，95%以上的城镇社区建起了文化活动室；所辖的6个县（市）区中有2个进入"全国文化先进县（市）"，1个进入"河南省文化先进县（市）"，全国民间艺术之乡2个，全国农村儿童文化乐园2个。同时，以节假日和庙会等为重点，持续开展文化"三下乡"活动，年均开展文化活动近万次。2011年以来已组织开展《魅力三门峡》戏剧展演周、文艺晚会等广场文化活动30余场次，观众达70余万人次，极大地丰富活跃了群众的文化生活。

表15-6 2013～2017年三门峡市广播电视发展情况

类别\年份	市级广播电视台（个）	市级电视台（个）	市级教育电视台（个）	县级广播电视台	有线电视用户（万户）	广播人口综合覆盖率（%）	电视人口综合覆盖率（%）
2017	1	—	—	5	—	97.38	97.9
2016	1	—	—	5	—	97.33	97.85
2015	1	—	—	5	—	97.22	97.75
2014	1	—	—	5	29.83	97.07	97.62
2013	1	1	1	5	31.45	96.99	97.47

数据来源：三门峡市统计局

四、文化遗产保护开发扎实有效

2014年6月23日，丝绸之路陕县崤函古道成功申报世界文化遗产；虢国墓地、李家窑遗址、庙底沟遗址、陕州古城遗址等大遗址保护管理办法已经出台；仰韶村遗址、庙底沟遗址、西坡遗址的保护规划已获国家文物局批复，由省政府公布实施；完成了仰韶文化博物馆、市博物馆文物库房楼建设及展厅改造、市车马坑陈列馆门楼围墙改造、卢氏城隍庙维修、渑池刘少奇旧居修缮工程等一系列大型文物工程。截至2017年底，三门峡市有世界文化遗产1处，全国重点文物保护单位10处，省级文物保护单位36处，市级文物保护单位112处，文物保护体系进一步完善。2013年，开展了全国第一次可移动文物普查工作，完成了全市13687件（套）文物藏品录入工作，初步建立了可移动文物信息库。坚持落实文物安全责任制,实现了22个馆(库)藏文物安全年。开展了"5·18国际博物馆日""中国文化遗产日"等系列宣传活动,举办了"彩陶中国——纪念庙底沟遗址发现60周年""仰韶文化发现90周年""中国公众考古仰韶论坛"系列大型文化活动,参与了在日本举办的"中国国宝展"、在意大利举办的"丝路遗宝展"等大型对外交流活动10余次。2014年,仰韶文化代表先后赴宝岛台湾和韩国开展文化交流,受到两地群众的欢迎。此外,全力服务三门峡市经济建设,完成中心商务区、城中村改造、南水北调南阳熊家岭墓葬群等重大文物考古勘探发掘项目。非物质文化遗产方面:截至2017年底三门峡市民间传统工艺主要有剪纸、布艺、皮影、澄泥砚、根雕、烙画等20多种,现代工艺主要有青铜器仿制、工艺制镜、秸秆画等10多种,民俗文化主要有社火、秧歌、民居、庙会习俗等6类50余种。这些民间文化资源,被深度整合、开发,向"专、精、特、新、奇"方向发展,被赋予了新的文化内涵和时代形象。截至2017年底三门峡市共被列入国家级非物质文化遗产保护项目4个、省级项目33个、市级项目87个、县级项目398个,被命名为国家级代表性传承人2人、省级32人、市级225人、县级341人。陕县西张村镇庙上村已被列入第一批中国传统村落名录,湖滨区会兴街道会兴村、灵宝市朱阳镇秦池村、卢氏县杜关镇民湾村、陕县西张村镇人马寨村、渑池县段村乡赵沟村、义马市东区办事处石佛村等28个村落被列入首批河南省传统村落名录。启动并实施"河南省稀有剧种抢救工程"以来,完成了扬高戏、皮影戏、木偶戏等稀有剧种的调查、剧本和乐谱的搜集整理、剧目复排、记录拍摄等工作。陕县地坑院文化生态保护实验区正在创建省级文化生态保护示范区。完成了13000册古籍文献的上传登记及设备配备工作,其中,渑池县图书馆保存的古籍清刻本《朱阳书院志》入选第一批河南省珍贵古籍名录。

五、文化产业园区建设方兴未艾

2012年,《关于加快文化产业发展建设具有三门峡地域特色文化强市的意见》中提出,"加快文化产业集聚发展。坚持走集约化发展道路,优化产业布局,发展产业集群,全面提升文化产业规模化、集约化、专业化水平。实施'四大一高'重点项目带动战略,集中抓好传媒大厦、明彩印刷包装产业园、庙底沟遗址文化公园、黄河公园、虢国博物馆二期工程、黄河丹峡二期工程、渑池县文化艺术中心、黛嵋山生态旅游区、伏牛山生态旅游区、许家古寨天官故居综合开发和长宏玉雕工艺等一批重点项目建设,推动文化产业跨越式发展。实施文化产业集群发展战略,加快推进仰韶文化产业园、老子文化产业园和三门峡文化创意产业园三大产业园区建设,着力打造一批规模化、集约化、专业化的大中型文化企业和文化产业集团,重点建设一批特色鲜明、具有较强影响力和辐射力的文化产业集群和文化产业基地,同时推动文化资源要素适度向优秀企业集中,支持一批骨干民营文化企业发展壮大。实施文化拳头产品研发战略,重点抓好仰韶彩陶、三门峡剪纸、虢国青铜器、黄河澄泥砚、陕州石砚、木雕根艺、布艺泥塑、木版年画、书画艺术和奇石古玩等十大产业项目建设和拳头产品研发,进一步提升三门峡文化产品的美誉度和市场竞争力"。

2014年,三门峡文广新局党委制定了"发挥优势,凸显特色,全面推进,重点扶持"的文化产业园区建设整体思路。截至2014年,全市依托历史文化底蕴深厚优势,共规划和正在建设12个文化产业园区,即义马银杏文化产业园、渑池仰韶文化产业园、市区虢国文化产业园、庙底沟考古遗址文化园、灵宝函谷关文化产业园、北阳平根祖文化产业园、阳光生态农业休闲养生园、湖滨区南山文化休闲商务园、华通数码科技文化创意产业园、陕县陕州地坑院民俗文化园、崤函古道世界文化遗产公园、卢氏城隍庙宗教文化产业园。其中重点发展方向是:推动仰韶文产业园、庙底沟遗址文化园、崤函古道世界文化遗产公园、函谷关文化产业园、北阳平根祖文化园、虢国文化产业园等历史文化园区一体化建设;整合东起义马,西到灵宝沿丝绸之路经济带传统文化资源,突出文化特色,发掘文化底蕴,打造豫晋陕黄河金三角经济协作区核心文化坐标,提升三门峡在金三角地区的辐射力和影响力,把三门峡真正建设成既具气韵灵动文化之魂,又有明山秀水多彩之姿的文明画廊。

2015年灵宝函谷关文化产业园区举行河南省文化产业示范园区挂牌仪式,三门峡市第一个省级文化产业示范园区正式诞生。为了不断加快文化资源优势向文化发展优势转变步伐,走出一条优化文化资源跨越发展、文化促进经济社会发展的新路子,2017年三门峡市进一步建设庙底沟文化旅游产业园、函谷关国家级文化产业园、仰韶文化产业园、虢国(郭姓根亲)文化产业园、天鹅湖生态文化产业园,同时建设了地坑院民俗生态文化产业园。

六、文化和旅游有机结合

三门峡最具代表性的是虢国文化和黄河文化。但是,由于缺乏有效的载体,虢国文化刚开始只为历史和考古人员所熟知,随着虢国博物馆的建设,虢国文化逐渐为大众所熟知。开馆至今 10 余年间,虢国文化和虢国博物馆早已声名远扬,中央电视台《东方时空》《探索发现》等栏目曾走进虢国博物馆拍摄专题片,韩国、瑞典、比利时等国的游客也慕名而来,探寻历史悠久、内涵丰富的虢国文化。不少专家和游客反映,虢国博物馆与国内同类博物馆相比有一些差距,如场馆规模小,基础设施及配套服务相对不足;馆内陈展方式落后,观众参与项目少,虢国文化内涵有待加强;虢国墓地遗址保护范围内环境差,存在违建情况,对遗址的保护不利。

为满足市民和游客的客观需求,建设园林式博物馆和一流的文化旅游景区已成为虢国博物馆未来的发展趋势。根据国家及省文物部门的指导意见,结合三门峡休闲文化城市建设及博物馆事业的发展趋势,目前虢国博物馆二期工程建设内容已初步规划完成:加强虢国墓地遗址保护,建设国家考古遗址公园;建设虢国文化产业园;建设虢国博物馆主场馆。如果规划得以审批实施,在不远的将来,市民和游客不仅能在园林般的遗址公园里散步游览、追古溯今,在功能齐全、服务完善、参与度较高的文化产业园里品尝豫西特色小吃、观赏趣味盎然的 4D 虢国故事动画,还能在新扩建的展馆内欣赏各式精美的出土文物、听取相关学术报告、观看精彩逼真的多媒体影像……届时,虢国文化将得到更全面的展示,景区也将成为三门峡文化旅游一道亮丽的新名片。

近几年来,三门峡当地的郭氏宗亲也踊跃参加全国范围内的郭氏家族活动。他们经常组团或结伴参与寻亲联谊、续写家谱、郭氏祠堂和汾阳书院的揭牌庆典等家族盛会,把祖源地的浓浓亲情带到全国各地的郭氏宗亲之中。与此同时,三门峡当地的宗亲活动也搞得红红火火,2016 年和 2017 年的清明节祭祖活动,以开发区山前村郭氏宗亲为主体,市辖六个县(市)、区均有代表团参与了"中国三门峡郭氏祖源地千人祭祖大典"活动。郭氏宗亲活动在三门峡市的频繁举办,也将推动全球 2000 万郭氏宗亲到三门峡寻根问祖、旅游观光,给招商引资带来机遇,给三门峡市的经济腾飞插上有力的翅膀。

2017 年第二十三届黄河文化旅游节和第五届中国特色商品博览交易会

第十五章 三门峡市文化市情报告

也在三门峡同期举办,此次黄河文化旅游节策划组织20项活动,广泛吸引了各方群众。除精彩纷呈的表演和比赛节目外,还组织了沿黄九省"中华源"国际精品旅游线路采购大会,澳大利亚国际商会代表,俄罗斯驻华使馆参赞,匈牙利驻华使馆参赞,美国、德国、法国、意大利、荷兰、日本、新加坡等9个主要客源国和20多个国家、地区的旅游批发商来到了三门峡。特别是中亚地区很多国家参加了这次盛会,他们更好地了解了"一带一路"沿线国家的旅游资源,为双方深入合作打下了良好的基础。三门峡借助于黄河文化旅游节这个平台,成立了沿黄九省(区)黄河之旅旅游联盟,先后举办了全球十大河流对话黄河、中国大黄河旅游国际研讨会、中国(三门峡)黄河旅游国际论坛等活动,立意新、影响远,开启了黄河旅游区域合作的新局面。除此之外,三门峡将围绕白天鹅名片做文章,围绕函谷关等文化旅游资源提名气,大力开发山水游、民俗游等,打算通过1到2年的努力,打造1到2家国家5A级景区和若干个4A级景区;力争使旅游业对GDP的贡献率达15%以上,旅游业从业人数对就业总人数的贡献率达20%以上,年游客接待人数达常住人口的10倍以上;农民人均纯收入的20%来自旅游收入,旅游税收占地方税收的比重超过10%,使三门峡真正成为全国知名的旅游目的地、国家黄河华夏文明旅游带核心城市和晋陕豫黄河金三角旅游的集散中心。

2017年末三门峡市共有国际旅行社和国内旅行社49家;旅游景区(点)24处,其中A级旅游景区(点)18处,4A级以上景区14处,旅游星级饭店16家。全年共接待海内外游客3467.90万人次,其中接待入境游客10.72万人次,接待国内游客3457.18万人次。全年旅游总收入301亿元,相比于2013年增长70.5%,相比于2016年增长16.6%,这也是三门峡市五年来在旅游收入方面取得的最高的增长率(见表15-7)。这些表明三门峡市的旅游业发展得如火如荼。三门峡市也应该抓住这个历史机遇,利用三门峡独有的自然风光和文化资源,大力发展文化旅游。

表 15-7 2013~2017 年三门峡市旅游业发展情况

类别 年份	国际旅行社和国内旅行社（家）	旅游景区（点）（处）	A级旅游景区（点）（处）	4A级以上景区（处）	旅游星级饭店（家）	接待海内外游客（万人次）	接待入境游客（万人次）	接待国内游客（万人次）	全年旅游总收入（亿元）
2017	49	24	18	14	16	3467.90	10.72	3457.18	301
2016	55	27	19	12	17	3028.3	10.2765	3018.02	258.2
2015	57	27	19	12	25	2687	9.7	2677	225.6
2014	53	26	16	8	25	2374.4	9.2	2365.2	202.64
2013	56	27	15	6	25	2054.0	8.5828	2045.4	176.5

数据来源：三门峡市统计局

第四节 文化产业发展问题

一、文化服务业的主体地位不强

一方面是人们陈旧的消费观念与大力发展的文化产业之间的矛盾。文化消费作为满足和提高人们生活质量必不可少的消费活动，不仅体现在对实物消费的增加上，更为重要的是体现在对文化服务产品的消费上，尤其是对提高人们艺术修养的精神产品的消费上。近年来，虽然三门峡市服务业增加值一直保持9%左右的速度增长，但与全国、全省相比，服务业增加值在GDP中的占比仍然偏低。2016年，全国服务业占GDP比重达到51.6%，工业主导向服务业主导转型的趋势更加明显，服务业已成为新常态下全国经济增长的新动力。2016年河南省服务业增加值占GDP的比重达41.9%，而三门峡市服务业增加值占GDP的比重仅为33.5%。

另一方面是以传统服务业为主导的服务业发展格局并未根本改变。批发零售业、住宿餐饮业、交通运输业等传统业态占比达60%以上，而商务服务业、文化娱乐、科学研究和技术服务业、信息传输软件和信息技术等现代服务业尚处于起步和发展阶段，规模不大，实力不强，占比不到40%。作为管理生产和提供城乡居民精神文化产品的三大主管部门，文化系统、广播电影电视系统和新闻出版系统，其行政隶属的相关产业实力不强。

二、缺乏龙头企业

龙头企业的缺乏造成高层次服务产品供给不足。从2017年4月规模以上服务业数据看,全市198家企业中仅有1家大型企业,14家中型企业,其他均为小微型企业。24个行业大类中,有7个行业单位数超过10家,互联网和相关服务业仅1家,软件和信息技术服务业仅3家。另外,三门峡市拥有丰富的文化资源,近年来,三门峡市通过挖掘各地的文化资源,大力建设文化产业园区,文化产业园区成了历史故事的载体。但是这也造成了部分文化产业园区形象不饱满,对市民和游客的吸引力较弱的现状。

第五节 文化产业发展建议与措施

一、发挥政府职能,加强引导作用

一方面,政府要继续推进社会主义文化事业的健康发展和完善公共文化服务体系与文化市场体系,提高人们的精神文化追求,要注重调整和优化文化消费的结构,既要大力扶持和发展主流文化、精英文化、高雅艺术,也要积极引导和支持健康有益的大众文化、流行艺术,还要抢救和保护民间原生态文化艺术,为人们提供多元化的文化消费取向,促进文化消费生态的平衡和良性发展。同时,人们要转变消费观念,尽可能地丰富自己的精神文化生活,不断提升文化消费观念和消费行为。

另一方面,相关政府部门要加强引导,大力推进传统服务业改造提升,培育新兴服务业,构建现代服务业产业体系,在发展现代物流、电子商务的同时,也可以大力发展会展经济、家政服务、养老和健康服务、文化旅游服务、休闲体验农业、金融服务等现代服务业新业态,实现新兴行业和传统行业并举的格局,转变经济发展方式。除此之外,也要注重人才的培养,形成一批服务水平较高、管理理念较新、经营规模与业绩在行业中排名前列的现代服务业企业,打造全国性、地区性知名品牌。

二、加快产业融合,充分发挥效力

目前三门峡市依托丰富的历史文化资源建立了众多文化产业园。依托黄河文化旅游节平台,大力发展旅游业。除此之外,三门峡市的果品产业呈现出精品树、品牌果和特色园、特色果集中连片、规模发展的好态势。2016年,全市水果种植面积287万亩,总产量23亿公斤,种植面积和产量均居河南省第一位;食用菌产业发展迅速,形成了生产、加工、销售、对外贸易一体化格局。近年来三门峡市紧紧围绕特色农业强市建设目标,坚持调结构、抓特色、转方式、增收入,着力做大做强特色农业。三门峡市在单独做好特色农业的同时还可将特色农业转变为旅游资源,将文化、农业旅游结合起来,以丝绸之路上一处极其珍贵的文化遗存——崤函古道为载体,将文化产业园区的文化底蕴与区域特色结合起来,全区域规划,分层次开发,大企业牵引,差异化竞争,品牌化运营,重点是围绕全区域旅游,按照"全景式打造、全季节体验、全产业发展、全社会参与、全方位服务和全区域管理"的要求,加快旅游产业的转型升级。

三、培养专业人才,助推文化产业发展

文化产业的快速健康发展,需要一大批既熟悉市场经济又懂文化的经营者。因此,要特别重视建立一支高素质、新型的文化产业队伍,通过有步骤、有系统、有规模的培训,大力引进和培养文化产业人才,特别是高素质的文化经营、管理人才。所以三门峡市要把文化人才的培养纳入全市人才培养规划,加大人才培养力度和引进力度,顺应文化产业发展要求,建立科学的人才引进、培养、聘用机制,通过多种形式吸纳人才;特别是在文化部门要提高经营管理人员的地位,努力创造优秀经营管理人才脱颖而出的环境。三门峡市现有的高校也应积极承担社会责任,努力为三门峡市的发展培养高层次人才。

第十六章 鹤壁市文化市情报告

鹤壁市位于河南省北部太行山东麓向华北平原过渡地带,是封神榜故事发生地。商朝首都朝歌、周朝第一大诸侯国卫国都城朝歌、战国七雄之赵国都城中牟均位于鹤壁市。鹤壁市也是东亚民族姓氏的重要发源地,林姓、石姓、卫姓、康姓、殷姓及韩国(朝鲜)康氏、琴氏等姓氏均起源于此。鹤壁淇县是中国鬼谷子文化的发祥地,鹤壁浚县是"华北第一庙会"的所在地。除此之外,鹤壁浚县的卫河河道、枋城堰遗址、云溪桥、浚县古城、大伾山浮丘山文化景观、黎阳仓入选国家大运河申遗文物点和总体规划重点项目。作为一座花园城市,鹤壁是全河南水资源最清洁、蓝天最多、最具安全感的城市。2011年鹤壁市被联合国亚太城市发展研究中心、联合国人居环境发展促进会、中国旅游业联合会等七家单位授予"十佳旅游品牌城市"称号。截至2017年,鹤壁市依托自身的特色和资源,已经举办四次中原(鹤壁)文博会。鹤壁市不断提高办会质量和规模,取得了较好的社会效益和经济效益。

第一节 鹤壁市文化资源概述

一、文化鹤壁——历史积淀深厚

(一)鹤壁淇县:中国鬼谷子文化之源

春秋战国时期,群雄并立,战事频仍,涌现出了孙膑、庞涓、苏秦、张仪、茅蒙、徐福、尉缭、毛遂等一大批灿若星辰的军事家、纵横家、外交家,在中国五千年的文明史上写下了极其绚烂的篇章。人们更应该记住的是,这些军事家、纵横家、外交家都是鬼谷子王禅的弟子,王禅隐居讲学之地就在淇县境内的云梦山中。淇县地处豫北,历史悠久,文化灿烂,是河南省首批历史文化名城,曾为殷末四代帝都和卫国国都。淇县县城西南15公里处的云梦山曲径通幽,山势峻峭,溪流淙淙,野花漫山,乃鬼谷子聚徒讲学之地。

云梦山现存元、明、清及民国年间的摩崖题记200余处,其中大量文字记载了鬼谷子曾隐居云梦山。大元大德三年(1299年),负责编撰国史的王恽在云梦山写道:"徘徊读尽摩崖记,却笑无能继后踪。"明代龙门通判窦文的摩崖题记"水帘洞,鬼谷先生隐处"赫然醒目。舍身台处的明代摩崖题记中记述:"战国孙膑到云梦山投师于鬼谷子……"明代《淇县志》中也有"云梦山乃鬼谷先生仙栖之处"之说。清代文学家何士琦在云梦山留下碑刻:"水帘一洞,尤极幽玄,乃鬼谷先生仙栖之处。"云梦山水帘洞,乃鬼谷先生隐居之所。水帘洞高10米,宽6米,进深80余米,是一天然洞穴。水帘洞内,场地开阔,冬暖夏凉,洞顶的钟乳石千姿百态,美不胜收。洞内两道深深的车辙和牛蹄印迹十分明显,传说这是当年鬼谷子乘坐牛车出入其间而留。水帘洞的尽头有一仙水泉,夏秋季节泉水上升每每溢出洞外,形成一道飞瀑,势不可当,啸声冲谷,凉气袭人,蔚为壮观。瀑布注入映瑞池,流经清溪,滋润着山外的大地。

鬼谷子的学术思想博大精深。其传世之作《鬼谷子》是一部奇书,由捭阖、反应、内揵、抵戏、飞钳、忤合、揣篇、摩篇、权篇、谋篇、决篇、符言、转丸、胠箧十四篇以及"本经阴符"七篇和"持枢""中经"组成。这部奇书篇篇高深,字字珠玑,被广泛运用到政治、经济、外交、军事、养生等领域并产生了奇效。比如,运用鬼谷子的雄辩术,可以改善谈判环境;运用鬼谷子的揣摩术,有利于使对方吐露真情;运用鬼谷子的忤合术,有利于帮助确定进退去路;运用鬼谷子的飞钳术,可以取得谈判上的主动权。时至今日,鬼谷子文化早已跨出国门,成为美、日、法、德和东南亚各国竞相研究的对象。《鬼谷子》一书被认为是关于国际交往谋略最早的典籍,众多政界人士、学界人士、商界人士都从鬼谷子的学术思想中吸取谋略智慧,应付日益复杂的国际社会。

在淇县,不管男女老少,提起鬼谷子都耳熟能详,鬼谷子的谋略和智慧也在无形中提升着人们的素养、丰富着百姓的生活、推动着社会的发展。淇县——"中国鬼谷子文化圣地"名副其实。挖掘和传播鬼谷子文化,对于淇县旅游、经济、文化及各项事业发展将起到积极的作用。淇县县委、县政府审时度势,强力打造旅游名县,把研究、抢救、发掘鬼谷子文化提上了重要日程,成立了河南省鬼谷子学术研究会、中国先秦史学会鬼谷子研究分会;编制了《云梦山景区总体发展规划》;对景区内摩崖石刻、古代碑刻、牌坊等反映鬼谷子文化的遗址和文物进行保护,2006年云梦山摩崖石刻被列入全国重点文物保护单位;坚持"人文与自然和谐发展"的理念,大力实施荒山绿化工程,增加植被和森林覆盖面积,改善了云梦山的生态环境。

为扩大云梦山的知名度、深挖鬼谷子文化的思想内涵,1994年至2009年,淇县相继召开两次全国鬼谷子研讨会及中国先秦史学会鬼谷子研究分会成立大会暨第三次全国鬼谷子研讨会。中共中央原副主席李德生亲自到云梦山参观、考察,并题词"云梦鬼谷,中华瑰宝"。2003年,河南电视剧制作中心拍摄了大型历史连续剧《鬼谷子》,使鬼谷文化大放异彩。2004年以来,淇县累计投资1.5亿元,对中华第一古军校遗址进行全面建设和保护,为弘扬鬼谷文化奠定了坚实基础。①

(二)鹤壁浚县:"华北第一庙会"所在地

据《大伾山志》记载,浚县庙会的历史最早可以溯源到大伾山石佛雕刻的后赵时期,距今有1600多年历史。浚县庙会始于每年的正月初一,结束于二月初二,每年的庙会有三个高潮,即初一、初九、十五十六。初一有"登高祈福""散百病"的习俗;初九传说是玉皇大帝的生日,有民间社火表演、祭祀老天爷的习俗;十五十六是为庆祝元宵节。从初一到十五,庙会一波接一波,逐渐达到高潮。浚县庙会规模大,每年吸引周边5省40多个市县300万游客,高峰期每天客流量50万人,被称为"华北第一古庙会",至今仍完整地保持着明清特色。2004年,浚县正月古庙会被文化部列入"中国民族民间文化保护工程第二批试点项目";2006年,被列入"河南省首批非物质文化遗产保护名录";2007年,被公布为"河南民俗经典"。工艺品泥咕咕和民间社火表演两个项目也先后入选国家级非物质文化遗产保护名录。庙会期间,舞狮、舞龙、高跷、旱船等民间社火异彩纷呈,泥玩、古陶、石刻、木雕等民间工艺品交易活跃,各种

---

① 《淇县:鬼谷子文化之源》,《鹤壁日报》,2009年12月22日。

小吃风味独特。浚县正月古庙会被专家誉为民俗文化的活化石。从2009年起,鹤壁市以弘扬春节文化为主线,以浚县正月古庙会为依托,相继举办了六届"中国(鹤壁)民俗文化节",吸引了大批省内外游客。

鹤壁市具有丰富的民俗文化资源,民俗文化节的举办正是为了充分挖掘鹤壁的民俗文化特色,为群众营造欢乐祥和的节日氛围。同时,文化活动搭台,经贸活动唱戏,随着民俗文化节的声名远播,综合经济效益年年攀升,鹤壁市的活力指数、宜居指数、幸福指数等不断提高。鹤壁市民俗文化节已被载入由中国民间文艺家协会编写的"我们的节日"系列丛书之《守望中国节》,并出版发行。

中国民间文艺家协会第七届副主席夏挽群说,"'中国(鹤壁)民俗文化节'已经成为代表鹤壁民俗文化的重要符号,作为我国春节传统文化中的活化石,浚县正月古庙会将逐步迈向传统民俗文化和旅游产业为一体的发展道路,成为鹤壁旅游经济的持续增长点"。

二、生态鹤壁——旅游资源丰富

鹤壁旅游资源丰厚。悠悠淇河,巍巍太行,风景优美,秀丽壮观。浚县、淇县作为国家、省历史文化名城,素以名胜古迹著称。

云梦山位于河南省鹤壁市淇县,为国家级文物保护单位和国家4A级旅游景区。北距安阳市58公里,南距郑州市120公里、新乡市42公里,是以战国军事文化为特色的历史文化类人文风景旅游区。云梦山由主景区战国古军庠、上圣古庙及云梦五里鬼谷大峡谷游览区、云梦大草原游览区三部分组成,面积约26平方公里。景区以景色壮美、文化内涵丰富著称,被称为"青岩仙境",有"中华第一古军校"之美誉。战国时期军事家鬼谷子曾在淇县云梦山隐居讲学,开办了中国第一座军校,培养出了苏秦、张仪、孙膑、庞涓等纵横家、军事家。景区内现有孙膑洞、毛遂洞、舍身台等景点。

朝歌位于今河南鹤壁市南部淇河边,具有3000多年的古都史,是《封神榜》故事发生地,中国华夏文明的主要发祥地之一。淇园是商朝的国家园林,还有三海子、摘心台、鹿台、淇水关、折胫河、纣王墓、三仁祠、箕子庙、荆轲冢、卫国城墙等历史遗迹。历代墨人骚客如陶渊明、柳宗元、王十朋、于谦等都曾到淇县游览观光并作赋题字。

第十六章 鹤壁市文化市情报告

古灵山地处太行山东麓,距淇县城10公里,是国家4A级旅游景区、中国最佳文化旅游景区;是女娲修真处、纣王降香处、《封神榜》故事发生地;主题文化是女娲文化和殷商文化。景区主要由六大游览版块组成:纣王降香处——女娲宫主景区、纣王采暖行宫——朝阳寺、纣王避暑行宫——清凉庵;清代古民居石头城——凉水泉、天下第一铜顶、佛教圣地——灵光阁。现存主要景点有女娲宫、女娲峰、女娲池、太公湖、玉带河、醒目泉、古佛洞、补天阁、灵峰、财神沟、龙潭峡等200余处,自古就有"灵山抱妙寺,神泉涤心埃"的美誉。

大伾山位于河南省鹤壁浚县城东,故又称东山,因其有中国最早、北方最大的石佛而著称于世。该石佛始建于北魏,依山开凿,总高八丈,藏于七丈高的楼内,素有"八丈佛爷七丈楼"之称,为世界佛屋景观之唯一。古时,黄河流于其脚下,每到雨季常会洪水泛滥,故雕石佛以镇之。大伾山风景区是河南省政府1987年公布的首批省级风景名胜区之一。2001年6月被国务院公布为第五批全国重点文物保护单位,属国家4A级景区。大伾山上现存道观佛寺建筑群7处,名亭8座,石窟6处,各式古建筑138间,摩崖碑刻460余处,各具特色。浚县是1994年国务院公布的国家历史文化名城。浚县大伾、浮丘两山是今河南省旅游胜地。大伾山有大石佛、天宁寺、太平兴国寺、天齐庙、禹王庙、孔庙、吕祖祠等景点。《尚书·禹贡》载,禹疏"东过洛汭,至于大伾"①。东汉光武帝在山上筑坛祭天,魏文帝曹丕写《黎阳作》,唐洪经纶、高尚志,明卢象升、王阳明,清王铎、程芳等曾登临,赋诗题词。浮丘山有唐千佛寺石窟、明碧霞宫等,设在碧霞宫内的博物馆,藏有许多稀世珍宝。

五岩山位于鹤壁市鹤山区姬家山乡,因山有五谷,突起五峰而得名。然而五岩山的扬名,却不仅仅因为这里秀美的风景,更因为它有着浓厚的历史文化内涵。据史书记载,隋末唐初著名医学家,被后人尊为"药王"的孙思邈曾隐居此地,采药炼丹,著书立说,在当地留下了许多美好故事和人文佳话,至今还有30多处药王遗迹遗存,其中最著名的就是孙思邈隐居地"药王洞"。五岩山还存有东魏石窟。另外,五岩山的上峪地幔现象,已被专家认定为全国乃至全世界稀有的一大景观。

淇河风光引人入胜,沿岸有秀美多姿的鸡冠山、玄天洞石塔、白龙庙瀑布

---

① 孔国安撰:《尚书十三卷》卷三,四部丛刊景宋本。

等,天然太极图闻名遐迩。位于淇河之滨的黑山上有金山嘉祐禅寺,为佛教圣地,流传有"白蛇闹许仙"的故事,为戏剧《白蛇传》的源本。淇滨区许家沟为淇河优美地段之一,明代著名的小说家、戏剧家罗贯中晚年隐居在这里,完成了巨著《三国志通俗演义》和《水浒全传》。

淇河天然太极图坐落在太行山东麓,鹤壁市区西北5公里处的淇滨区上峪乡境内,自然分布约100平方公里,是我国最大的"天然太极图"。这里山清水秀,风光优美,文物古迹随处可见,有商周文王姬昌的观图台、晒网坡、棋盘山、文王潭,有春秋许穆夫人垂钓处、元代古柏、明朝青岩寺、古瓷窑遗址等等。深厚的历史文化韵味、悠久的历史文化遗产和俊秀怡人、水影山光的淇河风光融为一体,形成了具有鬼斧神工般的奇景妙色。天然太极图就镶嵌在这淇河两岸,荡荡淇水呈反S形环绕阴阳二鱼,阴鱼昂首向西、甩尾东北,阳鱼仰面向东、摆尾西南,纵恒坎离,威然天威。相传这里曾是周文王隐居研卦的地方,也是我国易经文化的发源地,文化之深厚为历史罕见。

鹤壁新区布局精妙、规划科学,楼宇鳞次栉比,道路宽阔笔直,绿树成荫,绿草成坪,三季有花,四季常青,入夜灯火辉煌,流光溢彩,是中原大地一颗璀璨夺目的明珠。自2003年被中国国家旅游局命名为"中国优秀旅游城市"以来,鹤壁不断增加对旅游业的投入,以"一河(淇河)、两城(浚县国家历史文化名城、淇县朝歌古城)、三山(大伾山、云梦山、五岩山)"为重点,努力打造"钻石般晶莹、田园般美丽、火焰般活力"的城市名片。

第二节 公共文化服务体系建设

一、公共文化服务体系建设情况

(一)统筹城乡公共文化设施建设

鹤壁市整合文化资源,创新"三馆合一"模式,推进市、县(区)、乡(镇)、村级四级公共文化服务体系建设,形成了特色文化品牌。鹤壁市投资4000多万元建设图书馆、博物馆、群艺馆"三馆合一"的市文化中心,建筑面积达2万多平方米,会议室、展览室等互相使用,设立市文化中心办公室统一管理;整合公益性文化资源,突出精细化服务,全力打造综合性文化服务平台,产生了"1+1

+1>3"的效应,为中小城市文化设施建设提供了可资借鉴的思路。

鹤壁市将着力建设一批标志性文化工程。完成市艺术中心(群艺馆)、市城市展览馆建设和市博物馆提升改造等项目,推进市图书馆新馆建设,力争把市图书馆、群艺馆、博物馆建成全省省辖市中一流的标志性文化建筑。在火车站、汽车站、淇河沿岸、新世纪广场等主要街区和窗口地段,建设一批具有鹤壁文化内涵的雕塑、标牌和景观设施。加快推进浚县文化艺术中心、淇县文化艺术中心、淇滨区文化馆、山城区图书馆、鹤山区文化中心等重点项目建设,引导县区发展特色博物馆、专业博物馆,将社区文化中心建设纳入城乡规划。到2015年,实现"县区有达标的文化馆、图书馆,乡镇有达标的综合文化站,村有达标的文化大院,社区有达标的文化活动室"的目标。积极鼓励社会捐助,引导社会资金以多种方式投入文化建设,支持各种民办博物馆、图书馆等文化机构发展,形成全社会办文化的良好格局。

(二)提高城乡公共文化服务能力

实施农家书屋建设工程,2012年底实现全市村村有农家书屋的目标;实施文化信息资源共享工程,建设数字图书馆,完善市级支中心,推动市、县、乡、村四级服务体系全部联网;实施公共文化设施免费开放工程,推动各级文化馆(群艺馆)、图书馆、博物馆、乡镇文化站向社会提供免费优质的文化服务;大力发展有线电视,提高入户率;积极发展直播卫星广播电视公共服务,提高偏远乡村广播电视收听收看质量;发展无线数字覆盖广播电视项目,增强广播电视覆盖效果;加快推进电影数字化进程,实现一县一个数字影院的目标;实施农村数字电影放映工程,实现全市每村每月放映一场公益性电影的目标;巩固广播电视"村村通"建设成果,确保"村村通"长期通、优质通;全面推进广播影视数字化、网络化建设,到2015年,全市基本完成广播电视数字化改造,基本实现有线电视数字化、双向化和地面无线数字电视覆盖,积极发展中国移动多媒体广播电视,多角度满足人们动态过程中看电视听广播的需求。坚持政府投资的博物馆、文化馆(群艺馆)、图书馆、乡镇文化站、农村文化大院、农家书屋等设施的公益性质,加强各类基层文化设施的规范化管理,不断提升公共服务水平。推进旅游综合服务中心项目建设,做好城市道路和主要公路旅游标识的设置工作,适时开通市内观光和直达各主要旅游景区的旅游公交线路。加强党报、电台、电视台建设,完善《鹤壁日报》、鹤壁人民广播电台、鹤壁电视台等市属主要媒体采编、发行、播发系统,加快数字化转型,推动全媒体发展,提升传播力、竞争力。支持市属媒体与市外媒体和机构的交流合作,提升鹤壁媒体辐射力、影响力。加快推进有线电视网络整合和数字化整体转换,推进电信网、广电网和互联网三网融合。

农村文化建设扎实推进。在全市开展创建文化建设先进县区、文化建设先进乡镇和文化建设先进社区活动。截至2008年底,全市涌现出中国民间艺术之乡、省级文化建设先进县各1个(均为浚县),省级示范性图书馆1个,省级文化建设先进乡镇9个,省级民间艺术之乡1个,省命名示范性文化站2个、文化大院8个,省级文化特色村和文化产业特色村镇4个。

二、群众文化活动举办情况

(一)组织开展社会文化活动

鹤壁市政府利用重要传统节日和重大节庆活动,精心举办"欢乐鹤壁"广场文化艺术节、群众合唱节等群众文化活动。采取政府购买场次、补贴经费等形式,深入开展"三下乡""舞台艺术送农民"等公共文化下基层活动。创新基层文化活动内容和形式,组织举办各类文化展示和交流活动,推进社区文化、企业文化、校园文化等文化建设,满足不同社会群体的文化需求。

文化广场活动成为全省的特色和亮点,至今已举办12年,累计演出2000余场,观众达600万人次以上。2004年鹤壁市新世纪文化广场被文化部评为"全国特色文化广场"。鹤壁市被评为全省"欢乐中原"广场文化活动先进集体。2008年鹤壁市进一步创新思路,按照"社会文化专业办"思路,筹资100余万元,购置了高水准的专业舞台、音响、灯光等演出设备,综合运用声、光、电等技术手段,打造了在全省堪称一流的广场文化活动平台,组织举办了鹤壁市首届广场文化艺术节,全年演出154场。在全省"欢乐中原"广场文化活动评比中被评为全省第一。全市大型社会文化活动常年不断线,年年有主题,年年有突破。近年来,鹤壁市以繁荣文化艺术为目的,以元旦、春节、五一、七一、十一等重大节日为载体,先后承办河南省小戏小品比赛、民族民间音乐舞蹈比赛等省级赛事多次,组织举办了央视"激情广场"来鹤演出、中国鹤壁民俗文化节等大型文化活动30多个,带动了全市社区文化、校园文化、企业文化的繁荣。

（二）加强艺术精品生产体系建设

2002年，由鹤壁市精心排练的豫剧小戏《调查》，荣获全国第十一届群星奖金奖和第十一届中国人口文化奖。市文化局也因此被中宣部、文化部命名为"全国服务农民服务基层文化工作先进集体"。2004年，由鹤壁市与长春电影制片厂联合拍摄的电影艺术片《七品知县卖红薯》荣获中国电影华表奖优秀戏曲片奖。排演的《伙夫县长》《草根秀才》和现代戏《哈哈乡长》先后获得河南文华新剧目奖。小戏《调查》、戏剧《唐知县斩诰命》《伙夫县长》《石武举别传》、歌曲《捏泥娃》还分别被评为河南省精神文明建设"五个一工程"奖。

第三节 文化产业发展现状

鹤壁市历史文化悠久，地理位置优越，人文景观和自然风光独具特色。历史文化沉淀深重，不仅有仰韶文化，还有龙山文化和殷商文化，特别是民俗文化、军事文化、诗文化享誉中外。浚县、淇县分别是国家级和省级历史文化名城。文体娱乐设施较为完备，建有图书馆、体育馆、游泳馆、艺术中心、球类运动中心等大型文体设施，先后被评为国家优秀旅游城市、省级文明城市和卫生城市。文化品牌独具特色，《七品芝麻官》《七品知县卖红薯》等艺术精品在全国有较大影响。浚县泥塑、民间社火为国家级非物质文化遗产，民俗文化品牌不断提升。鹤壁市具有发展文化产业的良好基础。

一、鹤壁市文化产业发展成果

（一）物质文化产业资源有效开发

鹤壁文化悠久，积淀深厚，在中华民族发展的历史进程中，鹤壁曾经三次成为帝王之都，商代和春秋时期的卫国都曾建都鹤壁淇县，也就是古都的朝歌，战国七雄之一赵国曾定都鹤壁山城区一带，也就是古时的中牟。流经市内的淇河不仅是条史河，也是诗河，更是文化河，中国首部诗歌集《诗经》中共39篇诗歌用来描绘鹤壁淇河两岸的风光和风俗人情。浚县于1989年被确定为省级历史文化名城，1994年被国务院命名为国家历史文化名城，是河南省唯一的县级国家历史文化名城。浚县城东的大伾山是国家4A级景区，其中佛、道、儒三种文化并存；其境内的云梦山是国家4A级景区，主题文化以战国军事文化为主,有"中华第一古军校"的美誉。截至2017年底,全市共有不可移动文物972处,其中,世界遗产1处(2项),国家级文物保护单位11处,省级文物保护单位34处。淇滨区刘庄遗址被列入"2005年度全国十大考古新发现"。全市8家博物馆共收藏文物数量62996件(套)。

（二）非物质文化资源保护力度加大

截至2016年,全市共有6项省级以上非物质文化遗产,其中国家级的有浚县泥塑和浚县民间社火,省级的有浚县泥咕咕、淇县落腔、正月古庙会、白蛇和许仙传说。2008年,市政府发布了23项市级非物质文化遗产保护项目名录,其中包括以西周卫国墓地出土文物为代表的青铜文化和鹤壁古瓷窑遗址出土瓷器为代表的陶瓷文化;以孙思邈、鬼谷子、罗贯中、子贡等为代表的历史名人文化;以泥塑、木雕、石雕、剪纸、黄河古陶等为代表的民间艺术;以中国民俗文化节为代表的民俗文化等。

（三）文化产业发展速度较快

多年来,鹤壁市深入发掘隐藏于民间的文化资源,把资源优势转化为产业亮点,研究开发了众多文化产品,文化产业规模已硕果累累。浚县正月古庙会堪称中华第一庙会,在国内外享有极高的声誉。浚县艺风石雕已经做成品牌,其产品销往我国华北、西南、东北等十多个省市,每年的产值达1.5亿元,每年的利税达2500万元。浚县古风陶艺作为河南省著名文化产品,曾荣获中国中部文化产业博览会金奖、首届中国国际博览会金奖、德国大使馆所颁发的特等奖。其产品销往我国20多个省市,部分销往德国、日本、泰国、新加坡等国家和香港、台湾等地区,其品牌深受国内外用户的喜爱。文化产业已成为拉动鹤壁经济增长的重要引擎。

由中国文化产业促进会、河南日报报业集团和省文联主办,市文产办承办,市四季青集团独家赞助的"中原(鹤壁)文化产业博览交易会"自2014年开始举办以来,鹤壁市不断提高办会质量和规模,取得了较好的社会效益和经济效益。2017年之前的三届文博会共吸引省内外参展商2800余家,直接交易额达6.4亿元,参展人数达170多万人次,已成为河南省文化产业的一张靓丽名片。

（四）企业带动作用明显

截至2014年,全市共有各类文化企业及机构3000余家。在新闻出版产业中出版单位2家,出版物发行企业157户,年销售金额4000万元。包装印刷企业71家,年产值8000多万元,实现利税2300万元。全市共有广播电视企业15家,其中有线电视项目每年收入1.1亿元;数字电视项目每年产值2200万元;新媒体项目年产值1000多万元;MMDS(多点微波分配系统)数字微播电视项目年产值700万元;广告项目年产值3300万元;节目栏目项目年产值1750万元。现有市级豫剧团2家(市豫剧团、豫剧一团),县级剧团2家,市豫剧团创作演出的一批精品剧目在中央电视台久播不衰,成为享誉全国的演艺团体,各类剧团收入960万元。全市共有大型门户网站2家,市政府网站及县、区、市直部分单位建立本单位门户网站40多家。全市在网上注册域名的医院、学校和企业单位200多家。全市现有互联网公共信息服务企业2家,网通公司有互联网宽带用户6万余家,电信公司有4000多户,年收入8500万元。

二、鹤壁市文化经济发展情况

(一)经济发展情况

1. 地区生产总值

截至2016年底,鹤壁市地区生产总值已由2012年的553.35亿元提升至769.4亿元,4年增长39%;2017年上半年更是达到393.75亿元,同比增长8%,综合实力跃上新台阶。鹤壁市的生产总值逐年增加,2012~2016年分别为553.35亿元、622.12亿元、682亿元、713.23亿元、769.4亿元。但鹤壁市地区生产总值增长率呈现下滑趋势,依次为10.9%、12.4%、9.6%、4.6%、7.9%,其中2013年是鹤壁市地区生产总值增长最快的一年,2014年开始出现下滑,2016年又有所回升,这也表明鹤壁市的发展呈现稳中求进的趋势。

表16-1 2012~2016年鹤壁市全市生产总值(亿元)

年份 类别	2012	2013	2014	2015	2016
生产总值	553.35	622.12	682	713.23	769.4

数据来源:鹤壁市统计局

2. 人均可支配收入

人均可支配收入可以反映该地区人们的文化消费情况。当人均可支配收入较高时,人们对文化的消费也会相应增加。鹤壁市国民经济和社会发展统计公报数据显示,2012至2016年鹤壁市城镇居民和农村居民可支配收入在逐年增加,城镇居民的可支配收入由2012年的人均12090元增长至2016年的人均26184元;农村居民的可支配收入由2012年的6440元增长至2016年的14022元。在2013年的时候,城镇居民可支配收入得到了较快的增长,增长率达到13%,但2013年之后,增长速度出现了骤降,近两年逐渐趋于稳定,但增长速度不容乐观。而鹤壁市的农村居民可支配收入虽然逐年增加,但农村居民收入总量与城镇居民还有一定差距,并且农村居民可支配收入的增长率也是逐年降低。鹤壁市政府应该提高对增加农村居民可支配收入的重视程度,更好地发挥鹤壁市的民俗资源。

表16-2 2011~2016年鹤壁市城镇、农村居民人口支配收入

单位:元

年份 类别	2012	2013	2014	2015	2016
城镇居民可支配收入	12090	13668	14441	24540	26184
农村居民可支配收入	6440	7312	8166	12995	14022

数据来源:鹤壁市统计局

(二)第三产业发展

2016年在固定资产投资中,国有及国有控股单位投资121.53亿元,增长24.3%;民间投资683.12亿元,增长16.0%。第一产业投资25.67亿元,下降15.1%;第二产业投资519.64亿元,增长24.7%;第三产业投资263.75亿元,增长7.4%。从2012年对第三产业投资198.87亿元,到2016年对第三产业投资263.75亿元,我们可以看出,鹤壁市对第三产业的投资在逐年增加,这也表明鹤壁市对第三产业的重视程度在逐步提高。同时2012~2016年鹤壁市第三产业的增加值也取得了长足的进步,2016年鹤壁市第三产业增加值达到204.09亿元,相较于2012年的99.57亿元,增长了105%。

(三)公共文化服务体系建设

2012年末,鹤壁市共有艺术表演团体6个,文化馆6个,公共图书馆4个,博物馆3个,综合档案馆6个。截至2016年末,共有艺术表演团体2个,文化馆6个,公共图书馆5个,入选国家级非物质文化遗产名录4个。由表16-3也可以看出,鹤壁市从2013年开始重视非物质遗产的保护,除了文化基站的基本建设情况,广播、电视的发展情况也反映了鹤壁市文化服务体系的建设情

况,但是从表 16-3 和表 16-4 整体来看,鹤壁市近几年在公共文化服务体系建设方面并没有太大的进展。

表16-3　2012~2016年鹤壁市公共文化服务建设情况

单位:个

类别 年份	艺术表演团体	文化馆	公共图书馆	博物馆	档案馆	入选国家级非物质文化遗产名录
2016	2	6	5	—	—	4
2015	2	6	5	—	—	4
2014	2	6	4	2	6	3
2013	2	6	4	3	6	3
2012	6	6	4	3	6	—

数据来源:鹤壁市统计局

表16-4　2012~2016年鹤壁市广播电视发展情况

单位:个

类别 年份	广播电台	中短波广播发射台	电视转播台	电视台	教育台	广播人口和电视人口综合覆盖率(%)
2016	4	2	2	3	1	100
2015	4	2	—	3	1	100
2014	1	1	—	5	1	100
2013	1	1	—	1	1	100
2012	1	1	1	—	5	98

数据来源:鹤壁市统计局

(四)旅游业

截至 2016 年底,全市获得经营许可证的 A 级旅游景区(点)9 家,其中 4A 级 4 家;拥有组团、国内旅行社 13 家;星级酒店 10 家。全年来鹤旅游人数 1856.40 万人次,比上年增长 16.0%,其中接待外国及港澳台旅游者 8320 人次,增长 3.0%;接待国内旅游者 1855.60 万人次,增长 16.0%。实现旅游总收入 81.60 亿元,增长 21.7%;旅游外汇收入 189 万美元,增长 20.3%。由表 16-5 也可看出,鹤壁市旅游业发展势头良好,接待海内外游客数量在逐年增加。鹤壁市拥有非常丰富的民俗资源,鹤壁浚县的古庙会有"华北第一古庙会"之称,

2018年正月期间,浚县古庙会更是得到了河南各界的关注,吸引了大量游客,日客流量逾20万人。随着人们对传统文化和手工艺重视程度的增加,鹤壁市政府应该积极将文化和旅游结合起来,利用当地的特色,开发特色旅游新模式。

表16-5 2012~2016年鹤壁市旅游业发展情况

类别\年份	国内旅行社(个)	A级旅游景区(个)	星级饭店(个)	接待海内外游客(万人次)	接待国外及港澳台游客(人次)	接待国内游客(万人次)	全年旅游总收入(亿元)	旅游外汇收入(万美元)
2016	13	9	10	1856.40	8320	1855.60	81.60	189
2015	13	8	10	1600.40	8079	1599.60	67.03	157.17
2014	12	8	14	1388.48	7808	1387.70	55.40	247.4
2013	12	8	12	1197	7790	1196	37.2	243.23
2012	12	8	12	1025	7476	1024	176.5	229

数据来源:鹤壁市统计局

三、鹤壁市文化产业发展问题

一是文化产业规模小,产业层次低。鹤壁市文化产业市场取向的改革起步稍晚,文化市场发展不充分,市场取向不明显,2009年文化产业增加值仅占全市GDP的2.9%,与市民生活密切相关的娱乐文化服务业规模偏小,文化艺术商务代理服务等新兴的文化服务行业发展相对缓慢。

二是缺乏大型骨干企业,竞争力弱。鹤壁市文化产业中小型企业居多,经营分散,自我发展较弱,缺少能引领和带动产业快速发展的龙头骨干企业。

三是文化消费需求不足。2011年,鹤壁市城镇居民人均文化消费支出占总消费支出的比重仅为6.6%。

四是经营管理型人才缺失。鹤壁市文化产业从业人员总量偏少,缺少精通产业经营、资本运作、高科技与文化产业结合的人才。

第四节　文化产业发展趋势与对策

一、实施文化精品打造工程,推动优秀文化产品创作生产

(一) 塑造当代鹤壁人文精神

大力弘扬以爱国主义为核心的民族精神和以改革创新为核心的时代精神,弘扬兼容并蓄、刚柔相济、革故鼎新、生生不息的中原文化。深入开展形势政策教育等各种主题教育活动,积极运用报刊、广播、电视等新闻媒体开设专题专栏,大力宣传社会主义核心价值体系,不断坚定广大党员干部群众对中国特色社会主义的信心和信念。加强和改进先进典型宣传工作,大力宣传全市人民推动率先崛起、人民幸福、社会和谐的精神追求,树立鹤壁人的良好形象。广泛动员全社会提炼鹤壁精神的内核表达,内化为全市人民的思想共识,转化为广大干部群众的自觉行动。加强爱国主义教育基地建设,使之成为弘扬培育民族精神和时代精神的重要课堂。

(二) 积极打造文艺精品

组织实施"鹤壁文化艺术精品工程",发掘特色文化资源,建立重点文艺作品项目库,建设文艺作品高端展示平台。大力推进文艺观念、内容、风格、流派的创新发展,重点在戏剧、文学、广播影视、民间文艺、摄影、美术、书法、音乐、舞蹈等领域创作一批体现优秀历史文化、反映时代精神、富有鹤壁特色、具有较高水准、人民喜闻乐见的精品力作。着力传承和发展豫剧牛派丑角表演艺术,鼓励石雕、泥塑、剪纸、玩具等传统民间艺术创作。切实抓好社会主义精神文明建设"五个一工程"、优秀文艺成果奖等省以上重大奖项参赛作品的创作生产。

(三) 发展健康向上的网络文化

加强网络文化阵地建设,抓好市政府门户网站、鹤壁网等重点网站建设,引导商业网站健康发展,提升鹤壁网络媒体的传播力和竞争力。强化互联网信息管理,实施网上舆情日常监测机制、分析研判机制、汇集上报机制,做好网络热点应急处置,及时化解网上舆论危机。加强网络法制建设,完善管理长效机制,推动形成行政监管、法律规范、行业自律、技术保障、公众监督、社会教育

相结合的互联网管理体系。加强对社交网络和即时通信工具等的引导和管理,规范网上传播秩序,培育文明理性的网络环境。

(四)完善文化产品评价激励机制

把群众评价、专家评价和市场检验统一起来,建立有利于出精品、出人才、出效益的评价机制。制定《鹤壁市宣传文化人才、文化精品奖励办法》等制度,建立公开、公平、公正的评奖机制。组织实施好精神文明建设"五个一工程"奖、哲学社会科学优秀成果奖等重点奖项评选工作。

二、实施文化遗产保护工程,创建华夏历史文明(鹤壁)传承创新区

(一)加大文物遗产保护力度

大运河申遗成功,极大地提升了鹤壁市的知名度和美誉度,同时也为鹤壁段遗产展示利用带来了难得的历史机遇。鹤壁市应审时度势,抢抓机遇,弘扬运河文化,挖掘整合资源,着力实施"三大工程",进一步巩固大运河鹤壁段申遗成果,全力打造文化强市。

大运河鹤壁段主要有卫河浚县段、黎阳仓遗址、浚县古城、云溪桥、枋城堰遗址、大伾山浮丘山文化景观、屯子镇码头村古村落等大量物质文化遗产,还分布着以浚县泥咕咕、浚县大平调、浚县民间社火、浚县正月古庙会为代表的国家、省、市、县各级非物质文化遗产百十项。其中,卫河浚县段(浚滑界至浚县城区备战桥)基本保持了历史上卫河的原有风貌,是中国古代运河的典型代表;黎阳仓是隋代永济渠沿线规模最大的官仓,为隋代漕运的历史见证,两项遗产均为中国大运河世界文化遗产项目。

鹤壁市以大运河鹤壁段申报世界文化遗产为契机,以浚县和淇县历史文化名城为重点,以各级文物保护单位为主线,抢救保护一批重要文化遗迹。完成大赉店遗址、淇县商卫故城遗址、黎阳仓遗址、赵南长城遗址的保护发掘工程,做好浚县大伾山古建筑群、淇县云梦山摩崖石刻、淇县田迈造像碑、淇滨区玄天洞石塔、山城区李家大院、鹤山区五岩山东魏石窟等重要文物维修保护工程。同时也积极做好全国、全省重点文化保护单位申报工作。对具有淇河文化特色的古村落、古建筑、古文化遗址等文化资源进行普查,加大规划、保护开发力度。

（二）加强非物质文化遗产保护和传承

建立非物质文化遗产数据库，加强代表性项目和传承人保护，健全完善非物质文化遗产活态传承机制。建设一批非物质文化遗产展示馆，力争创建国家、省级生态文化保护实验区，促进全市非物质文化遗产整体性保护、可持续发展。积极推进中国春节（浚县正月古庙会）申报世界非物质文化遗产工作，争取列入国家级、省级非物质文化遗产保护名录项目分别达到6个、20个，市级非物质文化遗产保护名录项目达到100个。切实加强古籍保护工作，编撰《鹤壁市珍贵古籍名录》。利用"文化遗产日""我们的节日"等重要载体，对非物质文化遗产进行宣传展示。

（三）积极打造特色文化品牌

建设以浚县正月古庙会民俗文化为主要内容的中国春节文化传承区，打造"中国第一春节庙会"、中国（鹤壁）民俗文化节品牌；以古都朝歌为代表的商卫文化展示地，打造"古都朝歌"品牌；以淇县云梦山为代表的中国鬼谷子文化传承地，打造"中国第一古军校"品牌；以淇水诗苑为支撑的中国古代诗歌文化展示地，打造"中华诗源、诗城鹤壁"品牌；以大赉店遗址、大运河浚县段、黎阳仓遗址、宋庄卫国贵族墓地遗址等大遗址保护为代表的华夏历史文明展示地，打造"大遗址"品牌；以鹤壁古瓷窑遗址、冶铁遗址、采煤遗址等为代表的中国古代工业文明保护地，打造"世界最早煤都"等品牌；以端木、殷、林、康等姓氏为代表的中华姓氏文化纪念地，打造"儒商始祖"等全国知名根亲文化品牌；以牛派艺术为代表的豫剧艺术传承地，打造"牛派戏剧艺术"品牌；以"白蛇传"传说起源、罗贯中隐居许沟为依托，与相关地区共同打造中国四大民间传说故事起源地、中国四大古典名著著书地品牌；以承接国内外重要地掷球赛事为载体，打造"中国地掷球之乡"体育品牌。

三、实施文化产业发展工程，提升鹤壁文化整体实力

（一）优化产业空间布局

按照项目集中园区、产业集群发展、资源优势组合、功能集中建设的原则，根据全市文化地域特色、产业发展态势，构建"一核"带动、"两带"隆起、"三极"支撑、"多点"辐射的空间布局结构，即着力构建以新区为核心，以淇河文化生态带、沿107国道商卫文化带为两带，以浚县黎阳古城、淇县朝歌古城、山城鹤

山老城为支撑极,以淇河文化旅游生态示范区、浚县民俗文化旅游示范区、浚县屯子镇石雕产业集聚区、朝歌商卫文化区、云梦山和古灵山文化旅游区、黄河古陶瓷文化示范区、鹤山区医药文化产业园区等为增长点的文化产业园区集聚发展格局,力争规划建设省级乃至国家级文化产业园区。

(二)实施重大项目带动战略

按照统筹兼顾、分步实施、突出重点、务求实效的要求,高起点规划、高水平谋划、高标准建设一批事关全局、影响深远的重大文化产业项目,以项目建设带动产业发展,以产业发展提升城市形象。近期,要加快推进浚县古城复建、淇水诗苑提升及"一河五园"、云梦山和古灵山景区提升改造、五岩山文化休闲旅游开发、刘邓大军石林军事会议旧址红色旅游开发等一批重大项目建设,带动文化产业快速发展。各县区也要根据自身文化资源优势,在挖掘文化产业项目上下功夫,建立健全文化产业项目储备库,按照"规划一批、建设一批、提升一批、储备一批"的要求,实现项目滚动发展。实施集团化、规模化战略,推动文化资源和要素向优秀企业集中,培育一批文化骨干企业和文化产业集团。

(三)构建现代文化产业体系

根据鹤壁市文化特点和资源优势,要重点发展民间工艺品、文化旅游、休闲娱乐等优势产业,扶持发展文艺演出、出版发行、影视制作、广告会展等传统产业,培育发展文化创意、数字出版、移动多媒体等新兴产业。注重推动文化产业与其他产业融合,提高相关产业的文化含量,延伸产业链,提高附加值,拓展发展空间。重点推动文化产业与旅游、体育、信息、现代农业、物流、建筑等相关产业融合发展,形成文化引领经济、经济支持文化、文化经济互动的发展格局。

四、实施文化体制机制创新工程,增强文化发展动力活力

(一)深化国有文化单位改革

深化经营性文化单位改革,以建立现代企业制度为重点,培育合格文化市场主体,实现文化资源的市场配置。整合市豫剧团、市豫剧一团资源,深入推进国有文艺院团改革。创新投融资体制,支持国有文化企业面向资本市场融资,支持其吸引社会资本进行股份制改造。重点支持鹤壁日报社、鹤壁人民广

播电台、鹤壁电视台做大做强,筹划鹤壁报业集团、鹤壁广播影视集团。深化公益性文化单位改革,着眼于突出公益属性、强化服务功能、增强发展活力,在文化馆(群艺馆)、图书馆、博物馆等文化事业单位推进内部人事、收入分配、社会保障制度改革,明确服务规范,加强绩效评估考核。

(二)创新文化管理体制

加快政府职能转变,强化政策调节、市场监管、社会管理和公共服务职能,理顺政府和文化企事业单位、行业协会、中介组织的关系,做到政企分开、政资分开、政事分开、政府与市场中介组织分开。按照管人、管事、管资产、管导向相结合的要求,切实加强国有文化资产管理。深化文化市场综合执法改革,健全文化市场综合行政执法机构,加强综合执法队伍建设。严格执行文化资本、文化企业、文化产品市场准入和退出政策,不断提高管理效能。

(三)加强对外文化交流合作

充分利用现有文化资源优势和产业优势,组织举办高水平的文化交流活动和博览会。加强与周边地区和友好城市的文化交流,开展多领域、多层次文化互访合作。举办鬼谷子文化研讨会、中国儒商高端论坛、中国春节文化论坛等特色文化学术研究交流活动。搭建推介平台,加大对本土文艺名家及文艺精品的宣传推介力度。鼓励文化实体、文化界人士主动走出去,选派牛派艺术剧目、民间艺术品、文物会展等特色品牌和艺术形式开展对外交流,增强鹤壁文化辐射力和影响力。

五、实施文化人才建设工程,为文化大发展大繁荣提供有力人才支撑

(一)造就高层次领军人物和高素质文化人才队伍

实施"2511"人才培养工程和文化名家工程,培养20名在省内外有较大影响力的高层次领军人物;培育500名哲学社会科学、新闻传媒、文学艺术、民间工艺、文化产业、旅游、体育、非物质文化遗产等领域的优秀人才;选拔100名优秀青年文化人才主持重大课题、领衔重大项目;引进100名文化创意、广告会展、动漫游戏、文化产业等领域高端紧缺人才和复合型人才,建立一支多领域、多学科、多梯次,结构优化、布局合理、富有创造力的文化人才队伍。积极开展市校合作,共建文化人才教育培训基地。

（二）加强基层文化人才队伍建设

壮大基层文化专干队伍。按上级要求和工作需要，配好配齐乡镇、街道党委宣传委员、宣传干事，乡镇综合文化站专职人员，农村各行政村设置文化协管员。完善机构编制、学习培训、待遇保障等政策措施，吸引优秀文化人才服务基层。发现和培养扎根基层的乡土文化能人、民族民间文化传承人，鼓励和扶持群众中涌现出的各类文化人才和文化活动积极分子，聘请城乡社区有一定专长的人员为义务文化宣传员，形成专兼结合的基层文化工作队伍。

（三）创新文化人才工作机制

完善人才培养开发、评价发现、选拔任用、流动配置、激励保障机制，为优秀人才脱颖而出、施展才干创造良好条件。加大对国家级文艺协会会员的培育和表彰力度，造就一批德艺双馨、影响力强的文化领域杰出人才。对非公有制文化单位人员评定职称、参与培训、申报项目、表彰奖励同等对待。积极营造尊重劳动、尊重知识、尊重人才、尊重创造的社会舆论环境。

第十七章　安阳市文化市情报告

安阳,古称殷、邺、相州、彰德府,是豫北经济、文化、政治中心。从区位上看,安阳位于豫、晋、冀三省交界处,西倚太行山,东连濮阳,北扼邯郸,南依鹤壁、新乡。截至2017年,全市下辖4个区、4个县、1个县级市。作为国家历史文化名城、中国六大古都之一,安阳最为人所熟知的是其曾作为我国获得明确考古支持的最早的朝代——殷商的都城。安阳作为商朝中后期的都城,定都时间长,经济政治发展状况稳定。其出土的甲骨文更是为我国文化发展奠定了坚实的基础。随着文化产业的快速崛起,安阳丰富的文化资源也日渐受到社会各界的重视。在社会快速发展的当下,安阳先后荣膺中国优秀旅游城市、国家园林城市、中国十大特色休闲城市、中国航空运动之都、中国书法名城、2016年度"中国地级市民生发展100强"等称号,未来发展潜力巨大。

第一节　安阳市文化资源概述

一、物质文化资源

安阳是一座3000多年历史和自然文化遗产集于一体的文化名城,是中国八大古都之一,国家历史文化名城。古往今来,安阳都是文化资源极为丰富的地方,其中尤以世界文化遗产——殷墟最为著名,其出土的甲骨文更是代表了殷商文化的精华以及中国文化的起源。除此之外,安阳林州红旗渠、三杨庄汉代遗址、大运河遗址等众多文化资源，都是安阳在历史发展过程中的重要标志，对这些物质文化资源的保护与开发，是安阳文化发展的前提和基础。

（一）资源概述

安阳作为中国八大古都之一，同时也是中国历史文化名城、中国优秀旅游城市、甲骨文最早发现地、《周易》的发源地、大运河重要节点城市，文物资源众多。截至目前，安阳共有世界遗产1处，全国重点文物保护单位22处，省级52处，市、县级313处，不可移动文物3161处，众多数据表明，近年来，安阳在文化遗产发掘和保护方面取得了显著成绩。

安阳历史悠久，文化发展脉络十分完整清晰。公元前1300年左右，盘庚将都城从奄迁到殷，随后273年商朝不再易都。由此，安阳成为我国有考古资料证实的定都时间较长的最早的都城。此后，魏晋南北朝时期的曹魏、后赵、冉魏、前燕、东魏、北齐又先后在此建都。安阳作为《周易》的发源地、红旗渠的故乡，历史文化底蕴十分丰厚。从距今25000年的小南海文化遗址到殷墟，再到红旗渠，每个时代都在这片古老的土地上留下了文明的痕迹。殷商故都殷墟出土的15万片甲骨和包括司母戊鼎在内的大量的青铜器，震惊了世界，奠定了安阳历史文化名城的地位；称为"世界第八大奇迹"的人工天河红旗渠，它所蕴含的红旗渠精神鼓舞激励了几代人，也成为时代精神的重要组成部分；著名的文峰塔，下小上大的造型独树一帜，为安阳八景之一；小南海石窟，佛像丰满、古朴，作为国家重点文物保护单位，昭示着这一带在佛教发展历史上具有重要的地位；纪念宋代三代名相韩琦和著名抗金将领岳飞的宗庙，前者位于安阳古城，后者位于岳飞故里汤阴，它们传承着中华文明的火种；著名佛教圣地灵泉寺和道教圣地洪谷山，宗教文化意韵浓厚。

1. 世界文化遗产——殷墟

安阳的文化遗址中，价值最高、代表性最强的即是世界文化遗产——殷墟。殷墟作为安阳市物质文化资源的代表，是中国商代晚期的都城遗址，位于河南安阳市西北殷都区小屯村周围，由殷墟王陵遗址、殷墟宫殿宗庙遗址、洹北商城遗址等构成。横跨安阳洹河南北两岸，现存有宫殿宗庙区、王陵区和众多族邑聚落遗址、家族墓地群、甲骨窖穴、铸铜遗址、制玉作坊、制骨作坊等众多遗迹，是中国历史上第一个有文献可考、为甲骨文和考古发掘所证实的古代都城遗址，距今已有3300年的历史。殷墟之于中华文明乃至人类文明的独特贡献和独特地位在于它不是一座简单的建筑物，而是一座都城，是一个国家的政治中心、经济中心、军事中心和文化礼仪中心，一个王国的缩影。2006年7月13日，在立陶宛召开的世界遗产委员会第30届会议上，殷墟因符合世界遗产的第(ⅱ)、(ⅲ)、(ⅳ)、(ⅵ)条遴选标准被列入《世界遗产名录》，成为世界文化遗产。殷墟申遗成功是安阳市历史上的一件大事，推动了安阳旅游业的快速发展，也加深了对历史文化资源的保护与开发力度。

2. 世界文化遗产——大运河

大运河滑县段（永济渠）是安阳境内另一处世界文化遗产，现称卫河，地处河南省北部，自浚县曹湾村东入滑县境，经道口镇桥上村至军庄北复入浚县。自南到北流经道口古镇，全长8240米。交通便利，东望齐鲁，西倚太行，自古人杰地灵，历史文化积淀深厚，现存运河河道本体、码头、水闸、道口古镇的城墙、一面街、顺河南街、顺河北街、大王庙等文物遗迹。安阳大运河的历史可以追溯到魏晋时期的邺都，作为魏国的都城，邺都显示了北方地区先进的政治、经济、文化水平，其中以邺都水运交通的发展最为关键，建安十一年（206年），曹操开平虏渠、泉州渠、新河，建安十八年（213年）又开利漕渠，在此之后邺都水运即可由漳水经利漕渠进入白沟，向北达河北平原北端，向南由黄河抵达江淮，邺都随即成为华北平原水运交通的枢纽。

便利的交通使得这一时期的邺都成为多民族文化的聚集地，促进和推动了邺都文化活动朝着多样化发展。作为河南北部区域中心和交通枢纽，安阳地区在这一时期依然吸引着各地文化的汇聚，自隋朝京杭大运河通航以来，安阳凭借其便利的水运条件迅速成为豫北地区的经济、文化中心。

及至明清，道口古镇的繁荣吸引了大量商贾、文人的汇聚。人流的聚集带来了文化的交融，安阳地区二夹弦、大弦戏等民俗文化在文化的交汇中迅速发展起来，为文脉的延续奠定了基础。在众多民俗文化中，尤以安阳市曲沟镇的"抬阁"最具代表性。"抬阁"是我国最古老、最稀有的民间传统艺术之一，一般由4~7岁的孩子在3米高台的彩台上表演各种优美动作。相传春秋末年，孔子和弟子周游列国推行儒家仁政，途经处于魏国和赵国交界地带的干戈沟（今安阳西部曲沟）时，看到战乱的情境，随即向村民宣讲"仁义礼智"的思想。临行时，在众人的要求下，孔子有感于此地民风淳厚，遂用老家曲阜之"曲"取代"干戈"，改名为"曲沟"。由于曲沟的百姓对孔子一行依依不舍，村民便击鼓敲锣,并将善歌童子抬于高桌之上,放喉高歌,欢送圣人。后来逢年过节办庙会,曲沟人就沿用此法娱乐。因表演者多在高台之上,且以亭阁为道具,"抬阁"由此兴起。以"抬阁"为代表的众多安阳民俗文化的传承和传播,不仅为安阳城市人文形象的塑造提供了文化要素,而且更展示了安阳城市文脉的继承延续。这一时期,"曼衍山川环故国,升平歌吹沸高楼"①的安阳真正实现了城市人文形象的塑造和传播。

现如今,具有巨大文化价值的大运河的保护、开发工作已经进入了新的阶段。2006年,滑县政府委托北京达沃斯巅峰旅游景观设计中心以运河老街为主题编制了《道口镇卫河民俗文化休闲街区规划》。2007年,投资1000万元修建连通大宫河至大运河的调节渠,引黄河水入运河。2008年道口镇政府投入200万元对运河沿岸进行环境治理和保护工作。治理和保护大大减轻了运河周边环境污染问题,加强了文化遗产的保护。未来的大运河滑县段,将会成为安阳厚重历史底蕴的新载体。

3. 三杨庄汉代遗址

除了殷墟以外,三杨庄汉代遗址是安阳市另一重要的物质文化资源,是一处西汉晚期规模宏大的汉代村落遗址。14处汉代庭院及道路、湖塘、农田等遗迹,出土了大量汉代遗物,它首次再现了汉代农业乡里的真实景象,为研究汉代的基层社会组织结构提供了绝好的实物资料,也为黄河河道变迁等黄河水文史方面的研究提供了重要的考古资料,堪称"中国庞贝古城"。三杨庄汉代遗址的发现对于展现汉代黄河岸边乡里田园和农耕文明有着重要的价值和意义。遗址首次全景展现了汉代黄河中下游地区乡里田园的直观景象,也首次展现了黄河中下游地区普通农民的居住环境和居住条件,显露了黄河中下游地区普通民居的建筑工艺和建筑技术。因此,2005年,三杨庄汉代遗址被评为"2005年度全国十大考古新发现";2006年,三杨庄汉代遗址作为汉代古遗址,被国务院批准列入第六批全国重点文物保护单位名单。

---

① 出自宋代韩琦词作《安阳好》,全词为:"安阳好,形势魏西州。曼衍山川环故国,升平歌吹沸高楼。和气镇飞浮。笼画陌,乔木几春秋。花外轩窗排远岫,竹间门巷带长流。风物更清幽。"

4. 高陵曹操墓

安阳高陵即曹操墓，是安阳市一处重要的物质文化资源，位于安阳市安丰乡西高穴村，在曹操王都邺北城西12公里处。据《三国志》等史料记载，220年曹操卒于洛阳，灵柩葬在邺城的西门豹祠以西丘陵中。值得注意的是，尽管发掘单位和国家文物局认为此墓为曹操墓，但是，对于是否为曹操墓这个问题，学术界和民间还有许多争议，争议越多就惹得越来越多的学者、游客等人来此参观考察。安阳高陵的发现印证了文献中对曹操高陵的位置、曹操的谥号，他所倡导的薄葬制度等有关记载是确凿可信的。它的发掘成果也为汉魏考古树立了标准的年代标尺。但安阳高陵简办的丧事，被视为耗资巨大的骗局；移风易俗的改革，成了奸诈的证明。但史料终究未被民间传说、文学作品所淹没，曹操墓千百年来的遭际，显示出史实的无奈与顽强，见证了在人言、道德、时间的重压下，历史真实之"轻"与"重"。因此，对安阳高陵的保护开发与研究之路依然漫长。

（二）保护发展现状

近年来，全市文化遗产保护取得了显著成绩：一是积极推进大遗址保护与管理工作；二是顺利完成第三次全国文物普查、第七批全国重点文物申报工作；三是文物发掘与科研取得新成绩；四是进一步加强文物安全工作，在文物保护管理方面迈上了新台阶。

1. 推动大遗址公园建设

2017年，安阳市先后争取了国家、省、市投资1.7亿元，实施花园庄村整体搬迁，积极推进殷墟国家大遗址公园建设。先后编制了《安阳殷墟保护总体规划》《殷墟大遗址公园建设及周边地区发展概念规划》《殷墟出土重要遗迹保护展示项目概念性设计方案》，完成了殷墟、三杨庄汉代遗址国家考古遗址公园评定、申报工作，殷墟成功入选首批国家考古遗址公园，并成功创建国家5A级景区；内黄三杨庄汉代遗址列入国家考古遗址公园立项名单，先后完成了安阳高陵、岳飞庙文物保护规划和崇善寺石塔、天宁寺塔、大兴寺塔等30余项文物保护工程立项或维修保护方案审核工作。全力推进2013年全国第一次可移动文物普查工作，完成全市3171家国有单位的登记、汇总、上报工作，普查登记可移动文物69262件（套），有效保护南大街片区改造30余处不可移动文物，做好了文物古迹和历史文化街区、村镇及历史建筑等保护工作，并把安阳高陵、马氏庄园、袁林等13处文物单位晋升为第七批国保单位；还配合南水北调重点工程和全市基本建设，实施田野考古发掘项目80余项，文物钻探面积320余万平方米，发掘面积2万余平方米，出土了一大批重要文物，编辑出版学术专著和考古发掘报告10余部。先后对加强文化安全工作投资1500余万元，完成安防、消防工程7项，连续多年实现全市文物安全年。

2．开展"豫北冀南文化遗产特区"建设

由于历史行政区划等原因，导致安阳文化遗址有相当一部分位于如今河北省境内，所以在遗产保护过程中，安阳必须坚持开展"豫北冀南文化遗产特区"建设，"强力推进豫北冀南文化遗产特区建设，与邯郸市进行积极有效的沟通联合，打破行政区划，整合豫北冀南范围内文化遗产资源，循序渐进推进豫北冀南文化遗产特区建设，完成豫北冀南遗产特区总体保护规划的编制、审批工作"的目标。此举的推进，将打破行政区划的限制，实现文化遗产的跨域联合保护和开发。不同于长江、黄河等自然景观的保护，物质文化遗产的跨域联合除了要克服地理位置的限制，还必须打破政治、经济甚至法律等意识形态的限制，实现一体化发展。此文化特区的创建，势必会为国内其他文化遗址的保护提供借鉴。

二、精神文化资源

近年来，安阳市全面推进非物质文化遗产保护工作取得显著成效，内黄县、汤阴县、安阳县被文化部命名为"中国民间艺术之乡"，汤阴县被联合国地名专家组中国分部命名为"千年古县"，安阳县淮调、内黄县落腔和汤阴县跑帷子等7个项目被列入国家级非物质文化遗产名录，周易文化、滑县木版年画等34个项目被列入省级非物质文化遗产名录。这些都为精神文化的传承打下了坚实的基础。

（一）资源概述

安阳市的精神文化资源十分丰富，种类繁多，形式多样。例如：市区的周易文化、全盛郑家老粉房粉皮、崔派艺术、北关区泥塑等，滑县的木版年画、万古文盛馆羊肉卤、老庙牛肉、道口烧鸡、二夹弦、大弦戏等，汤阴县的汤阴剪纸、岳飞传说、比干传说、跑帷子等，安阳县的昌村战鼓、曲沟抬阁（背阁）、花架鼓、伦掌九曲黄河灯盏会、三皇炮拳、苏奇灯笼画等，内黄县的高王庙、落腔、扁担偶、李新张年画等,这些都是安阳著名的非物质文化资源。

1. 非物质文化遗产众多

截至 2017 年,安阳市已列入国家级非物质文化遗产名录 3 项(跑帷子、淮调、落腔),省级 23 项(汤阴岳飞传说、周易文化、剪纸、内黄罗卷戏、李新张年画、梅花拳、高王庙会、木偶戏、大平调、井店西瓜豆瓣酱、大槐树腐竹、坠剧、安阳县吕村战鼓、伦掌黄河灯盏会、苏奇灯笼画、曲沟抬阁、全盛郑家老粉房粉皮、姚家膏药、北关区灯谜、烙画,林州市花棍舞、四股弦、陈氏痘疹伤寒),市级 103 项(内黄县 19 项,北关区 21 项,林州市 15 项,汤阴县 12 项,安阳县 13 项,文峰区 8 项,龙安区 8 项,殷都区 5 项,市豫剧团 2 项);国家级代表性传承人 2 人(淮调孙国际,落腔袁章考),省级代表性传承人 12 人(安阳县 7 人,内黄县 3 人,汤阴县 1 人,北关区 1 人),市级代表性传承人 63 人(安阳县 18 人,内黄县 15 人,汤阴县 11 人,林州市 7 人,北关区 6 人,文峰区 2 人,龙安区 2 人,市豫剧团 2 人)。安阳市在省内率先成立了"非遗"保护中心,北关区、安阳县也相继成立了"非遗"保护中心,成功申报 5 个省级非物质文化遗产基地、馆所(社会传承基地:工人文化宫;研究基地:安阳师范学院、安阳市艺术研究所;馆所:内黄年画展示馆、汤阴跑帷子传习所),安阳县安丰乡渔洋村、林州任村镇任村、石板岩乡朝阳村、石板岩乡漏子头村 4 个村落入选第二批中国传统村落名录,安阳县曲沟镇(抬阁)、吕村镇(战鼓)和内黄县(绘画)被命名为"中国民间文化艺术之乡"。

2. 主题文化活动丰富

除此之外,安阳市在近年间陆续开展了安阳市春节民俗文化展,非物质文化遗产进校园、进社区等活动,得到了省文化厅的充分肯定。为扩大安阳市非物质文化遗产的社会影响,政府积极组织安阳市优秀"非遗"项目参加深圳文博会、郑州中秋文化节、开封清明文化节等文化交流活动,对安阳精神文化资源的发展传播起到了重要作用。

近年来,安阳市持续开展节庆文化活动、广场文化活动、专题文化活动及社区文化活动等 800 余项,主要包括安阳新春民俗文化展、殷商文化旅游节、唱响安阳——公益·周末百姓大舞台、百城万场广场系列文化活动、安阳文化大讲堂等,极大地丰富和活跃了全市人民群众的精神文化生活,逐步形成了独具安阳特色的地方文化品牌,成为安阳市文化建设一道亮丽的风景。此外,海峡两岸周易学术论坛及国际讨论会,内黄县的颛顼帝喾陵祭祖节、红枣文化节,汤阴县的岳飞文化节,林州市的国际友好和平艺术节,殷都区"我要上殷都春晚"均如期举办,产生了较大的社会反响。

安阳市非物质文化资源的保护与发展态势较好,但依然存在许多问题:农村文化建设投入仍然偏低,无法满足农民群众的精神文化需求;公共文化服务体系尚不健全,精神文化产品和服务与人民群众日益增长的精神文化需求还不相适应;文艺创作和表演的人才青黄不接,后继乏人,文艺创作精品不多,缺乏创造新意;文化市场管理力量不足,难度较大,经营活动有待进一步规范;非物质文化资源保护任务艰巨,对非物质文化资源的合理利用和科学发展尚需进一步加强;影剧院、电影公司生存困难,文化体制改革难度较大;文化产业发展规模偏小,整体实力不强,非物质文化资源优势尚未转化为产业优势;文化系统干部职工队伍尚需进一步解放思想、转变作风、提高素质,这些问题有待于在今后的工作中切实加以解决。

(二)保护发展工作

在非物质文化遗产保护方面,积极开展了《河南省非物质文化遗产保护条例》宣传贯彻工作,认真组织了国家第四批名录、国家级非物质文化遗产项目资金和省级第四批名录、省级项目资金的申报工作;开展了安阳市非物质文化遗产档案资料的收集和规范工作。截至目前,安阳市已公布4批市级非物质文化遗产名录共115项(涉及167个保护单位),排除国家级及省级项目后为96项(涉及133个保护单位);已公布3批市级非物质文化遗产传承人共139名,排除国家级、省级后为102人;利用春节民俗文化展、"文化遗产日"等活动,深入开展非物质文化遗产保护、宣传工作;督促各县(市、区)成立非物质文化遗产保护机构,完善保护资金预算制度,依法增强非物质文化遗产保护力量;《安阳市非物质文化遗产名录》也即将结集出版。安阳市还加强了非物质文化遗产保护力量,完善了保护机构、资金、人员,逐步建立了鼓励社会力量加入非物质文化遗产保护的工作机制,积极申请、申报国家和省市非物质文化遗产保护支持政策和资金,丰富非物质文化遗产宣传形式和保护形式,加强非物质文化遗产基础工作包括基础设施建设等。

1. 健全保护体系

健全非物质文化遗产保护体系。加大非物质文化遗产保护资金投入力度,建立健全各级非物质文化遗产保护工作机构,建设一支政治强、业务精、善管理的工作队伍。加强非物质文化遗产保护宣传工作,提高社会公众保护非物质文化遗产的自觉意识。其中尤其需要重点抢救濒危非物质文化遗产项目,着重做好抢救濒危非物质文化遗产工作,完善非物质文化遗产名录体系,建立健全保护机制。对文字、图片、录音、录像等各种资料,进行系统化整理、编目、存档,逐步建立非物质文化遗产资料库、数据库,推动非物质文化遗产研究工作,促进非物质文化遗产传承发展。

2. 合理传承开发

依托保护名录,加强传承保护,通过授予传承人称号、鼓励带徒传艺、举办传习班、加强知识产权保护、资助代表性传承人的传承行为,注重资料与实物的收集和整理等一系列措施,使非物质文化遗产发扬光大、后继有人;充分利用多种活动平台,凝聚社会共识,激发广大群众特别是青少年的民族自豪感和对中华文化的热爱,培养、恢复、激活宜于非物质文化遗产生存的生态环境。合理开发非物质文化遗产资源。创新工作思路,鼓励非物质文化遗产的适度开发利用,与旅游发展、文化产业等相结合,逐步培育富有安阳特色和优势的非物质文化遗产精品系列,积极拓展市场,改善非物质文化遗产生存环境。

第二节 公共文化服务体系建设

公共文化服务体系,是面向大众的公益性的文化服务体系,主要包括先进文化理论研究服务体系、文艺精品创作服务体系、文化知识传授服务体系、文化传播服务体系、文化娱乐服务体系、文化传承服务体系、农村文化服务体系七个方面。

根据《中华人民共和国公共文化服务保障法》第三十七条"国家鼓励公民主动参与公共文化服务,自主开展健康文明的群众性文化体育活动;地方各级人民政府应当给予必要的指导、支持和帮助。居民委员会、村民委员会应当根据居民的需求开展群众性文化体育活动,并协助当地人民政府有关部门开展公共文化服务相关工作。国家机关、社会组织、企业事业单位应当结合自身特点和需要,组织开展群众性文化体育活动,丰富职工文化生活"及第三十八条"地方各级人民政府应当加强面向在校学生的公共文化服务,支持学校开展适合在校学生特点的文化体育活动,促进德智体美教育"的规定,安阳市在"十一五"和"十二五"规划中对公共文化服务体系建设做出了明确要求。根据"十一五"和"十二五"规划中公共文化服务体系建设任务完成的具体情况和省政府的要求,安阳市政府在"十三五"规划中,提出了坚持面向基层、服务群众,不断加大公共文化投入,加强公共文化设施建设,构建覆盖城乡、结构合理、功能健全、实用高效的公共文化服务体系的任务要求。

一、公共文化服务体系日趋完善

近年来,在市委、市政府的领导下,安阳市公共文化服务体系得到了进一步的完善,其中文化广电新闻出版事业发展尤为迅速。在安阳市"十二五"和"十三五"规划中的要求下,积极推进建设覆盖城乡的公共文化服务体系,目前已初见成效。

"十二五"期间,安阳市政府扎实推进文化基础设施、文化活动阵地、文化服务网络、文化项目内容和基层文化队伍建设,努力构建具有安阳特色的公共文化服务体系,不断满足人民群众多层次、多样化文化需求,公共文化服务水平明显提高。截至2015年,全市共有市级图书馆2个,群艺馆1个,县级图书馆3个,文化馆8个,各类博物馆、纪念馆15个,信息资源共享工程县级支中心8个,乡镇综合文化站70个,文化信息资源共享工程村级服务点2266个,农家书屋2266个,配套建设社区文化中心17个、文化活动室75个,县级可容纳千人以上的文化广场19个(市区3个,林州市3个,安阳县6个,汤阴县5个,内黄县2个),初步形成了覆盖全市的市、县、乡、村四级公共文化服务体系。

与此同时,安阳市的文化惠民工程也在扎实推进。一是乡镇文化站建设。全市共建成乡镇综合文化站70个,2011年6月全部完工。其中,林州市16个,安阳县21个,内黄县17个,汤阴县10个,文峰区2个,殷都区1个,龙安区3个,总面积27269平方米,总投资2276万元,其中,中央投资972万元,省投资691万元,地方配套投资613万元。同时,安阳市还争取国家资金579万元,建成街道文化中心17个,社区文化活动室75个。二是广播电视"村村通"工程。2011~2012年,顺利完成了林州9个乡镇246个自然村的广播电视"村村通"建设任务,共架设光缆72.75公里,有线联网安装用户1825户,无线数字覆盖140户,安装直播卫星设备2512套。三是"舞台艺术送农民"工程。组织省、市、县三级演出团体,每年向每个乡镇免费送去一场演出。从2011年开始,市财政每年拨付300余万元,采取购买演出的方式,开展"百场文化惠民"公益演出活动,由市崔派艺术研究院每年免费为群众演出100场。四是农村公益电影放映工程。国家、省、市、县按5∶2∶2∶1的比例,每年投入资金539.28万元(中央269.64万元,省107.856万元,市107.856万元,县53.928万元),每月为全市2247个行政村分别放映一场公益电影。五是农家书屋工程。全市共建成农家书屋2266个,每个书屋投资2万元统一配备桌椅设备等,实现了农家书屋在我市的全覆盖。六是文化信息资源共享工程。国家、省、市、县四级财政相继投入资金,建成全国文化信息资源共享工程8个县级支中心和2266个村级服务点。七是全市图书馆、文化馆、博物馆等公共文化场所全部实现了免费开放。

二、公共文化服务形式不断创新

繁荣社会主义文化,丰富人民群众的文化生活,需要有一批相对专业的从事队伍。文化队伍的建设以往都是以培养政府专干人员为主,志愿者参加为辅。政府人力有限,志愿者服务能力参差不齐,尤其在基层文化服务单位人员缺乏更为严重,人力的短缺为乡村公共文化活动的有效开展增加了难度。为解决基层单位专业人员严重缺乏的问题,引进社会力量,扩充服务队伍。2012年以来,安阳市政府与安阳师院共同开展了政府－高校－社区"321"公共文化服务共建活动,采取"321"共建服务为运作模式("3"即指"政府、高校、社区"的三方合作,保障公共文化服务共建工作顺利进行;"2"即指共建"公共文化服务实践基地"和"公共文化服务培训基地"两个平台;"1"即指三方共建一个核心,即全面提升基层公共文化服务效能),组织安阳各高校声乐、舞蹈、器乐专业大学生深入基层社区,举办各类群众、文化专干培训班,培训乡镇、社区文化专干、群众文艺骨干和文化团体。2014年12月,该项目被确定为首批河南省公共文化服务体系示范项目。2015年1月,该项目又被文化部评为2014年"文化志愿服务推进年"系列活动示范项目。2015年3月,联合安阳师院、安阳工学院和安阳职业技术学院,共同出台了项目实施方案,将参加共建的社区,扩展到各县(市、区)全覆盖。2015年8月,该项目全票入选国家示范项目名单。

该项目启动几年来,有关部门先后组织10余个专业的227名高校大学生和20余名带队老师,深入全市乡镇、社区和县区文化馆,累计举办群众文化培训240余期、各类演出60余场,培训基层文化骨干超过8000人次,基层新增文化队伍80余支,活动受益群众达20余万人。围绕项目建设,各级政府文化部门、街道(乡镇)、社区(行政村)和高校先后投入资金10余万元,用于培训器材采购、设施配套完善和高校学员实践补助。这一活动已经成为安阳市重要的群众文化活动品牌,不仅使在校大学生的专业知识有了用武之地,也更有效地解决了城乡基层文化人才缺乏的问题,有力地提升了全市群众文化活动水平。各级政府和文化部门要进一步加强与社区群众和高校师生的联系、沟通,更好地发挥桥梁、纽带作用,进一步完善资金投入、绩效评估、考核奖惩等制度建设,努力打造具有鲜活生命力的长效机制,进一步扩大品牌活动的知名度和影响力,让更多的群众参与共建项目,为安阳文化大发展大繁荣做出新的、更大的贡献。

安阳市群众文化活动丰富多彩。近年来,持续开展节庆文化活动、广场文化活动、专题文化活动及社区文化活动等800余项,主要包括"安阳新春民俗文化展""殷商文化旅游节""唱响安阳——公益·周末百姓大舞台""百城万场广场系列文化活动""安阳文化大讲堂"等,极大地丰富和活跃了全市人民群众的精神文化生活,逐步形成了独具安阳特色的地方文化品牌,成为安阳市文化建设的一道亮丽的风景。此外,海峡两岸周易学术论坛及国际讨论会、内黄县的颛顼帝喾陵祭祖节、红枣文化节、汤阴县的岳飞文化节、林州市的国际友好和平艺术节、殷都区"我要上殷都春晚"均如期举办,产生了较大的社会反响。

自2012年起连续举办安阳新春民俗文化展,该活动立足安阳市地方文化特色,在春节期间集中举办非物质文化遗产展示、文化产品展示、春节专场文艺会演、手工艺品展销、灯谜竞猜、公益电影展演等文化活动。活动举办以来,参与群众超过240万人次,参展民俗文化产品1000多种,演出文艺节目1400多个,参演人员5600余人次。

除去春节等重大民俗节日,平时安阳还会举办"唱响安阳——公益·周末百姓大舞台""百城万场"广场系列文化活动等活动。自2011年4月开始,每周五晚上在市群艺馆举行的"唱响安阳——公益·周末百姓大舞台",以普通市民群众为主要演员和观众,演出歌舞、戏曲、杂技、音乐、舞蹈、民间节目等,活动每月评出一个优秀节目和月冠军,每季度、每年评出季冠军、年度冠军,并签约参加全市的大型文艺演出、对外文化交流活动。"十二五"期间,该活动共举办文艺演出200余场次,参演人数达7000多人,评出月冠军153个,季冠军51个,年度冠军18个,签约优秀节目200余个,签约优秀团体30多个,观众达15万人次,涌现出俏夕阳舞蹈团、爱乐乐团、百花豫剧团、洹水民乐团、常青合唱团、紫薇艺术团等一大批优秀民间艺术表演团体,被群众亲切地称为"咱家门口的星光大道"。

2012年开始,安阳市按照省文化厅统一部署,每年5~10月,在全市组织开展安阳市"百城万场"系列广场文化活动。活动立足于群众文化需求,采取举办广场演出、培训活动、消夏晚会和放映公益电影等方式,组织开展了各类群众文化活动和下基层文化服务。"十二五"期间,全市共举办大型广场演出439场,其中,安排下乡演出107场,全市70个乡镇平均每个乡镇演出1.5场,参演人员2.8万人,观众87万余人次。2012年"百城万场"活动期间,安阳市的民乐合奏《羑里》、鼓合奏《中国龙》、女声独唱《中国新农村》、女声组合《雨中的蔷薇花》、男声独唱《猛虎雄风》、女声独唱《妇好赋》6个节目,参加了第十一届河南省"群星奖"音乐舞蹈大赛决赛,荣获一等奖2个、三等奖1个。2013年,举办了"唱响文化安阳"群众才艺大赛,先后有600余名业余演员和群众选手参赛,赛事表演观众达万余人次。2014~2015年,为引导广场舞的健康发展,连续组织了两届广场舞大赛,极大地激发了市民参加广场文化活动的热情。

三、公共文化服务质量有待提高

2006年中国共产党第十六届六中全会中提出目标,到2020年基本公共服务体系更加完备。加强公益性文化设施建设,鼓励社会力量捐助和兴办公益性文化事业,加快建立覆盖全社会的公共文化服务体系。优先安排关系群众切身利益的文化建设项目,突出抓好广播电视"村村通"工程、社区和乡镇综合文化站(室)工程、全国文化信息资源共享工程。完善文化产业政策,培育国有和国有控股骨干文化企业,鼓励非公有资本依法进入文化产业,以重大文化产业项目带动发展,推动集约化经营,提供价格合理、形式多样的文化产品和服务,增强文化产品国际竞争力。国家"十一五"和"十二五"规划建设中也对公共文化服务体系建设做了战略部署。

此后,各省市根据本地实际情况,纷纷出台和完善扶持本地文化产业和公共文化服务体系的政策措施。根据《国家基本公共文化服务指导标准(2015~2020)》的要求,安阳市公共文化体系建设质量有了明显提高,已经从硬件要求逐步转向软件升级,从追求公共文化服务项目完善程度转向提升文化活动项目质量,从重申报轻建设逐步转向重视项目建设情况和事后考评,从政府主导转变为引入社会力量多方参与。但是在城乡公共文化体系建设上,县乡一级仍然与城市公共文化体系建设在资金投入,设施提供,活动数量、质量以及民众参与程度和积极性上存在较大差距。有些乡镇的综合文化站仅基础条件达标,服务管理水平低,宣传力度不够,在当地知名度低,开展的活动数量少,村民仅仅扮演着最后结果的观看者;而且由于这些文化活动质量不高,不能满足老百姓的口味,村民仅仅是走马观花似的看几眼就走,提供的文化活动不能吸引民众,相关部门抱着完成任务的心态,办了活动就成,草草了事,达不到以文化活动丰富百姓日常生活、提高文化素质的目的。农家书屋利用率不高。2007年3月,国家新闻出版总署会同中央文明办等8个部委,联合在全国范围内实施农家书屋工程。目前农家书屋工程建设已经完成,但是仍存在诸多问题。一方面,农家书屋知名度非常低,很多村民根本不知道已经有面向农民供农民借阅的农家书屋;另一方面,农家书屋可供借阅的图书数量有限,种类陈旧,难以吸引民众。每月到农家书屋借阅图书的人少得可怜,造成资源浪费,农家书屋形同虚设,亟待规范管理。

长期以来,县乡一级公共文化设施建设资金投入不足,专业人才存在巨大缺口,工程项目实施不到位,执行效率低,政府购买的文化项目并不能满足百姓的口味。造成的结果就是,村民仍旧以自娱自乐的小型文娱活动来丰富闲暇生活,以打麻将、赌博为主,先进健康的文化并未完全占领农村文化阵地,落后腐朽的文化仍然在农村生活空间中占有一席之地,危害着新型农村建设。

第三节 文化产业发展现状

一、文化产业发展现状概述

近年来,随着安阳市对文化产业的大力鼓励和扶持,安阳市文化产业体系初步形成。根据《安阳市"十三五"文化广电新闻出版事业发展规划》统计，2012年安阳全市文化产业增加值实现18.5亿元，增长37%，占GDP的1.18%。全市印刷和图书发行、广播影视、文化旅游、文化娱乐、文化演艺、节庆会展业等众多文化产业方向在近年来均获得了长足进展，初步形成了门类齐全的现代文化产业体系。目前，安阳市拥有国家级文化出口企业1家（凯瑞数码），省级文化产品出口示范基地1家（凯瑞数码），省级文化产业示范基地5家（凯瑞数码、司母戊文化公司、马氏庄园、富林公司、森润公司），省重点文化企业1家（森润工艺品有限公司），河南省文化企业50强企业3家（凯瑞数码、森润公司、司母戊文化公司），省重点文化项目4个（林州航空运动文化旅游项目、红旗渠风景区基础设施建设项目、森润工艺品公司年产360万件工艺品项目、马氏庄园红色景区基础设施项目），河南省文化产业特色乡村1个（安阳县曲沟镇曲沟村），市级文化产业示范基地2个（林州市紫光斋文化市场、殷都区文化艺术研究院经营部）。

政策的支持对文化产业的发展提供了有力的支持，促进了安阳市文化产业的发展壮大。

在印刷和图书发行业，安阳市现有印刷企业154家。其中，出版物印刷企业8家、包装装潢企业68家、排版制版1家、文印企业77家，从业人员3305人，年创利税588.26万元。现有出版物发行单位607家，其中批发企业5家（市新华书店和各县新华书店），零售单位602家，从业人员1977人，利润总额达到1562万元。连续性内部资料性出版物增至31种，如安阳钢铁有限公司《安钢》、市总工会《劳动》、人民医院《医院通讯》、汤阴县委《新汤阴》等，年发行和赠阅量达到20万份。

文化娱乐方面，安阳市现有互联网上网服务营业场所360家，歌舞娱乐场所122家，游艺娱乐场所73家，在册备案的艺术品企业45家。数字影院发展迅速，包括县区在内，全市共有数字影院8家，影厅58个，座位5586个，荧幕数量位居全省第三位。

而在文化演艺业方面，安阳市也展现出了文化创新的巨大活力。安阳市现有国有文化演出团体10家，其中，市直1家（安阳市崔派艺术研究院），各县（市、区）9家（安阳县豫剧团、淮调剧团，林州市豫剧一团、豫剧二团、红旗渠艺术团，汤阴县凤凰豫剧团，内黄县大平调剧团、豫剧团、落腔剧团）。2013年，安阳市崔派艺术研究院在完成全市百场文化惠民演出的同时,积极开拓演出市场,完成商演102场,实现演出收入80万元。近年来,先后创作演出了豫剧《大爱无言》《野牡岭》《曹操立嗣》《马丕瑶出京》等一批优秀剧目,并获得河南省大奖,为丰富安阳文化产业体系做出了巨大贡献。

需要注意的是,"十二五"以来,安阳在推动文化产业发展方面取得了一定的成功,但在发展的同时,也存在着隐患和问题。比如农村文化建设投入仍然偏低,无法满足农民群众文化需求;公共文化服务体系尚不健全,文化产品和服务与人民群众日益增长的文化需求还不相适应;文艺创作和表演的人才青黄不接,后继乏人,文艺创作精品不多;文化市场管理力量不足,难度较大,经营活动有待进一步规范;文物保护任务艰巨,文物资源的合理利用和科学发展尚需进一步加强;影剧院、电影公司生存困难,文化体制改革难度较大;文化产业规模偏小,整体实力不强,文化资源优势尚未转化为产业优势等。这些问题的存在是历史遗留和现实发展共同造成的。这些问题的解决有赖于进一步完善文化产业体系,推动文化产业薄弱环节的发展,在发展的过程中寻求解决问题的办法。

二、重点文化产业发展迅速

在众多文化产业方向中,广播影视和文化旅游是目前安阳发展最为迅速的两个方向。

(一)广播影视行业

广播影视方面,目前安阳有影视制作中心4家(安阳市广播电视剧制作中心、林州天河电视剧制作中心、东方动漫有限公司、甲骨文影视文化制作中心)。近年来,先后拍摄发行了儿童喜剧贺岁电影《落井的硬币》、农村喜剧电影《小锅盖娶亲》、戏曲电影艺术片《柳迎春》、4D电影《甲骨文》、数字电影《别样警花》、电影《刘更新》、电视剧《山情》《天上下雨地下流》《山水情深》《家在洹上》《第四片甲骨》《今生欠你一个拥抱》等,在地区范围内产生了良好的经济效益和社会效益。由于渠道的限制,这些影视作品并未在全国范围内形成较大的影响力,但从主题选择、形式融合、科技应用等方面来看,近些年安阳的广播影视行业确实有了较大的发展。比如2014年上映的河南安阳本土儿童喜剧电影《落井的硬币》,影片通过小女孩安琪执着地寻找一枚落入下水道的硬币,来澄清男青年孙志明被诬赖的事实真相的经过,从而揭示社会生活中人性贪婪虚伪的一面对下一代的影响与危害,宣扬社会真善美的优良美德,对帮助广大中小学生形成正确的人生观、世界观、价值观,起到了积极的作用。同时,影片全程在安阳拍摄,展现了安阳殷墟博物院、中国文字博物馆、易园等文化景观,影片的拍摄、制作、发行把古都安阳悠久的历史文化和崭新的都市面貌展现给了全国观众。而中国文字博物馆中的4D电影《甲骨文》则讲述了从远古社会形成之初,经过结绳记事,到仓颉造字,文字经过无数的演变,甲骨文成为中国最早的成熟文字,其与埃及的纸草文、巴比伦的泥版文等同为人类社会最珍贵的文化遗产。纸草文和泥版文都已失传,而中国的甲骨文几经变异,一脉相承,终于成为现在中国通行的文字。从甲骨文到现代汉字,不仅对中华民族的发展具有巨大的凝聚力,而且记录了中华民族灿烂的5000年文明史。其与4D技术的融合恢宏了甲骨文历史发展传承的气势,同时现代科技的表现手法也使得参观者可以更好地理解甲骨文的内涵和意义,丰富人们对安阳文化的了解。

(二)文化旅游行业

2013年安阳市启动了全市文化旅游产业"双十"工程和文化旅游三年行动计划,在文化旅游产业园区和文化产业园区建设方面取得了不错的成果,着力打造十大文化旅游产业园区。除此之外,红旗渠风景区整体升级改造项目总投资1.5亿元,其中红旗渠新纪念馆已于2015年建成投入运营,景区面貌焕然一新。殷墟出土重要遗迹博物馆项目、安阳高陵保护与展示工程项目以及中国文字博物馆续建工程等重点项目也已谋划启动。2014年,安阳组织举办"九三学社"中央·安阳文化生态旅游高端会议,形成了会议纪要,确定共同推进安阳文化生态旅游发展及生态文明示范区建设的目标。

表17-1 安阳旅游景区一览表

地区 \ 类别	景区景点名称	级别	类型
安阳市区	殷墟	AAAAA	历史遗址
	洹水湾风景旅游区	AAAA	旅游区
	袁林	AA	近现代文物
	天宁寺	AA	古建筑
	蜡梅园	AA	自然风景区
	中国文字博物馆		博物馆
	彰武南海国家水利风景区		综合水利风景区
	郭朴祠		古建筑
林州市	红旗渠	AAAA	风景名胜区
	太行大峡谷	AAAA	风景名胜区
	黄华神苑	AAA	风景名胜区
	天平山	AAA	风景名胜区
	太行屋脊	AAA	风景名胜区
	五龙洞国家森林公园		旅游区
	洪谷山	AA	风景名胜区
	仙台山		风景名胜区
	万泉湖	AA	旅游区
	五龙洞	AA	旅游区
安阳县	马氏庄园	AAAA	古建筑
	珍珠泉	AA	自然风景区
	小南海	AA	人文景观
	灵泉寺		古建筑
	长春观		古建筑
	都里漳河湾	AA	旅游区
滑县	瓦岗军点将台		遗址
	民众博物馆		博物馆
内黄县	颛顼帝喾陵	AAA	古墓葬
	三杨庄汉代聚落遗址		古遗址
汤阴县	羑里城	AAAA	古遗址
	岳飞庙	AAAA	古建筑

数据来源：安阳市统计局

与此同时，安阳市政府于2013年12月发布了《安阳市人民政府关于加快文化旅游产业园区基地发展的意见》，提出要建设包括殷墟国家考古遗址公园、红旗渠太行大峡谷文化旅游产业园、周易文化产业园、曹操高陵文化旅游产业园、三杨庄和二帝陵文化旅游产业园在内的十个"重点文化旅游产业园区",并提出了"用3~5年时间,打造一批在全国、全省有影响的文化旅游产业园区和文化企业,创建1~2个国家级文化产业示范园区、2~3个省级文化产业示范园区、6~8个市级文化产业示范园区,形成年营业收入超10亿元文化企业2个、超亿元文化企业3个、超5000万元文化企业2个、超3000万元文化企业3个,有1个文化企业入选全国文化企业30强,有10个文化企业入选全省文化企业50强,力争使安阳市文化产业法人单位增加值占全市GDP的比重达到5%左右"的发展目标。

表17-2 2011~2016安阳旅游概况

年份 类别	2011年	2012年	2013年	2014年	2015年	2016年
国内外游客总人数(万人)	2268	2504	2727	2969	3428	4025
旅游总收入(千万元)	1530	1689	1845	1975	2530	3350

数据来源:安阳市统计局

(三)文化产业发展问题明显

近些年,虽然安阳文化产业发展取得了不小的进步,但总体还存在着下列问题。

(一)文化资源内涵挖掘不足

安阳有着丰富、优秀的文化遗产,这是举世公认的。在文化产业化过程中,如何充分挖掘丰富的文化资源,是一个十分重要的问题。在文化资源呈散落状分布基础上进行的单一文化产品开发,无法形成产业规模及规模效益。作为现代社会生活的一部分,文化需求和文化消费无论呈现怎样的多样性,但它的基本趋向只能是现代生活期望的满足和补充。如何从消费市场和现代产业角度提炼文化资源的市场价值要素,进行有效的开发和利用,这是安阳文化产业发展必须考虑的问题。安阳文化产业的未来,必将建立在对文化资源进行产业整合的基础上。针对这一点,中国社会科学院考古研究所安阳工作站站长唐际根博士提出了新的思路,他建议,在殷墟保护区内种植小米,用仿商代的陶罐、牛尊等商器形状的编织物包装,作为旅游产品,提高文化含量,以此来深入挖掘殷墟文化内涵。现如今对殷墟的利用,所有的开发思路均需在殷墟地表30厘米以内做文章。安阳的马投涧小米,色泽金黄,粒小味美,但是知名度并不高。经过考古研究,商代主粮就是小米。建议注册"殷墟米"商业品牌,"这样既不会破坏遗址,又能增加收入、推出品牌",以达到深入挖掘安阳文化内涵、创新文化资源开发模式的目的。

(二)文化产业技术力量薄弱

科学技术是第一生产力。没有现代化的生产技术,没有大规模生产,就不能成其为产业。文化之所以能够成为产业,就在于一些高新技术的应用。进入21世纪后,以数字化、网络化和多媒体化为代表的当代信息革命,不仅带来了崭新的经济形态——数字经济和网络经济,而且带来了崭新的文化形态——数字文化和网络文化。现代科学技术批量复制和无障碍传播手段为文化产业发展奠定了基础,成为文化产业发展最重要的支撑。高科技在文化产品生产领域从内容到形式、从生产方式到传播方式都广泛应用,极大地促进了文化产品生产的发展和创新。这点对于安阳来说,是很大的发展制约因素。由于经济发展水平的限制,导致其科技水平较为落后,无法引领时代发展的潮流,极大地制约了文化产业的创新发展。

(三)文化产品市场条块分割

安阳文化产品市场条块分割较为严重,没有形成统一的大市场。首先是行业分割,安阳传统的文化事业单位是按条块分割的方式设立的,目前尽管在不同程度上开始与行政主管部门脱钩,实行专业归口管理,但是离真正的市场竞争还有相当的距离。主要依靠政府行政手段联合与重组的企业,如何同结构调整与体制转型结合起来,仍然是个问题。其次是区域分割,文化生产要素流动的区域壁垒很多,现有体制下的市场主体仍然处于各自为政的状态,跨地区、跨行业、跨媒体经营改革目标遭遇地方行政和行业主管双重阻力,严重影响了安阳文化产业的健康发展。

表17-3 2011~2016年安阳市文化体育与传媒财政支出

年份 类别	2011	2012	2013	2014	2015	2016
文化体育与传媒财政支出(万元)	30313	33417	35792	34542	31012	56032

数据来源:安阳市统计局

第四节 文化产业发展趋势与对策

一、推进制度升级改革

制度是文化发展的核心支撑。投融资制度、人才管理制度、审批制度、分级制度等综合及专项制度的完善,决定了安阳市文化发展能达到何种高度。在此要重点关注与文化产业发展相关的投融资制度,文化产业行业特性与商业银行传统金融产品的准入要求存在不匹配性。因此,推进文化产业的发展必离不开投融资制度的改革,实现文化金融服务全流程。

目前,安阳市的文化市场有着极大的资本优势。一方面,安阳市场中很多产业的资金正在转向文化产业;另一方面,安阳市经济快速增长,也促使域外资金青睐中国市场,吸引了大量域外资金,为文化产业发展提供了机遇。同时,文化产业吸引投资的领域不断扩大,从过去基本上是以国有资金为主逐步转向多元投资机制,但是安阳市多元化的投资机制尚不健全,没有形成制度约束,文化产业的投资担保机制并未形成,文化产业企业融资难的局面没有根本改变。要健全安阳文化产业融资机制应从以下方面努力。

（一）企业融资多样化

1. 政府投资应形式多样化

安阳市在一些文化产业领域还是国有化,这些文化产业企业还需政府投资。安阳有深厚的文化底蕴,非物质文化遗产也十分丰厚,尽管在某些领域如果完全市场化也不利于文化产业的全面成长,但政府投资如果太过单一,则不利于市场公平,政府投资形式应多样化。政府资金对文化产业的投入可以以文化产业的投资基金、奖励性资金、扶持资金、专项资金等多种形式来实施。把资金划分成多种形式有利于企业激发活力,改变以往企业"等米下锅"的不思进取的局面,有利于产业创新。投资基金投资给有市场前景的产业,奖励性资金奖给创造出成果的企业,扶持资金可以投给重点发展的产业,例如登封市政府为少林寺景区的发展提出不少优惠政策,在少林寺走产业化之初为《禅宗少林音乐大典》投入1亿元人民币,以扶持其市场化,这种投资方式十分值得安阳市政府学习。

2. 文化产业企业以私募股权投资融资

在传统的担保模式下,参与方包括银行、企业和担保公司三方,其流程是由担保公司为企业贷款提供担保,银行把贷款贷给被担保的企业。在私募股权投资下,是在传统三方担保模式下引入了提供反担保的第四方,这第四方就是私募投资机构。在传统担保模式下,被担保企业一旦发生财务危机,担保公司和银行就要承担很大风险。而在新的担保模式下,有效规避了传统担保模式的制度风险,即在贷款期内,如果被担保企业发生财务危机,无法按时偿还银行贷款,此时,私募机构可以股权收购、技术收购等形式进入该企业,为受保企业带来现金流以偿还银行债务。即这种担保模式多了一层保险,且私募机构可以进入企业,银行的信贷风险就大大降低。银行放心授贷,企业的贷款难题得到了有效解决。私募股权投资的运用,在金融信贷和投资资本之间搭建起了一座桥梁,企业可以顺利融资,文化产业企业融资困难的局面可以有效缓解。

3. 加大民营资本对文化产业的投资

安阳市对文化产业大力扶持,把文化产业列为支柱性产业,激发了民间资本对文化产业的投资热情,如企业出资投拍电视连续剧、电影,通过创新型的金融工具进行融资等。文化产业吸引了各类产业如房地产、能源、矿山、服务业等领域企业的投资,大批民营资本纷纷参与挖掘安阳文化产业的投资机会,更多的民营资本涉足安阳文化产业领域的投资,对安阳文化产业多元投融资机制的形成产生了重要影响。在安阳国有文化产业企业,可以吸引民间资本参股,制定措施规定民间资本参股比例,在不会发生这些企业被民营资本控股的同时,也吸收了非国有资产对安阳文化产业的投资。

(二)加强政府指导作用

政府在文化产业的发展中应充分发挥指导作用,避免文化产业发展的行政化。例如,为培育我国文化产业骨干企业,鼓励和支持文化企业参与国际竞争,扩大文化产品和服务出口,增强中华文化的国际影响力。根据商务部、外交部、文化部、广电总局、新闻出版总署、国务院新闻办共同制定的《文化产品和服务出口指导目录》,商务部、文化部、广电总局和新闻出版总署近年来每年度都会共同制定《国家文化出口重点企业目录》和《国家文化出口重点项目目录》,从而引导资金投向,对文化产业企业本身也是一种激励措施。再如,上海市为引导资金投向文化产业还出台了《文化产业投资指导目录》,以引导金融机构对本目录内文化产业企业进行投资,并对其实行信贷优惠政策。

制度性地调整国有资本在文化产业各行业中的布局。根据党中央国务院对国有资本布局进行战略性调整的精神,结合文化产业投融资体制的改革,按照国有资本"有所为,有所不为"和保证国家文化、信息安全的原则,以及垄断性文化行业和竞争性文化行业、营利性文化行业和非营利性文化行业的不同特点,确定文化产业投融资体制改革的框架和对国有资本布局进行战略性调整的方案。据此,对关系到国家文化和信息安全的垄断性行业和非营利性行业,国有资本应当"有所为",并逐步增强投入力度;而对国家文化和信息安全关系不大的营利性竞争性行业,尤其是这一行业中的中小型企事业文化单位,国有资本应当"有所不为",除保留部分大型或骨干企事业文化单位,其余应逐步退出。这样可以为非国有经济在这一领域里留出足够的发展空间,既有利于国有资本调整布局结构,同时也有利于非国有经济的发展壮大,促使文化产业的所有制结构进一步优化。

二、健全公共文化体系

文化发展的重要目的即要建设和完善能惠及广大社会民众的公共文化服务体系。2015年1月14日,中共中央办公厅、国务院办公厅印发了《关于加快构建现代公共文化服务体系的意见》,提出了"到2020年,基本建成覆盖城乡、便捷高效、保基本、促公平的现代公共文化服务体系。公共文化设施网络全面覆盖、互联互通,公共文化服务的内容和手段更加丰富,服务质量显著提升,公共文化管理、运行和保障机制进一步完善,政府、市场、社会共同参与公共文化服务体系建设的格局逐步形成,人民群众基本文化权益得到更好保障,基本公共文化服务均等化水平稳步提高"的主要目标。这要求各地市在发展过程中要深刻理解公共文化体系的作用,在完善公共文化服务体系的过程中,提高公共文化服务质量的同时不断创新公共文化服务的形式,使得公共文化体系的建设真正受到人民群众的喜爱。

"十二五"期间,安阳市公共文化体系建设取得了一定成果,公共文化服务体系日趋完善,其中尤以"政府—高校—社区""321"公共文化共建工作实施方案的公共文化定向帮扶模式成果最为显著。这从侧面表明,质量过关、形式创新的公共文化服务体系是活跃社会文化氛围、激发群众文化活力的有力支撑。公共文化服务体系的不断完善是安阳市文化发展过程中不可或缺的重要环节。

（一）内容提炼

公共文化服务体系建设是内容与形式的统一，公共文化服务体系的内容选择和塑造是衡量一个地区公共文化服务质量的基础。安阳市作为中国文化起源地之一，其公共文化服务的主要方向即为历史文化知识的传播，这在一定意义上使得安阳市现能提供的公共文化服务种类略显单一。自2012年开始，安阳市按照省文化厅统一部署安排，每年5～10月在全市组织开展安阳市"百城万场"系列广场文化活动，截至目前共举办大型广场演出439场，其中剧目多为以民乐合奏《羑里》、鼓合奏《中国龙》、女声独唱《妇好赋》为代表的展现安阳历史面貌的传统内容为主，内容题材的单一势必会影响人民群众对公共文化参与的积极性，甚至起到反面效果。在安阳市未来的公共文化发展过程中，需首先进行文化内容的扩展，全方面、立体化地展示安阳地区的文化面貌，对于安阳地区而言，公共文化服务体系只有不囿于历史的羁绊，才能获得新生。

（二）形式创新

优质的文化内容只有通过多样化的表现形式进行展现才能达到良好的效果。在"十二五"期间，安阳市公共文化服务体系建设虽然取得了一定的成绩，但其在文化表现形式方面却没有突出的亮点，公共文化服务仍以歌舞、影视作品、书籍等传统载体为主要依托，公共文化服务基础设施仍集中在博物馆、图书馆等传统场所，公共文化服务的形式并未有很大的改变。随着现代科技水平的不断提高，现代化的形式载体不断更新，多样化的形式选择给了公共文化体系建设无限可能。一些全新的载体陆续出现，其在形式上联系紧密、表现上相互依托，打破了原有载体间的隔阂，呈现出融合发展的态势。政府应在此基础上大力推进由多种载体形式参与的复合型公共文化服务体系的建设，载体的融合不应只停留在形式上的堆砌，而应达到精神上的契合，即在高度概括总结"地区精神"的基础上，充分挖掘地区文化内容，通过多种载体的融合表达来使地区文化内容得到更充分的表现。

三、推进文化人才培养

加强培养文化创意人才,在合理挖掘安阳文化资源的基础上进行文化创意开发是文化产业发展的核心驱动。在这方面,安阳市还有许多工作要做,其中重点要大力培养文化产业人才,为文化产业的发展提供强有力的支持。

安阳市人口众多,就业和再就业压力较大,农村富余劳动力也向城镇转移。文化产业是近年来发展较快的行业,安阳市政府也明确提出扶持这些产业发展的战略,出台了不少优惠政策,并提供了大量的资金支持,这势必需要大量人才从事这一行业。未来15年文化产业就业总量预计可保持9.7%的年增长速度,远高于国民经济就业总量年增长1%的速度。估计2020年我国文化产业就业总量预期目标为4600万,占同期国民经济全部就业总量的5.35%左右,将成为吸纳就业的主渠道之一。

但是,文化产业是高科技与高文化相结合的产业,同时也是与政治、经济、社会发展密切联系的产业,需要各种专业的高级专门人才,尤其在数字化设计、资本运营、投资管理、项目经营、原创生产、现代企业管理等方面的专门人才。一系列艺术院团都需要配备懂艺术、会管理、善经营的主持者,如此等等,都是十分迫切的问题。现阶段,很多域外集团在安阳竞争文化产业人才,导致安阳本来就十分缺乏的文化产业人才大量流失,从而形成了安阳文化产业发展面临的重要挑战。解决好高素质文化产业人才问题,已经成为安阳文化产业发展必须把握好的关键性的战略环节。

在此情况下,安阳文化产业人才的培养要坚持以下标准。

(一)坚持多元发展

我们不仅要重视大学培养,还应广泛调动社会积极性,从其他层面上培养文化人才,满足社会需求。我们不仅要对一些行业的领军人物和特殊人才加强培养,更要注重培养普通文化管理工作者、文化市场营销工作者、文化创造者和制作者。

(二)坚持兼容并蓄

要用事业留人,善待从海外回国的有一技之长的人员。为更好地满足文化产业和文化事业的发展需求,对一些已经在行业中取得学历教育资格的人才,应当开展终身教育和全民教育。同时,安阳市的职业技术教育应当担负起中下端,也是需求量最多的文化人才的培养。

(三)对领军人才跨越培养

对起到领军作用的骨干人才进行超常规和跨越式的培养,使其对国际前沿动态及国内目前的文化事业和文化产业前沿了如指掌。对领军人才的培养不能仅仅靠学校,也不能仅仅靠实践,应该是学校教育和实践锻炼的有机结合。同时,对文化人才的培养教育应当是一个循环往复、不断提升的过程,而不是一次教育定终身。随着文化产业的发展、新型业态的出现,文化艺术与科技的结合,给教育又随时随地提出了新的问题。总之,要改革用人机制,着力营造一种支持创新、创业,有利于吸纳和积聚人才进行文化生产服务的氛围;完善人才激励机制,拓宽人才选拔途径,创造优秀人才脱颖而出的环境,使文化队伍中的人才供给适应文化产业发展。

第十八章　濮阳市文化市情报告

濮阳市位于黄河之滨,冀鲁豫三省交界处,是华夏文明的发祥地之一。2004年被国务院公布为国家历史文化名城,有"颛顼遗都""帝舜故里"之称,据传五帝之一的颛顼曾以此为都,故有帝都之誉。早在8000多年前,濮阳地区已有先民居住,上起磁山裴李岗文化,下迄龙山文化。西水坡仰韶遗址惊现"中华第一龙",奠定了濮阳华夏龙都、中华帝都的地位。濮阳市悠久的历史为世人留下了丰厚的文化资源,包括物质文化遗产和非物质文化遗产。物质文化遗产主要包括众多文物、遗址,如唐朝时期的石佛像、戚城遗址、西水坡遗址等;非物质文化遗产主要包括口头传说、表演艺术、社会习俗、传统手工艺,如挥公传说、杂技、麦秆画等。濮阳市自1988年相继荣获"中华龙乡""国家卫生城市""全国造林绿化十佳城市""中国优秀旅游城市""国家历史文化名城""中国最佳文化生态旅游城市""中国杂技之乡"和"中国帝都,华夏龙都"等荣誉称号。2012年出台的《中共濮阳市委关于文化大发展大繁荣"八大工程"的实施意见》中将濮阳市定义为"华夏龙源之都、东方杂技名城"。

第一节 濮阳市文化资源概述

一、濮阳市历史文化资源丰富殷实

（一）历史遗址资源

濮阳地区历史悠久,濮阳之名始于战国时期,因位于濮水之阳而得名。据考古所得的裴李岗文化器物可知,早在七八千年前这里已有人类活动。几千年来,历代先人在此处繁衍生息,进行生产生活,为后人留下了众多的文化成果。

至2009年底,濮阳市共有各类不可移动文物1279处,国家级文物保护单位5处,省级文物保护单位25处,市、县级重点文物保护单位135处。其中戚城遗址是豫北地区保留的年代最久、延续时间最长的古代聚落城池。西水坡遗址位于河南省濮阳县西,包含仰韶、龙山、东周和汉代等几个时期的文化遗存,并在此发现了我国迄今为止发现时间最早、体型最大、形态最逼真的龙形象,被专家誉为"中华第一龙"。回銮碑,又称"契丹出境碑",位于河南省濮阳城内御井街西侧,此迹为宋辽大战与"澶渊之盟"的唯一见证。仓颉陵遗址位于南乐县梁村乡吴村,遗址上建有仓颉陵墓、仓颉庙、藏甲楼、庙宇和部分碑刻。此外,还有濮阳老城区的明清建筑四牌楼,位于老城区东西大街交会处,是明嘉靖初知州龙大有为表彰都御史侯英为官清正、秉公执法而立,四方匾额镌有16个大字:东为"颛顼遗都",西为"澶渊旧郡",南为"河朔保障",北为"北门锁钥",①这16个字高度概括了濮阳古老的文明和重要的历史地位。以四牌楼为中心的东西南北四条街,保留了数量相当可观的明清建筑,其保存完好程度在河南省名列第三。这些遗留在大地上的文物是地区历史进程最为直观的体现,彰显了濮阳市悠久的历史发展历程和丰富多彩的文化遗存。

（二）非物质文化遗产资源

濮阳市非物质文化遗产众多,截至2015年6月,濮阳市共有14个门类的

---

① "颛顼遗都"指的是濮阳曾经是帝颛顼的都城所在地;"澶渊旧郡"指的是濮阳曾经的称谓;"河朔保障""北门锁钥"则指濮阳是军事重地,针对北宋都城汴梁而言。

非物质文化遗产项目4200余项,其中国家级非物质文化遗产8项,分别为目连戏、大平调、四平调、大弦戏、罗卷戏、柳子戏、东北庄杂技和聂氏麦秆画;省级非物质文化遗产项目共39项,以帝舜传说、五腔调、梅庄马戏、茂家红酒酿制技艺等为代表,列入国家级、省级名录的总数位居全省前三名。全市现有国家级代表性传承人8人、省级代表性传承人42人、市县级代表性传承人470人。此外,濮阳市还有1所河南省非物质文化遗产传习所——濮阳市华龙区东北庄杂技学校,1个河南省非物质文化遗产社会传承基地——濮阳市杂技艺术学校,1个河南省非物质文化遗产生产性保护示范基地——濮阳市茂家状元红酒业有限公司;2个河南省非物质文化遗产展示馆,分别为濮阳市瑞丽麦秆画艺术有限公司麦秆画艺术馆和濮阳市非物质文化遗产展示馆;1个河南省文化生态保护实验区——濮阳传统戏剧文化生态保护区。

(三)其他资源

除了历史文化资源之外,濮阳市还有其他资源,主要包括自然生态资源、名人文化资源和红色文化资源等。

自改革开放以来,濮阳地区着重于城市生态环境的建设。自1995年相继被评为"国家卫生城市""全国造林绿化十佳城市""全国无烟草广告城市""国家园林城市""中国优秀旅游城市""全国城乡绿化一体化试点市""国际花园城市铜奖""首届中国人居环境范例奖""迪拜国际改善居住环境良好范例奖""国际花园城市金奖""中国特色魅力城市200强""中国最佳文化生态旅游城市""中国精彩城市"等。这些荣誉的背后折射出的是濮阳市良好的自然生态环境。濮阳市内分布多处绿色生态公园,如以中原绿色庄园、濮上园为代表的绿色生态旅游胜地,以濮阳县湿地公园为代表的公共生态区等。据《2017年濮阳市政府工作报告》,截至2016年,全市新增绿化面积130万平方米,森林覆盖率达27.5%。

此外,濮阳地区自古以来孕育了大量的杰出人物,远古时期有仓颉、颛顼和尧舜,春秋战国时期有柳下惠、商鞅、吕不韦等,三国至五代时期有张公艺、僧一行、张公谨等,宋至现代有晁说之、李先芳、李文祥等。仓颉造字,结束了结绳记事的历史,《说文解字》这样记载道:"黄帝之史仓颉,见鸟兽蹄迒之迹,知分理之可相别异也,初造书契,百工以乂,万品以察。"①张公艺九世同堂,治家典范,是为承平盛世之象征。天文学家僧一行,创造了四个"世界第一",为后世敬仰。从古至今,这些名人的业绩,于史有征,所呈现的优秀品格值得后人学习。

濮阳市也曾孕育了丰富的红色文化。现在所辖范围内有清丰县单拐革命旧址、台前县将军渡、范县颜村铺革命旧址等。1944～1945年平原分局和军区机关及邓小平带领的北方局先后入驻清丰县单拐村,领导八路军和冀鲁豫军民英勇奋战,取得了抗日战争的最后胜利。单拐村作为冀鲁豫边区抗战大本营,经历了血与火的洗礼,见证了边区军民同舟共济、艰苦奋斗的历程。目前的清丰县单拐革命遗址包括中共中央平原分局革命旧址、中共中央北方局革命旧址、兵工厂旧址、冀鲁豫军区纪念馆等。台前县将军渡为刘邓野战军司令部渡河之处。范县颜村铺革命旧址是以段君毅、曾思玉为首的老革命家于抗日战争时期、解放战争时期在范县、濮县、观城县一带创建的敌后根据地作战指挥中心。旧址目前有完整的砖木结构房屋9间,占地831平方米,室内附属文物保存完好。

二、特色资源光芒重现,部分资源仍被蒙尘

(一)非物质文化资源焕新生

从濮阳市目前的文化产业发展形态来看,非物质文化遗产的产业化状况良好,部分非物质文化遗产适应新的发展环境,结合发展需要,融入现代特色,成就了一批具有地方特色的非物质文化遗产产业形态。濮阳市的国家级非物质文化遗产主要包括东北庄杂技、麦秆画、目连戏、柳子戏等;省级非物质文化遗产代表有茂家红酒酿制技艺、梅庄马戏、麦秆龙、铁花火龙等;市级非物质文化遗产主要有驯兽艺术、挥公传说、二夹弦、坠子书等。

东北庄杂技是濮阳市传统的民间杂技,以"杂技之乡"的东北庄为主要传承基地,与河北吴桥并称"中国杂技南北两故里"。东北庄杂技于2008年6月7日经国务院批准列入第二批国家非物质文化遗产名录。东北庄习演杂技已有300多年的历史,清朝中期进入全盛期,现在的东北庄杂技已经发展成为濮

---

① 许慎:《说文解字》,清文渊阁四库全书本,卷十四下。

阳市一张有力的文化名片。濮阳市政府高度重视杂技资源的保护传承,加大对传统杂技的保护力度,坚持"保护传承与开发建设并重",全力打造东北庄原生态杂技文化产业园,涵盖杂技博物馆、杂技剧场、杂技故里文化街、虎园、杂技学校等一系列配套措施,使得杂技文化在发展的过程中实现了创造性转化,同时也真正地造福人民,使非物质文化遗产走入人们的生产生活。

濮阳麦秆画,与洛阳唐三彩、开封汴绣和南阳玉雕并成为"河南工艺四宝"。麦秆画,又称麦草画、麦秸画等,民间传统手工艺技术,充分利用天然麦秆的自然光泽和材质,经过泡、裁、卷、烫、剪等多道工序制作完成,表现天地风雨、花鸟虫鱼、人物风景、花卉动物等。近年来通过对传统麦秆画的改革创新,濮阳的麦秆画逐渐发展壮大,市内成立了多家麦秆画企业,促进其传承传播。截至2013年,麦秆画从业人员有1000多人,月产量万余幅,年产值达700万元,形成了集研究、培训、生产、销售为一体的发展一条龙,并于2014年12月入选第四批国家级非物质文化遗产名录。

茂家红酒酿制技艺也得到了不断发展,茂家红酒酿制先后经过20多道酿造工序,具有保健养生的功效,被评为"河南省非物质文化遗产生产性保护示范基地"。为促进工艺的有效传承,现已成立茂家状元红酒业有限公司,占地30000平方米,职工有129人,状元红酒年设计生产能力30万瓶,成为濮阳地区传统酒文化领军品牌的同时也逐步成为中华保健酒不可或缺的中坚力量。

市级非物质文化遗产挥公传说讲述了挥公的主要事迹,位于濮阳县南环路上的张挥公园就是对外传播其传说的主要窗口。张挥公园成功举办了"世界张氏总会第二届恳亲大会""世界舜裔联谊会第十九届国际大会",增强了濮阳市的影响力。现在的张挥公园正在着力建设中华姓氏文化创意产业园,占地约533333平方米,项目总投资6.3亿元,将开发建设"姓氏林""老年宗亲文化大学""孝悌文化园亲子教育基地""姓氏名人园""宗亲文化研修院""互联网物联网运营中心""中华宗亲文化风情商业街"等,全力打造教育、旅游、休闲、度假、健身五位一体的姓氏文化主题公园。

这些非物质文化遗产在现代化的背景下都得到了良好的传承创新,做到了取之于民、用之于民。将传统的非物质文化遗产文化进行艺术创造,以更加多元的形式融入人民群众的生产生活之中。非物质文化遗产顺应时代潮流,在新的文化发展背景下实现自身的传承创新才是生存流传后代的根本所在。

(二）特色文化发掘初具规模

"中华第一龙"和"中国杂技之乡"已经成为濮阳市的文化代名词。在西水坡仰韶文化遗址中发现的蚌壳龙使得濮阳市闻名全国，奠定了濮阳华夏龙都、中华帝都的地位。区别于其他地区的文化资源，龙文化资源和杂技文化资源已经成为濮阳地区有力的文化名片。依托龙文化资源，濮阳市目前积极举办龙文化节、打造华夏龙源圣地、建设中华龙园等，旨在时代发展的背景之下继续发扬龙文化资源，突显城市特色。

濮阳杂技的发展已经较为成熟。目前在濮阳地区已经形成了以精品杂技剧为核心产品的国际杂技文化产业园区和以东北庄原生态杂技为核心的华龙区东北庄原生态杂技产业园建设。国家杂技文化产业园区由河南省杂技集团有限公司携手美国奥兰多演艺公司投资8亿元倾力打造，以传统杂技文化为支撑，以濮阳厚重的历史为依托，突显生态环保理念，展现开放包容的城市品牌，打造集龙城历史、杂技文化与现代文明为一体的城市公园。河南省杂技集团于2009年筹资8000余万元，打造出国内首例以"水"为舞台的大型杂技综艺秀，将传统杂技与现代艺术相结合，充分运用现代化的声光电时尚元素，为剧目注入了音乐、舞蹈、花样游泳、跳水表演等多种艺术形式，极大地丰富了杂技的表现形式，将中国杂技带入了一个新的发展时代，并因此荣获中国杂技界的最高奖——金菊奖。杂技剧《水秀》自2009年推出以来，已经成功演出300余场，接待观众30余万人次。此外，濮阳采取扶持政策支持杂技学校的创建，从源头开始抓，打造杂技文化产业发展的完整链条。目前，濮阳杂技艺术学校已经建成投入使用，现开设杂技与魔术、戏曲、音乐、舞蹈、马戏与滑稽五个专业，现有教职员工146名，在校学生1200人。

此外值得一提的是，濮阳地区卫文化丰富多彩，《诗经》中出自濮阳地区的"卫风"达39首。如何将这些文化进行传承，以何种形式传承？一群年轻人给出了答案。2013年，濮阳一帮热爱音乐的年轻人，组建了一支以保护卫风文化遗产为目的的华夏卫风乐团，开始用音乐传播"卫风"文化，让已经尘封千年的卫风文化以通俗易懂的形式进入现代人的视野之中。这支乐队将古乐曲反复揣摩，汲取精华元素并融入现代流行元素，让传统古乐曲再现生命力。自乐队成立以来，在国内高校举办多场音乐会，其中包括北京大学、南开大学等国内著名高校，参加省市多场演出，并启动"国乐进校园活动"，受到了广大观众的热烈欢迎。

（三）历史文化资源开发尚存不足

濮阳地区历史悠久，在历史前进发展的进程中，遗留了众多的文化遗产。虽然濮阳的非物质文化遗产产业化发展前景可观，产业化开发已初具模型，但是濮阳地区的文化发展缺乏系统性和连贯性，整体文化环境建设仍然存在诸多漏洞。对于一个地区的文化发展而言，要处理好整体与部分的辩证关系。如果整体的文化环境建设缺失，那么再多的部分建设也会成为无根之木、无源之水。国内有许多文化特色鲜明的城市，例如西安的唐朝文化、开封的宋朝文化等，这些城市的文化建设都有明显的立足点，都确立了鲜明的城市形象，而濮阳市的文化建设则在这方面做得远远不够。濮阳市作为国家历史文化名城，应充分整合凝炼地方历史文化的特色，确定城市文化主题，落实历史文化名城建设。

从以上文化资源的开发现状来看，濮阳地区的文化发展应该秉承以历史文化资源开发为主，以特色文化资源挖掘为辅，二者相辅相成，共同促进濮阳地区文化的繁荣发展与经济的进步。以灿烂的古文化为主要着手点，以历史文化资源挖掘为发展主线，为文化发展提供良好的文化环境，坚持古为今用，使中华传统优秀文化得到创造性转化、创新性发展；以特色文化资源开发为增光点，发展比较优势，将文化资源优势转化为文化产业优势，构建濮阳市以历史为主线、以特色文化资源为辅助的文化产业发展格局。

第二节　公共文化服务体系建设

公共文化服务对于地区民众文化生活的开展有着根本性的影响，是地区进行文化创造的基础。公共文化服务，是指由政府主导、社会力量参与，以满足人民群众基本文化需求为主要目的而提供的公共文化设施、文化产品、文化活动以及其他相关服务。2015年5月发布的《濮阳市人民政府办公室关于贯彻政府向社会力量购买服务工作的实施意见》，旨在通过向社会力量购买服务促进全市的公共文化服务建设。政府与社会力量的结合有助于改变政府大包大揽的工作模式，促进政府自身运作方式的改革，提高政府管理和服务水平，同时也有利于公共文化服务主体的多元化格局，激发社会活力，为人民群众提供高质量的公共服务。同年10月,国务院办公厅印发了《国务院办公厅关于推进基层综合性文化服务中心建设的指导意见》,2016年6月河南省人民政府办公厅印发了《河南省推进基层综合性文化服务中心建设的实施方案》,可见国家和省政府高度重视基层综合性文化服务中心建设。为推动濮阳市基层公共文化资源的有效整合和统筹利用,提升基层公共文化服务设施建设、管理和服务水平,2017年2月,濮阳市印发了《濮阳市推进基层综合性文化服务中心建设实施方案》,推进全市基层综合性文化服务中心的建设。该方案提出了提供基本公共文化服务、整合公共文化资源、开展基层党员教育工作、做好其他公共文化服务等建设内容,多方面促进公共文化服务体系建设。

随着国家政策的不断鼓励扶持以及地方政府的不断努力,濮阳市的公共文化体系建设逐步完善。据统计,截至2015年5月底,"十二五"期间中央、省、市三级财政共投入濮阳市公共文化服务体系建设资金5.12亿元,比"十一五"期间的2.1亿元增长143.8%。政府资金的不断投入使得濮阳市公共文化服务体系初步建立,文化民生水平显著提高。

一、设施完善——公共文化设施整体建设趋好

在公共文化设施方面,根据数据(见表18-1)显示,截至2016年末,濮阳市共有艺术表演团体179个,文化馆9个,公共图书馆7个,博物馆7个;重点文物保护单位285处,其中全国重点文物保护单位6处、省级重点文物保护单位29处、市级的29处、县级的221处;入选省级以上非物质文化遗产名录的51个。2017年上半年,完成40个基层综合文化服务中心、10个社区图书馆分馆建设工作,各级文化馆(站)开设文化服务项目8个,举办培训班200余期,培训人员10000余人。濮阳市5个县区均建设有图书馆、文化馆,馆舍面积、设置配置、服务功能、接待群众等能力不断提升。全市89个乡镇(街道)综合文化站,有75个达到国家建设标准;行政村(社区)实现农家书屋全覆盖,其中有19个村文化活动室、37个社区文化活动中心的室内面积在100平方米以上,97个村活动室、15个社区活动室面积在200平方米以上。

表 18-1　2013～2017 年濮阳市公共文化服务体系建设

类别 年份	艺术表演团体（个）	艺术馆文化馆（个）	公共图书馆（个）	博物馆（纪念馆）（个）	国家重点文物保护单位（处）	入选国家级非物质文化遗产名录（个）
2013	14	9	7	7	5	7
2014	14	9	7	7	6	8
2015	126	7	6	7	6	57（省级）
2016	179	9	7	7	6	51（省级）
2017	193	9	7	7	5	50（省级）

数据来源：濮阳市统计局

濮阳市建有文化信息资源共享工程支中心 7 个，公共电子阅览室 98 个，广播电视网络实现全覆盖。南乐县、范县、清丰县文化馆达到国家三级馆以上标准；清丰县、南乐县图书馆达到国家三级馆以上标准。2015 年，有线电视用户增加至 32 万户。2017 年，濮阳市广播人口覆盖率 96.7%，电视人口覆盖率 97.3%。以上数据表明，近几年来濮阳市文化基础设施建设不断完善，居民越来越重视自身的文化需求。

二、缤彩纷呈——文化活动开展多元化、精品化

在文化活动的开展方面，成功举办龙文化节、杂技艺术节、范县荷花节、南乐仓颉汉字文化节等大型活动 20 余场，丰富了人民群众的文化生活，传播了地方文化。2015 年，举办春节文艺会演、元宵节民间文艺会演、非物质文化遗产展演等大型系列活动 10 余次。开通"濮阳数字图书馆"，开展"依靠学习走向未来"全民阅读活动。文化品牌活动持续推进，以"舞台艺术送农民""公益演出下基层""文明濮阳·欢乐中原·百城万场""中原文化大舞台"为代表的文化惠民活动开展得如火如荼。以"中原文化大舞台"为例，2016 年度"中原文化大舞台"活动中，濮阳市共安排演出优秀剧目 44 场次，放映公益电影 2000 余场次，受到了广大人民群众的热烈欢迎和一致好评，真正实现了"让优秀剧目演起来、文化场地用起来、文艺工作者动起来、老百姓乐起来、核心价值观活起来"的目标。每年的春节期间，濮阳市委宣传部便会组织大量文化惠民活动。以 2017 年为例，文化活动范围涵盖民俗文化、历史文化、非物质文化遗产等，真正做到了文化服务民众。

濮阳市依托地区的文化资源创作出了一系列文化精品,文化艺术各单位坚持以创作为中心,实施"文艺精品创作"工程。2015年,创作大型现代戏《宅门深处》《蜕变》、大型历史剧《宫锦袍》、杂技《喜洋洋》、舞蹈《画梦》、歌曲《前行的濮阳》、豫剧音乐剧《大义凌云》、小戏《一枝红杏》等45个,获省级以上奖励14项。大型历史剧《清吏郑板桥》获第六届黄河戏剧节金奖,舞蹈《画梦》、独唱《别姬》荣获河南省第十二届群星奖音乐舞蹈大赛金奖,大平调小戏《一篮红杏》荣获第十二届河南省"群星奖"小戏小品(曲艺大赛)一等奖。《尘封军功章》作为河南省廉政巡演剧目,在新郑、济源、商丘、安阳、鹤壁等10多个地市演出20余场;与河南省歌舞剧院合作,组织话剧《老汤》和歌舞晚会10多场,组织开展以"诚信"教育演出活动20场。① 2017年上半年,新推出豫剧《石墨的婚事》《情与法》、杂技剧《水秀》、柳子戏《张清丰》,加工提高《大清诤臣窦光鼐》《白毛女》等一批优秀作品。《水秀》提升改版,自5月中旬推出以来,已演出26场,吸引了晋冀鲁豫观众近4万人,社会效益良好。这些文化精品实现了非物质文化遗产的活态传承,在吸收非物质文化遗产的基础上,融入现代元素,创作出文化精品,实现文化的流通传播,极大地满足了人民群众的文化需求。

在文化服务方面,举办"濮阳市市民大讲堂""文心讲堂"、创新发明、书法绘画、戏曲等专题讲座18期,有10000余人参加。市图书馆、文化馆(站)、文物类博物馆、纪念馆等继续实施免费开放,规范服务项目和服务流程,提高服务水平。截至2017年上半年,全市累计接待参观群众150余万人,利用各类文化设施和文化信息资源共享工程基层服务点,服务群众300余万人次,完成2932个行政村农家书屋出版物更新工作。除此之外,近年来濮阳市积极推进公共文化服务工程,持续推进基层文化综合服务中心建设,主要表现为社区图书馆建设、农家书屋建设、农村电影放映等,将文化活动以多样化的方式送至千家万户。

三、创新建设——公共文化体制改革稳步推进

在公共文化体制建设方面,濮阳市积极探索公共文化服务的新路径、新方

---

① 濮阳文化广电新闻出版局:《濮阳市文化广电新闻出版局2015年工作总结及2016年工作打算》。有效链接:http://www.pywgx.gov.cn/view.asp? id=455

法。濮阳市于2012年推出公共文化的"四有建设",即有人管、有人干、有事干、有钱干。该项举措切实解决了公共文化服务中面临的"人、财、物"难题,实属公共文化服务建设的一大创举。2016年3月,濮阳市认真贯彻落实省委宣传部关于加强基层宣传思想文化工作意见的要求,在全省率先设立宣传文化协管员,并决定利用2年时间,在全市2816个村(居)实现宣传文化协管员全覆盖,为基层建立一支永远不走的宣传文化队伍。2016年6月,濮阳市出台了《基层宣传文化协管员管理办法(试行)》,按照县聘、乡管、村用的模式,公开选拔文化协管员。2016年年初以来,全市已开展基层宣传文化协管员培训班30期,全市基层公共数字文化建设与服务培训班培训人员110人。2016年9月5日,濮阳市以《建好用好基层文化协管员队伍,释放公共文化服务活力和效益》为题,在河南省公共文化服务体系现场会上作典型发言。

此外,濮阳市在全省率先实现了文化、广电、新闻出版资源整合,理顺市、县两级文化行政管理体制;撤销濮阳市演出公司,成立濮阳市非物质文化遗产保护中心,是目前河南省唯——家地市级非物质文化遗产保护机构;撤销濮阳市豫剧团,组建濮阳市戏剧艺术传承保护中心;撤销濮阳市杂技团,整建制并入濮阳杂技艺术学校;濮阳人民广播电台、濮阳电视台合并成立濮阳市广播电视台。此外,濮阳市积极加强公共文化示范区建设。继南乐县取得省公共文化服务体系示范区创建资格后,濮阳县顺利获得第四批示范区资格。

四、尚存不足——濮阳市公共文化建设有待提高

虽然濮阳市的公共文化服务建设取得了一定的成绩,但是仍然存在不足,需要在未来的建设过程中逐步改善。

一是公共文化设施建设仍然有待提高。根据《河南省基本公共文化服务实施标准(2015～2020年)》(以下简称《标准》)要求,省市县级文化馆分别达到部颁三级以上标准。濮阳市目前还有台前县文化馆和濮阳县、范县、台前县3个图书馆达不到国家三级馆标准(华龙区无图书馆)。县级的文化设施建设大多不满足建设要求,水平仍然有待提高。

二是基层公共文化服务落实不到位。基层地区的文化服务,虽然建设了应有的文化设施,例如农家书屋等,但是大部分地区的类似文化场所没有发挥其应有的功效,文化场所被闲置,也没有发挥其应有的文化价值。基层文化场

所重建设、轻管理的现象是在未来的文化建设中需要重点解决的。

三是公共文化服务均等化水平不高。濮阳市的公共文化服务在城乡资源划分过程中没有体现均等化,城市地区的文化设施齐全,可利用的公共文化资源较为充裕,而农村地区的公共文化建设则水平不高。在城乡一体化发展的大环境之下,乡镇的文化建设相比之前有了较大进步;但是,与城市相比仍然存在较大差距,主要体现在公共文化场所数量较少、配套设施少、文化服务缺失等方面。

四是数字化服务手段落后。根据《标准》要求,各地级市要基本形成市级分中心—县级支中心—乡、村级服务点构成的覆盖城乡的数字文化服务网络。基层群众可以通过基层服务点使用文化信息资源及享受数字图书馆、数字文化馆、数字博物馆、数字美术馆资源服务。但是,濮阳市目前的公共文化服务手段仍然较为落后,缺乏对现代科学技术的应用,没有将数字化建设全面推行到公共文化服务领域,服务民众的手段仍然是传统型的,人民群众的文化需求没有得到充分满足。

第三节 文化产业发展现状及难题

濮阳是中原油田所在地,丰富的石油资源曾一度为濮阳的经济带来巨大发展机遇,促进了经济的发展。但是,石油作为不可再生资源无法实现可持续发展,随着开采时间不断加长,开采力度不断增大,石油资源对于经济的拉动正在逐步弱化。在经济发展亟待转型的基础上,在国家大力提倡文化产业发展的背景下,濮阳市政府对文化产业的发展愈发重视,对第三产业的投资不断增长,2012年,濮阳市对文化、体育和娱乐业的固定资产投资额为1.63亿元,2016年对该行业的固定资产投资额已经达到646.4亿元。2012～2016年濮阳市的第三产业呈现稳步增长的态势,增加值不断攀升新高。2012年,濮阳市第三产业增加值为207.41亿元,较上年增长8.8%,2016年,濮阳市第三产业增加值为474.68亿元,较2015年的421.65亿元增长了12.6%。在文化产业的业态方面,产业类型不断增多,由最初的新闻、广电等传统文化产业领域逐步拓展到文化旅游、文化演艺、文化园区等方面。据统计,文化产业的法人单位由2009年的5.87个增加到2015年的53.16个,实现了新跨越。[1]从行业从业人员来看,从业人员不断增多,文化产业增加值连年攀升。从行业看,在文化产业8个行业类别中,文化用品、设备及相关文化产品的生产所占份额最高,2006年实现增加值40598万元,从业人员5400人;其次是文化休闲娱乐业,2006年实现增加值7458万元,从业人员15183人[2]。据统计,2015年濮阳文化产业增加值达49.78亿元,从业人员达35097人。在2012年度中国文化产业金鼎奖颁奖典礼中,濮阳市当选中国文化产业金鼎奖"十佳文化城市"。濮阳市的文化产业处于初创阶段,发展历史并不长,但是近些年经过地方政府的不断努力,濮阳市的文化产业发展呈现出厚积薄发、欣欣向荣的发展态势。

一、涉猎广泛的文化产业项目成为中坚力量

目前,濮阳市的文化产业发展以产业项目带动为主要思路。在2011年颁布的《中共濮阳市委濮阳市人民政府关于加快文化产业发展的实施意见》中提到要"以文化产业集团、产业园区和重点项目建设为支撑,聚合文化经济发展资源;以发展特色文化产业、特色文化产品、特色文化旅游和特色文化服务为主导,培育新的经济增长点,加快形成各类投资主体共同参与、文化产业跨越发展的良好格局"。2013年5月,濮阳市文化体制改革和发展工作领导小组印发了《濮阳市实施"文化产业项目带动工程"工作方案》,指出:"以把文化产业培育成为支柱性产业为目标,进一步发挥文化产业项目引领、带动作用,吸引文化资源、资本、科技和人才的全方位投入,形成布局合理、体系完善的项目集群,促进文化产业结构转型升级和发展方式转变,推动文化产业繁荣发展。"濮阳市政府高度重视文化产业项目建设,打造城市重点文化项目。濮阳市政府依托地方文化资源并结合城市发展的需要,于2015年在全省率先出台了《关于实施"文化铸魂"工程建设濮阳华夏历史文明传承创新区的意见》(以下简称《意见》),该《意见》以文化融入为路径,具体实施文化凝聚、文化传承、文化创新、文化引领和文化弘扬工程,打造祖根文化承载基地、历史文化展示基

---

[1] 数据来源于濮阳市统计局。
[2] 刘东波:《濮阳市文化产业发展和文化体制改革的路径探讨》,《濮阳职业技术学院学报》第24卷第4期,第157页。

地、特色文化发展示范基地、人文精神弘扬基地和非物质文化遗产传承保护基地。濮阳市政府以五大工程为发展根本点,具体筛选、明确了35个文化项目来支撑基地建设。除此之外,文化创意园区逐步建立,主要包括印刷包装创意产业园、华龙区憨婆婆机械纺织文化创意园、濮阳县徐镇中华寿星文化产业园等。

在此理念的指导下,濮阳市在杂技演艺、文化旅游、工艺美术等行业推行了众多文化产业重点项目,如国际杂技文化产业园、杂技小镇、戚城城墙根文化街区、濮阳市国际文化交流中心、中国姓氏文化创意产业园、澶渊之盟文化园、明清一条街、麦秆画、刀书画、通草浮雕等工艺美术品创作生产基地项目等。截至2017年,各项目进展顺利,濮阳市印刷创意产业园顺利挂牌启动,4家印刷企业入驻。国际文化交流中心项目与北京中传未来投资有限公司完成签约,项目规划占地面积约66666.7平方米,建筑面积10万平方米,总投资5亿元。中华龙源景区概念性设计已完成。五代城墙保护展示项目,一、三段砌砖保护已完工,二段原貌保护完成,基本达到对外开放条件。澶渊之盟纪念馆项目基本完成工程建设;在此项目建设的基础之上,重点文化项目的实施促进了濮阳市产业结构的调整,培育了新的经济增长点。

二、特色突出的文化旅游发展异军突起

2012～2016年,濮阳市的旅游市场日益低迷,但2016年实现飞跃式增长(见表18-2)。2016年,濮阳市在文化旅游方面做出了积极尝试,依托于众多的文化产业项目,濮阳文化旅游业成为旅游业中的重要组成部分,水库龙山、濮阳国际杂技文化产业园、东北庄旅游景区、单拐红色旅游景区等成为旅游新热点。据统计,2016年全市旅游业收入达16.14亿元,比2015年增长了83.6%。2011年,濮阳市出台《中共濮阳市委濮阳市人民政府关于加快文化产业发展的实施意见》,指出要"加快推进文化产业和旅游业的高度融合,形成

'一带①、一线②、十园③'的旅游发展格局"。濮阳市的文化发展规划依托地方特色文化资源,这一规划契合了国务院在《关于推进文化创意和设计服务与相关产业融合发展的若干意见》中提出的"提升旅游发展文化内涵。坚持健康、文明、安全、环保的旅游休闲理念,以文化提升旅游的内涵质量,以旅游扩大文化的传播消费……加强自然、文化遗产地和非物质文化遗产的保护利用,大力发展红色旅游和特色文化旅游,推进文化资源向旅游产品转化,建设文化旅游精品"的政策指向。

表18-2 2013～2017年濮阳市年游客接待人次和年收入

类别 年份	接待入境游客 (万次)	接待国内游客 (万次)	全年共接待 海内外游客 (万次)	旅游总收入 (亿元)
2013	1.72	455.42	457.13	6.76
2014	1.78	513.42	515.20	7.79
2015	1.87	576.38	578.25	8.79
2016	1.95	1000.25	1002.2	16.14
2017	2.03	1365.97	1368	23.90

数据来源:濮阳市统计局

2017年11月,原河南省委书记徐光春在濮阳市进行文化旅游发展情况调研时指出,厚重的历史文化、良好的生态环境,是濮阳做强文化旅游产业、加快赶超发展的独特优势。近三年以来,濮阳市各级政府高度重视文化旅游的发展,建设了华夏龙都游、杂技名城游、黄河休闲游等文化旅游品牌,初步形成了文化旅游发展的新格局。濮阳市发展文化旅游优势得天独厚,特色资源丰富。2015年6月24日,河南省首家野生动物主题旅游园区落户清丰县。针对地方的文化资源优势进行产业化的运作是文化产业发展的基本思路。濮阳野

---

① "一带"就是以濮阳市境内160公里蜿蜒黄河为依托,以黄河濮阳段历史文化内涵为基础,以濮阳县渠村分洪闸、范县毛楼生态旅游区和李桥黄河微缩景观、台前张庄黄河大闸、黄河大堤绿化带和湿地为重点,建设沿黄河休闲旅游观光带。

② "一线"就是以清丰单拐革命旧址、范县颜村铺革命旧址、台前将军渡纪念馆为主,扩大规模,完善设施,提升品位,打造在全国全省知名的红色经典旅游线。

③ "十园"就是除杂技主题公园、龙文化园、原生态杂技园以外,春秋文化园、蓝宝石温泉生态休闲度假园、姓氏文化园、澶渊之盟文化园、四牌楼明清文化园、仓颉文化园、孝道文化园。

生动物园集饲养、繁育、科研、科普、旅游、休闲、度假为一体,占地面积近87万平方米,以东北虎等"明星动物"为特色,以非物质文化遗产"梅庄马戏"为核心吸引力,成为濮阳文化旅游体系中重要的一环。在清丰野生动物主题园区建成的基础之上,2017年3月东北庄野生动物园项目签约仪式举行,占地面积80万平方米,与濮阳野生动物园共同打造濮阳市又一文化旅游新亮点。

目前,濮阳市4A级景区共有2个,分别是濮阳中原绿色庄园、戚城遗址。

濮阳中原绿色庄园,是全国三八绿色优质工程,河南省十大旅游热点景区。该景区位于濮阳城区西部,总面积72.46万平方米,是一处集生态保护、观赏游乐、休闲度假为一体的综合性林业公园。绿色庄园的功能定位于欣赏景观、品味文化。庄园有三大文化产品:一是梦幻庄园大型杂技表演,濮阳是有名的杂技之乡,庄园杂技以高、难、惊、险等优美细腻著称,注重表演艺术与现代科技手段相结合,音乐与灯光配合节目不断变化,创造出一种梦幻和热情的氛围;二是天天剧场文艺表演,河南省森林公安艺术团每天两场以器乐、歌舞为主的文艺表演,独具特色,这里有中国古老的乐器埙的绝唱,这里有宫廷乐队的悠扬,还有少数民族的无限风情;三是精彩纷呈的动物剧场,绿色庄园动物园不但有60种300多只各种珍稀动物供游人欣赏,而且精彩诙谐的动物表演及动物们可爱的形象引得众多游客叫绝。

戚城遗址是西周后期至春秋时期卫国的重要城邑遗址,年代为公元前11世纪~前476年。根据文献记载,春秋时期各国诸侯曾在这里进行了7次会盟。戚城遗址是全国重点文物保护单位,地上部分为周长1520米的古城残垣,占地面积1440平方米,地下部分则保存着自6000多年前仰韶文化到汉代等不同时期的历史遗存。现存城址内经考古钻探发现有城门、宫殿基址、道路、夯土台、水井等遗迹;出土有龙山文化鼎、盆、豆等陶器残片,商代灰陶细绳纹鬲、大口尊等陶器残片,以及周代、汉代等不同时期的遗物。

三、历史悠久的杂技文化演出走向世界

杂技演出是濮阳市文化产业发展的中坚力量。濮阳市的杂技历史悠久,杂技团自20世纪80年代就出访欧洲国家进行杂技访问演出。总的来看,濮阳地区已具备成熟的杂技产业发展集聚区,分别是以三大团体为代表的精品杂技团体和以杂技故里东北庄为代表的原生态杂技团体。无论哪种杂技团

体,都在国内外市场中表现不凡,向外界展示、演绎着濮阳杂技的多种姿态。濮阳的杂技演出团体主要以河南省杂技集团、濮阳市华晨杂技集团和濮阳市杂技团三大团体为主。

濮阳市豪艺实业有限公司(现更名为河南省杂技集团)自1997年成立以来与世界一流公园——美国迪士尼乐园、日本大阪环球影城、美国海洋公园、美国布什集团、德国国家马戏团等进行长期合作,每年输送演员百余人,演出千余场,接待国内外观众达80余万人次,成为中国在海外演出场次最多的杂技文化企业。几年来曾先后出访30多个国家和地区,到访之处都受到了当地人民群众的热烈欢迎和高度赞誉,演出场次创造了全国杂技界的最高纪录,收到了良好的经济效益和社会效益。2009年推出的大型国际杂技综艺秀《水秀》自公演以来,已经成功演出300余场,接待观众30余万人。此外,河南省杂技集团被评为"国家文化出口重点企业""河南省重点文化企业""河南省文化产业示范基地""河南省文化产品出口示范基地""河南省文化和科技融合示范基地"等荣誉称号。值得一提的是,2016年8月1日,河南省杂技集团投资收购美国布兰森市综合艺术活动中心,在此基础上成立美国分公司,打造美国杂技文化巡演基地,使得濮阳杂技在走向世界的进程中迈出了坚实的一步。对于此次收购,中国杂技家协会主席边发吉高度评价:"这一举动代表了中国杂技文化企业运营的转型升级,对中国杂技文化产业走向规模化、品牌化、国际化具有里程碑式的意义!同时也意味着河南省杂技集团这艘杂技航母以自主品牌真正地驶向海外!"

濮阳市华晨杂技集团于2005年11月注册成立,是濮阳大型民营杂技企业之一,也是我国规模最大的民营杂技企业之一。2005~2012年,华晨杂技集团先后派出了50支队伍赴国内外演出,其中派往国外的就占43支以上,先后到美国、法国、西班牙、韩国、泰国、马来西亚、新加坡、挪威、日本、俄罗斯、丹麦等国演出。特别是与美国玲玲马戏团的合作,更是被人称为"两国杂技界的强强联合"。2005~2012年,华晨杂技集团涉外演出合同短则半年,最长达两年之久;涉外派出人员500多人次,演出的节目近百个;涉外演出场次每年都在3000场以上,创下了中国杂技民营企业在单位时间内派出队伍最多、派出人员最多、观众人次最多和演出时间最长的几个纪录。

濮阳市杂技团自1983年以来,走遍了世界的五大洲,先后到英国、法国、美国等近40个国家进行访问演出和商业性演出。1996年起连续4年赴美国演出,在美国迪士尼乐园演出期间,在同墨西哥、挪威、德国、美国、日本、摩洛哥、法国、英国、加拿大等11个国家演出的所有节目评比中获最高分,成为迪士尼乐园众多表演团体中"最受欢迎的表演团体"。

濮阳市的杂技演出为城市发展注入了活力,以杂技演出为载体将本地的杂技文化送出了国门,为外界了解中国文化打开了新窗口。濮阳的杂技演出已经成为我国重要的文化出口产品,积极响应了促进文化走出去的号召,有助于讲好中国故事,展现真实、立体、全面的中国,提高国家文化软实力。

四、主题各异的文化特色小镇汇聚动力

2016年7月,随着《关于开展特色小镇培育工作的通知》的出台,特色小镇逐步走入人们的视野之中。随后相继出台的七大政策文件表明了政府对特色小镇建设的决心与信心。濮阳市积极响应国家政策的号召,在整合地方资源的基础上,加强对特色小镇的建设。濮阳市内较为著名的特色小镇有班家小镇、东北庄杂技小镇及南乐仓颉特色小镇等。2017年3月1日,濮阳市在"百城建设提质工程暨城镇化工作会议"上确定了建设特色小镇的基本方针。濮阳市将利用3年时间,打造30个特色小城镇,其中2017年将打造15个特色小城镇,并公布了濮阳市首批特色小城镇创建名单。在濮阳市的特色小镇建设中,涵盖文化旅游、民俗文化、红色文化等建设主题。以仓颉小镇为例,该项目计划投资20亿元,主要建设仓颉博物馆、佛教寺庙、百家姓祠堂等,围绕文化产业、旅游产业和养生养老产业展开。濮水小镇以春秋卫国文化和戏曲文化为主,以中原饮食文化、民俗文化为辅,将濮阳市人文文化予以情景化展现。

濮阳市积极推进特色小镇建设工程,针对各地区的文化或经济发展进行精确定位,突出特色,在建设特色小镇的契机和平台之下,吸引投资,集聚人才、资本和技术,促进地区资源整合,将资源优势转化为产业优势,实现小空间大集聚、小平台大产业。众多小镇共同发力促进濮阳市整体文化产业的发展。

五、文化产业发展仍存牵绊与不足

虽然目前濮阳市文化产业的发展势头较好,各项工作稳步推进,但是在产

业发展的过程中也存在诸多问题,制约着文化产业的发展。总体来看,表现为以下几个方面。

一是文化资源整合不充分。濮阳市拥有丰富的历史文化资源,现阶段对文化的挖掘仍然不充分,有较大的发展空间。文化资源所包含的范围极广。何为文化?文化是自然的人化,凡是融入人类智慧的物质和精神产品或劳动均可视为文化。但是,对于城市的文化资源特色而言,则更多地倚靠后人去挖掘、提炼、整合,如此才可形成城市的文化资源体系。如第一部分所言,濮阳市对于历史文化资源的整合力度不足,对于传统的历史文化忽视、不重视,造成拥有丰厚的文化资源的城市给外界留下文化基底单薄的印象。前期的文化资源整合不充分便造成城市在发展文化的过程中顾此失彼,文化产业的整体文化资源体系还没有形成。

二是文化品牌单一。杂技文化和龙文化是濮阳市已经较为成熟且具有知名度的文化品牌。但是,仅仅依靠这两类文化品牌支撑不起城市整体文化的发展。未来濮阳市的文化产业发展应该鼓励、支持推出新的文化品牌,丰富城市文化品牌体系,让濮阳的外在形象丰富起来,提升城市的文化影响力。濮阳市内现有的文化企业主要包括杂技行业方面的濮阳市豪艺实业有限公司、濮阳市华晨杂技集团有限公司、濮阳市杂技团等;手工艺类文化企业主要包括濮阳市憨婆婆精丝老粗布有限公司、濮阳市通达制品有限公司(主要是通草浮雕工艺制品)、濮阳市豫龙阁麦秆艺术有限公司、濮阳市刘丽敏文化产业有限公司等;其他文化公司还有濮阳市荣氏古沉木艺术品有限公司、濮阳市明星马戏团等。以《文化及相关产业分类(2012)》为依据,从以上文化企业所涉领域来看,主要涉及工艺美术品的生产和文化艺术服务等,其他文化休闲娱乐服务、文化创意与设计及文化用品的生产、文化产品生产的辅助生产等行业均未涉及。扩大文化品牌体系,整合文化资源,打造多元化的文化品牌是濮阳市未来文化建设的主要方向。

第四节 文化产业发展趋势与对策

一、机遇与挑战并存

在21世纪新的时代发展背景下,濮阳市文化产业面临着机遇与挑战并存的局面。面临的机遇主要有以下三点。

一是国家政策的号召。近些年,文化产业相关政策不断颁布,国家对文化产业的重视度也在逐步加强。文化产业作为促进国家经济发展的新增长点,在美、日、韩等发达国家已经成为经济发展的支柱产业。中国作为文明古国,相对于其他国家有着更为丰富多元的文化资源,文化发展空间更为广阔。有专家学者指出,2004年是我国文化产业发展元年,自2004年以后,文化产业发展进入正式发展轨道,国家也高度重视文化产业的发展。尤其近几年实施的文化产业促进政策如《关于推动特色文化产业发展的指导意见》《中华人民共和国公共文化服务保障法》及习近平总书记关于文化的系列重要讲话更是助推我国文化产业更上一层楼。在国家文化产业发展的良好大背景下,在众多政策意见的鼓励引导之下,濮阳市的文化产业发展前景光明。

二是城市经济发展转型的需要。濮阳市是一个工业城市,是中原油田的所在地,但是近些年,石油资源逐步枯竭,城市环境逐渐变差,经济发展速度放缓,城市经济发展转型迫在眉睫。将经济发展重点转移到文化产业发展之上,既做到了低能耗低污染,又传播、创新、传承了地区文化,促进了地区的经济发展,是濮阳市政府促进经济转型的必由之路。同时,濮阳市政府高度重视地方文化产业的发展,2006年起相继颁布政策文件促进地方文化形态的培育和文化产业的发展。

三是濮阳市被列为文化改革发展试验区。2009年9月,河南省委、省政府把濮阳市确定为以杂技为主的文化改革发展试验区,并给予扶持资金1000万元,支持濮阳杂技做强做大。对杂技产业给予的支持促使濮阳杂技文化实现快速发展,同时杂技产业作为濮阳市文化产业发展的龙头,对其他行业的文化发展都具有巨大的示范和带动作用。2000年,濮阳市华龙区东北庄村被中国杂技协会命名为"中国杂技之乡"。

面对这些发展机遇的同时,濮阳市面临更多的是挑战。濮阳市位于河南省最北边,与河北省、山东省交界,远离省会郑州,更是处于环郑州经济圈之外,缺乏发展的优势便利条件。除此之外,濮阳市虽然作为历史文化名城,但是城市文化特色不明显,加之河南省内有四大古都,其鲜明的城市文化特色对濮阳市这个新兴城市有着较大的文化冲击。城市资源整合力度不足、城市特色不明显、社会知名度低、人才队伍建设不完备、城市对于人才的吸引力弱、留不住人才等问题都制约着濮阳市文化产业的进一步发展。加之濮阳市落后的交通网络,使濮阳市的文化产业发展面临着巨大的挑战。

二、文化发展重点战略

一是实施"大文化"发展战略。濮阳市的文化发展要倚靠地区文化,实行"大文化"发展战略是濮阳发展文化产业的首选。现在濮阳市的文化建设,对于地方文化资源做到了合理传承利用,但是仅限于部分文化资源,是局部、部分的开发,而非整体化、系统化的整合。针对此现象,未来濮阳市的文化建设要实施"大文化"战略。此处的"大文化"是指对于整个城市的文化资源进行整合传承利用、系统梳理,将历史遗留下来的珍贵的遗址、建筑、民俗、手工艺等进行整理,做到本市文化心中有数。在此整合梳理的基础之上,确定城市文化发展的主线,即城市建设的整体文化氛围。现在的濮阳市,对外文化形象不明确,单一的"杂技之乡""中华龙都"不足以支撑整个城市的文化脉络。在此基础上,确定城市文化发展主线,将濮阳市内散落的文化资源进行合理的规划设计,系统整合,合理串联,营造城市文化氛围。

二是推行文化品牌战略。文化品牌是各种文化产品(含服务)、文化活动主体(组织和个人)品牌的统称。濮阳市的文化品牌建设可分为文化企业品牌、文化名人品牌、文化产品品牌、特色文化品牌。文化品牌的打造对于城市文化形象的塑造提升有着至关重要的作用,不仅可以提高城市知名度,而且还会促进文化资源本身的传承,二者相辅相成。贯彻实施《关于推动特色文化产业发展的指导意见》中的"一地(县、镇、村)一品"战略,形成一批具有较强影响力和市场竞争力的产品品牌。未来濮阳市的品牌建设都应在已有的基础之上继续拓展延伸,形成文化品牌体系。

三是实施"文化+科技"战略。文化产业是社会发展的文化生产力形态,科学技术是文化产业发展最重要的文化生产力形态,离开了科学技术的发展及其文化产业应用就没有作为社会生产力系统的文化产业。[1] 文化产业的发展离不开科学技术的进步,科学技术所拥有的技术革新能够促进文化产业本

---

[1] 胡惠林:《论文化产业的本质——重建文化产业的认知维度》,《山东大学学报(哲学社会科学版)》,2017年第3期,第1页。

身发展形态的更新换代。以互联网为主要标志的文化生产力革命将重新建构文化发展的社会形态和社会发展的文化生产力形态。未来,文化的发展与科技发展密切相关,实行"文化＋科技"战略将促进濮阳市文化发展的进度,促进新兴文化业态的生成。

三、公共文化建设的对策措施

一是促进城乡公共文化服务均等化。均等化是公共文化服务建设的核心。公民享有基本的文化权利,只有每个人都能享受基本的文化服务时,公共文化服务体系建设才算取得初步成功。公共文化服务应该满足每位公民的基本文化需求,公共文化不分城乡地域。在未来的公共文化建设过程中,坚持均等化原则,促进公共文化资源的合理分拨调配,对于乡镇的公共文化服务不能仅仅做到文化产品的单方面供给,更要发挥濮阳市独有的文化协管员的实际效用,宣传公共文化产品及服务,让更多的人自觉自愿地去体验文化产品、享受文化服务,避免公共文化服务闲置。

二是促进公共文化服务整体化建设。依据《河南省基本公共文化服务实施标准(2015～2020年)》的建设标准,要进一步完善濮阳市内的各项文化设施建设、服务建设。现有的公共文化体系建设虽然已经具备基本框架,但是在设施建设、服务落实、内容提供等方面还存在诸多问题。部分图书馆、文化馆仍然不达标等现状仍然存在,公共文化服务的整体化建设至关重要。要从供给方(多元主体供应机制)、享用方(文化需求表达机制)、中间管理方(完善的管理模式)(见图18-1)三方面入手,确保公共文化服务有效、精确落实,发挥其文化效用。

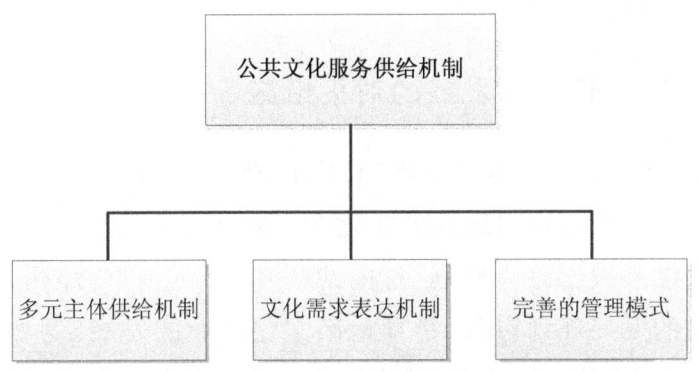

图 18-1　公共文化服务供给机制创新路径

三是引导和鼓励社会力量参与公共文化服务。政府与社会力量的结合有助于改变政府大包大揽的工作模式,促进政府自身运作方式的改革,提高政府管理和服务水平,同时也有利于公共文化服务主体的多元化格局,激发社会活力,为人民提供高质量的公共文化服务。党的十九大报告中明确提出:中国特色社会主义进入了新时代……我国社会主要矛盾已经转化为人民日益增长的美好生活需要和不平衡不充分的发展之间的矛盾[①]。在我国基本社会矛盾转化的情况下,人民群众对于公共文化服务的要求不断提高,公共文化服务供给机制更要进行变革,濮阳市已做出初步的积极尝试。濮阳市于 2015 年发布《濮阳市人民政府办公室关于贯彻政府向社会力量购买服务工作的实施意见》,将社会力量引入政府的公共文化服务建设之中,改进公共文化服务的质量,改革传统的供给方式。

四是创新服务手段。公共文化服务体系建设应该随着科技水平不断改造提升。随着数字化水平的不断提高,经济较为发达的城市纷纷将数字化与公共文化服务相结合,推出了数字化图书馆、美术馆、博物馆等,数字化导览、数字化讲解等为人民群众提供了多样化选择。对于濮阳市而言,未来的公共文化建设应该坚定"公共文化服务+数字化"的发展战略,改革传统的服务手段,加强各个文化场馆的数字化建设,学习引进数字化技术,建设数字化的文化场

---

① 习近平:《决胜全面建成小康社会　夺取新时代中国特色社会主义伟大胜利》,《人民日报》,2017 年 10 月 28 日。

馆,满足人们多样的精神需求。

四、濮阳市文化产业发展的对策措施

(一)方向指引——加快制订文化产业发展规划

文化产业规划的制订对地区的文化产业发展至关重要。濮阳市还未对整体的文化产业发展做出总体规划,省内的新乡市、洛阳市、郑州市等均已制订出本地区相关的发展规划,用以指导地区文化产业的发展,例如新乡市的《新乡市文化产业发展规划》、洛阳市的《"十三五"产业发展规划(2016~2020年)》等。濮阳市文化旅游、文化演出等产业发展迅速,亟待制订完善、系统、具有针对性的产业发展规划对其进行指导。濮阳市全面调研辖区范围内文化产业的发展情况,明确城市文化产业的发展重点,制订城市文化产业发展的中长期规划,明确城市文化发展主线、重点行业、产业结构、实施对策等,全方位制订发展规划,稳步推进文化产业的整体建设。濮阳市文化产业发展规划的制订要紧密结合当地的发展现状,根据国家出台的《文化部"十三五"时期文化产业发展规划》《关于推动特色文化产业发展的指导意见》《国务院关于推进文化创意和设计服务与相关产业融合发展的若干意见》等政策文件,制订出合理可行及具有指导意义的发展规划。

(二)建制育人——健全文化产业人才培养机制

专业的人才队伍是文化产业健康发展的重要保障。根据《河南文化产业统计报告2010年》来看,濮阳市的文化产业增加值为7.11亿元,文化产业从业人员13380人,在全省位列倒数第五,落后于许多地级市。严峻的现实状况迫使濮阳市必须加强文化产业的专业人才队伍建设,坚持引进高水平人才与培育现有人才的人才培养方针,为濮阳市文化产业发展提供充足的人才保障。濮阳市的文化产业发展尚处于起步阶段,各类产业形态处于萌芽状态,亟待专业的文化产业管理人员对其进行培育、设计、统筹等相关事宜。从具体开展层面来讲,一方面要加大引进文化产业人才的力度,吸收外来优秀人才,为濮阳市文化产业发展带来新的发展理念与思路;另一方面,从濮阳市的教育体系来看,并没有设置文化产业管理相关专业,本土人才的培育要从现有的相关单位中选出部分人员参加文化产业相关培训,增强专业素养,为地区文化产业发展提供智力支持。

（三）摸清家底——系统梳理可开发的文化资源

实施"大文化"战略，就要理清自身的文化资源总量。濮阳市目前的文化产业开发并未形成体系，而是较为分散，且部分文化资源被忽视，处于无人管理的状态，整体呈现出散乱无序的发展格局。在此基础上，需要对濮阳市的文化资源进行系统梳理，只有做到心中有数，才能合理使用文化资源。濮阳市应组织专家团队对全市的文化资源进行摸底普查，建设可开发利用的文化资源体系，对濮阳市的文化资源进行分类整理、合理规划设计产业化开发的系统思路及路线，将域内的文化资源进行合理串联，针对各文化主题进行相应的产业化开发，将文化资源优势转化为文化产业优势。

（四）提质增效——加大文化产品的有效供给

文化产品的有效供给不足是目前文化产业领域存在的普遍问题。文化产品是文化产业的直接表现形式，文化产业通过文化产品及服务实现其文化价值与经济价值的统一，文化产品的高质量供给是地区文化产业发展的根本。濮阳市目前的文化产品主要以文化旅游产品、手工艺产品为主，类型较为单一，且部分文化产品并不能切实满足人民群众的消费需求，供给机构需要进一步调整。濮阳市要加快对辖区内文化产品的整体普查，将其分类整合，明确文化产品供给较为薄弱的行业和地区，展开具有针对性的文化产品供给侧改革，减少低端供给，淘汰过剩供给，提高文化产品的供给质量。

（五）文化生态——促进文化产业健康持续发展

随着我国社会矛盾的变化，人民群众对美好生活的需求逐步扩大，对绿水青山的需求也逐步在文化产业发展的过程中得以体现。文化产业的发展不是以消耗文化资源为目的的，而是文化资源再生的工作母机。近年来，在探索文化产业发展规律的进程中，出现了很多盲目开发甚至破坏文化资源的现象，严重破坏了文化生态。濮阳市未来文化产业的发展要走文化资源再生型与环境友好型相结合的新文化产业道路，以现有文化资源为基础，合理利用，实现文化资源再生。目前，濮阳市推行的东北庄特色杂技文化园区、中国姓氏文化创意产业园、杂技文化产业园、澶渊之盟文化园、古十字街提升、明清一条街等文化生态项目进展良好，在充分保护文化资源的基础上进行产业化的开发，很好地保护了地区的文化生态环境。尤其是要加强濮阳市传统戏剧文化生态保护区建设，保护地区文化的原真性与多样性。

附 录

国家艺术基金2015～2018年度资助项目立项名单(河南部分)

国家艺术基金是由国家设立,旨在繁荣艺术创作、打造和推广原创精品力作、培养艺术创作人才、推进国家艺术事业健康发展的公益性基金。2015年,国家艺术基金资助艺术的创作生产、传播交流推广、征集收藏、人才培养等方面各类项目共计728项,其中河南省获批16项;2016年资助项目共计966项,河南省入选18项;2017年资助项目共计1002项,河南省占27项;2018年共计955项,河南省为27项。2015～2018年,河南省在国家艺术基金资助项目立项名单中的比重一直较低,分别为2.20%、1.86%、2.69%、2.83%,与河南华夏历史文明传承创新区的历史定位极不相称。

国家艺术基金2015年度资助项目立项名单(河南部分)	
舞台艺术创作资助项目大型舞台剧和作品(共196项)	豫剧《玄奘》 河南豫剧院
	豫剧《魏敬夫人》 河南豫剧院
	豫剧《焦裕禄》 河南豫剧院
	歌剧《胡笳吟》 河南歌舞演艺集团有限责任公司
	豫剧《都市阳光》 郑州市豫剧院
	豫剧《游子吟》 新乡市演艺有限责任公司
	豫剧《王昭君》 商丘演艺集团有限公司
	豫剧《陈蕃》 驻马店市演艺中心
舞台艺术创作资助项目小型舞台剧(节)目和作品(共114项)	木偶剧小戏《小小七品芝麻官》 河南歌舞演艺集团有限责任公司

续表

传播交流推广资助项目（共107项）	话剧《红旗渠》巡演　河南省话剧艺术中心 豫剧《花木兰》巡演　河南豫剧院 豫剧《清风亭上》巡演　河南豫剧院 "大河上下·黄河风情"艺术摄影展　河南省艺术摄影学会
艺术人才培养资助项目（共99项）	河南板头曲、大调曲青年演奏人才培养　南阳师范学院 中原弦索乐艺术人才培养　郑州大学
青年艺术创作人才资助项目（共212人）	舞蹈舞剧编导　李志晓（河南）
国家艺术基金2016年度资助项目立项名单（河南部分）	
大型舞台剧和作品创作资助项目（共146项）	豫剧《重渡沟》　河南省演出有限责任公司 越调《花开 花落 花香》　河南省越调艺术保护传承中心 话剧《辛亥三章》　河南省话剧艺术中心
传播交流推广资助项目（共151项）	越调《老子》传播交流推广　河南省越调艺术保护传承中心 话剧《老汤》传播交流推广　河南歌舞演艺集团有限责任公司 豫剧现代戏精品剧目巡演　河南豫剧院 曲剧《陈三两》传播交流推广　河南省曲剧艺术保护传承中心 舞剧《太极传奇》传播交流推广　河南歌舞演艺集团有限责任公司
小型剧（节）目和作品创作资助项目（共159项）	独奏曲《河南梆子腔》　河南歌舞演艺集团有限责任公司 双人舞《闪亮的红灯》　河南歌舞演艺集团有限责任公司
艺术人才培养资助项目（共99项）	全国豫剧常派艺术研修班　河南艺术职业学院 越调申派青年表演人才培养　周口师范学院 河南省魔术高级表演人才研修班　河南省杂技家协会 河南坠子中青年人才培养　河南艺术职业学院
青年艺术创作人才资助项目（共223人）	中国画创作　袁江洪（河南） 油画创作　刘添（河南） 摄影创作　延婧（河南） 工艺美术创作　张杰（河南）
国家艺术基金2017年度资助项目立项名单（河南部分）	
青年艺术创作人才资助项目（共348人）	戏剧编剧： 陈俊丽　河南省安阳市艺术研究所 李玉昆　河南大学 油画创作：

续表

	周如俊　周口师范学院 杨海峰　河南大学 王霄　河南师范大学 中国画创作： 邓灿　洛阳师范学院 王亚平　洛阳师范学院
艺术人才培养资助项目（共140项）	豫剧陈派表演人才培养　河南大学 曲剧表演人才培养　河南省曲剧艺术保护传承中心 豫剧音乐创作人才培养　河南大学 西部地区书法艺术人才培养　郑州大学 中州派古琴艺术表演人才培养　洛阳师范学院
传播交流推广资助项目（共181项）	豫剧《程婴救孤》巡演　河南豫剧院 "时代·印迹"河南省美术馆馆藏版画展　河南省美术馆 "永不褪色的记忆"抗战老兵肖像摄影作品展　河南省艺术摄影学会 汝州陶瓷艺术作品展　河南省汝州市文学艺术界联合会
小型舞台剧（节）目和作品创作资助项目（共198项）	河南坠子《包公赔情》　河南歌舞演艺集团有限责任公司 小戏曲《罗摩衍那》　河南省京剧艺术中心 合唱《美丽中国》　洛阳师范学院 小戏曲《和谐胡同》　焦作市文化馆
大型舞台剧和作品创作资助项目（共135项）	河南曲剧《药香》　河南省曲剧艺术保护传承中心 话剧《老街》　河南歌舞演艺集团有限责任公司 民族管弦乐《孙子兵法回响》　河南歌舞演艺集团有限责任公司 杂技剧《槐树爷爷》　开封市杂技团有限公司 豫剧《韩愈》　焦作市豫剧院有限责任公司 豫剧《天下清德》　商丘演艺集团有限责任公司
国家艺术基金2018年度资助项目立项名单（河南部分）	
大型舞台剧和作品创作资助项目（共159项）	河南曲剧《丹水滔滔》　南阳曲剧艺术中心 河南越调《诸葛亮·临危受命》　河南省越调艺术保护传承中心 河南曲剧《信仰》　河南省曲剧艺术保护传承中心 豫剧《马金凤》　河南豫剧院 跨界融合作品《陈州放粮》　河南百纳星空文化传播有限公司 河南坠子《慈母泪》　河南歌舞演艺集团有限责任公司 豫剧《盘庚迁殷》　安阳县邺丰豫剧演艺有限公司

续表

传播交流推广资助项目(共187项)	豫剧《常香玉》巡演　河南豫剧院 "中原画风"美术作品巡展　河南日报报业集团有限责任公司 纪念改革开放40周年摄影作品展览　河南省摄影家协会 洛阳唐代墓志拓片巡展　洛阳师范学院 中国民间传统书会说唱艺术数字化保护与传播　洛阳师范学院
小型剧(节)目和作品创作资助项目(共185项)	小戏曲《给你一个家》　许昌市戏曲艺术发展中心
艺术人才培养资助项目(共134项)	舞台美术理论评论人才培养　河南省文化艺术研究院 音乐考古人才培养　郑州大学 三彩艺术创新人才培养　洛阳师范学院
青年艺术创作人才资助项目(共290人)	油画创作： 郭长亮　河南省新乡学院 杨波　商丘师范学院 中国画创作： 周祥　郑州市惠济区文化馆 孙媛媛　周口师范学院 摄影创作： 孙建辉　郑州正像文化传播有限责任公司 闫华芳　洛阳师范学院 秦国防　安阳师范学院 工艺美术创作： 王元松　洛阳师范学院 张迎甫　周口师范学院 舞蹈舞剧编导： 纪华林　信阳师范学院 冯燕　信阳师范学院

后 记

2017年9月21日,教育部正式公布世界一流大学和一流学科(简称"双一流")建设高校及建设学科名单,河南大学顺利进入一流学科建设高校名单,在建校105周年到来之际,重返"国家队"!在此之前的2014年,经河南省委宣传部批准,河南大学"河南省新兴文化研究基地"被命名为河南省文化产业发展研究基地。

习近平总书记多次强调"在5000多年文明发展中孕育的中华优秀传统,在党和人民伟大斗争中孕育的革命文化和社会主义先进文化"对于中国经济社会的持续健康发展、实现中华民族伟大复兴具有重要意义。河南省作为华夏历史文明传承创新区,把文化繁荣发展的重点放在增强根亲文化、古都文化、汉字文化、功夫文化等中原文化影响力,支持郑州、开封、洛阳、安阳、焦作等建设国际文化旅游名城,叫响"老家河南"品牌等方面,把"推动中原优秀传统文化与现代文明融合创新,加强历史文化遗产保护和利用"作为指导原则应该是具有相当合理性的。

问题的关键在于如何通过体制机制改革、文化创造活力释放来推动河南的文化企业生产更多传播当代中国价值观念、体现中华文化精神、反映中国人审美追求以及融思想性、艺术性、观赏性有机统一的优秀文化产品,多角度阐释中华民族禀赋、中华民族特点、中华民族精神,生动体现中华文化的独具特色、博大精深,深刻反映中华民族强大的文化创造力。如果在此方面的实际进展不能得到国内外的广泛认同,不但这个重要文化高地会缺乏有力的实际支

后　记

撑,也将严重影响当下河南省在国内外的形象。

目前,对河南省文化产业的全面、整体、深入研究尚未出现,已有的十余个省文化产业发展研究基地的智库作用也并未充分发挥。值得注意的是,中原地处我国中心地带,自古就是"八面来风之地",既是中华民族和华夏文明的重要发源地,又"天然"负有传承延续华夏历史文脉、弘扬创新华夏优秀传统文化、体现华夏历史文明特殊人文魅力的重要责任。国内许多著名的文化产业研究者、咨询策划专家虽然对河南有着浓厚兴趣,认为河南文化产业的崛起是中国文化繁荣发展、文化产业欣欣向荣不可或缺的战略支撑,但由于缺乏长时间连续的观察和广泛深入的调研,至今也没有"重量级"的研究成果发表。为促进河南文化产业发展智库的建设,提高研究工作的针对性和实效性,由河南大学文化产业管理系牵头组织,对攸关河南文化繁荣发展的文化资源累积、公共文化服务体系建设、文化产业提质增效等一系列"文化经济"问题进行梳理,以区域性专题研究的形式,编撰完成了《河南省文化省情报告》。

在河南省,编制《河南省文化省情报告》尚属首次,由于经验不足、数据的缺乏和文献资料的不完全,使得本报告还存在诸多不足之处。恳请各界人士对本报告提出批评和建议。

感谢河南大学黄河文明传承与现代文明建设河南省协同创新中心对本书选题立项的支持。感谢洛阳师范学院、信阳师范学院、平顶山学院、商丘师范学院等兄弟院校文化产业管理专业师生对本报告资料搜集的大力支持。感谢河南大学文化产业管理系王淳老师对本报告文稿撰写的积极参与,感谢李舒薇、刘杰磊、王星星、苏佳、陈天宇、刘海伦、刘若曦、王淑梅、裴世豪、王莹、付青青、杨亚斌、彭景莉、卫雅琪、张倩、贾文汇、梁欣、杨梦媛、尚楷晴、常晖、宋苗、季文丹、赵梦迪、王天琦、李翔宇、李琳玲、苑凯歌等同学在本报告资料搜集、编撰修订过程中的艰苦努力。

刘　涛

2018 年 6 月 14 日于开封